► 苏 强 ◎ 著

企业所得税
汇算清缴财税处理实务
与申报表填报案例

- 企业会计准则与
  企业所得税政策相结合

- **税务、财务、业务**
  "三务"一体化深度融合

- 会计核算与增值税、所得税
  处理相互比较

- 税会差异系统性分析
  与全方位纳税调整

- 申报表填报操作要点
  与涉税风险提示

- **345**个财税处理
  与填报实务案例展示

中国财经出版传媒集团

经济科学出版社
Economic Science Press

·北京·

图书在版编目（CIP）数据

企业所得税汇算清缴财税处理实务与申报表填报案例/
苏强著．—北京：经济科学出版社，2024.2
ISBN 978 - 7 - 5218 - 5604 - 0

Ⅰ.①企… Ⅱ.①苏… Ⅲ.①企业所得税-税收管理
-案例-中国 Ⅳ.①F812.424

中国国家版本馆 CIP 数据核字（2024）第 018545 号

责任编辑：杜　鹏　武献杰　常家凤
责任校对：陶立娜　杨　海
责任印制：邱　天

企业所得税汇算清缴财税处理实务与申报表填报案例

苏　强◎著

经济科学出版社出版、发行　新华书店经销
社址：北京市海淀区阜成路甲 28 号　邮编：100142
编辑部电话：010-88191441　发行部电话：010-88191522
网址：www. esp. com. cn
电子邮箱：esp_bj@ 163. com
天猫网店：经济科学出版社旗舰店
网址：http://jjkxcbs. tmall. com
固安华明印业有限公司印装
787 × 1092　16 开　36.5 印张　880000 字
2024 年 2 月第 1 版　2024 年 2 月第 1 次印刷
ISBN 978 - 7 - 5218 - 5604 - 0　定价：128.00 元
（图书出现印装问题，本社负责调换。电话：010 - 88191545）
（版权所有　侵权必究　打击盗版　举报热线：010 - 88191661
QQ：2242791300　营销中心电话：010 - 88191537
电子邮箱：dbts@ esp. com. cn）

前　言

　　近年来，随着我国税收制度改革不断深化，税收征管体制持续优化，纳税服务和税务执法的规范性、便捷性、精准性不断提升。为深入贯彻落实党中央、国务院深化财税体制改革的战略部署和中共中央办公厅、国务院办公厅《关于进一步深化税收征管改革的意见》，基于"金税四期"（智慧税务）的企业所得税年度纳税申报工作，需要不断地适应税收征管改革新时代、新模式和新技术。为了更好地落实《中华人民共和国企业所得税法》及其相关税收政策，2017～2023年，企业所得税相关政策不断优化、调整和延续，国家税务总局已经连续六年修订了企业所得税年度纳税申报表，这使得纳税人每年必须认真学习新政策，适应纳税申报表的新变化，高质量地完成企业所得税汇算清缴工作。

　　随着我国《企业会计准则》与《国际财务报告准则》的持续趋同，财政部对我国《企业会计准则》也不断进行修订和完善，2017年2月以来，财政部新修订并发布了《企业会计准则第14号——收入》《企业会计准则第22号——金融工具确认和计量》《企业会计准则第16号——政府补助》《企业会计准则第21号——租赁》《企业会计准则第7号——非货币性资产交换》《企业会计准则第12号——债务重组》等一系列准则及其应用指南，并创新出台了一系列企业会计准则实施问答和应用案例。2021年1月1日起，所有执行《企业会计准则》的纳税人都已实施新修订的企业会计准则，这些新企业会计准则的具体实施，使得相关业务的会计核算也发生了深刻变化。

　　在进一步深化税收征管改革的背景下，为了方便广大纳税人、中介机构和税务干部正确理解新修订的企业会计准则与最新企业所得税政策，协调企业会计准则与企业所得税差异，掌握相关业务会计核算和新版企业所得税年度纳税申报表的填报方法，作者编写了《企业所得税汇算清缴财税处理实务与申报表填报案例》，对企业所得税年度纳税申报表的修订变化、相关项目财税处理和填报要点，进行了全面、系统和详细的解析，并用345个实务案例分析年度纳税申报表各项目填报所涉及的会计核算和税会差异调整过程与结果。

　　本书依据最新企业所得税有关法律、法规、规范性文件等税收政策和新修订的

《企业会计准则》《一般企业财务报表格式》（2019年版）以及《小企业会计准则》和《企业会计制度》等国家统一的会计制度编写，共分为七章内容，以企业所得税年度纳税申报表填报相关业务为主线，以一般企业为填报主体，对相关业务涉及的会计核算、税会差异和纳税申报表填报要点进行详细讲解，并配以具体填报案例进行演示说明。

本书特点是采用案例式讲解、内容新颖、实用操作性强。对于纳税申报表填报时涉及的企业所得税政策与相关会计准则和制度的异同，进行了比较分析和差异提示，特别重视新企业会计准则下会计处理及纳税调整对纳税申报表填报的影响，有利于读者更好地应用新企业会计准则和相关企业所得税政策。本书中所收录相关企业会计准则和税收法律、法规、政策截至2024年2月，若无特殊说明，均为有效法规政策。考虑到我国增值税税率在2018年和2019年进行过两次调整，本书案例分析中涉及的具体年度一般按照相应年度增值税纳税义务发生时间确定的适用税率并以此进行数据计算分析和会计核算，如今后再遇到增值税税率（或征收率）调整，请读者按照新的适用税率（或征收率）计算处理。

本书由兰州财经大学会计学院苏强教授负责拟订大纲、撰写书稿和统稿。自2015年出版第一部企业所得税年度纳税申报表填报实务方面的著作以来，在广大读者朋友们的支持、信赖和鼓励下，每当企业所得税年度纳税申报表发生修订，作者都会及时学习新报表并结合新政策和新准则撰写出版相应的著作，作为自己学习相关财税知识的总结。

本书内容以作者向企事业单位提供企业会计准则、企业所得税汇算清缴培训和从事纳税申报代理实务为基础，能够满足企业会计核算和企业所得税年度纳税申报表填报的现实需求。本书既可以作为学习和掌握我国现行企业所得税法规政策和相关企业会计准则的实用操作工具书，也可作为企业财务人员、税务干部、涉税中介人员开展企业所得税年度汇算清缴和学习掌握会计与税法差异及纳税调整实务的有益参考资料。

本书在撰写过程中参阅了大量优秀的论著和相关文献资料。特别感谢何广涛、翟纯垲、徐战成、陈爱华、赵东方、秦文娇的联袂推荐，感谢刘玮、赵娜、董红岩、姜新录、谢小强、谢静、谢华峰、彭怀文、吴超、何江、叶义宾、邵福顶、连焕锋、丁潇、吴超、杨春根、郭明磊、赵德新、严颖、梁晶晶、陈晓黎、刘海湘、宋雪、徐峥、刘雪芹、赵林、张钦光、叶全华、赵嵩、蔺龙文、林顺荣、袁润民、姬金玲、杨泳、罗秋生、吴天如、刘剑、李晓红、蒋玉芳、刘玲、聂磊、张勇、杨乾、郭鹏、杨志鸿、张晓东、方斌国、柴成山、汪岁斌、李家乐等朋友们一直以来在本书写作过程中给予的各种形式的指导和支持，在与各位老师的交流探讨中，本人不仅收获了财税知识，而且收获了珍贵的友谊，在此对各位朋友们表示衷心的感谢。当然最应该感谢的是我的家人长期以来在生活、事业和精神上给予我的关心、支持和鼓励，特别是妻子李倩女士一直参与书稿相关资料的整理和校对工作。

　　鉴于企业所得税政策和企业会计准则的动态性，加之作者水平所限和编写时间有限，书中仍难免存在疏漏和不妥之处，敬请广大读者批评指正，不吝赐教，以便日后继续补正修订。电子邮箱：teachersq@163.com。

苏　强

2024 年 2 月

目　录

第一章

《企业所得税年度纳税申报表（A类，2017年版）》基础信息表与主表填报实务与案例解析

第一节 《企业所得税年度纳税申报表（A类，2017年版）》封面及填报实务

一、《企业所得税年度纳税申报表（A类，2017年版）》封面格式

具体格式如表1-1所示。

二、《企业所得税年度纳税申报表（A类，2017年版）》封面填报实务

（一）"税款所属期间"填报操作实务

封面上的"税款所属期间"，要根据纳税人的实际经营情况来填写。正常经营的纳税人，填报公历当年1月1日至12月31日；纳税人年度中间开业的，填报实际生产经营之日至当年12月31日；纳税人年度中间发生合并、分立、破产、停业等情况的，填报公历当年1月1日至实际停业或法院裁定并宣告破产之日；纳税人年度中间开业且年度中间又发生合并、分立、破产、停业等情况的，填报实际生产经营之日至实际停业或法院裁定并宣告破产之日。

表 1-1　　　　中华人民共和国企业所得税年度纳税申报表封面（A 类，2017 年版）

税款所属期间：　年　月　日至　年　月　日

纳税人识别号
（统一社会信用代码）：□□□□□□□□□□□□□□□□□□

纳税人名称：

金额单位：人民币元（列至角分）

谨声明：本纳税申报表是根据国家税收法律法规及相关规定填报的，是真实的、可靠的、完整的。

纳税人（签章）：

年　月　日

经办人：	受理人：
经办人身份证号：	受理税务机关（章）：
代理机构签章：	受理日期：　年　月　日

国家税务总局监制

【案例 1-1】A 公司注册成立时间为 2011 年 4 月 26 日，即在 2023 年底之前成立的，至 2023 年 12 月 31 日仍在持续经营。2023 年企业所得税汇算清缴期间，A 公司在填写《企业所得税年度纳税申报表（A 类，2017 年版）》封面中的"税款所属期间"项目时，应填写"2023 年 1 月 1 日至 2023 年 12 月 31 日"。

【案例 1-2】B 公司营业执照登记的注册成立时间为 2023 年 5 月 16 日，是在 2023 年的年度中间开业的，至 2023 年 12 月 31 日仍在持续经营。其填报实际生产经营之日至 2023 年 12 月 31 日，成立日期以营业执照上的成立日期为准，2023 年企业所得税汇算清缴期间，A 公司在填写《企业所得税年度纳税申报表（A 类，2017 版）》封面中的"税款所属期间"项目时，应填写"2023 年 5 月 16 日至 2023 年 12 月 31 日"。

【案例1-3】C公司注册成立时间为2015年9月16日，2023年7月31日为实际生产经营终止之日，2023年9月20日为办理完毕清算事务之日，即注销清算结束已办理完成注销清算手续。

分析：首先，按照《企业所得税法》第五十五条的规定，企业在年度中间终止经营活动的，应当自实际经营终止之日起60日内，向税务机关办理当期企业所得税汇算清缴，结清应缴应退企业所得税款。《国家税务总局关于印发〈企业所得税汇算清缴管理办法〉的通知》（国税发〔2009〕79号）第三条规定，凡在纳税年度内从事生产、经营（包括试生产、试经营），或在纳税年度中间终止经营活动的纳税人，无论是否在减税、免税期间，也无论盈利或亏损，均应按照企业所得税法及其实施条例和该办法的有关规定进行企业所得税汇算清缴。实行核定定额征收企业所得税的纳税人，不进行汇算清缴。

C公司在税法规定的时间内，应先进行2023年度企业所得税汇算清缴并填报《企业所得税年度纳税申报表（A类，2017年版）》，从2023年1月1日到7月31日企业终止生产经营这段时间，是企业正常生产经营期，应把2023年1月1日至7月31日作为一个独立的纳税年度，在实际经营终止之日起60日内，向税务机关办理当期企业所得税汇算清缴，其"税款所属期间"应填写为"2023年1月1日至2023年7月31日"。

其次，按照《财政部、国家税务总局关于企业清算业务企业所得税处理若干问题的通知》（财税〔2009〕60号）和《国家税务总局关于印发〈中华人民共和国企业清算所得税申报表〉的通知》（国税函〔2009〕388号）的相关规定，C公司需要把终止生产经营之日到企业注销税务登记之前，作为清算期。在2023年9月20日办理税务注销登记，即把2023年8月1日至9月20日也作为一个独立的纳税年度，进行清算业务企业所得税处理和纳税申报，并填写《中华人民共和国企业清算所得税申报表》及附表，其"清算期间"应填写为"2023年8月1日至2023年9月20日"。

【案例1-4】D公司注册成立时间为2023年1月16日，在2023年7月31日为实际生产经营终止之日，2023年10月20日为办理完毕清算事务之日，即注销清算结束已办理完成注销清算手续。

分析：首先，《企业所得税法》第五十五条规定："企业在年度中间终止经营活动的，应当自实际经营终止之日起六十日内，向税务机关办理当期企业所得税汇算清缴。"D公司应先进行企业所得税汇算清缴并填报《企业所得税年度纳税申报表（A类，2017年版）》，从2023年1月16日到7月31日企业终止生产经营这段时间，是企业正常生产经营期，把2023年1月16日至7月31日作为一个独立的纳税年度，在实际经营终止之日起60日内，向税务机关办理当期企业所得税汇算清缴，其"税款所属期间"填写"2023 年 1 月 16 日至 2023 年 7 月 31 日"。

其次，按照《财政部、国家税务总局关于企业清算业务企业所得税处理若干问题的通知》（财税〔2009〕60 号）和《国家税务总局关于印发〈中华人民共和国企业清算所得税申报表〉的通知》（国税函〔2009〕388 号）的相关规定，D 公司需要把终止生产经营之日到企业注销税务登记之前，作为清算期。企业的清算期也应作为一个独立的纳税年度。在 2023 年 10 月 20 日办理完毕清算事务，即把 2023 年 8 月 1 日至 10 月 20 日也作为一个独立的纳税年度，进行清算业务企业所得税处理和纳税申报，并填写《中华人民共和国企业清算所得税申报表》及附表，其《企业清算所得税申报表》的封面中"清算期间"项目应填写"2023 年 8 月 1 日至 2023 年 10 月 20 日"。

（二）纳税人相关信息填报操作实务

1. "纳税人识别号（纳税人统一社会信用代码）"：填报工商等部门核发的统一社会信用代码。未取得统一社会信用代码的，填报税务机关核发的纳税人识别号。

2. "纳税人名称"：填报营业执照、税务登记证等证件载明的纳税人名称。纳税人具体填报此项目时需要注意，它与营业执照、税务登记证的名称都是一致的，必须填报税务登记证所载纳税人的全称，不能用简称或缩写形式，这与纳税人填开发票抬头的规定一致。

《国家税务总局关于进一步加强普通发票管理工作的通知》（国税发〔2008〕80 号）第八条第二款规定，在日常检查中发现纳税人使用不符合规定发票特别是没有填开付款方全称的发票，不得允许纳税人用于税前扣除、抵扣税款、出口退税和财务报销。《国家税务总局关于加强企业所得税管理的意见》（国税发〔2008〕88 号）规定，加强发票核实工作，不符合规定的发票不得作为税前扣除凭据。《国家税务总局关于增值税发票开具有关问题的公告》（国家税务总局公告 2017 年第 16 号）第一条规定，自 2017 年 7 月 1 日起，购买方为企业的，索取增值税普通发票时，应向销售方提供纳税人识别号或统一社会信用代码；销售方为其开具增值税普通发票时，应在"购买方纳税人识别号"栏填写购买方的纳税人识别号或统一社会信用代码。不符合规定的发票，不得作为税收凭证。《国家税务总局关于发布〈企业所得税税前扣除凭证管理办法〉的公告》（国家税务总局公告 2018 年第 28 号）规定，企业发生支出，应取得税前扣除凭证，作为计算企业所得税应纳税所得额时扣除相关支出的依据。企业应在当年度企业所得税法规定的汇算清缴期结束前取得税前扣除凭证。企业取得私自印制、伪造、变造、作废、开票方非法取得、虚开、填写不规范等不符合规定的发票，以及取得不符合国家法律、法规等相关规定的其他外部凭证，不得作为税前扣除凭证。企业应当取得而未取得发票、其他外部凭证或者取得不合规发票、不合规其他外部凭证的，若支出真实且已实际发生，应当在当年度汇算清缴期结束前，要求对方补开、换开发票和其他外部凭证。补开、换开后的发票和其他外部凭证符合规定的，可以作为税前扣除凭证。例如，"纳税人名称"为"青岛瑞丰管理咨询有限公司"，不得填写为"青岛瑞丰管理咨询公司""青岛瑞丰咨询公司""青岛瑞丰"等简称或缩写名称。

3. "填报日期"：填报纳税人申报当日日期。《国家税务总局关于为纳税人提供企业所得税税收政策风险提示服务有关问题的公告》（国家税务总局公告2017年第10号）和《国家税务总局关于提供企业所得税税收政策风险提示服务的通知》（税总函〔2017〕135号）规定，为创新纳税服务方式，持续推进税务机关"放管服"改革，税务总局决定为纳税人提供企业所得税汇算清缴税收政策风险提示服务，税收政策风险提示服务是指纳税人进行企业所得税汇算清缴时，税务机关在纳税人正式申报纳税前，依据现行税收法律法规及相关管理规定，利用税务登记信息、纳税申报信息、财务会计信息、备案资料信息、第三方涉税信息等内在规律和联系，依托现代技术手段，就税款计算的逻辑性、申报数据的合理性、税收与财务指标关联性等，提供风险提示服务。目的是帮助纳税人提高税收遵从度，减少纳税风险。税收政策风险提示服务对象为查账征收，且通过互联网进行纳税申报的居民企业纳税人。税收政策风险提示服务是在纳税人正式申报纳税前进行的，需要纳税人提前一天将本企业的财务报表等信息，通过互联网报送至税务机关。纳税人之前已经完成以上信息报送的，无须重复报送。

纳税人在填报完成《企业所得税年度纳税申报表》后，正式向税务机关报送的企业所得税纳税申报表，需要在其封面主表和所有附表加盖"纳税人公章"，"纳税人公章"上的名称要与"营业执照"名称一致。例如，有些集团企业公章统一保管，在对申报表加盖公章时不注意，曾出现过张冠李戴的笑话，也有可能加盖了企业的"发票专用章"或"财务专用章"等不符合规定的印章。

【案例1-5】E纳税人是从2024年3月25日开始填写企业所得税纳税申报表，等到把整套申报表全部填写完毕时是2024年4月15日，2024年4月19日将本企业的财务报表等信息，通过互联网报送至税务机关并收到税务部门的企业所得税税收政策风险提示服务。实际向税务机关进行纳税申报的日期是2024年4月20日，则封面上的"填报日期"项目应填写为2024年4月20日。

4. 纳税人聘请代理机构代理申报的，加盖代理机构公章。

【案例1-6】F纳税人聘请甲税务师事务有限公司作为中介机构，代理申报2024年度企业所得税年度纳税申报表，则封面上应加盖代理申报中介机构甲税务师事务有限公司的公章，并填写经办人姓名和经办人身份证号码。

第二节 《企业所得税年度纳税申报基础信息表》填报实务与案例解析

一、《企业所得税年度纳税申报基础信息表》格式与填报要点

具体格式如表 1-2 所示。

表 1-2　　　　　　　企业所得税年度纳税申报基础信息表

基本经营情况（必填项目）			
101 纳税申报企业类型（填写代码）		102 分支机构就地纳税比例（%）	
103 资产总额（填写平均值，单位：万元）		104 从业人数（填写平均值，单位：人）	
105 所属国民经济行业（填写代码）		106 从事国家限制或禁止行业	□是 □否
107 适用会计准则或会计制度（填写代码）		108 采用一般企业财务报表格式（2019 年版）	□是 □否
109 小型微利企业	□是 □否	110 上市公司	是（□境内 □境外）□否
有关涉税事项情况（存在或者发生下列事项时必填）			
201 从事股权投资业务	□是	202 存在境外关联交易	□是
203 境外所得信息	203-1 选择采用的境外所得抵免方式	□分国（地区）不分项　□不分国（地区）不分项	
	203-2 新增境外直接投资信息	□是（产业类别：□旅游业　□现代服务业　□高新技术产业）	
204 有限合伙制创业投资企业的法人合伙人	□是	205 创业投资企业	□是
206 技术先进型服务企业类型（填写代码）		207 非营利组织	□是
208 软件、集成电路企业类型（填写代码）		209 集成电路生产项目类型	□130 纳米□65 纳米□28 纳米
210 科技型中小企业	210-1 ___年（申报所属期年度）入库编号 1	210-2 入库时间 1	
	210-3 ___年（所属期下一年度）入库编号 2	210-4 入库时间 2	
211 高新技术企业申报所属期年度有效的高新技术企业证书	211-1 证书编号 1	211-2 发证时间 1	
	211-3 证书编号 2	211-4 发证时间 2	
212 重组事项税务处理方式	□一般性□特殊性	213 重组交易类型（填写代码）	
214 重组当事方类型（填写代码）		215 政策性搬迁开始时间	＿年＿月
216 发生政策性搬迁且停止生产经营无所得年度	□是	217 政策性搬迁损失分期扣除年度	□是
218 发生非货币性资产对外投资递延纳税事项	□是	219 非货币性资产对外投资转让所得递延纳税年度	□是
220 发生技术成果投资入股递延纳税事项	□是	221 技术成果投资入股递延纳税年度	□是
222 发生资产（股权）划转特殊性税务处理事项	□是	223 债务重组所得递延纳税年度	□是
224 研发支出辅助账样式	□2015 版　□2021 版　□自行设计		

续表

主要股东及分红情况（必填项目）					
股东名称	证件种类	证件号码	投资比例（%）	当年（决议日）分配的股息、红利等权益性投资收益金额	国籍（注册地址）
其余股东合计	—	—		—	

　　纳税人在填报申报表前，先填报基础信息表，为后续申报提供指引。需要提醒纳税人，切勿忽视填报此表的重要性。纳税人在企业所得税年度纳税申报时应当向税务机关申报或者报告与确定应纳税额相关的信息。本表包括基本经营情况、有关涉税事项情况、主要股东及分红情况三部分内容。

二、《企业所得税年度纳税申报基础信息表》具体填报实务与案例解析

　　1.基本经营情况。本部分所列项目为纳税人必填（必选）内容。

　　（1）"101纳税申报企业类型"：纳税人根据申报所属期年度的企业经营方式情况，从《跨地区经营企业类型代码表》中选择相应的代码填入本项。具体格式如表1-3所示。

表1-3　　　　　　　　　跨地区经营企业类型代码表

代码	类型		
	大类	中类	小类
100	非跨地区经营企业		
210	跨地区经营企业总机构	总机构（跨省）——适用《跨地区经营汇总纳税企业所得税征收管理办法》	
220		总机构（跨省）——不适用《跨地区经营汇总纳税企业所得税征收管理办法》	
230		总机构（省内）	

续表

代码	类型		
	大类	中类	小类
311	跨地区经营企业分支机构	需进行完整年度纳税申报	分支机构（须进行完整年度申报并按比例纳税）
312			分支机构（须进行完整年度申报但不就地缴纳）

代码说明：

"100 非跨地区经营企业"：纳税人未跨地区设立不具有法人资格分支机构的，为非跨地区经营企业。

"210 总机构（跨省）——适用《跨地区经营汇总纳税企业所得税征收管理办法》"：纳税人为《国家税务总局关于印发〈跨地区经营汇总纳税企业所得税征收管理办法〉的公告》（国家税务总局公告 2012 年第 57 号发布、国家税务总局公告 2018 年第 31 号修改）规定的跨省、自治区、直辖市和计划单列市设立不具有法人资格分支机构的跨地区经营汇总纳税企业的总机构。

"220 总机构（跨省）——不适用《跨地区经营汇总纳税企业所得税征收管理办法》"：纳税人为《国家税务总局关于印发〈跨地区经营汇总纳税企业所得税征收管理办法〉的公告》（国家税务总局公告 2012 年第 57 号发布、国家税务总局公告 2018 年第 31 号修改）第二条规定的不适用该公告的跨地区经营汇总纳税企业的总机构。

具体单位如下：国有邮政企业（包括中国邮政集团公司及其控股公司和直属单位）、中国工商银行股份有限公司、中国农业银行股份有限公司、中国银行股份有限公司、国家开发银行股份有限公司、中国农业发展银行、中国进出口银行、中国投资有限责任公司、中国建设银行股份有限公司、中国建银投资有限责任公司、中国信达资产管理股份有限公司、中国石油天然气股份有限公司、中国石油化工股份有限公司、海洋石油天然气企业〔包括中国海洋石油总公司、中海石油（中国）有限公司、中海油田服务股份有限公司、海洋石油工程股份有限公司〕、中国长江电力股份有限公司等企业缴纳的企业所得税（包括滞纳金、罚款）为中央收入，全额上缴中央国库，其企业所得税征收管理不适用本办法。铁路运输企业所得税征收管理不适用本办法。

"230 总机构（省内）"：纳税人为仅在同一省、自治区、直辖市和计划单列市内设立不具有法人资格分支机构的跨地区经营汇总纳税企业的总机构。

"311 分支机构（须进行完整年度申报并按比例纳税）"：纳税人为根据相关政策规定须进行完整年度申报并按比例就地缴纳企业所得税的跨地区经营企业的分支机构。例如，从 2011 年 1 月 1 日起，中国石油天然气股份有限公司、中国石油化工股份有限公司下属不具有法人资格的二级分支机构，按照年度应纳所得税额 50% 的比例，就地预缴企业所得税。

"312分支机构（须进行完整年度申报但不就地缴纳）"：纳税人为根据相关政策规定须进行完整年度申报但不就地缴纳所得税的跨地区经营企业的分支机构。例如，中国华融资产管理股份有限公司、中国东方资产管理公司应缴纳的企业所得税，由企业总机构统一汇总计算后，向总机构所在地主管税务机关申报预缴，年终进行汇算清缴。上述企业所属二级分支机构应按照企业所得税的有关规定，向其当地主管税务机关报送企业所得税预缴申报表和其他相关资料，各分支机构不就地预缴企业所得税。

（2）"102分支机构就地纳税比例（%）"："101纳税申报企业类型"为"分支机构（须进行完整年度申报并按比例纳税）"需要同时填报本项。分支机构填报年度纳税申报时应当就地缴纳企业所得税的比例。

（3）"103资产总额（万元）"：填报纳税人全年资产总额季度平均数，单位为万元，保留小数点后两位。资产总额季度平均数，具体计算公式如下：

$$季度平均值 =（季初值 + 季末值）\div 2$$
$$全年季度平均值 = 全年各季度平均值之和 \div 4$$

年度中间开业或者终止经营活动的，以其实际经营期作为一个纳税年度确定上述相关指标。

（4）"104从业人数"：填报纳税人全年平均从业人数，从业人数是指与企业建立劳动关系的职工人数和企业接受的劳务派遣用工人数之和，依据和计算方法同"资产总额"口径。

"103资产总额"和"104从业人数"填报数据对于判断小型微利企业至关重要。

按照《财政部 税务总局关于进一步支持小微企业和个体工商户发展有关税费政策的公告》（财政部 税务总局公告2023年第12号）的规定，对小型微利企业减按25%计算应纳税所得额，按20%的税率缴纳企业所得税政策，延续执行至2027年12月31日。小型微利企业，是指从事国家非限制和禁止行业，且同时符合年度应纳税所得额不超过300万元、从业人数不超过300人、资产总额不超过5 000万元等三个条件的企业。小型微利企业的判定以企业所得税年度汇算清缴结果为准。

2023～2027年度，在预缴企业所得税时，企业可直接按当年度截至本期末的资产总额、从业人数、应纳税所得额等情况判断是否为小型微利企业。资产总额、从业人数指标具体计算公式如下：季度平均值 =（季初值 + 季末值）\div 2，全年季度平均值 = 全年各季度平均值之和 \div 4。截至本税款所属期末季度平均值 = 截至本税款所属期末各季度平均值之和 \div 相应季度数；年应纳税所得额指标按截至本期末不超过300万元的标准判断。

判断小型微利企业相关条件时需要注意：第一，按照相关政策规定，从业人数包括与企业建立劳动关系的职工人数和企业接受的劳务派遣用工人数，即劳务派遣用工人数计入了用人单位的从业人数。本着合理性原则，劳务派遣公司可不再将劳务派出人员重复计入本公司的从业人数。第二，现行企业所得税实行法人税制，企业应以法人为纳税主体，计算从业人数、资产总额等指标，即汇总纳税企业的从业人数、资产总额应包括分支机构的数据。第三，视同独立纳税人缴税的二级分支机构不具有法人资格，其经营情况应并入企业总机构，由企业总机构汇总计算应纳税款，并享受相关优惠政策。第四，国家限制和禁止行业可参照《产业结构调整指导目录（2024 年本）》规定的限制类和淘汰类以及《外商投资产业指导目录（2017 年修订）》中规定的限制外商投资产业目录、禁止外商投资产业目录列举的产业加以判断。

【案例 1 - 7】甲公司 2023 年各季度资产负债表日的资产总额期末余额情况如表 1 - 4 所示。

表 1 - 4　　　　　2023 年各季度资产负债表日的资产总额期末余额　　　　　单位：万元

季度	季初值	季末值	季度平均值	截至本季度末的季度平均值
第 1 季度	4 854	5 216	5 035	5 035
第 2 季度	5 216	4 678	4 947	4 991
第 3 季度	4 678	4 882	4 780	4 920.67
第 4 季度	4 882	5 136	5 009	4 942.75

问：计算甲公司各季度和全年平均资产总额并判断是否符合 2023 年各季度预缴和汇算清缴时有关小型微利企业的资产总额条件。

分析：各季度预缴申报时，第 1 季度资产总额不符合条件，第 2、第 3、第 4 季度资产总额符合条件；企业所得税汇算清缴时，全年季度平均值 = 全年各季度平均值之和 ÷ 4 = （5 035 + 4 947 + 4 780 + 5 009）÷ 4 = 4 942.75（万元），甲公司全年资产总额季度平均数为 4 942.75 万元，符合小型微利企业中资产总额条件。

【案例 1 - 8】乙公司 2023 年 5 月 15 日注册登记并开始进行生产经营，当日实缴资本为 3 000 万元，编制资产负债表列示的初始资产总额为 3 000 万元，以后各季度资产负债表日的资产总额期末余额情况如表 1 - 5 所示。

表 1 - 5　　　　　2023 年各季度资产负债表日的资产总额期末余额　　　　　单位：万元

季度	季初值	季末值	季度平均值	截至本季度末的季度平均值
第 2 季度	3 000	5 880	4 440	4 440
第 3 季度	5 880	5 640	5 760	5 100
第 4 季度	5 640	3 850	4 745	4 981.67

问：计算乙公司开业生产经营后各季度和全年平均资产总额并判断是否符合 2023 年各季度预缴所得税和汇算清缴时有关小型微利企业资产总额条件。

分析：《国家税务总局关于发布〈中华人民共和国企业所得税月（季）度预缴纳

税申报表（A类）〉等报表的公告》（国家税务总局公告2021年第3号）规定，纳税人应填报第1季度至税款所属季度各季度的季初、季末、季度平均资产总额的金额。季度中间开业的纳税人，填报开业季度至税款所属季度各季度的季初、季末资产总额的金额，其中，开业季度"季初"填报开业时资产总额的金额。季度中间停止经营的纳税人，填报第1季度至停止经营季度各季度的季初、季末资产总额的金额，其中，停止经营季度"季末"填报停止经营时资产总额的金额。"季度平均值"填报截至本税款所属期末资产总额金额的季度平均值，填报单位为人民币万元，保留小数点后2位。其计算方法如下：

$$各季度平均值 =（季初值 + 季末值）\div 2$$

$$截至本税款所属期末季度平均值 = 截至本税款所属期末各季度平均值之和 \div 相应季度数$$

年度中间开业或者终止经营活动的，以其实际经营期计算上述指标。

本例中，乙公司2023年5月15日注册登记开始生产经营，各季度预缴申报时，第2季度资产总额平均值 =（3 000 + 5 880）÷ 2 = 4 440（万元），截至本税款所属期末季度平均值 = 截至本税款所属期末各季度平均值之和 ÷ 相应季度数 = 4 440 ÷ 1 = 4 440（万元），判断其符合小型微利企业资产总额不超过5 000万元的条件。

第3季度资产总额平均值 =（5 880 + 5 640）÷ 2 = 5 760（万元），截至本税款所属期末季度平均值 = 截至本税款所属期末各季度平均值之和 ÷ 相应季度数 =（4 440 + 5 760）÷ 2 = 5 100（万元），判断其不符合小型微利企业资产总额不超过5 000万元的条件，不能享受小型微利企业税收优惠政策。

第4季度资产总额平均值 =（5 640 + 3 850）÷ 2 = 4 745（万元），截至本税款所属期末季度平均值 = 截至本税款所属期末各季度平均值之和 ÷ 相应季度数 =（4 440 + 5 760 + 4 745）÷ 3 = 4 981.67（万元），判断其符合小型微利企业资产总额不超过5 000万元的条件。

企业所得税年度汇算清缴时，全年季度平均值 = 全年各季度平均值之和 ÷ 3 =（4 440 + 5 760 + 4 745）÷ 3 = 4 981.67（万元），乙公司全年资产总额季度平均数为4 981.67万元，符合小型微利企业中资产总额的限制条件。

【案例1-9】A企业2017年成立，从事国家非限制和禁止行业，2023年各季度的资产总额、从业人数以及累计应纳税所得额情况如表1-6所示。

表1-6　　　　　　　　　A企业2023年各季度相关指标

季度	从业人数（人）		资产总额（万元）		应纳税所得额（累计值，万元）
	期初	期末	期初	期末	
第1季度	120	400	2 000	4 000	150
第2季度	400	500	4 000	6 600	200

季度	从业人数（人）		资产总额（万元）		应纳税所得额
	期初	期末	期初	期末	（累计值，万元）
第3季度	500	200	6 600	7 000	280
第4季度	200	40	7 000	2 500	290

问：A 企业在 2023 年度预缴企业所得税时，判断是否符合小型微利企业条件？2023 年度企业所得税年度纳税申报时，判断是否符合小型微利企业条件？

①预缴 2023 年度企业所得税时，分析具体过程如表 1-7 所示。

表 1-7　　　　　　　2023 年度预缴企业所得税小型微利企业判断表

	指标	第1季度	第2季度	第3季度	第4季度
从业人数（人）	季初	120	400	500	200
	季末	400	500	200	40
	季度平均值	$(120+400)\div$ $2=260$	$(400+500)\div$ $2=450$	$(500+200)\div$ $2=350$	$(200+40)\div$ $2=120$
	截至本期末季度平均值	260	$(260+450)\div$ $2=355$	$(260+450+350)\div$ $3=353$	$(260+450+350+$ $120)\div4=295$
资产总额（万元）	季初	2 000	4 000	6 600	7 000
	季末	4 000	6 600	7 000	2 500
	季度平均值	$(2\,000+4\,000)\div$ $2=3\,000$	$(4\,000+6\,600)\div$ $2=5\,300$	$(6\,600+7\,000)\div$ $2=6\,800$	$(7\,000+2\,500)\div$ $2=4\,750$
	截至本期末季度平均值	3 000	$(3\,000+5\,300)\div$ $2=4\,150$	$(3\,000+5\,300+$ $6\,800)\div3=5\,033.33$	$(3\,000+5\,300+6\,800$ $+4\,750)\div4=4\,962.5$
应纳税所得额（累计值，万元）		150	200	280	290
判断结果		符合	不符合（从业人数超标）	不符合（从业人数和资产总额均超标）	符合

②2023 年度企业所得税年度纳税申报时，小型微利企业标准分析具体过程如下：从业人数全年季度平均值 = 全年各季度平均值之和÷4 = (260 + 450 + 350 + 120)÷4 = 295（人）；资产总额全年季度平均值 = 全年各季度平均值之和÷4 = (3 000 + 5 300 + 6 800 + 4 750)÷4 = 4 962.5（万元）；年度应纳税所得额 = 290（万元）。上述指标均符合小型微利企业税收优惠相关政策规定，2023 年可以享受小型微利企业普惠性所得税减免政策，当年应纳税额 = 290 × 25% × 20% = 14.5（万元），相比一般企业而言，减免企业所得税 = 290 × 25% - 14.5 = 58（万元），填入 A107040《减免所得税优惠明细表》第 1 行"一、符合条件的小型微利企业减免企业所得税"。

【案例 1-10】甲公司属于季节性用工波动较为明显的制造业企业，2023 年各季度从业人数（包括与企业建立劳动关系的职工人数和企业接受的劳务派遣用工人数）情况如表 1-8 所示。

表 1-8   **2023 年各季度季初、季末从业人数及平均值**   单位：人

季度	季初值	季末值	季度平均值	截至本季度末的季度平均值
第 1 季度	267	368	317.5	317.5
第 2 季度	368	316	342	329.75
第 3 季度	316	148	232	297.17
第 4 季度	148	226	187	269.63

问：计算甲公司季度和全年平均从业人数并判断是否符合小型微利企业条件。

分析：本例中，各季度预缴申报时，第 1 季度从业人数平均值 = (267 + 368) ÷ 2 = 317.5（人），截至本税款所属期末季度平均值 = 截至本税款所属期末各季度平均值之和 ÷ 相应季度数 = 317.5 ÷ 1 = 317.5（人），判断其不符合小型微利企业从业人数不超过 300 人的条件。

第 2 季度从业人数平均值 = (368 + 316) ÷ 2 = 342（人），截至本税款所属期末季度平均值 = 截至本税款所属期末各季度平均值之和 ÷ 相应季度数 = (317.5 + 342) ÷ 2 = 329.75（人），判断其不符合小型微利企业从业人数不超过 300 人的条件。

第 3 季度从业人数平均值 = (316 + 148) ÷ 2 = 232（人），截至本税款所属期末季度平均值 = 截至本税款所属期末各季度平均值之和 ÷ 相应季度数 = (317.5 + 342 + 232) ÷ 3 = 297.17（人），判断其符合小型微利企业从业人数不超过 300 人的条件。

第 4 季度从业人数平均值 = (148 + 226) ÷ 2 = 187（人），截至本税款所属期末季度平均值 = 截至本税款所属期末各季度平均值之和 ÷ 相应季度数 = (317.5 + 342 + 232 + 187) ÷ 4 = 269.63（人），判断其符合小型微利企业从业人数不超过 300 人的条件。

企业所得税年度汇算清缴时，甲公司从业人数全年季度平均值 = 全年各季度平均值之和 ÷ 4 = (317.5 + 342 + 232 + 187) ÷ 4 = 269.63（人），不超过 300 人，判断其 2020 年符合小型微利企业从业人数限制条件。

（5）"105 所属国民经济行业"：按照《国民经济行业分类》标准，纳税人填报所属的国民经济行业明细代码。

（6）"106 从事国家限制或禁止行业"：纳税人从事行业为国家限制和禁止行业的，选择"是"；其他选择"否"。

具体填报实务要点：纳税人是否从事国家限制和禁止行业，具体可以参照《产业结构调整指导目录（2019 年修正本）》，目录中对限制行业有详细规定。非属于上述目录外一般性企业选择"否"。需要注意的是，2023 年 12 月 27 日，国家发展改革委发布了修正后的《产业结构调整指导目录（2024 年本）》，自 2024 年 2 月 1 日起施行。《产业结构调整指导目录（2019 年本）（修正）》同时废止。纳税人在 2024 年进行 2023 年度企业所得税汇算清缴时，仍需要按照 2019 年本目录确认是否从事国家限制和禁止行业。在 2025 年进行 2024 年度企业所得税汇算清缴时，按照 2024 年本新目录确认是否从事国家限制和禁止行业。

（7）"107 适用会计准则或会计制度"：纳税人根据会计核算采用的会计准则或会计制度从《会计准则或会计制度类型代码表》中选择相应的代码填入本项。具体格式如表 1-9 所示。

表 1-9   会计准则或会计制度类型代码表

代码	类型	
	大类	小类
110	企业会计准则	一般企业
120		银行
130		证券
140		保险
150		担保
200	小企业会计准则	
300	企业会计制度	
410	事业单位会计准则	事业单位会计制度
420		科学事业单位会计制度
430		医院会计制度
440		高等学校会计制度
450		中小学校会计制度
460		彩票机构会计制度
500	民间非营利组织会计制度	
600	村集体经济组织会计制度	
700	农民专业合作社财务会计制度（试行）	
800	政府会计准则	
999	其他	

具体填报实务要点：纳税人适用的会计准则或会计制度属于单项选择，即纳税人应根据自身具体情况选择上述一种会计准则或制度。《财政部关于公布若干废止和失效的会计准则制度类规范性文件目录的通知》（财会〔2015〕3 号）规定全文废止或失效了 39 项会计准则和制度，今后纳税人不得采用上述会计准则或制度进行会计核算和纳税申报。本项目的填报情况与收入、成本、费用明细表及视同销售明细表的相关栏目的填列存在对应关系。纳税人应该严格执行《财政部关于加强国家统一的会计制度贯彻实施工作的指导意见》（财会〔2019〕17 号）和《财政部、国务院国资委、金融监管总局、中国证监会关于严格执行企业会计准则 切实做好企业 2023 年年报工作的通知》（财会〔2023〕29 号）。

（8）"108 采用一般企业财务报表格式（2019 年版）"：纳税人根据《财政部关于修订印发 2019 年度一般企业财务报表格式的通知》（财会〔2019〕6 号）和《财政部关于修订印发 2018 年度金融企业财务报表格式的通知》（财会〔2018〕36 号）规定的格式编制财务报表的，选择"是"，其他选择"否"。

（9）"109 小型微利企业"：纳税人符合小型微利企业普惠性所得税减免政策条件的，选择"是"，其他选择"否"。

（10）"110 上市公司"：纳税人在中国境内上市的选择"境内"；在中国境外上市的选择"境外"；在境内外同时上市的可同时选择；其他选择"否"。纳税人在中国香港上市的，参照境外上市相关规定选择。

具体填报实务要点：注意新三板挂牌公司，不属于证监会相关文件规范的境内上市公司。上市公司也可能存在在境内和境外均上市，例如，庄园乳业在境内上市的同时也在境外（香港特区）上市；华能国际同时在纽约证券交易所、香港交易所和上海证券交易所上市。

2. 有关涉税事项情况。本部分所列项目为条件必填（必选）内容，当纳税人存在或发生下列事项时，必须填报。纳税人未填报的，视同不存在或未发生下列事项。

（1）"201 从事股权投资业务"：纳税人从事股权投资业务的（包括集团公司总部、创业投资企业等），选择"是"。

具体填报实务要点：从事股权投资业务的企业其业务招待费的扣除基数与一般企业不同。《国家税务总局关于贯彻落实企业所得税法若干税收问题的通知》（国税函〔2010〕79号）规定："对从事股权投资业务的企业（包括集团公司总部、创业投资企业等），其从被投资企业所分配的股息、红利以及股权转让收入，可以按规定的比例计算业务招待费扣除限额。"如果从事股权投资业务的企业错误填写，则会影响业务招待费计算的扣除基数。此处从事股权投资业务没有强调是专门从事股权投资业务的企业，即只要企业从事股权投资业务就可以选择"是"。另外，税务机关通过该项目填报信息，可以为进一步了解纳税人是否存在关联交易提供线索。

（2）"202 存在境外关联交易"：纳税人存在境外关联交易的，选择"是"。

（3）"203 境外所得信息"：填报纳税人与来源于中国境外所得相关的信息。

① "203-1 选择采用的境外所得抵免方式"：纳税人适用境外所得税收抵免政策，且根据《财政部 国家税务总局关于企业境外所得税收抵免有关问题的通知》（财税〔2009〕125号）、《财政部 税务总局关于完善企业境外所得税收抵免政策问题的通知》（财税〔2017〕84号）的规定选择按国（地区）别分别计算其来源于境外的应纳税所得额，即"分国（地区）不分项"的，选择"分国（地区）不分项"；纳税人适用境外所得税收抵免政策，且根据财税〔2009〕125号文件、财税〔2017〕84号文件的规定选择不按国（地区）别汇总计算其来源于境外的应纳税所得额，即"不分国（地区）不分项"的，选择"不分国（地区）不分项"。境外所得抵免方式一经选择，5年内不得变更。

② "203-2 新增境外直接投资信息"：填报纳税人符合享受境外所得免征企业所得税优惠政策条件的相关信息。本项目由在海南自由贸易港等特定地区设立的旅游业、现代服务业、高新技术产业且新增境外直接投资的企业填报。"产业类别"填报纳税人经营的产业类别，按"旅游业""现代服务业""高新技术产业"选择填报。

15

（4）"204 有限合伙制创业投资企业的法人合伙人"：纳税人投资于有限合伙制创业投资企业且为其法人合伙人的，选择"是"。本项目中的有限合伙制创业投资企业的法人合伙人是指符合《中华人民共和国合伙企业法》、《创业投资企业管理暂行办法》（国家发展和改革委员会令第39号）以及《外商投资创业投资企业管理规定》（外经贸部、科技部、工商总局、税务总局、外汇管理局令2003年第2号发布，商务部令2015年第2号修改）和《私募投资基金监督管理暂行办法》（证监会令第105号）关于创业投资基金的特别规定等规定的创业投资企业法人合伙人。有限合伙制创业投资企业的法人合伙人无论是否享受企业所得税优惠政策，均应填报本项。

（5）"205 创业投资企业"：纳税人为创业投资企业的，选择"是"。本项目中的创业投资企业是指依照《创业投资企业管理暂行办法》（国家发展和改革委员会令第39号）和《外商投资创业投资企业管理规定》（外经贸部、科技部、工商总局、税务总局、外汇管理局令2003年第2号发布，商务部令2015年第2号修改）、《私募投资基金监督管理暂行办法》（证监会令第105号）关于创业投资基金的特别规定等规定，在中华人民共和国境内设立的专门从事创业投资活动的企业或其他经济组织。创业投资企业无论是否享受企业所得税优惠政策，均应填报本项。

（6）"206 技术先进型服务企业类型"：纳税人为经认定的技术先进型服务企业的，从《技术先进型服务企业类型代码表》（具体格式如表1-10所示）中选择相应的代码填报本项。本项目中的经认定的技术先进型服务企业是指符合《财政部 税务总局 商务部 科技部 国家发展改革委关于将技术先进型服务企业所得税政策推广至全国实施的通知》（财税〔2017〕79号）、《财政部 税务总局 商务部 科技部 国家发展改革委关于将服务贸易创新发展试点地区技术先进型服务企业所得税政策推广至全国实施的通知》（财税〔2018〕44号）等文件规定的企业。经认定的技术先进型服务企业无论是否享受企业所得税优惠政策，均应填报本项。

表1-10   **技术先进型服务企业类型代码表**

代码	类型	
	大类	小类
110	服务外包类	信息技术外包服务（ITO）
120		技术性业务流程外包服务（BPO）
130		技术性知识流程外包服务（KPO）
210	服务贸易类	计算机和信息服务
220		研究开发和技术服务
230		文化技术服务
240		中医药医疗服务

（7）"207 非营利组织"：纳税人为非营利组织的，选择"是"。

（8）"208 软件、集成电路企业类型"：适用纳税人根据 A000000《企业所得税年度纳税申报基础信息表》"208 软件、集成电路企业类型"填报的企业类型和实际经营情况，从《软件、集成电路企业优惠方式代码表》（具体格式如表 1-11 所示）"代码"列中选择相应代码填报。软件、集成电路企业若符合相关企业所得税优惠政策条件的，无论是否享受企业所得税优惠，均应填报本项，且仅可从中选择一项填列。

表 1-11   软件、集成电路企业类型代码表

代码	类型	
	大类	中类
110	100 集成电路生产企业	线宽小于 0.8 微米（含）的企业（延续到期）
120		线宽小于 0.25 微米的企业（延续到期）
130		投资额超过 80 亿元的企业（延续到期）
131		投资额超过 150 亿元的企业（延续到期）
140		线宽小于 130 纳米（含）的企业
151		线宽小于 65 纳米（含）的企业
160		线宽小于 28 纳米（含）的企业
240	200 集成电路设计企业	集成电路设计企业
250		重点集成电路设计企业
330	300 软件企业	软件企业
340		重点软件企业
400	集成电路封装、测试（含封装测试）企业	
500	集成电路材料（含关键专用材料）企业	
600	集成电路装备（含专用设备）企业	

（9）"209 集成电路生产项目类型"：纳税人投资集成电路线宽小于 130 纳米（含）、集成电路线宽小于 65 纳米（含）或投资额超过 150 亿元、线宽小于 28 纳米（含）的集成电路生产项目，项目符合有关文件规定的税收优惠政策条件，且按照项目享受企业所得税优惠政策的，应填报本项。纳税人投资线宽小于 130 纳米（含）的集成电路生产项目的，选择"130 纳米（含）"，投资线宽小于 65 纳米（含）或投资额超过 150 亿元的集成电路生产项目的，选择"65 纳米"；投资线宽小于 28 纳米（含）的集成电路生产项目的，选择"28 纳米"；同时投资上述两类以上项目的，可同时选择。纳税人既符合"208 软件、集成电路企业类型"项目又符合"209 集成电路生产项目类型"项目填报条件的，应当同时填报。

（10）"210 科技型中小企业"：纳税人根据申报所属期年度和申报所属期下一年度取得的科技型中小企业入库登记编号情况，填报本项目下的"210-1""210-2""210-3""210-4"。例如，纳税人在进行 2023 年度企业所得税汇算清缴纳税申报

时，"210-1（申报所属期年度）入库编号"首先应当填列"2023年（申报所属期年度）入库编号"，"210-3（所属期下一年度）入库编号"首先应当填列"2024年（所属期下一年度）入库编号"。若纳税人在2023年1月1日至2023年12月31日之间取得科技型中小企业入库登记编号，将相应的"编号"及"入库时间"分别填入"210-1"和"210-2"项目中；若纳税人在2024年1月1日至2023年度汇算清缴纳税申报日之间取得科技型中小企业入库登记编号，将相应的"编号"及"入库时间"分别填入"210-3"和"210-4"项目中。纳税人符合上述填报要求的，无论是否享受企业所得税优惠政策，均应填报本项。

（11）"211 高新技术企业申报所属期年度有效的高新技术企业证书"：纳税人根据申报所属期年度拥有的有效期内的高新技术企业证书情况，填报本项目下的"211-1""211-2""211-3""211-4"。在申报所属期年度，如企业同时拥有两个高新技术企业证书，则两个证书情况均应填报。例如，纳税人2020年10月取得高新技术企业证书，有效期3年，2023年再次参加认定并于2023年11月取得新高新技术企业证书，纳税人在进行2023年度企业所得税汇算清缴纳税申报时，应将两个证书的"编号"及"发证时间"分别填入"211-1""211-2""211-3""211-4"项目中。纳税人符合上述填报要求的，无论是否享受企业所得税优惠政策，均应填报本项。

（12）"212 重组事项税务处理方式"：纳税人在申报所属期年度发生重组事项的，应填报本项。纳税人重组事项按一般性税务处理的，选择"一般性"；重组事项按特殊性税务处理的，选择"特殊性"。

（13）"213 重组交易类型"和"214 重组当事方类型"：填报"212 重组事项税务处理方式"的纳税人，应当同时填报"213 重组交易类型"和"214 重组当事方类型"。纳税人根据重组情况从《重组交易类型和当事方类型代码表》（具体格式如表1-12所示）中选择相应代码分别填入对应项目中。重组交易类型和当事方类型根据《财政部 国家税务总局关于企业重组业务企业所得税处理若干问题的通知》（财税〔2009〕59号）、《国家税务总局关于企业重组业务企业所得税征收管理若干问题的公告》（国家税务总局公告2015年第48号、国家税务总局公告2018年第31号修改）等文件规定判断。

表1-12　　　　　　　　　重组交易类型和当事方类型代码表

重组交易		重组当事方	
代码	类型	代码	类型
100	法律形式改变	—	—
200	债务重组	210	债务人
		220	债权人

重组交易		重组当事方	
代码	类型	代码	类型
300	股权收购	310	收购方
		320	转让方
		330	被收购企业
400	资产收购	410	收购方
		420	转让方
500	合并	510	合并企业
		520	被合并企业
		530	被合并企业股东
600	分立	610	分立企业
		620	被分立企业
		630	被分立企业股东

（14）"215 政策性搬迁开始时间"：纳税人发生政策性搬迁事项且申报所属期年度处在搬迁期内的，填报政策性搬迁开始的时间。

（15）"216 发生政策性搬迁且停止生产经营无所得年度"：纳税人的申报所属期年度处于政策性搬迁期内，且停止生产经营无所得的，选择"是"。

（16）"217 政策性搬迁损失分期扣除年度"：纳税人发生政策性搬迁事项出现搬迁损失，按照《企业政策性搬迁所得税管理办法》（国家税务总局公告 2012 年第 40 号）等有关规定选择自搬迁完成年度起分 3 个年度均匀在税前扣除的，且申报所属期年度处在分期扣除期间的，选择"是"。

（17）"218 发生非货币性资产对外投资递延纳税事项"：纳税人在申报所属期年度发生非货币性资产对外投资递延纳税事项的，选择"是"。

（18）"219 非货币性资产对外投资转让所得递延纳税年度"：纳税人以非货币性资产对外投资确认的非货币性资产转让所得，按照《财政部 国家税务总局关于非货币性资产投资企业所得税政策问题的通知》（财税〔2014〕116 号）、《国家税务总局关于非货币性资产投资企业所得税有关征管问题的公告》（国家税务总局公告 2015 年第 33 号）等文件的规定，在不超过 5 年期限内分期均匀计入相应年度的应纳税所得额的，且申报所属期年度处在递延纳税期间的，选择"是"。

（19）"220 发生技术成果投资入股递延纳税事项"：纳税人在申报所属期年度发生技术入股递延纳税事项的，选择"是"。

（20）"221 技术成果投资入股递延纳税年度"：纳税人发生技术入股事项，按照《财政部 国家税务总局关于完善股权激励和技术入股有关所得税政策的通知》（财税〔2016〕101 号）、《国家税务总局关于股权激励和技术入股所得税征管问题的公告》

（国家税务总局公告 2016 年第 62 号）等文件的规定选择适用递延纳税政策，即在投资入股当期暂不纳税，递延至转让股权时按股权转让收入减去技术成果原值和合理税费后的差额计算缴纳所得税的，且申报所属期年度为转让股权年度的，选择"是"。

（21）"222 发生资产（股权）划转特殊性税务处理事项"：纳税人在申报所属期年度发生《财政部 国家税务总局关于促进企业重组有关企业所得税处理问题的通知》（财税〔2014〕109 号）、《国家税务总局关于资产（股权）划转企业所得税征管问题的公告》（国家税务总局公告 2015 年第 40 号）等文件规定的资产（股权）划转特殊性税务处理事项的，选择"是"。

（22）"223 债务重组所得递延纳税年度"：纳税人债务重组确认的应纳税所得额按照《财政部 税务总局关于企业重组业务企业所得税处理若干问题的通知》（财税〔2009〕59 号）、《财政部 国家税务总局关于促进企业重组有关企业所得税处理问题的通知》（财税〔2014〕109 号）等文件的规定，在 5 个纳税年度的期间内，均匀计入各年度的应纳税所得额的，且申报所属期年度处在递延纳税期间的，选择"是"。

（23）"224 研发支出辅助账样式"：按照《国家税务总局关于企业研究开发费用税前加计扣除政策有关问题的公告》（国家税务总局公告 2015 年第 97 号）、《国家税务总局关于进一步落实研发费用加计扣除政策有关问题的公告》（国家税务总局公告 2021 年第 28 号）文件的规定，纳税人选择使用 2015 版研发支出辅助账样式及其优化版（如上海市 2018 优化版研发支出辅助账样式）的，选择"2015 版"；纳税人选择 2021 版研发支出辅助账样式，选择"2021 版"；纳税人自行设计研发支出辅助账样式的，选择"自行设计"。

3. 主要股东及分红情况。纳税人填报本企业投资比例位列前 10 位的股东情况。包括股东名称，证件种类（营业执照、税务登记证、组织机构代码证、身份证、护照等），证件号码（统一社会信用代码、纳税人识别号、组织机构代码号、身份证号、护照号等），投资比例，当年（决议日）分配的股息、红利等权益性投资收益金额，国籍（注册地址）。纳税人股东数量超过 10 位的，应将其余股东有关数据合计后填入"其余股东合计"行次。

纳税人股东为非居民企业的，证件种类和证件号码可不填报。

小型微利企业需要注意的是，按照《国家税务总局关于简化小型微利企业所得税年度纳税申报有关措施的公告》（国家税务总局公告 2018 年第 58 号）的规定，A000000《企业所得税年度纳税申报基础信息表》中的"基本经营情况"为小型微利企业必填项目；"有关涉税事项情况"为选填项目，存在或者发生相关事项时小型微利企业必须填报；"主要股东及分红情况"为小型微利企业免填项目。

第三节　《企业所得税年度纳税申报表（A 类，2017 年版）》主表填报实务与案例解析

一、《企业所得税年度纳税申报表（A 类，2017 年版）》主表格式与填报要点

具体格式如表 1 – 13 所示。

表 1 – 13　　　　中华人民共和国企业所得税年度纳税申报表（A 类）　　　　A100000

行次	类别	项　　目	金　额
1	利润总额计算	一、营业收入（填写 A101010 \ 101020 \ 103000）	
2		减：营业成本（填写 A102010 \ 102020 \ 103000）	
3		减：税金及附加	
4		减：销售费用（填写 A104000）	
5		减：管理费用（填写 A104000）	
6		减：财务费用（填写 A104000）	
7		减：资产减值损失	
8		加：公允价值变动收益	
9		加：投资收益	
10		二、营业利润（1 – 2 – 3 – 4 – 5 – 6 – 7 + 8 + 9）	
11		加：营业外收入（填写 A101010 \ 101020 \ 103000）	
12		减：营业外支出（填写 A102010 \ 102020 \ 103000）	
13		三、利润总额（10 + 11 – 12）	
14	应纳税所得额计算	减：境外所得（填写 A108010）	
15		加：纳税调整增加额（填写 A105000）	
16		减：纳税调整减少额（填写 A105000）	
17		减：免税、减计收入及加计扣除（填写 A107010）	
18		加：境外应税所得抵减境内亏损（填写 A108000）	
19		四、纳税调整后所得（13 – 14 + 15 – 16 – 17 + 18）	
20		减：所得减免（填写 A107020）	
21		减：弥补以前年度亏损（填写 A106000）	
22		减：抵扣应纳税所得额（填写 A107030）	
23		五、应纳税所得额（19 – 20 – 21 – 22）	
24	应纳税额计算	税率（25%）	
25		六、应纳所得税额（23 × 24）	
26		减：减免所得税额（填写 A107040）	

行次	类别	项　目	金　额
27		减：抵免所得税额（填写 A107050）	
28		七、应纳税额（25－26－27）	
29		加：境外所得应纳所得税额（填写 A108000）	
30		减：境外所得抵免所得税额（填写 A108000）	
31	应纳税 额计算	八、实际应纳所得税额（28＋29－30）	
32		减：本年累计实际已缴纳的所得税额	
33		九、本年应补（退）所得税额（31－32）	
34		其中：总机构分摊本年应补（退）所得税额（填写 A109000）	
35		财政集中分配本年应补（退）所得税额（填写 A109000）	
36		总机构主体生产经营部门分摊本年应补（退）所得税额（填写 A109000）	
37	实际应纳 税额计算	减：民族自治地区企业所得税地方分享部分：（□免征 □减征：减征幅度 ____％）	
38		十、本年实际应补（退）所得税额（33－37）	

本表为企业所得税年度纳税申报表主表，企业应该根据《中华人民共和国企业所得税法》及其实施条例（以下简称税法）、相关税收政策，以及国家统一会计制度（企业会计准则、小企业会计准则、企业会计制度、事业单位会计准则和民间非营利组织会计制度等）的规定，计算填报纳税人利润总额、应纳税所得额和应纳税额等有关项目。

企业在计算应纳税所得额及应纳所得税时，企业会计处理与税收规定不一致的，应当按照税收规定计算。税收规定不明确的，在没有明确规定之前，暂按国家统一会计制度计算。

填报实务要点：税收规定不明确的，在没有明确规定之前，暂按国家统一会计制度计算。这说明，在没有明确税收规定的情况下，国家统一会计制度也是计算企业所得税的依据，纳税人违反国家统一会计制度的，应首先按照会计差错更正相关规定进行会计处理，再按照税收规定计算应纳税所得额和应纳税额。如果既没有税收规定，也没有国家统一会计制度规定，则依据其他法律、法规或规范性文件处理。

二、《企业所得税年度纳税申报表（A 类，2017 年版）》表体项目修改情况与填报要点

本表是在纳税人会计利润总额的基础上，加减纳税调整等金额后计算出"纳税调整后所得"。会计与税法的差异（包括收入类、扣除类、资产类等差异）通过 A105000《纳税调整项目明细表》集中填报。

本表包括利润总额计算、应纳税所得额计算、应纳税额计算三个部分。

1. "利润总额计算"中的项目，按照国家统一会计制度规定计算填报。实行企业会计准则、小企业会计准则、企业会计制度、分行业会计制度的纳税人，其数据直接取自《利润表》（另有说明的除外）；实行事业单位会计准则的纳税人，其数据取自《收入支出表》；实行民间非营利组织会计制度的纳税人，其数据取自《业务活动表》；实行其他国家统一会计制度的纳税人，根据本表项目进行分析填报。

2. "应纳税所得额计算"和"应纳税额计算"中的项目，除根据主表逻辑关系计算以外，通过附表相应栏次填报。

2017年版申报表的主表与2014年版相比有所修改，具体填报实务要点如下：

第一，修改应纳税所得额计算顺序。即将旧表中的第23行"应纳税所得额"＝第19行"纳税调整后所得（13－14＋15－16－17＋18）"－第20行"所得减免（填写A107020）"－第21行"抵扣应纳税所得额（填写A107030）"－第22行"弥补以前年度亏损（填写A106000）"修改为：第23行"应纳税所得额"＝第19行"纳税调整后所得（13－14＋15－16－17＋18）"－第20行"所得减免（填写A107020）"－第21行"弥补以前年度亏损（填写A106000）"－第22行"抵扣应纳税所得额（填写A107030）"，此处修改还将影响A106000《企业所得税弥补亏损明细表》中第2列"可弥补亏损所得"的计算结果。计算顺序调整后，如纳税人当期既有可抵扣的应纳税所得额又有需要弥补的以前年度亏损额的，须先用纳税调整后所得弥补以前年度亏损，再用弥补亏损后的余额抵扣创业投资企业可抵扣的应纳税所得额。

【案例1－11】某创业投资企业，2023年度纳税调整后所得为200万元，有2018年尚未弥补的亏损80万元。2021年投资于未上市的中小高新技术企业200万元，按照《企业所得税法实施条例》第九十七条的规定，可以按其投资额的70%在股权持有满两年的当年抵扣该创业投资企业的应纳税所得额，当年不足抵扣的可以在以后年度结转抵扣。若按2014年版申报表的顺序计算：应纳税所得额＝200－140－60＝0，2018年的亏损80万元，本年度只能弥补60万元，余下的20万元因为超过了5年的亏损弥补期而不能弥补。按2017年版申报表的顺序计算：应纳税所得额＝200－80－120＝0，2018年的亏损可以全部在本年度实现弥补，创业投资额70%部分虽然本年度只抵扣了120万元，但剩下的20万元以后年度仍可以结转抵扣。通过案例可以看到，让有期限的亏损先弥补，让无期限的抵扣后抵扣，这对企业更加有利。

第二，将旧表中的第3行"营业税金及附加"修改为"税金及附加"。

第三，将旧表中的附列资料中的第39行"以前年度多缴的所得税额在本年抵减额"和第38行"以前年度应缴未缴在本年入库所得税额"删除。

第四，利润总额相关计算项目添加了"加："："减："的标识。为避免产生理解歧义，增强计算过程的确定性，对原第3行"税金及附加"、原第4行"销售费用"、原第5行"管理费用"、原第6行"财务费用"、原第7行"资产减值损失"添加了"减："的标识，对原第9行"投资收益"添加了"加："的标识。

第五，更进一步明确了境外所得抵减（弥补）境内亏损的情形。为解决纳税人用境外所得抵减（弥补）境内亏损的计算问题，明确计算方法和填报口径。纳税人可以选择是否用境外所得抵减（弥补）境内亏损，当纳税人选择不用境外所得抵减境内亏损时，本表第18行"加：境外应税所得抵减境内亏损"和A108000《境外所得税收抵免明细表》第6列"抵减境内亏损"填报"0"。

当纳税人选择用境外所得抵减（弥补）境内亏损时，在A108000《境外所得税收抵免明细表》第6列"抵减境内亏损"填报境外所得弥补境内亏损的金额，并区别两种情况分别处理：一是用境外所得抵减当年度境内亏损的，抵减金额同时填入本表第18行"加：境外应税所得抵减境内亏损"；二是用境外所得弥补以前年度境内亏损的，弥补金额通过A106000《企业所得税弥补亏损明细表》进行计算，并将弥补以前年度境内亏损后的"可结转以后年度弥补的亏损额"填入A106000《企业所得税弥补亏损明细表》第11列。

从主表的结构看，境外所得的纳税调整，包括一减一加。减项为主表第14行"减：境外所得"，填报纳税人取得的境外所得且已计入利润总额的金额。加项为主表第18行"境外应税所得抵减境内亏损"。主表"利润总额"在"减：境外所得""加：纳税调整增加额""减：纳税调整减少额""减：免税、减计收入及加计扣除"后为负数的，可以把已从利润总额中减去的境外应税所得拉回来抵减该亏损，产生的纳税调整通过主表第18行填报。根据主表所述表间关系，第18行：（1）当A100000第13 - 14 + 15 - 16 - 17行≥0，第18行 = 0；（2）当A100000第13 - 14 + 15 - 16 - 17行<0且表A108000第5列合计行≥0，表A108000第6列合计行>0时，第18行 = 表A108000第5列合计行与表A100000第13 - 14 + 15 - 16 - 17行绝对值的孰小值；（3）当A100000第13 - 14 + 15 - 16 - 17行<0且表A108000第5列合计行≥0，表A108000第6列合计行 = 0时，第18行 = 0。境外应税所得抵减的是未考虑第18行时当年纳税调整后所得小于零的数额，不得抵减境内以前年度尚未弥补的亏损。

【案例1 - 12】某公司在境外A国有一分支机构，2023年境内营业机构和境外A国分支机构税前盈亏情况假设有以下五种情况（见表1 - 14），且以前年度境内外营业机构均没有结转弥补的亏损，当公司选择用境外所得抵减当年度境内亏损的情况下，试分析其纳税调整后所得是多少？

表1 - 14　　　　　　　　　　　盈亏情况

项目	情形1	情形2	情形3	情形4	情形5
境内营业机构	1 000	− 1 000	− 1 000	1 000	− 1 000
A国分支机构	200	300	− 200	− 1 200	1 300
企业利润总额	1 200	− 700	− 1 200	− 200	300

分析过程和结果如表1－15所示。

表1－15 分析结果

项目	情形1	情形2	情形3	情形4	情形5
境内营业机构	1 000	－ 1 000	－ 1 000	1 000	－ 1 000
A国分支机构	200	300	－ 200	－ 1 200	1 300
企业利润总额	1 200	－ 700	－ 1 200	－ 200	300
减：境外所得	200	300	－ 200	－ 1 200	1 300
未考虑18行时纳税调整后所得	1 000	－ 1 000	－ 1 000	1 000	－ 1 000
加：境外应税所得抵减境内亏损	0	300	0	0	1 000
纳税调整后所得	1 000	－ 700	－ 1 000	1 000	0

除通过主表反映的纳税人用境外所得抵减当年境内亏损外，纳税人可以选择用境外所得弥补以前年度境内亏损，弥补金额通过A106000《企业所得税弥补亏损明细表》进行计算。填报在A106000《企业所得税弥补亏损明细表》第11列"用本年度所得额弥补的以前年度亏损额－使用境外所得弥补"：第1～10行，当纳税人选择用境外所得弥补境内以前年度亏损的，填报各年度被本年度（申报所属期年度）境外所得依次弥补的亏损额。本列第12行，填报本列第1～11行的合计金额。

三、《企业所得税年度纳税申报表（A类，2017年版)》主表中利润总额项目与《利润表》差异调整填报实务

（一）主表"利润总额"项目填报要点

主表"利润总额计算"类别第1～13行参照国家统一会计制度规定填写。

本部分未设"研发费用""其他收益""资产处置收益"等项目，对于已执行《财政部关于修订印发2019年度一般企业财务报表格式的通知》（财会〔2019〕6号）和《财政部关于修订印发2018年度金融企业财务报表格式的通知》（财会〔2018〕36号）的纳税人，在《利润表》中归集的"研发费用"通过A104000《期间费用明细表》第19行"十九、研究费用"的管理费用相应列次填报；在《利润表》中归集的"其他收益""资产处置收益""信用减值损失""净敞口套期收益"项目则无须填报，同时第10行"二、营业利润"不执行"第10行＝第1－2－3－4－5－6－7＋8＋9行"的表内关系，按照《利润表》"营业利润"项目直接填报。

1. 第1行"营业收入"：填报纳税人主要经营业务和其他经营业务取得的收入总额。本行根据"主营业务收入"和"其他业务收入"的数额填报。一般企业纳税人根据A101010《一般企业收入明细表》填报；金融企业纳税人根据A101020《金融企业收入明细表》填报；事业单位、社会团体、民办非企业单位、非营利组织等纳税人根

据 A103000《事业单位、民间非营利组织收入、支出明细表》填报。

2. 第 2 行"营业成本"项目：填报纳税人主要经营业务和其他经营业务发生的成本总额。本行根据"主营业务成本"和"其他业务成本"的数额填报。一般企业纳税人根据 A102010《一般企业成本支出明细表》填报；金融企业纳税人根据 A102020《金融企业支出明细表》填报；事业单位、社会团体、民办非企业单位、非营利组织等纳税人，根据 A103000《事业单位、民间非营利组织收入、支出明细表》填报。

3. 第 3 行"税金及附加"：填报纳税人经营活动发生的消费税、城市维护建设税、资源税、土地增值税和教育费附加等相关税费。本行根据纳税人相关会计科目填报。纳税人在其他会计科目核算的本行不得重复填报。

具体填报实务要点：按照《财政部关于印发〈增值税会计处理规定〉的通知》（财会〔2016〕22 号，以下简称 22 号文）相关规定，全面试行营业税改征增值税后，"营业税金及附加"科目名称调整为"税金及附加"科目，该科目核算企业经营活动发生的消费税、城市维护建设税、资源税、教育费附加及房产税、城镇土地使用税、车船税、印花税等相关税费；利润表中的"营业税金及附加"项目调整为"税金及附加"项目。因此，纳税人应该按照上述文件将原来在"管理费用"科目核算的印花税、房产税、城镇土地使用税、车船税、矿产资源补偿费等税费统一调整至"税金及附加"科目核算和列报，保证会计核算、财务报表、纳税申报表保持一致。

4. 第 4 行"销售费用"：填报纳税人在销售商品和材料、提供劳务的过程中发生的各种费用。本行根据 A104000《期间费用明细表》中对应的"销售费用"填报。

5. 第 5 行"管理费用"：填报纳税人为组织和管理企业生产经营发生的管理费用。本行根据 A104000《期间费用明细表》中对应的"管理费用"填报。

6. 第 6 行"财务费用"：填报纳税人为筹集生产经营所需资金等发生的筹资费用。本行根据 A104000《期间费用明细表》中对应的"财务费用"填报。

7. 第 7 行"资产减值损失"：填报纳税人计提各项资产准备发生的减值损失。本行根据企业"资产减值损失"科目上的数额填报。实行其他会计制度的比照填报。

具体填报实务要点：

（1）执行《企业会计准则》的纳税人，直接按照《利润表》相关项目填报。

（2）执行《小企业会计准则》的纳税人，不设置"资产减值损失"科目。这与纳税人在《企业所得税年度纳税申报基础信息表》中"107 适用的会计准则或会计制度"项目选择的项目相互勾稽。

（3）执行《企业会计制度》的纳税人，需要将计入管理费用、营业外支出、投资收益中的各种资产减值损失剔除出来，调整到"资产减值损失"项目中。

8. 第 8 行"公允价值变动收益"：填报纳税人在初始确认时划分为以公允价值计量且其变动计入当期损益的金融资产或金融负债（包括交易性金融资产或负债，直接指定为以公允价值计量且其变动计入当期损益的金融资产或金融负债），以及采用公允价值模式计量的投资性房地产、衍生工具和套期业务中公允价值变动形成的应计入当期损益的利得或损失。本行根据企业"公允价值变动损益"科目的数额填报（损失以"-"号填列）。

具体填报实务要点：

（1）执行《企业会计准则》的纳税人，直接按照《利润表》相关项目填报。

（2）执行《小企业会计准则》和《企业会计制度》的纳税人，不设置"公允价值变动收益"科目，本行直接填报 0。

9. 第 9 行"投资收益"：填报纳税人以各种方式对外投资确认所取得的收益或发生的损失。根据企业"投资收益"科目的数额计算填报；实行事业单位会计准则的纳税人根据"其他收入"科目中的投资收益金额分析填报（损失以"-"号填列）。实行其他会计制度的纳税人比照填报。

10. 第 10 行"营业利润"：填报纳税人当期的营业利润。根据上述项目计算填报。已执行《财政部关于修订印发 2019 年度一般企业财务报表格式的通知》（财会〔2019〕6 号）和《财政部关于修订印发 2018 年度金融企业财务报表格式的通知》（财会〔2018〕36 号）的纳税人，根据《利润表》对应项目填列，不执行本行计算规则。

11. 第 11 行"营业外收入"：填报纳税人取得的与其经营活动无直接关系的各项收入的金额。一般企业纳税人根据 A101010《一般企业收入明细表》填报；金融企业纳税人根据 A101020《金融企业收入明细表》填报；实行事业单位会计准则或民间非营利组织会计制度的纳税人根据 A103000《事业单位、民间非营利组织收入、支出明细表》填报。

12. 第 12 行"营业外支出"：填报纳税人发生的与其经营活动无直接关系的各项支出的金额。一般企业纳税人根据 A102010《一般企业成本支出明细表》填报；金融企业纳税人根据 A102020《金融企业支出明细表》填报；实行事业单位会计准则或民间非营利组织会计制度的纳税人根据 A103000《事业单位、民间非营利组织收入、支出明细表》填报。

13. 第 13 行"利润总额"：填报纳税人当期的利润总额。根据上述项目计算填列。

（二）一般企业财务报表格式修订与主表"利润总额"项目填报实务

《财政部关于修订印发 2019 年度一般企业财务报表格式的通知》（财会〔2019〕6 号）和《财政部关于修订印发 2018 年度金融企业财务报表格式的通知》（财会〔2018〕36 号）规定，为解决执行企业会计准则的企业在财务报告编制中的实际问题，规范企业财务报表列报，提高会计信息质量，针对 2018 年施行的《企业会计准则第 42 号——持有待售的非流动资产、处置组和终止经营》（财会〔2017〕13 号）和《企业会计准则第 16 号——政府补助》（财会〔2017〕15 号）的相关规定，财政部对一般企业财务报表格式进行了修订。执行企业会计准则的非金融企业应当按照企业会计准则和本通知要求编制 2019 年度及以后期间的财务报表；金融企业应当根据金融企业经营活动的性质和要求，比照一般企业财务报表格式进行相应调整。其中《利润表》修订新增项目说明：

1. 新增"资产处置收益"行项目，反映企业出售划分为持有待售的非流动资产（金融工具、长期股权投资和投资性房地产除外）或处置组时确认的处置利得或损失，以及处置未划分为持有待售的固定资产、在建工程、生产性生物资产及无形资产而产生的处置利得或损失。非货币性资产交换产生的利得或损失也包括在本项目内。该项目应根据在损益类科目新设置的"资产处置损益"科目的发生额分析填列；如为处置损失，以"－"号填列。《财政部会计司关于一般企业财务报表格式有关问题的解读》第一条规定，对于利润表新增的"资产处置收益"行项目，企业应当按照《企业会计准则第 30 号——财务报表列报》等的相关规定，对可比期间的比较数据按照财会〔2019〕6 号文进行调整。

2. 新增"其他收益"行项目，反映计入其他收益的政府补助以及其他与日常活动相关且计入其他收益的项目。该项目应根据在损益类科目新设置的"其他收益"科目的发生额分析填列。财政部会计司发布的《关于〈关于深化增值税改革有关政策的公告〉适用〈增值税会计处理规定〉有关问题的解读》规定，生产、生活性服务业纳税人取得资产或接受劳务时，应当按照《增值税会计处理规定》的相关规定对增值税相关业务进行会计处理；实际缴纳增值税时，按应纳税额借记"应交税费——未交增值税"等科目，按实际纳税金额贷记"银行存款"科目，按加计抵减的金额贷记"其他收益"科目。企业作为个人所得税的扣缴义务人，根据《中华人民共和国个人所得税法》收到的扣缴税款手续费，应作为其他与日常活动相关的项目在利润表的"其他收益"项目中填列。企业财务报表的列报项目因此发生变更的，应当按照《企业会计准则第 30 号——财务报表列报》等的相关规定，对可比期间的比较数据进行调整。

3. "营业外收入"行项目，反映企业发生的营业利润以外的收益，主要包括与企业日常活动无关的政府补助、盘盈利得、捐赠利得等。该项目应根据"营业外收入"科目的发生额分析填列。

4. "营业外支出"行项目，反映企业发生的营业利润以外的支出，主要包括公益性捐赠支出、非常损失、盘亏损失、非流动资产毁损报废损失等。该项目应根据"营业外支出"科目的发生额分析填列。

5. 新增"（一）持续经营净利润"和"（二）终止经营净利润"行项目，分别反映净利润中与持续经营相关的净利润和与终止经营相关的净利润；如为净亏损，以"－"号填列。该两个项目应按照《企业会计准则第42号——持有待售的非流动资产、处置组和终止经营》的相关规定分别列报。

6. 《财政部会计司关于一般企业财务报表格式有关问题的解读》第二条规定，非流动资产毁损报废损失在"营业外支出"行项目反映。这里的"毁损报废损失"通常包括因自然灾害发生毁损、已丧失使用功能等原因而报废清理产生的损失。根据《企业会计准则第30号——财务报表列报》的相关规定，财务报表中直接计入当期利润的利得项目和损失项目的金额不得相互抵销。企业在不同交易中形成的非流动资产毁损报废利得和损失不得相互抵销，应分别在"营业外收入"行项目和"营业外支出"行项目进行列报。

7. 新增"研发费用"项目，从"管理费用"项目中分拆"研发费用"项目。

8. 新增"其中：利息费用"和"利息收入"项目，在"财务费用"项目下增加"利息费用"和"利息收入"明细项目。"利息费用"行项目，反映企业为筹集生产经营所需资金等而发生的应予费用化的利息支出；"利息收入"行项目，反映企业确认的利息收入。利息收入主要为银行存款产生的利息收入，以及根据《企业会计准则第14号——收入》（2017年修订）的相关规定确认的利息收入。这两个行项目为"财务费用"行项目的其中项，均以正数填列。

由于修订后一般企业财务报表格式发生变化，而利润表与《企业所得税年度纳税申报表（A类，2017年版)》主表中"利润总额计算"相关项目有所不同，为保持两者相互勾稽一致，企业财务人员需要在编制完成财务报表后，分析填列主表中"利润总额计算"相关行次数据。

【案例1－13】甲公司计划出售一项固定资产——机器A，该固定资产于2023年6月30日符合条件被划分为持有待售固定资产，公允价值为320万元，预计处置费用为5万元，但其仍继续使用至实际出售时。该固定资产购置于2016年12月16日，原值为1 000万元，预计净残值为0，预计使用年限10年，采用年限平均法计提折旧，取得时已达到预定可使用状态，按税法规定已抵扣进项税额（单位：万元）。

分析：2023年6月30日，甲公司该项固定资产的账面价值 = 1 000 － 1 000/10 ×

6.5＝350（万元），该项固定资产公允价值减去处置费用后的净额＝320－5＝315（万元），应对该项固定资产计提减值准备＝350－315＝35（万元），因此，该持有待售资产在资产负债表中列示金额为315万元。

①借：固定资产清理　　　　　　　　　　　　　　　　　　350

　　　累计折旧　　　　　　　　　　　　　　　　　　　　650

　　贷：固定资产　　　　　　　　　　　　　　　　　　　　　1 000

②借：持有待售资产　　　　　　　　　　　　　　　　　　350

　　贷：固定资产清理　　　　　　　　　　　　　　　　　　　350

③持有待售的固定资产不计提折旧，按照账面价值与公允价值减去处置费用后的净额孰低进行计量。

借：资产减值损失　　　　　　　　　　　　　　　　　　　35

　　贷：持有待售资产减值准备　　　　　　　　　　　　　　　35

④2024年6月10日，实际出售该持有待售的固定资产，取得不含税价款300万元，采用一般计税方法计算缴纳增值税。

借：银行存款　　　　　　　　　　　　　　　　　　　　339

　　持有待售资产减值准备　　　　　　　　　　　　　　　35

　　资产处置损益——非流动资产处置损失　　　　　　　　15

　　贷：持有待售资产　　　　　　　　　　　　　　　　　　　350

　　　　应交税费——应交增值税（销项税额）　　　　　　　　39

⑤企业所得税处理：在未出售之前仍属于税法规定的固定资产。

a. 假设初始固定资产入账价值、计税基础、折旧方法和折旧年限，会计和税法处理均一致。2023年税收计算的固定资产的折旧＝1 000/10×1＝100（万元），会计核算的折旧为50万元，2023年12月31日，甲公司该项固定资产的计税基础＝1 000－1 000/10×7＝300（万元）。

2024年税收计算的固定资产的折旧＝1 000/10×0.5＝50（万元），会计核算的折旧为0，2024年6月10日，税收计算的固定资产处置所得（损失）＝300－（300－50）＝50（万元）。

b. 2023年税会差异分析：会计核算的折旧金额为50万元，按照税收规定计算的税前扣除折旧为100万元，税会差异为50万元。会计核算的资产减值损失金额为35万元，按照税收规定计算的税前扣除资产减值准备金为0，税会差异为35万元。

c. 2024年税会差异分析：会计核算的资产处置损失为15万元，按照税收规定计算的税前扣除的资产损失为0；资产损失税会计算差异为15万元。

d. 2023年和2024年纳税申报表填报实务如表1－16～表1－21所示。

表 1－16　　　　　　　　　　纳税调整项目明细表（2023 年）　　　　　　　　　A105000

行次	项目	账载金额	税收金额	调增金额	调减金额
		1	2	3	4
32	（一）资产折旧、摊销（填写 A105080）	50	100		50
33	（二）资产减值准备金	35	*	35	
45	合计（1＋12＋31＋36＋43＋44）	*	*	35	50

表 1－17　　　　　　　　资产折旧、摊销及纳税调整明细表（2023 年）　　　　　　　A105080

行次	项目	账载金额			税收金额					纳税调整金额
		资产原值	本年折旧、摊销额	累计折旧、摊销额	资产计税基础	税收折旧额	享受加速折旧政策的资产按税收一般规定计算的折旧、摊销额	加速折旧统计额	累计折旧、摊销额	纳税调整金额
		1	2	3	4	5	6	7（5－6）	8	9（2－5）
1	一、固定资产（2＋3＋4＋5＋6＋7）						*	*		
2	所有固定资产 （一）房屋、建筑物						*	*		
3	（二）飞机、火车、轮船、机器、机械和其他生产设备	1 000	50	650	1 000	100	*	*	700	－50

表 1－18　　　　　　　　　　纳税调整项目明细表（2024 年）　　　　　　　　　A105000

行次	项目	账载金额	税收金额	调增金额	调减金额
		1	2	3	4
31	三、资产类调整项目（32＋33＋34＋35）	*	*		
32	（一）资产折旧、摊销（填写 A105080）	0	50		50
33	（二）资产减值准备金		*		
34	（三）资产损失（填写 A105090）	*	*	65	
35	（四）其他				
45	合计（1＋12＋31＋36＋43＋44）	*	*	65	50

表 1－19　　　　　　　　资产折旧、摊销及纳税调整明细表（2024 年）　　　　　　　A105080

行次	项目	账载金额			税收金额					纳税调整金额
		资产原值	本年折旧、摊销额	累计折旧、摊销额	资产计税基础	税收折旧额	享受加速折旧政策的资产按税收一般规定计算的折旧、摊销额	加速折旧统计额	累计折旧、摊销额	纳税调整金额
		1	2	3	4	5	6	7（5－6）	8	9（2－5）
1	一、固定资产（2＋3＋4＋5＋6＋7）						*	*		

续表

行次	项目		账载金额			税收金额					纳税调整金额
			资产原值	本年折旧、摊销额	累计折旧、摊销额	资产计税基础	税收折旧额	享受加速折旧政策的资产按税收一般规定计算的折旧、摊销额	加速折旧统计额	累计折旧、摊销额	纳税调整金额
			1	2	3	4	5	6	7 (5-6)	8	9 (2-5)
2	所有固定资产	（一）房屋、建筑物						*	*		
3		（二）飞机、火车、轮船、机器、机械和其他生产设备	1 000	0	650	1 000	50	*	*	750	-50

表1-20　　　　资产损失税前扣除及纳税调整明细表（2024年）　　　　A105090

行次	项目	资产损失直接计入本年损益金额	资产损失准备金核销金额	资产处置收入	赔偿收入	资产计税基础	资产损失的税收金额	纳税调整金额
		1	2	3	4	5	6 (5-3-4)	7
7	四、固定资产损失	15	35	300	0	250	-50	65

表1-21　　　　一般企业成本支出明细表（2024年）　　　　A102010

行次	项目	金额
16	二、营业外支出（17+18+19+20+21+22+23+24+25+26）	
17	（一）非流动资产处置损失	0

　　e. 2023年和2024年纳税调整：2023年纳税调增35万元，纳税调减50万元；2024年纳税调增65万元，纳税调减50万元。总的纳税调增金额与纳税调减金额相等。

　　【案例1-14】甲公司应收乙公司500万元销货款，将其分类为以摊余成本计量的金融资产，会计核算计入应收账款，乙公司作为以摊余成本计量的金融负债，会计核算计入应付账款。因乙公司长期无法归还到期应偿还款项，经协商甲、乙双方达成债务重组协议，乙公司以20万元银行存款和一项使用过的无形资产（专利权）抵偿所欠甲公司全部债务，专利权的账面价值为200万元（原值300万元，累计摊销100万元），经过评估后的公允价值为450万元，该项应收账款前期已计提坏账准备10万元。甲公司和乙公司均执行《企业会计准则第22号——金融工具确认和计量》（财会〔2017〕7号）和《企业会计准则第12号——债务重组》（财会〔2019〕9号）。

　　①甲公司会计和税务处理如下（单位：万元）：

借：银行存款　　　　　　　　　　　　　　　　　　　　　　　　20

　　无形资产　　　　　　　　　　　　　　　　　　　　　　　　450

　　坏账准备　　　　　　　　　　　　　　　　　　　　　　　　10

投资收益——以摊余成本计量的金融资产终止确认收益　　　　20

　　　贷：应收账款——乙公司　　　　　　　　　　　　　　　　　　　　500

甲公司会计核算债务重组损失记入"投资收益——以摊余成本计量的金融资产终止确认收益"科目为20万元，税务处理确认债务重组损失30万元（500－20－450），即应收账款无法收回形成的坏账损失，应填报A105090《资产损失税前扣除及纳税调整明细表》或A105100《企业重组及递延纳税事项纳税调整明细表》，但不能同时填报两张申报表，如表1-22和表1-23所示。

表1-22　　　　　　　　　　资产损失税前扣除及纳税调整明细表　　　　　　　　A105090

行次	项目	资产损失直接计入本年损益金额	资产损失准备金核销金额	资产处置收入	赔偿收入	资产计税基础	资产损失的税收金额	纳税调整金额
		1	2	3	4	5	6（5-3-4）	7
2	二、应收及预付款项坏账损失	20	10	470	0	500	30	-10

表1-23　　　　　　　　　　企业重组及递延纳税事项纳税调整明细表　　　　　　　A105100

行次	项目	一般性税务处理			特殊性税务处理（递延纳税）			纳税调整金额
		账载金额	税收金额	纳税调整金额	账载金额	税收金额	纳税调整金额	
		1	2	3（2-1）	4	5	6（5-4）	7（3+6）
1	一、债务重组	-20	-30	-10				-10
2	其中：以非货币性资产清偿债务	-20	-30	-10				-10
3	债转股							

②乙公司会计和税务处理如下（单位：万元）：

借：应付账款　　　　　　　　　　　　　　　　　　　　　　500

　　累计摊销　　　　　　　　　　　　　　　　　　　　　　100

　　贷：银行存款　　　　　　　　　　　　　　　　　　　　　　20

　　　　无形资产　　　　　　　　　　　　　　　　　　　　　　300

　　　　其他收益——债务重组收益　　　　　　　　　　　　　　280

乙公司形成债务重组收益280万元，其中包括：无形资产转让所得＝450－（300－100）＝250（万元），债务重组豁免利得＝500－450－20＝30（万元）。对于已执行《财政部关于修订印发2019年度一般企业财务报表格式的通知》（财会〔2019〕6号）的纳税人，会计核算时记入"其他收益"科目的280万元已经在《利润表》中归集，无须填报A101010第19行"营业外收入（三）债务重组利得"项目，按照《利润表》"营业利润"项目直接填报A100000第10行"二、营业利润"。对于未执行《财政部关于修订印发 2019 年度一般企业财务报表格式的通知》（财会〔2019〕6 号）的纳税人，会计核算记入"营业外收入——债务重组利得"科目 280 万元，需填报 A101010 第 19 行"营业外收入（三）债务重组利得"项目。乙公司发生债务重组选择一般性税务处理填报 A105100《企业重组及递延纳税事项纳税调整明细表》，如表 1 - 24 所示。

表 1 - 24　　　　　企业重组及递延纳税事项纳税调整明细表　　　　　A105100

行次	项目	一般性税务处理			特殊性税务处理（递延纳税）			纳税调整金额
		账载金额	税收金额	纳税调整金额	账载金额	税收金额	纳税调整金额	
		1	2	3（2 - 1）	4	5	6（5 - 4）	7（3 + 6）
1	一、债务重组	280	280	0				
2	其中：以非货币性资产清偿债务	280	280	0				
3	债转股							

【案例 1 - 15】假定丙、丁两家公司（均为增值税一般纳税人）进行一项具有商业实质的非货币性资产交换。丙公司以账面价值 200 万元、公允价值 250 万元（不含税价）的库存商品与丁公司的账面价值和计税基础为 270 万元（资产原值和计税基础为 300 万元，会计和税收累计折旧为 30 万元）、公允价值 240 万元（不含税价）的设备一台进行交换（适用一般计税方法计税），丁公司以银行存款再向丙公司支付 5 万元的补价，增值税税率为 13%。

分析：按照非货币性资产之间的公允价值差额，丁公司应补价 11.3 万元（250 + 32.5 - 240 - 31.2），现丁公司只支付 5 万元的补价，丙公司应确认非货币性资产交换损失 6.3 万元（11.3 - 5）。

①丙公司会计和税务处理如下（单位：万元）。

借：固定资产　　　　　　　　　　　　　　　　　　　　240

　　应交税费——应交增值税（进项税额）　　　　　　　31.2

　　银行存款　　　　　　　　　　　　　　　　　　　　5

　　资产处置损益——非货币性资产交换损失（11.3 - 5）　　6.3

　　贷：主营业务收入　　　　　　　　　　　　　　　　250

　　　　应交税费——应交增值税（销项税额）　　　　　　32.5

借：主营业务成本　　　　　　　　　　　　　　　　　　200

　　贷：库存商品　　　　　　　　　　　　　　　　　　200

丙公司库存商品的非货币性交换处置损失 6.3 万元，对于已执行《财政部关于修订印发 2019 年度一般企业财务报表格式的通知》（财会〔2019〕6 号）的纳税人，在《利润表》中归集的"资产处置收益"项目则无须填报 A101010 营业外收入——非流动资产处置利得，按照《利润表》"营业利润"项目直接填报 A100000 第 10 行"二、营业利润"。对于未执行财会〔2019〕6 号文件的纳税人，填入 A102010 营业外支出——非流动资产处置损失。具体如表1-25和表1-26所示。

表1-25 一般企业收入明细表（丙公司） A101010

行次	项目	金额
1	一、营业收入（2+9）	
2	（一）主营业务收入（3+5+6+7+8）	
3	1.销售商品收入	250
4	其中：非货币性资产交换收入	250

表1-26 一般企业成本支出明细表（丙公司） A102010

行次	项目	金额
1	一、营业成本（2+9）	
2	（一）主营业务成本（3+5+6+7+8）	
3	1.销售商品成本	200
4	其中：非货币性资产交换成本	200
16	二、营业外支出（17+18+19+20+21+22+23+24+25+26）	
18	（二）非货币性资产交换损失	6.3

②丁公司会计和税务处理如下（单位：万元）。

借：固定资产清理 270
累计折旧 30
贷：固定资产 300
借：原材料 250
应交税费——应交增值税（进项税额） 32.5
资产处置损益——处置非流动资产损失（270-240） 30
贷：固定资产清理 270
应交税费——应交增值税（销项税额） 31.2
银行存款 5
资产处置损益——非货币性资产交换利得 6.3

丁公司本例中形成两个资产处置损益：处置固定资产形成的资产处置损失30万元；非货币性资产交换形成的资产处置利得6.3万元。对于已执行《财政部关于修订印发2019年度一般企业财务报表格式的通知》（财会〔2019〕6号）的纳税人，在《利润表》中归集的"资产处置收益"项目则无须填报A101010营业外收入——非流动资产处置利得，按照《利润表》中"营业利润"项目直接填报A100000第10行"二、营业利润"。对于未执行财会〔2019〕6号文件的纳税人，填入A101010营业外收入——非货币性资产交换利得，如果非货币性资产交换中处置固定资产形成资产处置损失则填入A102010营业外支出——非流动资产处置损失，并需要填报表A105090。具体如表1-27所示。

表 1－27　　　　　　资产损失税前扣除及纳税调整明细表（丁公司）　　　　A105090

行次	项目	资产损失直接计入本年损益金额	资产损失准备金核销金额	资产处置收入	赔偿收入	资产计税基础	资产损失的税收金额	纳税调整金额
		1	2	3	4	5	6（5－3－4）	7
7	四、固定资产损失	30	0	240	0	270	30	0

【案例 1－16】甲公司 2023 年度有关损益类科目和"其他综合收益"明细科目的本年累计发生净额分别如表 1－28 和表 1－29 所示。

表 1－28　　　　　　甲公司损益类科目 2023 年度累计发生净额　　　　单位：元

账户名称	本月借方发生额	本月贷方发生额
主营业务收入		1 250 000
主营业务成本	750 000	
税金及附加	2 000	
销售费用	20 000	
管理费用	157 100	
财务费用	41 500	
资产减值损失	30 900	
投资收益		227 500
营业外收入		24 000
资产处置损益		20 000
其他收益		6 000
营业外支出	19 700	
所得税费用	136 700	

表 1－29　　　甲公司"其他综合收益"明细科目 2023 年度累计发生净额　　　单位：元

明细科目名称	借方发生额	贷方发生额
权益法下可转损益的其他综合收益		36 000
其他债权投资公允价值变动		3 750
金融资产重分类计入其他综合收益的金额	6 750	
合计	6 750	39 750

根据上述资料，编制甲公司 2023 年度《利润表》，如表 1－30 所示。

表 1－30　　　　　　　　　　　　　　利润表

编制单位：甲公司　　　　　　　　　　　2023 年

会企 02 表
单位：元

项　目	本期金额	上期金额
一、营业收入	1 250 000	
减：营业成本	750 000	
税金及附加	2 000	
销售费用	20 000	

续表

项　　目	本期金额	上期金额
管理费用	157 100	
研发费用		
财务费用	41 500	
其中：利息费用	51 500	
利息收入	10 000	
加：其他收益	6 000	
投资收益（损失以"－"号填列）	227 500	
其中：对联营企业和合营企业的投资收益		
以摊余成本计量的金融资产终止确认收益（损失以"－"号填列）		
净敞口套期收益（损失以"－"号填列）		
公允价值变动收益（损失以"－"号填列）		
信用减值损失（损失以"－"号填列）		
资产减值损失（损失以"－"号填列）	30 900	
资产处置收益（损失以"－"号填列）	2 000	
二、营业利润（亏损以"－"号填列）	50 200	
加：营业外收入	24 000	
减：营业外支出	19 700	
三、利润总额（亏损总额以"－"号填列）	506 300	
减：所得税费用	136 700	
四、净利润（净亏损以"－"号填列）	369 600	
（一）持续经营净利润（净亏损以"－"号填列）	369 600	
（二）终止经营净利润（净亏损以"－"号填列）		
五、其他综合收益的税后净额	33 000	
（一）不能重分类进损益的其他综合收益		
1. 重新计量设定受益计划变动额		
2. 权益法下不能转损益的其他综合收益		
3. 其他权益工具投资公允价值变动		
4. 企业自身信用风险公允价值变动		
（二）将重分类进损益的其他综合收益	33 000	
1. 权益法下可转损益的其他综合收益	36 000	
2. 其他债权投资公允价值变动	3 750	
3. 金融资产重分类计入其他综合收益的金额	－ 6 750	
4. 其他债权投资信用减值准备		
5. 现金流量套期储备		
6. 外币财务报表折算差额		
六、综合收益总额		
七、每股收益：		
（一）基本每股收益		
（二）稀释每股收益		

由于《企业所得税年度纳税申报表（A类，2017年版）》主表中"利润总额计算"相关项目中没有"资产处置收益"和"其他收益"，《国家税务总局关于企业所得税年度汇算清缴有关事项的公告》（国家税务总局公告2021年第34号）规定，在《利润表》中归集的"其他收益""资产处置收益""信用减值损失""净敞口套期收益"项目则无须填报，同时第10行"二、营业利润"不执行"第10行＝第1－2－3－4－5－6－7＋8＋9行"的表内关系，按照《利润表》"营业利润"项目直接填报502 000元。甲公司2022年度主表利润总额计算如表1－31所示。

表1－31　　　　　中华人民共和国企业所得税年度纳税申报表（A类）　　　A100000

行次	类别	项目	金额
1	利润总额计算	一、营业收入（填写A101010\101020\103000）	1 250 000
2		减：营业成本（填写A102010\102020\103000）	750 000
3		减：税金及附加	2 000
4		减：销售费用（填写A104000）	20 000
5		减：管理费用（填写A104000）	157 100
6		减：财务费用（填写A104000）	41 500
7		减：资产减值损失	30 900
8		加：公允价值变动收益	
9		加：投资收益	227 500
10		二、营业利润	502 000
11		加：营业外收入（填写A101010\101020\103000）	24 000
12		减：营业外支出（填写A102010\102020\103000）	19 700
13		三、利润总额（10＋11－12）	506 300

【案例1－17】A公司（小规模纳税人）2017年10月10日注册成立，2023年第一季度销售产品共取得销售收入25万元（不含税），其中，1月12万元，2月3万元，3月10万元。

分析：《财政部 税务总局关于增值税小规模纳税人减免增值税政策的公告》（财政部 税务总局公告2023年第19号）规定，自2023年1月1日至2027年12月31日，小规模纳税人发生增值税应税销售行为，合计月销售额未超过10万元（以1个季度为1个纳税期的，季度销售额未超过30万元，下同）的，免征增值税。小规模纳税人发生增值税应税销售行为，合计月销售额超过10万元，但扣除本期发生的销售不动产的销售额后未超过10万元的，其销售货物、劳务、服务、无形资产取得的销售额免征增值税。适用增值税差额征税政策的小规模纳税人，以差额后的销售额确定是否可以享受本公告规定的免征增值税政策。《增值税纳税申报表（小规模纳税人适用)》中的"免税销售额"相关栏次，填写差额后的销售额。按固定期限纳税的小规模纳税人可以选择以1个月或1个季度为纳税期限，一经选择，一个会计年度内不得变更。

从实务操作的角度看，小规模纳税人申报缴纳增值税通常是按季度进行的，而会计核算要遵循及时性会计信息质量要求，日常经营活动中发生交易或事项应及时进行账务处理。这就出现了一个时间上的差异，即取得销售收入时无法判断本季度销售额是否符合免税的标准，只有等到季度纳税申报期时才知道。

《财政部关于印发〈增值税会计处理规定〉的通知》（财会〔2016〕22号）规定，小微企业在取得销售收入时，应当按照税法的规定计算应交增值税，并确认为应交税费，在达到增值税制度规定的免征增值税条件时，将有关应交增值税转入当期损益。即小微企业在日常活动中取得收入且发生增值税纳税义务时，应先按照征收率对含税收入进行价税分离，借记"银行存款"等科目，贷记"主营业务收入"或"其他业务收入"科目、"应交税费——应交增值税"科目，季度终了，纳税申报时，如果本季度销售额符合小微企业免征增值税条件，再将已经计提的"应交税费——应交增值税"转入当期损益。但计入当期损益应当记入哪一个会计科目，目前22号文并没有明确。目前实践中，有以下三种会计处理方法：第一，将免征增值税部分从"应交税费——应交增值税"科目转入"主营业务收入"科目；第二，将免征增值税部分从"应交税费——应交增值税"科目转入"营业外收入"科目；第三，将免征增值税部分从"应交税费——应交增值税"科目转入"其他收益"科目。按照财政部会计司2020年12月11日发布的企业会计准则实施问答，小微企业达到增值税制度规定的免征增值税条件时，应当如何进行会计处理？答：对于小微企业达到增值税制度规定的免征增值税条件时，应当按照《增值税会计处理规定》（财会〔2016〕22号）的相关规定进行会计处理，将有关"应交增值税"转入"其他收益"科目。

笔者认为，"主营业务收入""营业外收入"或者"其他收益"科目，都不违反财会〔2016〕22号文计入当期损益的规定。

方法一认为，小微企业免征增值税属于日常活动中取得的经济利益总流入，符合《小企业会计准则》中有关"收入"的定义，将有关应交增值税转入"主营业务收入"科目，即还原为含税收入，因为免征的增值税之前也是从主营业务收入中价税分离出来的，现在符合规定免征了，就再还原回到主营业务收入，这样进行会计处理还有利于增加企业所得税中业务招待费、广告和业务宣传费的扣除基数，有利于小微企业纳税人进行企业所得税汇算清缴。

方法二认为，记入"营业外收入"科目，符合《财政部关于小微企业免征增值税和营业税的会计处理规定》（财会〔2013〕24号）有关增值税会计处理的规定，但是财会〔2016〕22号文规定，该规定自发布之日起施行，国家统一的会计制度中相关规定与该规定不一致的，应按该规定执行，财会〔2013〕24号文同时废止。所以，目前再按照财会〔2013〕24号文记入"营业外收入"科目已经失去了合法性依据。笔者不建议按照该方法进行会计处理。

方法三认为，如果纳税人执行《企业会计准则》，按照 2017 年 5 月新修订的《企业会计准则第 16 号——政府补助》（财会〔2017〕15 号）相关规定，同时，参考 2023 年注册会计师全国统一考试辅导教材《会计》中政府补助有关内容，即直接免征、增加计税抵扣额、抵免部分税额等不涉及资产直接转移的资源，不适用政府补助准则。但是，部分减免税款需要按照政府补助准则进行会计处理。例如，小微企业在取得销售收入时，应当按照税法的规定计算应交增值税，如其销售额满足税法规定的免征增值税条件时，应当将免征的税额转入当期损益（其他收益），借记"应交税费——应交增值税"科目，贷记"其他收益"科目。

A 公司会计处理如下（单位：万元）：

①小规模纳税人平时核算产品销售收入并计提相应增值税。

借：银行存款   25. 75

    贷：主营业务收入   25

        应交税费——应交增值税   0. 75

②符合达到增值税制度规定的免征增值税条件。

借：应交税费——应交增值税   0. 75

    贷：其他收益   0. 75

《财政部 国家税务总局关于财政性资金 行政事业性收费 政府性基金有关企业所得税政策问题的通知》（财税〔2008〕151 号）第一条规定，企业取得的各类财政性资金，除属于国家投资和资金使用后要求归还本金的以外，均应计入企业当年收入总额。这里所称财政性资金，是指企业取得的来源于政府及其有关部门的财政补助、补贴、贷款贴息，以及其他各类财政专项资金，包括直接减免的增值税和即征即退、先征后退、先征后返的各种税收，但不包括企业按规定取得的出口退税款。

上述政策应用要点：第一，直接免征或减征的增值税应计入当年企业所得税收入总额。第二，按照增值税相关政策规定，适用免税项目相应的进项税额不得抵扣，已经抵扣的进项税额应转出计入成本费用，这也会影响企业所得税应纳税所得额。第三，不需要将 3% 减按 1% 优惠 2% 部分的增值税再重复计入收入总额。因为纳税人在开具增值税发票时是按 1% 征收率换算为不含税收入，并按 1% 计算增值税税额的，增值税给予 2% 的减免税实际上已经包含在企业所得税应税收入中。因此，对增值税给予 2% 的减免税，不应重复作为收入总额申报缴纳企业所得税。第四，按照财政部会计司 2020 年 12 月 11 日发布的企业会计准则实施问答，对于当期直接减免的增值税，企业应当根据《增值税会计处理规定》（财会〔2016〕22 号）的相关规定进行会计处理，借记"应交税费——应交增值税（减免税款）"科目，贷记"其他收益"科目。因此，对于企业当期直接减免的增值税计入其他收益的部分，应计入企业所得税收入总额计算缴纳企业所得税。

四、《企业所得税年度纳税申报表（A 类，2017 年版）》主表中应纳税所得额项目填报实务与案例解析

1. 第 14 行"境外所得"：填报已计入利润总额以及按照税法相关规定已在 A105000《纳税调整项目明细表》进行纳税调整的境外所得金额。本行根据 A108010《境外所得纳税调整后所得明细表》填报。

2. 第 15 行"纳税调整增加额"：填报纳税人会计处理与税收规定不一致，进行纳税调整增加的金额。本行根据 A105000《纳税调整项目明细表》"调增金额"列填报。

3. 第 16 行"纳税调整减少额"：填报纳税人会计处理与税收规定不一致，进行纳税调整减少的金额。本行根据 A105000《纳税调整项目明细表》"调减金额"列填报。

4. 第 17 行"免税、减计收入及加计扣除"：填报属于税法规定免税收入、减计收入、加计扣除金额。本行根据 A107010《免税、减计收入及加计扣除优惠明细表》填报。

5. 第 18 行"境外应税所得抵减境内亏损"：填报纳税人根据税法规定，选择用境外所得抵减境内亏损的数额。用境外所得弥补以前年度境内亏损的，还需填报 A106000《企业所得税弥补亏损明细表》和 A108000《境外所得税收抵免明细表》。

6. 第 19 行"纳税调整后所得"：填报纳税人经过纳税调整、税收优惠、境外所得计算后的所得额。

7. 第 20 行"所得减免"：填报属于税法规定所得减免金额。本行根据 A107020《所得减免优惠明细表》填报。

具体填报实务要点：第 20 行"所得减免"需要分析计算填列。

当第 19 行≤0 时，本行填报 0；

当第 19 行＞0 时，（1）A107020 表合计行第 11 列≤表 A100000 第 19 行，本行 = A107020 表合计行第 11 列；（2）A107020 表合计行第 11 列＞表 A100000 第 19 行，本行 = 表 A100000 第 19 行。

2017 年版申报表第 20 行"所得减免"填报说明与 2014 年版填报说明相比，删除原填报说明中"本行＜0 时，填写负数"的规定，新版 A107020 表的填写说明和勾稽关系，保证了主表第 20 行"所得减免"不会出现小于 0 的数据。A107020 表填报说明的变化，避免了纳税人优惠项目之间的盈亏互抵，扩大了优惠政策落实力度，对纳税人是利好。

当主表第 19 行＜0，则第 20 行 =0，说明所得减免不能扩大可弥补亏损所得额。当

主表第 19 行 > 0，第 20 行填写 A107020 合计行第 11 列与主表第 19 行两者的孰小值，实际上给减免设置了上限。

【案例 1 – 18】A 公司 2023 年度会计利润总额为 500 万元，其中，应税项目所得 1 000 万元，免税项目所得亏损 500 万元。假设无其他纳税调整项目，2023 年度应纳所得税额是多少？

分析：主表 A100000 第 19 行"纳税调整后所得"为 500 万元，按照填报说明，当表 A100000 第 19 行 > 0 时，A107020 表合计行第 11 列 ≤ 表 A100000 第 19 行，表 A100000 第 20 行 = A107020 表合计行第 11 列。本例中，即第 19 行为 500 万元，A107020 表合计行第 11 列 = 当（第 9 列 + 第 10 列 × 50%）< 0 时（ – 500 万元），A107020 表合计行第 11 列 = 0，A107020 表合计行第 11 列（0）≤ 表 A100000 第 19 行（500 万元），第 20 行"所得减免" = A107020 表合计行第 11 列 = 0。因此，表 A100000 第 19 行（500 万元）– 表 A100000 第 20 行（0）= 500（万元），2023 年度应纳税所得额为 500 万元，应纳所得税额为 125 万元。

特别需要纳税人注意的是，《国家税务总局关于做好 2009 年度企业所得税汇算清缴工作的通知》（国税函〔2010〕148 号）第三条第六项税收优惠填报口径规定的"对企业取得的免税收入、减计收入以及减征、免征所得额项目，不得弥补当期及以前年度应税项目亏损；当期形成亏损的减征、免征所得额项目，也不得用当期和以后纳税年度应税项目所得抵补"已经在 2015 年 1 月 1 日被全文废止，即当纳税人纳税年度内既有应税所得，又有免税所得时，现行的税收政策口径是"允许应税项目与免税项目的所得与亏损相互弥补"，再计算应纳税所得税额和应纳税额。

【案例 1 – 19】B 公司 2023 年度会计利润总额为 500 万元，其中：应税项目所得亏损 1 000 万元，免税项目所得 1 500 万元。假设没有其他纳税调整项目，2023 年度应纳所得税额是多少？

分析：主表 A100000 第 19 行"纳税调整后所得"为 500 万元，按照填报说明：A107020 表合计行第 11 列 > 表 A100000 第 19 行，表 A100000 第 20 行 = 表 A100000 第 19 行。本例中，表 A100000 第 19 行"纳税调整后所得"为 500 万元，当 A107020 表合计行第 11 列 ≥ 0，即 A107020 表合计行第 11 列 = 第 9 列 + 第 10 列 × 50% = 1 500（万元），A107020 表合计行第 11 列（1500 万元）> 表 A100000 第 19 行（500 万元），表 A100000 第 20 行"所得减免" = 表 A100000 第 19 行 = 500（万元）。因此，表 A100000 第 19 行（500 万元）– 表 A100000 第 20 行（500 万元）= 0，2023 年度应纳税所得税额为 0，应纳所得税额为 0，也实现了应税项目与免税项目的所得与亏损相互弥补。免税项目所得弥补应税项目亏损后，剩余 500 万元享受免税税收优惠。

8. 第 21 行"弥补以前年度亏损"：填报纳税人按照税法规定可在税前弥补的以前

年度亏损数额，本行根据A106000《企业所得税弥补亏损明细表》填报。

【案例1-20】承〖案例1-18〗A106000《企业所得税弥补亏损明细表》中第11行第2列"当年境内所得额"填报金额为多少？

分析：按照表A106000《企业所得税弥补亏损明细表》填报说明：第2列"当年境内所得额"，第11行填报表A100000第19行"纳税调整后所得"减去第20行"所得减免"后的值。第1行至第10行填报以前年度主表第23行（2013纳税年度前）或以前年度表A106000第2列第6行的金额（2014~2017纳税年度）、以前年度表A106000第11行第2列的金额（亏损额以"－"号表示）。本例中，表A100000第19行"纳税调整后所得"为500万元，第20行"所得减免"=A107020表合计行第11列=0，表A106000中第11行第2列"当年境内所得额"=500－0=500（万元）。

【案例1-21】承〖案例1-19〗A106000《企业所得税弥补亏损明细表》中第11行第2列"当年境内所得额"填报金额为多少？

分析：按照表A106000《企业所得税弥补亏损明细表》填报说明：第2列"当年境内所得额"，第11行填报表A100000第19行"纳税调整后所得"减去第20行"所得减免"后的值。第1行至第10行填报以前年度主表第23行（2013纳税年度前）或以前年度表A106000第2列第6行的金额（亏损额以"－"号表示）。本例中，表A100000第19行"纳税调整后所得"为500万元，第20行"所得减免"=A107020表合计行第11列=500（万元），表A106000中第11行第2列"当年境内所得额"=500－500=0。

9. 第22行"抵扣应纳税所得额"：填报根据税法规定应抵扣的应纳税所得额。本行根据A107030《抵扣应纳税所得额明细表》填报。

具体填报要点：2017年版主表将2014年版主表第21行"抵扣应纳税所得额"和第22行"弥补以前年度亏损"的行次进行了对调，说明创投企业抵扣应纳税所得额优惠政策中，所指的所得额是指先弥补亏损后的所得额，这对企业更加有利，因为弥补亏损受5年限制，而抵扣所得额无限期结转。

10. 第23行"应纳税所得额"：金额等于本表第19-20-21-22行计算结果。本行不得为负数。按照上述行次顺序计算结果本行为负数，本行金额填0。

【案例1-22】A公司2023年季度预缴企业所得税100万元，2024年完成企业所得税汇算清缴时计算的2023年应纳税额为60万元，导致预缴所得税税款超过汇算清缴应纳税款40万元。A公司2024年汇算清缴期办理2023年度汇算清缴后应及时申请退税，主管税务机关应及时按有关规定办理退税40万元。A公司执行《企业会计准则》，会计和税务处理如下（单位：万元）。

分析：按照《国家税务总局关于企业所得税年度汇算清缴有关事项的公告》（国家税务总局公告2021年第34号）第二条规定，纳税人在纳税年度内预缴企业所得税税款超过汇算清缴应纳税款的，纳税人应及时申请退税，主管税务机关应及时按有关规定办理退税，不再抵缴其下一年度应缴企业所得税税款。

①A 公司 2023 年季度预缴企业所得税 100 万元。

借：所得税费用——当期所得税费用 100
    贷：应交税费——应交所得税 100
借：应交税费——应交所得税 100
    贷：银行存款 100

②A 公司汇算清缴后按有关规定办理退税 40 万元。

借：银行存款 40
    贷：以前年度损益调整——所得税费用 40
借：以前年度损益调整——所得税费用 40
    贷：利润分配——未分配利润 36
       盈余公积——法定盈余公积 4

③调整财务报表相关项目。《利润表》中"所得税费用"项目调减 40 万元，"净利润"项目调增"40 万元"；《资产负债表》中调增"未分配利润"项目 36 万元，调增"盈余公积"项目 4 万元。《所有者权益变动表》中调增"净利润"项目调增"40 万元"，调增"未分配利润"项目 36 万元，调增"盈余公积"项目 4 万元。

假设 A 公司执行《小企业会计准则》，采用未来适用法进行会计处理，收到退税直接冲减当期所得税费用，不追溯调整汇算清缴年度的财务报表相关项目。

五、《企业所得税年度纳税申报表（A 类，2017 年版）》主表中应纳税额项目填报实务与案例解析

1. 第 24 行"税率"：填报税法规定的税率 25%。

需要注意的是，不论企业是否享受低税率（15% 或 20%）的企业所得税税收优惠政策，第 24 行"税率"应填报税法规定的税率 25%。

2. 第 25 行"应纳所得税额"：金额等于本表第 23×24 行。

3. 第 26 行"减免所得税额"：填报纳税人按税法规定实际减免的企业所得税额。本行根据 A107040《减免所得税优惠明细表》填报。

4. 第 27 行"抵免所得税额"：填报企业当年的应纳所得税额中抵免的金额。本行根据 A107050《税额抵免优惠明细表》填报。

5. 第 28 行"应纳税额"：金额等于本表第 25−26−27 行。

6. 第 29 行"境外所得应纳所得税额"：填报纳税人来源于中国境外的所得，按照

我国税法规定计算的应纳所得税额。本行根据 A108000《境外所得税收抵免明细表》填报。

7. 第 30 行"境外所得抵免所得税额"：填报纳税人来源于中国境外所得依照中国境外税收法律以及相关规定应缴纳并实际缴纳（包括视同已实际缴纳）的企业所得税性质的税款（准予抵免税款）。本行根据 A108000《境外所得税收抵免明细表》填报。

8. 第 31 行"实际应纳所得税额"：填报第 28 + 29 - 30 行金额。其中，跨地区经营企业类型为"分支机构（须进行完整年度申报并按比例纳税）"的纳税人，填报（第 28 + 29 - 30 行）×"分支机构就地纳税比例"金额。

9. 第 32 行"本年累计实际已预缴的所得税额"：填报纳税人按照税法规定本纳税年度已在月（季）度累计预缴的所得税额，包括按照税法规定的特定业务已预缴（征）的所得税额，建筑企业总机构直接管理的跨地区设立的项目部按规定向项目所在地主管税务机关预缴的所得税额。

10. 第 33 行"本年应补（退）的所得税额"：填报纳税人当期应补（退）的所得税额。金额等于本表第 31 - 32 行。

11. 第 34 行"总机构分摊本年应补（退）所得税额"：填报汇总纳税的总机构按照税法规定在总机构所在地分摊本年应补（退）所得税款。本行根据 A109000《跨地区经营汇总纳税企业年度分摊企业所得税明细表》填报。

12. 第 35 行"财政集中分配本年应补（退）所得税额"：填报汇总纳税的总机构按照税法规定财政集中分配本年应补（退）所得税款。本行根据 A109000《跨地区经营汇总纳税企业年度分摊企业所得税明细表》填报。

13. 第 36 行"总机构主体生产经营部门分摊本年应补（退）所得税额"：填报汇总纳税的总机构所属的具有主体生产经营职能的部门按照税收规定应分摊的本年应补（退）所得税额。本行根据 A109000《跨地区经营汇总纳税企业年度分摊企业所得税明细表》填报。

14. 第 37 行"减：民族自治地区企业所得税地方分享部分：□免征 □减征：减征幅度＿＿％"：根据《中华人民共和国企业所得税法》《中华人民共和国民族区域自治法》《财政部 国家税务总局关于贯彻落实国务院关于实施企业所得税过渡优惠政策有关问题的通知》（财税〔2008〕21 号）等规定，实行民族区域自治的自治区、自治州、自治县的自治机关对本民族自治地方的企业应缴纳的企业所得税中属于地方分享的部分，可以决定减征或免征，自治州、自治县决定减征或者免征的，须报省、自治区、直辖市人民政府批准。

纳税人填报该行次时，根据享受政策的类型选择"免征"或"减征"，两者必选其一。选择"免征"是指免征企业所得税税收地方分享部分；选择"减征：减征幅度____%"是指减征企业所得税税收地方分享部分。此时需填写"减征幅度",减征幅度填写范围为 1~100,表示企业所得税税收地方分享部分的减征比例。例如,地方分享部分减半征收,则选择"减征",并在"减征幅度"后填写"50%"。

企业类型为"非跨地区经营企业"的,本行填报"实际应纳所得税额"×40%×减征幅度 – 本年度预缴申报累计已减免的地方分享部分减免金额的余额。企业类型为"跨地区经营汇总纳税企业总机构"的,本行填报 A109000《跨地区经营汇总纳税企业年度分摊企业所得税明细表》第 20 行"总机构因民族地方优惠调整分配金额"的金额。

15. 第 38 行"十、本年实际应补(退)所得税额":填报纳税人当期实际应补(退)的所得税额。企业类型为"非跨地区经营企业"的,本行填报第 33 – 37 行金额。企业类型为"跨地区经营汇总纳税企业总机构"的,本行填报 A109000《跨地区经营汇总纳税企业年度分摊企业所得税明细表》第 21 行"八、总机构本年实际应补(退)所得税额"的金额。

【案例 1 – 23】B 公司是一家设在某民族自治县的制造业企业(无分支机构),该自治县的自治机关对本民族自治地方的企业应缴纳的企业所得税中属于地方分享的部分决定免征。2023 年企业所得税汇算清缴时 A100000 第 23 行应纳税所得额为 2 000 万元,适用税率为 25%。假设 2023 年 B 公司已按会计利润总额 1600 万元预缴企业所得税,预缴时已享受地方分享部分免征金额 160 万元(1 600×25%×40%),假设不考虑无其他税收优惠事项。

分析:(1)2023 年汇算清缴应补企业所得税计算:

①应纳所得税额 = 2 000×25% = 500(万元)

②民族自治地方分享部分免征 = 500×40%×100% = 200(万元)

③享受税收优惠后实际应纳税额 = 500 – 200 = 300(万元)

④已预缴税额 = 1 600×25% – 160 = 240(万元)

⑤2023 年本年实际应补(退)所得税额 = 300 – 240 = 60(万元)

(2)企业所得税年度纳税申报表填报实务如表 1 – 32 所示。

表 1 – 32　　　　　中华人民共和国企业所得税年度纳税申报表（A 类）　　　　A100000

行次	类别	项　　目	金　额
23	应纳税额计算	五、应纳税所得额（19 – 20 – 21 – 22）	2 000
24		税率（25%）	25%
25		六、应纳所得税额（23×24）	500
26		减：减免所得税额（填写 A107040）	
27		减：抵免所得税额（填写 A107050）	
28		七、应纳税额（25 – 26 – 27）	500
29		加：境外所得应纳所得税额（填写 A108000）	
30		减：境外所得抵免所得税额（填写 A108000）	

续表

行次	类别	项　目	金　额
31	应纳税额计算	八、实际应纳所得税额（28＋29－30）	500
32		减：本年累计实际已缴纳的所得税额	240
33		九、本年应补（退）所得税额（31－32）	260
34		其中：总机构分摊本年应补（退）所得税额（填写A109000）	
35		财政集中分配本年应补（退）所得税额（填写A109000）	
36		总机构主体生产经营部门分摊本年应补（退）所得税额（填写A109000）	
37	实际应纳税额计算	减：民族自治地区企业所得税地方分享部分：（√免征 □减征：减征幅度＿＿＿％）	200
38		十、本年实际应补（退）所得税额（33－37）	60

第二章

一般企业收入、成本支出和期间费用纳税申报表填报实务与案例解析

第一节 《一般企业收入明细表》填报实务与案例解析

一、《一般企业收入明细表》格式与填报要点

（一）《一般企业收入明细表》格式

具体格式如表2-1所示。

表2-1   一般企业收入明细表   A101010

行次	项目	金额
1	一、营业收入（2＋9）	
2	（一）主营业务收入（3＋5＋6＋7＋8）	
3	1. 销售商品收入	
4	其中：非货币性资产交换收入	
5	2. 提供劳务收入	
6	3. 建造合同收入	
7	4. 让渡资产使用权收入	
8	5. 其他	
9	（二）其他业务收入（10＋12＋13＋14＋15）	
10	1. 销售材料收入	

行次	项目	金额
11	其中：非货币性资产交换收入	
12	2. 出租固定资产收入	
13	3. 出租无形资产收入	
14	4. 出租包装物和商品收入	
15	5. 其他	
16	二、营业外收入（17＋18＋19＋20＋21＋22＋23＋24＋25＋26）	
17	（一）非流动资产处置利得	
18	（二）非货币性资产交换利得	
19	（三）债务重组利得	
20	（四）政府补助利得	
21	（五）盘盈利得	
22	（六）捐赠利得	
23	（七）罚没利得	
24	（八）确实无法偿付的应付款项	
25	（九）汇兑收益	
26	（十）其他	

本表适用于除金融企业、事业单位和民间非营利组织外的企业填报。纳税人应根据国家统一会计制度的规定，填报"主营业务收入""其他业务收入""营业外收入"。小型微利企业免于填报 A101010《一般企业收入明细表》。

（二）《一般企业收入明细表》填报要点

具体填报要点如下：

1. 填报依据为纳税人在 A000000《企业所得税年度纳税申报基础信息表》中选择本企业执行的国家统一会计制度。不同纳税人由于执行的会计准则或会计制度不同则填报内容有所差异，以下填列主要以执行《企业会计准则》的企业为例。执行《小企业会计准则》和《企业会计制度》的企业将进行特别说明。

2. 该表完全按照国家统一的会计制度规定的会计核算内容进行填报，如果企业违反国家统一的会计制度规定进行会计核算，应先进行会计差错更正后，再按照正确的会计核算结果，登记总账和明细账，编制财务报表，最后填报纳税申报表。

3. 填报本表时不考虑各收入类项目的会计和税法处理差异。税会差异相关纳税调整在 A105000《纳税调整项目明细表》及其附表进行纳税调整。

4. 填报本表时不考虑纳税人享受各项税收优惠对收入类项目的影响。税收优惠相关纳税调整在 A107010《免税、减计收入及加计扣除优惠明细表》及其附表进行纳税调整。

二、《一般企业收入明细表》有关项目填报实务与案例解析

1. 第1行"营业收入":根据主营业务收入、其他业务收入的数额计算填报。
具体填报实务要点:

(1)执行《企业会计准则》的纳税人,应根据《企业会计准则——应用指南》附录中有关6001主营业务收入科目和6051其他业务收入科目发生额填列。其中:6001主营业务收入科目,核算企业确认的销售商品、提供劳务等主营业务的收入。6051其他业务收入科目,核算企业确认的除主营业务活动以外的其他经营活动实现的收入,包括出租固定资产、出租无形资产、出租包装物和商品、销售材料、用材料进行非货币性交换(非货币性资产交换具有商业实质且公允价值能够可靠计量)等实现的收入。

(2)执行《小企业会计准则》的纳税人,应根据《小企业会计准则》附录《会计科目、主要账务处理和财务报表》中有关5001主营业务收入科目和5051其他业务收入发生额填列。其中:主营业务收入科目核算小企业确认的销售商品或提供劳务等主营业务的收入。其他业务收入科目核算小企业确认的除主营业务活动以外的其他日常生产经营活动实现的收入。包括出租固定资产、出租无形资产、销售材料等实现的收入。

2. 第2行"主营业务收入":根据不同行业的业务性质分别填报纳税人核算的主营业务收入。

【案例2-1】甲公司是生产新能源A汽车的企业,A汽车在市场上单位售价为22.6万元/辆(含税价),增值税税率为13%,实际成本为16万元/辆,甲公司实际销售给购买方收取价款和增值税为20.34万元/辆(含税价)。另外,因该汽车符合国家新能源产业价格补贴政策,中央财政按照甲公司实际销售数量给予2.26万元/辆的补贴。2019年甲公司共销售国家政策范围内A汽车1 000辆。甲公司2019年10月实际收到中央财政部门拨付的执行国家新能源产业政策价格补贴2 260万元。

分析:本例中,甲公司虽然取得财政部门2 260万元的补贴款,但最终受益人是从甲公司购买新能源汽车的终端客户,相当于政府先以22.6万元/辆的价格从甲公司购入新能源汽车,再以上述价格扣除财政补贴资金2.26万元/辆的价格20.34万元/辆将产品销售给终端消费者。甲企业销售新能源汽车是其从事的日常经营活动,其不含税销售收入包括两部分:终端客户支付的购买价款18万元/辆和国家财政给予2.26万元/辆的价格补贴。按照上述分析,该补贴款项与企业销售商品或提供服务等活动密切相关,与具有明确商业实质的交易相关,且是企业商品对价的组成部分,不是从国

家无偿取得的经济资源，不属于《企业会计准则第 16 号——政府补助》（2017 年修订）规范的政府补助，企业应将中央财政补贴作为销售收入按照《企业会计准则第 14 号——收入》（2017 年修订）的规定进行会计处理。

《国家税务总局关于中央财政补贴增值税有关问题的公告》（国家税务总局公告 2013 年第 3 号）规定，按照现行增值税政策，纳税人取得的中央财政补贴，不属于增值税应税收入，不征收增值税。国家税务总局办公厅《关于〈中央财政补贴增值税有关问题的公告〉的解读》第二条规定，据了解，为便于补贴发放部门实际操作，中央财政补贴有的直接支付给予销售方，有的先补给购买方，再由购买方转付给销售方。我们认为，无论采取何种方式，购买者实际支付的购买价格，均为原价格扣减中央财政补贴后的金额。根据现行增值税暂行条例的规定，销售额为纳税人销售货物或者应税劳务向购买方收取的全部价款和价外费用。纳税人取得的中央财政补贴，其取得渠道是中央财政，因此，不属于增值税应税收入，不征收增值税。会计和税务处理如下（单位：万元）。

①收到终端客户支付的销售收入和增值税税款。

借：银行存款　　　　　　　　　　　　　　　　　　20 340

　　贷：主营业务收入　　　　　　　　　　　　　　　18 000

　　　　应交税费——应交增值税（销项税额）　　　　 2 340

②结转商品的销售成本。

借：主营业务成本　　　　　　　　　　　　　　　　16 000

　　贷：库存商品　　　　　　　　　　　　　　　　　16 000

③实际收到政府补贴资金。

借：银行存款　　　　　　　　　　　　　　　　　　 2 260

　　贷：主营业务收入　　　　　　　　　　　　　　　 2 260

④2019 年企业所得税纳税申报表填报实务如表 2 - 2 和表 2 - 3 所示。

表 2 - 2　　　　　　　　　一般企业收入明细表　　　　　　　A101010

行次	项目	金额
1	一、营业收入（2 + 9）	20 260
2	（一）主营业务收入（3 + 5 + 6 + 7 + 8）	20 260
3	1. 销售商品收入	20 260

表 2 - 3　　　　　　　　　一般企业成本支出明细表　　　　　A102010

行次	项目	金额
1	一、营业成本（2 + 9）	16 000
2	（一）主营业务成本（3 + 5 + 6 + 7 + 8）	16 000
3	1. 销售商品成本	16 000

需要注意的是，按照《国家税务总局关于取消增值税扣税凭证认证确认期限等增值税征管问题的公告》（国家税务总局公告2019年第45号）第七条的规定，自2020年1月1日起，纳税人取得的财政补贴收入，与其销售货物、劳务、服务、无形资产、不动产的收入或者数量直接挂钩的，应按规定计算缴纳增值税。纳税人取得的其他情形的财政补贴收入，不属于增值税应税收入，不征收增值税。该公告实施前，纳税人取得的中央财政补贴继续按照《国家税务总局关于中央财政补贴增值税有关问题的公告》（国家税务总局公告2013年第3号）执行；已经申报缴纳增值税的，可以按现行红字发票管理规定，开具红字增值税发票将取得的中央财政补贴从销售额中扣减。

假设〖案例2-1〗中，新能源A汽车销售业务发生在2020年1月1日以后，甲公司实际收到中央财政补贴收入是与其销售货物的收入或者数量直接挂钩的，应按上述规定计算缴纳增值税。如果甲公司2020年3月15日取得与销售新能源设备相关的财政补贴收入（含税价）2 260万元，增值税税率为13%，会计核算应按照不含税价格确认主营业务收入2 000万元计算应交增值税（销项税额）260万元。

《国家税务总局关于企业所得税若干政策征管口径问题的公告》（国家税务总局公告2021年第17号）第六条规定了企业取得政府财政资金的收入时间确认问题。企业按照市场价格销售货物、提供劳务服务等，凡由政府财政部门根据企业销售货物、提供劳务服务的数量、金额的一定比例给予全部或部分资金支付的，应当按照权责发生制原则确认收入。除上述情形外，企业取得的各种政府财政支付，如财政补贴、补助、补偿、退税等，应当按照实际取得收入的时间确认收入。

【案例2-2】甲企业是一家生产和销售高效照明产品的企业。国家为了支持高效照明产品的推广使用，通过统一招标的形式确定中标企业、高效照明产品及中标协议供货价格。甲企业作为中标企业，需以中标协议供货价格减去财政补贴资金后的价格将高效照明产品销售给终端用户，并按照高效照明产品实际安装数量、中标供货协议价格、补贴标准，申请财政补贴资金。2023年12月，甲企业因销售高效照明产品可以申请获得财政资金5650万元。该资金2024年2月才实际收到。

分析：本例中，甲企业虽然取得财政补贴资金，但最终受益人是从甲企业购买高效照明产品的大宗用户和城乡居民，相当于政府以中标协议供货价格从丙企业购买了高效照明产品，再以中标协议供货价格减去财政补贴资金后的价格将产品销售给终端用户。实际操作时，政府并没有直接从事高效照明产品的购销，但以补贴资金的形式通过甲企业的销售行为实现了政府推广使用高效照明产品的目标。对甲企业而言，销售高效照明产品是其日常经营活动，甲企业仍按照中标协议供货价格销售了产品，其销售收入由两部分构成：一是终端用户支付的购买价款；二是财政补贴资金，财政补贴资金是甲企业产品销售对价的组成部分。因此，甲企业取得的补贴资金应当按照

《企业会计准则第 14 号——收入》（2017 年修订）的规定进行会计处理，作为销售高效照明产品的对价计入交易价格确认收入。具体处理如下（单位：万元）。

①2023 年销售高效照明产品时，按照高效照明产品实际安装数量、中标供货协议价格、补贴标准计算申请财政补贴资金。

借：其他应收款——财政补贴   5 650

    贷：主营业务收入   5 000

        应交税费——待转销项税额   650

②增值税处理。纳税人取得的财政补贴收入，与其销售货物、劳务、服务、无形资产、不动产的收入或者数量直接挂钩的，应按规定计算缴纳增值税。增值税纳税义务发生时间按照《增值税暂行条例》第十九条的规定，发生应税销售行为，为收讫销售款项或者取得索取销售款项凭据的当天；先开具发票的，为开具发票的当天。

本例中，甲企业取得财政补贴收入与其销售高效照明产品的收入或者数量直接挂钩，应按规定计算缴纳增值税，应向拨付补贴资金的政府部门按照纳税义务发生时间开具增值税普通发票。即在发生应税销售行为后，按照"票先、款先、合同先"为原则，确定增值税纳税义务发生时间，次月纳税申报期内申报缴纳增值税。

③2024 年 1 月实际收到 2023 年申请的财政补贴资金。

借：银行存款   5 650

        贷：其他应收款——财政补贴   5 650

借：应交税费——待转销项税额   650

        贷：应交税费——应交增值税（销项税额）   650

④企业所得税处理。企业按照市场价格销售货物、提供劳务服务等，凡由政府财政部门根据企业销售货物、提供劳务服务的数量、金额的一定比例给予全部或部分资金支付的，应当按照权责发生制原则确认收入。本例中，甲企业取得财政补贴收入与其按照销售高效照明产品的收入金额直接挂钩的一定比例给予，应当按照权责发生制原则确认收入，也不符合不征税收入条件，与会计核算确认收入时间一致，无税会差异。但是其与增值税纳税义务发生时间不一致，形成税税差异。"金税三期"系统可能对会计核算收入、企业所得税收入与增值税收入比对出现异常进行风险提示，企业应做好留存备查资料并向主管税务局进行异常情况书面说明。

【案例 2-3】某房地产公司 2023 年度开发 A 项目（坐落在省会城市），实际收到预售商品房款 7 800 万元（不含税），当年开发产品尚未完工。当年按照预售收入缴纳土地增值税及附加 432.9 万元，并记入"应交税费"科目借方，待完工后转入"税金及附加"，2023 年度实际发生期间费用 650 万元。2024 年度 A 项目全部完工，实现销售商品收入 12 000 万元，结转开发成本 6 000 万元，该项目 2024 年度缴纳土地增值税及附加 233.1 万元。2024 年度又开发了 B 项目，截至年底 B 项目也已完工，实现销售商品收入 4 500 万元（不含税），结转开发成本 2 700 万元，缴纳土地增值税及附加 249.75 万元。该企业 2024 年度期间费用共发生 890 万元，预计计税毛利率 15%。计算该企业 2023 年和 2024 年应缴纳企业所得税并填报申报表（单位：万元）。

分析：①2023 年。企业会计利润总额 = 0 − 650 = − 650（万元）。该开发项目未完工，会计核算将预收房款 7 800 万元记入"合同负债"科目，不确认销售商品收入。同时，根据国税发〔2009〕31 号文件第六条、第七条、第八条、第九条规定计算缴纳企业所得税。2023 年企业所得税汇算清缴，A101010《一般企业收入明细表》第 3 行"销售商品收入"填报 0。应纳税所得额 = 7 800 × 15% − 432.9 − 650 = 87.1（万元），应纳税额 = 87.1 × 25% = 21.775（万元）。具体申报表填报实务如表 2 − 4 ~ 表 2 − 7 所示。

表 2 − 4　　　　　　　　　　　一般企业收入明细表　　　　　　　　　　　A101010

行次	项目	金额
1	一、营业收入（2 + 9）	0
2	（一）主营业务收入（3 + 5 + 6 + 7 + 8）	0
3	1. 销售商品收入	0

表 2 − 5　　　　　　　　　　　一般企业成本支出明细表　　　　　　　　　　　A102010

行次	项目	金额
1	一、营业成本（2 + 9）	0
2	（一）主营业务成本（3 + 5 + 6 + 7 + 8）	0
3	1. 销售商品成本	0

表 2 − 6　　　　　视同销售和房地产开发企业特定业务纳税调整明细表　　　　　A105010

行次	项目	税收金额 1	纳税调整金额 2
21	三、房地产开发企业特定业务计算的纳税调整额（22 − 26）		
22	（一）房地产企业销售未完工开发产品特定业务计算的纳税调整额（24 − 25）	737.1	737.1
23	1. 销售未完工产品的收入	7 800	*
24	2. 销售未完工产品预计毛利额	1 170	1 170
25	3. 实际发生的税金及附加、土地增值税	432.9	432.9

表 2 − 7　　　　　　　　　　　纳税调整项目明细表　　　　　　　　　　　A105000

行次	项目	账载金额 1	税收金额 2	调增金额 3	调减金额 4
36	四、特殊事项调整项目（37 + 38 + … + 42）	*	*	737.1	
40	（四）房地产开发企业特定业务计算的纳税调整额（填写 A105010）	*	737.1	737.1	

②2024 年。企业会计利润总额 =（12 000 + 4 500）–（6 000 + 2 700）–（432.9 + 233.1 + 249.75）– 890 = 5 994.25（万元）。2024 年企业所得税汇算清缴，A101010《一般企业收入明细表》第 3 行"销售商品收入"填报（12 000 + 4 500）= 16 500（万元）。本期扣除的前期土地增值税及附加 432.9 万元应作纳税调增（调整税金及附加填入年度纳税申报表 A105010《视同销售和房地产开发企业特定业务纳税调整明细表》第 29 行"转回实际发生的税金及附加、土地增值税"）；上期按预计毛利率计算的预计毛利 1 170 万元，应予以调减（调整的"预计毛利额"填在 A105010《视同销售和房地产开发企业特定业务纳税调整明细表》第 28 行"转回的销售未完工产品预计毛利额"栏内）。应纳税所得额 = 5 994.25 + 432.9 – 1 170 = 5 257.15（万元），应纳税额 = 5 257.15 × 25% = 1 314.287 5（万元）。具体申报表填报实务如表 2 – 8 ~ 表 2 – 11 所示。

表 2 – 8　　　　　　　　　　　　一般企业收入明细表　　　　　　　　　　　　A101010

行次	项目	金额
1	一、营业收入（2 + 9）	16 500
2	（一）主营业务收入（3 + 5 + 6 + 7 + 8）	16 500
3	1. 销售商品收入	16 500

表 2 – 9　　　　　　　　　　　　一般企业成本支出明细表　　　　　　　　　　　　A102010

行次	项目	金额
1	一、营业成本（2 + 9）	8 700
2	（一）主营业务成本（3 + 5 + 6 + 7 + 8）	8 700
3	1. 销售商品成本	8 700

表 2 – 10　　　　　　视同销售和房地产开发企业特定业务纳税调整明细表　　　　　　A105010

行次	项目	税收金额	纳税调整金额
		1	2
21	三、房地产开发企业特定业务计算的纳税调整额（22 – 26）	– 737.1	– 737.1
26	（二）房地产企业销售的未完工产品转完工产品特定业务计算的纳税调整额（28 – 29）	737.1	737.1
27	1. 销售未完工产品转完工产品确认的销售收入	7 800	*
28	2. 转回的销售未完工产品预计毛利额	1 170	1 170
29	3. 转回实际发生的税金及附加、土地增值税	432.9	432.9

表 2 – 11　　　　　　　　　　　　纳税调整项目明细表　　　　　　　　　　　　A105000

行次	项目	账载金额	税收金额	调增金额	调减金额
		1	2	3	4
36	四、特殊事项调整项目（37 + 38 + … + 42）	*	*		
37	（一）企业重组（填写 A105100）				
38	（二）政策性搬迁（填写 A105110）	*	*		

续表

行次	项目	账载金额	税收金额	调增金额	调减金额
		1	2	3	4
39	（三）特殊行业准备金（填写 A105120）				
40	（四）房地产开发企业特定业务计算的纳税调整额（填写 A105010）	*	−737.1		737.1
41	（五）合伙企业法人合伙人应分得的应纳税所得额				
42	（六）其他	*	*		
43	五、特别纳税调整应税所得	*	*		
44	六、其他	*	*		
45	合计（1＋12＋31＋36＋43＋44）	*	*		737.1

3. 第 4 行"其中：非货币性资产交换收入"：填报纳税人发生的非货币性资产交换按照国家统一会计制度应确认的主营业务收入。

具体填报实务要点：此处只填列当非货币性资产交换采用公允价值计量模式且换出为存货时，会计核算上确认的主营业务收入。《企业会计准则第 7 号——非货币性资产交换》规定，当非货币性资产交换同时满足交换具有商业实质和换入资产或换出资产的公允价值能够可靠计量这两项确认条件的，应以换出资产的公允价值和应支付的相关税费作为换入资产成本，公允价值与换出资产账面价值的差额计入当期损益。涉及补价时，企业在按公允价值和应支付的相关税费作为换入资产成本的情况下，若支付补价，将换入资产成本与换出资产账面价值加上支付的补价、应支付的相关税费之和的差额，计入当期损益；若收到补价，将换入资产成本加收到的补价之和与换出资产账面价值加应支付的相关税费之和的差额，计入当期损益。

《财政部关于修订印发〈企业会计准则第 14 号——收入〉的通知》（财会〔2017〕22 号）第三条规定，企业以存货换取客户的固定资产、无形资产等的，按照该准则的规定进行会计处理；其他非货币性资产交换，按照《企业会计准则第 7 号——非货币性资产交换》的规定进行会计处理。但是，对于没有商业实质的非货币性资产交换，不确认收入。

【案例 2－4】2023 年 2 月 1 日，甲公司以 2018 年 1 月购入的生产经营用 A 设备交换乙公司生产的一批钢材，甲公司换入的钢材作为原材料用于生产，乙公司换入的设备继续用于生产钢材。甲公司设备的账面原价为 1 500 000 元，在交换日的累计折旧为 525 000 元，公允价值为 1 404 000 元，甲公司此前没有为该设备计提资产减值准备。此外，甲公司以银行存款支付清理费 1 500 元。乙公司钢材的账面价值为 1 200 000 元，在交换日的市场价格为 1 404 000 元，计税价格等于市场价格，乙公司此前也没有为该批钢材计提存货跌价准备。

甲公司、乙公司均为增值税一般纳税人，适用的增值税税率为13%。假设甲公司和乙公司在整个交易过程中没有发生除增值税以外的其他税费，甲公司和乙公司均开具了增值税专用发票。

分析：本例中，整个资产交换过程没有涉及收付货币性资产，因此，该项交换属于非货币性资产交换。甲公司以固定资产换入存货，换入的钢材是生产过程中的原材料，乙公司换入的设备是生产用设备，两项资产交换后对换入企业的特定价值显著不同，两项资产的交换具有商业实质；同时，两项资产的公允价值都能够可靠地计量，符合公允价值计量的两个条件。因此，甲公司和乙公司均应当以换出资产的公允价值为基础确定换入资产的成本，并确认产生的相关损益。

乙公司会计和税务处理如下：

①企业以库存商品换入其他资产，应计算增值税销项税额，缴纳增值税。

换出钢材的增值税销项税额 = 1 404 000 × 13% = 182 520（元）

②换入设备的增值税进项税额 = 1 404 000 × 13% = 182 520（元）

借：固定资产——A设备　　　　　　　　　　　　　　　1 404 000
　　应交税费——应交增值税（进项税额）　　　　　　　182 520
　　贷：主营业务收入——非货币性资产交换收入　　　　1 404 000
　　　　应交税费——应交增值税（销项税额）　　　　　182 520

借：主营业务成本——非货币性资产交换成本　　　　　　1 200 000
　　贷：库存商品——钢材　　　　　　　　　　　　　　1 200 000

2023年企业所得税汇算清缴，A101010《一般企业收入明细表》第3行"销售商品收入"填报1 404 000元，第4行"其中：非货币性资产交换收入"填报1 404 000元。A102010《一般企业成本支出明细表》第3行"销售商品成本"填报1 200 000元，第4行"其中：非货币性资产交换成本"填报1 200 000元。具体申报表填报实务如表2-12和表2-13所示。

表2-12　　　　　　　一般企业收入明细表　　　　　　　A101010

行次	项目	金额
1	一、营业收入（2+9）	1 404 000
2	（一）主营业务收入（3+5+6+7+8）	1 404 000
3	1. 销售商品收入	1 404 000
4	其中：非货币性资产交换收入	1 404 000

表2-13　　　　　　　一般企业成本支出明细表　　　　　　A102010

行次	项目	金额
1	一、营业成本（2+9）	1 200 000
2	（一）主营业务成本（3+5+6+7+8）	1 200 000

行次	项目	金额
3	1. 销售商品成本	1 200 000
4	其中：非货币性资产交换成本	1 200 000

【案例 2 - 5】 承〖案例 2 - 4〗，假定甲公司换出设备的公允价值为 120 万元，换入钢材的公允价值为 100 万元，实际成本为 80 万元，由此乙公司另支付给甲公司 20 万元补价和增值税销项税额与进项税额的差额 2.6 万元。

分析：本例中，该项交换交易涉及补价，且补价所占比例分别如下：甲公司，收到的补价 20 万元 ÷ 换出资产公允价值 120 万元 = 16.67% < 25%。乙公司，支付的补价 20 万元 ÷ 换入资产公允价值 120 万元 = 16.67% < 25%。由于该项交易所涉及的补价占交换的资产价值的比例低于 25%，且根据〖案例 2 - 3〗中的其他分析，可以认定该项交易属于按照公允价值模式计量且涉及补价的非货币性资产交换。乙公司税会处理如下（单位：元）：

借：固定资产 1 200 000

应交税费——应交增值税（进项税额） 156 000

贷：主营业务收入——非货币性资产交换收入 1 000 000

应交税费——应交增值税（销项税额） 130 000

银行存款 226 000

借：主营业务成本 800 000

贷：库存商品 800 000

2023 年企业所得税汇算清缴，A101010《一般企业收入明细表》第 3 行"销售商品收入"填报 1 000 000 元，第 4 行"其中：非货币性资产交换收入"填报 1 000 000 元。A102010《一般企业成本支出明细表》第 3 行"销售商品成本"填报 800 000 元，第 4 行"其中：非货币性资产交换成本"填报 800 000 元。具体申报表填报实务如表 2 - 14 和表 2 - 15 所示。

表 2 - 14 　　　　　　　　　　　　 一般企业收入明细表 　　　　　　　　　　　　 A101010

行次	项目	金额
1	一、营业收入（2 + 9）	1 000 000
2	（一）主营业务收入（3 + 5 + 6 + 7 + 8）	1 000 000
3	1. 销售商品收入	1 000 000
4	其中：非货币性资产交换收入	1 000 000

表 2-15　　　　　　　　　　　　一般企业成本支出明细表　　　　　　　　　A102010

行次	项目	金额
1	一、营业成本（2+9）	800 000
2	（一）主营业务成本（3+5+6+7+8）	800 000
3	1. 销售商品成本	800 000
4	其中：非货币性资产交换成本	800 000

【案例2-6】甲公司和乙公司均为增值税一般纳税人。经协商，甲公司与乙公司于2023年1月30日签订资产交换合同。合同约定，甲公司以生产经营过程中使用的一台设备与乙公司生产的一批家具进行交换，用于交换的设备公允价值为7.5万元，办公家具的公允价值为9万元，甲公司以银行存款向乙公司支付补价1.5万元。合同签订日即交换日，甲公司设备的账面价值为7万元（其中，账面原价为10万元，已计提累计折旧3万元），甲公司支付设备清理费用1 500元；乙公司办公家具的账面价值为7万元。甲公司将换入的办公家具作为固定资产使用和管理；乙公司将换入的设备作为固定资产使用和管理。

甲公司开具的增值税专用发票注明的计税价格7.5万元，增值税税额9 750元；乙公司开具的增值税专用发票注明的计税价格9万元，增值税税额1.17万元；甲公司以银行存款向乙公司支付补价差1.5万元（9-7.5），另外，甲公司以银行存款向乙公司支付增值税差额1 950元（11 700-9 750）。该企业执行《企业会计准则第7号——非货币性资产交换》（2019年修订）。

分析：本例中，涉及收付货币性资产，应当计算货币性资产占整个资产交换的比例。对于甲公司，支付的货币性资产1.5万元占换入资产公允价值9万元（或换出资产公允价值7.5万元和支付的货币性资产1.5万元之和）的比例为16.67%<25%，属于非货币性资产交换。

①甲公司会计处理如下：

借：固定资产清理　　　　　　　　　　　　　　　　　81 250

　　累计折旧　　　　　　　　　　　　　　　　　　　30 000

　　贷：固定资产——设备　　　　　　　　　　　　　　100 000

　　　　银行存款　　　　　　　　　　　　　　　　　　1 500

　　　　应交税费——应交增值税（销项税额）　　　　　　9 750

借：固定资产——办公家具　　　　　　　　　　　　　90 000

　　应交税费——应交增值税（进项税额）　　　　　　　11 700

　　贷：固定资产清理　　　　　　　　　　　　　　　　81 250

　　　　银行存款　　　　　　　　　　　　　　　　　　16 950

　　　　资产处置损益——非货币性资产交换收益　　　　　3 500

②甲公司 2023 年汇算清缴时，不需要填报表 A101010 第 4 行"其中：非货币性资产交换收入"相关行次，会计核算的资产处置损益 3 500 元由于已计入《利润表》"营业利润"项目，会直接计入表 A100000 第 10 行"营业利润"项目中。

③乙公司的会计处理如下：

借：固定资产——设备   75 000

    应交税费——应交增值税（进项税额）   9 750

    银行存款   16 950

    贷：主营业务收入——非货币性资产交换收入   90 000

        应交税费——应交增值税（销项税额）   11 700

借：主营业务成本——非货币性资产交换成本   70 000

    贷：库存商品   70 000

④乙公司 2023 年汇算清缴时，在 A101010《一般企业收入明细表》第 3 行"销售商品收入"填报 90 000 元，第 4 行"其中：非货币性资产交换收入"填报 90 000 元。A102010《一般企业成本支出明细表》第 3 行"销售商品成本"填报 70 000 元，第 4 行"其中：非货币性资产交换成本"填报 70 000 元。具体申报表填报实务如表 2 – 16 和表 2 – 17 所示。

表 2 – 16　　　　　　　　　　一般企业收入明细表　　　　　　　　　　A101010

行次	项目	金额
1	一、营业收入（2 + 9）	90 000
2	（一）主营业务收入（3 + 5 + 6 + 7 + 8）	90 000
3	1. 销售商品收入	90 000
4	其中：非货币性资产交换收入	90 000

表 2 – 17　　　　　　　　　　一般企业成本支出明细表　　　　　　　　　　A102010

行次	项目	金额
1	一、营业成本（2 + 9）	70 000
2	（一）主营业务成本（3 + 5 + 6 + 7 + 8）	70 000
3	1. 销售商品成本	70 000
4	其中：非货币性资产交换成本	70 000

未同时满足换入资产或换出资产的公允价值能够可靠地计量和该项交换具有商业实质两项条件的非货币性资产交换，则以换出资产的账面价值和应支付的相关税费作为换入资产成本，不确认损益。未同时满足上述两项条件的非货币性资产交换，填入 A105000《纳税调整项目明细表》第 1 行"一、收入类调整项目中"和第 2 行"（一）视同销售收入（填写 A105010）"和 A105010《视同销售和房地产开发企业特定业务纳税调整明细表》相关项目。

【案例2-7】甲公司和乙公司均为增值税一般纳税人。经协商，甲公司与乙公司于2023年1月30日签订资产交换合同。合同约定，甲公司以A市的准备销售库存商品一批成品油与乙公司B市生产的一批同型号的成品油进行交换，以满足各地加油站的销售，甲公司用于交换的成品油公允价值为90万元，乙公司用于交换的成品油公允价值为100万元。合同签订日即交换日，甲公司成品油的账面价值为85万元，并向乙公司支付补价10万元，支付增值税差1.3万元；乙公司成品油的账面价值为88万元。甲、乙公司均将换入成品油作为库存商品管理，甲公司按照换出资产的公允价值90万元向乙公司开具增值税专用发票，乙公司按照换出资产的公允价值100万元向甲公司开具增值税专用发票。该企业执行《企业会计准则第7号——非货币性资产交换》（2019年修订）。

分析：本例中，整个资产交换过程涉及收付货币性资产，交换的资产为存货，应当计算货币性资产占整个资产交换的比例。对于甲公司，支付的货币性资产10万元占换入资产公允价值100万元（或换出资产公允价值90万元和支付的货币性资产10万元之和）的比例为10%＜25%，属于非货币性资产交换。由于用于交换的两项存货均为成品油，交换不具有商业实质且使用换入资产所产生的预计未来现金流量现值与继续使用换出资产相同，因此，甲公司和乙公司均应当以换出资产的账面价值为基础确定换入资产的初始计量金额，换出资产不确认损益（单位：元）。

①甲公司会计处理如下：

借：库存商品——成品油　　　　　　　　　　　　　　　　950 000

　　应交税费——应交增值税（进项税额）　　　　　　　　130 000

　　贷：库存商品——成品油　　　　　　　　　　　　　　　　850 000

　　　　应交税费——应交增值税（销项税额）　　　　　　　117 000

　　　　银行存款　　　　　　　　　　　　　　　　　　　　113 000

②甲公司税务处理如下：甲公司2023年汇算清缴时，由于会计核算没有确认营业收入，不需要填报表A101010第4行"其中：非货币性资产交换收入"相关行次。但是，按照《企业所得税法实施条例》第二十五条的规定，企业发生非货币性资产交换，以及将货物、财产、劳务用于捐赠、偿债、赞助、集资、广告、样品、职工福利或者利润分配等用途的，应当视同销售货物、转让财产或者提供劳务，但国务院财政、税务主管部门另有规定的除外。本例中，该非货币性资产交换属于企业所得税视同销售行为，需要填报A105000《纳税调整项目明细表》第1行"一、收入类调整项目"和第2行"（一）视同销售收入（填写A105010）"和A105010《视同销售和房地产开发企业特定业务纳税调整明细表》相关项目。同时，按照《企业所得税法实施条例》第七十二条第二款的规定，通过支付现金以外的方式取得的存货，以该存货的公允价值

和支付的相关税费为成本。甲公司换入库存商品的计税基础为100万元，账面价值为95万元，存在税会差异5万元，以后期间处置时仍需要进行纳税调整。具体申报表填报实务如表2-18和表2-19所示。

表2-18　　　　　视同销售和房地产开发企业特定业务纳税调整明细表　　　　　A105010

行次	项目	税收金额	纳税调整金额
		1	2
1	一、视同销售（营业）收入（2+3+4+5+6+7+8+9+10）	900 000	900 000
2	（一）非货币性资产交换视同销售收入	900 000	900 000
11	二、视同销售（营业）成本（12+13+14+15+16+17+18+19+20）	850 000	−850 000
12	（一）非货币性资产交换视同销售成本	850 000	−850 000

表2-19　　　　　　　　　　　　　纳税调整项目明细表　　　　　　　　　　　　A105000

行次	项目	账载金额	税收金额	调增金额	调减金额
		1	2	3	4
1	一、收入类调整项目（2+3+4+5+6+7+8+10+11）	*	*	900 000	
2	（一）视同销售收入（填写A105010）	*	900 000	900 000	*
12	二、扣除类调整项目（13+14+15+16+17+18+19+20+21+22+23+24+26+27+28+29）	*	*		850 000
13	（一）视同销售成本（填写A105010）	*	850 000	*	850 000

③乙公司会计处理如下：

借：库存商品——成品油　　　　　　　　　　　　　　　　　　　　780 000

　　应交税费——应交增值税（进项税额）　　　　　　　　　　　　117 000

　　银行存款　　　　　　　　　　　　　　　　　　　　　　　　　113 000

　　贷：库存商品——成品油　　　　　　　　　　　　　　　　　　　880 000

　　　　应交税费——应交增值税（销项税额）　　　　　　　　　　　130 000

④乙公司税务处理如下：

乙公司2023年汇算清缴时，由于会计核算没有确认营业收入，不需要填报表A101010第4行"其中：非货币性资产交换收入"相关行次。但是，按照《企业所得税法实施条例》第二十五条的规定，企业发生非货币性资产交换，以及将货物、财产、劳务用于捐赠、偿债、赞助、集资、广告、样品、职工福利或者利润分配等用途的，应当视同销售货物、转让财产或者提供劳务，但国务院财政、税务主管部门另有规定的除外。本例中，该非货币性资产交换属于企业所得税视同销售行为，需要填报A105000《纳税调整项目明细表》第1行"一、收入类调整项目"和第2行"（一）视同销售收入（填写A105010）"和A105010《视同销售和房地产开发企业特定业务纳税调整明细表》相关项目。同时，按照《企业所得税法实施条例》第七十二条第二款的规定，通过支付现金以外的方式取得的存货，以该存货的公允价值和支付的相关税费为成本。乙公司换入库存商品的计税基础为90万元，账面价值为78万元，存在税会差异12万元，以后期间处置时仍需要进行纳税调整。具体申报表填报实务如表2－20和表2－21所示。

表2－20　　　　　　视同销售和房地产开发企业特定业务纳税调整明细表　　　　　　A105010

行次	项目	税收金额	纳税调整金额
		1	2
1	一、视同销售（营业）收入（2＋3＋4＋5＋6＋7＋8＋9＋10）	1 000 000	1 000 000
2	（一）非货币性资产交换视同销售收入	1 000 000	1 000 000
11	二、视同销售（营业）成本（12＋13＋14＋15＋16＋17＋18＋19＋20）	880 000	－880 000
12	（一）非货币性资产交换视同销售成本	880 000	－880 000

表2－21　　　　　　　　　　　纳税调整项目明细表　　　　　　　　　　　　A105000

行次	项目	账载金额	税收金额	调增金额	调减金额
		1	2	3	4
1	一、收入类调整项目（2＋3＋4＋5＋6＋7＋8＋10＋11）	*	*	1 000 000	
2	（一）视同销售收入（填写A105010）	*	1 000 000	1 000 000	*
12	二、扣除类调整项目（13＋14＋15＋16＋17＋18＋19＋20＋21＋22＋23＋24＋26＋27＋28＋29）	*	*		880 000
13	（一）视同销售成本（填写A105010）	*	880 000	*	880 000

4. 第5行"提供劳务收入"：填报纳税人从事建筑安装、修理修配、交通运输、仓储租赁、邮电通信、咨询经纪、文化体育、科学研究、技术服务、教育培训、餐饮住宿、中介代理、卫生保健、社区服务、旅游、娱乐、加工以及其他劳务活动取得的主营业务收入。

【案例2－8】金桥旅游公司为增值税一般纳税人，选择差额计税方法。2024年8月，组织三个旅游团队旅游，取得旅游价税合计总销售额106万元，其中两个团队由本公司全程组织旅游，收取旅游费包括住宿费、餐饮费、交通费、门票费，统一向宾馆、餐饮点、外单位旅游包车、景点门票共支付费用价税合计53万元；另一个团队与旅游地旅游公司合作接团，支付接团旅游费用15.9万元。上述成本费用均已经取得增值税普通发票。另外，当月支付电费1.38万元，取得增值税专用发票，注明价款1.18万元，进项税额0.2万元。

分析：《财政部、国家税务总局关于全面推开营业税改征增值税试点的通知》（财税〔2016〕36号）附件二《营业税改征增值税试点有关事项的规定》规定，试点纳税人提供旅游服务，可以选择以取得的全部价款和价外费用，扣除向旅游服务购买方收取并支付给其他单位或者个人的住宿费、餐饮费、交通费、签证费、门票费和支付给其他接团旅游企业的旅游费用后的余额为销售额。选择上述办法计算销售额的试点纳税人，向旅游服务购买方收取并支付的上述费用，不得开具增值税专用发票，可以开具普通发票。

因此，旅游服务公司增值税一般纳税人可以选择差额计税方法缴纳增值税。选择差额计税方法的增值税计算：应纳增值税 =（旅游服务价税合计数 – 可以差额部分的扣除费用）÷（1 + 6%）× 6% – 其他依法取得的符合规定的进项税额 = 旅游服务价税合计数 ÷（1 + 6%）× 6% – 可以差额部分的扣除费用 ÷（1 + 6%）× 6% – 其他依法取得的符合规定的进项税额。

本例中，该公司当月应交增值税计算如下：差额计算销项税额可以扣除的费用 = 53 + 15.9 = 68.9（万元），应纳增值税 =（106 – 68.9）÷（1 + 6%）× 6% – 0.2 = 1.9（万元）。会计和税务处理如下：

①取得旅游服务收入。

借：银行存款　　　　　　　　　　　　　　　　　　　　1 060 000
　　贷：主营业务收入　　　　　　　　　　　　　　　　1 000 000
　　　　应交税费——应交增值税（销项税额）　　　　　　　60 000

②实际发生成本费用时，按应付或实际支付的金额计入相关成本费用。

借：主营业务成本　　　　　　　　　　　　　　　　　　　689 000
　　贷：银行存款　　　　　　　　　　　　　　　　　　　689 000

③按现行增值税制度规定，企业发生相关成本费用允许扣减销售额的，待取得符合规定的增值税扣税凭证且纳税义务发生时，按照允许抵扣的税额作为销项税额抵减。

借：应交税费——应交增值税（销项税额抵减）　　　　　　39 000
　　贷：主营业务成本　　　　　　　　　　　　　　　　　39 000

2024 年企业所得税汇算清缴，A101010《一般企业收入明细表》第 5 行"提供劳务收入"填报 1 000 000 元。A102010《一般企业成本支出明细表》第 5 行"提供劳务成本"填报 650 000 元。具体申报表填报实务如表 2 – 22 和表 2 – 23 所示。

表 2 – 22　　　　　　　　　　　一般企业收入明细表　　　　　　　　　A101010

行次	项目	金额
1	一、营业收入（2 + 9）	1 000 000
2	（一）主营业务收入（3 + 5 + 6 + 7 + 8）	1 000 000
5	2. 提供劳务收入	1 000 000

表 2 – 23　　　　　　　　　　　一般企业成本支出明细表　　　　　　　A102010

行次	项目	金额
1	一、营业成本（2 + 9）	650 000
2	（一）主营业务成本（3 + 5 + 6 + 7 + 8）	650 000
5	2. 提供劳务成本	650 000

5. 第6行"建造合同收入"：填报纳税人建造房屋、道路、桥梁、水坝等建筑物，以及生产船舶、飞机、大型机械设备等取得的主营业务收入。

具体填报实务要点：2018年1月1日后，执行《企业会计准则第14号——收入》（2017年修订）的纳税人，按照相关规定核算和填报建造合同收入。

【案例2－9】B建筑公司为增值税一般纳税人，2024年向A公司（增值税一般纳税人）提供一项清包工建筑服务（开工和完工在同一会计年度），选择采用简易计税方式。工程完工后办理结算并收取业主全部工程款1 000 000元，自建部分成本为160 000元（假设全部为人工成本），支付C公司分包款8 000 00元。B建筑公司向发包方A公司开具了增值税专用发票。

①B公司简易计税方式税务处理。B公司按差额计税方式计算申报税额：（1 000 000 － 800 000）÷（1 ＋3%）×3% ＝5 825.24（元）。B公司按全额向业主开具建筑服务增值税专用发票，发票不含税金额 ＝1 000 000 － 29 126.21 ＝970 873.79（元），增值税税额 ＝1 000 000 ÷（1 ＋3%）×3% ＝29 126.21（元）；建筑服务差额纳税属于可以全额开具增值税专用发票的情况，且不通过新系统差额纳税功能开具。发包方A公司取得增值税专用发票经过认证后，可以申报抵扣进项税额为29 126.21元，承包方B公司通过填写《增值税纳税申报表》相关附表，按差额计税方式计算申报缴纳的税额为5 825.24元。

②B公司简易计税方法下差额征税会计处理如下。

a. 建筑工程发生成本费用。

借：工程施工——合同成本 160 000

　　贷：应付职工薪酬 160 000

b. 支付C公司分包款。

借：工程施工——合同成本 800 000

　　贷：银行存款 800 000

c. 取得分包发票且增值税发生纳税义务时，取得合法有效凭证，抵减税额 ＝ 800 000 ÷（1 ＋3%）×3% ＝23 300.97（元）。

借：应交税费——简易计税（扣减） 23 300.97

　　贷：工程施工——合同成本 23 300.97

d. 确认合同收入和费用。合同总收入 ＝1 000 000 ÷（1 ＋3%）＝970 873.79（元）；合同总成本 ＝160 000 ＋（800 000 － 23 300.97）＝936 699.03（元）。

借：主营业务成本 936 699.03

　　工程施工——合同毛利 34 174.76

       贷：主营业务收入   970 873.79

e. 实际收取业主工程款。

借：银行存款   1 000 000

    贷：工程结算   970 873.79

        应交税费——简易计税（计提）   29 126.21

f. 工程项目结束，工程施工与结算对冲。

借：工程结算   970 873.79

    贷：工程施工——合同成本   936 699.03

             ——合同毛利   34 174.76

g. 缴纳剩余增值税 = 29 126.21 − 23 300.97 = 5 825.24（元）。

借：应交税费——简易计税（缴纳）   5 825.24

    贷：银行存款   5 825.24

h. 将"应交税费——简易计税"各明细专栏对冲。

借：应交税费——简易计税（计提）   29 126.21

    贷：应交税费——简易计税（缴纳）   5 825.24

             ——简易计税（扣减）   23 300.97

2024 年企业所得税纳税申报表填报实务如表 2 – 24 和表 2 – 25 所示。

表 2 – 24   一般企业收入明细表   A101010

行次	项目	金额
1	一、营业收入（2 + 9）	970 873.79
2	（一）主营业务收入（3 + 5 + 6 + 7 + 8）	970 873.79
6	3. 建造合同收入	970 873.79

表 2 – 25   一般企业成本支出明细表   A102010

行次	项目	金额
1	一、营业成本（2 + 9）	936 699.03
2	（一）主营业务成本（3 + 5 + 6 + 7 + 8）	936 699.03
6	3. 建造合同成本	936 699.03

【案例 2 – 10】承〔案例 2 – 9〕，假设 B 公司执行 2017 年新修订的《企业会计准则第 14 号——收入》。B 公司简易计税方法下差额征税会计处理如下。

①建筑工程发生成本费用。

借：合同履约成本   160 000

    贷：应付职工薪酬、原材料等   160 000

②支付 C 公司分包款。

借：合同履约成本   800 000

　　贷：银行存款　　　　　　　　　　　　　　　　　　　　　　800 000

　　③取得分包发票且增值税发生纳税义务时，取得合法有效凭证，抵减税额 = 800 000 ÷ （1 + 3%）× 3% = 23 300.97（元）。

　　借：应交税费——简易计税（扣减）　　　　　　　　23 300.97

　　　　贷：合同履约成本　　　　　　　　　　　　　　　　　23 300.97

　　④确认合同收入和费用。合同总收入 = 1 000 000 ÷（1 + 3%）= 970 873.79（元）；合同总成本 = 160 000 + （800 000 - 23 300.97）= 936 699.03（元）。

　　借：合同结算——收入结转　　　　　　　　　　　　970 873.79

　　　　贷：主营业务收入　　　　　　　　　　　　　　　　970 873.79

　　借：主营业务成本　　　　　　　　　　　　　　　　936 699.03

　　　　贷：合同履约成本　　　　　　　　　　　　　　　　936 699.03

　　⑤实际收取业主工程款。

　　借：银行存款　　　　　　　　　　　　　　　　　1 000 000

　　　　贷：合同结算——价款结算　　　　　　　　　　　970 873.79

　　　　　　应交税费——简易计税（计提）　　　　　　　29 126.21

　　⑥工程项目结束，工程施工与结算对冲。

　　借：合同结算——价款结算　　　　　　　　　　　　970 873.79

　　　　贷：合同结算——收入结转　　　　　　　　　　　970 873.79

　　⑦缴纳剩余增值税 = 29 126.21 - 23 300.97 = 5 825.24（元）。

　　借：应交税费——简易计税（缴纳）　　　　　　　　5 825.24

　　　　贷：银行存款　　　　　　　　　　　　　　　　　　5 825.24

　　⑧将"应交税费——简易计税"各明细专栏对冲。

　　借：应交税费——简易计税（计提）　　　　　　　　29 126.21

　　　　贷：应交税费——简易计税（缴纳）　　　　　　　　5 825.24

　　　　　　　　——简易计税（扣减）　　　　　　　　　23 300.97

　　6. 第 7 行"让渡资产使用权收入"：填报纳税人在主营业务收入中核算的让渡无形资产使用权而取得的使用费收入以及出租固定资产、无形资产、投资性房地产取得的租金收入。

　　具体填报实务要点：纳税人在主营业务收入中不仅核算让渡无形资产使用权而取得的使用费收入，而且还要核算出租固定资产、无形资产、投资性房地产取得的租金收入。但按照《企业所得税法实施条例》第十九条的规定，《企业所得税法》第六条第（六）项所称租金收入是指企业提供固定资产、包装物或者其他有形资产的使用权取得的收入。第二十条规定，《企业所得税法》第六条第（七）项所称特许权使用费收入是指企业提供专利权、非专利技术、商标权、著作权以及其他特许权的使用权取得的收入。

7. 第8行"其他"：填报纳税人按照国家统一会计制度核算、上述未列举的其他主营业务收入。

8. 第9行"其他业务收入"：根据不同行业的业务性质分别填报纳税人核算的其他业务收入。

9. 第10行"销售材料收入"：填报纳税人销售材料、下脚料、废料、废旧物资等取得的收入。

10. 第11行"其中：非货币性资产交换收入"：填报纳税人发生的非货币性资产交换按照国家统一会计制度应确认的其他业务收入。

11. 第12行"出租固定资产收入"：填报纳税人将固定资产使用权让与承租人获取的其他业务收入。

【案例2-11】乙公司是一般纳税人，2024年12月1日出租异地办公楼，会计核算作为投资性房地产，该办公楼是"营改增"之前取得的。合同约定每月收取租金6.3万元（含税），该项目采用简易计税方法计算增值税，该办公楼月折旧额为2.5万元。2024年会计和税务处理如下：

分析：《国家税务总局关于发布〈纳税人提供不动产经营租赁服务增值税征收管理暂行办法〉的公告》（国家税务总局公告2016年第16号）第三条第一款规定，一般纳税人出租其2016年4月30日前取得的不动产，可以选择适用简易计税方法，按照5%的征收率计算应纳税额。不动产所在地与机构所在地不在同一县（市、区）的，纳税人应按照上述计税方法向不动产所在地主管国税机关预缴税款，向机构所在地主管国税机关申报纳税。

①每月收取租金时。

借：银行存款　　　　　　　　　　　　　　　　　　　　　　　63 000

　　贷：预收账款　　　　　　　　　　　　　　　　　　　　　　　63 000

②在不动产所在地预缴增值税 = 63 000 ÷ (1 + 5%) × 5% = 3 000（元）。

借：应交税费——简易计税　　　　　　　　　　　　　　　　　3 000

　　贷：银行存款　　　　　　　　　　　　　　　　　　　　　　　3 000

③在机构所在地申报，租赁简易计税项目预缴增值税与应纳税额相同。

借：预收账款　　　　　　　　　　　　　　　　　　　　　　　63 000

　　贷：其他业务收入　　　　　　　　　　　　　　　　　　　　　60 000

　　　　应交税费——简易计税　　　　　　　　　　　　　　　　　3 000

借：其他业务成本　　　　　　　　　　　　　　　　　　　　　25 000

　　贷：投资性房地产累计折旧　　　　　　　　　　　　　　　　　25 000

④2024 年企业所得税汇算清缴，A101010《一般企业收入明细表》第 12 行"出租固定资产收入"填报 60 000 元，A102010《一般企业成本支出明细表》第 12 行"出租固定资产成本"填报 25 000 元。申报表填报实务如表 2－26 和表 2－27 所示。

表 2－26　　　　　　　　　　　　一般企业收入明细表　　　　　　　　　　　　A101010

行次	项目	金额
1	一、营业收入（2＋9）	60 000
9	（二）其他业务收入（10＋12＋13＋14＋15）	60 000
12	2. 出租固定资产收入	60 000

表 2－27　　　　　　　　　　　　一般企业成本支出明细表　　　　　　　　　　　　A102010

行次	项目	金额
1	一、营业成本（2＋9）	25 000
9	（二）其他业务成本（10＋12＋13＋14＋15）	25 000
12	2. 出租固定资产成本	25 000

12. 第 13 行"出租无形资产收入"：填报纳税人让渡无形资产使用权取得的其他业务收入。

【案例 2－12】2024 年甲公司将一项专利技术出租给另外一个企业使用，该专利技术账面余额为 5 000 000 元，采用直线法摊销，预计摊销期限为 10 年，出租合同规定，每销售一件用该专利生产的产品，承租方必须付给出租方 10 元（不含税）专利技术使用费。假定承租方 2024 年销售该产品 10 万件。出租方的会计和处理如下：

①收取出租专利技术使用费。

借：银行存款　　　　　　　　　　　　　　　　　　　　　1 060 000

　　贷：其他业务收入　　　　　　　　　　　　　　　　　　1 000 000

　　　　应交税费——应交增值税（销项税额）　　　　　　　　60 000

②摊销出租专利技术的账面价值。

借：其他业务成本　　　　　　　　　　　　　　　　　　　　500 000

　　贷：累计摊销　　　　　　　　　　　　　　　　　　　　500 000

③2024 年企业所得税汇算清缴，A101010《一般企业收入明细表》第 13 行"出租无形资产收入"填报 1 000 000 元。A102010《一般企业成本支出明细表》第 13 行"出租无形资产成本"填报 500 000 元。申报表填报实务如表 2－28 和表 2－29 所示。

表 2－28　　　　　　　　　　　　一般企业收入明细表　　　　　　　　　　　　A101010

行次	项目	金额
1	一、营业收入（2＋9）	1 000 000
9	（二）其他业务收入（10＋12＋13＋14＋15）	1 000 000
13	3. 出租无形资产收入	1 000 000

表 2 - 29 　　　　　　　　　　一般企业成本支出明细表　　　　　　　　A102010

行次	项目	金额
1	一、营业成本（2+9）	500 000
9	（二）其他业务成本（10+12+13+14+15）	500 000
13	3.出租无形资产成本	500 000

13. 第 14 行"出租包装物和商品收入"：填报纳税人出租、出借包装物和商品取得的其他业务收入。

具体填报实务要点：执行《企业会计准则》和《企业会计制度》的纳税人，出租、出借包装物和商品取得的其他业务收入填入第 14 行"出租包装物和商品收入"，但执行《小企业会计准则》的纳税人取得的出租包装物和商品的租金收入、逾期未退包装物押金收益等，应在"营业外收入"科目核算，填入"营业外收入"项目第 26 行"其他"。

【案例 2 - 13】甲公司 2024 年对外出租一批包装物，取得不含税租金收入 20 000 元，增值税税率为 13%，该批包装物的实际成本为 15 000 元，出租领用时采用一次摊销法对包装物进行摊销，执行《企业会计准则》。税会处理如下：

①收取出租包装物租金。

借：银行存款　　　　　　　　　　　　　　　　　　22 600

　　贷：其他业务收入——出租包装物租金　　　　　　20 000

　　　　应交税费——应交增值税（销项税额）　　　　 2 600

②摊销出租包装物成本。

借：其他业务成本　　　　　　　　　　　　　　　　15 000

　　贷：周转材料——包装物　　　　　　　　　　　　15 000

③2024 年企业所得税汇算清缴，A101010《一般企业收入明细表》第 14 行"出租包装物和商品收入"填报 20 000 元。A102010《一般企业成本支出明细表》第 14 行"出租包装物和商品成本"填报 15 000 元。申报表填报实务如表 2 - 30 和表 2 - 31 所示。

表 2 - 30 　　　　　　　　　　一般企业收入明细表　　　　　　　　A101010

行次	项目	金额
1	一、营业收入（2+9）	20 000
9	（二）其他业务收入（10+12+13+14+15）	20 000
14	4.出租包装物和商品收入	20 000

表 2 – 31　　　　　　　　　　　　一般企业成本支出明细表　　　　　　　　　　　　A102010

行次	项目	金额
1	一、营业成本（2 + 9）	15 000
9	（二）其他业务成本（10 + 12 + 13 + 14 + 15）	15 000
14	4. 出租包装物和商品成本	15 000

14. 第 15 行"其他"：填报纳税人按照国家统一会计制度核算、上述未列举的其他业务收入。

15. 第 16 行"营业外收入"：填报纳税人记入本科目核算的与生产经营无直接关系的各项收入。

具体填报实务要点：

（1）执行《企业会计准则》的企业，按照《财政部关于修订印发 2019 年度一般企业财务报表格式的通知》（财会〔2019〕6 号）规定填报。利润表中的"营业外收入"项目，反映企业发生的营业利润以外的收益，主要包括与企业日常活动无关的政府补助、盘盈利得、捐赠利得等。该项目应根据"营业外收入"科目的发生额分析填列。

（2）执行《小企业会计准则》的企业，按照《小企业会计准则》第六十八条的规定填报。营业外收入，是指小企业非日常生产经营活动形成的、应当计入当期损益、会导致所有者权益增加、与所有者投入资本无关的经济利益的净流入。小企业的营业外收入包括：非流动资产处置净收益、政府补助、捐赠收益、盘盈收益、汇兑收益、出租包装物和商品的租金收入、逾期未退包装物押金收益、确实无法偿付的应付款项、已作坏账损失处理后又收回的应收款项、违约金收益等。通常，小企业的营业外收入应当在实现时按照其实现金额计入当期损益。

16. 第 17 行"非流动资产处置利得"：填报纳税人处置固定资产、无形资产等取得的净收益。

具体填报实务要点：如果纳税人执行《财政部关于修订印发 2019 年度一般企业财务报表格式的通知》（财会〔2019〕6 号），在损益类科目新设置的"资产处置损益"科目的发生额中反映企业出售划分为持有待售的非流动资产（金融工具、长期股权投资和投资性房地产除外）或处置组时确认的处置利得，以及处置未划分为持有待售的固定资产、在建工程、生产性生物资产及无形资产而产生的处置利得。由于主表 A100000 第 10 行"二、营业利润"不执行"第 10 行 = 第 1 – 2 – 3 – 4 – 5 – 6 – 7 + 8 + 9 行"的表内关系，按照《利润表》中"营业利润"项目直接填报，因此，此处不填写"非流动资产处置利得"项目金额。如果纳税人执行《企业会计制度》或《小企业会计准则》，将处置固定资产、无形资产等取得的净收益核算记入"营业外收入"科目，则应将其分析填入第 17 行"非流动资产处置利得"。

【案例 2 – 14】甲建筑公司为"营改增"一般纳税人，2024 年 12 月处置一台"营改增"之前购入的机器设备,该固定资产原值为 30 000 元,已经计提折旧 14 000 元,未计提减值准备,取得变卖收入 20 600 元(含税价),以银行存款支付清理费用 500 元。假设该公司执行《小企业会计准则》。

分析:按照《财政部、国家税务总局关于全面推开营业税改征增值税试点的通知》(财税〔2016〕36 号)的规定,一般纳税人销售自己使用过的、纳入"营改增"试点之日前取得的固定资产,按照现行旧货相关增值税政策执行。即按照简易办法依照 3% 征收率,减按 2% 征收增值税。会计和税务处理如下。

①将固定资产转入清理。

借:固定资产清理   16 000
  累计折旧   14 000
  贷:固定资产   30 000

②支付清理费用 500 元。

借:固定资产清理   500
  贷:银行存款   500

③取得固定资产变价收入,按简易办法依照 3% 征收率,计算应纳增值税。

借:银行存款   20 600
  贷:固定资产清理 [20 600 ÷ (1 + 3%)]   20 000
    应交税费——简易计税 [20 600 ÷ (1 + 3%) × 3%] 600

④按简易办法依照 3% 征收率,计算减征 1% 的增值税。

借:应交税费——简易计税 [20 600 ÷ (1 + 3%) × 1%] 200
  贷:固定资产清理   200

⑤按简易办法依照 3% 征收率,减按 2% 计算缴纳增值税。

借:应交税费——简易计税 [20 600 ÷ (1 + 3%) × 2%] 400
  贷:银行存款   400

⑥将"固定资产清理"科目余额转入当期营业外收入。

借:固定资产清理   3 700
  贷:营业外收入——非流动资产处置利得   3 700

⑦2024 年企业所得税汇算清缴,A101010《一般企业收入明细表》第 17 行"(一)非流动资产处置利得"填报 3 700 元。年度纳税申报表填报实务如表 2-32 所示。

表 2-32   一般企业收入明细表   A101010

行次	项目	金额
16	二、营业外收入(17 + 18 + 19 + 20 + 21 + 22 + 23 + 24 + 25 + 26)	3 700
17	(一)非流动资产处置利得	3 700

17. 第 18 行"非货币性资产交换利得"：填报纳税人发生非货币性资产交换应确认的净收益。

具体填报实务要点：

（1）执行《企业会计准则》的纳税人，在公允价值计量模式下，不论是否涉及补价，只要换出资产的公允价值与其账面价值不相同，就一定会涉及损益的确认，因为非货币性资产交换损益通常是换出资产公允价值与换出资产账面价值的差额，通过非货币性资产交换予以实现。如果纳税人执行《财政部关于修订印发 2019 年度一般企业财务报表格式的通知》（财会〔2019〕6 号），按照《利润表》"营业利润"项目直接填报，因此，此处不填写"非货币性资产交换利得"项目金额。如果纳税人执行《企业会计制度》或《小企业会计准则》，将非货币性资产交换取得的净收益核算记入"营业外收入"科目，则应将其分析填入第 18 行"（二）非货币性资产交换利得"。

（2）执行《企业会计制度》的纳税人，发生非货币性资产交换且换出资产为固定资产、无形资产的，"营业外收入"科目只记载实现的与收到补价相对应的收益额，并非全部净收益。纳税人应将该部分收益金额直接填列至本行。

【案例 2 - 15】承〖案例 2 - 4〗，假设增值税税率为 13%，甲公司税会处理如下：

换出设备的增值税销项税额 = 1 404 000 × 13% = 182 520（元）

借：固定资产清理	975 000	
累计折旧	525 000	
贷：固定资产——A 设备		1 500 000
借：固定资产清理	1 500	
贷：银行存款		1 500
借：原材料——钢材	1 404 000	
应交税费——应交增值税（进项税额）	182 520	
贷：固定资产清理		976 500
营业外收入——非货币性资产交换利得		427 500
应交税费——应交增值税（销项税额）		182 520

其中，"营业外收入——非货币性资产交换利得"科目的金额 427 500 元为换出设备的公允价值 1 404 000 元与其账面价值 975 000 元（1 500 000 - 525 000）并扣除清理费用 1 500 元后的余额。2024 年企业所得税汇算清缴，A101010《一般企业收入明细表》第 18 行"（二）非货币性资产交换利得"填报 427 500 元。申报表填报实务如表 2 - 33 所示。

表 2 - 33　　　　　　　　　　　　一般企业收入明细表　　　　　　　　A101010

行次	项目	金额
16	二、营业外收入（17 + 18 + 19 + 20 + 21 + 22 + 23 + 24 + 25 + 26）	427 500
18	（二）非货币性资产交换利得	427 500

18. 第 19 行"债务重组利得"：填报纳税人发生的债务重组业务确认的净收益。

具体填报实务要点：如果纳税人执行《财政部关于修订印发 2019 年度一般企业财务报表格式的通知》（财会〔2019〕6 号），在损益类科目新设置的"资产处置损益"科目的发生额中反映企业债务重组中因处置非流动资产产生的利得或损失。由于主表 A100000 第 10 行"二、营业利润"不执行"第 10 行 = 第 1 - 2 - 3 - 4 - 5 - 6 - 7 + 8 + 9 行"的表内关系，按照《利润表》"营业利润"项目直接填报，因此，此处不填写"债务重组利得"项目金额。如果纳税人执行《企业会计制度》或《小企业会计准则》，将债务重组取得的净收益核算记入"营业外收入"科目，则应将其分析填入第 19 行"债务重组利得"。

【案例 2 - 16】甲企业于 2024 年 1 月 20 日销售一批材料给乙企业，不含税价格为 200 000 元，增值税税率为 13%，按合同规定，乙企业应于 2024 年 4 月 1 日前偿付货款。由于乙企业发生财务困难，无法按合同规定的期限偿还债务，经双方协议于 9 月 1 日进行债务重组。债务重组协议规定，甲企业同意减免乙企业 30 000 元债务，余额用现金立即偿清。乙企业于当日通过银行转账支付了该笔剩余款项，甲企业随即收到了通过银行转账偿还的款项。乙企业执行《小企业会计准则》。乙企业的税会处理如下：

借：应付账款　　　　　　　　　　　　　　　　　226 000

　　贷：银行存款　　　　　　　　　　　　　　　196 000

　　　　营业外收入——债务重组利得　　　　　　　30 000

2024 年企业所得税汇算清缴，A101010《一般企业收入明细表》第 19 行"（三）债务重组利得"填报 30 000 元。年度纳税申报表填报实务如表 2 - 34 所示。

表 2 - 34　　　　　　　　　　　　一般企业收入明细表　　　　　　　　A101010

行次	项目	金额
16	二、营业外收入（17 + 18 + 19 + 20 + 21 + 22 + 23 + 24 + 25 + 26）	30 000
19	（三）债务重组利得	30 000

19. 第 20 行"政府补助利得"：填报纳税人从政府无偿取得货币性资产或非货币性资产应确认的净收益。

具体填报实务要点：如果纳税人执行《财政部关于修订印发 2019 年度一般企业财务报表格式的通知》（财会〔2019〕6 号），在损益类科目新设置的"其他收益"

科目的发生额中反映计入其他收益的政府补助等。由于主表 A100000 第 10 行"二、营业利润"不执行"第 10 行 = 第 1－2－3－4－5－6－7＋8＋9 行"的表内关系，按照《利润表》"营业利润"项目直接填报，因此，此处不填写"政府补助利得"项目金额。如果纳税人执行《企业会计制度》或《小企业会计准则》，将取得政府补助的净收益核算记入"营业外收入"科目，则应将其分析填入第 20 行"政府补助利得"。

【案例 2－17】2024 年甲公司因遭受台风灾害发生严重经济损失，实际收到政府支付的补助资金 20 万元。

分析：甲公司当期实际收到台风自然灾害补助资金 20 万元，属于与企业日常活动无关的、与收益相关的政府补助，应当计入营业外收入。会计和税务处理如下：

借：银行存款　　　　　　　　　　　　　　　　　　　　　　　200 000

　　贷：营业外收入——政府补助利得　　　　　　　　　　　　　　200 000

2024 年企业所得税汇算清缴，A101010《一般企业收入明细表》第 20 行"（四）政府补助利得"填报 200 000 元。申报表填报实务如表 2－35 所示。

表 2－35　　　　　　　　　　　　一般企业收入明细表　　　　　　　　　　　　A101010

行次	项目	金额
16	二、营业外收入（17＋18＋19＋20＋21＋22＋23＋24＋25＋26）	200 000
20	（四）政府补助利得	200 000

20. 第 21 行"盘盈利得"：填报纳税人在清查财产过程中查明的各种财产盘盈应确认的净收益。

具体填报实务要点：执行《企业会计准则》的纳税人，盘盈固定资产不一定计入营业外收入，可能通过"以前年度损益调整"科目核算。盘盈的存货应按其重置成本作为入账价值，并通过"待处理财产损溢"账户进行会计处理，按管理权限报经批准后冲减当期管理费用。执行《小企业会计准则》的纳税人按其规定，盘盈存货实现的收益应当计入营业外收入。

【案例 2－18】2024 年 12 月 20 日，甲公司在财产清查中盘盈材料 1 000 千克，按同类材料市场价格计算确定的价值为 60 000 元。甲公司执行《小企业会计准则》，会计和税务处理如下。

①批准处理前：

借：原材料　　　　　　　　　　　　　　　　　　　　　　　　60 000

　　贷：待处理财产损溢——待处理流动资产损溢　　　　　　　　　60 000

②批准处理后：

借：待处理财产损溢——待处理流动资产损溢　　　　　　　　　　60 000

贷：营业外收入——盘盈利得   60 000

2024 年企业所得税汇算清缴，A101010《一般企业收入明细表》第 21 行"（五）盘盈利得"填报 60 000 元。申报表填报实务如表 2-36 所示。

表 2-36   一般企业收入明细表   A101010

行次	项目	金额
16	二、营业外收入（17+18+19+20+21+22+23+24+25+26）	60 000
21	（五）盘盈利得	60 000

21. 第 22 行"捐赠利得"：填报纳税人接受的来自企业、组织或个人无偿给予的货币性资产、非货币性资产捐赠应确认的净收益。

【案例 2-19】甲公司 2024 年接受其他企业一笔无偿现金捐赠 4 000 元，已计入营业外收入，会计和税务处理如下：

借：库存现金   4 000

贷：营业外收入——捐赠利得   4 000

2024 年企业所得税汇算清缴，A101010《一般企业收入明细表》第 22 行"（六）捐赠利得"填报 4 000 元。申报表填报实务如表 2-37 所示。

表 2-37   一般企业收入明细表   A101010

行次	项目	金额
16	二、营业外收入（17+18+19+20+21+22+23+24+25+26）	4 000
22	（六）捐赠利得	4 000

22. 第 23 行"罚没利得"：填报纳税人在日常经营管理活动中取得的罚款、没收收入应确认的净收益。

【案例 2-20】甲公司 2024 年因其他企业违约导致合同未履行，没收对方的一笔违约金 10 000 元，已计入营业外收入，会计和税务处理如下：

借：其他应付款——存入保证金   10 000

贷：营业外收入——罚没利得   10 000

2024 年企业所得税汇算清缴，A101010《一般企业收入明细表》第 23 行"罚没利得"填报 10 000 元。申报表填报实务如表 2-38 所示。

表 2-38   一般企业收入明细表   A101010

行次	项目	金额
16	二、营业外收入（17+18+19+20+21+22+23+24+25+26）	10 000
23	（七）罚没利得	10 000

23. 第 24 行"确实无法偿付的应付款项"：填报纳税人因确实无法偿付的应付款项而确认的收入。

【案例2-21】甲公司2024年清理债权债务时，确定一笔应付账款15 000元为无法支付的款项，即属于收受了另一方的定金，但是由于对方违约，则在这种情况下，根据《中华人民共和国民法典》第五百八十七条的规定，对方已经丧失了对该定金的所有权，则甲企业无须返还该定金。会计和税务处理如下：

借：应付账款 15 000

　　贷：营业外收入——确实无法偿付的应付款项 15 000

2024年企业所得税汇算清缴，A101010《一般企业收入明细表》第24行"确实无法偿付的应付款项"填报15 000元。申报表填报实务如表2-39所示。

表2-39　　　　　　　　　　　　一般企业收入明细表　　　　　　　　　　　　A101010

行次	项目	金额
16	二、营业外收入（17+18+19+20+21+22+23+24+25+26）	15 000
24	（八）确实无法偿付的应付款项	15 000

24. 第25行"汇兑收益"：填报纳税人取得企业外币货币性项目因汇率变动形成的收益应确认的收入。

具体填报实务要点：该项目为执行《小企业会计准则》的企业填报。

【案例2-22】甲公司2024年12月31日"应收账款——美元户"余额为10 000美元，其对应的"应收账款——人民币户"12月1日的余额为65 500元，12月31日的即期汇率为1：6.65，甲公司执行《小企业会计准则》，会计和税务处理如下。

分析：该项目形成因汇率变动形成的收益=10 000×6.65-65 500=1 000（元）。会计和税务处理如下：

借：应收账款——美元户 1 000

　　贷：营业外收入——汇兑收益 1 000

2024年企业所得税汇算清缴，A101010《一般企业收入明细表》第25行"汇兑收益"填报1 000元。申报表填报实务如表2-40所示。

表2-40　　　　　　　　　　　　一般企业收入明细表　　　　　　　　　　　　A101010

行次	项目	金额
16	二、营业外收入（17+18+19+20+21+22+23+24+25+26）	1 000
25	（九）汇兑收益	1 000

25. 第26行"其他"：填报纳税人取得的上述项目未列举的其他营业外收入，包括执行《企业会计准则》的纳税人按权益法核算长期股权投资对初始投资成本调整确认的收益；执行《小企业会计准则》的纳税人取得的出租包装物和商品的租金收入、逾期未退包装物押金收益等。

　　具体填报实务要点:《小企业会计准则》确认的已作坏账损失处理后又收回的应收款项,借记"银行存款"等科目,贷记"营业外收入"科目。小企业按照规定实行企业所得税、增值税(不含出口退税)、消费税等先征后返的,应当在实际收到返还的企业所得税、增值税、消费税等时,借记"银行存款"科目,贷记"营业外收入"科目。应当在实际收到违约金收益时,借记"银行存款"科目,贷记"营业外收入"科目。

　　【案例 2 - 23】 甲公司 2024 年对外出租一批包装物,取得不含税租金收入 10 000 元,增值税税率为 13% ,该批包装物的实际成本为 15 000 元,出租领用时采用一次摊销法对包装物进行摊销,执行《小企业会计准则》。会计和税务处理如下:

　　①收取出租包装物租金。

借:银行存款 11 300

　　贷:营业外收入——出租包装物租金 10 000

　　　　应交税费——应交增值税(销项税额) 1 300

　　②摊销出租包装物成本。

借:营业外支出 15 000

　　贷:周转材料——包装物 15 000

　　③2024 年企业所得税汇算清缴,A101010《一般企业收入明细表》第 26 行"其他"填报 10 000 元。A102010《一般企业成本支出明细表》第 26 行"其他"填报 15 000元。申报表填报实务如表 2 - 41 和表 2 - 42 所示。

表 2 - 41　　　　　　　　　　　一般企业收入明细表　　　　　　　　　　A101010

行次	项目	金额
16	二、营业外收入 (17 + 18 + 19 + 20 + 21 + 22 + 23 + 24 + 25 + 26)	10 000
26	(十) 其他	10 000

表 2 - 42　　　　　　　　　　　一般企业成本支出明细表　　　　　　　　　A102010

行次	项目	金额
16	二、营业外支出 (17 + 18 + 19 + 20 + 21 + 22 + 23 + 24 + 25 + 26)	15 000
26	(十) 其他	15 000

　　【案例 2 - 24】 A 企业于 2024 年 1 月取得 B 公司 30% 的股权,支付价款 9 000 万元,取得投资时被投资单位净资产公允价值为 36 000 万元。在 B 公司的生产经营决策过程中,所有股东均按持股比例行使表决权。A 企业在取得 B 公司的股权后,能够对 B 公司施加重大影响,A 企业对该投资应当采用权益法核算。A 企业按持股比例 30% 计算确定应享有 10 800 万元,则初始投资成本与应享有被投资单位可辨认净资产公允价值份额之间的差额 1 800 万元应计入营业外收入,会计和税务处理如下:

借：长期股权投资——B 公司（投资成本）　　　　　　　　108 000 000

　　贷：银行存款　　　　　　　　　　　　　　　　　　　90 000 000

　　　　营业外收入——其他　　　　　　　　　　　　　　18 000 000

申报表填报实务如表 2 – 43 所示。

表 2 – 43　　　　　　　　　　　一般企业收入明细表　　　　　　　　　　A101010

行次	项目	金额
16	二、营业外收入（17 + 18 + 19 + 20 + 21 + 22 + 23 + 24 + 25 + 26）	18 000 000
26	（十）其他	18 000 000

第二节　《一般企业成本支出明细表》填报实务与案例解析

一、《一般企业成本支出明细表》格式与填报要点

（一）《一般企业成本支出明细表》格式

具体格式如表 2 – 44 所示。

表 2 – 44　　　　　　　　　　　一般企业成本支出明细表　　　　　　　　　A102010

行次	项目	金额
1	一、营业成本（2 + 9）	
2	（一）主营业务成本（3 + 5 + 6 + 7 + 8）	
3	1. 销售商品成本	
4	其中：非货币性资产交换成本	
5	2. 提供劳务成本	
6	3. 建造合同成本	
7	4. 让渡资产使用权成本	
8	5. 其他	
9	（二）其他业务成本（10 + 12 + 13 + 14 + 15）	
10	1. 销售材料成本	
11	其中：非货币性资产交换成本	
12	2. 出租固定资产成本	
13	3. 出租无形资产成本	
14	4. 包装物出租成本	
15	5. 其他	
16	二、营业外支出（17 + 18 + 19 + 20 + 21 + 22 + 23 + 24 + 25 + 26）	
17	（一）非流动资产处置损失	

行次	项目	金额
18	（二）非货币性资产交换损失	
19	（三）债务重组损失	
20	（四）非常损失	
21	（五）捐赠支出	
22	（六）赞助支出	
23	（七）罚没支出	
24	（八）坏账损失	
25	（九）无法收回的债券股权投资损失	
26	（十）其他	

本表适用于除金融企业、事业单位和民间非营利组织外的企业填报。纳税人应根据国家统一会计制度的规定，填报"主营业务成本""其他业务成本""营业外支出"。小型微利企业免于填报 A102010《一般企业成本支出明细表》。

（二）《一般企业成本支出明细表》填报要点

具体填报实务要点：

1. 填报依据为纳税人在 A000000《企业所得税纳税申报基础信息表》中选择本企业执行的国家统一会计制度。不同纳税人由于执行的会计准则或会计制度不同则填报内容有所差异，以下填列主要以执行《企业会计准则》的企业为例。执行《小企业会计准则》和《企业会计制度》的企业将进行特别说明。

2. 该表完全按照国家统一的会计制度规定的会计核算内容进行填报，如果企业违反国家统一的会计制度规定进行会计核算的企业，应先进行会计差错更正后，再按照正确的会计核算结果，登记总账和明细账，编制财务报表，最后填报纳税申报表。

3. 填报本表时不考虑各成本支出类项目的会计和税法处理差异。税会差异相关纳税调整在 A105000《纳税调整项目明细表》及其附表进行纳税调整。

4. 填报本表时不考虑纳税人享受各项税收优惠对成本支出类项目的影响。税收优惠相关纳税调整在 A107010《免税、减计收入及加计扣除优惠明细表》及其附表进行纳税调整。

二、《一般企业成本支出明细表》有关项目填报实务与案例解析

具体填报实务要点：

1. 执行《企业会计准则》的纳税人，该申报表第 1～8 行应按照《企业会计准则——应用指南》中 6401 主营业务成本核算并分析填报。本科目核算企业确认销售商

品、提供劳务等主营业务收入时应结转的成本。

申报表第 9～15 行应按照《企业会计准则——应用指南》中 6402 其他业务成本核算并分析填报。本科目核算企业确认的除主营业务活动以外的其他经营活动所发生的支出，包括销售材料的成本、出租固定资产的折旧额、出租无形资产的摊销额、出租包装物的成本或摊销额等。除主营业务活动以外的其他经营活动发生的相关税费，在"税金及附加"科目核算。采用成本模式计量投资性房地产的，其投资性房地产计提的折旧额或摊销额，也通过本科目核算。

第 16～26 行按照《财政部关于修订印发 2019 年度一般企业财务报表格式的通知》（财会〔2019〕6 号）规定核算并分析填报。利润表中"营业外支出"项目，反映企业发生的营业利润以外的支出，主要包括公益性捐赠支出、非常损失、盘亏损失、非流动资产毁损报废损失等。该项目应根据"营业外支出"科目的发生额分析填列。

2. 执行《小企业会计准则》的纳税人，第 1～15 行按照《小企业会计准则》第七十条的规定填报。营业成本，是指小企业所销售商品的成本和所提供劳务的成本。第 16～26 行按照《小企业会计准则》第七十条的规定填报。营业外支出，是指小企业非日常生产经营活动发生的、应当计入当期损益、会导致所有者权益减少、与向所有者分配利润无关的经济利益的净流出。小企业的营业外支出包括：存货的盘亏、毁损、报废损失，非流动资产处置净损失，坏账损失，无法收回的长期债券投资损失，无法收回的长期股权投资损失，自然灾害等不可抗力因素造成的损失，税收滞纳金，罚金，罚款，被没收财物的损失，捐赠支出，赞助支出等。通常，小企业的营业外支出应当在发生时按照其发生额计入当期损益。

【案例 2－25】2024 年 8 月 2 日，因债务人破产，甲公司将一笔 20 000 元的应收账款全额确认为坏账损失。甲公司执行《小企业会计准则》，会计和税务处理如下：

借：营业外支出——坏账损失　　　　　　　　　　　　　　　20 000

　　贷：应收账款　　　　　　　　　　　　　　　　　　　　　　　20 000

2024 年企业所得税汇算清缴，纳税申报表填报实务如表 2－45 所示。

表 2－45　　　　　　　　　一般企业成本支出明细表　　　　　　　　A102010

行次	项目	金额
16	二、营业外支出（17＋18＋19＋20＋21＋22＋23＋24＋25＋26）	20 000
24	（八）坏账损失	20 000

【案例 2－26】2024 年 5 月 8 日，甲公司用银行存款支付税收滞纳金 500 元。甲公司执行《小企业会计准则》，会计和税务处理如下：

借：营业外支出——税收滞纳金　　　　　　　　　　　　　　500

贷：银行存款　　　　　　　　　　　　　　　　　　　　500

2024 年企业所得税汇算清缴，纳税申报表填报实务如表 2 - 46 所示。

表 2 - 46　　　　　　　　　　一般企业成本支出明细表　　　　　　　　　A102010

行次	项目	金额
16	二、营业外支出（17 + 18 + 19 + 20 + 21 + 22 + 23 + 24 + 25 + 26）	500
23	（七）罚没支出	500

【案例 2 - 27】2024 年 9 月 30 日，甲公司现有 1 台设备由于性能等原因决定报废，原价 500 000 元，已计提折旧 450 000 元。报废时的残值变价收入为 20 000 元（不含税），报废清理过程中发生清理费用 3 500 元，增值税税率为 13%。有关收入、支出均通过银行办理结算。甲公司执行《企业会计准则》，会计和税务处理如下：

①将报废固定资产转入清理。

借：固定资产清理　　　　　　　　　　　　　　　　　50 000

　　累计折旧　　　　　　　　　　　　　　　　　　450 000

　　贷：固定资产　　　　　　　　　　　　　　　　　　500 000

②收回残料变价收入。

借：银行存款　　　　　　　　　　　　　　　　　　　20 000

　　贷：固定资产清理　　　　　　　　　　　　　　　　20 000

③支付清理费用。

借：固定资产清理　　　　　　　　　　　　　　　　　3 500

　　贷：银行存款　　　　　　　　　　　　　　　　　　3 500

④计算残料变价收入增值税。

借：固定资产清理　　　　　　　　　　　　　　　　　2 600

　　贷：应交税费——应交增值税（销项税额）　　　　　2 600

⑤结转报废固定资产发生的净损失。

借：营业外支出——非流动资产处置损失　　　　　　36 100

　　贷：固定资产清理　　　　　　　　　　　　　　　　36 100

2024 年企业所得税汇算清缴，纳税申报表填报实务如表 2 - 47 所示。

表 2 - 47　　　　　　　　　　一般企业成本支出明细表　　　　　　　　　A102010

行次	项目	金额
16	二、营业外支出（17 + 18 + 19 + 20 + 21 + 22 + 23 + 24 + 25 + 26）	36 100
17	（一）非流动资产处置损失	36 100

【案例 2 - 28】2024 年 10 月，为了提高产品质量，甲电视机公司以其持有的对乙

公司的长期股权投资交换丙电视机公司拥有的一项液晶电视屏专利技术。在交换日，甲公司持有的长期股权投资账面余额为 800 万元，已计提长期股权投资减值准备余额为 60 万元，在交换日的公允价值为 600 万元；丙公司专利技术的账面原价为 800 万元，累计已摊销金额为 160 万元，已计提减值准备为 30 万元，在交换日的公允价值为 600 万元。丙公司执行《小企业会计准则》，会计和税务处理如下：

借：长期股权投资　　　　　　　　　　　　　　　　　　6 000 000

　　累计摊销　　　　　　　　　　　　　　　　　　　　1 600 000

　　无形资产减值准备　　　　　　　　　　　　　　　　　 300 000

　　营业外支出——非货币性资产交换损失　　　　　　　　 460 000

　　贷：无形资产——专利权　　　　　　　　　　　　　　8 000 000

　　　　应交税费——应交增值税（销项税额）　　　　　　 360 000

2024 年企业所得税汇算清缴，纳税申报表填报实务如表 2 - 48 所示。

表 2 - 48　　　　　　　　　　一般企业成本支出明细表　　　　　　　　　　A102010

行次	项目	金额
16	二、营业外支出（17 + 18 + 19 + 20 + 21 + 22 + 23 + 24 + 25 + 26）	460 000
18	（二）非货币性资产交换损失	460 000

【案例 2 - 29】甲企业于 2024 年 1 月 20 日销售一批材料给乙企业，不含税价格为 200 000 元，增值税税率为 13%，按合同规定，乙企业应于 2024 年 4 月 1 日前偿付货款。由于乙企业发生财务困难，无法按合同规定的期限偿还债务，经双方协议于 9 月 1 日进行债务重组。债务重组协议规定，甲企业同意减免乙企业 30 000 元债务，余额用现金立即偿清。乙企业于当日通过银行转账支付了该笔剩余款项，甲企业随即收到了通过银行转账偿还的款项。甲企业已为该项应收债权计提了 20 000 元的坏账准备。甲企业执行《小企业会计准则》。

①甲企业的会计处理如下：

借：银行存款　　　　　　　　　　　　　　　　　　　　 196 000

　　营业外支出——债务重组损失　　　　　　　　　　　　　10 000

　　坏账准备　　　　　　　　　　　　　　　　　　　　　 20 000

　　贷：应收账款　　　　　　　　　　　　　　　　　　　 226 000

②2024 年企业所得税汇算清缴，应在 A102010《一般企业成本支出明细表》第 19 行"（三）债务重组损失"填报 10 000 元。由于资产损失存在税会差异，还应在 A105090《资产损失税前扣除及纳税调整明细表》中进行纳税调整。纳税申报表填报实务如表 2 - 49 和表 2 - 50 所示。

表2-49　　　　　　　　　　　　一般企业成本支出明细表　　　　　　　　　　　A102010

行次	项目	金额
16	二、营业外支出（17＋18＋19＋20＋21＋22＋23＋24＋25＋26）	10 000
19	（三）债务重组损失	10 000

表2-50　　　　　　　　　　资产损失税前扣除及纳税调整明细表　　　　　　　　A105090

行次	项目	资产损失直接计入本年损益金额	资产损失准备金核销金额	资产处置收入	赔偿收入	资产计税基础	资产损失的税收金额	纳税调整金额
		1	2	3	4	5	6(5－3－4)	7
2	二、应收及预付款项坏账损失	10 000	20 000	196 000	0	226 000	30 000	－20 000

【案例2-30】2024年4月2日，甲公司因自然灾害造成一批库存材料毁损，实际成本30 000元，计税基础20 000元。甲公司执行《企业会计准则》，会计和税务处理如下。

①由于是自然灾害造成损失，不需要进项税额转出，批准处理前：

借：待处理财产损溢——待处理流动资产损溢　　　　　　　　　　30 000

　　贷：原材料　　　　　　　　　　　　　　　　　　　　　　　　30 000

②批准处理后：

借：营业外支出——非常损失　　　　　　　　　　　　　　　　　30 000

　　贷：待处理财产损溢——待处理流动资产损溢　　　　　　　　　30 000

2024年企业所得税汇算清缴，纳税申报表填报实务如表2-51和表2-52所示。

表2-51　　　　　　　　　　　　一般企业成本支出明细表　　　　　　　　　　　A102010

行次	项目	金额
16	二、营业外支出（17＋18＋19＋20＋21＋22＋23＋24＋25＋26）	30 000
20	（四）非常损失	30 000

表2-52　　　　　　　　　　资产损失税前扣除及纳税调整明细表　　　　　　　　A105090

行次	项目	资产损失直接计入本年损益金额	资产损失准备金核销金额	资产处置收入	赔偿收入	资产计税基础	资产损失的税收金额	纳税调整金额
		1	2	3	4	5	6（5－3－4）	7
5	三、存货损失	30 000		0	0	20 000	20 000	10 000
6	其中：存货盘亏、报废、损毁、变质或被盗损失							

【案例2-31】2024年8月12日，甲公司向国家扶贫基金会捐赠现金10 000元。甲公司执行《企业会计准则》，会计和税务处理如下：

借：营业外支出——捐赠支出　　　　　　　　　　　　　10 000

　　贷：库存现金　　　　　　　　　　　　　　　　　　　　10 000

2024 年企业所得税汇算清缴，纳税申报表填报实务如表 2 - 53 所示。

表 2 - 53	一般企业成本支出明细表	A102010
行次	项目	金额
16	二、营业外支出（17 + 18 + 19 + 20 + 21 + 22 + 23 + 24 + 25 + 26）	10 000
21	（五）捐赠支出	10 000

【案例 2 - 32】2024 年 7 月 12 日，甲公司向某高校学生会新生文艺汇演赞助现金 2 000元。甲公司执行《企业会计准则》，会计和税务处理如下：

借：营业外支出——赞助支出　　　　　　　　　　　　　2 000

　　贷：库存现金　　　　　　　　　　　　　　　　　　　　2 000

2024 年企业所得税汇算清缴，纳税申报表填报实务如表 2 - 54 所示。

表 2 - 54	一般企业成本支出明细表	A102010
行次	项目	金额
16	二、营业外支出（17 + 18 + 19 + 20 + 21 + 22 + 23 + 24 + 25 + 26）	2 000
22	（六）赞助支出	2 000

【案例 2 - 33】2024 年 12 月 2 日，甲公司因违约解除合同，原来向对方支付的定金 5 000 元被没收不予返还。甲公司执行《企业会计准则》，会计和税务处理如下：

借：营业外支出——罚没支出　　　　　　　　　　　　　5 000

　　贷：其他应收款　　　　　　　　　　　　　　　　　　　5 000

2024 年企业所得税汇算清缴，纳税申报表填报实务如表 2 - 55 所示。

表 2 - 55	一般企业成本支出明细表	A102010
行次	项目	金额
16	二、营业外支出（17 + 18 + 19 + 20 + 21 + 22 + 23 + 24 + 25 + 26）	5 000
23	（七）罚没支出	5 000

第三节　《期间费用明细表》填报实务与案例解析

一、《期间费用明细表》格式与填报要点

（一）《期间费用明细表》格式

具体格式如表 2 - 56 所示。

表 2-56　　　　　　　　　　　期间费用明细表　　　　　　　　　A104000

行次	项目	销售费用 1	其中:境外支付 2	管理费用 3	其中:境外支付 4	财务费用 5	其中:境外支付 6
1	一、职工薪酬		*		*	*	*
2	二、劳务费					*	*
3	三、咨询顾问费					*	*
4	四、业务招待费		*		*	*	*
5	五、广告费和业务宣传费		*		*	*	*
6	六、佣金和手续费						
7	七、资产折旧摊销费		*		*	*	*
8	八、财产损耗、盘亏及毁损损失		*		*	*	*
9	九、办公费		*		*	*	*
10	十、董事会费		*		*	*	*
11	十一、租赁费					*	*
12	十二、诉讼费		*		*	*	*
13	十三、差旅费		*		*	*	*
14	十四、保险费		*		*	*	*
15	十五、运输、仓储费					*	*
16	十六、修理费					*	*
17	十七、包装费		*		*	*	*
18	十八、技术转让费					*	*
19	十九、研究费用					*	*
20	二十、各项税费		*		*	*	*
21	二十一、利息收支	*	*	*	*		
22	二十二、汇兑差额	*	*	*	*		
23	二十三、现金折扣	*	*				*
24	二十四、党组织工作经费	*	*		*	*	*
25	二十五、其他						
26	合计（1+2+3+…+25）						

本表适用于执行《企业会计准则》《小企业会计准则》《企业会计制度》和分行业会计制度的查账征收居民纳税人填报。纳税人应根据《企业会计准则》《小企业会计准则》《企业会计制度》和分行业会计制度的规定，填报"销售费用""管理费用""财务费用"等项目。小型微利企业免于填报 A104000《期间费用明细表》。

2017 年版与 2014 年版相比，本表中新增了"二十四、党组织工作经费"项目一栏。

（二）《期间费用明细表》设计思路和填报要点

设计本表的目的，主要基于三个方面的考虑：一是便于基层税务机关掌握纳税人期间费用各项目的构成状况；二是便于基层税务机关对企业所得税纳税申报表进行逻辑分析和税收风险管控；三是加强对境外支付费用项目的税收监控。因此，企业在填报此表时必须引起足够的重视。本表设计思路为：第1~3行，反映纳税人申报期内发生的计入期间费用的人工成本，申报表设计时考虑到人工成本包括的内容较多，不再对职工薪酬进行细分，而是将相关明细项目归入A105050《职工薪酬支出及纳税调整明细表》进行明细申报和纳税调整；第4~6行，反映纳税人申报期内发生的计入期间费用的、有扣除限额的项目；第7行"资产折旧、摊销费"，包括固定资产、无形资产、长期待摊费用各种折旧和摊销金额；第9~21行，根据期间费用的用途进行划分，根据大多数企业经常发生的项目进行列式；第21~23行，主要是财务费用项目；第24行"党组织工作经费"为2017年版申报表新增的项目；第25行"其他"是除上述项目以外的期间费用项目。

纳税人需要根据会计核算口径填报，本表不考虑会计与税法处理差异，即纳税人按照国家统一会计制度核算的有关"销售费用""管理费用""财务费用"及其明细科目的发生额进行分析填报，由于会计科目与纳税申报表具体项目设置不一致，可能无法与会计科目一一对应。但最终本表"销售费用""管理费用""财务费用"项目合计数应该与利润表相关项目一致，与A100000《中华人民共和国企业所得税年度纳税申报表（A类，2017年版）》中第4行销售费用（填写A104000）、第5行管理费用（填写A104000）和第6行财务费用（填写A104000）相互勾稽。

二、《期间费用明细表》有关项目填报实务与案例解析

（一）"销售费用"项目填报实务与案例解析

1. 第1列"销售费用"：填报在销售费用科目进行核算的相关明细项目的金额，其中金融企业填报在"业务及管理费"科目进行核算的相关明细项目的金额。

2. 第2列"其中：境外支付"：填报在销售费用科目进行核算的向境外支付的相关明细项目的金额，其中金融企业填报在"业务及管理费"科目进行核算的相关明细项目的金额。

3. 具体填报实务要点。

（1）执行《企业会计准则》的纳税人，按照《企业会计准则——应用指南》中"6601销售费用"科目规定填列，该项目核算企业销售商品和材料、提供劳务的过程中发生的各种费用，包括保险费、包装费、展览费和广告费、商品维修费、预计产品质量保证损失、运输费、装卸费等以及为销售本企业商品而专设的销售机构（含销售网点、售后服务网点等）的职工薪酬、业务费、折旧费等经营费用。企业发生的与专设销售机构相关的固定资产修理费用等后续支出，也在本科目核算。

金融企业纳税人应将销售费用科目改为"6601 业务及管理费"科目，核算企业（金融）在业务经营和管理过程中所发生的各项费用，包括折旧费、业务宣传费、业务招待费、电子设备运转费、钞币运送费、安全防范费、邮电费、劳动保护费、外事费、印刷费、低值易耗品摊销、职工工资及福利费、差旅费、水电费、职工教育经费、工会经费、会议费、诉讼费、公证费、咨询费、无形资产摊销、长期待摊费用摊销、取暖降温费、聘请中介机构费、技术转让费、绿化费、董事会费、财产保险费、劳动保险费、待业保险费、住房公积金、物业管理费、研究费用、提取保险保障基金等。金融企业纳税人不应设置"管理费用"科目。

（2）执行《小企业会计准则》的纳税人，按照该准则第六十五条的规定填列，销售费用，是指小企业在销售商品或提供劳务过程中发生的各种费用。包括销售人员的职工薪酬、商品维修费、运输费、装卸费、包装费、保险费、广告费、业务宣传费、展览费等费用。小企业（批发业、零售业）在购买商品过程中发生的费用（包括运输费、装卸费、包装费、保险费、运输途中的合理损耗和入库前的挑选整理费等）也构成销售费用。

（二）"管理费用"项目填报实务与案例解析

1. 第 3 列"管理费用"：填报在管理费用科目进行核算的相关明细项目的金额。

2. 具体填报实务要点。

（1）执行《企业会计准则》的企业按照《企业会计准则——应用指南》中有关"6602 管理费用"科目规定填报。该科目核算企业为组织和管理企业生产经营所发生的管理费用，包括企业在筹建期间内发生的开办费、董事会和行政管理部门在企业的经营管理中发生的或者应由企业统一负担的公司经费（包括行政管理部门职工工资及福利费、物料消耗、低值易耗品摊销、办公费和差旅费等）、工会经费、董事会费（包括董事会成员津贴、会议费和差旅费等）、聘请中介机构费、咨询费（含顾问费）、诉讼费、业务招待费、技术转让费、研究费用、党组织工作经费等。

企业（商品流通）管理费用不多的，可不设置本科目，本科目的核算内容可并入"销售费用"科目核算。企业生产车间（部门）和行政管理部门等发生的固定资产修理费用等后续支出，也在本科目核算。

（2）执行《小企业会计准则》的纳税人，按照该准则第六十五条的规定填列，管理费用，是指小企业为组织和管理生产经营发生的其他费用。包括小企业在筹建期间内发生的开办费、行政管理部门发生的费用（包括固定资产折旧费、修理费、办公费、水电费、差旅费、管理人员的职工薪酬等）、业务招待费、研究费用、技术转让费、相关长期待摊费用摊销、财产保险费、聘请中介机构费、咨询费（含顾问费）、诉讼费等费用。

3. 第4列"其中：境外支付"：填报在管理费用科目进行核算的向境外支付的相关明细项目的金额。

（三）"财务费用"项目填报实务与案例解析

1. 第5列"财务费用"：填报在财务费用科目进行核算的有关明细项目的金额。

2. 第6列"其中：境外支付"：填报在财务费用科目进行核算的向境外支付的有关明细项目的金额。

3. 具体填报实务要点。

（1）执行《企业会计准则》的纳税人，按照《企业会计准则——应用指南》中有关"6603 财务费用"的规定填列，该科目核算企业为筹集生产经营所需资金等而发生的筹资费用，包括利息支出（减利息收入）、汇兑损益以及相关的手续费等。为购建或生产满足资本化条件的资产发生的应予资本化的借款费用，在"在建工程""制造费用"等科目核算。

（2）执行《小企业会计准则》的纳税人，按照《小企业会计准则》第六十五条的规定核算并填报。财务费用，是指小企业为筹集生产经营所需资金发生的筹资费用。包括：利息费用（减利息收入）、汇兑损失、银行相关手续费、小企业给予的现金折扣（减享受的现金折扣）等费用。

（四）主表与《利润表》相关栏目的比较分析

执行《企业会计准则》的纳税人，主表 A100000 的第 1 行至第 13 行具体项目与《一般企业财务报表格式》（2019 年修订）中一般企业利润表格式设计不完全相同，但纳税人填报本表中"销售费用""管理费用""研发费用""财务费用"项目合计数应与《利润表》中"销售费用""管理费用""财务费用"项目的金额相一致。《国家税务总局关于修订企业所得税年度纳税申报表有关问题的公告》（国家税务总局公告 2019年第 41 号）规定，对于已执行《财政部关于修订印发 2019 年度一般企业财务报表格式的通知》（财会〔2019〕6 号）的纳税人，在《利润表》中归集的"研发费用"通过 A104000《期间费用明细表》第 19 行"十九、研究费用"的管理费用相应列次填报；在《利润表》中归集的"其他收益""资产处置收益""信用减值损失""净敞口套期收益"项目则无须填报，同时第 10 行"二、营业利润"不执行"第 10 行 = 第 1 − 2 − 3 − 4 − 5 − 6 − 7 + 8 + 9 行"的表内关系，按照《利润表》中"营业利润"项目直接填报。

执行《小企业会计准则》的纳税人，主表 A100000 的第 1 行至第 13 行与《小企业会计准则》中利润表格式相比仅多"公允价值变动收益""资产减值损失"两个栏目，而小企业不核算"公允价值变动收益"，坏账损失按照直接转销法核算，在资产实际发生损失时，在"营业外支出"科目中核算，并在 A102010《一般企业成本支出明细表》第 24 行"（八）坏账损失"中填列，此类企业填报本表中"销售费用""管理费用""财务费用"项目合计数也应与《利润表》相关栏目的累计数一致。

主表 A100000 的第 1 行至第 13 行与《企业会计制度》中利润表格式相比多了"公允价值变动收益""资产减值损失"两个栏目，少了"其他业务利润""补贴收入"两个栏目。"其他业务利润""补贴收入"项目按照填报要求应在 A101010《一般企业收入明细表》、A102010《一般企业成本支出明细表》分别填列。执行《企业会计制度》的企业不核算"公允价值变动收益"，此栏目填 0；"资产减值损失"虽未在《利润表》中单独反映，但其已经分别在"管理费用""投资收益""营业外支出"科目中核算，填报在《利润表》"管理费用""投资收益""营业外支出"栏目中，从整个报表的逻辑性和整体性考虑，不需要进行调整填列。

【案例 2－34】2024 年 1 月 10 日，甲公司按照相关规定向本单位拨付党组织工作经费 15 000 元。甲公司执行《企业会计准则》，会计和税务处理如下：

借：管理费用——党组织工作经费　　　　　　　　　　　15 000
　　贷：银行存款　　　　　　　　　　　　　　　　　　　　　15 000

2024 年企业所得税汇算清缴，纳税申报表填报实务如表 2－57 所示。

表 2－57　　　　　　　　　　　期间费用明细表　　　　　　　　　　A104000

行次	项目	销售费用	其中：境外支付	管理费用	其中：境外支付	财务费用	其中：境外支付
		1	2	3	4	5	6
24	二十四、党组织工作经费	*	*	15 000	*	*	*

【案例 2－35】甲公司于 2024 年 3 月 1 日销售商品 10 000 件，每件商品的标价为 20 元（不含增值税），每件商品的实际成本为 12 元，适用的增值税税率为 13%；由于是成批销售，甲公司给予购货方 10% 的商业折扣，并在销售合同中规定现金折扣条件为"2/10，1/20，N/30"；商品于 3 月 1 日发出，购货方于 3 月 9 日付款。假定计算现金折扣时不考虑增值税。该企业执行《小企业会计准则》。

分析：本例涉及现金折扣和商业折扣问题，首先需要计算确定销售商品收入的金额。根据销售商品收入金额确定的有关规定，销售商品收入的金额应是未扣除现金折扣但扣除商业折扣后的金额，现金折扣应在实际发生时计入当期财务费用。因此，甲公司应确认的销售商品收入金额为 180 000 元（20×10 000－20×10 000×10%），增值税销项税额为 23 400 元（180 000×13%）。购货方于销售实现后的 10

日内付款，享有的现金折扣为 3 600 元（180 000 × 2%）。甲公司应编制如下会计分录。

①3 月 1 日销售实现时：

借：应收账款　　　　　　　　　　　　　　　　　　　　　　　203 400

　　贷：主营业务收入　　　　　　　　　　　　　　　　　　　180 000

　　　　应交税费——应交增值税（销项税额）　　　　　　　　23 400

借：主营业务成本　　　　　　　　　　　　　　　　　　　　　120 000

　　贷：库存商品　　　　　　　　　　　　　　　　　　　　　120 000

②3 月 9 日收到货款时：

借：银行存款　　　　　　　　　　　　　　　　　　　　　　　199 800

　　财务费用——现金折扣　　　　　　　　　　　　　　　　　　3 600

　　贷：应收账款　　　　　　　　　　　　　　　　　　　　　203 400

③2024 年企业所得税汇算清缴，纳税申报表填报实务如表 2 - 58 所示。

表 2 - 58　　　　　　　　　　　　　　期间费用明细表　　　　　　　　　　　　　　A104000

行次	项目	销售费用	其中：境外支付	管理费用	其中：境外支付	财务费用	其中：境外支付
		1	2	3	4	5	6
23	二十三、现金折扣	*	*	*	*	3 600	*

【案例 2 - 36】甲公司 2024 年"财务费用"明细科目中"财务费用——利息收入"为 25 000 元，"财务费用——利息支出"为 23 000 元，利息收支净额为 - 2 000 元。2024 年企业所得税汇算清缴，纳税申报表填报实务如表 2 - 59 所示。

表 2 - 59　　　　　　　　　　　　　　期间费用明细表　　　　　　　　　　　　　　A104000

行次	项目	销售费用	其中：境外支付	管理费用	其中：境外支付	财务费用	其中：境外支付
		1	2	3	4	5	6
21	二十一、利息收支	*	*	*	*	- 2 000	

【案例 2 - 37】甲公司 2023 年 12 月 25 日向乙公司销售设备一台，合同金额 10 万元（不含税），增值税税率 13%，由于甲公司与乙公司是多年的购销合作伙伴，合同约定的现金折扣条款为"2/10，1/20，N/30"。甲公司执行《企业会计准则第 14 号——收入》（2017 年修订）。

分析：新修订的收入准则将现金折扣作为合同交易价格的可变对价影响因素。甲公司与乙公司是多年的购销合作伙伴，根据历史经验预计乙公司 10 天内支付货款享受 2% 折扣的概率为 70%，20 天支付货款享受 1% 折扣的概率为 20%，30 天支付货款不享受折扣的概率为 10%。2023 年 12 月 11 日，财政部会计司发布的收入准则实施问答解释，问：企业在执行《企业会计准则第 14 号——收入》（财会〔2017〕22 号）时，对于给予客户的现金折扣应当如何进行会计处理？答：企业在销售商品时给予客户的现金折扣，应当按照《企业会计准则第 14 号——收入》（财会〔2017〕22 号）中关于可变对价的相关规定进行会计处理。本例中，合同中存在可变对价条款，按照最可能结果（发生概率最大的情形）估计考虑可变对价后的交易价格 = 10 - 10 × 2% = 9.8（万元）。会计和税务处理如下：

　　借：应收账款 113 000
　　　　贷：主营业务收入 98 000
　　　　　　应交税费——应交增值税（销项税额） 13 000
　　　　　　预计负债——现金折扣 2 000

情况一，假设甲公司 2024 年 1 月 4 日收到货款。

　　借：银行存款 111 000
　　　　预计负债——现金折扣 2 000
　　　　贷：应收账款 113 000

情况二，假设甲公司 2024 年 1 月 8 日收到货款。

　　借：银行存款 112 000
　　　　预计负债——现金折扣 2 000
　　　　贷：应收账款 113 000
　　　　　　主营业务收入 1 000

情况三，假设甲公司 2024 年 1 月 10 日以后收到货款。

　　借：银行存款 113 000
　　　　预计负债——现金折扣 2 000
　　　　贷：应收账款 113 000
　　　　　　主营业务收入 2 000

企业所得税处理如下：

①2023 年企业所得税收入 10 万元，会计核算收入 9.8 万元，汇算清缴时纳税调增 0.2 万元（10 - 9.8）。由于会计核算不再将现金折扣记入"财务费用"科目，企业所得税汇算清缴时，也不需要再填报 A104000《期间费用明细表》第 23 行"现金折扣"相关栏次，上述差异在 A105000 第 45 行"六、其他"中进行调整，即该行次填报其他会计处理与税收规定存在差异需纳税调整的项目金额，包括企业执行《企业会计准则第 14 号——收入》（财会〔2017〕22 号）产生的税会差异纳税调整金额。

②2024 年会计核算确认收入 0.1 万元或 0.2 万元，但是，按照《国家税务总局关

于确认企业所得税收入若干问题的通知》（国税函〔2008〕875 号）的规定，债权人为鼓励债务人在规定的期限内付款而向债务人提供的债务扣除属于现金折扣，销售商品涉及现金折扣的，应当按扣除现金折扣前的金额确定销售商品收入金额，现金折扣在实际发生时作为财务费用扣除。企业所得税应确认扣除现金折扣（财务费用）0.1 万元或 0.2 万元，2024 年汇算清缴时纳税调减 0.1 万元或 0.2 万元。同时，将 2024 年会计核算确认的主营业务收入 0.1 万元或 0.2 万元，在 2024 年汇算清缴时纳税调减。

企业所得税纳税申报表填报实务如表 2-60～表 2-63 所示。

表 2-60　　　　　　　　　　纳税调整项目明细表（2023 年）　　　　　　　　A105000

行次	项目	账载金额	税收金额	调增金额	调减金额
		1	2	3	4
45	六、其他	*	*	2 000	

表 2-61　　　　　　　　　　纳税调整项目明细表（情况一，2024 年）　　　　　A105000

行次	项目	账载金额	税收金额	调增金额	调减金额
		1	2	3	4
45	六、其他	*	*		2 000

表 2-62　　　　　　　　　　纳税调整项目明细表（情况二，2024 年）　　　　　A105000

行次	项目	账载金额	税收金额	调增金额	调减金额
		1	2	3	4
45	六、其他	*	*		2 000

表 2-63　　　　　　　　　　纳税调整项目明细表（情况三，2024 年）　　　　　A105000

行次	项目	账载金额	税收金额	调增金额	调减金额
		1	2	3	4
45	六、其他	*	*		2 000

第三章

《纳税调整项目明细表》收入类项目填报实务与案例解析

第一节 《纳税调整项目明细表》主表项目填报实务与案例解析

一、新收入准则下《纳税调整项目明细表》填报实务与案例解析

（一）《纳税调整项目明细表》格式

具体格式如表 3 - 1 所示。

表 3 - 1 纳税调整项目明细表 A105000

行次	项目	账载金额	税收金额	调增金额	调减金额
		1	2	3	4
1	一、收入类调整项目（2 + 3 + …8 + 10 + 11）	*	*		
2	（一）视同销售收入（填写 A105010）	*			*
3	（二）未按权责发生制原则确认的收入（填写 A105020）				
4	（三）投资收益（填写 A105030）				
5	（四）按权益法核算长期股权投资对初始投资成本调整确认收益	*	*	*	
6	（五）交易性金融资产初始投资调整	*	*		*
7	（六）公允价值变动净损益		*		

续表

行次	项目	账载金额	税收金额	调增金额	调减金额
		1	2	3	4
8	（七）不征税收入	＊	＊		
9	其中：专项用途财政性资金（填写 A105040）	＊	＊		
10	（八）销售折扣、折让和退回				
11	（九）其他				
12	二、扣除类调整项目（13 + 14 + …24 + 26 + 27 + 28 + 29 + 30）	＊	＊		
13	（一）视同销售成本（填写 A105010）	＊		＊	
14	（二）职工薪酬（填写 A105050）				
15	（三）业务招待费支出				＊
16	（四）广告费和业务宣传费支出（填写 A105060）	＊	＊		
17	（五）捐赠支出（填写 A105070）				
18	（六）利息支出				
19	（七）罚金、罚款和被没收财物的损失		＊		＊
20	（八）税收滞纳金、加收利息		＊		＊
21	（九）赞助支出		＊		＊
22	（十）与未实现融资收益相关在当期确认的财务费用				
23	（十一）佣金和手续费支出（保险企业填写 A105060）				
24	（十二）不征税收入用于支出所形成的费用	＊	＊		＊
25	其中：专项用途财政性资金用于支出所形成的费用（填写 A105040）	＊	＊		＊
26	（十三）跨期扣除项目				
27	（十四）与取得收入无关的支出		＊		＊
28	（十五）境外所得分摊的共同支出	＊	＊		＊
29	（十六）党组织工作经费				
30	（十七）其他				
31	三、资产类调整项目（32 + 33 + 34 + 35）	＊	＊		
32	（一）资产折旧、摊销（填写 A105080）				
33	（二）资产减值准备金		＊		
34	（三）资产损失（填写 A105090）	＊	＊		
35	（四）其他				
36	四、特殊事项调整项目（37 + 38 + … + 43）	＊	＊		
37	（一）企业重组及递延纳税事项（填写 A105100）				
38	（二）政策性搬迁（填写 A105110）	＊	＊		
39	（三）特殊行业准备金（39.1 + 39.2 + 39.4 + 39.5 + 39.6 + 39.7）	＊	＊		
39.1	1. 保险公司保险保障基金				

行次	项目	账载金额	税收金额	调增金额	调减金额
		1	2	3	4
39.2	2. 保险公司准备金				
39.3	其中：已发生未报案未决赔款准备金				
39.4	3. 证券行业准备金				
39.5	4. 期货行业准备金				
39.6	5. 中小企业融资（信用）担保机构准备金				
39.7	6. 金融企业、小额贷款公司准备金（填写 A105120）	*	*		
40	（四）房地产开发企业特定业务计算的纳税调整额（填写 A105010）	*			
41	（五）合伙企业法人合伙人应分得的应纳税所得额				
42	（六）发行永续债利息支出				
43	（七）其他	*	*		
44	五、特别纳税调整应税所得	*	*		
45	六、其他		*		
46	合计（1 + 12 + 31 + 36 + 44 + 45）	*	*		

本表由纳税人根据税法、相关税收规定以及国家统一会计制度的规定，填报企业所得税涉税事项的会计处理、税务处理以及纳税调整情况。

本表纳税调整项目按照"收入类调整项目""扣除类调整项目""资产类调整项目""特殊事项调整项目""特别纳税调整应税所得""其他"六大项分类填报汇总，并计算出纳税"调增金额"和"调减金额"的合计数。

数据栏分别设置"账载金额""税收金额""调增金额""调减金额"四个栏次。"账载金额"是指纳税人按照国家统一会计制度规定核算的项目金额。"税收金额"是指纳税人按照税法规定计算的项目金额。

对需填报下级明细表的纳税调整项目，其"账载金额""税收金额""调增金额""调减金额"根据相应附表进行计算填报。

（二）新收入准则税会差异及纳税申报表填报案例解析

【案例 3 - 1】甲建筑公司与其客户签订一项总金额为 580 万元的固定造价合同，该合同不可撤销。甲公司负责工程的施工及全面管理，客户按照第三方工程监理公司确认的工程完工量，每年与甲公司结算一次；该工程已于 2023 年 2 月开工，预计 2026 年 6 月完工；预计可能发生的工程总成本为 550 万元。到 2024 年底，由于材料价格上涨等因素，甲公司将预计工程总成本调整为 600 万元。2025 年末根据工程最新情况将预计工程总成本调整为 610 万元。该公司已经执行《财政部关于修订印发〈企业会计准则第14号——收入〉的通知》（财会〔2017〕22号），假定该建造工程整体构成单项履约义务，并属于在某一时段内履行的履约义务，该公司采用成本法确定履约进度，不考虑其他相关因素。该合同的其他有关资料如表3-2所示。

表3-2　　　　　　　　　　合同收入和成本情况　　　　　　　　　单位：万元

项目	2023年	2024年	2025年	2026年	2027年
年末累计实际发生成本	154	300	488	610	—
年末预计完成合同尚需发生的费用	396	300	122	—	—
本期结算合同价款	174	196	180	30	—
本期实际收到价款	170	190	190	—	30

按照合同约定，工程质保金30万元需等到客户于2027年底保证期结束且未发生重大质量问题方能收款。上述价款均为不含税价款，不考虑相关增值税等税费的影响。会计和税务处理如下。

（1）2023年会计处理如下。

①实际发生合同成本。

借：合同履约成本　　　　　　　　　　　　　　　　　　　1 540 000

　　贷：原材料、应付职工薪酬等　　　　　　　　　　　　　　1 540 000

②确认计量当年的收入并结转成本。履约进度＝1 540 000÷（1 540 000＋3 960 000）＝28%，合同收入＝5 800 000×28%＝1 624 000（元）。

借：合同结算——收入结转　　　　　　　　　　　　　　　1 624 000

　　贷：主营业务收入　　　　　　　　　　　　　　　　　　　1 624 000

借：主营业务成本　　　　　　　　　　　　　　　　　　　1 540 000

　　贷：合同履约成本　　　　　　　　　　　　　　　　　　　1 540 000

③结算合同价款。

借：应收账款　　　　　　　　　　　　　　　　　　　　　1 740 000

　　贷：合同结算——价款结算　　　　　　　　　　　　　　　1 740 000

④实际收到合同价款。

借：银行存款　　　　　　　　　　　　　　　　　　　　　1 700 000

　　贷：应收账款　　　　　　　　　　　　　　　　　　　　　1 700 000

2023年12月31日，"合同结算"科目的余额为贷方11.6万元（174－162.4），表明甲公司已经与客户结算但尚未履行履约义务的金额为11.6万元，由于甲公司预计该部分履约义务将在2024年内完成，因此，应在资产负债表中作为合同负债列示。

⑤2023年企业所得税处理：《国家税务总局关于确认企业所得税收入若干问题的通

知》（国税函〔2008〕875号）规定，企业在各个纳税期末提供劳务交易的结果能够可靠估计的，应采用完工进度（完工百分比）法确认提供劳务收入。2023年确认提供劳务收入 = 5 800 000 × 28% = 1 624 000（元），提供劳务成本 = 5 500 000 × 28% = 1 540 000（元），不存在税会处理差异，不需要纳税调整。

（2）2024年的账务处理如下：

①实际发生合同成本。

借：合同履约成本   1 460 000

  贷：原材料、应付职工薪酬等   1 460 000

②确认计量当年的收入并结转成本，同时，确认合同预计损失。履约进度 = 3 000 000 ÷ (3 000 000 + 3 000 000) = 50%，合同收入 = 5 800 000 × 50% – 1 624 000 = 1 276 000（元）。

借：合同结算——收入结转   1 276 000

  贷：主营业务收入   1 276 000

借：主营业务成本   1 460 000

  贷：合同履约成本   1 460 000

借：主营业务成本   100 000

  贷：预计负债   100 000

合同预计损失 = (3 000 000 + 3 000 000 – 5 800 000) × (1 – 50%) = 100 000（元）

2024年底，由于该合同预计总成本（600万元）大于合同总收入（580万元），预计发生损失总额为20万元，由于其中10万元（20 × 50%）已经反映在损益中，因此，应将剩余的、为完成工程将发生的预计损失10万元确认为当期损失。根据《企业会计准则第13号——或有事项》的相关规定，待执行合同变成亏损合同的，该亏损合同产生的义务满足相关条件的，则应当对亏损合同确认预计负债。因此，为完成工程将发生的预计损失10万元应当确认为预计负债。

③结算合同价款。

借：应收账款   1 960 000

  贷：合同结算——价款结算   1 960 000

④实际收到合同价款。

借：银行存款   1 900 000

  贷：应收账款   1 900 000

2024年12月31日，"合同结算"科目的余额为贷方80万元（11.6 + 196 – 127.6），表明甲公司已经与客户结算但尚未履行履约义务的金额为80万元，由于甲公司预计该部分履约义务将在2025年内完成，因此，应在资产负债表中作为合同负债列示。

⑤2024 年企业所得税处理：2024 年确认提供劳务收入 = 5 800 000 × 50% − 1 624 000 = 1 276 000（元），提供劳务成本 = 6 000 000 × 50% − 1 540 000 = 1 460 000（元），与会计核算确认的提供劳务成本 1 560 000 元存在会计和税务处理差异 100 000元，需要纳税调增 100 000 元。企业所得税年度纳税申报表填报实务如表 3 − 3 所示。

表 3 − 3 　　　　　　　　　　　　纳税调整项目明细表　　　　　　　　　　　A105000

行次	项目	账载金额	税收金额	调增金额	调减金额
		1	2	3	4
45	六、其他	*	*	100 000	

（3）2025 年的账务处理如下。

①实际发生的合同成本。

借：合同履约成本　　　　　　　　　　　　　　　　　　　　　1 880 000

　　贷：原材料、应付职工薪酬等　　　　　　　　　　　　　　　　　1 880 000

②确认计量当年的合同收入并结转成本，同时调整合同预计损失。

履约进度 = 4 880 000 ÷（4 880 000 + 1 220 000）= 80%

合同收入 = 5 800 000 × 80% − 1 624 000 − 1 276 000 = 1 740 000（元）

合同预计损失 =（4 880 000 + 1 220 000 − 5 800 000）×（1 − 80%）

− 100 000 = − 40 000（元）

借：合同结算——收入结转　　　　　　　　　　　　　　　　　1 740 000

　　贷：主营业务收入　　　　　　　　　　　　　　　　　　　　　1 740 000

借：主营业务成本　　　　　　　　　　　　　　　　　　　　　1 880 000

　　贷：合同履约成本　　　　　　　　　　　　　　　　　　　　　1 880 000

借：预计负债　　　　　　　　　　　　　　　　　　　　　　　　40 000

　　贷：主营业务成本　　　　　　　　　　　　　　　　　　　　　　40 000

2025 年底，由于该合同预计总成本（610 万元）大于合同总收入（580 万元），预计发生损失总额为 30 万元，由于其中 24 万元（30 × 80%）已经反映在损益中，因此，预计负债的余额 = 30 − 24 = 6（万元），反映剩余的、为完成工程将发生的预计损失，因此，本期应转回合同预计损失 4 万元。

③结算合同价款。

借：应收账款　　　　　　　　　　　　　　　　　　　　　　　1 800 000

　　贷：合同结算——价款结算　　　　　　　　　　　　　　　　　1 800 000

④实际收到合同价款。

借：银行存款　　　　　　　　　　　　　　　　　　　　　　　1 900 000

贷：应收账款 1 900 000

2025 年 12 月 31 日，"合同结算"科目的余额为贷方 86 万元（80 + 180 − 174），表明甲公司已经与客户结算但尚未履行履约义务的金额为 86 万元，由于该部分履约义务将在 2026 年 6 月底前完成，因此，应在资产负债表中作为合同负债列示。

⑤2025 年企业所得税处理：2025 年确认提供劳务收入 = 5 800 000 × 80% − 1 624 000 − 1 276 000 = 1 740 000（元），提供劳务成本 = 6 100 000 × 80% − 1 540 000 − 1 460 000 = 1 880 000（元），与会计核算确认的提供劳务成本 1 840 000 元存在会计和税务处理差异 40 000 元，需要纳税调减 40 000 元。企业所得税年度纳税申报表填报实务如表 3 − 4 所示。

表 3 − 4 纳税调整项目明细表 A105000

行次	项目	账载金额	税收金额	调增金额	调减金额
		1	2	3	4
45	六、其他	*	*		40 000

（4）2026 年 1 ~ 6 月的账务处理如下。

①实际发生合同成本。

借：合同履约成本 1 220 000

　　贷：原材料、应付职工薪酬等 1 220 000

②确认计量当期的合同收入并结转成本及已计提的合同损失。

2026 年 1 ~ 6 月确认的合同收入 = 合同总金额 − 截至目前累计已确认的收入 = 5 800 000 − 1 624 000 − 1 276 000 − 1 740 000 = 1 160 000（元）。

借：合同结算——收入结算 1 160 000

　　贷：主营业务收入 1 160 000

借：主营业务成本 1 220 000

　　贷：合同履约成本 1 220 000

借：预计负债 60 000

　　贷：主营业务成本 60 000

2026 年 6 月 30 日，"合同结算"科目的余额为借方 30 万元（86 − 116），是工程质保金，需等到客户于 2027 年底保质期结束且未发生重大质量问题后方能收款，应当在资产负债表中作为合同资产列示。

③2026 年企业所得税处理：2025 年确认提供劳务收入 = 5 800 000 × 100% − 1 624 000 − 1 276 000 − 1 740 000 = 1 160 000（元），提供劳务成本 = 6 100 000 × 100% − 1 540 000 − 1 460 000 − 1 880 000 = 1 220 000（元），与会计核算确认的提供劳

务成本 1 160 000 元存在会计和税务处理差异 60 000 元，需要纳税调减 60 000 元。企业所得税年度纳税申报表填报实务如表 3 - 5 所示。

表 3 - 5　　　　　　　　　　　　　纳税调整项目明细表　　　　　　　　　　　　　A105000

行次	项目	账载金额	税收金额	调增金额	调减金额
		1	2	3	4
45	六、其他	*	*		60 000

（5）2027 年的账务处理如下。

①保质期结束且未发生重大质量问题。

借：应收账款　　　　　　　　　　　　　　　　　　　　　300 000

　　贷：合同结算　　　　　　　　　　　　　　　　　　　　　300 000

②实际收到合同价款。

借：银行存款　　　　　　　　　　　　　　　　　　　　　300 000

　　贷：应收账款　　　　　　　　　　　　　　　　　　　　　300 000

【案例 3 - 2】2024 年 12 月 10 日，甲公司与其客户乙公司签订合同，向乙公司销售 1 000 件产品，每件产品的合同约定售价为 100 元（不含税），增值税税率为 13%，合同含税总价为 11.3 万元，乙公司当日收货并取得这些产品的控制权。乙公司通常在取得产品后的一定时期内（3 个月）将其对外售出，且合同约定乙公司在这些产品售出后才向甲公司支付货款。该合同中虽然约定了销售价格，但是基于甲公司过往的实务经验，为了维护与乙公司的客户关系，甲公司预计会向乙公司提供价格折扣，以便于乙公司能够以更加优惠的价格向最终客户销售这些产品，从而促进该产品的整体销量。因此，甲公司认为该合同的对价是可变的。

甲公司已销售该产品及类似产品多年，积累了丰富的经验，可观察的历史数据表明，甲公司以往销售此类产品时会给予客户大约 20% 的折扣。同时，根据当前市场信息分析，20% 的降价幅度足以促进该产品的销量，从而提高其周转率。甲公司多年来向客户提供的折扣从未超过 20%。该企业执行《企业会计准则第 14 号——收入》（2017 年修订）。

分析：本例中，甲公司按照期望值估计可变对价的金额，因为该方法能够更好地预测其有权获得的对价金额。甲公司估计的交易价格为 80 000 元 [100 × （1 - 20%） × 1 000]。因此，甲公司认为，在不确定性消除（即折扣的总金额最终确定）时，已确认的累计收入金额 80 000 元极可能不会发生重大转回。因此，甲公司应当于 2024 年 12 月 10 日将产品控制权转移给乙公司时确认收入 80 000 元。

会计核算如下：

①甲公司向乙公司销售货物控制权转移时确认收入，按照合同约定的销售金额 10

万元开具增值税专用发票。

  借：应收账款——乙公司   113 000

   贷：主营业务收入   80 000

    预计负债——预计销售折扣   20 000

    应交税费——应交增值税（销项税额） 13 000

  ②2024年企业所得税处理。国家税务总局《关于确认企业所得税收入若干问题的通知》（国税函〔2008〕875号）规定，企业因售出商品质量、品种不符合要求等原因而发生的退货属于销售退回；企业因售出商品的质量不合格等原因而在售价上给的减除属于销售折让。企业已经确认销售收入的售出商品发生销售折让和销售退回，应当在发生当期冲减当期销售商品收入。本例中，2024年应确认销售商品收入100 000元，与会计核算的主营业务收入80 000元存在会计和税务处理差异20 000元，汇算清缴时应纳税调增20 000元。企业所得税年度纳税申报表填报实务如表3-6所示。

表3-6   纳税调整项目明细表（2024年）   A105000

行次	项目	账载金额	税收金额	调增金额	调减金额
		1	2	3	4
45	六、其他	*	*	20 000	

  ③2025年3月甲公司与乙公司结算时，按照市场销售情况实际发生价格折扣10 000元（100×10%×1 000），并按照相关规定开具红字专用发票。

  借：预计负债——销售折扣   10 000

   应交税费——应交增值税（销项税额）   1 300

   贷：应收账款——乙公司   11 300

  借：预计负债——销售折扣   10 000

   贷：主营业务收入   10 000

  ④2025年企业所得税处理。本例中，企业已经确认销售收入的售出商品发生销售折让和销售退回，应当在折扣发生当期冲减当期销售商品收入。2025年在发生折扣当期应冲减当期销售收入10 000元，与会计核算当期确认主营业务收入10 000元存在会计和税务处理差异20 000元，汇算清缴时应纳税调减。企业所得税年度纳税申报表填报实务如表3-7所示。

表3-7   纳税调整项目明细表（2025年）   A105000

行次	项目	账载金额	税收金额	调增金额	调减金额
		1	2	3	4
45	六、其他	*	*		20 000

  【案例3-3】甲公司主要从事手机生产和销售。2024年11月11日，甲公司向零

售商乙公司采用直接收款方式销售 1 000 台手机，每台价格为 3 000 元（不含税），合同价款合计 300 万元，增值税税率为 13%，款项已经收到存入银行。甲公司向乙公司提供价格保护，承诺在未来 6 个月内，如果同款手机售价下降，则按照合同价格与最低售价之间的差额向乙公司支付差价。该企业执行《企业会计准则第 14 号——收入》（2017 年修订）。甲公司根据以往类似合同的经验，预计各种结果发生的概率如表 3 - 8 所示。

表 3 - 8   预计概率

未来 6 个月内的降价金额（元/台）	概率（%）
0	40
200	30
500	20
1 000	10

分析：本例中，甲公司认为交易价格期望值能够更好地预测其有权获取的对价金额。假定不考虑有关将可变对价计入交易价格的其他限制性要求，在该预期概率方法下，估计交易价格 = [（3 000 × 40%）+（2 800 × 30%）+（2 500 × 20%）+（2 000 × 10%）] = 2 740（元/台）。

①增值税处理。增值税销售额为合同约定的金额每台 3 000 元（不含税），合同不含税总价款合计 300 万元，增值税税率为 13%，增值税销项税额 = 300 × 13% = 39（万元）。会计处理如下：

借：银行存款   3 390 000
　　贷：主营业务收入   2 740 000
　　　　应交税费——应交增值税（销项税额）   390 000
　　　　预计负债——预计销售折让   260 000

②假设该款手机成本为每台 2 000 元，结转成本 = 2 000 × 1 000 = 2 000 000（元）。

借：主营业务成本   2 000 000
　　贷：库存商品   2 000 000

③2024 年企业所得税处理。企业所得税确认收入 300 万元扣除销售成本 200 万元，所得额为 100 万元；会计核算营业收入 274 万元结转营业成本 200 万元，营业利润 = 274 - 200 = 74（万元），税会差异 = 100 - 74 = 26（万元）。

④2025 年 2 月，假设考虑未来 6 个月内由于 5G 手机的推出及开展春节促销活动，该款手机单价下降了 500 元（不含税），按照事先约定需要按照合同价格与最低售价之间的差额向乙公司支付差价 50 万元。《国家税务总局关于纳税人折扣折让行为开具红

字增值税专用发票问题的通知》（国税函〔2006〕1279 号）规定，纳税人销售货物并向购买方开具增值税专用发票后，由于购货方在一定时期内累计购买货物达到一定数量，或者由于市场价格下降等原因，销货方给予购货方相应的价格优惠或补偿等折扣、折让行为，销货方可按现行《增值税专用发票使用规定》的有关规定开具红字增值税专用发票。本例中，发生销售折让 500 000 元，增值税销项税额为 -65 000 元，开具红字增值税专用发票。

借：预计负债——预计销售折让   260 000

    主营业务收入   240 000

    应交税费——应交增值税（销项税额）   65 000

    贷：银行存款   565 000

⑤企业所得税处理。《国家税务总局关于确认企业所得税收入若干问题的通知》（国税函〔2008〕875 号）规定，企业已经确认销售收入的售出商品发生销售折让和销售退回，应当在发生当期冲减当期销售商品收入。2024 年企业所得税汇算清缴时，企业所得税收入 300 万元，成本 200 万元，会计核算的主营业务收入 274 万元，主营业务成本 200 万元，税会差异为 26 万元需要进行纳税调增。2025 年企业所得税汇算清缴时，企业所得税处理确认冲减当期收入 50 万元，会计核算冲减主营业务收入 24 万元，税会差异为 -26 万元，需要进行纳税调减。企业所得税年度纳税申报表填报实务如表 3-9 和表 3-10 所示。

表 3-9   纳税调整项目明细表（2024 年）   A105000

行次	项目	账载金额	税收金额	调增金额	调减金额
		1	2	3	4
45	六、其他	*	*	260 000	

表 3-10   纳税调整项目明细表（2025 年）   A105000

行次	项目	账载金额	税收金额	调增金额	调减金额
		1	2	3	4
45	六、其他	*	*		260 000

【案例 3-4】2024 年 9 月 20 日，A 电子产品生产公司向 B 公司销售一批手机，签订销售合同约定售价合计为 105 万元（不含税），包括交付指定品牌的手机一批，A 公司承诺售出后 1 年内为法定免费保修期，并承诺延长三年质量保证服务。目前 A 公司在市场上单独销售该批手机的价格为 100 万元，单独购买三年延期质保服务价格为 10 万元。A 公司估计在法定免费保修期内将发生的保修费用为 2 万元。该批手机的成本为 80 万元。合同签订当日，A 公司将该批手机交付给 B 公司，并开具增值税专用发票，

增值税税率为13%，105万元价款和相应的增值税税款已收到存入银行。该企业执行《企业会计准则第14号——收入》（2017年修订）。A公司的会计和税务处理如下。

分析：第一步，识别与客户订立的合同。本例中，属于A公司与B公司订立的手机销售和维保服务合同。

第二步，识别合同中的单项履约义务。本例中，合同中首先包括销售手机的履约义务。客户有权在法定质量保证期限之外，单独提出质量保证要求，企业必然要针对此项特殊化的质量保证诉求另外收取对价，并将该对价计入该项交易的交易价格之中。由于客户选择购买的质量保证的受益对象清晰可辨，实务中企业是否依照客户所选择的质量保证条款履行了相应履约义务也易于判定，客户可选择单独购买的质量保证就构成了企业的另一项单项履约义务。而A公司承诺售出后1年内为法定免费保修期，属于保证类质量保证，不能作为单项履约义务，企业应当按照《企业会计准则第13号——或有事项》的规定进行会计处理。

第三步，确定交易价格。本例中，交易价格为105万元（不含税）。

第四步，将交易价格分摊至各单项履约义务。合同中包含两项或多项履约义务的，企业应当在合同开始日，按照各单项履约义务所承诺商品的单独售价的相对比例，将交易价格分摊至各单项履约义务。本例中，销售货物市场单独售价为100万元，销售三年延保服务的市场单独售价为10万元，因此，销售商品应分摊收入 = $105 \times 100 \div (100 + 10)$ = 95.45（万元）。销售三年延保服务 = $105 \times 10 \div (100 + 10)$ = 9.55（万元）。

第五步，履行各单项履约义务时确认收入。销售手机属于控制权在时点交付时转移，应当期确认主营业务收入，对于三年延保服务的价款属于客户已经支付了合同对价，但企业尚未履行履约义务（时期履约义务），应记入"合同负债"科目（后期再根据提供延保服务的进度确认收入）。

①A公司销售货物同时提供服务属于混合销售业务，增值税销项税额 = $105 \times 13\%$ = 13.65（万元）。税会差异：增值税销售收入为105万元，开具增值税发票金额105万元，会计核算收入95.45万元；季度预缴企业所得税时，暂按照会计核算收入计算应纳税所得额。

借：银行存款   1 186 500

    贷：主营业务收入   954 500

        合同负债   95 500

        应交税费——应交增值税（销项税额）   136 500

②结转相应的销售成本。

借：主营业务成本   800 000

    贷：库存商品   800 000

③预计免费法定保修期发生的保修费。

借：销售费用——产品质量保证　　　　　　　　　　　　　　20 000

　　贷：预计负债　　　　　　　　　　　　　　　　　　　　　　20 000

④2024 年企业所得税汇算清缴。《国家税务总局关于确认企业所得税收入若干问题的通知》（国税函〔2008〕875 号）第二条（四）规定，"4. 服务费。包含在商品售价内可区分的服务费，在提供服务的期间分期确认收入。"企业所得税收入与会计核算收入一致为 95.45 万元，与增值税销售收入 105 万元存在税税差异，"金三系统"纳税风险评估可能会出现提示"增值税收入与企业所得税收入不一致"，需要说明原因。预计负债确认的"销售费用——产品质量保证" 2 万元属于没有实际发生的支出，不能在 2024 年汇算清缴税前扣除，存在税会差异，应进行纳税调增。企业所得税年度纳税申报表填报实务如表 3 - 11 所示。

表 3 - 11　　　　　　　　　纳税调整项目明细表（2024 年）　　　　　　　　A105000

行次	项目	账载金额	税收金额	调增金额	调减金额
		1	2	3	4
26	（十三）跨期扣除项目	20 000	0	20 000	

【案例 3 - 5】甲公司是家具销售公司，2024 年 10 月 15 日，甲公司向乙公司销售 5 000 件家具，单位销售价格为 500 元（不含税），单位成本为 400 元，开出的增值专用发票上注明的销售价格为 250 万元，增值税税率为 13%。家具已经发出，但款项尚未收到。根据协议约定，乙公司应于 2024 年 12 月 31 日之前支付货款。双方在合同中约定了退货条款，乙公司在 2025 年 3 月 31 日之前有权退还家具。甲公司根据过去的经验，估计该批家具的退货率约为 20%。2024 年 12 月 31 日，甲公司对退货率进行了重新评估，认为只有 10% 的家具会被退回。甲公司为增值税一般纳税人，家具发出时以开具增值税专用发票纳税义务已经发生，实际发生退回时开的红字增值税专用发票。假定办公家具发出时控制权转移给乙公司。该企业执行《企业会计准则第 14 号——收入》（2017 年修订）。

甲公司的账务处理如下：

①2024 年 10 月 15 日发出家具时，预计应付退货款 = 5 000 × 500 × 20% = 50（万元），不能确认会计收入，预计应收退货成本 = 5 000 × 400 × 20% = 40（万元）。

借：应收账款　　　　　　　　　　　　　　　　　　　　　2 825 000

　　贷：主营业务收入　　　　　　　　　　　　　　　　　　　2 000 000

　　　　预计负债——应付退货款　　　　　　　　　　　　　　500 000

　　　　应交税费——应交增值税（销项税额）　　　　　　　　325 000

借：主营业务成本　　　　　　　　　　　　　　　　　　　1 600 000

应收退货成本	400 000
贷：库存商品	2 000 000

②2024 年 12 月 31 日前收到货款时：

借：银行存款	2 825 000
贷：应收账款	2 825 000

③2024 年 12 月 31 日，甲公司对退货率进行重新评估：

借：预计负债——应付退货款（5 000×500×10%）	250 000
贷：主营业务收入	250 000
借：主营业务成本（5 000×400×10%）	200 000
贷：应收退货成本	200 000

④2024 年企业所得税确认收入 250 万元，销售成本 200 万元，应纳税所得额为 50 万元，会计核算收入为 225 万元，成本为 180 万元，会计利润为 45 万元，税会差异为 5 万元，应进行纳税调增 5 万元。

⑤资产负债表日确认相关递延所得税资产和负债。应收退货成本账面价值为 20 万元，计税基础 0，应纳税暂时性差异为 20 万元，确认递延所得税负债 5 万元。预计负债账面价值为 25 万元，计税基础 0，可抵扣暂时性差异为 25 万元，确认递延所得税资产 6.25 万元。

借：所得税费用	50 000
贷：递延所得税负债	50 000
借：递延所得税资产	62 500
贷：所得税费用	62 500

⑥2025 年 3 月 31 日发生销售退回，实际退货量为 400 件，比原预计退货 500 件少退了 100 件，退货款项已经支付。开具红字增值税专用发票冲减销项税额 = 400×500×13% = 26 000（元），冲减增值税销售额 20 万元。

借：预计负债——应付退货款	250 000
应交税费——应交增值税（销项税额）	26 000
贷：主营业务收入	50 000
银行存款（400×500×1.13）	226 000
借：主营业务成本（100×400）	40 000
贷：应收退货成本	40 000
借：库存商品（400×400）	160 000
贷：应收退货成本	160 000

⑦冲回确认的递延所得税资产和递延所得税负债。

借：递延所得税负债   50 000

  贷：所得税费用   50 000

借：所得税费用   62 500

  贷：递延所得税资产   62 500

⑧2025 年会计核算收入 5 万元，结转销售成本 4 万元，增加会计利润 1 万元。企业所得税：《国家税务总局关于确认企业所得税收入若干问题的通知》（国税函〔2008〕875 号）规定，企业已经确认销售收入的售出商品发生销售折让和销售退回，应当在发生当期冲减当期销售商品收入。冲减当期销售退回收入 = 400 × 500 = 200 000（元），冲减当期销售退回成本 = 400 × 400 = 160 000（元），减少应纳税所得额 4 万元。税会差异 5 万元，应纳税调减 5 万元。企业所得税年度纳税申报表填报实务如表 3 – 12 和表 3 – 13 所示。

表 3 – 12   纳税调整项目明细表（2024 年）   A105000

行次	项目	账载金额	税收金额	调增金额	调减金额
		1	2	3	4
45	六、其他	*	*	50 000	

表 3 – 13   纳税调整项目明细表（2025 年）   A105000

行次	项目	账载金额	税收金额	调增金额	调减金额
		1	2	3	4
45	六、其他	*	*		50 000

【案例 3 – 6】2024 年 12 月 5 日，甲公司向家具店销售 10 张餐桌，每张餐桌的价格为 1 000 元，成本为 750 元。根据合同约定，家具店有权在收到餐桌的 30 天内退货，但是需要向甲公司支付 10% 的退货费（即每张餐桌的退货费为 100 元）。根据历史经验，甲公司预计的退货率为 10%，且退货过程中，甲公司预计为每张退货的餐桌发生的成本为 50 元。上述价格均不包含增值税，甲公司在将餐桌的控制权转移给家具店时确认收入，执行《企业会计准则第 14 号——收入》（2017 年修订）。

分析：①甲公司向家具店销售 10 张餐桌时，商品控制权转移，应该在履约义务时点确认相应的收入，但是需要考虑可变对价影响因素（预计退货和收取退货费），预计的退货率为 10%，合同交易价格 = 10 × 1 000 × （1 – 10%）+ 10 × 10% × 100 = 10 000 × 90% + 100 = 9 100（元）。增值税处理：按照销售额 10 000 元计算销项税额，开具增值税专用发票，价款 10 000 元，销项税额 1 300 元。应收退货成本 = 10 × 750 × 10% – 10 × 10% × 50 = 700（元）。会计和税务处理如下：

借：银行存款   11 300

  贷：主营业务收入   9 100

预计负债——应付退货款   900

应交税费——应交增值税（销项税额） 1 300

借：主营业务成本   6 800

应收退货成本   700

贷：库存商品   7 500

②12 月 31 日，预计的退货率为 20%，作为会计估计处理。重新估计交易价格 = $10 \times 1\,000 \times (1 - 20\%) + 10 \times 20\% \times 100 = 10\,000 \times 80\% + 200 = 8\,200$（元），需要按照重新估计调整可变对价 = $9\,100 - 8\,200 = 900$（元），新应收退货成本 = $10 \times 750 \times 20\% - 10 \times 20\% \times 50 = 1\,400$（元）。

借：主营业务收入   900

贷：预计负债——应付退货款   900

借：应收退货成本   700

贷：主营业务成本   700

③企业所得税处理。2024 年第四季度企业所得税申报时，按照会计核算的利润总额为基础计算应纳税所得额。年度汇算清缴时，企业所得税销售收入为 10 000 元，销售成本为 7 500 元，所得额 = $10\,000 - 7\,500 = 2\,500$（元）。会计核算销售收入 = $9\,100 - 900 = 8\,200$（元），会计核算销售成本 = $6\,800 - 700 = 6\,100$（元），会计利润 = $8\,200 - 6\,100 = 2\,100$（元），差异 = $2\,500 - 2\,100 = 400$（元），即收入纳税调增 1 800 元（$10\,000 - 8\,200$），成本纳税调增 1 400 元（$7\,500 - 6\,100$）。企业所得税年度纳税申报表填报实务如表 3-14 所示。

表 3-14   纳税调整项目明细表（2024 年）   A105000

行次	项目	账载金额	税收金额	调增金额	调减金额
		1	2	3	4
45	六、其他	*	*	1 800	1 400

④2025 年 1 月 15 日，退货期满时实际退回 30%，实际确认收入 = $10\,000 \times (1 - 30\%) + 10 \times 30\% \times 100 = 7\,300$（元），实际销售成本 = $7\,500 \times (1 - 30\%) = 5\,250$（元）。会计核算作为会计估计变更进行会计处理，采用未来适用法。会计核算冲减当期销售商品收入 900 元（$8\,200 - 7\,300$），冲减当期销售商品成本 850 元（$6\,100 - 5\,250$）。《国家税务总局关于确认企业所得税收入若干问题的通知》（国税函〔2008〕875 号）规定，企业已经确认销售收入的售出商品发生销售折让和销售退回，应当在发生当期冲减当期销售商品收入。企业所得税处理冲减当期销售商品收入 = $10\,000 \times 30\% - 10 \times 30\% \times 100 = 2\,700$（元），冲减当期销售商品成本 = $7\,500 \times 30\% = 2\,250$（元）；收入差异 = $2\,700 - 900 = 1\,800$（元），进行纳税调减；成本差异 = $2\,250 - 850 = 1\,400$

（元），进行纳税调增。

借：库存商品　　　　　　　　　　　　　　　　　　　　　　2 250
　　贷：应收退货成本　　　　　　　　　　　　　　　　　　　1 400
　　　　主营业务成本　　　　　　　　　　　　　　　　　　　　850
借：销售费用——退货费用　　　　　　　　　　　　　　　　　 150
　　贷：银行存款　　　　　　　　　　　　　　　　　　　　　　150
借：主营业务收入　　　　　　　　　　　　　　　　　　　　　 900
　　预计负债　　　　　　　　　　　　　　　　　　　　　　　1 800
　　应交税费——应交增值税（销项税额）　　　　　　　　　　　390
　　贷：银行存款　　　　　　　　　　　　　　　　　　　　　3 090

企业所得税年度纳税申报表填报实务如表 3-15 所示。

表 3-15　　　　　　　　　纳税调整项目明细表（2025 年）　　　　　　　　A105000

行次	项目	账载金额	税收金额	调增金额	调减金额
		1	2	3	4
45	六、其他	*	*	1 400	1 800

【案例 3-7】甲公司为增值税一般纳税人，2024 年 10 月 15 日甲公司与乙公司签订合同销售一批商品，合同约定不含税价为 100 万元，增值税税率为 13%，该批商品实际成本为 75 万元。甲公司在出售商品时已得知乙公司目前资金周转发生困难，但是，为了减少存货积压，也为了维持与客户长期以来建立的商业合作关系，甲公司仍决定采用赊销方式销售该批商品，并约定 2024 年 12 月 31 日前支付全部款项。2024 年 10 月 15 日该批商品已经发出并移送客户仓库并办理了验收入库手续。甲企业执行《企业会计准则第 14 号——收入》（2017 年修订）。

分析：本例中，2024 年 10 月 15 日，甲公司履约将所售商品已经移送到客户仓库并办妥验收入库手续，此时该批商品控制权已经发生转移，乙公司已经取得该批商品的控制权。但是，按照新修订《企业会计准则第 14 号——收入》第五条的规定，当企业与客户之间的合同同时满足五项条件时，才能在控制权转移时确认收入。本例中，因乙公司目前资金周转困难，不符合"企业因向客户转让商品而有权取得的对价很可能收回"的条件。

①2024 年 10 月 15 日，甲公司履约将该批商品发出并移送客户，会计核算不确认收入，增值税也未发生纳税义务。

借：发出商品　　　　　　　　　　　　　　　　　　　　　750 000
　　贷：库存商品　　　　　　　　　　　　　　　　　　　750 000

②2024 年 12 月 31 日，按照《国家税务总局关于确认企业所得税收入若干问题的

通知》（国税函〔2008〕875号）的规定，按照权责发生制，符合销售商品确认收入的四项条件，应确认所得税收入100万元，结转成本75万元。

按照《增值税暂行条例实施细则》第三十八条第三款的规定，以赊销或分期收款方式销售货物为书面合同约定的收款日期的当天，无书面合同的，为货物发出的当天。本例中，应于书面合同约定的收款日期的当天（2024年12月31日）确认增值税纳税义务发生时间，确认增值税销售额100万元，计算增值税销项税额13万元。

借：应收账款——乙公司（增值税）　　　　　　　　　　130 000

　　贷：应交税费——应交增值税（销项税额）　　　　　　　130 000

③2025年2月10日，甲公司收到乙公司的付款承诺保证函并承诺会在本月20日前付款，判断已符合收入确认条件。

借：应收账款——乙公司（价款）　　　　　　　　　　1 000 000

　　贷：主营业务收入　　　　　　　　　　　　　　　　1 000 000

借：主营业务成本　　　　　　　　　　　　　　　　　750 000

　　贷：发出商品　　　　　　　　　　　　　　　　　　750 000

④2025年2月20日，收到乙公司的全部价款和增值税。

借：银行存款　　　　　　　　　　　　　　　　　　1 130 000

　　贷：应收账款——乙公司　　　　　　　　　　　　1 130 000

⑤2024年企业所得税汇算清缴时，会计处理未确认营业收入和结转营业成本，企业所得税处理确认销售商品收入100万元，扣除销售成本75万元，产生税会差异需要进行纳税调增25万元。2025年企业所得税汇算清缴时，会计处理确认收入100万元和结转成本75万元，企业所得税处理不确认收入和扣除成本，产生税会差异，需要进行纳税调减25万元。

企业所得税年度纳税申报表填报实务如表3-16和表3-17所示。

表3-16　　　　　　　　　纳税调整项目明细表（2024年）　　　　　　　A105000

行次	项目	账载金额	税收金额	调增金额	调减金额
		1	2	3	4
45	六、其他	*	*	250 000	

表3-17　　　　　　　　　纳税调整项目明细表（2025年）　　　　　　　A105000

行次	项目	账载金额	税收金额	调增金额	调减金额
		1	2	3	4
45	六、其他	*	*		250 000

【案例3-8】2024年12月10日，甲公司与其客户乙公司签订合同，向乙公司销售产品1 000件，每件产品的合同约定售价为100元（不含税），合同总价款为10万元

（不含税），乙公司当日取得这些产品的控制权。乙公司通常在取得产品后的一定时期内将其对外售出，且合同约定乙公司在这些产品售出后才向甲公司支付货款。该合同中虽然约定了销售价格，但是基于甲公司过往的实务经验，为了维护与乙公司的客户关系，甲公司预计会向乙公司提供价格折扣，以便于乙公司能够以更加优惠的价格向最终客户销售这些产品，从而促进该产品的整体销量。因此，甲公司认为该合同的对价是可变的。甲公司执行《企业会计准则第 14 号——收入》（2017 年修订）。

甲公司已销售该产品及类似产品多年，积累了丰富的经验，可观察的历史数据表明，甲公司以往销售此类产品时会给予客户大约 20% 的折扣。同时，根据当前市场信息分析，20% 的降价幅度足以促进该产品的销量，从而提高其周转率。甲公司多年来向客户提供的折扣从未超过 20%。

分析：本例中，甲公司按照期望值估计可变对价的金额，因为该方法能够更好地预测其有权获得的对价金额。甲公司估计的交易价格为 80 000 元［100 ×（1 － 20%）× 1 000］。因此，甲公司认为，在不确定性消除（即折扣的总金额最终确定）时，已确认的累计收入金额 80 000 元极可能不会发生重大转回。甲公司应当于 2024 年 12 月 10 日将产品控制权转移给乙公司时，确认收入 80 000 元。

分析：会计和税务如下：

①2024 年 12 月 10 日，甲公司向乙公司销售货物并按照合同约定的销售金额 10 万元开具增值税专用发票。

借：应收账款——乙公司　　　　　　　　　　　　　　113 000
　　贷：主营业务收入　　　　　　　　　　　　　　　　80 000
　　　　预计负债——销售折扣　　　　　　　　　　　　20 000
　　　　应交税费——应交增值税（销项税额）　　　　　13 000

②2025 年 2 月 10 日，为春节促销甲公司实际给乙公司上述销售业务的折扣率为 10%，并按照增值税相关规定开具红字增值税专用发票。

借：应收账款——乙公司　　　　　　　　　　　　　　－11 300
　　贷：预计负债——销售折扣　　　　　　　　　　　　－10 000
　　　　应交税费——应交增值税（销项税额）　　　　　－1 300

③甲公司实际收到款项并将没有实际发生的预计销售折扣冲回 10 000 元。

借：银行存款　　　　　　　　　　　　　　　　　　　101 700
　　贷：应收账款——乙公司　　　　　　　　　　　　101 700
借：预计负债——销售折扣　　　　　　　　　　　　　10 000
　　贷：主营业务收入　　　　　　　　　　　　　　　10 000

④2024 年企业所得税汇算清缴时，会计处理确认收入 8 万元，企业所得税处理按

照合同约定价款确认销售商品收入 10 万元，需要进行纳税调增 2 万元。2025 年企业所得税汇算清缴时，会计处理确认收入 1 万元，企业所得税处理不确认收入，需要进行纳税调减 1 万元。企业所得税发生销售折让 1 万元，而会计核算确认收入 1 万元，需要进行纳税调减 2 万元。

企业所得税年度纳税申报表填报实务如表 3 - 18 和表 3 - 19 所示。

表 3 - 18　　　　　　　　　　纳税调整项目明细表（2024 年）　　　　　　　A105000

行次	项目	账载金额	税收金额	调增金额	调减金额
		1	2	3	4
45	六、其他	*	*	20 000	

表 3 - 19　　　　　　　　　　纳税调整项目明细表（2025 年）　　　　　　　A105000

行次	项目	账载金额	税收金额	调增金额	调减金额
		1	2	3	4
45	六、其他	*	*		20 000

【案例 3 - 9】2024 年 1 月 1 日，甲公司开始推行一项奖励积分计划。根据该计划，客户在甲公司每消费 10 元可获得 1 个积分，每个积分从次月开始在购物时可以抵减 1 元，积分可以累计计算。截至 2024 年 1 月 31 日，客户共消费 100 000 元，可获得 10 000 个积分，根据历史经验，甲公司估计该积分的兑换率为 95%。上述金额均不包含增值税，增值税税率 13%。甲公司执行《企业会计准则第 14 号——收入》（2017 年修订）。会计和税务处理如下：

分析：本例中，甲公司认为其授予客户的积分为客户提供了一项重大权利，应当作为单项履约义务。客户购买商品的单独售价合计为 100 000 元，考虑积分的兑换率，甲公司估计积分的单独售价为 9 500 元（$1 \times 10\,000 \times 95\%$）。

甲公司按照商品和积分单独售价的相对比例对交易价格分摊：

商品分摊的交易价格 = ［100 000 ÷（100 000 + 9 500）］× 100 000 = 91 324（元）

积分分摊的交易价格 = ［9 500 ÷（100 000 + 9 500）］× 100 000 = 8 676（元）

因此，甲公司应当在商品控制权转移时确认收入 91324 元，同时，确认合同负债 8 676 元，增值税按照实际收款额计算。

借：银行存款　　　　　　　　　　　　　　　　　　　　113 000

　　贷：主营业务收入　　　　　　　　　　　　　　　　　91 324

　　　　合同负债　　　　　　　　　　　　　　　　　　　8 676

　　　　应交税费——应交增值税（销项税额）　　　　　　13 000

截至 2024 年 12 月 31 日，客户共兑换了 4 500 个积分，甲公司对该积分的兑换率进行重新估计，仍然预计客户将会兑换的积分总数为 9 500 个（包括已经兑换的 4 500

个积分）。因此，甲公司以客户兑换的积分数占预期将兑换的积分总数的比例为基础确认收入。积分当年应当确认的收入为 4 110 元［4 500÷9 500（积分转换率）×8 676］；剩余未兑换的积分为 4 566 元（8 676 - 4 110），仍作为"合同负债"列示。

借：合同负债   4 110

     贷：主营业务收入   4 110

增值税处理：兑换积分没有发生增值税应税行为，不需要缴纳增值税。增值税收入与会计核算收入存在差异。企业所得税处理：实际销售商品按照 100 000 元确认收入，与会计核算收入 95 434 元存在税会差异 4 566 元。

假设 2025 年客户购买商品 10 000 元，实际支付价款 6 000 元，剩余部分使用 4 000 个积分兑付。

借：银行存款   6 780

     贷：主营业务收入   6 000

         应交税费——应交增值税（销项税额）   780

增值税处理：2025 年实际发生销售货物 10 000 元，增值税专用发票注明金额为 10 000 元，折扣额 4 000 元，按照折扣后的金额计算增值税销项税额 780 元。

截至 2025 年 12 月 31 日，客户累计兑换了 8 500 个积分。甲公司对该积分的兑换率进行重新估计，预计客户将会兑换的积分总数为 9 700 个。积分当年应当确认的收入为 3 493 元（8 500÷9 700×8 676 - 4 110）；剩余未兑换的积分为 1 073 元（8 676 - 4 110 - 3 493），仍然作为合同负债。企业所得税处理：实际销售商品已经按照 6 000 元确认收入，与会计核算收入 9 493 元，存在税会差异 3 493 元。

借：合同负债   3 493

     贷：主营业务收入   3 493

企业所得税年度纳税申报表填报实务如表 3 - 20 和表 3 - 21 所示。

表 3 - 20   纳税调整项目明细表（2024 年）   A105000

行次	项目	账载金额	税收金额	调增金额	调减金额
		1	2	3	4
45	六、其他	*	*	4 566	

表 3 - 21   纳税调整项目明细表（2025 年）   A105000

行次	项目	账载金额	税收金额	调增金额	调减金额
		1	2	3	4
45	六、其他	*	*		3 493

【案例 3 - 10】某商场在 2024 年"12.12"期间对凡是在商城消费购物的顾客按照

每满 100 元赠送 10 元代金券，以后期间再次购物可以直接抵扣货款，代金券有效期为领取之日起 180 天。假设该公司在"12.12"期间销售 113 万元（含税），实际赠送代金券面值 10 万元。根据以往经验，该类代金券使用率只有 80%。根据与其他优惠券对比，该类代金券的价值实际上只有面值的 50%。因此，该代金券的实际价值 = 10 × 80% × 50% = 4（万元）。

分析：会计处理上，根据《企业会计准则第 14 号——收入》（2017 年修订）的规定，消费后赠送代金券属于客户附有额外购买选择权的销售行为，企业应当评估该选择权是否构成一项重大权利。企业提供重大权利的，应当作为单项履约义务，需将交易价格分摊至该项履约义务，在客户未来行使购买选择权、取得商品控制权时，确认相应的收入。也就是说，商家在销售商品时，须将销售收入在销售商品和代金券中进行分摊，将代金券部分确认为合同负债，待实际履行合同义务时，再将合同负债确认为销售收入。

借：应收账款	1 130 000
贷：主营业务收入	960 000
合同负债	40 000
应交税费——应交增值税（销项税额）	130 000

税务处理上，增值税方面，商家在赠送代金券时，须按照实际收取的款项确认增值税的销售额，在消费者实际兑换使用代金券时，按照折扣销售处理。企业所得税方面，企业所得税收入 1 000 000 元与会计核算收入 960 000 元之间存在税会差异 40 000 元，应进行纳税调整。

①假设后期客户购买 50 万元商品并使用代金券购物 2 万元时，冲减代金券的价值并确认收入：

借：银行存款	522 400
合同负债	20 000
贷：主营业务收入	480 000
应交税费——应交增值税（销项税额）	62 400

增值税销售额按照 48 万元计算，代金券 2 万元作为折扣开在同一张发票上，在金额栏注明价款 50 万元，折扣 2 万元。

②到年末"合同负债"科目还有贷方余额 2 万元。企业所得税汇算清缴时，须将合同负债部分对应的未确认销售收入进行纳税调增。以后代金券到期失效时，不再作税务处理。

企业所得税年度纳税申报表填报实务如表 3 – 22 所示。

表 3 – 22 纳税调整项目明细表 A105000

行次	项目	账载金额	税收金额	调增金额	调减金额
		1	2	3	4
45	六、其他	*	*	20 000	

【案例 3 – 11】2024 年 7 月 10 日，甲公司与乙公司签署了总金额为 1 130 万元（含税）大型船舶建造合同，合同约定分期付款。甲公司按照乙公司的具体要求设计和建造船舶，甲公司在自己的厂区内完成该船舶的建造，乙公司无法控制在建工程中的船舶。甲公司如果想把该船舶出售给其他客户，需要发生重大的改造成本。双方约定，乙公司如果单方面违约的话，乙公司需要向甲公司支付相当于合同 30% 的违约金，且建造中的船舶归甲公司所有，如果提前完工则可以获得奖励 100 万元。船舶建造于 2024 年 7 月 26 日开工，约定到 2025 年 12 月 31 日前完工，预计建造总成本 800 万元（不含税）。截至 2024 年 12 月 31 日，该项目已发生成本 300 万元（不含税），预计完成合同还将发生 500 万元（不含税），合同约定 2024 年 7 月 5 日甲公司先预收 20% 货款及税款。2024 年 12 月 31 日，收到货款 10% 货款及税款。2025 年 6 月 30 日，收到 30% 货款及税款，2025 年 10 月 10 日提前完工并验收合格并收到剩余款项和奖励 100 万元。新准则下会计和税务处理如下。

分析：本例中，该合同仅仅包含一项履约义务，即：设计和建造该船舶，该船舶是按照乙公司的要求进行设计和建造的，甲公司需要发生重大的改制成本，将该船舶改造之后才能出售给其他客户，因此该船舶具有不可替代用途，但是如果乙公司单方面解约，那么仅需要支付相当于合同总价 30% 的违约金，表明甲公司无法在整个合同期间内的任一时点都有权就累计至今已完成的履约部分收取能够补偿其已发生成本和合理利润的款项，因此，甲公司为乙公司设计和建造该船舶不属于在一段时期内履行的履约义务，属于时点履约义务。

①2024 年 7 月 5 日，甲公司预收客户 20% 货款（含税）。

借：银行存款 226

　贷：合同负债 200

　　应交税费——应交增值税（销项税额） 26

②增值税处理。《增值税暂行条例实施细则》第三十八条规定，纳税人采取预收货款方式，生产销售生产工期超过 12 个月的大型机械设备、船舶、飞机等特定货物，纳税义务发生时间为收到预收款或者书面合同约定的收款日期的当天。

③截至 2024 年 12 月 31 日，该项目已经发生成本 300 万元。

借：合同履约成本 300

　贷：银行存款、原材料、应付职工薪酬等 300

④2024 年 12 月 31 日，收到 10% 货款（含税）。

借：银行存款　　　　　　　　　　　　　　　　　　　113

　　贷：合同负债　　　　　　　　　　　　　　　　　　100

　　　　应交税费——应交增值税（销项税额）　　　　　13

⑤企业所得税处理。《企业所得税法实施条例》第二十三条第（二）项规定可以分期确认收入："企业受托加工制造大型机械设备、船舶、飞机，以及从事建筑、安装、装配工程业务或者提供其他劳务等，持续时间超过 12 个月的，按照纳税年度内完工进度或者完成的工作量确认收入的实现。"

2024 年按照企业所得税法规定计算年度内船舶完工进度百分比 = 已经发生成本 ÷ 预计总成本 = 300 ÷ 800 × 100% = 37.5%。

2024 年按税法计算确认的收入 = 1 000 × 37.5% = 375（万元）

2024 年按税法计算确认的成本 = 800 × 37.5% = 300（万元）

税会差异：会计按照履约时点交付时确认收入和摊销合同履约成本，企业所得税法按照完工进度分期确认收入，增值税按照收到预收款或者书面合同约定的收款日期当天确认收入。

企业所得税年度纳税申报表填报实务如表 3 – 23 和表 3 – 24 所示。

表 3 – 23　　　　　　　　纳税调整项目明细表（2024 年）　　　　　　　　A105000

行次	项目	账载金额	税收金额	调增金额	调减金额
		1	2	3	4
1	一、收入类调整项目（2 + 3 + 4 + 5 + 6 + 7 + 8 + 10 + 11）	*	*		
2	（一）视同销售收入（填写 A105010）	*			*
3	（二）未按权责发生制原则确认的收入（填写 A105020）	0	375	375	
26	（十三）跨期扣除项目	0	300		300

表 3 – 24　　　　　　未按权责发生制确认收入纳税调整明细表（2024 年）　　　　　A105020

行次	项目	合同金额（交易金额）	账载金额		税收金额		纳税调整金额
			本年	累计	本年	累计	
		1	2	3	4	5	6（4 – 2）
5	二、分期确认收入（6 + 7 + 8）						
6	（一）分期收款方式销售货物收入						
7	（二）持续时间超过 12 个月的建造合同收入	1 000	0	0	375	375	375
8	（三）其他分期确认收入						

⑥2025 年 6 月 30 日，收到 30% 货款（含税）。

借：银行存款　　　　　　　　　　　　　　　　　　　339

　　贷：合同负债　　　　　　　　　　　　　　　　　　300

应交税费——应交增值税（销项税额）　　39

⑦2025年10月10日提前完工并验收交付船舶，收到剩余40%的款项并因为提前完工收到奖励100万元。

```
借：银行存款                           565
    合同负债                           600
    贷：主营业务收入                         1 100
        应交税费——应交增值税（销项税额）        65
借：主营业务成本                       850
    贷：合同履约成本                          850
```

⑧企业所得税处理。2025年按照企业所得税法计算完工进度百分比＝100%。

2025年税法计算确认的收入＝1 100－375＝725（万元）；

2025年税法计算确认的成本＝850－300＝550（万元）；

2025年会计核算收入按照履约时点交付时确认收入1 100万元和摊销合同履约成本850万元。

企业所得税年度纳税申报表填报实务如表3-25和表3-26所示。

表3-25　　　　纳税调整项目明细表（2025年）　　　　A105000

行次	项目	账载金额	税收金额	调增金额	调减金额
		1	2	3	4
1	一、收入类调整项目（2＋3＋4＋5＋6＋7＋8＋10＋11）	*	*		
2	（一）视同销售收入（填写A105010）	*			*
3	（二）未按权责发生制原则确认的收入（填写A105020）	1 100	725		375
26	（十三）跨期扣除项目	850	550	300	

表3-26　　　未按权责发生制确认收入纳税调整明细表（2025年）　　A105020

行次	项目	合同金额（交易金额）	账载金额 本年	账载金额 累计	税收金额 本年	税收金额 累计	纳税调整金额
		1	2	3	4	5	6（4－2）
5	二、分期确认收入（6＋7＋8）						
6	（一）分期收款方式销售货物收入						
7	（二）持续时间超过12个月的建造合同收入	1 100	1 100	1 100	725	1 100	－375
8	（三）其他分期确认收入						

【案例3-12】A音乐文化娱乐公司，2024年1月5日将其拥有版权的某歌曲特许授权甲传媒公司使用，并约定甲公司在2年内在国内所有商业渠道（影视、广播、广告、App等）播放和使用该歌曲。合同约定甲公司每年初向A音乐娱乐公司支付固定的对价24万元（不含税）。除授予歌曲版权特许经营外，A音乐文化娱乐公司不再提供任

何其他商品和服务，也不承担甲公司因使用版权发生的损失风险和不分享其相关收益。

分析：①会计处理。A 公司承担授权甲公司使用歌曲版权的单项履约义务，并无任何义务和权利改变版权后续使用活动，该歌曲版权也具有重大独立功能，客户可以自授予日即获得控制权主导并使用该版权，授予知识产权属于在某一时点履约的履约义务。

②企业所得税处理。《企业所得税法实施条例》第二十条规定，企业所得税法第六条第（七）项所称特许权使用费收入，是指企业提供专利权、非专利技术、商标权、著作权以及其他特许权的使用权取得的收入。特许权使用费收入，按照合同约定的特许权使用人应付特许权使用费的日期确认收入的实现。

③增值税处理。《财政部 国家税务总局关于全面推开营业税改征增值税试点的通知》（财税〔2016〕36 号）附件一《营业税改征增值税试点实施办法》第四十五条规定，增值税纳税义务发生时间为：纳税人发生应税行为并收讫销售款项或者取得索取销售款项凭据的当天；先开具发票的，为开具发票的当天。取得索取销售款项凭据的当天，是指书面合同确定的付款日期。

税会差异：会计处理按照履约时点一次性确认收入 48 万元，企业所得税和增值税按照合同约定的付款日期分期确认收入。

④2024 年 1 月 5 日授予客户歌曲的特许使用权时。

借：长期应收款　　　　　　　　　　　　　　　　　　50.88
　　贷：主营业务收入　　　　　　　　　　　　　　　　　　48
　　　　应交税费——待转销项税额　　　　　　　　　　　2.88

⑤2024 年 1 月 10 日收取歌曲的特许使用权款项时。

借：银行存款　　　　　　　　　　　　　　　　　　　25.44
　　贷：长期应收款　　　　　　　　　　　　　　　　　　25.44
借：应交税费——待转销项税额　　　　　　　　　　　1.44
　　贷：应交税费——应交增值税（销项税额）　　　　　1.44

税会差异：2024 年会计核算收入为 48 万元，增值税销售额和企业所得税收入按照合同约定付款额均为 24 万元，税会差异 –24 万元。

企业所得税年度纳税申报表填报实务如表 3–27 和表 3–28 所示。

表 3–27　　　　　未按权责发生制确认收入纳税调整明细表（2024 年）　　　A105020

行次	项目	合同金额（交易金额）	账载金额		税收金额		纳税调整金额
			本年	累计	本年	累计	
		1	2	3	4	5	6（4－2）
1	一、跨期收取的租金、利息、特许权使用费收入（2＋3＋4）						
4	（三）特许权使用费	48	48	48	24	24	–24

表 3 - 28 　　　　　　　纳税调整项目明细表（2024 年）　　　　　　A105000

行次	项目	账载金额	税收金额	调增金额	调减金额
		1	2	3	4
1	一、收入类调整项目（2+3+…8+10+11）	*	*		
3	（二）未按权责发生制原则确认的收入（填写A105020）	48	24		24

⑥2025 年 1 月 10 日，向客户收取歌曲特许使用权款项时。

借：银行存款　　　　　　　　　　　　　　　　　　　25.44

　　贷：长期应收款　　　　　　　　　　　　　　　　　25.44

借：应交税费——待转销项税额　　　　　　　　　　　　1.44

　　贷：应交税费——应交增值税（销项税额）　　　　　　1.44

2025 年会计核算收入为 0，增值税销售额和企业所得税收入均为 24 万元，税会差异 24 万元。

企业所得税年度纳税申报表填报实务如表 3 - 29 和表 3 - 30 所示。

表 3 - 29 　　　　未按权责发生制确认收入纳税调整明细表（2025 年）　　　A105020

行次	项目	合同金额（交易金额）	账载金额		税收金额		纳税调整金额
			本年	累计	本年	累计	
		1	2	3	4	5	6（4-2）
1	一、跨期收取的租金、利息、特许权使用费收入（2+3+4）						
4	（三）特许权使用费	48	0	48	24	24	24

表 3 - 30 　　　　　　　纳税调整项目明细表（2025 年）　　　　　　A105000

行次	项目	账载金额	税收金额	调增金额	调减金额
		1	2	3	4
1	一、收入类调整项目（2+3+…8+10+11）	*	*		
3	（二）未按权责发生制原则确认的收入（填写A105020）	0	24	24	

二、按权益法核算长期股权投资对初始投资成本调整确认收益纳税调整填报实务与案例解析

A105000《纳税调整项目明细表》第 5 行"（四）按权益法核算长期股权投资对初始投资成本调整确认收益"：第 4 列"调减金额"填报纳税人采取权益法核算，初始投资成本小于取得投资时应享有被投资单位可辨认净资产公允价值份额的差额计入取得投资当期的营业外收入的金额。

具体填报实务要点如下。

执行《企业会计准则》的纳税人按照《企业会计准则第 2 号——长期股权投资》（2014 年修订）应用指南的规定，采用权益法核算的长期股权投资的处理，因初始投资成本小于投资时应享有被投资单位可辨认净资产公允价值份额不同，可能存在纳税调整事项。企业的长期股权投资采用权益法核算的，应当分别下列情况进行处理：

（1）长期股权投资的初始投资成本小于投资时应享有被投资单位可辨认净资产公允价值份额的，其差额应当计入当期损益，同时调整长期股权投资的成本。上述会计核算计入营业外收入的金额应进行纳税调减，填入第 5 行"（四）按权益法核算长期股权投资对初始投资成本调整确认收益"；第 4 列"调减金额"。

（2）初始投资成本大于投资时应享有被投资单位可辨认净资产公允价值份额的，不调整已确认的初始投资成本。取得时所支付价款中包含的已宣告未发放的现金股利或债券利息，应作为应收款项。上述会计核算不存在纳税调整事项。

《企业所得税法实施条例》规定，企业的各项资产，包括固定资产、生物资产、无形资产、长期待摊费用、投资资产、存货等，以历史成本为计税基础。这里所称历史成本，是指企业取得该项资产时实际发生的支出。投资资产应按照以下方法确定成本：一是通过支付现金方式取得的投资资产，以购买价款为成本；二是通过支付现金以外的方式取得的投资资产，以该资产的公允价值和支付的相关税费为成本。所以，长期股权投资的初始计税基础无论大于还是小于投资时应享有被投资单位可辨认净资产公允价值份额的，都不调整长期股权投资的计税基础。

【案例 3－13】A 企业于 2024 年 1 月取得 B 公司 30% 的股权，支付价款 9 000 万元，取得投资时被投资单位净资产公允价值为 36 000 万元。在 B 公司的生产经营决策过程中，所有股东均按持股比例行使表决权。A 企业在取得 B 公司的股权后，派人参与了 B 公司的生产经营决策，因能够对 B 公司施加重大影响，A 企业对该投资应当采用权益法核算。

分析：本例中取得投资时被投资单位可辨认净资产的公允价值为 36 000 万元，A 企业按持股比例 30% 计算确定应享有 10 800 万元，则初始投资成本与应享有被投资单位可辨认净资产公允价值份额之间的差额 1 800 万元应计入取得投资当期的营业外收入，会计处理如下（单位：万元）：

借：长期股权投资——B 公司（投资成本）　　　　　　　　10 800
　　贷：银行存款　　　　　　　　　　　　　　　　　　　　9 000
　　　　营业外收入——其他　　　　　　　　　　　　　　　1 800

税务处理：当期计入营业外收入 1 800 万元纳税调减。"长期股权投资——B 公司"的账面价值为 10 800 万元，长期股权投资的计税基础为 9 000 万元。

企业所得税年度纳税申报表填报实务如表 3 – 31 所示。

表 3 – 31　　　　　　　　　　　　纳税调整项目明细表　　　　　　　　　　　　A105000

行次	项目	账载金额	税收金额	调增金额	调减金额
		1	2	3	4
1	一、收入类调整项目（2 + 3 + 4 + 5 + 6 + 7 + 8 + 10 + 11）	*	*		1 800
5	（四）按权益法核算长期股权投资对初始投资成本调整确认收益	*	*	*	1 800

三、交易性金融资产初始投资调整填报实务与案例解析

A105000《纳税调整项目明细表》第 6 行"（五）交易性金融资产初始投资调整"：第 3 列"调增金额"填报纳税人根据税法规定确认交易性金融资产初始投资金额与会计核算的交易性金融资产初始投资账面价值的差额。

具体填报实务要点：《企业会计准则第 22 号——金融工具确认和计量》（2017 年修订）规定，企业应当根据其管理金融资产的业务模式和金融资产的合同现金流量特征，将金融资产划分为以下三类：（1）以摊余成本计量的金融资产。（2）以公允价值计量且其变动计入其他综合收益的金融资产。（3）以公允价值计量且其变动计入当期损益的金融资产。企业初始确认金融资产或金融负债，应当按照公允价值计量。对于以公允价值计量且其变动计入当期损益的金融资产和金融负债，相关交易费用应当直接计入当期损益。

【案例 3 – 14】某居民企业 A 公司，2024 年 3 月 28 日购入居民企业 H 公司股票 8 万股，作为交易性金融资产投资，每股成交价格 18.25 元，其中包括已宣告但尚未分派的现金股利 10 万元。同时，支付相关税费等交易性费用 8 万元。所有款项以银行存款支付。4 月 8 日收到 H 公司发放的现金股利。

A 公司会计处理如下（单位：万元）。

①购入股票时：

借：交易性金融资产——成本　　　　　　　　　　　　　　　　　136

　　应收股利　　　　　　　　　　　　　　　　　　　　　　　　10

　　投资收益　　　　　　　　　　　　　　　　　　　　　　　　8

　　贷：银行存款　　　　　　　　　　　　　　　　　　　　　　154

②收到现金股利时：

借：银行存款　　　　　　　　　　　　　　　　　　　　　　　　10

　　贷：应收股利　　　　　　　　　　　　　　　　　　　　　　10

对于交易性金融资产初始计量的税务处理，《企业所得税法实施条例》规定，企业

的各项资产包括投资资产等，以历史成本为计税基础。历史成本是指企业取得该项资产时实际发生的支出。企业持有各项资产期间资产增值或者减值，除国务院财政、税务主管部门规定可以确认损益外，不得调整该资产的计税基础。投资资产应按照以下方法确定成本：一是通过支付现金方式取得的投资资产，以购买价款为成本；二是通过支付现金以外的方式取得的投资资产，以该资产的公允价值和支付的相关税费为成本。

可见，交易性金融资产初始计量的财税处理差异主要表现为，取得交易性金融资产时所支付价款中包含的交易费用的财税处理不同，即税法不承认会计上确认将支付的相关税费等交易费用计入当期损益的做法，而是将支付的价款作为资产计税基础。因此，依上例A公司在购买交易性金融资产时，购买的全部价款中包含的8万元交易费用应计入计税基础，支付的相关税费等交易费用不得计入当期损益。

【案例3-15】假设2024年企业利润总额为1 000万元，除交易性金融资产需要作纳税调整以外，无其他纳税调整项目，A公司应作如下税务处理：交易性金融资产的账面价值=136（万元）；交易性金融资产的计税基础=（136+8）=144（万元），交易性金融资产的计税基础>账面价值，形成暂时性差异8万元。所以，本期应确认递延所得税资产=8×25%=2（万元）。

企业所得税年度纳税申报表填报实务如表3-32所示（单位：万元）。

表3-32 　　　　　　　　　　纳税调整项目明细表 　　　　　　　　　　A105000

行次	项目	账载金额	税收金额	调增金额	调减金额
		1	2	3	4
1	一、收入类调整项目（2+3+4+5+6+7+8+10+11）	*	*	8	
6	（五）交易性金融资产初始投资调整	*	*	8	*

四、公允价值变动净损益纳税调整填报实务与案例解析

A105000《纳税调整项目明细表》第7行"（六）公允价值变动净损益"：第1列"账载金额"填报纳税人会计核算的以公允价值计量的金融资产、金融负债以及投资性房地产类项目，计入当期损益的公允价值变动金额；第1列<0，将绝对值填入第3列"调增金额"；若第1列≥0，填入第4列"调减金额"。

【案例3-16】承〖案例3-14〗，假设2024年12月31日，A公司从H公司购入的8万股股票，账面价值为136万元，公允价值为100万元。当年利润总额为1 000万元，除交易性金融资产公允价值变动以外，无其他纳税调整项目。

①A公司2024年12月31日，会计处理如下（单位：万元）：

借：公允价值变动损益　　　　　　　　　　　　　　　　　　　36

　　　　贷：交易性金融资产——公允价值变动　　　　　　　　　　　　　36

　　②交易性金融资产持有期间公允价值变动的税务处理及纳税调整。《企业所得税法实施条例》第五十六条规定，企业持有各项资产期间资产增值或者减值，除国务院财政、税务主管部门规定可以确认损益外，不得调整该资产的计税基础。因此，依前例，2024 年 A 公司实际应交所得税 = $(1\,000 + 8 + 36) \times 25\% = 261$（万元）。交易性金融资产的账面价值 = 100（万元），计税基础 = 144（万元）；交易性金融资产账面价值 < 计税基础，形成递延所得税资产 = $(144 - 100) \times 25\% = 11$（万元），A 公司年末税务处理如下（单位：万元）：

　　　　借：所得税费用——当期所得税　　　　　　　　　　　　　　261

　　　　　　贷：应交税费——应交所得税　　　　　　　　　　　　　　261

　　　　借：递延所得税资产　　　　　　　　　　　　　　　　　　　11

　　　　　　贷：所得税费用——递延所得税　　　　　　　　　　　　　11

　　③企业所得税年度纳税申报表填报实务如表 3 - 33 所示。

表 3 - 33　　　　　　　　　　　纳税调整项目明细表　　　　　　　　　　A105000

行次	项目	账载金额	税收金额	调增金额	调减金额
		1	2	3	4
1	一、收入类调整项目（2 + 3 + 4 + 5 + 6 + 7 + 8 + 10 + 11）	*	*	36	
7	（六）公允价值变动净损益	- 36	*	36	

　　【案例 3 - 17】甲公司为从事房地产经营开发的企业。2024 年 8 月，甲公司与乙公司签订租赁协议，约定将甲公司开发的一栋精装修的写字楼于开发完成的同时开始租赁给乙公司使用，租赁期为 10 年。当年 10 月 1 日，该写字楼开发完成并开始起租，写字楼的造价为 9 000 万元。由于该项写字楼地处商业繁华区，所在城区有活跃的房地产交易市场，而且能够从房地产交易市场上取得同类房地产的市场报价，甲公司决定采用公允价值模式对该项出租的房地产进行后续计量。2024 年 12 月 31 日，该写字楼的公允价值为 9 200 万元。甲公司的会计和税务处理如下（单位：万元）。

　　①2024 年 10 月 1 日，甲公司开发完成写字楼并出租：

　　　　借：投资性房地产——成本　　　　　　　　　　　　　　　9 000

　　　　　　贷：开发产品　　　　　　　　　　　　　　　　　　　　9 000

　　②2024 年 12 月 31 日，以公允价值为基础调整其账面价值，公允价值与原账面价值之间的差额计入当期损益：

　　　　借：投资性房地产——公允价值变动　　　　　　　　　　　　200

　　　　　　贷：公允价值变动损益　　　　　　　　　　　　　　　　200

　　③2024 年 12 月 31 日，投资性房地产的账面价值为 9 200 万元，计税基础为 9 000

万元，投资性房地产的账面价值＞计税基础，形成递延所得税负债＝（9 200 － 9 000）×
25% ＝50（万元）。

借：所得税费用——递延所得税　　　　　　　　　　　　　　　　　50

　　贷：递延所得税负债　　　　　　　　　　　　　　　　　　　　　　　50

企业所得税年度纳税申报表填报实务如表 3 – 34 所示。

表 3 – 34　　　　　　　　　　　　纳税调整项目明细表　　　　　　　　　　　A105000

行次	项目	账载金额	税收金额	调增金额	调减金额
		1	2	3	4
1	一、收入类调整项目（2 +3 +4 +5 +6 +7 +8 +10 +11）	*	*		200
7	（六）公允价值变动净损益	200	*		200

【案例 3 – 18】2024 年 10 月 15 日，甲公司因租赁期满，将出租的写字楼收回，作
为自用固定资产。当日该写字楼的公允价值为 4 800 万元。该项房地产在转换前采用公
允价值模式计量，原账面价值为 4 750 万元，其中，成本为 4 500 万元，公允价值变动
为增值 250 万元。甲公司会计和税务处理如下（单位：万元）。

①2024 年 10 月 15 日，将投资性房地产转换为固定资产。

借：固定资产　　　　　　　　　　　　　　　　　　　　　　　　4 800

　　贷：投资性房地产——成本　　　　　　　　　　　　　　　　　　　4 500

　　　　　　　　　　——公允价值变动　　　　　　　　　　　　　　　　250

　　　　公允价值变动损益　　　　　　　　　　　　　　　　　　　　　　50

②2024 年 12 月 31 日，固定资产账面价值 4 800 万元，计税基础 4 500 万元，形成
应纳税暂时性差异，本期确认递延所得税负债 75 万元（300 ×25%）。

借：所得税费用——递延所得税　　　　　　　　　　　　　　　　　75

　　贷：递延所得税负债　　　　　　　　　　　　　　　　　　　　　　　75

企业所得税年度纳税申报表填报实务如表 3 – 35 所示。

表 3 – 35　　　　　　　　　　　　纳税调整项目明细表　　　　　　　　　　　A105000

行次	项目	账载金额	税收金额	调增金额	调减金额
		1	2	3	4
1	一、收入类调整项目（2 +3 +…8 +10 +11）	*	*		
7	（六）公允价值变动净损益	50	*		50

【案例 3 – 19】2024 年 10 月 15 日，甲房地产开发公司因租赁期满，将其自己开发
并出租的商品房收回，准备用于对外销售。当日该商品房的公允价值为 5 300 万元。该
项房地产在转换前采用公允价值模式计量，原账面价值为 4 500 万元，其中，成本为
5 000 万元，公允价值变动为 500 万元。甲公司会计和税务处理如下（单位：万元）：

①2024 年 10 月 15 日，将投资性房地产转换为开发产品。

借：开发产品　　　　　　　　　　　　　　　　　　　　　　　5 300

　　公允价值变动损益　　　　　　　　　　　　　　　　　　　　200

　　贷：投资性房地产——成本　　　　　　　　　　　　　　　　5 000

　　　　　　　　　　——公允价值变动　　　　　　　　　　　　　500

②2024 年 12 月 31 日，开发商品账面价值 5 300 万元，计税基础 5 000 万元，形成应纳税暂时性差异，本期转回递延所得税负债 50 万元（200×25%）。

借：递延所得税负债　　　　　　　　　　　　　　　　　　　　50

　　贷：所得税费用——递延所得税　　　　　　　　　　　　　　50

企业所得税年度纳税申报表填报实务如表 3-36 所示。

表 3-36　　　　　　　　　　　　纳税调整项目明细表　　　　　　　　　　　　A105000

行次	项目	账载金额	税收金额	调增金额	调减金额
		1	2	3	4
1	一、收入类调整项目（2+3+…8+10+11）	*	*		
7	（六）公允价值变动净损益	-200	*	200	

【案例 3-20】2024 年 10 月 15 日，甲房地产开发公司与客户签订租赁合同，将其自己开发的商品房对外出租，租赁开始日为 2024 年 10 月 20 日。当日该商品房的账面余额为 45 000 万元，公允价值为 47 000 万元，甲公司采用公允价值计量模式进行投资性房地产后续计量。2024 年 12 月 31 日，公允价值为 48 000 万元。甲公司会计和税务处理如下（单位：万元）：

①2024 年 10 月 15 日，将开发产品转换为投资性房地产。

借：投资性房地产——成本　　　　　　　　　　　　　　　　47 000

　　贷：开发产品　　　　　　　　　　　　　　　　　　　　45 000

　　　　其他综合收益　　　　　　　　　　　　　　　　　　2 000

②2024 年 12 月 31 日，投资性房地产账面价值 48 000 万元，计税基础 45 000 万元，形成应纳税暂时性差异，本期确认递延所得税负债 750 万元（3 000×25%）。

借：投资性房地产——公允价值变动　　　　　　　　　　　　1 000

　　贷：公允价值变动损益　　　　　　　　　　　　　　　　1 000

借：所得税费用——递延所得税　　　　　　　　　　　　　　250

　　其他综合收益　　　　　　　　　　　　　　　　　　　　500

　　贷：递延所得税负债　　　　　　　　　　　　　　　　　750

企业所得税年度纳税申报表填报实务如表 3-37 所示。

表 3－37 　　　　　　　　　　　　纳税调整项目明细表 　　　　　　　　　　　A105000

行次	项目	账载金额	税收金额	调增金额	调减金额
		1	2	3	4
1	一、收入类调整项目（2＋3＋…8＋10＋11）	＊	＊		
7	（六）公允价值变动净损益	1 000	＊		1 000

需要说明的是，投资性房地产采用公允价值计量模式后续计量，会计核算确认的公允价值变动损益税法不确认。但是，投资性房地产折旧是否可以税前扣除各地规定不同，目前大多数税务局不允许按照初始计税基础计算扣除采用公允价值计量模式后续计量的投资性房地产折旧，所以无法纳税调减该资产折旧额。当然，也有少数税务局将投资性房地产作为税法规定的固定资产或无形资产对待，相应地允许按照初始计税基础计算扣除采用公允价值计量模式后续计量的投资性房地产的折旧额，这时需要填报 A105080《资产折旧、摊销及纳税调整明细表》。

【案例 3－21】承〖案例 3－20〗，2025 年 10 月 20 日，租赁期届满，甲公司将房地产收回并以 50 000 万元（不含税）出售，销售款项已经存入银行，按照一般计税方法计算增值税。其他资料同〖案例 3－20〗。甲公司会计和税务处理如下（单位：万元）：

①2025 年 10 月 20 日出售房地产。

借：银行存款　　　　　　　　　　　　　　　　　　　　50 450
　　公允价值变动损益　　　　　　　　　　　　　　　　　 1 000
　　其他综合收益　　　　　　　　　　　　　　　　　　　 2 000
　　其他业务成本　　　　　　　　　　　　　　　　　　　45 000
　　贷：投资性房地产——成本　　　　　　　　　　　　　47 000
　　　　　　　　　　——公允价值变动　　　　　　　　　 1 000
　　　　其他业务收入　　　　　　　　　　　　　　　　　50 000
　　　　应交税费——应交增值税（销项税额）　　　　　　　 450

②2025 年 10 月 20 日，出售房地产按照税法计算的财产转让所得＝50 000－45 000＝5 000（万元）。会计核算的损益＝50 000－45 000－1 000＝4 000（万元），税会差异为1 000 万元，即会计核算的公允价值变动部分。同时，转回以前期间确认的递延所得税负债。

借：递延所得税负债　　　　　　　　　　　　　　　　　　 750
　　贷：所得税费用——递延所得税　　　　　　　　　　　　 250
　　　　其他综合收益　　　　　　　　　　　　　　　　　　 500

企业所得税年度纳税申报表填报实务如表 3－38 所示。

表 3-38 　　　　　　　　　　　　　纳税调整项目明细表 　　　　　　　　　　A105000

行次	项目	账载金额	税收金额	调增金额	调减金额
		1	2	3	4
1	一、收入类调整项目（2+3+…8+10+11）	*	*		
7	（六）公允价值变动净损益	-1 000	*	1 000	

五、销售折扣、折让和退回纳税调整填报实务与案例解析

A105000《纳税调整项目明细表》第10行"（八）销售折扣、折让和退回"：填报不符合税法规定的销售折扣和折让应进行纳税调整的金额，和发生的销售退回因会计处理与税法规定有差异需纳税调整的金额。第1列"账载金额"填报纳税人会计核算的销售折扣和折让金额及销货退回的追溯处理的净调整额。第2列"税收金额"填报根据税法规定可以税前扣除的折扣和折让的金额及销货退回业务影响当期损益的金额。第1列减第2列，若余额≥0，填入第3列"调增金额"；若余额<0，将绝对值填入第4列"调减金额"，第4列仅为销货退回影响损益的跨期时间性差异。具体填报实务要点如下：

（一）执行《企业会计准则》的纳税人

会计准则规定，销售折让是指企业因售出商品的质量不合格等原因而在售价上给予的减让。销售退回是指企业售出的商品由于质量、品种不符合要求等原因而发生的退货。企业已经确认销售商品收入的售出商品发生销售折让或销售退回的，应当在发生时冲减当期销售商品收入。销售折让或销售退回属于资产负债表日后事项的，适用《企业会计准则第29号——资产负债表日后事项》。

国家税务总局《关于确认企业所得税收入若干问题的通知》（国税函〔2008〕875号）规定，企业因售出商品质量、品种不符合要求等原因而发生的退货属于销售退回；企业因售出商品的质量不合格等原因而在售价上给的减除属于销售折让。企业已经确认销售收入的售出商品发生销售折让和销售退回，应当在发生当期冲减当期销售商品收入。

从上述规定可知，对于企业日常发生的销售退回，会计和税务处理一致，不存在纳税调整。但是，对属于资产负债表日后事项的销售退回，会计与税法的处理不同。税法不考虑资产负债表日后事项，企业已经确认销售收入的售出商品发生销售折让和销售退回，应当在发生当期冲减当期销售商品收入和增值税销项税额。无论报告年度企业所得税汇算清缴前后发生的属于资产负债表日后事项的销售退回，都调整退回或折让年度的应纳税所得额，不调整报告年度应纳税所得额和应纳税额，从而使得该销售退回的会计处理同税务处理存在暂时性差异，需要进行纳税调整。

【案例3－22】甲公司是一家汽车制造企业，属于增值税一般纳税人，2024年12月销售一批汽车给乙公司（经销商），销售价格为100万元（不含税），已开具增值税专用发票，实际成本为80万元。乙公司在实际销售中发现该批汽车存在质量问题，于2025年3月15日全部退回，假定乙公司已将该增值税专用发票认证且申报抵扣进项税额，并发起红字增值税专用发票开具流程，甲公司凭校验通过的《信息表》开具红字增值税专用发票。该型号汽车适用消费税税率为3%，增值税税率为13%。已知甲公司2024年度财务报告于2025年4月10日经董事会批准对外报出，2024年度企业所得税汇算清缴于2025年4月20日完成。假设甲公司按照10%计提法定盈余公积，企业所得税税率为25%，不考虑其他税费和调整事项。

分析：甲公司2025年3月15日退回的商品是2024年12月完成销售的，退回时2024年度财务报告尚未批准报出，所以该销售退回属于资产负债表日后调整事项，属于2024年度所得税汇算清缴完成之前的调整事项。因此，2025年3月15日，甲公司销售退回的会计和税务处理如下（单位：万元）。

①冲减2024年度销售商品收入和增值税销项税额：

借：以前年度损益调整   100

　　应交税费——应交增值税（销项税额）   13

　　贷：应收账款——乙公司   113

②冲减2024年度销售商品成本：

借：库存商品   80

　　贷：以前年度损益调整   80

③冲减2024年度消费税：

借：应交税费——应交消费税   3

　　贷：以前年度损益调整   3

税务处理：甲公司按照《国家税务总局关于确认企业所得税收入若干问题的通知》（国税函〔2008〕875号）的规定，应将上述销货退回的追溯处理的净调整额＝100－80－3＝17（万元），进行纳税调增。2024年度纳税申报时，不确认资产负债表日后销售退回事项对当期应纳税所得税额和应纳税额的影响。2024年企业所得税年度纳税申报表填报实务如表3－39所示。

表3－39　　　　　　　　　　　纳税调整项目明细表（2024年）　　　　　　　　　　A105000

行次	项目	账载金额	税收金额	调增金额	调减金额
		1	2	3	4
1	一、收入类调整项目（2＋3＋4＋5＋6＋7＋8＋10＋11）	*	*	17	0
10	（八）销售折扣、折让和退回	17	0	17	0

【案例3－23】承〖案例3－22〗，假设甲公司2024年度该销售退回调整前应纳税所得额为1 000万元，2025年度利润总额为1 217万元。甲公司适用所得税税率为25%。

分析：由于该销售退回属于发生在报告年度所得税汇算清缴之前的资产负债表日后调整事项，但是，按照《国家税务总局关于确认企业所得税收入若干问题的通知》（国税函〔2008〕875号）的规定，企业已经确认销售收入的售出商品发生销售折让和销售退回，应当在发生当期冲减当期销售商品收入。因此，不能调整2024年度的应交所得税，而应该作为2025年的纳税调整事项。根据〖案例3－22〗中的税务处理，该项销售退回调整退回年度的应纳税所得额，而不影响报告年度的应纳税所得额。所以，企业报告年度所得税汇算清缴后发生的属于资产负债表日后事项的销售退回会产生纳税的暂时性差异。对于该暂时性差异，应当采用资产负债表债务法进行会计核算。

甲公司在报告年度和销售退回年度的会计和税务处理如下（单位：万元）。

①2024年度（报告年度）计算缴纳企业所得税时：

2024年度应纳所得税额 = 1 017 × 25% = 254.25（万元）

借：所得税费用	254.25	
贷：应交税费——应交所得税		254.25

②2025年3月15日销售退回时，对2024年度递延所得税进行纳税调整：

递延所得税资产 = (100 - 80 - 3) × 25% = 4.25（万元）

借：递延所得税资产	4.25	
贷：以前年度损益调整		4.25

③将"以前年度损益调整"科目余额转入未分配利润：

借：利润分配——未分配利润	12.75	
贷：以前年度损益调整		12.75

④因净利润变动，调整盈余公积：

借：盈余公积	1.275	
贷：利润分配——未分配利润		1.275

⑤2025年度计算缴纳企业所得税时：

应纳税所得额 = 1 217 - (100 - 80 - 3) = 1 200（万元）

应纳税所得额 = 1 200 × 25% = 300（万元）

借：所得税费用——当期所得税费用	300	
贷：应交税费——应交所得税		300
借：所得税费用——递延所得税费用	4.25	

　　贷：递延所得税资产　　　　　　　　　　　　　　　　　　　　　4.25

　　⑥2025 年企业所得税年度纳税申报表填报实务如表 3 - 40 所示。

表 3 - 40　　　　　　　　　纳税调整项目明细表（2025 年）　　　　　　　　A105000

行次	项目	账载金额	税收金额	调增金额	调减金额
		1	2	3	4
1	一、收入类调整项目（2 + 3 + 4 + 5 + 6 + 7 + 8 + 10 + 11）	*	*	0	17
10	（八）销售折扣、折让和退回	0	17	0	17

　　资产负债表日后事项销售折让或退回的具体纳税调整需要具体区分以下三种情况。

　　第一种情况，销售折让或退回的时间在企业所得税汇算清缴完成前和财务报表批准报出前，这时会计核算通过"以前年度损益调整"科目进行会计处理，调整了报告年度收入、成本、税金和利润，并按照经过审计的财务报表进行所得税纳税申报，这时 2024 年度企业所得税汇算清缴时，按照国税函〔2008〕875 号文件的规定，应该在企业所得税申报表的 A105000 表第 10 行"销售折扣、折让和退回"进行调整。

　　第二种情况，销售折让或退回的时间在企业所得税汇算清缴完成之后，财务报表批准报出前，这时会计核算通过"以前年度损益调整"科目进行会计处理，调整了报告年度收入、成本、税金和利润。但是，企业所得税年度纳税申报是按照调整前的财务报表进行所得税纳税申报的，这种处理完全符合国税函〔2008〕875 号文件的规定，税会处理一致，不进行纳税调整，也不填写申报表 A105000 第 10 行"销售折扣、折让和退回"相关项目。但是，这样处理，第一，在财务报表批准前如果进行企业所得税年度纳税申报，向税务机关报送未经企业董事会等权力机关批准报出的财务报表，有很大风险。第二，报告年度的财务报表数据与会计核算调整后的财务报表数据不一致，在追溯调整之后，一定要将调整后的报表重新报送，否则可能有比对不过的风险。因此，建议在会计核算追溯调整之后，按照调整后的财务报表进行更正申报，将调整后的报表重新报送，否则可能存在报告年度与退回年度比较财务报表系统比对差异风险。

　　第三种情况，销售折让或退回的时间在企业所得税汇算清缴后，财务报表批准报出后，这时销售折让或退回已经不属于资产负债表日后事项准则规定的调整事项，会计核算不通过以前年度损益调整处理，不调整报告年度收入、成本和利润，而应该根据收入准则的规定，企业已经确认销售商品收入的售出商品发生销售退回的，应当在发生时冲减当期销售商品收入。

　　但企业所得税年度纳税申报是按照销售折让或退回调整前的财务报表进行所得税纳税申报的，即企业所得税年度纳税申报时，按照发生销售退回或折让发生前的收入、成本和利润计算应纳税所得额的，这种处理完全符合《国家税务总局关于确认企业所得税收入若干问题的通知》（国税函〔2008〕875 号）的规定，企业已经确认销售收入的售出商品发生销售折让和销售退回，应当在发生当期冲减当期销售商品收入。在纳税申报时，税会处理一致，不进行纳税调整，也不填写 2024 年版企业所得税申报表的表 A105000 第 10 行"销售折扣、折让和退回"相关项目，而应当作为 2025 年当年发生的正常销售折让、退回进行会计和税务处理，不需要追溯调整财务报表和纳税申报表，这时税会处理一致无差异。

涉税风险提示：按照《会计法》《公司法》《证券法》等对年度财务报告披露的时间规定，报告年度的财务报告披露日期应在次年 4 月 30 日之前，那么财务报表批准报出日应该在次年 4 月 30 日之前批准报出，企业所得税汇算清缴时间截至次年 5 月 31 日之前。

从防范涉税风险和规范会计核算的角度，企业所得税汇算清缴应该在财务报表批准报出日之后至截至次年 5 月 31 日之前进行，如果销售折让或退回发生在财务报表批准报出日之前，按照《企业会计准则第 29 号——资产负债表日后事项》的规定，这时会计核算通过"以前年度损益调整"科目进行会计处理，调整了报告年度的收入、成本、税金和利润，并按照经过审计和企业董事会等权力机关批准对外报出的财务报表进行企业所得税年度纳税申报，这时按照国税函〔2008〕875 号文件的规定，应该在表 A105000 第 10 行"销售折扣、折让和退回"进行调整。

如果销售折让或退回发生在财务报表批准报出日之后，退回年度在 5 月 31 日之前，不属于《企业会计准则第 29 号——资产负债表日后事项》规定的事项，按照上述第三种情况进行处理，即应当作为 2025 年度发生的正常销售折让、退回进行会计和税务处理，不需要追溯调整财务报表和纳税申报表，这时税会处理一致无差异，不填写纳税调整明细表。

【案例 3 - 24】某公司为一般纳税人，与客户 A 签订 2024 年度销售合同，约定若年度销售额达到 1 000 万元以上，给予其 100 万元折扣。截至 2024 年 11 月末，该客户当年度累计销售额已达 1 200 万元。因此，该公司于 2024 年 12 月按照当月销售额 250 万元以及年度折扣额 100 万元，开具了增值税专用发票（销售额和折扣额在同一张发票"金额"栏分别注明）。2024 年 12 月销售净额为 150 万元（250 - 100），销项税额为 25.5 万元。

但是，2025 年 1 月主管税务局稽查认为，该公司的行为违反了国税函〔2006〕1279 号文件规定，要求该公司补缴折扣额的增值税 13 万元，并按照折扣金额调增 2024 年度应纳税所得额 100 万元。该公司认为，折扣销售是真实的，虽然未按照相关税法规定开具红字发票，但是并未造成少缴增值税的后果，主观上无逃漏税行为，不应当补缴增值税款，更不应当纳税调增 2024 年度应纳税所得额。请分析税务机关对该公司的税务处理是否合法？

分析：①增值税处理。按照上述增值税相关规定，结合问题所述销售过程，判断企业按照 12 月当月销售额 250 万元及年度折扣额 100 万元，开具了增值税专用发票（销售额和折扣额在同一张发票"金额"栏分别注明）不符合税法规定。按照国税发〔1993〕154 号文件第二条第（二）项的规定，强调的是在销售货物的同时已经确定了折扣额，此项折扣额要对应相应的货物，而企业是在全年销售货物结束后在一张发票上统一体现折扣额，因此折扣额明显偏高，也超出了年初与客户签订的销售合同约定的折扣率。对此，税务机关依据国税函〔2006〕1279 号文件规定予以处理是合法的。

②企业所得税处理。税务机关依据上述相关文件对企业 12 月开出的这张销售额 250 万元、折扣额 100 万元的增值税专用发票不予认可，100 万元折扣额不能从当期销售额中冲减，因此，计算补缴增值税为 13 万元；在调增了 100 万元销售额的同时，应纳税所得额也就增加了 100 万元。2024 年企业所得税年度纳税申报表填报实务如表 3 - 41 所示。

表 3 - 41　　　　　　　　　　**纳税调整项目明细表**　　　　　　　　　　A105000

行次	项目	账载金额	税收金额	调增金额	调减金额
		1	2	3	4
1	一、收入类调整项目（2 + 3 + 4 + 5 + 6 + 7 + 8 + 10 + 11）	*	*		
10	（八）销售折扣、折让和退回	100	0	100	

【案例 3 - 25】A 公司为手机生产销售企业，2024 年与经销商签订的销售合同约定对其实际当年实现的销售额在次年进行现金返利，计算公式为：年度销售返利金额 = 年销售返利完成考核数 × 销售返利比例。A 公司与经销商约定，在次年 4 月末前由经销商申请（上年度返利）红字增值税专用发票《信息表》，公司开具红字发票后支付给各经销商返利。假设约定的返利比例为 5%，会计和税务处理如下。

分析：销售返利是按照事先约定的销量或销售额计算返还购买方价款的一种折让方式，不构成一个单项履约义务，是可变对价的一个影响因素，返利是可变对价的或有事项。

①A 公司给经销商销售货物在控制权转移时确认收入：

借：应收账款　　　　　　　　　　　　　　　　　　11 300 000
　　贷：主营业务收入　　　　　　　　　　　　　　9 500 000
　　　　应交税费——应交增值税（销项税额）　　　1 300 000
　　　　预计负债——现金返利　　　　　　　　　　　500 000
借：主营业务成本　　　　　　　　　　　　　　　　8 000 000
　　贷：库存商品　　　　　　　　　　　　　　　　8 000 000

②2024 年税务处理。增值税：按照合同约定的销售价格确认增值税销售额，计算增值税并开具增值税专用发票。增值税销项税额 = 1 000 × 13% = 130（万元）。企业所

得税：不考虑可变对价对交易价格的影响，按照合同约定的销售价格确认收入 1 000 万元，存在税会差异 50 万元。

企业所得税年度纳税申报表填报实务如表 3 – 42 所示。

表 3 – 42　　　　　　　　　　纳税调整项目明细表　　　　　　　　　　A105000

行次	项目	账载金额	税收金额	调增金额	调减金额
		1	2	3	4
10	（八）销售折扣、折让和退回	500 000	0	500 000	

③在 2025 年 4 月末前经销商申请（上年度经销返利）红字增值税专用发票《信息表》，按照《国家税务总局关于纳税人折扣折让行为开具红字增值税专用发票问题的通知》（国税函〔2006〕1279 号）的规定开具红字发票后，支付给各经销商返利并冲减预计负债。

借：应交税费——应交增值税（销项税额）　　　　　65 000

　　预计负债——现金返利　　　　　　　　　　　500 000

　　贷：银行存款　　　　　　　　　　　　　　　　　565 000

企业所得税年度纳税申报表填报实务如表 3 – 43 所示。

表 3 – 43　　　　　　　　　　纳税调整项目明细表　　　　　　　　　　A105000

行次	项目	账载金额	税收金额	调增金额	调减金额
		1	2	3	4
10	（八）销售折扣、折让和退回	0	500 000		500 000

如果经销商没有完成考核数，现金返利减少为 30 万元。

借：应交税费——应交增值税（销项税额）　　　　　39 000

　　预计负债——现金返利　　　　　　　　　　　500 000

　　贷：银行存款　　　　　　　　　　　　　　　　　339 000

　　　　主营业务收入　　　　　　　　　　　　　　200 000

企业所得税年度纳税申报表填报实务如表 3 – 44 所示。

表 3 – 44　　　　　　　　　　纳税调整项目明细表　　　　　　　　　　A105000

行次	项目	账载金额	税收金额	调增金额	调减金额
		1	2	3	4
10	（八）销售折扣、折让和退回	0	500 000		500 000

【案例 3 – 26】为了鼓励经销商多销售其代理的某型号笔记本电脑，甲公司与经销商乙公司签订返利协议：年度销售笔记本电脑超过 1 000 台，次年可给予销售数量 5% 的同型号笔记本电脑奖励。2024 年度，经销商销售笔记本电脑 1 100 台，每台售价 0.3 万元（不含税），成本价 0.25 万元/台。估计代理商完成目标的可能性估计为 95% 以

上。会计和税务处理如下（单位：万元）：

分析：①2024 年确认销售收入并对下一年度交付的实物返利拆分可变对价。考虑可变对价返利 5% 的同型号笔记本电脑奖励 = 1 100 × 5% × 0.3 = 16.5（万元），考虑可变对价影响后该项履约义务的交易价格 = 330 - 16.5 = 313.5（万元），此处按每台笔记本电脑售价 0.3 万元（不含税）计算，实际每台笔记本电脑实物返利 0.339 万元（含税）。税法不考虑可变对价，按照合同销售价格计算应交增值税（销项税额）= 1 100 × 0.3 × 13% = 42.9（万元），并开具增值税发票。

借：应收账款 372.9

　　贷：主营业务收入 313.5

　　　　应交税费——应交增值税（销项税额） 42.9

　　　　预计负债——销售返利 16.5

注意，会计处理按照《企业会计准则第 14 号——收入》（2017 年修订）的规定对于存在可变对价扣除实物折扣后的金额确定本期销售商品收入，把将于下年支付的实物返利确认为预计负债。

借：主营业务成本（1 100 × 0.25） 275

　　贷：库存商品 275

②2025 年实物返利时。

借：预计负债——销售返利 16.5

　　应交税费——应交增值税（销项税额） 2.145

　　贷：应收账款 18.645

③销售用于返利的货物应开具增值税专用发票。

借：应收账款 18.645

　　贷：主营业务收入 16.5

　　　　应交税费——应交增值税（销项税额） 2.145

④结转返利货物销售成本。

借：主营业务成本（1 100 × 5% × 0.25） 13.75

　　贷：库存商品 13.75

企业所得税年度纳税申报表填报实务如表 3 - 45 和表 3 - 46 所示。

表 3 - 45　　　　　　　　　　纳税调整项目明细表（2024 年）　　　　　　　　　A105000

行次	项目	账载金额	税收金额	调增金额	调减金额
		1	2	3	4
10	（八）销售折扣、折让和退回	16.5	0	16.5	

表 3－46 　　　　　　　　纳税调整项目明细表（2025 年）　　　　　　　A105000

行次	项目	账载金额	税收金额	调增金额	调减金额
		1	2	3	4
10	（八）销售折扣、折让和退回	0	16.5		16.5

《证监会监管规则适用指引——会计类第 2 号》"2－5、销售返利的会计处理"规定，企业对客户的销售返利形式多样，有现金返利、货物返利等，返利的条款安排也各不相同。监管实践发现，部分公司对销售返利的会计处理存在理解上的偏差和分歧。现就该事项的意见如下：企业应当基于返利的形式和合同条款的约定，考虑相关条款安排是否会导致企业未来需要向客户提供可明确区分的商品或服务，在此基础上判断相关返利属于可变对价还是提供给客户的重大权利。一般而言，对基于客户采购情况等给予的现金返利，企业应当按照可变对价原则进行会计处理；对基于客户一定采购数量的实物返利或仅适用于未来采购的价格折扣，企业应当按照附有额外购买选择权的销售进行会计处理，评估该返利是否构成一项重大权利，以确定是否将其作为单项履约义务并分摊交易对价。

需要提醒纳税人注意的是：从税务处理角度来看，只有实际发生销售返利时才能冲减增值税销售额，而会计核算收入时按照预计返利金额直接冲减营业收入，企业需要特别注意税会处理差异及纳税调整。

【案例 3－27】甲公司为一般纳税人，主营业务为生产销售电器产品。甲公司销售返利政策规定，经销商年采购额达到一定金额，可享受不同比例的同类型产品实物返利。甲公司根据与乙经销商的历史交易记录，以及对市场行情等因素判断，估计乙经销商将享受 5% 的返利 500 万元（含税）。

①2024 年甲公司销售商品 10 000 万元，假设评估该返利构成一项重大权利分摊交易价格，销售货物分摊的交易价格 = 10 000 × 10 000 ÷ 10 500 = 9 523.81（万元），实物返利分摊的交易价格 = 500 × 10 000 ÷ 10 500 = 476.19（万元）。按照销售合同约定的价款确认销售额并计算销项税额 1 300 万元。

借：应收账款　　　　　　　　　　　　　　　　　　　　11 300
　　贷：主营业务收入　　　　　　　　　　　　　　　　　9 523.81
　　　　合同负债——实物返利　　　　　　　　　　　　　476.19
　　　　应交税费——应交增值税（销项税额）　　　　　　1 300

②2025 年实际发生实物返利时，开具红字增值税专用发票 500 万元（含税价），同时，实物返利按照销售货物开具增值税蓝字专用发票。

借：合同负债——实物返利　　　　　　　　　　　　　　476.19
　　应交税费——应交增值税（销项税额）　　　　　　　23.81

贷：主营业务收入 476.19

应交税费——应交增值税（销项税额） 23.81

③企业所得税处理。《国家税务总局关于确认企业所得税收入若干问题的通知》（国税函〔2008〕875号）规定，企业已经确认销售收入的售出商品发生销售折让和销售退回，应当在发生当期冲减当期销售商品收入。即税法不承认事先计提的销售返利，实际发生销售折让时，冲减当期销售收入，产生税会差异。

企业所得税年度纳税申报表填报实务如表3-47和表3-48所示。

表3-47　　　　　　　　　　纳税调整项目明细表（2024年）　　　　　　　　A105000

行次	项目	账载金额	税收金额	调增金额	调减金额
		1	2	3	4
1	一、收入类调整项目（2+3+…8+10+11）	*	*		
10	（八）销售折扣、折让和退回	476.19	0	476.19	

表3-48　　　　　　　　　　纳税调整项目明细表（2025年）　　　　　　　　A105000

行次	项目	账载金额	税收金额	调增金额	调减金额
		1	2	3	4
1	一、收入类调整项目（2+3+…8+10+11）	*	*		
10	（八）销售折扣、折让和退回	0	476.19		476.19

（二）执行《小企业会计准则》的纳税人

《小企业会计准则》第六十一条规定，小企业已经确认销售商品收入的售出商品发生的销售退回（不论属于本年度还是属于以前年度的销售），应当在发生时冲减当期销售商品收入。小企业已经确认销售商品收入的售出商品发生的销售折让，应当在发生时冲减当期销售商品收入。前款所称销售退回，是指小企业售出的商品由于质量、品种不符合要求等原因发生的退货。销售折让，是指小企业因售出商品的质量不合格等原因而在售价上给予的减让。上述会计准则规定与国税函〔2008〕875号文件一致，不需要进行纳税调整。

六、其他收入类项目纳税调整填报实务与案例解析

A105000《纳税调整项目明细表》第11行"（九）其他"：填报其他因会计处理与税法规定有差异需纳税调整的收入类项目金额。若第2列≥第1列，将第2-1列的余额填入第3列"调增金额"，若第2列＜第1列，将第2-1列余额的绝对值填入第4列"调减金额"。

企业所得税汇算清缴财税处理实务与申报表填报案例

【案例 3 – 28】 A 公司是增值税一般纳税人，2024 年某在建工程试运行期间共生产出产品 2 000 件，总成本为 20 万元，销售该批产品后取得款项 28.25 万元（含增值税）。A 公司当年利润总额为 100 万元。假设 A 公司执行《小企业会计准则》。请问如何进行会计和税务处理？

分析：①会计处理。A 公司试运行阶段取得销售收入 28.25 万元，其中不含增值税的价格 = 28.25 ÷（1 + 13%）= 25（万元）。根据《小企业会计准则》的规定，这 25 万元应冲减在建工程成本，并且生产这批产品发生的总成本 20 万元应计入在建工程成本。

②税务处理。A 公司在建工程的试运行收入不能直接冲减在建工程成本，应调增的应纳税所得额 = 25 – 20 = 5（万元），应纳税所得额 = 100 + 5 = 105（万元），应交所得税 = 105 × 25% = 26.25（万元）。增值税方面，根据《国家税务总局关于全面推开营业税改征增值税试点后增值税纳税申报有关事项的公告》（国家税务总局公告 2016 年第 13 号）规定，该公司应该把试运行生产销售商品的收入，在《增值税纳税申报表》"一般项目"下，本期第 2 行"应税货物销售额"内填报 25 万元。由于在建工程以后转入固定资产时，其账面价值比计税基础少 5 万元，产生可抵扣暂时性差异，未来期间很可能取得用来抵扣该差异的应纳税所得额，则应确认递延所得税资产 1.25 万元。在建工程转为固定资产后计提折旧时，则相应调减应税所得额，同时转回以前期间确认的递延所得税资产。A 公司相关会计和税务处理如下（单位：万元）：

借：在建工程——待摊支出 20
　　贷：银行存款 20
借：银行存款 28.25
　　贷：在建工程——待摊支出 25
　　　　应交税费——应交增值税（销项税额） 3.25
借：所得税费用——当期所得税费用 26.25
　　贷：应交税费——应交所得税 26.25
借：递延所得税资产 1.25
　　贷：所得税费用——递延所得税费用 1.25

2024 年企业所得税年度纳税申报表填报实务如表 3 – 49 所示。

表 3 – 49　　　　　　　　纳税调整项目明细表　　　　　　　A105000

行次	项目	账载金额	税收金额	调增金额	调减金额
		1	2	3	4
1	一、收入类调整项目（2+3+4+5+6+7+8+10+11）	*	*	25	
11	（九）其他	0	25	25	

138

续表

行次	项目	账载金额	税收金额	调增金额	调减金额
		1	2	3	4
12	二、扣除类调整项目（13＋14＋15＋16＋17＋18＋19＋20＋21＋22＋23＋24＋26＋27＋28＋29＋30）	＊	＊		20
30	（十七）其他	0	20		20
46	合计（1＋12＋31＋36＋43＋44）	＊	＊	25	20

《企业会计准则解释第15号》第一条关于企业将固定资产达到预定可使用状态前或者研发过程中产出的产品或副产品对外销售的会计处理规定，企业将固定资产达到预定可使用状态前或者研发过程中产出的产品或副产品对外销售（以下统称试运行销售）的，应当按照《企业会计准则第14号——收入》《企业会计准则第1号——存货》等规定，对试运行销售相关的收入和成本分别进行会计处理，计入当期损益，不应将试运行销售相关收入抵销相关成本后的净额冲减固定资产成本或者研发支出。试运行产出的有关产品或副产品在对外销售前，符合《企业会计准则第1号——存货》规定的应当确认为存货，符合其他相关企业会计准则中有关资产确认条件的应当确认为相关资产。

因此，如果企业执行《企业会计准则解释第15号》的规定，将固定资产达到预定可使用状态前或者研发过程中产出的产品或副产品对外销售确认收入和结转成本，则会计处理与企业所得税处理一致，汇算清缴时不需要进行纳税调整。

【案例3－29】2024年3月，甲企业接受其他企业捐赠原材料一批，对方开具了增值税专用发票，价款金额100万元，税额13万元，价税合计113万元。假设该企业执行《企业会计制度》，将接受捐赠直接计入资本公积，但税法明确了接受捐赠收入属于收入总额，应一次性确认收入计算缴纳企业所得税，需要进行纳税调增。甲企业会计和税务处理如下（单位：万元）：

借：原材料　　　　　　　　　　　　　　　　　　　　　　　　　100

　　应交税费——应交增值税（进项税额）　　　　　　　　　　　13

　　贷：资本公积　　　　　　　　　　　　　　　　　　　　　　113

2024年将会计核算计入资本公积的113万元填入《企业所得税年度纳税申报表》附表A105000《纳税调整项目明细表》第11行"（九）其他"项目"税收金额"和"调增金额"。

2024年企业所得税年度纳税申报表填报实务如表3－50所示。

表3－50　　　　　　　　　　　纳税调整项目明细表　　　　　　　　　　　A105000

行次	项目	账载金额	税收金额	调增金额	调减金额
		1	2	3	4
1	一、收入类调整项目（2＋3＋4＋5＋6＋7＋8＋10＋11）	＊	＊	113	
11	（九）其他	0	113	113	

第二节 视同销售业务纳税申报表填报实务与案例解析

一、视同销售业务企业年度所得税纳税申报表格式与填报要点

（一）视同销售业务企业年度所得税纳税申报表格式

具体格式如表 3－51 所示。

表 3－51　　　　　　　视同销售和房地产开发企业特定业务纳税调整明细表　　　　　　A105010

行次	项目	税收金额	纳税调整金额
		1	2
1	一、视同销售（营业）收入（2＋3＋4＋5＋6＋7＋8＋9＋10）		
2	（一）非货币性资产交换视同销售收入		
3	（二）用于市场推广或销售视同销售收入		
4	（三）用于交际应酬视同销售收入		
5	（四）用于职工奖励或福利视同销售收入		
6	（五）用于股息分配视同销售收入		
7	（六）用于对外捐赠视同销售收入		
8	（七）用于对外投资项目视同销售收入		
9	（八）提供劳务视同销售收入		
10	（九）其他		
11	二、视同销售（营业）成本（12＋13＋14＋15＋16＋17＋18＋19＋20）		
12	（一）非货币性资产交换视同销售成本		
13	（二）用于市场推广或销售视同销售成本		
14	（三）用于交际应酬视同销售成本		
15	（四）用于职工奖励或福利视同销售成本		
16	（五）用于股息分配视同销售成本		
17	（六）用于对外捐赠视同销售成本		
18	（七）用于对外投资项目视同销售成本		
19	（八）提供劳务视同销售成本		
20	（九）其他		
21	三、房地产开发企业特定业务计算的纳税调整额（22－26）		
22	（一）房地产企业销售未完工开发产品特定业务计算的纳税调整额（24－25）		
23	1. 销售未完工产品的收入		*

行次	项目	税收金额	纳税调整金额
		1	2
24	2. 销售未完工产品预计毛利额		
25	3. 实际发生的税金及附加、土地增值税		
26	（二）房地产企业销售的未完工产品转完工产品特定业务计算的纳税调整额（28－29）		
27	1. 销售未完工产品转完工产品确认的销售收入		*
28	2. 转回的销售未完工产品预计毛利额		
29	3. 转回实际发生的税金及附加、土地增值税		

（二）视同销售业务企业年度所得税纳税申报表填报要点

本表适用于发生视同销售、房地产企业特定业务纳税调整项目的纳税人填报。纳税人根据税法、《国家税务总局关于企业处置资产所得税处理问题的通知》（国税函〔2008〕828号）、《国家税务总局关于印发〈房地产开发经营业务企业所得税处理办法〉的通知》（国税发〔2009〕31号）、《国家税务总局关于企业所得税有关问题的公告》（国家税务总局公告2016年第80号）等相关规定，以及国家统一企业会计制度，填报视同销售行为、房地产企业销售未完工产品、未完工产品转完工产品特定业务的税法规定及纳税调整情况。申报表填报要点如下：

1. 适用符合企业所得税视同销售条件，会计未核算确认收入、成本，或会计核算确认金额与税收规定不一致的进行填报调整，若会计已进行处理，且与税收确认金额一致，不存在财税处理差异。

2. 视同销售收入作为业务招待费、广告费和业务宣传费的扣除基数。

3. 视同销售成本的调整，税收金额的负数填报在纳税调整金额。（设置考虑：反映视同销售收入和视同销售成本调整方向相反）

4. 企业所得税视同销售≠增值税视同销售。

二、非货币性资产交换视同销售项目填报实务与案例解析

按照《国家税务总局关于修订企业所得税年度纳税申报表有关问题的公告》（国家税务总局公告2019年第41号）附件《中华人民共和国企业所得税年度纳税申报表（A类，2017年版）》部分表单及填报说明（2019年修订）规定，企业将货物、资产、劳务用于捐赠、广告等用途时，进行视同销售纳税调整后，对应支出的会计处理与税收规定有差异需纳税调整的金额填报在A105000《纳税调整项目明细表》第30行

"（十七）其他"。若第 1 列 ≥ 第 2 列，第 3 列"调增金额"填报第 1－2 列金额。若第 1 列 < 第 2 列，第 4 列"调减金额"填报第 1－2 列金额的绝对值。

需要说明的是，《国家税务总局关于企业所得税有关问题的公告》（国家税务总局公告 2016 年第 80 号）第二条规定，企业发生《国家税务总局关于企业处置资产所得税处理问题的通知》（国税函〔2008〕828 号）第二条规定情形的，除另有规定外，应按照被移送资产的公允价值确定销售收入。那么，企业所得税视同销售收入和视同销售成本是按照含增值税还是不含增值税填报？

一般情况下，如果该业务属于增值税免税情形，企业所得税视同销售收入和成本都应是含税价，由于增值税免税，参照《财政部 国家税务总局关于营改增后契税 房产税 土地增值税 个人所得税计税依据问题的通知》（财税〔2016〕43 号）第五条的规定，免征增值税的，确定计税依据时，成交价格、租金收入、转让房地产取得的收入不扣减增值税税额。企业所得税视同销售收入（含税价）不需要进行价税分离，视同销售成本中包含因免征增值税而不得抵扣的进项税额。如果该业务属于增值税征税情形（包括增值税视同销售），企业所得税视同销售收入和成本都应是不含税价，公允价值如果是含税价需要进行价税分离，视同销售成本也为不含税价，增值税进项税额可以抵扣不计入视同销售成本。

特殊情况下，如果该业务属于增值税免税情形且进项税额可以抵扣，则企业所得税视同销售收入和成本都应是不含税价。例如，《财政部 税务总局 海关总署关于北京 2022 年冬奥会和冬残奥会税收优惠政策的公告》（财政部 税务总局 海关总署公告 2019 年第 92 号）规定，国际奥委会及其相关实体的境内机构因赞助、捐赠北京冬奥会以及根据协议出售的货物或服务免征增值税的，对应的进项税额可用于抵扣本企业其他应税项目所对应的销项税额。

（一）执行《企业会计准则》的纳税人填报实务

按照《企业会计准则第 7 号——非货币性资产交换》规定，非货币性资产交换可分为具有商业实质和不具有商业实质两类，分别进行会计处理和税务处理及填制纳税申报表。

1. 具有商业实质的非货币性资产交换填报实务。

【案例 3－30】2024 年 12 月，A 公司以生产经营中使用的 2016 年外购的甲设备交换 B 公司 2018 年外购的生产经营中使用的乙设备。甲设备账面原值为 200 000 元，在交换日累计折旧为 140 000 元，公允价值为 65 000 元；乙设备账面原值为 120 000 元，在交换日累计折旧为 50 000 元，公允价值为 65 000 元。该交换具有商业实质。A 公司执行《企业会计准则》，增值税税率为 13%。

①会计处理。

借：固定资产清理——甲设备　　　　　　　　　　　60 000

　　累计折旧　　　　　　　　　　　　　　　　　140 000

　　贷：固定资产——甲设备　　　　　　　　　　　　　　200 000

借：固定资产清理——甲设备　　　　　　　　　　　　8 450

　　贷：应交税费——应交增值税（销项税额）　　　　　　　8 450

借：固定资产——乙设备　　　　　　　　　　　　　65 000

　　应交税费——应交增值税（进项税额）　　　　　　8 450

　　贷：固定资产清理——甲设备　　　　　　　　　　　　68 450

　　　　资产处置损益——非货币性资产交换利得　　　　　　5 000

②税务处理。甲设备在不涉及原值、资产减值、折旧等差异的前提下，会计处理确认了"资产处置损益——非货币性资产交换利得"5 000元，但按照税法应确认视同销售收入=65 000-5000=60 000（元），按照甲设备交换日的计税基础确认视同销售成本60 000元，同时需要填写A105000和A105010。

如果纳税人执行《财政部关于修订印发2019年度一般企业财务报表格式的通知》（财会〔2019〕6号），"资产处置损益"科目的发生额按照《利润表》"营业利润"项目直接填报，因此，此处不填写"非货币性资产交换利得"项目金额。如果纳税人执行《企业会计制度》或《小企业会计准则》，将处置固定资产、无形资产等取得的净收益核算记入"营业外收入"科目，则应将其分析填入A101010《一般企业收入明细表》第18行。

③2024年企业所得税年度纳税申报表填报实务如表3-52~表3-54所示。

表3-52　　　　　　　　　　一般企业收入明细表　　　　　　　　　　　　A101010

行次	项目	金额
16	二、营业外收入（17+18+19+20+21+22+23+24+25+26）	0
18	（二）非货币性资产交换利得	0

表3-53　　　视同销售和房地产开发企业特定业务纳税调整明细表　　　A105010

行次	项目	税收金额	纳税调整金额
		1	2
1	一、视同销售（营业）收入（2+3+4+5+6+7+8+9+10）	60 000	60 000
2	（一）非货币性资产交换视同销售收入	60 000	60 000
11	二、视同销售（营业）成本（12+13+14+15+16+17+18+19+20）	60 000	-60 000
12	（一）非货币性资产交换视同销售成本	60 000	-60 000

表 3 – 54　　　　　　　　　　　　纳税调整项目明细表　　　　　　　　　　　　A105000

行次	项目	账载金额	税收金额	调增金额	调减金额
		1	2	3	4
1	一、收入类调整项目（2+3+4+5+6+7+8+10+11）	*	*	60 000	
2	（一）视同销售收入（填写A105010）	*	60 000	60 000	*
12	二、扣除类调整项目（13+14+15+16+17+18+19+20+21+22+23+24+26+27+28+29+30）	*	*		60 000
13	（一）视同销售成本（填写A105010）	*	60 000	*	60 000

2. 不具有商业实质的非货币性资产交换填报实务。

【案例 3 – 31】承〖案例 3 – 30〗，假设该交换不具有商业实质。A 公司处理如下：

①会计处理。

借：固定资产清理——甲设备　　　　　　　　　　　　　　　60 000

累计折旧　　　　　　　　　　　　　　　　　　　　　　140 000

贷：固定资产——甲设备　　　　　　　　　　　　　　　200 000

借：固定资产清理——甲设备　　　　　　　　　　　　　　8 450

贷：应交税费——应交增值税（销项税额）　　　　　　　8 450

借：固定资产——乙设备　　　　　　　　　　　　　　　　60 000

应交税费——应交增值税（进项税额）　　　　　　　　8 450

贷：固定资产清理——甲设备　　　　　　　　　　　　68 450

②税务处理。换出甲设备的计税基础 = 200 000 – 140 000 = 60 000（元），换出甲设备的公允价值 = 65 000（元），转让财产所得 = 换出甲设备的公允价值 – 换出甲设备的计税基础 = 65 000 – 60 000 = 5 000（元），A 公司应调增应纳税所得额 5 000 元。《企业所得税法实施条例》第五十八条规定，固定资产按照以下方法确定计税基础：通过捐赠、投资、非货币性资产交换、债务重组等方式取得的固定资产，以该资产的公允价值和支付的相关税费为计税基础。换入乙设备的计税基础 = 65 000（元），应调增"固定资产——乙设备"的初始计税基础 5 000 元。

③2024 年企业所得税年度纳税申报表填报实务如表 3 – 55 和表 3 – 56 所示。

表 3 – 55　　　　　视同销售和房地产开发企业特定业务纳税调整明细表　　　　　A105010

行次	项目	税收金额	纳税调整金额
		1	2
1	一、视同销售（营业）收入（2+3+4+5+6+7+8+9+10）		
2	（一）非货币性资产交换视同销售收入	65 000	65 000
11	二、视同销售（营业）成本（12+13+14+15+16+17+18+19+20）		
12	（一）非货币性资产交换视同销售成本	60 000	– 60 000

表3－56 纳税调整项目明细表 A105000

行次	项目	账载金额	税收金额	调增金额	调减金额
		1	2	3	4
1	一、收入类调整项目（2＋3＋4＋5＋6＋7＋8＋10＋11）	*	*	65 000	
2	（一）视同销售收入（填写A105010）	*	65 000	65 000	*
12	二、扣除类调整项目（13＋14＋15＋16＋17＋18＋19＋20＋21＋22＋23＋24＋26＋27＋28＋29＋30）	*	*		60 000
13	（一）视同销售成本（填写A105010）	*	60 000	*	60 000

（二）执行《小企业会计准则》的纳税人填报实务

按照《小企业会计准则》第五十九条的规定，小企业发生非货币性资产交换、偿债，以及将货物用于捐赠、赞助、集资、广告、样品、职工福利和利润分配，应当作为小企业与外部发生的交易，属于收入实现的过程，视同销售商品，按上述规定确认收入。《企业所得税法实施条例》采用与此相类似的规定。所以，会计处理上已经确认收入，不属于视同销售，不需要进行纳税调整。

（三）执行《企业会计制度》的纳税人填报实务

《企业会计制度》第一百一十四条规定，在进行非货币性交易的核算时，无论是一项资产换入一项资产，或者一项资产同时换入多项资产，或者同时以多项资产换入一项资产，或者以多项资产换入多项资产，均按换出资产的账面价值加上应支付的相关税费，作为换入资产入账价值。

如果涉及补价，支付补价的企业，应当以换出资产账面价值加上补价和应支付的相关税费，作为换入资产入账价值；收到补价的企业，应当以换出资产账面价值减去补价，加上应确认的收益和应支付的相关税费，作为换入资产入账价值。换出资产应确认的收益按下列公式计算确定：

$$应确认的收益 = (1 - 换出资产账面价值 \div 换出资产公允价值) \times 补价$$

这里所称的公允价值，是指在公平交易中，熟悉情况的交易双方，自愿进行资产交换或债务清偿的金额。上述换入的资产如为存货的，按上述规定确定的入账价值，还应减去可抵扣的增值税进项税额。

【案例3－32】2024年7月，A企业以其库存商品设备换入汽车一辆。库存商品账面价值12万元，公允价值15万元。换入汽车的公允价值为13万元，该企业取得2万元的补价收入。增值税税率为13%。A企业执行《企业会计制度》（单位：万元）。

①会计处理。补价占换出资产公允价值的比率＝2÷15＝13%（小于25%，为非货币性交易），公允价值与换出资产账面价值的差额计入当期损益＝2－[（12÷15）×2]＝

0.4（万元）。

借：固定资产　　　　　　　　　　　　　　　　　　　　　　　10.66

　　应交税费——应交增值税（进项税额）　　　　　　　　　　1.69

　　银行存款　　　　　　　　　　　　　　　　　　　　　　　2

　　贷：库存商品　　　　　　　　　　　　　　　　　　　　　12

　　　　应交税费——应交增值税（销项税额）　　　　　　　　1.95

　　　　营业外收入——非货币性资产交换收益　　　　　　　　0.4

②税务处理。属于固定资产交换按照国家统一会计制度未全部确认收入，应确认视同销售收入＝150 000－4 000＝146 000（元），视同销售成本120 000元；同时按照《企业所得税法实施条例》第五十八条规定，换入汽车按照其公允价值13万元作为初始计税基础。

③2024年企业所得税年度纳税申报表填报实务如表3-57～表3-59所示。

表3-57　　　　　　　　　　　　一般企业收入明细表　　　　　　　　　　A101010

行次	项目	金额
16	二、营业外收入（17＋18＋19＋20＋21＋22＋23＋24＋25＋26）	4 000
18	（二）非货币性资产交换利得	4 000

表3-58　　　　　　　视同销售和房地产开发企业特定业务纳税调整明细表　　　　　　　A105010

行次	项目	税收金额	纳税调整金额
		1	2
1	一、视同销售（营业）收入（2＋3＋4＋5＋6＋7＋8＋9＋10）	146 000	146 000
2	（一）非货币性资产交换视同销售收入	146 000	146 000
11	二、视同销售（营业）成本（12＋13＋14＋15＋16＋17＋18＋19＋20）	120 000	－120 000
12	（一）非货币性资产交换视同销售成本	120 000	－120 000

表3-59　　　　　　　　　　　　　纳税调整项目明细表　　　　　　　　　　A105000

行次	项目	账载金额	税收金额	调增金额	调减金额
		1	2	3	4
1	一、收入类调整项目（2＋3＋4＋5＋6＋7＋8＋10＋11）	*	*	146 000	
2	（一）视同销售收入（填写A105010）	*	146 000	146 000	*
12	二、扣除类调整项目（13＋14＋15＋16＋17＋18＋19＋20＋21＋22＋23＋24＋26＋27＋28＋29＋30）	*	*		120 000
13	（一）视同销售成本（填写A105010）	*	120 000	*	120 000

【案例3-33】2024年11月甲公司以2023年外购的福特轿车与乙公司2021年外购的通用轿车进行交换，甲公司的福特轿车原值150 000元，累计折旧15 000元，公允价

值 160 000 元，支付福特轿车运杂费 2 100 元；乙公司的通用轿车原值200 000元，累计折旧 64 000 元，公允价值 170 000 元，支付通用轿车运杂费 3 200 元，甲向乙支付补价 10 000元。甲公司执行《企业会计制度》。假设甲、乙公司当时购入汽车时，"营改增"试点政策尚未允许购进汽车抵扣进项税额。甲公司会计和税务处理如下：

①交易判断：10 000 ÷（10 000 + 160 000）= 5.88% < 25%，属于非货币性交易。

②按照《国家税务总局关于简并增值税征收率有关问题的公告》（国家税务总局公告 2014 年第 36 号）的规定，应交增值税 = 160 000 ÷（1 + 3%）× 2% = 3 106.8（元）。

③换入资产入账价值 = 换出资产账面价值 + 补价 + 应支付的相关税费（ - 可抵扣的进项税额）= 135 000 + 10 000 + 3 106.8 + 2 100 - 3 300 = 146 906.8（元）。

④会计处理。

借：固定资产清理	135 000
累计折旧	15 000
贷：固定资产——福特汽车	150 000
借：固定资产清理	5 206.8
贷：银行存款	2 100
应交税费——简易计税	3 106.8
借：固定资产——通用汽车	146 906.8
应交税费——应交增值税（进项税额）	3 300
贷：固定资产清理	140 206.8
银行存款	10 000

⑤税务处理。由于该交换按照国家统一会计制度未确认收入，应按照税法确认视同销售收入 160 000 元，视同销售成本 140 206.8 元，视同销售所得 19 793.2 元；同时按照《企业所得税法实施条例》第五十八条的规定，确认换入汽车按照其公允价值 170 000元作为初始计税基础。

⑥2024 年企业所得税年度纳税申报表填报实务如表 3 - 60 和表 3 - 61 所示。

表 3 - 60　　　　　视同销售和房地产开发企业特定业务纳税调整明细表　　　　A105010

行次	项目	税收金额	纳税调整金额
		1	2
1	一、视同销售（营业）收入（2 + 3 + 4 + 5 + 6 + 7 + 8 + 9 + 10）	160 000	160 000
2	（一）非货币性资产交换视同销售收入	160 000	160 000
11	二、视同销售（营业）成本（12 + 13 + 14 + 15 + 16 + 17 + 18 + 19 + 20）	140 206.8	- 140 206.8
12	（一）非货币性资产交换视同销售成本	140 206.8	- 140 206.8

表 3-61　　　　　　　　　　纳税调整项目明细表　　　　　　　　　A105000

行次	项目	账载金额	税收金额	调增金额	调减金额
		1	2	3	4
1	一、收入类调整项目（2+3+4+5+6+7+8+10+11）	*	*	160 000	
2	（一）视同销售收入（填写 A105010）	*	160 000	160 000	*
12	二、扣除类调整项目（13+14+15+16+17+18+19+20+21+22+23+24+26+27+28+29+30）	*	*		140 206.8
13	（一）视同销售成本（填写 A105010）	*	140 206.8	*	140 206.8

乙公司会计和税务处理如下：

①非货币性交易判断：10 000÷170 000=5.88%<25%，属于非货币性交易。

②按照《国家税务总局关于简并增值税征收率有关问题的公告》（国家税务总局公告2014年第36号）的规定，应交增值税=170 000÷（1+3%）×2%=3 300（元）。

③确认收益=补价×[1-换出资产账面价值÷换出资产公允价值]=10 000×（1-136 000÷170 000）=2 000（元）。

④换入资产账面价值=换出资产账面价值+确认的损益+支付相关税费-补价-可抵扣进项税额=136 000+2 000+3 300+3 200-10 000-3 106.8=131 393.2（元）。

借：固定资产清理　　　　　　　　　　　　　　　　　136 000

　　累计折旧　　　　　　　　　　　　　　　　　　　 64 000

　　贷：固定资产——通用汽车　　　　　　　　　　　　　　　200 000

借：固定资产清理　　　　　　　　　　　　　　　　　 6 500

　　贷：银行存款　　　　　　　　　　　　　　　　　　　　　 3 200

　　　　应交税费——简易计税　　　　　　　　　　　　　　　 3 300

借：固定资产——福特汽车　　　　　　　　　　　　 131 393.2

　　应交税费——应交增值税（进项税额）　　　　　　 3 106.8

　　银行存款　　　　　　　　　　　　　　　　　　　 10 000

　　贷：固定资产清理　　　　　　　　　　　　　　　　　　　142 500

　　　　营业外收入——非货币性资产交换利得　　　　　　　　 2 000

⑤税务处理。属于固定资产交换按照国家统一会计制度未确认收入，应确认视同销售收入=170 000-2 000=168 000（元），视同销售成本142 500元，视同销售所得25 500元；同时按照《企业所得税法实施条例》第五十八条的规定，确认换入汽车按照其公允价值160 000元（170 000-10 000）作为初始计税基础。

⑥2024年企业所得税年度纳税申报表填报实务如表3-62~表3-64所示。

表 3 - 62 一般企业收入明细表 A101010

行次	项目	金额
16	二、营业外收入（17 + 18 + 19 + 20 + 21 + 22 + 23 + 24 + 25 + 26）	2 000
18	（二）非货币性资产交换利得	2 000

表 3 - 63 视同销售和房地产开发企业特定业务纳税调整明细表 A105010

行次	项目	税收金额	纳税调整金额
		1	2
1	一、视同销售（营业）收入（2 + 3 + 4 + 5 + 6 + 7 + 8 + 9 + 10）	168 000	168 000
2	（一）非货币性资产交换视同销售收入	168 000	168 000
11	二、视同销售（营业）成本（12 + 13 + 14 + 15 + 16 + 17 + 18 + 19 + 20）	142 500	- 142 500
12	（一）非货币性资产交换视同销售成本	142 500	- 142 500

表 3 - 64 纳税调整项目明细表 A105000

行次	项目	账载金额	税收金额	调增金额	调减金额
		1	2	3	4
1	一、收入类调整项目（2 + 3 + 4 + 5 + 6 + 7 + 8 + 10 + 11）	*	*	168 000	
2	（一）视同销售收入（填写 A105010）	*	168 000	168 000	*
12	二、扣除类调整项目（13 + 14 + 15 + 16 + 17 + 18 + 19 + 20 + 21 + 22 + 23 + 24 + 26 + 27 + 28 + 29 + 30）	*	*		142 500
13	（一）视同销售成本（填写 A105010）	*	142 500	*	142 500

三、用于市场推广或销售视同销售项目填报实务与案例解析

【案例 3 - 34】某非房地产开发企业将自产产品用于市场推广及业务宣传。该批产品实际成本 80 万元，公允价值 100 万元（不含税），增值税税率为 13%。该企业执行《企业会计准则》。会计和税务处理如下（单位：万元）：

①会计处理。

借：销售费用——广告和业务宣传费   93

    贷：库存商品   80

        应交税费——应交增值税（销项税额）   13

②税务处理。确认视同销售收入 100 万元和视同销售成本 80 万元。按照《国家税务总局关于修订企业所得税年度纳税申报表的公告》（国家税务总局公告 2020 年第 24 号）附件《中华人民共和国企业所得税年度纳税申报表（A 类，2017 年版）》部分表单及填报说明（2020 年修订）的规定，企业将货物、资产、劳务用于捐赠、广告等用途时，进行视同销售纳税调整后，对应支出的会计处理与税收规定有差异需纳税调整的金额填

报在 A105000《纳税调整项目明细表》第 30 行"（十七）其他"。本例中，进行视同销售纳税调整后，对应支出的会计处理与税收规定有差异需纳税调整的金额为 20 万元。

③企业所得税年度纳税申报表填报实务如表 3-65 所示。

表 3-65　　　　　视同销售和房地产开发企业特定业务纳税调整明细表　　　　　A105010

行次	项目	税收金额 1	纳税调整金额 2
1	一、视同销售（营业）收入（2+3+4+5+6+7+8+9+10）		
3	（二）用于市场推广或销售视同销售收入	100	100
11	二、视同销售（营业）成本（12+13+14+15+16+17+18+19+20）		
13	（二）用于市场推广或销售视同销售成本	80	-80

假设本年计算扣除限额的基数为 600 万元（含视同销售收入），税收规定扣除率 15%，本企业计算的扣除限额为 90 万元，除上述业务宣传费外无其他广告和业务宣传费。按照《中华人民共和国企业所得税年度纳税申报表（A 类，2017 年版）》（2020 年修订）填报说明规定，A105060 第 1 行"一、本年支出"：填报纳税人计入本年损益的支出金额。需要提醒的是，2020 年修订版填报说明删除了 2017 年版填报说明中"一、本年广告费和业务宣传费支出：填报纳税人会计核算计入本年损益的广告费和业务宣传费用金额"有关的"会计核算"表述。本例中，按照填报说明应将"计入本年损益的支出金额"理解为按照税法规定计算应纳税所得额的金额，则"本年支出"填报金额为 113 万元。企业所得税年度纳税申报表填报实务如表 3-66 和表 3-67 所示。

表 3-66　　　　　广告费和业务宣传费等跨年度纳税调整明细表　　　　　A105060

行次	项目	广告费和业务宣传费 1	保险企业手续费及佣金支出 2
1	一、本年支出	113	
2	减：不允许扣除的支出	0	
3	二、本年符合条件的支出（1-2）	113	
4	三、本年计算扣除限额的基数	600	
5	乘：税收规定扣除率	15%	
6	四、本企业计算的扣除限额（4×5）	90	
7	五、本年结转以后年度扣除额（3>6，本行=3-6；3≤6，本行=0）	23	
8	加：以前年度累计结转扣除额		
9	减：本年扣除的以前年度结转额［3>6，本行=0；3≤6，本行=8 与（6-3）孰小值］		
10	六、按照分摊协议归集至其他关联方的金额（10≤3 与 6 孰小值）		*
11	按照分摊协议从其他关联方归集至本企业的金额		*

续表

行次	项目	广告费和业务宣传费	保险企业手续费及佣金支出
		1	2
12	七、本年支出纳税调整金额（3＞6，本行＝2＋3－6＋10－11；3≤6，本行＝2＋10－11－9）	23	
13	八、累计结转以后年度扣除额（7＋8－9）	23	

表 3-67　　　　　　　　　　　　纳税调整项目明细表　　　　　　　　　　　　A105000

行次	项目	账载金额	税收金额	调增金额	调减金额
		1	2	3	4
1	一、收入类调整项目（2＋3＋4＋5＋6＋7＋8＋10＋11）	*	*	100	
2	（一）视同销售收入（填写 A105010）	*	100	100	*
12	二、扣除类调整项目（13＋14＋15＋16＋17＋18＋19＋20＋21＋22＋23＋24＋26＋27＋28＋29＋30）	*	*	23	100
13	（一）视同销售成本（填写 A105010）	*	80	*	80
16	（四）广告费和业务宣传费支出（填写 A105060）	*	*	23	
30	（十七）其他	93	113		20
46	合计（1＋12＋31＋36＋44＋45）	*	*	123	100

本例中，另一种观点认为如果将表 A105060 中"计入本年损益的支出金额"理解为按照会计核算口径计入本年损益的支出金额，则第 1 行"本年支出"填报金额为 93 万元，本年税前扣除的金额为 90 万元，本年支出纳税调整金额为 3 万元，累计结转以后年度扣除额为 3 万元。需要特别说明的是，A105060 第 7 行和第 13 行均应当填 23 万元，但由于受 A105060 第 7 行和第 13 行逻辑关系的限制，第 7 行和第 13 行均只能填写 3 万元。建议国家税务总局对 A105060 进行修改，在修改前，对表外"累计结转以后年度扣除额"20 万元应进行备查记录。A105010 视同销售和房地产开发企业特定业务纳税调整明细表正常填报，A105000 纳税调整项目明细表第 30 行不填。企业所得税年度纳税申报表填报实务如表 3-68 所示。

表 3-68　　　　　　广告费和业务宣传费等跨年度纳税调整明细表　　　　　　A105060

行次	项目	广告费和业务宣传费	保险企业手续费及佣金支出
		1	2
1	一、本年支出	93	
2	减：不允许扣除的支出	0	
3	二、本年符合条件的支出（1－2）	93	
4	三、本年计算扣除限额的基数	600	
5	乘：税收规定扣除率	15%	

续表

行次	项目	广告费和业务宣传费	保险企业手续费及佣金支出
		1	2
6	四、本企业计算的扣除限额（4×5）	90	
7	五、本年结转以后年度扣除额（3＞6，本行＝3－6；3≤6，本行＝0）	3	
8	加：以前年度累计结转扣除额		
9	减：本年扣除的以前年度结转额［3＞6，本行＝0；3≤6，本行＝8与（6－3）孰小值］		
10	六、按照分摊协议归集至其他关联方的金额（10≤3与6孰小值）		*
11	按照分摊协议从其他关联方归集至本企业的金额		*
12	七、本年支出纳税调整金额（3＞6，本行＝2＋3－6＋10－11；3≤6，本行＝2＋10－11－9）	3	
13	八、累计结转以后年度扣除额（7＋8－9）	3	

假设发生上述业务的企业执行《小企业会计准则》，将自产产品用于市场推广及业务宣传时，会计核算确认营业收入100万元，结转营业成本80万元，税会处理一致，不需要填报A105010和A105000第30行"其他"项目，会计核算业务宣传费的账载金额与按照税法规定计算的税收金额均为113万元，本年税前扣除的金额为90万元，本年支出纳税调整金额为23万元，累计结转以后年度扣除额为23万元。

因此，按照2020年修订版填报说明理解，第一种观点将表A105060第1行"一、本年支出"填报为113万元（含税公允价值），则不论纳税人执行《企业会计准则》还是《小企业会计准则》等国家统一的会计制度，对按照税法计算的本年应纳税所得额不会产生不同的影响。总结如下：上述业务包括三步纳税调整，第一，货物用于市场推广或销售视同销售纳税调整；第二，企业将货物、资产、劳务用于捐赠、广告等用途时，进行视同销售纳税调整后，对应支出的会计处理与税收规定有差异进行纳税调整；第三，广告和业务宣传费超税前扣除限额纳税调整。

【案例3－35】某非房地产开发企业将自产产品用于招待客户。该批产品实际成本80万元，公允价值100万元（不含税），增值税税率为13%，当年销售（营业）收入为9 900万元（不含视同销售收入）。该企业执行《企业会计准则》。会计和税务处理如下（单位：万元）：

①会计处理。

借：管理费用——业务招待费 93

贷：库存商品 80

应交税费——应交增值税（销项税额） 13

②税务处理。《企业所得税法实施条例》第四十三条规定，企业发生的与生产经营活动有关的业务招待费支出，按照发生额的60%扣除，但最高不得超过当年销售（营业）

收入的5‰。将自产产品用于招待客户，应确认视同销售收入100万元和结转视同销售成本80万元。按照《国家税务总局关于修订企业所得税年度纳税申报表的公告》（国家税务总局公告2020年第24号）填报说明的规定，企业将货物、资产、劳务用于捐赠、广告等用途时，进行视同销售纳税调整后，对应支出的会计处理与税收规定有差异需纳税调整的金额填报在A105000《纳税调整项目明细表》第30行"（十七）其他"。A105000《纳税调整项目明细表》第15行"（三）业务招待费支出"第1列"账载金额"填报纳税人会计核算计入当期损益的业务招待费金额，第2列"税收金额"填报按照税收规定允许税前扣除的业务招待费支出的金额，第3列"调增金额"填报第1－2列金额。

本例中，第一步，确认视同销售收入100万元和视同销售成本80万元，视同销售所得纳税调增20万元。第二步，计算税前扣除限额为50万元 $[(9\,900+100)\times5‰]$，业务招待费支出实际发生额的60% = 113×60% = 67.8（万元），允许税前扣除的业务招待费税收金额为50万元（50与67.8的孰小值），应纳税调增63万元（113－50）。但是，由于A105000第15行"账载金额"填报纳税人会计核算计入当期损益的业务招待费金额为93万元，"税收金额"填报按照税收规定允许税前扣除的业务招待费支出的为50万元，"纳税调增"只能填报43万元。第三步，业务招待费按照公允价值列支金额中尚有20万元（113－50－43）没有在A105000第15行进行纳税调增，这部分金额在第30行"其他"进行纳税调整。业务招待费对应支出的会计处理金额93万元与税收规定金额113万元有差异，应纳税调减20万元（113－93），需要纳税调整的金额为0（113－93－20）。最终业务招待费纳税调增金额合计为63万元（20＋43）。

③企业所得税年度纳税申报表填报实务如表3－69和表3－70所示。

表3－69 视同销售和房地产开发企业特定业务纳税调整明细表 A105010

行次	项目	税收金额	纳税调整金额
		1	2
1	一、视同销售（营业）收入（2＋3＋4＋5＋6＋7＋8＋9＋10）		
4	（三）用于交际应酬视同销售收入	100	100
11	二、视同销售（营业）成本（12＋13＋14＋15＋16＋17＋18＋19＋20）		
14	（三）用于交际应酬视同销售成本	80	－80

表3－70 纳税调整项目明细表 A105000

行次	项目	账载金额	税收金额	调增金额	调减金额
		1	2	3	4
1	一、收入类调整项目（2＋3＋4＋5＋6＋7＋8＋10＋11）	*	*	100	
2	（一）视同销售收入（填写A105010）	*	100	100	*
12	二、扣除类调整项目（13＋14＋15＋16＋17＋18＋19＋20＋21＋22＋23＋24＋26＋27＋28＋29＋30）	*	*	43	80
13	（一）视同销售成本（填写A105010）	*	80	*	80

续表

行次	项目	账载金额	税收金额	调增金额	调减金额
		1	2	3	4
15	（三）业务招待费支出	93	50	43	*
30	（十七）其他	93	93	0	0
46	合计（1＋12＋31＋36＋44＋45）	*	*	143	80

假设发生上述业务的企业执行《小企业会计准则》，将自产产品用于业务招待时，会计核算确认营业收入100万元，结转营业成本80万元，税会处理一致，不需要填报A105010和A105000第30行"其他"项目。A105000第15行"账载金额"填报纳税人会计核算计入当期损益的业务招待费金额为113万元，"税收金额"填报按照税收规定允许税前扣除的业务招待费支出的金额为50万元，纳税调增63万元（113－50）。即不论纳税人执行《企业会计准则》还是《小企业会计准则》等国家统一的会计制度，对按照税法规定计算的本年应纳税所得额，不会产生不同的影响。

四、用于职工奖励或福利视同销售项目填报实务与案例解析

申报表填报要点：发生将货物、财产用于职工奖励或福利，会计处理不确认销售收入，而税法规定确认为应税收入的金额。企业外购资产或服务不以销售为目的，用于替代职工福利费用支出，且购置后在一个纳税年度内处置的，以公允价值确定视同销售收入。按照《国家税务总局关于修订企业所得税年度纳税申报表的公告》（国家税务总局公告2020年第24号）附件《中华人民共和国企业所得税年度纳税申报表（A类，2017年版）》部分表单及填报说明（2020年修订）的规定，企业将货物、资产、劳务用于捐赠、广告等用途时，进行视同销售纳税调整后，对应支出的会计处理与税收规定有差异需纳税调整的金额填报在A105000《纳税调整项目明细表》第30行"（十七）其他"。若第1列≥第2列，第3列"调增金额"填报第1－2列金额。若第1列＜第2列，第4列"调减金额"填报第1－2列金额的绝对值。

【案例3－36】某企业将自产产品用于发放职工福利（行政管理人员）。产品实际成本80万元，公允价值100万元（不含税），增值税税率为13%。上述业务的会计和税务处理如下（单位：万元）。

①假设纳税人执行《企业会计准则》和《小企业会计准则》。

《企业会计准则第9号——应付职工薪酬》（2014年修订）应用指南规定，企业以自产产品发放给职工的，应当根据受益对象，按照该产品的公允价值，计入相关资产的成本或当期损益，同时确认应付职工薪酬。

借：应付职工薪酬   113

     贷：主营业务收入   100

        应交税费——应交增值税（销项税额）   13

借：管理费用   113

     贷：应付职工薪酬——非货币性福利   113

同时，结转产品实际成本：

借：主营业务成本   80

     贷：库存商品   80

税务处理：会计处理已经确认收入，税务处理不做视同销售。

②假设纳税人执行《企业会计制度》。

借：管理费用   93

     贷：库存商品   80

        应交税费——应交增值税（销项税额）   13

税务处理：会计核算不确认收入，但税法视同销售进行纳税调整。确认视同销售收入 100 万元，视同销售成本 80 万元。企业将货物、资产、劳务用于捐赠、广告等用途时，进行视同销售纳税调整后，对应支出的会计处理与税收规定有差异需纳税调整的金额填报在 A105000《纳税调整项目明细表》第30行"（十七）其他"。企业所得税年度纳税申报表填报实务如表 3-71 和表 3-72 所示。

表 3-71   **视同销售和房地产开发企业特定业务纳税调整明细表**   A105010

行次	项目	税收金额	纳税调整金额
		1	2
1	一、视同销售（营业）收入（2+3+4+5+6+7+8+9+10）	100	100
3	（四）用于职工奖励或福利视同销售收入	100	100
11	二、视同销售（营业）成本（12+13+14+15+16+17+18+19+20）	80	-80
13	（四）用于职工奖励或福利视同销售收入	80	-80

表 3-72   **纳税调整项目明细表**   A105000

行次	项目	账载金额	税收金额	调增金额	调减金额
		1	2	3	4
1	一、收入类调整项目（2+3+4+5+6+7+8+10+11）	*	*	100	
2	（一）视同销售收入（填写 A105010）	*	100	100	*
12	二、扣除类调整项目（13+14+15+16+17+18+19+20+21+22+23+24+26+27+28+29+30）	*	*		100
13	（一）视同销售成本（填写 A105010）	*	80	*	80
30	（十七）其他	93	113		20

【案例 3 - 37】 何博酒业商贸公司 2024 年 12 月外购高档白酒 1 000 箱，单价（不含税）5 000 元/箱，用于对外销售 900 箱，对外销售价格为 6 000 元/箱（不含税），增值税税率为 13%，含税价为 6 780 元/箱。该公司当月对外销售白酒 900 箱，另外将 100 箱白酒发放给本企业行政管理人员作为新年福利。

分析：按照《国家税务总局关于企业处置资产所得税处理问题的通知》（国税函〔2008〕828 号）和《国家税务总局关于企业所得税有关问题的公告》（国家税务总局公告 2016 年第 80 号）等相关规定，按照公允价值价格确定销售收入，按照购入时的价格确定销售成本。本例中，当月给员工发放新年福利 100 箱白酒，属于企业所得税视同销售业务，用于集体福利相应的增值税进项税额不得抵扣，会计和税务处理如下：

借：库存商品   5 000 000

     应交税费——应交增值税（进项税额）   650 000

     贷：银行存款   5 650 000

借：应付职工薪酬   565 000

     贷：库存商品   500 000

         应交税费——应交增值税（进项税额转出）   65 000

借：管理费用——短期薪酬（非货币性福利）   565 000

     贷：应付职工薪酬   565 000

企业所得税视同销售收入按照含税金额 678 000 元计算，视同销售成本按照含进项税额转出金额 565 000 元计算。企业将白酒用于职工福利时，进行视同销售纳税调整后，对应支出的会计处理与税收规定有差异需纳税调整的金额填报在 A105000《纳税调整项目明细表》第 30 行"（十七）其他"，"账载金额"填报含税金额 565 000 元，"税收金额"填报含税金额 678 000 元，"调减金额"填报 113 000 元。企业所得税年度纳税申报表填报实务如表 3 - 73 和表 3 - 74 所示。

表 3 - 73   视同销售和房地产开发企业特定业务纳税调整明细表   A105010

行次	项目	税收金额	纳税调整金额
		1	2
1	一、视同销售（营业）收入（2 + 3 + 4 + 5 + 6 + 7 + 8 + 9 + 10）	678 000	678 000
5	（四）用于职工奖励或福利视同销售收入	678 000	678 000
11	二、视同销售（营业）成本（12 + 13 + 14 + 15 + 16 + 17 + 18 + 19 + 20）	565 000	- 565 000
15	（四）用于职工奖励或福利视同销售成本	565 000	- 565 000

表 3 – 74	纳税调整项目明细表				A105000
行次	项目	账载金额	税收金额	调增金额	调减金额
		1	2	3	4
1	一、收入类调整项目（2＋3＋4＋5＋6＋7＋8＋10＋11）	＊	＊	678 000	
2	（一）视同销售收入（填写 A105010）	＊	678 000	678 000	＊
12	二、扣除类调整项目（13＋14＋15＋16＋17＋18＋19＋20＋21＋22＋23＋24＋26＋27＋28＋29＋30）	＊	＊		678 000
13	（一）视同销售成本（填写 A105010）	＊	565 000	＊	565 000
30	（十七）其他	565 000	678 000		113 000

五、用于股息分配视同销售项目填报实务与案例解析

申报表填报要点：此项目纳税人不论执行何种会计准则或制度，会计核算都需要确认收入，不进行视同销售纳税调整。

【案例 3 – 38】A 企业将自产的一批产品作为股息分配给其股东 B 企业，该批产品不含税售价 200 000 元，增值税税率为 13%，成本 150 000 元。则 A 公司应作如下会计处理：

借：应付股利——B 企业　　　　　　　　　　　　　　　　226 000
　　贷：主营业务收入　　　　　　　　　　　　　　　　　200 000
　　　　应交税费——应交增值税（销项税额）　　　　　　 26 000
借：主营业务成本　　　　　　　　　　　　　　　　　　　150 000
　　贷：库存商品　　　　　　　　　　　　　　　　　　　150 000

税务处理：会计上已经确认收入，不进行视同销售纳税调整。

六、用于对外捐赠视同销售项目填报实务与案例解析

【案例 3 – 39】甲公司用自产产品向当地具备公益性捐赠税前扣除资格的公益性社会团体进行捐赠，已经取得公益性捐赠票据。该批产品的实际成本为 80 万元，公允价值为 113 万元（含税），按照税法规定该项捐赠支出属于限额扣除的公益性捐赠，假设当年利润总额为 500 万元。会计和税务处理如下（单位：万元）：

①会计核算捐赠产品支出。

借：营业外支出——限额扣除公益性捐赠　　　　　　　　　 93
　　贷：库存商品　　　　　　　　　　　　　　　　　　　 80
　　　　应交税费——应交增值税（销项税额）　　　　　　 13

②按照公允价值为113万元（含税）计算税法规定的捐赠支出，税前扣除限额 = $500 \times 12\% = 60$（万元），超限额公益性捐赠支出 = $113 - 60 = 53$（万元），当年纳税调增53万元并可以结转以后三年税前扣除。

③按照国家税务总局公告2020年第24号文件规定的填报说明，A105070第1列"账载金额"填报计入本年损益的公益性捐赠支出金额，包括该支出已通过A105000《纳税调整项目明细表》第30行"（十七）其他"进行纳税调整的金额，即113万元（93 + 20）。企业所得税纳税申报表填报实务如表3 - 75 ~ 表3 - 77所示。

表3 - 75　　视同销售和房地产开发企业特定业务纳税调整明细表　　A105010

行次	项目	税收金额	纳税调整金额
		1	2
1	一、视同销售（营业）收入（2 + 3 + 4 + 5 + 6 + 7 + 8 + 9 + 10）	100	100
7	（六）用于对外捐赠视同销售收入	100	100
11	二、视同销售（营业）成本（12 + 13 + 14 + 15 + 16 + 17 + 18 + 19 + 20）	80	− 80
17	（六）用于对外捐赠视同销售成本	80	− 80

表3 - 76　　纳税调整项目明细表　　105000

行次	项目	账载金额	税收金额	调增金额	调减金额
		1	2	3	4
1	一、收入类调整项目（2 + 3 + …8 + 10 + 11）	*	*	100	
2	（一）视同销售收入（填写A105010）	*	100	100	*
12	二、扣除类调整项目（13 + 14 + …24 + 26 + 27 + 28 + 29 + 30）	*	*	53	100
13	（一）视同销售成本（填写A105010）	*	80	*	80
17	（五）捐赠支出（填写A105070）	113	60	53	
30	（十七）其他	93	113		20
46	合计（1 + 12 + 31 + 36 + 44 + 45）	*	*	153	100

表3 - 77　　捐赠支出及纳税调整明细表　　A105070

行次	项目	账载金额	以前年度结转可扣除的捐赠额	按税收规定计算的扣除限额	税收金额	纳税调整增金额	纳税调整减金额	可结转以后年度扣除的捐赠额
		1	2	3	4	5	6	7
1	一、非公益性捐赠		*	*	*		*	*
2	二、限额扣除的公益性捐赠（3 + 4 + 5 + 6）	113	0	60	60	53	0	53
3	前三年度（2021年）	*		*	*	*	0	*
4	前二年度（2022年）	*	0	*	*	*	0	0
5	前一年度（2023年）	*	0	*	*	*	0	0

续表

行次	项目	账载金额	以前年度结转可扣除的捐赠额	按税收规定计算的扣除限额	税收金额	纳税调增金额	纳税调减金额	可结转以后年度扣除的捐赠额
		1	2	3	4	5	6	7
6	本　　年（2024 年）	113	*	60	60	53	*	53
7	三、全额扣除的公益性捐赠	*	*	*		*	*	*
8	1.		*	*		*	*	*
9	2.		*	*		*	*	*
10	3.		*	*		*	*	*
11	合计（1 + 2 + 7）	113	0	60	60	53	0	53
附列资料	2015 年度至本年发生的公益性扶贫捐赠合计金额		*	*		*	*	*

需要注意的是，也有部分专家认为，按照对账载金额的通俗理解 A105070 第 1 列"账载金额"填报计入本年损益的公益性捐赠支出金额，应该理解为填报会计核算计入本年损益的公益性捐赠支出金额，即账载营业外支出 93 万元而不是公允价值 113 万元。企业所得税纳税申报表填报实务如表 3 - 78 ~ 表 3 - 80 所示。

表 3 - 78　　　　　视同销售和房地产开发企业特定业务纳税调整明细表　　　　A105010

行次	项目	税收金额	纳税调整金额
		1	2
1	一、视同销售（营业）收入（2 + 3 + 4 + 5 + 6 + 7 + 8 + 9 + 10）	100	100
7	（六）用于对外捐赠视同销售收入	100	100
11	二、视同销售（营业）成本（12 + 13 + 14 + 15 + 16 + 17 + 18 + 19 + 20）	80	-80
17	（六）用于对外捐赠视同销售成本	80	-80

表 3 - 79　　　　　　　　　　　　纳税调整项目明细表　　　　　　　　　　105000

行次	项目	账载金额	税收金额	调增金额	调减金额
		1	2	3	4
1	一、收入类调整项目（2 + 3 + …8 + 10 + 11）	*	*	100	
2	（一）视同销售收入（填写 A105010）	*	100	100	*
12	二、扣除类调整项目（13 + 14 + …24 + 26 + 27 + 28 + 29 + 30）	*	*	33	80
13	（一）视同销售成本（填写 A105010）	*	80	*	80
17	（五）捐赠支出（填写 A105070）	93	60	33	
30	（十七）其他				
46	合计（1 + 12 + 31 + 36 + 44 + 45）	*	*	133	80

表 3－80　　　　　　　　　　　捐赠支出及纳税调整明细表　　　　　　　　　A105070

行次	项目	账载金额	以前年度结转可扣除的捐赠额	按税收规定计算的扣除限额	税收金额	纳税调增金额	纳税调减金额	可结转以后年度扣除的捐赠额
		1	2	3	4	5	6	7
1	一、非公益性捐赠		*	*	*		*	*
2	二、限额扣除的公益性捐赠（3＋4＋5＋6）	93	0	60	60	33	0	53
3	前三年度（2020 年）	*		*	*	*	0	*
4	前二年度（2021 年）	*	0	*	*	*	0	0
5	前一年度（2023 年）	*	0	*	*	*	0	0
6	本　　年（2024 年）	93	*	60	60	33	*	53
7	三、全额扣除的公益性捐赠		*	*	*		*	*
8	1.		*	*	*		*	*
9	2.		*	*	*		*	*
10	3.		*	*	*		*	*
11	合计（1＋2＋7）	93	0	60	60	33	0	53
附列资料	2015 年度至本年发生的公益性扶贫捐赠合计金额					*	*	*

方法一严格按照国家税务总局公告 2020 年第 24 号填报涉及"其他"项目纳税调整；方法二按照账载金额一般理解为会计核算计入本年损益金额填报申报表项目。以上两种填报方法最终对应纳税所得额调增金额均为 53 万元，超限额结转扣除的公益性捐赠支出的金额也均为 53 万元，纳税调整最终结果一致。

【案例 3－40】承〖案例 3－39〗，假设当年利润总额为 750 万元。会计和税务处理如下（单位：万元）：

①会计核算捐赠产品支出。

借：营业外支出——限额扣除公益性捐赠　　　　　　　　　　　　　93

　　贷：库存商品　　　　　　　　　　　　　　　　　　　　　　　80

　　　　应交税费——应交增值税（销项税额）　　　　　　　　　　13

②按照公允价值为 113 万元（含税）计算税法规定的捐赠支出，税前扣除限额 = 750×12%＝90（万元），超限额公益性捐赠支出＝113－90＝23（万元），当年纳税调增 23 万元并可以结转以后三年税前扣除。

③按照国家税务总局公告 2020 年第 24 号填报说明，A105070 第 1 列"账载金额"填报计入本年损益的公益性捐赠支出金额，包括该支出已通过 A105000《纳税调整项目明细表》第 30 行"（十七）其他"进行纳税调整的金额，即 113 万元（93＋20）。

企业所得税纳税申报表填报实务如表3-81~表3-83所示。

表3-81　视同销售和房地产开发企业特定业务纳税调整明细表　A105010

行次	项目	税收金额	纳税调整金额
		1	2
1	一、视同销售（营业）收入（2+3+4+5+6+7+8+9+10）	100	100
7	（六）用于对外捐赠视同销售收入	100	100
11	二、视同销售（营业）成本（12+13+14+15+16+17+18+19+20）	80	-80
17	（六）用于对外捐赠视同销售成本	80	-80

表3-82　纳税调整项目明细表　A105000

行次	项目	账载金额	税收金额	调增金额	调减金额
		1	2	3	4
1	一、收入类调整项目（2+3+…8+10+11）	*	*	100	
2	（一）视同销售收入（填写A105010）	*	100	100	*
12	二、扣除类调整项目（13+14+…24+26+27+28+29+30）	*	*	23	100
13	（一）视同销售成本（填写A105010）	*	80	*	80
17	（五）捐赠支出（填写A105070）	113	90	23	
30	（十七）其他	93	113		20
46	合计（1+12+31+36+44+45）	*	*	123	100

表3-83　捐赠支出及纳税调整明细表　A105070

行次	项目	账载金额	以前年度结转可扣除的捐赠额	按税收规定计算的扣除限额	税收金额	纳税调增金额	纳税调减金额	可结转以后年度扣除的捐赠额
		1	2	3	4	5	6	7
1	一、非公益性捐赠		*	*	*		*	*
2	二、限额扣除的公益性捐赠（3+4+5+6）	113	0	90	90	23	0	23
3	前三年度（2021年）	*		*	*	*	0	
4	前二年度（2022年）	*	0	*	*	*	0	0
5	前一年度（2023年）	*	0	*	*	*	0	0
6	本　年（2024年）	113	*	90	90	23	*	23
7	三、全额扣除的公益性捐赠		*	*		*	*	*
8	1.		*	*		*	*	*
9	2.		*	*		*	*	*
10	3.		*	*		*	*	*
11	合计（1+2+7）	113	0	90	90	23	0	23
附列资料	2015年度至本年发生的公益性扶贫捐赠合计金额		*	*		*	*	*

需要注意的是，也有部分观点认为，按照对账载金额的通俗理解 A105070 第 1 列"账载金额"填报计入本年损益的公益性捐赠支出金额，应该理解为填报会计核算计入本年损益的公益性捐赠支出金额，即账载营业外支出 93 万元，而不是公允价值 113 万元。企业所得税纳税申报表填报实务如表 3-84～表 3-86 所示。

表 3-84　　　　视同销售和房地产开发企业特定业务纳税调整明细表　　　　A105010

行次	项目	税收金额	纳税调整金额
		1	2
1	一、视同销售（营业）收入（2+3+4+5+6+7+8+9+10）	100	100
7	（六）用于对外捐赠视同销售收入	100	100
11	二、视同销售（营业）成本（12+13+14+15+16+17+18+19+20）	80	-80
17	（六）用于对外捐赠视同销售成本	80	-80

表 3-85　　　　　　　　　纳税调整项目明细表　　　　　　　　　A105000

行次	项目	账载金额	税收金额	调增金额	调减金额
		1	2	3	4
1	一、收入类调整项目（2+3+…8+10+11）	*	*	100	
2	（一）视同销售收入（填写A105010）	*	100	100	*
12	二、扣除类调整项目（13+14+…24+26+27+28+29+30）	*	*	3	80
13	（一）视同销售成本（填写A105010）	*	80	*	80
17	（五）捐赠支出（填写A105070）	93	90	3	
30	（十七）其他				
46	合计（1+12+31+36+44+45）	*	*	103	80

表 3-86　　　　　　　　捐赠支出及纳税调整明细表　　　　　　　　A105070

行次	项目	账载金额	以前年度结转可扣除的捐赠额	按税收规定计算的扣除限额	税收金额	纳税调增金额	纳税调减金额	可结转以后年度扣除的捐赠额
		1	2	3	4	5	6	7
1	一、非公益性捐赠		*	*	*		*	*
2	二、限额扣除的公益性捐赠（3+4+5+6）	93	0	90	90	3	0	23
3	前三年度（2021年）	*		*	*	*	0	*
4	前二年度（2022年）	*	0	*	*	*	0	0
5	前一年度（2023年）	*	0	*	*	*	0	0
6	本　年（2024年）	93	*	90	90	3	*	23
7	三、全额扣除的公益性捐赠	*	*	*		*	*	*
8	1.		*	*		*	*	*
9	2.		*	*		*	*	*

续表

行次	项目	账载金额	以前年度结转可扣除的捐赠额	按税收规定计算的扣除限额	税收金额	纳税调增金额	纳税调减金额	可结转以后年度扣除的捐赠额
		1	2	3	4	5	6	7
10	3.		*	*		*	*	*
11	合计（1+2+7）	93	0	90	90	3	0	23
附列资料	2015 年度至本年发生的公益性扶贫捐赠合计金额		*	*		*	*	*

方法一严格按照国家税务总局公告 2020 年第 24 号填报，涉及"其他"项目纳税调整；方法二按照账载金额一般理解为会计核算计入本年损益金额填报申报表项目。以上两种填报方法最终对应纳税所得额调增金额均为 23 万元，超限额结转扣除的公益性捐赠支出的金额也均为 23 万元，纳税调整最终结果一致。

七、用于对外投资视同销售项目填报实务与案例解析

【案例 3 - 41】A 公司以自有无形资产（专利权）交换 B 公司持有的长期股权投资。无形资产账面原值为 2 000 万元，在交换日累计摊销为 500 万元，公允价值为 2 500万元，增值税税率为 6%；长期股权投资账面原值为 1 500 万元，公允价值为 2 500 万元。该交换不具有商业实质。A 公司执行《企业会计准则》，会计和税务处理及申报表填报实务如下：

①会计处理。

借：长期股权投资 16 500 000

　　累计摊销 5 000 000

　　贷：无形资产 20 000 000

　　　　应交税费——应交增值税（销项税额） 1 500 000

②税务处理。换出无形资产的计税基础 = 2 000 - 500 = 1 500（万元），换出无形资产的公允价值 = 2 500（万元），转让财产所得 = 换出无形资产的公允价值 - 换出无形资产的计税基础 = 2 500 - 1 500 = 1 000（万元），调增 A 公司应纳税所得额 1 000 万元。《企业所得税法实施条例》第七十一条规定，投资资产按照以下方法确定成本：通过支付现金以外的方式取得的投资资产，以该资产的公允价值和支付的相关税费为成本。换入长期股权投资的计税基础 = 2 500 + 150 = 2 650（万元）。

③企业所得税年度纳税申报表填报实务如表 3 - 87 和表 3 - 88 所示（单位：万元）。

表3-87   视同销售和房地产开发企业特定业务纳税调整明细表   A105010

行次	项目	税收金额	纳税调整金额
		1	2
1	一、视同销售（营业）收入（2+3+4+5+6+7+8+9+10）	2 500	2 500
3	（七）用于对外投资项目视同销售收入	2 500	2 500
11	二、视同销售（营业）成本（12+13+14+15+16+17+18+19+20）	1 500	-1 500
13	（七）用于对外投资项目视同销售成本	1 500	-1 500

表3-88   纳税调整项目明细表   A105000

行次	项目	账载金额	税收金额	调增金额	调减金额
		1	2	3	4
1	一、收入类调整项目（2+3+4+5+6+7+8+10+11）	*	*	2 500	
2	（一）视同销售收入（填写A105010）	*	2 500		*
12	二、扣除类调整项目（13+14+15+16+17+18+19+20+21+22+23+24+26+27+28+29+30）	*	*		1 500
13	（一）视同销售成本（填写A105010）	*		*	1 500

【案例3-42】丙公司拥有一台专有设备，该设备账面原价450万元，已计提折旧330万元，换取丁公司拥有一项长期股权投资，账面价值90万元，两项资产均未计提减值准备。丙公司决定以其专有设备交换丁公司的长期股权投资，该专有设备是生产某种产品必需的设备。由于专有设备系当时专门制造、性质特殊，其公允价值不能可靠计量；丁公司拥有的长期股权投资在活跃市场中没有报价，其公允价值也不能可靠计量。经双方商定，丁公司支付了20万元补价。假定交易中不考虑相关税费。

分析：①非货币性交易判断。该项非货币性资产交换涉及收付货币性资产，即补价20万元。对丙公司而言，收到的补价20万元÷换出资产账面价值120万元=16.7%<25%，因此，该项交换属于非货币性资产交换。

②计量模式的判断。由于两项资产的公允价值不能可靠计量，因此，对于该项资产交换，换入资产的成本应当按照换出资产的账面价值确定。

③初始投资成本确认。长期股权投资的初始成本100万元=换出资产账面价值120万元-收到的补价20万元；换出资产的账面价值120万元=换出资产账面原价450万元-已计提折旧330万元。

④投资方丙公司的账务处理。根据会计准则规定，尽管丁公司支付了20万元补价，但由于整个非货币性资产交换是以账面价值为基础计量的，支付补价方和收到补价方均不确认损益。对丙公司而言，换入资产是长期股权投资和银行存款20万元，换出资产是专有设备的账面价值减去货币性补价的差额，即100万元（120-20）；对丁公司而言，换出资产是长期股权投资和银行存款20万元，换入资产专有设备的成本等

于换出资产的账面价值，即 110 万元（90 + 20）。由此可见，在以账面价值计量的情况下，发生的补价是用来调整换入资产的成本，不涉及确认损益问题。

借：固定资产清理   1 200 000

    累计折旧   3 300 000

      贷：固定资产——专有设备   4 500 000

借：长期股权投资   1 000 000

    银行存款   200 000

      贷：固定资产清理   1 200 000

⑤税务处理。根据国税函〔2008〕828 号文件的规定，本案例中的非货币资产交换，因资产所有权属已发生改变而不属于内部处置资产，应按规定视同销售确定收入。按换出资产账面价值 120 万元和收到补价 20 万元的合计 140 万元，确认视同销售收入；按换出资产的账面价值 120 万元，确认视同销售成本。

⑥企业所得税年度纳税申报表填报实务如表 3 - 89 所示。

表 3 - 89   纳税调整项目明细表   A105000

行次	项目	账载金额	税收金额	调增金额	调减金额
		1	2	3	4
1	一、收入类调整项目（2 + 3 + 4 + 5 + 6 + 7 + 8 + 10 + 11）	*	*	1 400 000	
2	（一）视同销售收入（填写 A105010）	*	1 400 000	1 400 000	*
12	二、扣除类调整项目（13 + 14 + 15 + 16 + 17 + 18 + 19 + 20 + 21 + 22 + 23 + 24 + 26 + 27 + 28 + 29 + 30）	*	*		1 200 000
13	（一）视同销售成本（填写 A105010）	*	1 200 000	*	1 200 000

八、提供劳务视同销售项目填报实务与案例解析

【案例 3 - 43】A 企业为了营销，派技术人员到汽车维修中心为其他企业无偿提供汽车维修，发生成本 10 000 元，最近时期同类修理收费 20 000 元。则会计处理如下：

借：合同履约成本   10 000

      贷：原材料   10 000

借：销售费用   10 000

      贷：合同履约成本   10 000

税务处理：《企业所得税法实施条例》第二十五条规定，企业将劳务用于捐赠等用途的，应当视同提供劳务，视同销售所得 10 000 元，应调增应纳税所得额 10 000 元。企业所得税年度纳税申报表填报实务如表 3 - 90 和表 3 - 91 所示。

表 3-90　　　　视同销售和房地产开发企业特定业务纳税调整明细表　　　A105010

行次	项目	税收金额	纳税调整金额
		1	2
1	一、视同销售（营业）收入（2+3+4+5+6+7+8+9+10）	20 000	20 000
3	（八）提供劳务视同销售收入	20 000	20 000
11	二、视同销售（营业）成本（12+13+14+15+16+17+18+19+20）	10 000	−10 000
13	（八）提供劳务视同销售成本	10 000	−10 000

表 3-91　　　　　　　　　　纳税调整项目明细表　　　　　　　　　A105000

行次	项目	账载金额	税收金额	调增金额	调减金额
		1	2	3	4
1	一、收入类调整项目（2+3+4+5+6+7+8+10+11）	*	*	20 000	
2	（一）视同销售收入（填写A105010）	*	20 000	20 000	*
12	二、扣除类调整项目（13+14+15+16+17+18+19+20+21+22+23+24+26+27+28+29+30）	*	*		10 000
13	（一）视同销售成本（填写A105010）	*	10 000	*	10 000
30	（十七）其他	10 000	20 000		10 000

九、其他视同销售项目填报实务与案例解析

【案例3-44】某企业将自产产品移至国外展览用于市场推广。产品成本80万元，公允价值100万元。该企业执行《企业会计准则》，会计处理如下（单位：万元）。

借：发出商品　　　　　　　　　　　　　　　　　　　80

　　贷：库存商品　　　　　　　　　　　　　　　　　　80

税务处理：《国家税务总局关于企业处置资产所得税处理问题的通知》（国税函〔2008〕828号）规定，企业发生将资产转移至境外，应按规定视同销售确定收入。企业所得税年度纳税申报表填报实务如表3-92和表3-93所示。

表 3-92　　　　视同销售和房地产开发企业特定业务纳税调整明细表　　　A105010

行次	项目	税收金额	纳税调整金额
		1	2
1	一、视同销售（营业）收入（2+3+4+5+6+7+8+9+10）		
10	（九）其他	100	100
11	二、视同销售（营业）成本（12+13+14+15+16+17+18+19+20）		
20	（九）其他	80	−80

表 3-93　　　　　　　　　　纳税调整项目明细表　　　　　　　　　A105000

行次	项目	账载金额	税收金额	调增金额	调减金额
		1	2	3	4
1	一、收入类调整项目（2+3+4+5+6+7+8+10+11）	*	*	100	

行次	项目	账载金额	税收金额	调增金额	调减金额
		1	2	3	4
2	（一）视同销售收入（填写A105010）	*	100	100	*
12	二、扣除类调整项目（13＋14＋15＋16＋17＋18＋19＋20＋21＋22＋23＋24＋26＋27＋28＋29＋30）	*	*		80
13	（一）视同销售成本（填写A105010）	*	80	*	80

第三节　房地产开发企业特定业务纳税申报表填报实务与案例解析

一、房地产开发企业特定业务纳税调整明细表格式

具体格式如表3–94所示。

表3–94　视同销售和房地产开发企业特定业务纳税调整明细表（部分）　A105010

行次	项目	税收金额	纳税调整金额
		1	2
21	三、房地产开发企业特定业务计算的纳税调整额（22－26）		
22	（一）房地产企业销售未完工开发产品特定业务计算的纳税调整额（24－25）		
23	1. 销售未完工产品的收入		*
24	2. 销售未完工产品预计毛利额		
25	3. 实际发生的税金及附加、土地增值税		
26	（二）房地产企业销售的未完工产品转完工产品特定业务计算的纳税调整额（28－29）		
27	1. 销售未完工产品转完工产品确认的销售收入		*
28	2. 转回的销售未完工产品预计毛利额		
29	3. 转回实际发生的税金及附加、土地增值税		

二、房地产开发企业特定业务纳税调整明细表填报依据与要点

（一）房地产开发企业特定业务纳税调整明细表填报依据

《房地产开发经营业务企业所得税处理办法》（国税发〔2009〕31号）第六条规定，企业通过正式签订《房地产销售合同》或《房地产预售合同》所取得的收入，应

确认为销售收入的实现。

第八条规定，企业销售未完工开发产品的计税毛利率由各省、自治区、直辖市国家税务局、地方税务局按下列规定进行确定：（1）开发项目位于省、自治区、直辖市和计划单列市人民政府所在地城市城区和郊区的，不得低于15%。（2）开发项目位于地及地级市城区及郊区的，不得低于10%。（3）开发项目位于其他地区的，不得低于5%。（4）属于经济适用房、限价房和危改房的，不得低于3%。

第九条规定，企业销售未完工开发产品取得的收入，应先按预计计税毛利率分季（或月）计算出预计毛利额，计入当期应纳税所得额。开发产品完工后，企业应及时结算其计税成本并计算此前销售收入的实际毛利额，同时将其实际毛利额与其对应的预计毛利额之间的差额，计入当年度企业本项目与其他项目合并计算的应纳税所得额。在年度纳税申报时，企业须出具对该项开发产品实际毛利额与预计毛利额之间差异调整情况的报告以及税务机关需要的其他相关资料。

预计毛利额＝销售未完工产品的收入×当地税务机关规定的计税毛利率

第十二条规定，企业发生的期间费用、已销开发产品计税成本、营业税金及附加、土地增值税准予当期按规定扣除。

（二）房地产开发企业特定业务纳税调整明细表填报要点

1. 关于A105010表中税金扣除问题。在会计核算中未计入当期损益的金额才填报。（由于会计核算时当年预售收入不符合收入确认条件，按照预售收入计算的税金及附加、土地增值税，也不得确认当年的税金及附加，只能暂时保留在应交税费科目）。若会计核算已计入当期损益，则本行不填报，否则会造成税金的重复扣除。

具体操作实务：按照销售未完工产品进行反向填报，消除重复计算问题。符合税收结转条件，会计未结转的，应予以调整，待会计确认收入后，再予以反向调整，需要分析填报。计算逻辑为：第22行（销售未完工产品纳税调整额）－第26行（结转完工产品纳税调整额），会计处理上需结转确认收入，才可以进行纳税调减的填报。

2. 按照国税发〔2009〕31号文件第七条的规定，企业将开发产品用于捐赠、赞助、职工福利、奖励、对外投资、分配给股东或投资人、抵偿债务、换取其他企事业单位和个人的非货币性资产等行为，应视同销售，于开发产品所有权或使用权转移，或于实际取得利益权利时确认收入（或利润）的实现。此处按照视同销售业务进行纳税调整。

3. 符合税法开发产品完工条件应结转营业收入和成本，但纳税人会计处理未结转的，应在税法确认实际毛利额时进行纳税调整，待会计核算确认收入和结转成本后，再予以反向纳税调整，分析填报纳税申报表。

三、房地产开发企业特定业务纳税调整明细表填报实务与案例解析

【案例 3 – 45】甲房地产开发公司销售自行开发的商品房项目，适用的企业所得税计税毛利率为15%，2024～2027年度滚动房地产开发项目一和项目二，各年会计销售收入及成本如表 3 – 95 所示。

表 3 – 95　　　　　　　　　各年会计销售收入及成本　　　　　　　　单位：万元

年度	预售收入	会计开发产品收入	会计开发产品成本
2024（开发项目一）	8 000	0	0
2025（项目一完工，开发项目二）	10 000	4 000（2024年预售收入4 000）	3 200（项目一成本3 200）
2026（项目一交付）（项目二完工）	0	10 000（2024年预售收入4 000，2025年预售收入6 000）	8 480（项目一成本3 200，项目二成本5 280）
2027（项目二交付）	0	4 000（2025年预售收入4 000）	项目二成本3 520
项目一：实际销售收入8 000（不含税），销售成本6 400，实际毛利1 600（20%） 项目二：实际销售收入10 000（不含税），销售成本8 800，实际毛利1 200（12%）			

假设："营改增"后本例中只考虑销售未完工开发产品预交的土地增值税，预征率2%。假设上述收入和成本均为不含税。该公司执行《企业会计准则》（单位：万元）。

①2024年会计核算：按照《企业会计准则第14号——收入》（2017年修订）的规定，房地产企业预售业务的会计处理为：当企业收到预售款项时，由于不符合收入的确认原则，所以不确认收入，而是作为负债计入合同负债，待房屋交付给购买方时，符合收入确认条件，再确认销售收入。即：收到预售款项时，借记"银行存款"科目，贷记"合同负债"科目；房屋交付给购买方时，借记"合同负债"科目，贷记"主营业务收入"科目，同时结转成本，借记"主营业务成本"科目，贷记"开发产品"科目。

会计核算预售收入，由于不符合收入确认条件，不确认会计收入。

借：银行存款　　　　　　　　　　　　　　　　　　　　　　　8 000

　　贷：合同负债　　　　　　　　　　　　　　　　　　　　　　　8 000

②税务处理。第一，土地增值税处理。按照《土地增值税暂行条例》规定，纳税人在项目全部竣工结算前转让房地产取得的收入，由于涉及成本确定或其他原因，而无法据以计算土地增值税的，可以预征土地增值税，待该项目全部竣工、办理结算后再进行清算，多退少补。具体办法由各省、自治区、直辖市地方税务局根据当地情况制定。

第二，会计核算。财政部《关于印发企业交纳土地增值税会计处理规定的通知》（财会字〔1995〕第015号）第四条规定，企业在项目全部竣工结算前转让房地产取得的收入，按税法规定预交的土地增值税，借记"应交税金——应交土地增值税"科目，

贷记"银行存款"等科目。待该房地产营业收入实现时，再按规定转入"营业税金及附加"科目（注：财会〔2016〕22号文件已改为"税金及附加"科目）进行会计处理；该项目全部竣工、办理结算后进行清算，收到退回多交的土地增值税，借记"银行存款"等科目，贷记"应交税金——应交土地增值税"科目，补交的土地增值税作相反会计分录。2024年应缴纳土地增值税 = 8 000 × 2% = 160（万元）。

借：应交税费——应交土地增值税   160

  贷：银行存款   160

第三，企业所得税处理。按照国家税务总局《关于印发〈房地产开发经营业务企业所得税处理办法〉的通知》（国税发〔2009〕31号）相关规定，确认销售未完工产品的收入和计算预计毛利额，并填报纳税申报表。2024年企业所得税年度纳税申报表填报实务如表3-96和表3-97所示。

表3-96   视同销售和房地产开发企业特定业务纳税调整明细表（2024年度） A105010

行次	项目	税收金额	纳税调整金额
		1	2
21	三、房地产开发企业特定业务计算的纳税调整额（22-26）	1040	1040
22	（一）房地产企业销售未完工开发产品特定业务计算的纳税调整额（24-25）	1 040	1 040
23	1. 销售未完工产品的收入	8 000	*
24	2. 销售未完工产品预计毛利额	1 200	1 200
25	3. 实际发生的税金及附加、土地增值税	160	160
26	（二）房地产企业销售的未完工产品转完工产品特定业务计算的纳税调整额（28-29）	0	0
27	1. 销售未完工产品转完工产品确认的销售收入	0	*
28	2. 转回的销售未完工产品预计毛利额	0	0
29	3. 转回实际发生的税金及附加、土地增值税	0	0

表3-97   纳税调整项目明细表（2024年度） A105000

行次	项目	账载金额	税收金额	调增金额	调减金额
		1	2	3	4
40	（四）房地产开发企业特定业务计算的纳税调整额（填写A105010）	*	1 040	1 040	

①2025年会计核算。

a. 会计核算预售收入，由于不符合收入确认条件不确认收入。

借：银行存款   10 000

  贷：合同负债   10 000

b. 项目一完工，会计核算结转部分2024年预售收入4 000万元到2025年主营业务收入。

借：合同负债   4 000

    贷：主营业务收入   4 000

c. 项目一完工，会计核算结转部分项目一主营业务成本 3 200 万元。

借：主营业务成本   3200

    贷：库存商品（开发产品）   3200

d. 按照会计确认收入转回土地增值税转入当期损益。

借：税金及附加——土地增值税   80

    贷：应交税费——应交土地增值税   80

②税务处理。2025 年应预交土地增值税 = 10 000 × 2% = 200（万元）。

借：应交税费——应交土地增值税   200

    贷：银行存款   200

按照国家税务总局《关于印发〈房地产开发经营业务企业所得税处理办法〉的通知》（国税发〔2009〕31 号）和国家税务总局《关于房地产开发企业开发产品完工条件确认问题的通知》（国税函〔2010〕201 号）的相关规定，税法规定的项目完工条件和确认时间与会计核算预收账款结转到主营业务收入的时间存在差异时，通常是会计核算将预收账款结转到主营业务收入的金额小于税法规定的金额或时间滞后于税法规定的完工确认时间，则还需要将该差异在项目完工年度，通过 A105000《纳税调整项目明细表》进行纳税调整，以防止部分纳税人利用会计核算人为操作确认项目销售收入的时间和金额。

2025 年项目一已经完工（符合税法完工条件），会计核算结转收入 4 000 万元，成本 3 200 万元，会计账面毛利 800 万元；税法应确认实际收入 8 000 万元，成本 6 400 万元，实际毛利 1 600 万元。在 2025 年度纳税申报时，会计账面毛利额与实际毛利额之间差异为 1 600 - 800 = 800（万元），填入 A105000《纳税调整项目明细表》第 43 行"其他"第 3 列"调增金额"800 万元。此项暂时性差异待纳税人在以后纳税申报年度进行会计核算时，将项目一剩余收入结转到主营业务收入，剩余成本结转到主营业务成本时，转回作纳税调减。2025 年企业所得税年度纳税申报表填报实务如表 3 - 98 和表 3 - 99 所示。

表 3 - 98   视同销售和房地产开发企业特定业务纳税调整明细表（2025 年度）   A105010

行次	项目	税收金额	纳税调整金额
		1	2
21	三、房地产开发企业特定业务计算的纳税调整额（22 - 26）	780	780
22	（一）房地产企业销售未完工开发产品特定业务计算的纳税调整额（24 - 25）	1 300	1 300

续表

行次	项目	税收金额	纳税调整金额
		1	2
23	1. 销售未完工产品的收入	10 000	*
24	2. 销售未完工产品预计毛利额	1 500	1 500
25	3. 实际发生的税金及附加、土地增值税	200	200
26	（二）房地产企业销售的未完工产品转完工产品特定业务计算的纳税调整额（28 - 29）	520	520
27	1. 销售未完工产品转完工产品确认的销售收入	4 000	*
28	2. 转回的销售未完工产品预计毛利额	600	600
29	3. 转回实际发生的税金及附加、土地增值税	80	80

表 3 - 99　　　　　　　　　　纳税调整项目明细表（2025 年度）　　　　　　　　　A105000

行次	项目	账载金额	税收金额	调增金额	调减金额
		1	2	3	4
40	（四）房地产开发企业特定业务计算的纳税调整额（填写 A105010）	*	780	780	
42	（五）其他	*	*		800

①2026 年会计核算。

a. 会计核算结转预收收入到主营业务收入。

借：合同负债　　　　　　　　　　　　　　　　　　　　　　10 000

　　贷：主营业务收入　　　　　　　　　　　　　　　　　　　10 000

b. 会计核算结转主营业务成本。

借：主营业务成本　　　　　　　　　　　　　　　　　　　　　8 480

　　贷：库存商品（开发产品）　　　　　　　　　　　　　　　8 480

c. 按照会计确认收入转回 2024 年和 2025 年土地增值税转入当期损益。

借：税金及附加——土地增值税　　　　　　　　　　　　　　　200

　　贷：应交税费——应交土地增值税　　　　　　　　　　　　　200

②应特别需要注意的是：项目一会计账面毛利额与实际毛利额之间差异为 800 万元，纳税人在 2026 年纳税申报年度会计核算时，将项目一剩余收入结转到主营业务收入，剩余成本结转到主营业务成本时，转回作纳税调减，填入 A105000《纳税调整项目明细表》第 43 行"其他"第 4 列"调减金额"800 万元。

2026 年项目二已经完工（符合税法完工条件），会计核算结转收入 6 000 万元，成本 5 280 万元，会计账面毛利 720 万元；税法应确认实际收入 10 000 万元，成本 8 800 万元，实际毛利 1 200 万元。在 2026 年度纳税申报时，实际毛利额与会计账面毛利额之间差异 = 1 200 - 720 = 480（万元），填入 A105000《纳税调整项目明细表》第 43 行"其他"第 3 列"调增金额"480 万元。此项暂时性差异待纳税人在以后纳税申报年度进行会计核算时,将项目二剩余收入结转到主营业务收入,剩余成本结转到主营业务成本时,转回作纳税调减。2026 年企业所得税年度纳税申报表填报实务如表 3-100 和表 3-101 所示。

表 3-100 视同销售和房地产开发企业特定业务纳税调整明细表（2026 年度） A105010

行次	项目	税收金额	纳税调整金额
		1	2
21	三、房地产开发企业特定业务计算的纳税调整额（22-26）	-1 300	-1 300
22	（一）房地产企业销售未完工开发产品特定业务计算的纳税调整额（24-25）	0	0
23	1. 销售未完工产品的收入	0	*
24	2. 销售未完工产品预计毛利额	0	0
25	3. 实际发生的税金及附加、土地增值税	0	0
26	（二）房地产企业销售的未完工产品转完工产品特定业务计算的纳税调整额（28-29）	1 300	1 300
27	1. 销售未完工产品转完工产品确认的销售收入	10 000	*
28	2. 转回的销售未完工产品预计毛利额	1 500	1 500
29	3. 转回实际发生的税金及附加、土地增值税	200	200

表 3-101 纳税调整项目明细表（2026 年度） A105000

行次	项目	账载金额	税收金额	调增金额	调减金额
		1	2	3	4
40	（四）房地产开发企业特定业务计算的纳税调整额（填写A105010）	*	-1 300		1 300
42	（五）其他	*	*	480	800

①2027 年会计核算。

a. 会计核算结转预收收入到主营业务收入。

借：合同负债 　　　　　　　　　　　　　　　　　　4 000

　　贷：主营业务收入 　　　　　　　　　　　　　　4 000

b. 会计核算结转主营业务成本。

借：主营业务成本 　　　　　　　　　　　　　　　　3 520

　　贷：开发产品 　　　　　　　　　　　　　　　　3 520

c. 按照会计确认收入转回 2024 年和 2025 年土地增值税转入当期损益。

借：税金及附加——土地增值税 　　　　　　　　　　80

　　贷：应交税费——应交土地增值税 　　　　　　　80

②应特别需要注意的是：上述项目二实际毛利额与会计账面毛利额之间差异为 480 万元,纳税人在 2027 年纳税申报年度会计核算时,将项目二剩余收入结转到主营业务收入,剩余成本结转到主营业务成本时,转回作纳税调减,填入 A105000《纳税调整项目明细表》第 43 行"其他"第 4 列"调减金额"480 万元。2027 年企业所得税年度纳税申报表填报实务如表 3-102 和表 3-103 所示。

表 3 - 102　　　视同销售和房地产开发企业特定业务纳税调整明细表（2027 年度）　　　A105010

行次	项目	税收金额	纳税调整金额
		1	2
21	三、房地产开发企业特定业务计算的纳税调整额（22 - 26）	- 520	- 520
22	（一）房地产企业销售未完工开发产品特定业务计算的纳税调整额（24 - 25）	0	0
23	1. 销售未完工产品的收入	0	*
24	2. 销售未完工产品预计毛利额	0	0
25	3. 实际发生的税金及附加、土地增值税	0	0
26	（二）房地产企业销售的未完工产品转完工产品特定业务计算的纳税调整额（28 - 29）	520	520
27	1. 销售未完工产品转完工产品确认的销售收入	4 000	*
28	2. 转回的销售未完工产品预计毛利额	600	600
29	3. 转回实际发生的税金及附加、土地增值税	80	80

表 3 - 103　　　　　　　　纳税调整项目明细表（2027 年度）　　　　　　　A105000

行次	项目	账载金额	税收金额	调增金额	调减金额
		1	2	3	4
39	（四）房地产开发企业特定业务计算的纳税调整额（填写 A105010）	*	- 520		520
42	（五）其他	*	*		480

【案例 3 - 46】长城房地产开发公司为一般纳税人，机构所在地在 A 省，在 B 省开发甲房地产项目。该项目《建筑工程施工许可证》登记的开工日期为 2024 年 1 月 30 日。甲房地产项目按照一般计税方法计算缴纳增值税。该项目取得土地 150 000 平方米，支付土地出让金取得财政收据金额 30 000 万元；A 项目预计总可售面积 300 000 平方米。2026 年 5 月，甲项目尚未完工，取得预售许可证并签订销售合同收到预收款 10 900 万元（含税价），对应的建筑面积 10 000 平方米。2027 年 6 月，甲房地产项目房屋已经达到增值税纳税义务发生时间，当月购进用于甲房地产项目的进项税额为 130 万元，假设期初没有进项税额留抵，土地增值税预征率为 2%。企业已经执行《企业会计准则第 14 号——收入》（2017 年修订），会计和税务处理如下（单位：万元）：

①通过"招、拍、挂"取得土地使用权。

借：开发成本——土地价款　　　　　　　　　　　　　　　　　　30 000

　　贷：银行存款　　　　　　　　　　　　　　　　　　　　　　　30 000

②2026 年 5 月收到预售房款时：

借：银行存款　　　　　　　　　　　　　　　　　　　　　　　10 900

　　贷：合同负债　　　　　　　　　　　　　　　　　　　　　　10 000

　　　　应交税费——待转销项税额　　　　　　　　　　　　　　　900

③收到预售房款开具增值税发票。按照《国家税务总局关于营改增试点若干征管

问题的公告》（国家税务总局公告 2016 年第 53 号）的规定，该项预收款应使用防伪税控系统开具增值税普通发票，不能开具增值税专用发票。商品和服务编码使用"未发生销售行为的不征税项目"编码，选择 602 "销售自行开发的房地产项目预收款"；货物及应税劳务名称：填写不动产名称及房屋产权证书号码（无房屋产权证书的可不填写），即商品房；单位栏：填写面积单位"平方米"；发票金额栏填写 10 900 万元，税率栏填写不征税，税额为＊＊＊；备注栏注明不动产详细地址。

④预缴增值税。按照《国家税务总局关于发布〈房地产开发企业销售自行开发的房地产项目增值税征收管理暂行办法〉的公告》（国家税务总局公告 2016 年第 18 号）的规定，一般纳税人采取预收款方式销售自行开发的房地产项目，应在收到预收款时按照 3% 的预征率预缴增值税。甲项目在次月申报期之内，按照 3% 预征率，计算预缴税款 = 10 900/（1 + 9%）× 3% = 300（万元），向 B 省项目所在地税务局预缴税款。甲项目应在取得预收款的次月纳税申报期内向主管税务机关申报预缴税款。即在纳税申报期填写《增值税预缴申报表》，向主管税务机关预缴增值税，无须在《增值税纳税申报表》第 1 行"按适用税率计税销售额"栏中填报。具体在《增值税预缴税款表》中第 2 行的第 1 列"销售额"填写 10 900 万元（含税），第 2 列"扣除金额"不需要填写，第 3 列"预征率"填写 3%，第 4 列"预征税额"填写 300 万元。会计处理如下：

借：应交税费——预交增值税　　　　　　　　　　　　　　300
　　贷：银行存款　　　　　　　　　　　　　　　　　　　　　　300

⑤预缴土地增值税。按照《财政部、国家税务总局关于营改增后契税 房产税 土地增值税 个人所得税计税依据问题的通知》（财税〔2016〕43 号）的规定，土地增值税纳税人转让房地产取得的收入为不含增值税收入。《国家税务总局关于营改增后土地增值税若干征管规定的公告》（国家税务总局公告 2016 年第 70 号）规定，"营改增"后，纳税人转让房地产的土地增值税应税收入不含增值税。适用增值税一般计税方法的纳税人，其转让房地产的土地增值税应税收入不含增值税销项税额；适用简易计税方法的纳税人，其转让房地产的土地增值税应税收入不含增值税应纳税额。房地产开发企业采取预收款方式销售自行开发的房地产项目的，可按照以下方法计算土地增值税预征计征依据：土地增值税预征的计征依据 = 预收款 - 应预缴增值税税款。

本例中，土地增值税预征的计征依据 = 10 900 - 300 = 10 600（万元），假设该项目土地增值税预征率为 2%，土地增值税预征额 = 10 600 × 2% = 212（万元）。会计处理：《财政部关于印发〈企业交纳土地增值税会计处理规定〉的通知》（财会字〔1995〕第 015 号）第四条规定，企业在项目全部竣工结算前转让房地产取得的收入，按税法规定预交的土地增值税，借记"应交税金——应交土地增值税"科目，贷记"银行存款"等科目。待该房地产营业收入实现时，再按规定转入"税金及附加"进行会计处理；该项目全部竣工、办理结算后进行清算，收到退回多交的土地增值税，借记"银行存款"等科目，贷记"应交税金——应交土地增值税"科目，补交的土地增值税作相反的会计分录。会计处理如下：

  借：应交税费——预交土地增值税   212

    贷：银行存款   212

  ⑥计算缴纳企业所得税。由于"营改增"后在企业销售未完工开发产品收入，企业所得税计税依据按照增值税原理和2016年第18号公告处理，将预收款（销售未完工开发产品取得的收入）直接进行价税分离计算企业所得税：

  不含税预收款=预收款÷（1+适用税率或征收率），适用一般计税方法计税的，按照9%的适用税率计算；适用简易计税方法计税的，按照5%的征收率计算。假设该项目预计计税毛利率15%，不含税预收款=预收款÷（1+9%）=10 900/（1+9%）=10 000（万元），应纳税所得额=10 000×15%=1 500（万元）。季度申报缴纳企业所得税=（1 500-212）×25%=322（万元）。企业所得税年度纳税申报表填报实务如表3-104所示。

表3-104   **视同销售和房地产开发企业特定业务纳税调整明细表**   A105010

行次	项目	税收金额	纳税调整金额
		1	2
21	三、房地产开发企业特定业务计算的纳税调整额（22-26）		
22	（一）房地产企业销售未完工开发产品特定业务计算的纳税调整额（24-25）	1 288	1 288
23	1. 销售未完工产品的收入	10 000	*
24	2. 销售未完工产品预计毛利额	1 500	1 500
25	3. 实际发生的税金及附加、土地增值税	212	212
26	（二）房地产企业销售的未完工产品转完工产品特定业务计算的纳税调整额（28-29）		
27	1. 销售未完工产品转完工产品确认的销售收入		*
28	2. 转回的销售未完工产品预计毛利额		
29	3. 转回实际发生的税金及附加、土地增值税		

  ⑦2027年6月交付房屋时，达到增值税纳税义务发生时间，按照国家税务总局公告2016年第18号第五条的规定，当期允许扣除的土地价款=（当期销售房地产项目建筑面积÷房地产项目可供销售建筑面积）×支付的土地价款。

  允许扣除的土地价款=10 000÷300 000×30 000=1 000（万元），土地价款所对应的销项税额抵减金额=1 000÷（1+9%）×9%=82.57（万元）。

  借：应交税费——应交增值税（销项税额抵减）   82.57

    贷：主营业务成本   82.57

  ⑧2027年6月，甲项目房屋交付应确认销售收入。

  借：合同负债   10 000

	应交税费——待转销项税额		900
贷：主营业务收入			10 000
	应交税费——应交增值税（销项税额）		900

⑨增值税发票开具。全额开票差额纳税，票面金额 10 000 万元，税率 9%，销项税额 900 万元，绝不能通过差额征税功能开具差额增值税发票。

⑩2027 年 6 月计算当月应交增值税，应交增值税 = 900 - 82.57 - 130 - 300 = 387.43（万元）。企业所得税年度纳税申报表填报实务如表 3 - 105 所示。

表 3 - 105 　　　　　视同销售和房地产开发企业特定业务纳税调整明细表　　　　A105010

行次	项目	税收金额	纳税调整金额
		1	2
21	三、房地产开发企业特定业务计算的纳税调整额（22 - 26）	- 1 288	- 1 288
22	（一）房地产企业销售未完工开发产品特定业务计算的纳税调整额（24 - 25）		
23	1. 销售未完工产品的收入		*
24	2. 销售未完工产品预计毛利额		
25	3. 实际发生的税金及附加、土地增值税		
26	（二）房地产企业销售的未完工产品转完工产品特定业务计算的纳税调整额（28 - 29）	1 288	1 288
27	1. 销售未完工产品转完工产品确认的销售收入	10 000	*
28	2. 转回的销售未完工产品预计毛利额	1 500	1 500
29	3. 转回实际发生的税金及附加、土地增值税	212	212

需要注意的是，财政部会计司发布的《收入准则应用案例——预售商品房的收入确认》规定，商品房预售业务不满足在某一时段内履行履约义务的条件，属于在某一时点履行的履约义务，甲公司应当在购房人取得该指定商品房控制权时（通常为交付商品房时）确认收入。可以看出，会计处理规定与企业所得税、增值税和土地增值税处理存在较大差异，企业应分别按照各自规定进行财税处理。

第四节 《未按权责发生制确认收入纳税调整明细表》填报实务与案例解析

一、《未按权责发生制确认收入纳税调整明细表》格式与填报要点

（一）《未按权责发生制确认收入纳税调整明细表》格式

具体格式如表 3 - 106 所示。

表 3-106　　　　　　　　　未按权责发生制确认收入纳税调整明细表　　　　A105020

行次	项目	合同金额（交易金额）	账载金额		税收金额		纳税调整金额
			本年	累计	本年	累计	
		1	2	3	4	5	6 (4-2)
1	一、跨期收取的租金、利息、特许权使用费收入（2+3+4）						
2	（一）租金						
3	（二）利息						
4	（三）特许权使用费						
5	二、分期确认收入（6+7+8）						
6	（一）分期收款方式销售货物收入						
7	（二）持续时间超过 12 个月的建造合同收入						
8	（三）其他分期确认收入						
9	三、政府补助递延收入（10+11+12）						
10	（一）与收益相关的政府补助						
11	（二）与资产相关的政府补助						
12	（三）其他						
13	四、其他未按权责发生制确认收入						
14	合计（1+5+9+13）						

本表适用于会计处理按权责发生制确认收入、税法规定未按权责发生制确认收入需纳税调整项目的纳税人填报。纳税人根据税法、《国家税务总局关于贯彻落实企业所得税法若干税收问题的通知》（国税函〔2010〕79 号）、《国家税务总局关于确认企业所得税收入若干问题的通知》（国税函〔2008〕875 号）等相关规定，以及国家统一企业会计制度，填报会计处理按照权责发生制确认收入、税法规定未按权责发生制确认收入的会计处理、税法规定，以及纳税调整情况。符合税法规定不征税收入条件的政府补助收入，本表不作调整，在 A105040《专项用途财政性资金纳税调整明细表》中纳税调整。

（二）《未按权责发生制确认收入纳税调整明细表》填报要点

1. 第 1 列"合同金额或交易金额"：填报会计处理按照权责发生制确认收入、税法规定未按权责发生制确认收入的项目的合同总额或交易总额。

2. 第 2 列"账载金额－本年"：填报纳税人会计处理按权责发生制在本期确认金额。

3. 第 3 列"账载金额－累计"：填报纳税人会计处理按权责发生制历年累计确认金额。

4. 第 4 列"税收金额－本年"：填报纳税人按税法规定未按权责发生制本期确认金额。

5. 第 5 列 "税收金额 – 累计"：填报纳税人按税法规定未按权责发生制历年累计确认金额。

6. 第 6 列 "纳税调整金额"：填报纳税人会计处理按权责发生制确认收入、税法规定未按权责发生制确认收入的差异需纳税调整金额，为第 4 – 2 列的余额。

二、跨期收取的租金、利息、特许权使用费收入项目填报实务与案例解析

（一）跨期收取的租金收入项目填报实务与案例解析

【案例 3 – 47】甲公司于 2024 年 7 月将新建的生产线整体出租给另一家公司用于生产经营。双方签订租赁合同明确，租期 5 年，即从 2024 年 7 月 1 日至 2029 年 6 月 30 日，每年租金 80 万元（不含税），5 年租金共计 400 万元（不含税），于 2024 年 7 月 20 日前一次性收取。该如何计算 2024～2029 年企业所得税？

分析：《企业所得税法实施条例》第九条规定，企业应纳税所得额的计算，以权责发生制为原则，属于当期的收入和费用，不论款项是否收付，均作为当期的收入和费用；不属于当期的收入和费用，即使款项已经在当期收付，均不作为当期的收入和费用。该条例和国务院财政、税务主管部门另有规定的除外。

《企业所得税法实施条例》第十九条规定，租金收入，按照合同约定的承租人应付租金的日期确认收入的实现。根据第十九条的规定，企业预收的租金收入，要按照收付实现制的原则确认收入。

针对上述问题，《国家税务总局关于贯彻落实企业所得税法若干税收问题的通知》（国税函〔2010〕79 号）第一条对租金收入的确认作了更加明确的规定，即根据实施条例第十九条规定，企业提供固定资产、包装物或者其他有形资产的使用权取得的租金收入，应按交易合同或协议规定的承租人应付租金的日期确认收入的实现。其中，如果交易合同或协议中规定租赁期限跨年度且租金提前一次性支付的，根据实施条例第九条规定的收入与费用配比原则，出租人可对上述已确认的收入，在租赁期内分期均匀计入相关年度收入。出租方如果为在我国境内设有机构场所且采取据实申报缴纳企业所得税的非居民企业，也按本条规定执行。

对纳税人取得的租金收入，根据《国家税务总局关于贯彻落实企业所得税法若干税收问题的通知》（国税函〔2010〕79 号）的解释，在计入应纳税所得额的时间确认上有两种处理方法。

方法一是按照收付实现制原则确认收入。即出租方按照交易合同或者协议规定的承租人应付租金的日期确认收入。此项规定适用于出租方与承租方虽然签订了跨年度租赁合同，但是合同约定租金不是提前一次性支付的，而是分期支付或在租赁期满后

一次性支付租金的情形。

方法二是按照权责发生制原则确认收入。即出租方对提前一次性收取的租金，可以在合同规定的租赁期内，按照收入与费用配比的原则，分期均匀计入相关年度。这项规定适用于出租方与承租方既签订了跨年度的租赁合同，同时又明确了租金必须是提前一次性支付的情形。

综上所述，纳税人取得的预收租金收入，在计入企业所得税应税收入的时间上，应区别不同的情况，进行不同的税务处理，而不是由纳税人自由选择。

因此，在上例中，出租方应计入应纳税所得额的租金收入，可以选择在合同规定的租赁期内，按照收入与费用配比的原则，分期均匀计入相关年度，即2024年确认租金收入为40万元，2025~2028年每年确认租金收入80万元，2029年确认租金收入为40万元。此时会计和税收都遵循权责发生制，不存在财税处理差异，不纳税调整。

但如果企业选择按照收付实现制确认收入。即出租方按照交易合同或者协议规定的承租人应付租金的日期确认收入，需要纳税调整。2024年企业所得税年度纳税申报表填报实务如表3-107~表3-110所示。

表3-107　　　　　未按权责发生制确认收入纳税调整明细表（2024年）　　　　　A105020

行次	项目	合同金额（交易金额）	账载金额		税收金额		纳税调整金额
			本年	累计	本年	累计	
		1	2	3	4	5	6（4－2）
1	一、跨期收取的租金、利息、特许权使用费收入（2＋3＋4）	400	40	40	400	400	360
2	（一）租金	400	40	40	400	400	360

表3-108　　　　　　　　　　纳税调整项目明细表（2024年）　　　　　　　　　　A105000

行次	项目	账载金额	税收金额	调增金额	调减金额
		1	2	3	4
1	一、收入类调整项目（2＋3＋4＋5＋6＋7＋8＋10＋11）	＊	＊	360	
3	（二）未按权责发生制原则确认的收入（填写A105020）	40	400	360	

表3-109　　　　　未按权责发生制确认收入纳税调整明细表（2025~2028年）　　　　　A105020

行次	项目	合同金额（交易金额）	账载金额		税收金额		纳税调整金额
			本年	累计	本年	累计	
		1	2	3	4	5	6（4－2）
1	一、跨期收取的租金、利息、特许权使用费收入（2＋3＋4）						
2	（一）租金	400	80	120	0	400	－80

表 3 - 110　　　　　　纳税调整项目明细表（2025 ~ 2028 年）　　　　　　A105000

行次	项目	账载金额	税收金额	调增金额	调减金额
		1	2	3	4
1	一、收入类调整项目（2 + 3 + 4 + 5 + 6 + 7 + 8 + 10 + 11）	*	*		
3	（二）未按权责发生制原则确认的收入（填写 A105020）	80	0		80

【案例 3 - 48】A 公司于 2016 年 6 月将省外异地某县城的国有土地上的一幢标准厂房（占地面积为 10 000 平方米）整体出租给 C 公司用于生产经营。双方签订租赁合同明确，租赁期 5 年，即 2016 年 7 月 1 日 ~ 2021 年 6 月 30 日，每年租金 120 万元（不含增值税），5 年租金共计 600 万元（不含增值税），于 2016 年 6 月 25 日一次性收取全部租金和增值税。该厂房作为投资性房地产核算。问：该企业如何计算企业所得税和进行年度纳税申报及纳税调整？

分析：按照《国家税务总局关于贯彻落实企业所得税法若干税收问题的通知》（国税函〔2010〕79 号）的规定，A 企业可以选择在租赁期内分期均匀计入相关年度收入，2016 年确认 7 ~ 12 月租金收入为 60 万元，2017 ~ 2020 年每年 120 万元，2021 年确认 60 万元，这与会计处理确认收入一致，不存在税会差异，不进行纳税调整。

A 企业也可以选择按照合同约定支付租金的时间一次性确认租金收入，2016 年确认租金收入为 600 万元，2017 ~ 2021 年不确认租金收入；按照《企业会计准则第 21 号——租赁》的规定，出租人会计处理应当在租赁期内各个期间按照直线法确认收入，2016 年确认 7 ~ 12 月租金收入为 60 万元，2017 ~ 2020 年每年 120 万元，2021 年确认 60 万元，存在税会差异，需要进行纳税调整。

2016 年汇算清缴时，纳税调增 540 万元（600 - 60），2017 ~ 2020 年汇算清缴时纳税调减 120 万元，2021 年汇算清缴时纳税调减 60 万元。具体调整在 A105020《未按权责发生制确认收入纳税调整明细表》第 2 行"一、跨期收取的租金、利息、特许权使用费收入""（一）租金"项目和 A105000《纳税项目调整明细表》第 3 行"（二）未按权责发生制原则确认的收入"相关项目中进行调整。

【案例 3 - 49】承〖案例 3 - 48〗，问：该企业如何计算和申报增值税？

纳税人在 2016 年 6 月 25 日，按照财税〔2016〕36 号文规定，提供租赁服务采取预收款方式的，其纳税义务发生时间为收到预收款的当天。由于该企业出租其 2016 年 4 月 30 日前取得的不动产，可选择适用简易计税方法，按照 5% 的征收率计算应纳税额，2016 年 6 月 25 日，增值税应纳税款 = 600 × 5% = 30（万元）。

《国家税务总局关于发布〈纳税人提供不动产经营租赁服务增值税征收管理〉的公告》（国家税务总局公告 2016 年第 16 号）规定，一般纳税人出租其 2016 年 4 月 30 日前取得的不动产，可以选择适用简易计税方法，按照 5% 的征收率计算应纳税额。不动产所在地与机构所在地不在同一县（市、区）的，纳税人应按照上述计税方法向不动产所在地主管国税机关预缴税款，向机构所在地主管国税机关申报纳税。纳税人出租不动产适用简易计税方法计税的，按照公式计算应预缴税款：应预缴税款＝含税销售额÷（1＋5%）×5%＝600×5%＝30（万元），并需要按租赁项目填写《增值税预缴申报表》。由于选择简易计税方法，预缴税款等于应纳税款，一般不需要回机构所在地补缴税款，只需要填写相关《增值税纳税申报表》。

《国家税务总局关于全面推开营业税改征增值税试点有关税收征收管理事项的公告》（国家税务总局公告 2016 年第 23 号）规定，出租不动产，纳税人自行开具或者税务机关代开增值税发票时，应在备注栏注明不动产的详细地址。未在"备注栏注明不动产的详细地址"的发票，都属于不符合规定的发票。

《国家税务总局关于土地价款扣除时间等增值税征管问题的公告》（国家税务总局公告 2016 年第 86 号）第七条规定，纳税人出租不动产，租赁合同中约定免租期的，不属于《营业税改征增值税试点实施办法》第十四条规定的视同销售服务。也就是说，即使本例中约定租赁免租期，也不视同销售服务缴纳增值税。

【案例 3－50】承〖案例 3－49〗，该企业如何进行增值税会计处理？

①2016 年 6 月一次性收取了全部租金和增值税并开具增值税发票（单位：万元，下同）。

借：银行存款　　　　　　　　　　　　　　　　　　630
　　贷：预收账款——C 公司　　　　　　　　　　　　　600
　　　　应交税费——简易计税（计提）　　　　　　　　30

按照财会〔2016〕22 号文规定："应交税费——简易计税"明细科目，核算一般纳税人采用简易计税方法发生的增值税计提、扣减、预缴、缴纳等业务。

②按照《企业会计准则第 21 号——租赁》第二十六条规定："对于经营租赁的租金，出租人应当在租赁期内各个期间按照直线法确认为当期损益；其他方法更为系统合理的，也可以采用其他方法。"本例属于经营租赁。因此，每月确认经营租赁的租金收入＝600/60＝10（万元）。

借：预收账款——C 公司　　　　　　　　　　　　　10
　　贷：其他业务收入　　　　　　　　　　　　　　　　10

③填写租赁项目《增值税预缴税款表》，并向不动产所在地预缴税款后取得完税凭证。

借：应交税费——简易计税（预缴）　　　　　　　　30
　　贷：银行存款　　　　　　　　　　　　　　　　　　30

A 公司按 2016 年 7 月向机构所在地国税局申报，由于不动产租赁简易计税方式的征收率和预缴率5%相同不需要补交增值税，凭《增值税预缴税款表》和完税凭证，进行正常纳税申报即可。

④2016年12月将预缴增值税转入缴纳。

借：应交税费——简易计税（计提）　　　　　　　　　　　　　　　　30

　　贷：应交税费——简易计税（预缴）　　　　　　　　　　　　　　　　30

⑤2017～2020年和2021年1～6月，每月分期确认租金收入的会计处理同②。

借：预收账款——C公司　　　　　　　　　　　　　　　　　　　　　10

　　贷：其他业务收入　　　　　　　　　　　　　　　　　　　　　　　10

（二）跨期收取的利息收入项目填报实务与案例解析

《企业所得税法实施条例》第十八条规定，《企业所得税法》第六条第（五）项所称利息收入，是指企业将资金提供他人使用但不构成权益性投资，或者因他人占用本企业资金取得的收入，包括存款利息、贷款利息、债券利息、欠款利息等收入。利息收入，按照合同约定的债务人应付利息的日期确认收入的实现。

【案例3-51】2021年1月1日，甲公司支付价款1 000元（含交易费用）从活跃市场上购入某公司5年期债券，面值1 250元，票面利率4.72%，实际利率为10%，按年计算利息（即每年59元），但利息和本金最后一次支付。合同约定，该债券的发行方在遇到特定情况时可以将债券赎回，且不需要为提前赎回支付额外款项。甲公司在购买该债券时，预计发行方不会提前赎回。不考虑减值损失等因素。假定甲公司购买的债券不是分次付息，而是到期一次还本付息，且利息不是以复利计算。此时，甲公司所购买债券的实际利率为9.05%。据此，持有至到期投资摊销情况如表3-111所示。

表3-111		持有至到期投资摊销		单位：元
年份	期初摊余成本（a）	实际利息（b）（按9.05%计算）	现金流入（c）	期末摊余成本（d=a+b-c）
2021	1 000	90.5	0	1 090.5
2022	1 090.5	98.69	0	1 189.19
2023	1 189.19	107.62	0	1 296.81
2024	1 296.81	117.36	0	1 414.17
2025	1 414.17	130.83 *	1 250+295	0

注：标 * 数字考虑了计算过程中出现的尾差2.85元。

根据上述数据，甲公司的有关账务处理如下。

①2021年1月1日，购入债券：

借：持有至到期投资——成本　　　　　　　　　　　　　　　　　　1 250

　　贷：银行存款　　　　　　　　　　　　　　　　　　　　　　　1 000

持有至到期投资——利息调整　　　　　　　　　　　　　　　　250

②2021 年 12 月 31 日，确认实际利息收入：

借：持有至到期投资——应计利息　　　　　　　　　　　　　　59

　　　　　　　　　——利息调整　　　　　　　　　　　　　31.5

　　贷：投资收益　　　　　　　　　　　　　　　　　　　　　90.5

税务处理：利息收入，按照合同约定的债务人应付利息的日期确认收入的实现。

企业所得税年度纳税申报表填报实务如表 3 – 112 和表 3 – 113 所示。

表 3 – 112　　　　　未按权责发生制确认收入纳税调整明细表（2021 年）　　　　　A105020

行次	项目	合同金额（交易金额）	账载金额		税收金额		纳税调整金额
			本年	累计	本年	累计	
		1	2	3	4	5	6（4－2）
1	一、跨期收取的租金、利息、特许权使用费收入（2＋3＋4）						
3	（二）利息	295	90.5	90.5	0	0	－90.5

表 3 – 113　　　　　　　　　纳税调整项目明细表（2021 年）　　　　　　　　　　A105000

行次	项目	账载金额	税收金额	调增金额	调减金额
		1	2	3	4
1	一、收入类调整项目（2＋3＋4＋5＋6＋7＋8＋10＋11）	*	*		
2	（一）视同销售收入（填写 A105010）	*			*
3	（二）未按权责发生制原则确认的收入（填写 A105020）	90.5	0		90.5

③2022 年 12 月 31 日，确认实际利息收入：

借：持有至到期投资——应计利息　　　　　　　　　　　　　　59

　　　　　　　　　——利息调整　　　　　　　　　　　　　39.69

　　贷：投资收益　　　　　　　　　　　　　　　　　　　　98.69

④2023 年 12 月 31 日，确认实际利息收入：

借：持有至到期投资——应计利息　　　　　　　　　　　　　　59

　　　　　　　　　——利息调整　　　　　　　　　　　　　48.62

　　贷：投资收益　　　　　　　　　　　　　　　　　　　107.62

⑤2024 年 12 月 31 日，确认实际利息收入：

借：持有至到期投资——应计利息　　　　　　　　　　　　　　59

　　　　　　　　　——利息调整　　　　　　　　　　　　　58.36

　　贷：投资收益　　　　　　　　　　　　　　　　　　　117.36

⑥2025 年 12 月 31 日，确认实际利息收入、收到本金和名义利息等：

借：持有至到期投资——应计利息　　　　　　　　　　　　　　59

——利息调整	71.83
贷：投资收益	130.83
借：银行存款	1 545
贷：持有至到期投资——成本	1 250
——应计利息	295

2022~2024 年填报方法同 2021 年，2025 年底按照合同约定的债务人应付利息的日期确认收入的实现。企业所得税年度纳税申报表填报实务如表 3-114 和表 3-115 所示。

表 3-114　　　　　未按权责发生制确认收入纳税调整明细表（2025 年）　　　　A105020

行次	项目	合同金额（交易金额）	账载金额		税收金额		纳税调整金额
			本年	累计	本年	累计	
		1	2	3	4	5	6（4-2）
1	一、跨期收取的租金、利息、特许权使用费收入（2+3+4）						
3	（二）利息	295	130.83	545	295	295	164.17

表 3-115　　　　　　　纳税调整项目明细表（2025 年）　　　　　　　A105000

行次	项目	账载金额	税收金额	调增金额	调减金额
		1	2	3	4
1	一、收入类调整项目（2+3+4+5+6+7+8+10+11）	*	*		
2	（一）视同销售收入（填写 A105010）	*			*
3	（二）未按权责发生制原则确认的收入（填写 A105020）	130.83	295	164.17	
4	（三）投资收益（填写 A105030）	0	250	250	

同时需要注意的是，持有至到期投资的初始计税基础为 1 000 元，到期收回持有至到期投资的面值为 1 250 元，计税收入为 1 250 元，计税收入与计税基础之间的差额应确认所得 250 元，应纳税调增 250 元，需要填报 A105030《投资收益纳税调整明细表》相关项目，企业所得税年度纳税申报表填报实务如表 3-116 所示。

表 3-116　　　　　　　投资收益纳税调整明细表（2025 年）　　　　　　A105030

行次	项目	持有收益			处置收益							纳税调整金额
		账载金额	税收金额	纳税调整金额	会计确认的处置收入	税收计算的处置收入	处置投资的账面价值	处置投资的计税基础	会计确认的处置所得或损失	税收计算的处置所得	纳税调整金额	
		1	2	3（2-1）	4	5	6	7	8（4-6）	9（5-7）	10（9-8）	11（3+10）
3	三、持有至到期投资				1 250	1 250	1 250	1 000	0	250	250	250

综上所述，2021～2025年度该项持有至到期投资持有期间来看，会计核算上确认投资收益5年共计545元，税务处理上先将会计核算的投资收益共计545元纳税调减，最后在持有到期日纳税调增利息295元和处置投资所得250元，共纳税调增545元，整个纳税期间会计和税收确认收益完全相等。需要注意的是，如果企业执行《企业会计准则第22号——金融工具确认和计量》（2017年修订），则上述会计核算中使用"债权投资"科目，2025年债权投资到期时，将税会差异填入A105030《投资收益纳税调整明细表》第9行"九、其他"相关项目中。

假设〖案例3-51〗中，甲公司购入的是国债，其他资料不变，则按照《国家税务总局关于企业国债投资业务企业所得税处理问题的公告》（国家税务总局公告2011年第36号）规定，企业投资国债从国务院财政部门（以下简称发行者）取得的国债利息收入，应以国债发行时约定应付利息的日期，确认利息收入的实现。企业转让国债，应在国债转让收入确认时确认利息收入的实现。企业从发行者直接投资购买的国债持有至到期，其从发行者取得的国债利息收入，全额免征企业所得税。本例中，甲公司购买的国债持有期间的会计和税务处理同上，持有至到期时取得的国债利息295元，全额免征企业所得税。2025年需要填报A107010《免税、减计收入及加计扣除优惠明细表》第2行"（一）国债利息收入免征企业所得税"项目295元。

（三）跨期收取的特许权使用费项目收入项目填报操作实务

《企业所得税法实施条例》第二十条规定，《企业所得税法》第六条第（七）项所称特许权使用费收入，是指企业提供专利权、非专利技术、商标权、著作权以及其他特许权的使用权取得的收入。特许权使用费收入，按照合同约定的特许权使用人应付特许权使用费的日期确认收入的实现。

【案例3-52】2024年1月，A居民企业转让一项全球独占许可使用权，合同使用期限10年，价款100万元（不含税价），合同或协议规定的承租人应付特许权使用费的日期如下：签订合同时先支付55%使用费，以后确认每年末支付5%使用费，企业按期收到使用费并存入银行。

会计处理：2024年1月，确认预收账款55万元，按权责发生制以后每年确认特许权使用费收入10万元。

税务处理：2024年按照合同规定的承租人应付特许权使用费的日期确认收入55万元，以后每年确认特许权使用费收入5万元。纳税调整时，2024年纳税调增45万元，以后每年纳税调减5万元。企业所得税年度纳税申报表填报实务如表3-117和表3-118所示（单位：万元）。

表 3-117　　　　　未按权责发生制确认收入纳税调整明细表（2024 年）　　　　　A105020

行次	项目	合同金额（交易金额）	账载金额		税收金额		纳税调整金额
			本年	累计	本年	累计	
		1	2	3	4	5	6（4-2）
1	一、跨期收取的租金、利息、特许权使用费收入（2+3+4）						
2	（三）特许权使用费	100	10	10	55	55	45

表 3-118　　　　　　　　纳税调整项目明细表（2024 年）　　　　　　　　A105000

行次	项目	账载金额	税收金额	调增金额	调减金额
		1	2	3	4
1	一、收入类调整项目（2+3+4+5+6+7+8+10+11）	*	*		
2	（一）视同销售收入（填写 A105010）	*			*
3	（二）未按权责发生制原则确认的收入（填写 A105020）	10	55		45

三、分期确认收入项目填报实务与案例解析

（一）分期收款方式销售货物收入项目填报实务与案例解析

《企业所得税法实施条例》第二十三条规定，企业的下列生产经营业务可以分期确认收入的实现：以分期收款方式销售货物的，按照合同约定的收款日期确认收入的实现；企业受托加工制造大型机械设备、船舶、飞机，以及从事建筑、安装、装配工程业务或者提供其他劳务等，持续时间超过 12 个月的，按照纳税年度内完工进度或者完成的工作量确认收入的实现。第二十四条规定，采取产品分成方式取得收入的，按照企业分得产品的日期确认收入的实现，其收入额按照产品的公允价值确定。

【案例 3-53】2018 年 1 月 5 日，A 公司采用分期收款方式向 B 公司销售一批商品，双方签订分期收款销售合同，合同约定价格 90 万元（不含税），分三次于每年 12 月 31 日等额收取，商品成本 60 万元，在现销方式下，该商品售价 81.70 万元。由于现价 81.70 万元（不含税），年金 30 万元（不含税），3 期折现率为 5%。假设 2018 年 5 月 1 日前增值税税率为 17%，2019 年 4 月 1 日前增值税税率为 16%，2019 年 4 月 1 日后增值税税率调整为 13%，税率发生变动后双方约定按照增值税纳税义务发生时间适用新税率并同时调整合同不含税金额及税金。A 公司执行《企业会计准则》。

①2018 年 1 月 5 日，按照《企业会计准则》应确认收入并结转销售成本，会计处理如下（单位：万元，下同）：

借：长期应收款　　　　　　　　　　　　　　　　　　　　　105.3

贷：主营业务收入　　　　　　　　　　　　　　　81.7

　　未实现融资收益　　　　　　　　　　　　　　8.3

　　应交税费——待转销项税额（90×17%）　　　15.3

借：主营业务成本　　　　　　　　　　　　　　　60

贷：库存商品　　　　　　　　　　　　　　　　　60

②2018 年 12 月 31 日，《增值税暂行条例实施细则》第 38 条第 3 款规定，以赊销或分期收款方式销售货物为书面合同约定的收款日期的当天，无书面合同的，为货物发出的当天。本例中，应于书面合同约定的收款日期 2018 年 12 月 31 日确认纳税义务发生时间，按照调整后的增值税税率 16% 计算应交增值税（销项税额），会计处理如下：

借：银行存款　　　　　　　　　　　　　　　　　34.8

贷：长期应收款　　　　　　　　　　　　　　　34.8

借：应交税费——待转销项税额（30×16%）　　　4.8

贷：应交税费——应交增值税（销项税额）　　　4.8

按实际利率法摊销未实现融资收益 = （90 − 8.30）×5% = 4.08（万元）

借：未实现融资收益　　　　　　　　　　　　　　4.08

贷：财务费用　　　　　　　　　　　　　　　　4.08

③调整税率发生变动后按照 16% 税率计算的"应交税费——应交增值税（销项税额）"科目余额与按照旧税率估计的"应交税费——待转销项税额"科目余额的差额 = 5.1 − 4.8 = 0.3（万元），并相应地冲减"长期应收款"科目余额。

借：应交税费——待转销项税额　　　　　　　　　0.3

贷：长期应收款　　　　　　　　　　　　　　　0.3

④2018 年此笔业务会计利润 = 81.70 − 60 + 4.08 = 25.78（万元），而按照企业所得税法计算应确认应纳税所得额 = 30 − 60 ÷ 3 = 10（万元），因此，2018 年此笔业务调减应纳税所得额 = 25.78 − 10 = 15.78（万元），并确认递延所得税负债。

借：所得税费用（15.78×25%）　　　　　　　　3.945

贷：递延所得税负债　　　　　　　　　　　　　3.945

企业所得税年度纳税申报表填报实务如表 3 − 119 和表 3 − 120 所示。

表 3 − 119　　　　　未按权责发生制确认收入纳税调整明细表（2018 年）　　　　A105020

行次	项目	合同金额（交易金额）	账载金额		税收金额		纳税调整金额
			本年	累计	本年	累计	
		1	2	3	4	5	6（4−2）
5	二、分期确认收入（6+7+8）	90	81.7	81.7	30	30	−51.7
6	（一）分期收款方式销售货物收入	90	81.7	81.7	30	30	−51.7

表 3 - 120　　　　　　　　纳税调整项目明细表（2018 年）　　　　　A105000

行次	项目	账载金额	税收金额	调增金额	调减金额
		1	2	3	4
1	一、收入类调整项目（2＋3＋4＋5＋6＋7＋8＋10＋11）	*	*		
3	（二）未按权责发生制原则确认的收入（填写 A105020）	81.7	30		51.7
12	二、扣除类调整项目（13＋14＋15＋16＋17＋18＋19＋20＋21＋22＋23＋24＋26＋27＋28＋29＋30）	*	*		
22	（十）与未实现融资收益相关在当期确认的财务费用	-4.08	0		4.08
30	（十七）其他	60	20	40	
45	合计（1＋12＋30＋35＋43＋44）	*	*	40	55.78

⑤2019 年 12 月 31 日，应于书面合同约定的收款日期 2019 年 12 月 31 日确认纳税义务发生时间，按照调整后的增值税税率 13% 计算应交增值税（销项税额）。按照实际利率法摊销未实现融资收益 = $[(90-30)-(8.30-4.08)] \times 5\% = 2.79$（万元）。会计处理如下：

借：银行存款　　　　　　　　　　　　　　　　　　　　　33.9

　　贷：长期应收款　　　　　　　　　　　　　　　　　　　　33.9

借：应交税费——待转销项税额（30×13%）　　　　　　　3.9

　　贷：应交税费——应交增值税（销项税额）（30×13%）　　3.9

借：未实现融资收益　　　　　　　　　　　　　　　　　　2.79

　　贷：财务费用　　　　　　　　　　　　　　　　　　　　2.79

⑥调整税率发生变动后按照 13% 税率计算的"应交税费——应交增值税（销项税额）"科目余额与按照旧税率估计的"应交税费——待转销项税额"科目余额的差额 = 5.1 - 3.9 = 1.2（万元），并相应地冲减"长期应收款"科目余额。

借：应交税费——待转销项税额　　　　　　　　　　　　　1.2

　　贷：长期应收款　　　　　　　　　　　　　　　　　　　1.2

⑦2019 年此笔业务会计利润为 2.79 万元，而按照企业所得税法应确认应纳税所得额 = 30 - 60 ÷ 3 = 10（万元）；因此，2019 年此笔业务调增应纳税所得额 = 10 - 2.79 = 7.21（万元），并转回相应的递延所得税负债。

借：递延所得税负债（7.21×25%）　　　　　　　　　　　1.8025

　　贷：所得税费用　　　　　　　　　　　　　　　　　　　1.8025

企业所得税年度纳税申报表填报实务如表 3 - 121 和表 3 - 122 所示。

表 3 – 121   未按权责发生制确认收入纳税调整明细表（2019 年）   A105020

行次	项目	合同金额（交易金额）	账载金额		税收金额		纳税调整金额
			本年	累计	本年	累计	
		1	2	3	4	5	6 (4 – 2)
5	二、分期确认收入（6 + 7 + 8）	90	0	81.7	30	60	30
6	（一）分期收款方式销售货物收入	90	0	81.7	30	60	30

表 3 – 122   纳税调整项目明细表（2019 年）   A105000

行次	项目	账载金额	税收金额	调增金额	调减金额
		1	2	3	4
1	一、收入类调整项目（2 + 3 + 4 + 5 + 6 + 7 + 8 + 10 + 11）	*	*		
3	（二）未按权责发生制原则确认的收入（填写 A105020）	0	30	30	
12	二、扣除类调整项目（13 + 14 + 15 + 16 + 17 + 18 + 19 + 20 + 21 + 22 + 23 + 24 + 26 + 27 + 28 + 29 + 30）	*	*		
22	（十）与未实现融资收益相关在当期确认的财务费用	– 2.79	0		2.79
30	（十七）其他	0	20		20
46	合计（1 + 12 + 30 + 35 + 44 + 45）	*	*	30	22.79

⑧2020 年 12 月 31 日，应于书面合同约定的收款日期 2020 年 12 月 31 日确认纳税义务发生时间，按照调整后的增值税税率 13% 计算应交增值税（销项税额）。按照实际利率法摊销未实现融资收益 = 8.30 – 4.08 – 2.79 = 1.43（万元）。会计处理如下：

借：银行存款   33.9

　　贷：长期应收款   33.9

借：应交税费——待转销项税额（30 × 13%）   3.9

　　贷：应交税费——应交增值税（销项税额）（30 × 13%）   3.9

借：未实现融资收益   1.43

　　贷：财务费用   1.43

⑨调整税率发生变动后，按照 13% 税率计算的"应交税费——应交增值税（销项税额）"科目余额与按照旧税率估计的"应交税费——待转销项税额"科目余额的差额 = 5.1 – 3.9 = 1.2（万元），并相应地冲减"长期应收款"科目余额。

借：应交税费——待转销项税额   1.2

　　贷：长期应收款   1.2

⑩2020 年此笔业务会计利润为 1.43 万元，而按照企业所得税法应确认应纳税所得额 = 30 – 60 ÷ 3 = 10（万元），因此，2020 年此笔业务调增应纳税所得额 = 10 – 1.43 = 8.57（万元），并转回相应的递延所得税负债。

借：递延所得税负债（8.57 × 25%）   2.1425

　　贷：所得税费用   2.1425

企业所得税年度纳税申报表填报实务如表 3 – 123 和表 3 – 124 所示。

表 3 – 123　　　　　未按权责发生制确认收入纳税调整明细表（2020 年）　　　　A105020

行次	项目	合同金额（交易金额）	账载金额		税收金额		纳税调整金额
			本年	累计	本年	累计	
		1	2	3	4	5	6（4 – 2）
5	二、分期确认收入（6 + 7 + 8）	90	0	81.7	30	90	30
6	（一）分期收款方式销售货物收入	90	0	81.7	30	90	30

表 3 – 124　　　　　　　　纳税调整项目明细表（2020 年）　　　　　　　　A105000

行次	项目	账载金额	税收金额	调增金额	调减金额
		1	2	3	4
1	一、收入类调整项目（2 + 3 + 4 + 5 + 6 + 7 + 8 + 10 + 11）	*	*	30	
3	（二）未按权责发生制原则确认的收入（填写 A105020）	0	30	30	
12	二、扣除类调整项目（13 + 14 + 15 + 16 + 17 + 18 + 19 + 20 + 21 + 22 + 23 + 24 + 26 + 27 + 28 + 29 + 30）	*	*		21.43
22	（十）与未实现融资收益相关在当期确认的财务费用	– 1.43	0		1.43
30	（十七）其他	0	20		20
46	合计（1 + 12 + 30 + 35 + 44 + 45）	*	*	30	21.43

结论：具有融资性分期收款方式销售，从分期收款合同约定的 2018 ~ 2020 年三年期间来看，此笔业务累计实现会计利润 = 25.78 + 2.79 + 1.43 = 30（万元），而三年期间的应纳税所得额 = 10 + 10 + 10 = 30（万元），应纳税暂时性差异产生的递延所得税负债全部转回金额 = 3.945 – 1.8025 – 2.1425 = 0，"长期应收款"科目和"应交税费——待转销项税额"科目余额均为 0。

【案例 3 – 54】2017 年 9 月 20 日，A 公司向 B 企业销售材料 10 万吨，每吨含税价为 500 元，实际成本价为 300 元。合同约定分三期付款，B 公司收到材料后 1 个月即 2017 年 10 月 20 日付款 50%（即 2 500 万元），2018 年 9 月 30 日付款 30%，2019 年 9 月 30 日付款 20%。A 公司收到第一期货款后，货物所有权归属于 B 公司。2017 年 10 月 15 日，A 公司收到首笔价款。A 公司企业所得税税率为 25%，各年度均盈利。假设 2018 年 5 月 1 日前增值税税率为 17%，2019 年 4 月 1 日前增值税税率调整为 16%，2019 年 4 月 1 日后增值税税率调整为 13%，税率发生变动后双方约定按照增值税纳税义务发生时间适用新税率，但是不调整合同不含税金额及税金。A 公司执行《企业会计准则》。

分析：由于本例中分期收款销售商品的收款时间未超过 3 年，实质上不具有融资性质，各年度相关会计和税务处理如下（单位：万元）。

①2017 年 9 月发出货物，不符合会计收入确认条件。

借：合同资产　　　　　　　　　　　　　　　　　　　　3 000

　　贷：库存商品　　　　　　　　　　　　　　　　　　3 000

②A 公司 2017 年 10 月收到第一笔货款并确认收入，向 B 公司开具 2 500 万元的增值税发票，税率为 17%。

借：银行存款　　　　　　　　　　　　　　　　　　　　2 500

　　长期应收款——B 公司　　　　　　　　　　　　　　2 500

　　贷：主营业务收入　　　　　　　　　　　　　　　4 273.50

　　　　应交税费——应交增值税（销项税额）　　　　363.25

　　　　　　　　——待转销项税额　　　　　　　　　363.25

同时，结转销售商品的成本：

借：主营业务成本　　　　　　　　　　　　　　　　　　3 000

　　贷：合同资产　　　　　　　　　　　　　　　　　　3 000

③2017 年 12 月 31 日，长期应收款（货款）的账面价值为 2 136.75 万元，计税基础为 0，确认与长期应收款有关的递延所得税负债 534.1875 万元（2 136.75 × 25%）：

借：所得税费用　　　　　　　　　　　　　　　　　534.1875

　　贷：递延所得税负债　　　　　　　　　　　　　534.1875

④2017 年 12 月 31 日，存货的账面价值为 0，计税基础为 1 500 万元，确认与存货有关的递延所得税资产 375 万元（1 500 × 25%）：

借：递延所得税资产　　　　　　　　　　　　　　　　　375

　　贷：所得税费用　　　　　　　　　　　　　　　　　375

⑤A 公司进行 2017 年度企业所得税申报时，企业所得税按照合同约定时间及金额确认收入 = 2 500 ÷ 1.17 = 2 136.75（万元），扣除销售成本 = 3 000 × 50% = 1 500（万元），会计处理上确认收入 4 273.50 万元，结转销售成本 3 000 万元，应作收入纳税调减 2 136.75 万元（4 273.50 − 2 136.75），按照配比原则应作成本纳税调增 1 500 万元（3 000 − 1 500）。企业所得税年度纳税申报表填报实务如表 3 − 125 和表 3 − 126 所示。

表 3 − 125　　　　　　未按权责发生制确认收入纳税调整明细表（2017 年）　　　　A105020

行次	项目	合同金额（交易金额）	账载金额		税收金额		纳税调整金额
			本年	累计	本年	累计	
		1	2	3	4	5	6（4−2）
5	二、分期确认收入（6 + 7 + 8）	4 273.5	4 273.5	4 273.5	2 136.75	2 136.75	− 2 136.75
6	（一）分期收款方式销售货物收入	4 273.5	4 273.5	4 273.5	2 136.75	2 136.75	− 2 136.75
14	合计（1 + 5 + 9 + 13）	4 273.5	4 273.5	4 273.5	2 136.75	2 136.75	− 2 136.75

表 3 - 126　　　　　　　　纳税调整项目明细表（2017 年）　　　　　　　　A105000

行次	项目	账载金额	税收金额	调增金额	调减金额
		1	2	3	4
1	一、收入类调整项目（2 + 3 + 4 + 5 + 6 + 7 + 8 + 10 + 11）	*	*		2 136.75
3	（二）未按权责发生制原则确认的收入（填写 A105020）	4 273.5	2 136.75		2 136.75
12	二、扣除类调整项目（13 + 14 + 15 + 16 + 17 + 18 + 19 + 20 + 21 + 22 + 23 + 24 + 26 + 27 + 28 + 29 + 30）	*	*	1 500	
26	（十三）跨期扣除项目	3 000	1 500	1 500	
45	合计（1 + 12 + 30 + 35 + 41 + 44）	*	*	1 500	2 136.75

⑥A 公司 2018 年 9 月收到第二笔货款并向 B 公司开具 1 500 万元的增值税发票，税率为 16%。

借：银行存款　　　　　　　　　　　　　　　　　　1 500

　　贷：长期应收款　　　　　　　　　　　　　　　　　　1 500

借：应交税费——待转销项税额（16% × 1 500 ÷ 1.16）　　206.9

　　贷：应交税费——应交增值税（销项税额）　　　　　　206.9

调整税率发生变动后按照 16% 税率计算的"应交税费——应交增值税（销项税额）"科目余额与按照旧税率估计的"应交税费——待转销项税额"科目余额的差额 = 217.95 - 206.9 = 11.05（万元），并相应地确认当期主营业务收入。

借：应交税费——待转销项税额　　　　　　　　　　11.05

　　贷：主营业务收入　　　　　　　　　　　　　　　　　11.05

⑦2018 年 12 月 31 日递延所得税负债余额为 215.5172 万元（1 000 ÷ 1.16 × 25%），需转回递延所得税负债 318.6703 万元（534.1875 - 215.5172）。

借：递延所得税负债　　　　　　　　　　　　　　　318.6703

　　贷：所得税费用　　　　　　　　　　　　　　　　　　318.6703

⑧2018 年 12 月 31 日递延所得税资产余额为 150 万元（600 × 25%），需转回递延所得税资产 225 万元（375 - 150）。

借：所得税费用　　　　　　　　　　　　　　　　　225

　　贷：递延所得税资产　　　　　　　　　　　　　　　　225

⑨A 公司进行 2018 年度企业所得税纳税申报时，企业所得税按照合同约定时间及金额确认销售收入 = 1 500 ÷ 1.16 = 1 293.1（万元），扣除销售成本 = 3 000 × 30% = 900（万元），会计处理上，确认收入 11.05 万元。企业所得税年度纳税申报表填报实务如表 3 - 127 和表 3 - 128 所示。

表3-127　　　　未按权责发生制确认收入纳税调整明细表（2018年）　　　A105020

行次	项目	合同金额（交易金额）	账载金额		税收金额		纳税调整金额
			本年	累计	本年	累计	
		1	2	3	4	5	6（4-2）
5	二、分期确认收入（6+7+8）	4 284.55	11.05	4 284.55	1 293.1	3 429.85	1 282.05
6	（一）分期收款方式销售货物收入	4 284.55	11.05	4 284.55	1 293.1	3 429.85	1 282.05

表3-128　　　　　　纳税调整项目明细表（2018年）　　　　　A105000

行次	项目	账载金额	税收金额	调增金额	调减金额
		1	2	3	4
1	一、收入类调整项目（2+3+4+5+6+7+8+10+11）	*	*	1 282.05	
3	（二）未按权责发生制原则确认的收入（填写A105020）	11.05	1 293.1	1 282.05	
12	二、扣除类调整项目（13+14+15+16+17+18+19+20+21+22+23+24+26+27+28+29+30）	*	*		900
26	（十三）跨期扣除项目	0	900		900
45	合计（1+12+30+35+41+44）	*	*	1 282.05	900

⑩A公司2019年9月收到第三笔货款并向B公司开具1 000万元的增值税发票，增值税税率为13%。

借：银行存款　　　　　　　　　　　　　　　　　1 000
　　贷：长期应收款　　　　　　　　　　　　　　　1 000
借：应交税费——待转销项税额（13%×1 000÷1.13）　115.04
　　贷：应交税费——应交增值税（销项税额）　　　115.04

调整税率发生变动后按照13%税率计算的"应交税费——应交增值税（销项税额）"科目余额与按照旧税率估计的"应交税费——待转销项税额"科目余额的差额=145.3-115.04=30.26（万元），并相应地确认当期主营业务收入。此时，增值税纳税义务已经全部发生，"应交税费——待转销项税额"科目余额为0。

借：应交税费——待转销项税额　　　　　　　　　30.26
　　贷：主营业务收入　　　　　　　　　　　　　　30.26

⑪2019年12月31日递延所得税负债余额为零，转回"递延所得税负债"科目余额：
借：递延所得税负债　　　　　　　　　　　　　215.5172
　　贷：所得税费用　　　　　　　　　　　　　　215.5172

⑫2019年12月31日递延所得税资产余额为零，转回"递延所得税资产"科目余额：
借：所得税费用　　　　　　　　　　　　　　　　150
　　贷：递延所得税资产　　　　　　　　　　　　　150

⑬2019年度A公司年度企业所得税纳税申报时，企业所得税按照合同约定时间及

金额确认销售收入 = 1 000 ÷ 1.13 = 884.96（万元），扣除销售成本 = 3 000 × 20% = 600（万元），会计处理上确认收入 30.26 万元。企业所得税年度纳税申报表填报实务如表 3 - 129 和表 3 - 130 所示。

表 3 - 129 　　　　未按权责发生制确认收入纳税调整明细表（2019 年）　　　　A105020

行次	项目	合同金额（交易金额）	账载金额		税收金额		纳税调整金额
			本年	累计	本年	累计	
		1	2	3	4	5	6（4 - 2）
5	二、分期确认收入（6 + 7 + 8）	4 314.81	30.26	4 314.81	884.96	4 314.81	854.70
6	（一）分期收款方式销售货物收入	4 314.81	30.26	4 314.81	884.96	4 314.81	854.70

表 3 - 130 　　　　　　纳税调整项目明细表（2019 年）　　　　　　A105000

行次	项目	账载金额	税收金额	调增金额	调减金额
		1	2	3	4
1	一、收入类调整项目（2 + 3 + 4 + 5 + 6 + 7 + 8 + 10 + 11）	*	*	854.70	
3	（二）未按权责发生制原则确认的收入（填写 A105020）	30.26	884.96	854.70	
12	二、扣除类调整项目（13 + 14 + 15 + 16 + 17 + 18 + 19 + 20 + 21 + 22 + 23 + 24 + 26 + 27 + 28 + 29 + 30）	*	*		600
26	（十三）跨期扣除项目	0	600		600
45	合计（1 + 12 + 30 + 35 + 41 + 44）	*	*	854.70	600

结论：2017 ~ 2019 年，该业务会计核算收入 = 4 273.5 + 11.05 + 30.26 = 4 314.81（万元），销售成本为 3 000 万元，税务处理确认收入 = 2 136.75 + 1 293.1 + 884.96 = 4 314.81（万元），税前扣除销售成本 = 1 500 + 900 + 600 = 3 000（万元），税会处理一致。

（二）持续时间超过 12 个月的建造合同收入项目填报操作实务

【案例 3 - 55】某建筑有限公司签订一项总金额为 2 000 万元（不含税）的公路修建固定造价合同，于 2024 年 8 月 1 日开工，在 2025 年 9 月 1 日完工。修建的公路长度为 10 公里。预计工程总成本为 1 700 万元。2024 年该项工程发生成本为 600 万元，11 月 20 日已向客户开出工程价款结算账单办理结算价款 700 万元，实际收到合同价款 650 万元。2024 年末修建完工的公路长度为 3.5 公里。2024 年末，但由于客户出现严重财务困难，预计与合同相关的经济利益不是很可能流入企业。2025 年该项工程发生成本为 1 050 万元，已向客户开出工程价款结算账单办理结算价款 1 300 万元，实际收到合同价款 1 350 万元。假设该企业执行《小企业会计准则》。

（1）2024 年会计处理如下（单位：万元，下同）。

①登记实际发生的合同成本：

借：工程施工——合同成本　　　　　　　　　　　　　　　　600

　　贷：原材料、应付职工薪酬、机械作业等 　　　　　　　　　 600

②登记已结算的合同价款：

　　借：应收账款 　　　　　　　　　　　　　　　　　　　　　　 700

　　　　贷：工程结算 　　　　　　　　　　　　　　　　　　　　 700

③登记实际收到的合同价款：

　　借：银行存款 　　　　　　　　　　　　　　　　　　　　　　 650

　　　　贷：应收账款 　　　　　　　　　　　　　　　　　　　　 650

④登记当年的收入和费用：

　　借：主营业务成本 　　　　　　　　　　　　　　　　　　　　 600

　　　　工程施工——合同毛利 　　　　　　　　　　　　　　　　 50

　　　　贷：主营业务收入 　　　　　　　　　　　　　　　　　　 650

　　⑤分析2024年企业所得税收入。《国家税务总局关于确认企业所得税收入若干问题的通知》（国税函〔2008〕875号）第二条规定，企业在各个纳税期末，提供劳务交易的结果能够可靠估计的，应采用完工进度（完工百分比）法确认提供劳务收入。该公司2024年应按已完成的合同工作量占合同总工作量的比例确定合同完工进度。合同完工进度 = 3.5 ÷ 10 × 100% = 35%，企业所得税上应确认的收入 = 2 000 × 35% = 700（万元）。企业所得税年度纳税申报表填报实务如表3-131和表3-132所示。

表3-131　　　　未按权责发生制确认收入纳税调整明细表（2024年）　　　　A105020

行次	项目	合同金额（交易金额）	账载金额		税收金额		纳税调整金额
			本年	累计	本年	累计	
		1	2	3	4	5	6 (4-2)
5	二、分期确认收入（6+7+8）	2 000	650	650	700	700	50
7	（二）持续时间超过12个月的建造合同收入	2 000	650	650	700	700	50
14	合计（1+5+9+13）	2 000	650	650	700	700	50

表3-132　　　　　　　　纳税调整项目明细表（2024年）　　　　　　　　A105000

行次	项目	账载金额	税收金额	调增金额	调减金额
		1	2	3	4
1	一、收入类调整项目（2+3+4+5+6+7+8+10+11）	*	*		
3	（二）未按权责发生制原则确认的收入（填写A105020）	650	700	50	
43	合计（1+12+30+35+41+42）	*	*	50	

（2）2025年会计处理如下。

①登记实际发生的合同成本：

　　借：工程施工——合同成本 　　　　　　　　　　　　　　　 1 050

贷：原材料、应付职工薪酬、机械作业等   1 050

②登记已结算的合同价款：

借：应收账款   1 300

    贷：工程结算   1 300

③登记实际收到的合同价款：

借：银行存款   1 350

    贷：应收账款   1 350

④登记当年的收入和费用：

借：主营业务成本   1 050

    工程施工——合同毛利   300

    贷：主营业务收入   1 350

⑤2025 年企业所得税收入 = 2 000 - 700 = 1 300（万元），企业所得税年度纳税申报表填报实务如表 3 - 133 和表 3 - 134 所示。

表 3 - 133   **未按权责发生制确认收入纳税调整明细表（2025 年）**   A105020

行次	项目	合同金额（交易金额）	账载金额		税收金额		纳税调整金额
			本年	累计	本年	累计	
		1	2	3	4	5	6 (4 - 2)
5	二、分期确认收入（6 + 7 + 8）	2 000	1 350	2 000	1 300	2 000	- 50
6	（一）分期收款方式销售货物收入						
7	（二）持续时间超过 12 个月的建造合同收入	2 000	1 350	2 000	1 300	2 000	- 50
8	（三）其他分期确认收入						
14	合计（1 + 5 + 9 + 13）	2 000	1 350	2 000	1 300	2 000	- 50

表 3 - 134   **纳税调整项目明细表（2025 年）**   A105000

行次	项目	账载金额	税收金额	调增金额	调减金额
		1	2	3	4
1	一、收入类调整项目（2 + 3 + 4 + 5 + 6 + 7 + 8 + 10 + 11）	*	*		50
3	（二）未按权责发生制原则确认的收入（填写 A105020）	1 350	1 300		50
43	合计（1 + 12 + 30 + 35 + 41 + 42）	*	*		50

【案例 3 - 56】2024 年 4 月 10 日，甲建筑公司与乙房地产开发公司签署了总金额为 1 090 万元（含税）厂房建造合同。工程于 2024 年 4 月 20 日开工，计划到 2025 年 11 月 30 日前完工，预计工程总成本 800 万元（不含税）。截至 2024 年 12 月 31 日，该项目已经发生成本 400 万元（不含税），预计完成合同还将发生 400 万元（不含税），已结算工程价款 654 万元（含税）并开具了 9% 的增值税专用发票。2024 年 12 月 31 日，甲公司得知乙公司 2024 年度生产经营发生严重困难，已结算工程价款很可能无法

收回。该项目采用增值税一般计税方式，税率9%，会计和税务处理如下（单位：万元）。

分析：根据《企业会计准则第14号——收入》（2017年修订）的规定，由于乙公司生产经营发生严重困难，剩余工程款很可能无法收回，经济利益不是很可能流入企业，不符合收入确认条件，因此，不能按照履约进度确认建筑服务收入。但甲公司已经将发生的合同成本400万元确认为当期损益。

①实际发生建造合同成本。

借：合同履约成本——工程施工成本　　　　　　　　　　　　　　400
　　贷：原材料、应付职工薪酬等　　　　　　　　　　　　　　　　400

②办理结算工程款，并开具增值税专用发票。

借：应收账款　　　　　　　　　　　　　　　　　　　　　　　　654
　　贷：合同结算　　　　　　　　　　　　　　　　　　　　　　　600
　　　　应交税费——应交增值税（销项税额）　　　　　　　　　　54

③因经济利益很可能无法实现，会计核算不确认合同收入，但该企业结转了实际发生的合同成本400万元。

借：主营业务成本　　　　　　　　　　　　　　　　　　　　　　400
　　贷：合同履约成本——工程施工成本　　　　　　　　　　　　　400

④按照《国家税务总局关于确认企业所得税收入若干问题的通知》（国税函〔2008〕875号）的规定，2024年末应按照完工百分比法，以完工进度确认企业所得税收入。完工进度 = 400 ÷ 800 × 100% = 50%，确认缴纳企业所得税收入 = （1 090 ÷ 1.09）× 50% = 500（万元），税前扣除实际发生成本400万元，应纳税所得额 = 500 − 400 = 100（万元），会计利润总额 = 0 − 400 = −400（万元），应纳税调增 = 100 − （−400）= 500（万元）。企业所得税年度纳税申报表填报实务如表3 − 135所示。

表3 − 135　　　　　　未按权责发生制确认收入纳税调整明细表　　　　　A105020

行次	项目	合同金额（交易金额）	账载金额		税收金额		纳税调整金额
			本年	累计	本年	累计	
		1	2	3	4	5	6（4−2）
5	二、分期确认收入（6+7+8）						
6	（一）分期收款方式销售货物收入						
7	（二）持续时间超过12个月的建造合同收入	1 000	0	0	500	500	500
8	（三）其他分期确认收入						

【案例3 − 57】2024年8月10日，甲公司与乙公司签署了总金额为1 130万元（含税）的大型专用机械设备建造合同，合同约定分期付款。甲公司按照乙公司的具体要

求设计和建造设备，甲公司在自己的厂区内完成该设备的建造，乙公司无法控制在建工程中的设备。甲公司如果想把该设备出售给其他客户，需要发生重大的改造成本。双方约定，乙公司如果单方面违约的话，乙公司需要向甲公司支付相当于合同总价30%的违约金，且建造中的设备归甲公司所有。设备于2024年8月20日开工建造，计划到2025年11月30日前完工，预计工程总成本800万元（不含税）。截至2024年12月31日，该项目已经发生成本300万元（不含税），预计完成合同还将发生成本500万元（不含税），合同约定2024年8月15日甲公司预收20%货款（含税）。2024年12月31日，收到10%货款（含税）。2025年6月30日，收到30%货款（含税），2025年10月10日提前完工并验收，收到剩余款项。该企业已执行《企业会计准则第14号——收入》（2017年修订）。

分析：本例中，该合同仅仅包含一项履约义务，即设计和建造该设备，该设备是按照乙公司的要求进行设计和建造的，甲公司需要发生重大的改造成本，将该设备改造之后才能出售给其他客户，因此，该设备具有不可替代用途，并且如果乙公司单方面解约，那么仅需要向甲公司支付相当于合同总价30%的违约金，表明甲公司无法在整个合同期间内的任一时点都有权就累计至今已完成的履约部分收取能够补偿其已发生成本和合理利润的款项，因此，甲公司为乙公司设计和建造专用设备不属于在一段时期内履行的履约义务。会计和税务处理如下（单位：万元）。

①2024年8月15日甲公司预收20%货款（含税）226万元，按照《增值税暂行条例实施细则》第三十八条第四款的规定，纳税人采取预收货款方式生产销售生产工期超过12个月的大型机械设备、船舶、飞机等特定货物，为收到预收款或者书面合同约定的收款日期的当天。本例中，采取预收货款方式，生产销售生产工期超过12个月的大型专用机械设备，收到预收款200万元，发生增值税纳税义务计算缴纳增值税26万元。

借：银行存款   226
  贷：合同负债   200
    应交税费——应交增值税（销项税额） 26

②截至2024年12月31日，该项目已经发生成本300万元。

借：合同履约成本   300
  贷：银行存款、原材料、应付职工薪酬等 300

③2024年12月31日，收到10%货款（含税）。增值税纳税义务发生时间为实际收款当天。即使本例中按照合同约定的收款时间没有实际收到款项，也应该确认应收账款、合同负债和销项税额。

借：银行存款   113

　　　　　贷：合同负债　　　　　　　　　　　　　　　　　　　　　　100

　　　　　　　应交税费——应交增值税（销项税额）　　　　　　　　　 13

　　④会计核算按照新修订的《企业会计准则第14号——收入》时点法确认收入，即在履约时点交付时确认收入和摊销合同履约成本，2024年不确认收入和结转成本。企业所得税处理：按照《企业所得税法实施条例》第二十三条（二）的规定，企业的下列生产经营业务可以分期确认收入的实现：企业受托加工制造大型机械设备、船舶、飞机，以及从事建筑、安装、装配工程业务或者提供其他劳务等，持续时间超过12个月的，按照纳税年度内完工进度或者完成的工作量确认收入的实现。

　　2024年按照税法计算完工百分比＝已经发生成本/预计总成本＝300/800×100%＝37.5%，按照税法计算的收入＝1 000×37.5%＝375（万元），按照税法计算的成本＝800×37.5%＝300（万元）。

　　2024年企业所得税纳税申报表填报实务如表3-136和表3-137所示。

表3-136　　　　　　　未按权责发生制确认收入纳税调整明细表　　　　　A105020

行次	项目	合同金额（交易金额）	账载金额		税收金额		纳税调整金额
			本年	累计	本年	累计	
		1	2	3	4	5	6（4-2）
5	二、分期确认收入（6+7+8）						
7	（二）持续时间超过12个月的建造合同收入	1 000	0	0	375	375	375

表3-137　　　　　　　　　　　纳税调整项目明细表　　　　　　　　　　A105000

行次	项目	账载金额	税收金额	调增金额	调减金额
		1	2	3	4
1	一、收入类调整项目（2+3+…8+10+11）	*	*		
3	（二）未按权责发生制原则确认的收入（填写A105020）	0	375	375	
12	二、扣除类调整项目（13+14+…24+26+27+28+29+30）	*	*		
26	（十三）跨期扣除项目	0	300	0	300

　　⑤2025年6月30日，收到30%货款（含税）。

　　借：银行存款　　　　　　　　　　　　　　　　　　　　　　　　339

　　　　　贷：合同负债　　　　　　　　　　　　　　　　　　　　　　300

　　　　　　　应交税费——应交增值税（销项税额）　　　　　　　　　 39

　　⑥2025年10月30日，因提前完工并验收交付设备控制权转移确认收入，收到剩余款项并因为提前完工收到奖励100万元。2025年会计核算收入按照履约时点交付时确认收入1 100万元和摊销合同履约成本850万元。

借：银行存款　　　　　　　　　　　　　　　　　　　　　　565

　　合同负债　　　　　　　　　　　　　　　　　　　　　　600

　　　贷：主营业务收入　　　　　　　　　　　　　　　　1 100

　　　　　应交税费——应交增值税（销项税额）　　　　　　65

借：主营业务成本　　　　　　　　　　　　　　　　　　　　850

　　　贷：合同履约成本　　　　　　　　　　　　　　　　　850

⑦企业所得税处理，按照《企业所得税法实施条例》第二十三条的规定，企业的下列生产经营业务可以分期确认收入的实现：企业受托加工制造大型机械设备、船舶、飞机，以及从事建筑、安装、装配工程业务或者提供其他劳务等，持续时间超过 12 个月的，按照纳税年度内完工进度或者完成的工作量确认收入的实现。2025 年按照税法计算完工百分比 = 100%，按照税法计算的收入 = 1 100 − 375 = 725（万元），按照税法计算的成本 = 850 − 300 = 550（万元）。

2025 年纳税申报表填报实务如表 3 − 138 和表 3 − 139 所示。

表 3 − 138　　　　未按权责发生制确认收入纳税调整明细表　　　　　　A105020

行次	项目	合同金额（交易金额）	账载金额		税收金额		纳税调整金额
			本年	累计	本年	累计	
		1	2	3	4	5	6 (4 − 2)
5	二、分期确认收入（6 + 7 + 8）						
7	（二）持续时间超过 12 个月的建造合同收入	1 100	1 100	1 100	725	1 100	− 375

表 3 − 139　　　　　　　　纳税调整项目明细表　　　　　　　　　　A105000

行次	项目	账载金额	税收金额	调增金额	调减金额
		1	2	3	4
1	一、收入类调整项目（2 + 3 + …8 + 10 + 11）	*	*		
3	（二）未按权责发生制原则确认的收入（填写 A105020）	1 100	725		375
12	二、扣除类调整项目（13 + 14 + …24 + 26 + 27 + 28 + 29 + 30）	*	*		
26	（十三）跨期扣除项目	850	550	300	

四、政府补助递延收入项目填报实务与案例解析

具体申报要点：符合税法规定不征税收入条件的政府补助收入，本表不作调整，在 A105040《专项用途财政性资金纳税调整明细表》中纳税调整。

【案例 3 − 58】按照国家有关政策，企业购置环保设备可以申请财政补贴。A 企业

于 2022 年 1 月 20 日，向政府有关部门提交了 420 万元的政府补助申请，作为对其购置符合条件环保设备的补贴。2022 年 3 月 15 日，A 企业实际收到政府补助 420 万元。2022 年 4 月 20 日 A 企业购入一台不需要安装环保设备，取得增值税专用发票注明的价款为 960 万元，增值税进项税额为 124.8 万元，该设备当月投入使用，会计核算采用年限平均法计提折旧，预计使用年限 10 年，预计净残值为 0。2030 年 4 月 A 企业将该环保设备对外出售给 B 公司，取得处置不含税价款 240 万元，增值税销项税额 31.2 万元已存入银行，并已经向 B 公司开具了增值税专用发票。

方法一，A 企业采用总额法会计处理如下。

①2022 年 3 月 15 日，实际收到属于与资产相关的政府补助 420 万元，存入专用银行账户并确认递延收益。

借：银行存款	4 200 000
贷：递延收益	4 200 000

②2022 年 4 月 20 日，购入不需要安装的环保设备并取得增值税专用发票且已进行用途确认申报抵扣进项税额。

借：固定资产——环保设备	9 600 000
应交税费——应交增值税（进项税额）	1 248 000
贷：银行存款	10 848 000

③自 2022 年 5 月起，每月末直线法计提折旧，同时摊销递延收益。

a. 假设该环保设备用于生产产品并减少产品污染物排放，其折旧费用记入"制造费用"科目。

借：制造费用	80 000
贷：累计折旧（9 600 000 ÷ 10 ÷ 12）	80 000

b. 月末在相关资产使用寿命内按照合理、系统的方法分摊递延收益计入损益，由于购置该环保设备取得政府补助属于与企业日常活动有关的政府补助，企业应记入"其他收益"科目。

借：递延收益（4 200 000 ÷ 10 ÷ 12）	35 000
贷：其他收益	35 000

④2030 年 4 月出售设备同时将剩余的未摊销的递延收益全部转入当期损益，即一次性转销"递延收益"科目余额 = $420 - 420 \div 10 \times (8 + 7 \times 12 + 4) \div 12 = 84$（万元）。

借：递延收益	840 000
贷：其他收益	840 000
借：固定资产清理	1 920 000
累计折旧 $[(8 + 7 \times 12 + 4) \times 9 600 000 \div 10 \div 12]$	7 680 000

```
        贷：固定资产——环保设备                              9 600 000
    借：银行存款                              2 712 000
        贷：固定资产清理                                    2 712 000
    借：固定资产清理                          312 000
        贷：应交税费——应交增值税（销项税额）                  312 000
    借：固定资产清理                          480 000
        贷：资产处置损益——处置非流动资产利得                  480 000
```

⑤作为征税收入的政府补助相关税务处理。

2022年3月15日，实际收到财政补助属于企业所得税法规定的收入总额中的其他收入（补贴收入），如果不符合企业所得税法规定的不征税收入条件或虽符合条件但企业作为征税收入处理，应一次性计入实际取得当年的应纳税所得额。

2022年，按照政府补助准则规定计入其他收益为280 000元（35 000×8），按照税法规定计入当年应纳税所得额为4 200 000元，税会差异为3 920 000元（4 200 000－280 000），2022年企业所得税汇算清缴时，应进行纳税调增3 920 000元。

2023~2029年，按照政府补助准则规定计入其他收益420 000元（35 000×12），按照税法规定企业在实际收到政府补助的2022年度已经全额计入收入总额并计算缴纳了企业所得税，以后年度不再计入应纳税所得额，税会差异为420 000元，每年企业所得税汇算清缴时应进行纳税调减420 000元。

2030年，按照会计准则处理政府补助计入其他收益为980 000元（35 000×4＋840 000），按照税法规定政府补助计入应纳税所得额为0元，税会差异为980 000元；会计处理计入资产处置损益为480 000元，按照税法规定固定资产转让时固定资产的计税基础为1 920 000（9 600 000－9 600 000×8/10），计入资产转让所得为480 000元（2 400 000－1 920 000），税会差异为0元，2030年企业所得税汇算清缴时应进行纳税调减980 000元。

总算验证：2022~2030年纳税调增3 920 000元，纳税调减＝420 000×7＋980 000＝3 920 000（元），核对相符。

企业所得税年度纳税申报表填报实务如表3－140~表3－145所示（单位：万元）。

表3－140　　　　未按权责发生制确认收入纳税调整明细表（2022年）　　　　A105020

行次	项目	合同金额（交易金额）	账载金额		税收金额		纳税调整金额
			本年	累计	本年	累计	
		1	2	3	4	5	6（4－2）
9	三、政府补助递延收入（10＋11＋12）	420	28	28	420	420	392
10	（一）与收益相关的政府补助						
11	（二）与资产相关的政府补助	420	28	28	420	420	392
14	合计（1＋5＋9＋13）	420	28	28	420	420	392

表 3-141 纳税调整项目明细表（2022 年） A105000

行次	项目	账载金额	税收金额	调增金额	调减金额
		1	2	3	4
1	一、收入类调整项目（2＋3＋4＋5＋6＋7＋8＋10＋11）	*	*	392	
3	（二）未按权责发生制原则确认的收入（填写 A105020）	28	420	392	

表 3-142 未按权责发生制确认收入纳税调整明细表（2023～2029 年） A105020

行次	项目	合同金额（交易金额）	账载金额		税收金额		纳税调整金额
			本年	累计	本年	累计	
		1	2	3	4	5	6（4－2）
9	三、政府补助递延收入（10＋11＋12）	420	42	70	0	420	－42
10	（一）与收益相关的政府补助						
11	（二）与资产相关的政府补助	420	42	70	0	420	－42
14	合计（1＋5＋9＋13）	420	42	70	0	420	－42

表 3-143 纳税调整项目明细表（2023～2029 年） A105000

行次	项目	账载金额	税收金额	调增金额	调减金额
		1	2	3	4
1	一、收入类调整项目（2＋3＋4＋5＋6＋7＋8＋10＋11）	*	*		42
3	（二）未按权责发生制原则确认的收入（填写 A105020）	42	0		42

表 3-144 未按权责发生制确认收入纳税调整明细表（2030 年） A105020

行次	项目	合同金额（交易金额）	账载金额		税收金额		纳税调整金额
			本年	累计	本年	累计	
		1	2	3	4	5	6（4－2）
9	三、政府补助递延收入（10＋11＋12）	420	98	420	0	420	－98
10	（一）与收益相关的政府补助						
11	（二）与资产相关的政府补助	420	98	420	0	420	－98
14	合计（1＋5＋9＋13）	420	98	420	0	420	－98

表 3-145 纳税调整项目明细表（2030 年） A105000

行次	项目	账载金额	税收金额	调增金额	调减金额
		1	2	3	4
1	一、收入类调整项目（2＋3＋4＋5＋6＋7＋8＋10＋11）	*	*		98
3	（二）未按权责发生制原则确认的收入（填写 A105020）	98	0		98

方法二，A 企业采用净额法会计处理如下。

①2022 年 3 月 15 日，实际收到属于与资产相关的政府补助 420 万元，存入专用银行账户并确认递延收益。

借：银行存款　　　　　　　　　　　　　　4 200 000

　　贷：递延收益　　　　　　　　　　　　　　4 200 000

②2022 年 4 月 20 日，购入不需要安装的环保设备并取得增值税专用发票且已进行用途确认申报抵扣进项税额。同时，应当冲减固定资产的账面价值。

借：固定资产	9 600 000
应交税费——应交增值税（进项税额）	1 248 000
贷：银行存款	10 848 000
借：递延收益	4 200 000
贷：固定资产	4 200 000

③自 2022 年 5 月起，每月末按照直线法计提折旧，假设该环保设备用于生产产品并减少产品污染物排放，其折旧费用记入"制造费用"科目。

| 借：制造费用 | 45 000 |
| 贷：累计折旧 ［（9 600 000－4 200 000）÷10÷12］ | 45 000 |

④2030 年 4 月，出售该环保设备。

借：固定资产清理	1 080 000
累计折旧 ［（8＋7×12＋4）×5 400 000÷10÷12］	4 320 000
贷：固定资产	5 400 000
借：银行存款	2 712 000
贷：固定资产清理	2 712 000
借：固定资产清理	312 000
贷：应交税费——应交增值税（销项税额）	312 000
借：固定资产清理	1 320 000
贷：资产处置损益——处置非流动资产利得	1 320 000

⑤作为征税收入的政府补助相关税务处理。

2022 年 3 月 15 日，企业实际收到政府补助属于企业所得税法规定的收入总额中的其他收入（补贴收入），如果不符合企业所得税法规定的不征税收入条件或虽符合条件但企业作为征税收入处理，应将政府补助一次性计入实际取得当年的应纳税所得额。

2022 年，按照会计准则处理政府补助冲减固定资产账面价值 4 200 000 元，计入当期损益 0 元，按照税法规定计入当年应纳税所得额为 4 200 000 元，税会差异为 4 200 000元，2022 年企业所得税汇算清缴时应进行纳税调增 4 200 000 元。固定资产的初始计税基础为 9 600 000 元，账面价值为 5 400 000 元，会计核算折旧 360 000 元（45 000×8），税法计算税前扣除折旧为 640 000 元（80 000×8），税会差异为 280 000元，2022 年企业所得税汇算清缴时应进行纳税调减 280 000 元。

《企业会计准则第 18 号——所得税》规定，同时具有下列特征的交易中因资产或负债的初始确认所产生的递延所得税资产或负债不予确认：该项交易不是企业合并；交易发生时既不影响会计利润也不影响应纳税所得额。本例中，该购置固定资产交易并非企业合并，同时，该交易发生时会计处理只影响相关资产科目，对会计利润并无影响；

按照税法规定固定资产只有在以后期间计提折旧时才能在税前扣除，交易发生时并不影响应纳税所得额。因此，这里产生的可抵扣暂时性差异不确认递延所得税资产。

2023~2029年，会计核算每年折旧为540 000元（45 000×12），税法计算每年税前扣除折旧为960 000元（80 000×12），税会差异为420 000元，当年企业所得税汇算清缴时应进行纳税调减420 000元。

2030年，会计核算折旧为180 000元（45 000×4），税法计算税前扣除折旧为320 000元（80 000×4），税会差异为140 000元，当年企业所得税汇算清缴时应进行纳税调减140 000元。按照会计准则处理出售固定资产计入资产处置损益——处置非流动资产利得为1 320 000元，按照税法规定计算的固定资产转让所得 = 2 400 000 - 1 920 000 = 480 000（元），税会差异为840 000元（1 320 000 - 480 000），当年企业所得税汇算清缴时应纳税调减840 000元。

总算验证：2022~2030年纳税调增4 200 000元，纳税调减 = 280 000 + 420 000 × 7 + 140 000 + 840 000 = 4 200 000（元），核对相符。

各年企业所得税年度纳税申报表填报实务如表3-146~表3-150所示（单位：万元）。

表3-146　　　　未按权责发生制确认收入纳税调整明细表（2022年）　　　　A105020

行次	项目	合同金额（交易金额）	账载金额		税收金额		纳税调整金额
			本年	累计	本年	累计	
		1	2	3	4	5	6（4-2）
9	三、政府补助递延收入（10+11+12）	420	0	0	420	420	420
10	（一）与收益相关的政府补助						
11	（二）与资产相关的政府补助	420	0	0	420	420	420
14	合计（1+5+9+13）	420	0	0	420	420	420

表3-147　　　　　　　　纳税调整项目明细表（2022年）　　　　　　　　A105000

行次	项目	账载金额	税收金额	调增金额	调减金额
		1	2	3	4
1	一、收入类调整项目（2+3+4+5+6+7+8+10+11）	*	*	420	
3	（二）未按权责发生制原则确认的收入（填写A105020）	0	420	420	

表3-148　　　未按权责发生制确认收入纳税调整明细表（2023~2029年）　　　A105020

行次	项目	合同金额（交易金额）	账载金额		税收金额		纳税调整金额
			本年	累计	本年	累计	
		1	2	3	4	5	6（4-2）
9	三、政府补助递延收入（10+11+12）	420	0	0	0	420	0
10	（一）与收益相关的政府补助						
11	（二）与资产相关的政府补助	420	0	0	0	420	0
14	合计（1+5+9+13）	420	0	0	0	420	0

表 3-149 　　　　　纳税调整项目明细表（2023～2029 年）　　　　　A105000

行次	项目	账载金额	税收金额	调增金额	调减金额
		1	2	3	4
1	一、收入类调整项目（2+3+4+5+6+7+8+10+11）	*	*		0
3	（二）未按权责发生制原则确认的收入（填写 A105020）	0	0		0
31	三、资产类调整项目（32+33+34+35）				
32	（一）资产折旧、摊销（填写 A105080）	54	96		42
46	合计（1+12+31+36+44+45）	*	*		42

表 3-150 　　　　　　纳税调整项目明细表（2030 年）　　　　　　A105000

行次	项目	账载金额	税收金额	调增金额	调减金额
		1	2	3	4
1	一、收入类调整项目（2+3+4+5+6+7+8+10+11）	*	*		
11	（九）其他	132	48		84
31	三、资产类调整项目（32+33+34+35）				
32	（一）资产折旧、摊销（填写 A105080）	18	32		14
46	合计（1+12+31+36+44+45）	*	*		98

【案例 3-59】甲公司 2024 年 12 月从政府获得政府补助 1 000 万元，专项用于补助 2025 年企业日常活动所发生的费用支出，该项补助不符合不征税收入条件（单位：万元）。

借：银行存款　　　　　　　　　　　　　　　　　　1 000

　　贷：递延收益　　　　　　　　　　　　　　　　　　　　1 000

企业所得税年度纳税申报表填报实务如表 3-151 和表 3-152 所示。

表 3-151 　　　未按权责发生制确认收入纳税调整明细表（2024 年）　　　A105020

行次	项目	合同金额（交易金额）	账载金额		税收金额		纳税调整金额
			本年	累计	本年	累计	
		1	2	3	4	5	6（4-2）
9	三、政府补助递延收入（10+11+12）	1 000	0	0	1 000	1 000	1 000
10	（一）与收益相关的政府补助	1 000	0	0	1 000	1 000	1 000
14	合计（1+5+9+13）	1 000	0	0	1 000	1 000	1 000

表 3-152 　　　　　　纳税调整项目明细表（2024 年）　　　　　　A105000

行次	项目	账载金额	税收金额	调增金额	调减金额
		1	2	3	4
1	一、收入类调整项目（2+3+4+5+6+7+8+10+11）	*	*	1 000	
3	（二）未按权责发生制原则确认的收入（填写 A105020）	0	1 000	1 000	

2025 年度实际发生费用：

借：管理费用等　　　　　　　　　　　　　　　　　1 000

		贷：银行存款	1 000
	借：递延收益		1 000
		贷：其他收益	1 000

企业所得税年度纳税申报表填报实务如表 3 - 153 和表 3 - 154 所示。

表 3 - 153　　　　　　未按权责发生制确认收入纳税调整明细表（2025 年）　　　　　　A105020

行次	项目	合同金额（交易金额）	账载金额		税收金额		纳税调整金额
			本年	累计	本年	累计	
		1	2	3	4	5	6 (4 - 2)
9	三、政府补助递延收入（10 + 11 + 12）	1 000	1 000	1 000	0	1 000	- 1 000
10	（一）与收益相关的政府补助	1 000	1 000	1 000	0	1 000	- 1 000
14	合计（1 + 5 + 9 + 13）	1 000	1 000	1 000	0	1 000	- 1 000

表 3 - 154　　　　　　　　　纳税调整项目明细表（2025 年）　　　　　　　　　A105000

行次	项目	账载金额	税收金额	调增金额	调减金额
		1	2	3	4
1	一、收入类调整项目（2 + 3 + 4 + 5 + 6 + 7 + 8 + 10 + 11）	*	*		1 000
3	（二）未按权责发生制原则确认收入（填写 A105020）	1 000	0		1 000

结论：凡是会计上作为递延收益，而又不符合不征税收入条件的均在 A105020《未按权责发生制原则确认收入纳税调整表》填报。

【案例 3 - 60】M 公司 2025 年 10 月从政府获得 1 000 万元政府补助，专项用于补助未来企业所发生的与非日常活动相关费用支出，该项补助符合不征税收入条件。假设 2025 年该企业花费 400 万元用于政府指定用途，会计和税务处理如下（单位：万元）。

①收到政府补助时：

	借：银行存款	1 000
	贷：递延收益	1 000

②实际发生支出时：

	借：营业外支出	400
	贷：银行存款	400
	借：递延收益	400
	贷：营业外收入——政府补助利得	400

由于企业符合不征税收入条件，因此，需要在 A105040《专项用途财政性资金纳税调整表》填报。在该表格的第 6 行第 4 列（其中，计入本年损益的金额）填报 400 万元，同时作纳税调减处理；在第 6 行第 11 列（费用化支出金额）填报 400 万元，同时作纳税调增处理。企业所得税年度纳税申报表填报实务如表 3 - 155 和表 3 - 156 所示（单位：万元）。

表3-155　　　　　　　　　　　　专项用途财政性资金纳税调整明细表　　　　　　　　A105040

行次	项目	取得年度	财政性资金	其中：符合不征税收入条件的财政性资金		以前年度支出情况					本年支出情况		本年结余情况		
				金额	其中：计入本年损益的金额	前五年度	前四年度	前三年度	前二年度	前一年度	支出金额	其中：费用化支出金额	结余金额	其中：上缴财政金额	应计入本年应税收入金额
		1	2	3	4	5	6	7	8	9	10	11	12	13	14
1	前五年度														
2	前四年度					*									
3	前三年度					*	*								
4	前二年度					*	*	*							
5	前一年度					*	*	*	*						
6	本年	2021	1 000	1 000	400	*	*	*	*	*	400	400	600		
7	合计(1+2+3+4+5+6)	*	1 000	1 000	400	*	*	*	*	*	400	400	600		

表3-156　　　　　　　　　　　　　　　纳税调整项目明细表　　　　　　　　　　　A105000

行次	项目	账载金额	税收金额	调增金额	调减金额
		1	2	3	4
1	一、收入类调整项目(2+3+4+5+6+7+8+10+11)	*	*		400
8	（七）不征税收入	*	*		400
9	其中：专项用途财政性资金（填写A105040）	*	*		400
24	（十二）不征税收入用于支出所形成的费用	*	*	400	*
25	其中：专项用途财政性资金用于支出所形成的费用（填写A105040）	*	*	400	*
46	合计(1+12+30+35+41+42)	*	*	400	400

结论：凡是符合不征税收入条件的政府补助，一律在A105040《专项用途财政性资金纳税调整表》填报，在第4列调减，在第11列调增，如果不涉及60个月内未全部用于指定用途且未上缴财政的情形，最后结果不会有差异，但是申报表仍然采取了严谨的勾稽关系和调整方式。

第五节 《投资收益纳税调整明细表》填报实务与案例解析

一、《投资收益纳税调整明细表》格式与填报要点

（一）《投资收益纳税调整明细表》格式

具体格式如表 3 - 157 所示。

表 3 - 157   投资收益纳税调整明细表   A105030

行次	项目	持有收益			处置收益							纳税调整金额
		账载金额	税收金额	纳税调整金额	会计确认的处置收入	税收计算的处置收入	处置投资的账面价值	处置投资的计税基础	会计确认的处置所得或损失	税收计算的处置所得	纳税调整金额	
		1	2	3 (2-1)	4	5	6	7	8 (4-6)	9 (5-7)	10 (9-8)	11 (3+10)
1	一、交易性金融资产											
2	二、可供出售金融资产											
3	三、持有至到期投资											
4	四、衍生工具											
5	五、交易性金融负债											
6	六、长期股权投资											
7	七、短期投资											
8	八、长期债券投资											
9	九、其他											
10	合计（1+2+3+4+5+6+7+8+9）											

（二）《投资收益纳税调整明细表》填报要点

本表适用于发生投资收益纳税调整项目的纳税人及专门从事股权投资业务的纳

税人填报。纳税人根据税法、《国家税务总局关于贯彻落实企业所得税法若干税收问题的通知》（国税函〔2010〕79 号）等相关规定，以及国家统一企业会计制度，填报投资收益的会计处理、税法规定，以及纳税调整情况。发生持有期间投资收益，并按税法规定为减免税收入的（如国债利息收入等），本表不作调整。处置投资项目按税法规定确认为损失的，本表不作调整，在 A105090《资产损失税前扣除及纳税调整明细表》进行纳税调整。处置投资项目符合企业重组且适用特殊性税务处理规定的，本表不作调整，在 A105100《企业重组情况及纳税调整明细表》进行纳税调整。

二、交易性金融资产项目填报实务与案例解析

【案例 3－61】2024 年 1 月，A 公司从 H 公司购入的 8 万股股票，A 公司按照上述会计准则要求以其持有金融资产的"业务模式"和"金融资产合同现金流量特征"作为金融资产分类的判断依据，表明企业持有该金融资产的目的是交易性的（主要是为了近期出售），因此，将此股票划分为以公允价值计量且其变动计入当期损益的金融资产。2024 年 5 月 16 日，被投资单位宣告发放现金股利 20 万元，2024 年 5 月 18 日收到现金股利。2024 年利润总额为 100 万元，除现金股利以外无其他纳税调整项目。A 公司应进行如下会计处理（单位：万元）：

借：应收股利　　　　　　　　　　　　　　　　　　　　　　20

　　贷：投资收益　　　　　　　　　　　　　　　　　　　　　　　　20

借：银行存款　　　　　　　　　　　　　　　　　　　　　　20

　　贷：应收股利　　　　　　　　　　　　　　　　　　　　　　　　20

税法规定，企业取得的符合条件的居民企业之间的股息、红利等权益性投资收益（不包括连续持有居民企业公开发行并上市流通的股票不足 12 个月取得的投资收益）以及在中国境内设立机构、场所的非居民企业从居民企业取得与该机构、场所有实际联系的股息、红利等权益性投资收益属于免税收入。企业持有交易性金融资产期间取得的股息、红利等权益性投资收益，除国务院财政、税务主管部门另有规定外，按照被投资方作出利润分配决定的日期确认收入的实现。国家税务总局《关于贯彻落实企业所得税法若干税收问题的通知》（国税函〔2010〕79 号）规定，企业权益性投资取得股息、红利等收入，应以被投资企业股东会或股东大会作出利润分配或转股决定的日期，确定收入的实现。所以企业当期取得的免税投资收益属于永久性差异，不确认递延所得税，应作纳税调减。企业所得税年度纳税申报表填报实务如表 3－158～表 3－161 所示（单位：万元）。

表 3-158 投资收益纳税调整明细表 A105030

行次	项目	持有收益			处置收益							纳税调整金额
		账载金额	税收金额	纳税调整金额	会计确认的处置收入	税收计算的处置收入	处置投资的账面价值	处置投资的计税基础	会计确认的处置所得或损失	税收计算的处置所得	纳税调整金额	
		1	2	3 (2-1)	4	5	6	7	8 (4-6)	9 (5-7)	10 (9-8)	11 (3+10)
2	一、交易性金融资产	20	20	0								
10	合计（1+2+3+4+5+6+7+8+9）	20	20	0								

表 3-159 纳税调整项目明细表 A105000

行次	项目	账载金额	税收金额	调增金额	调减金额
		1	2	3	4
1	一、收入类调整项目（2+3+4+5+6+7+8+10+11）	*	*		
4	（三）投资收益（填写A105030）	20	20		

表 3-160 免税、减计收入及加计扣除优惠明细表 A107010

行次	项目	金额
1	一、免税收入（2+3+4+5）	
3	（二）符合条件的居民企业之间的股息、红利等权益性投资收益（填写A107011）	20

表 3-161 符合条件的居民企业之间的股息、红利等权益性投资收益优惠明细表 A107011

行次	被投资企业	被投资企业统一社会信用代码（纳税人识别号）	投资性质	投资成本	投资比例	被投资企业利润分配确认金额		被投资企业清算确认金额			撤回或减少投资确认金额						合计
						被投资企业做出利润分配或转股决定时间	依决定归属于本公司的股息、红利等权益性投资收益金额	分得的被投资企业清算剩余资产	被清算企业累计未分配利润和累计盈余公积应享有部分	应确认的股息所得	从被投资企业撤回或减少投资取得的资产	减少投资比例	收回初始投资成本	取得资产中超过回收初始投资成本部分	撤回或减少投资应享有被投资企业累计未分配利润和累计盈余公积	应确认的股息所得	
						6	7	8	9	10 (8与9孰小)	11	12	13 (4×12)	14 (11-13)	15	16 (14与15孰小)	17 (7+10+16)
1	2	3	4	5													
1	H公司	略	股票投资	144		5月16日	20										20

【案例3-62】承【案例3-61】，若2024年12月31日A公司从H公司购入的

8 万股股票，账面价值为 136 万元，公允价值为 128 万元。当年利润总额为 100 万元，除交易性金融资产公允价值变动以外，无其他纳税调整项目，A 公司年末会计处理如下（单位：万元）：

借：公允价值变动损益   8

  贷：交易性金融资产——公允价值变动   8

交易性金融资产持有期间公允价值变动的税务处理及纳税调整：《企业所得税法实施条例》第五十六条规定，企业持有各项资产期间的资产增值或者减值，除国务院财政、税务主管部门规定可以确认损益外，不得调整该资产的计税基础。因此，依〖案例 3 - 61〗，2024 年 A 公司实际应交所得税 =（100 + 8）×25% = 27（万元）。交易性金融资产的账面价值 = 128（万元），计税基础 = 144（万元）；交易性金融资产账面价值 < 计税基础，形成递延所得税资产 =（144 - 128）×25% = 4（万元），期初形成的递延所得税资产余额为 2 万元，本期应确认递延所得税资产 = 4 - 2 = 2（万元）。A 公司年末税务处理如下：

借：所得税费用——当期所得税   27

  贷：应交税费——应交所得税   27

借：递延所得税资产   2

  贷：所得税费用——递延所得税   2

【案例 3 - 63】承〖案例 3 - 62〗，假设截至 2025 年 2 月 28 日该项交易性金融资产的账面价值为 128 万元。3 月 1 日，A 公司将从 H 公司购入的 8 万股股票以 184 万元的价格出售，通过银行存款收讫，当年实现利润总额为 100 万元，除交易性金融资产出售以外，无其他纳税调整项目，在不考虑其他税费的情况下，A 公司会计处理如下（单位：万元）：

借：银行存款   184

  交易性金融资产——公允价值变动   8

  贷：交易性金融资产——成本   136

    投资收益   56

按照《企业会计准则第 22 号——金融工具确认和计量》应用指南（2018 年）的规定，处置交易性金融资产时，不再将持有期间记入"公允价值变动损益"科目的累计公允价值变动金额结转到当期投资收益，这样进行会计处理可以使得"公允价值变动损益"科目的发生额只反映持有期间以公允价值计量的交易性金融资产或负债、以公允价值计量的投资性房地产的公允价值变动情况。

交易性金融资产处置的税务处理及纳税调整：企业所得税法及其实施条例规定，企业在转让或者处置投资资产时，投资资产的成本，准予扣除。依〖案例 3 - 62〗，A 公司出售交易性金融资产可扣除的计税成本应为购入时支付的全部价款即 144 万元，取得投资收益 = 184 – 144 = 40（万元），但企业计入当期利润的总收益为 56 万元，计算当期应交所得税时，应调减当期所得额 = 56 – 40 = 16（万元）。因此，A 公司 2025 年实际应交所得税 =（100 – 16）× 25% = 21（万元）。在交易性金融资产出售时，将原来形成的递延所得税资产 4 万元予以转销。A 公司税务处理如下：

借：所得税费用——当期所得税   21

  贷：应交税费——应交所得税   21

借：所得税费用——递延所得税   4

  贷：递延所得税资产   4

企业所得税年度纳税申报表填报实务如表 3 – 162 和表 3 – 163 所示（单位：万元）。

表 3 – 162　　　　　　　　　　　投资收益纳税调整明细表　　　　　　　　　　　A105030

行次	项目	持有收益			处置收益							纳税调整金额
		账载金额	税收金额	纳税调整金额	会计确认的处置收入	税收计算的处置收入	处置投资的账面价值	处置投资的计税基础	会计确认的处置所得或损失	税收计算的处置所得	纳税调整金额	
		1	2	3 (2 – 1)	4	5	6	7	8 (4 – 6)	9 (5 – 7)	10 (9 – 8)	11 (3 + 10)
2	一、交易性金融资产				184	184	128	144	56	40	– 16	– 16
10	合计（1 + 2 + 3 + 4 + 5 + 6 + 7 + 8 + 9）				184	184	128	144	56	40	– 16	– 16

表 3 – 163　　　　　　　　　　　　纳税调整项目明细表　　　　　　　　　　　　A105000

行次	项目	账载金额 1	税收金额 2	调增金额 3	调减金额 4
1	一、收入类调整项目（2 + 3 + 4 + 5 + 6 + 7 + 8 + 10 + 11）	*	*		
4	（三）投资收益（填写 A105030）	56	40		16

三、可供出售金融资产和其他权益投资项目填报实务与案例解析

【案例 3 – 64】A 公司于 2020 年 5 月 10 日，购入 B 公司发行的股票 300 万股，成交价为每股 15 元，其中 1 元属于已宣告但尚未分派的现金股利，另付交易费用 90 万元。占 B 公司表决权 5%，作为以公允价值计量且其变动计入其他综合收益的金融资产核算。A、B 公司均属于居民企业，所有款项以银行存款支付。5 月 18 日收到 B 公司发放的现金股利，A 公司应进行会计处理如下（单位：万元）。

借：可供出售金融资产——成本   4 290

  应收股利   300

   贷：银行存款   4 590

借：银行存款   300

   贷：应收股利   300

【案例 3－65】 承〔案例 3－64〕，A 公司从 B 公司购入的 300 万股股票，2021 年 6 月，被投资单位宣告发放现金股利 60 万元，2021 年 6 月 8 日收到现金股利。A 公司 2021 年利润总额为 1 000 万元，除现金股利以外无其他纳税调整项目。A 公司应进行会计处理如下（单位：万元）。

借：应收股利   60

   贷：投资收益   60

借：银行存款   60

   贷：应收股利   60

税务处理：企业持有可供出售金融资产期间取得的股息、红利等权益性投资收益，除国务院财政、税务主管部门另有规定外，按照被投资方作出利润分配决定的日期确认收入的实现。但企业取得的国债利息收入和符合条件的居民企业之间的股息、红利等权益性投资收益（不包括连续持有居民企业公开发行并上市流通的股票不足 12 个月取得的投资收益）以及在中国境内设立机构、场所的非居民企业从居民企业取得与该机构、场所有实际联系的股息、红利等权益性投资收益属于免税收入。应填写 A107011《符合条件的居民企业之间的股息、红利等权益性投资收益优惠明细表》和 A107010《免税、减计收入及加计扣除优惠明细表》。

【案例 3－66】 承〔案例 3－65〕，若 2021 年 12 月 31 日，A 公司从 B 公司购入的 300 万股股票，账面价值为 4 290 万元，公允价值为 4 000 万元。当年 A 公司利润总额为 1 000 万元，除可供出售金融资产公允价值变动以外，无其他纳税调整项目，A 公司年末应作如下账务处理（单位：万元）：

借：其他综合收益——可供出售金融资产公允价值变动   290

   贷：可供出售金融资产——公允价值变动   290

税务处理：企业持有各项资产期间发生的资产增值或者减值，除国务院财政、税务主管部门规定可以确认损益外，不得调整该资产的计税基础。可供出售金融资产持有期间公允价值变动的税会处理差异主要是，税法上不确认可供出售金融资产公允价值变动产生的其他综合收益，原可供出售金融资产的计税基础 4 290 万元保持不变，但可供出售金融资产的账面价值为 4 000 万元，可供出售金融资产计税基础 > 账面价值，形成可抵扣的暂时性差异 = 4 290 － 4 000 = 290（万元）。

借：递延所得税资产 72.5

  贷：其他综合收益 72.5

【案例3-67】 承〖案例3-66〗，2022年12月31日，B公司因违反相关证券法规，受到证券监管部门查处，受此影响，其股票的价格发生严重下跌，每股收盘市价为5元。当年A公司利润总额为1 000万元，除可供出售金融资产减值以外，无其他纳税调整项目。

A公司应确认该可供出售金融资产减值，将原直接计入所有者权益的因公允价值下降形成的累计损失应予以转出，计入当期损益。确认可供出售金融资产减值损失＝4 290－300×5＝2 790（万元）。

借：资产减值损失 2 790

  贷：其他综合收益——可供出售金融资产公允价值变动 290

   可供出售金融资产——公允价值变动 2 500

税务处理：未经核准的、没有实际发生的准备金不得税前扣除2 790万元。企业所得税年度纳税申报表填报实务如表3-164所示。

表3-164   纳税调整项目明细表   A105000

行次	项目	账载金额	税收金额	调增金额	调减金额
		1	2	3	4
30	三、资产类调整项目（31＋32＋33＋34）	*	*	2 790	
32	（二）资产减值准备金	2 790	*	2 790	
43	合计（1＋12＋30＋35＋41＋42）	*	*	2 790	

【案例3-68】 承〖案例3-67〗，税法上不确认任何形式的资产减值，可供出售金融资产的计税基础不变，仍为4 290万元，会计上确认减值损失2 790万元，汇算清缴应进行纳税调整，调增应税所得额2 790万元，2022年A公司实际应交所得税＝（1 000＋2 790）×25%＝947.5（万元）。期末可供出售金融资产账面价值为1 500万元，计税基础大于账面价值，形成可抵扣的暂时性差异2 790万元，期末递延所得税资产余额＝2 790×25%＝697.5（万元），本期应确认金额＝697.5－72.5＝625（万元），确认递延所得税资产时，应将原计提的其他综合收益转回，税务处理如下：

借：所得税费用 947.5

  贷：应交税费——应交所得税 947.5

借：递延所得税资产 625

  贷：其他综合收益——可供出售金融资产公允价值变动 625

【案例3-69】 承〖案例3-68〗，若2023年12月31日，B公司整改完成，加之市场基本面好转，2023年12月31日收盘价格为每股市价10元；当年A公司利润总额为

1 000万元，除可供出售金融资产减值以外，无其他纳税调整项目。可供出售权益工具投资发生的减值损失，由于以后期间价值回升时不得通过损益转回，确认转回可供出售金融资产减值损失 = 300 × (10 - 5) = 1 500（万元）。

借：可供出售金融资产——公允价值变动　　　　　　　　　　1 500

　　贷：其他综合收益——可供出售金融资产公允价值变动　　　　　　1 500

可供出售金融资产持有期间公允价值变动的税会处理差异主要是：税法上不确认可供出售金融资产公允价值变动产生的其他综合收益，原可供出售金融资产的计税基础4 290万元保持不变，但可供出售金融资产的账面价值为3 000万元，可供出售金融资产计税基础＞账面价值，形成可抵扣的暂时性差异 = 4 290 - 3 000 = 1 290（万元），期末递延所得税资产余额 = 1 290 × 25% = 322.5（万元），本期应确认金额 = 322.5 - 697.5 = -375（万元），确认转回递延所得税资产时，应将原计提的其他综合收益转回。

借：其他综合收益——可供出售金融资产公允价值变动　　　　　375

　　贷：递延所得税资产　　　　　　　　　　　　　　　　　　　　375

【案例3-70】 承【案例3-69】，2024年12月10日，A公司以5 000万元卖掉全部B公司股票，款项已存入银行。当年A公司利润总额为5 000万元，除可供出售金融资产处置以外，无其他纳税调整项目。

借：银行存款　　　　　　　　　　　　　　　　　　　　　　5 000

　　可供出售金融资产——公允价值变动　　　　　　　　　　1 290

　　其他综合收益——可供出售金融资产公允价值变动　　　　1 500

　　贷：可供出售金融资产——成本　　　　　　　　　　　　　　4 290

　　　　投资收益　　　　　　　　　　　　　　　　　　　　　　2 000

　　　　利润分配——未分配利润　　　　　　　　　　　　　　　1 500

承【案例3-69】，A公司出售可供出售金融资产扣除的计税成本应为购入时支付的全部价款即4 290万元，依据税法计算转让投资资产取得投资收益 = 5 000 - 4 290 = 710（万元），但企业计入当期利润的投资收益为2 000万元。《企业会计准则第22号——金融工具确认和计量》（2017年修订）第六十九条规定，企业将非交易性权益工具投资指定为以公允价值计量且其变动计入其他综合收益的金融资产的，当该金融资产终止确认时，之前计入其他综合收益的累计利得或损失应当从其他综合收益中转出，计入留存收益。本例中"其他综合收益——可供出售金融资产公允价值变动"1 500万元，应记入"利润分配——未分配利润"科目。计算当期应交所得税时，应调减当期所得额1 290万元。因此，A公司2024年实际应交所得税 = (5 000 - 1 290) × 25% = 927.5（万元）。在可供出售金融资产出售时，将原来形成的递延所得税资产和相应的其他综合收益予以转销。A 公司进行会计处理如下（单位：万元）：

借：所得税费用   927.5

  贷：应交税费——应交所得税   927.5

借：其他综合收益——可供出售金融资产公允价值变动 322.5

  贷：递延所得税资产   322.5

企业所得税年度纳税申报表填报实务如表 3-165 和表 3-166 所示（单位：万元）。

表 3-165   投资收益纳税调整明细表   A105030

行次	项目	持有收益			处置收益							纳税调整金额
		账载金额	税收金额	纳税调整金额	会计确认的处置收入	税收计算的处置收入	处置投资的账面价值	处置投资的计税基础	会计确认的处置所得或损失	税收计算的处置所得	纳税调整金额	
		1	2	3 (2-1)	4	5	6	7	8 (4-6)	9 (5-7)	10 (9-8)	11 (3+10)
2	二、可供出售金融资产				5 000	5 000	3 000	4 290	2 000	710	-1 290	-1 290
10	合计（1+2+3+4+5+6+7+8+9）				5 000	5 000	3 000	4 290	2 000	710	-1 290	-1 290

表 3-166   纳税调整项目明细表   A105000

行次	项目	账载金额	税收金额	调增金额	调减金额
		1	2	3	4
1	一、收入类调整项目（2+3+4+5+6+7+8+10+11）	*	*		
4	（三）投资收益（填写A105030）	2 000	710		1 290

如果纳税人执行《企业会计准则第 22 号——金融工具确认和计量》（2017 年修订）及其应用指南（2018 年），会计处理时将上述案例中的"可供出售金融资产"科目修改为"其他权益工具投资"科目，由于其"投资收益"项目产生的税会差异纳税调整项目类别不为本表第 1 行至第 8 行，则应在表 A105030 第 9 行"九、其他"中填报相关会计处理、税收规定以及纳税调整情况。

【案例 3-71】2024 年 6 月 16 日，甲公司支付价款 1 016 万元（含交易费用 1 万元和已宣告发放现金股利 15 万元），购入乙公司发行的股票 200 万股，占乙公司有表决权股份的 0.5%。甲公司将其指定为以公允价值计量且其变动计入其他综合收益的非交易性权益工具投资。2024 年 6 月 20 日，甲公司收到乙公司发放的现金股利 15 万元。2024 年 6 月 30 日，该股票市价为每股 5.2 元。2024 年 12 月 31 日，甲公司仍持有该股票；当日，该股票市价为每股 5 元。2025 年 5 月 9 日，乙公司宣告发放股利 4 000 万元。2025 年 5 月 13 日，甲公司收到乙公司发放的现金股利。2025 年 5 月 20 日，甲公司由于某特殊原因，以每股 4.9 元的价格将股票全部转让。假定企业所得税税率为

25%，甲公司的会计和税务处理如下（单位：万元）：

①2024 年 6 月 16 日，购入股票。

借：其他权益工具投资——成本　　　　　　　　　　　　　　1 001

　　应收股利　　　　　　　　　　　　　　　　　　　　　　15

　　贷：银行存款　　　　　　　　　　　　　　　　　　　　　　　1 016

税务处理：《企业所得税法实施条例》第七十一条第二款规定，通过支付现金方式取得的投资资产，以购买价款为成本。本例中，其他权益工具投资的计税基础为历史成本 1 001 万元与其账面价值 1 001 万元相同，无税会差异。

②2024 年 6 月 20 日，收到现金股利。

借：银行存款　　　　　　　　　　　　　　　　　　　　　　15

　　贷：应收股利　　　　　　　　　　　　　　　　　　　　　　　15

③2024 年 6 月 30 日，确认股票价格变动。

借：其他权益工具投资——公允价值变动　　　　　　　　　　39

　　贷：其他综合收益——其他权益工具投资公允价值变动　　　　39

借：其他综合收益　　　　　　　　　　　　　　　　　　　　9.75

　　贷：递延所得税负债　　　　　　　　　　　　　　　　　　　9.75

④2024 年 12 月 31 日，确认股票价格变动。

借：其他综合收益——其他权益工具投资公允价值变动　　　　40

　　贷：其他权益工具投资——公允价值变动　　　　　　　　　　40

借：递延所得税负债　　　　　　　　　　　　　　　　　　　9.75

　　贷：其他综合收益　　　　　　　　　　　　　　　　　　　　9.75

借：递延所得税资产　　　　　　　　　　　　　　　　　　　0.25

　　贷：其他综合收益　　　　　　　　　　　　　　　　　　　　0.25

⑤2025 年 5 月 9 日，确认应收现金股利。

借：应收股利　　　　　　　　　　　　　　　　　　　　　　20

　　贷：投资收益　　　　　　　　　　　　　　　　　　　　　　　20

税务处理：《企业所得税法》第二十六条规定，符合条件的居民企业之间的股息、红利等权益性投资收益为免税收入。本例中，20 万元现金股利属于免税收入与其会计核算的投资收益 20 万元存在税会差异，应填报 A107011《符合条件的居民企业之间的股息、红利等权益性投资收益优惠明细表》。

⑥2025 年 5 月 13 日，实际收到现金股利。

借：银行存款　　　　　　　　　　　　　　　　　　　　　　20

　　贷：应收股利　　　　　　　　　　　　　　　　　　　　　　　20

⑦2025 年 5 月 20 日，出售股票。

借：盈余公积——法定盈余公积   0.1

  利润分配——未分配利润   0.9

   贷：其他综合收益——其他权益工具投资公允价值变动   1

借：银行存款   980

  其他权益工具投资——公允价值变动   1

  盈余公积——法定盈余公积   2

  利润分配——未分配利润   18

   贷：其他权益工具投资——成本   1 001

税务处理：其他权益工具投资转让损失 = 980 - 1001 = - 21（万元），会计核算出售其他权益工具投资没有确认当期投资损失，税会差异为 21 万元。企业所得税年度纳税申报表填报实务如表 3 - 167 所示。

表 3 - 167   **资产损失税前扣除及纳税调整明细表**   A105090

行次	项目	资产损失直接计入本年损益金额	资产损失准备金核销金额	资产处置收入	赔偿收入	资产计税基础	资产损失的税收金额	纳税调整金额
		1	2	3	4	5	6 (5 - 3 - 4)	7
24	九、股权（权益）性投资损失	0	0	980		1001	21	- 21
25	其中：股权转让损失	0	0	980		1001	21	- 21

四、持有至到期投资和债权投资项目填报实务与案例解析

【案例 3 - 72】2021 年 1 月 1 日，甲公司支付价款 1 000 元（含交易费用）从活跃市场上购入某公司 5 年期债券，面值 1 250 元，票面利率 4.72%，实际利率为 10%，按年支付利息（即每年 59 元），本金最后一次支付。合同约定，该债券的发行方在遇到特定情况时可以将债券赎回，且不需要为提前赎回支付额外款项。甲公司在购买该债券时，预计发行方不会提前赎回，不考虑减值损失等因素。持有至到期投资摊销如表 3 - 168 所示。

表 3 - 168   **持有至到期投资摊销表**   金额单位：元

年份	期初摊余成本（a）	实际利息（b）（按 10% 计算）	现金流入（c）	期末摊余成本（d = a + b - c）
2021	1 000	100	59	1 041
2022	1 041	104	59	1 086
2023	1 086	109	59	1 136
2024	1 136	113 *	59	1 190
2025	1 190	119	1 250 + 59	0

注：标 * 数字考虑了计算过程中出现的尾差。

根据上述数据，甲公司的有关会计和税务处理如下：

①2021年1月1日，购入债券。

借：持有至到期投资——成本   1 250

    贷：银行存款   1 000

        持有至到期投资——利息调整   250

②2021年12月31日，确认实际利息收入、收到票面利息等。

借：应收利息   59

    持有至到期投资——利息调整   41

    贷：投资收益   100

借：银行存款   59

    贷：应收利息   59

税务处理：《企业所得税法实施条例》第七十一条规定，《企业所得税法》第十四条所称投资资产，是指企业对外进行权益性投资和债权性投资形成的资产。企业在转让或者处置投资资产时，投资资产的成本，准予扣除。投资资产按照以下方法确定成本：第一，通过支付现金方式取得的投资资产，以购买价款为成本；第二，通过支付现金以外的方式取得的投资资产，以该资产的公允价值和支付的相关税费为成本。所以，持有至到期投资的计税基础为1 000元（含交易费用）。

《企业所得税法实施条例》第十八条规定，《企业所得税法》第六条第（五）项所称利息收入，是指企业将资金提供他人使用但不构成权益性投资，或者因他人占用本企业资金取得的收入，包括存款利息、贷款利息、债券利息、欠款利息等收入。利息收入，按照合同约定的债务人应付利息的日期确认收入的实现。

2021年度企业所得税年度纳税申报表填报实务如表3-169和表3-170所示（单位：元）。

表3-169   投资收益纳税调整明细表（2021年）   A105030

行次	项目	持有收益			处置收益							纳税调整金额
		账载金额	税收金额	纳税调整金额	会计确认的处置收入	税收计算的处置收入	处置投资的账面价值	处置投资的计税基础	会计确认的处置所得或损失	税收计算的处置所得	纳税调整金额	
		1	2	3 (2-1)	4	5	6	7	8 (4-6)	9 (5-7)	10 (9-8)	11 (3+10)
3	三、持有至到期投资	100	59	-41								

表 3 – 170	纳税调整项目明细表（2021 年）				A105000
行次	项目	账载金额	税收金额	调增金额	调减金额
		1	2	3	4
1	一、收入类调整项目（2 + 3 + 4 + 5 + 6 + 7 + 8 + 10 + 11）	*	*		
4	（三）投资收益（填写 A105030）	100	59		41

③2022 年 12 月 31 日，确认实际利息收入、收到票面利息等。

借：应收利息　　　　　　　　　　　　　　　　59

　　持有至到期投资——利息调整　　　　　　　45

　　　贷：投资收益　　　　　　　　　　　　　　　　104

借：银行存款　　　　　　　　　　　　　　　　59

　　　贷：应收利息　　　　　　　　　　　　　　　　59

④2023 年 12 月 31 日，确认实际利息收入、收到票面利息等。

借：应收利息　　　　　　　　　　　　　　　　59

　　持有至到期投资——利息调整　　　　　　　50

　　　贷：投资收益　　　　　　　　　　　　　　　　109

借：银行存款　　　　　　　　　　　　　　　　59

　　　贷：应收利息　　　　　　　　　　　　　　　　59

⑤2024 年 12 月 31 日，确认实际利息收入、收到票面利息等。

借：应收利息　　　　　　　　　　　　　　　　59

　　持有至到期投资——利息调整　　　　　　　54

　　　贷：投资收益　　　　　　　　　　　　　　　　113

借：银行存款　　　　　　　　　　　　　　　　59

　　　贷：应收利息　　　　　　　　　　　　　　　　59

⑥2025 年 12 月 31 日，确认实际利息收入、收到票面利息和本金。

借：应收利息　　　　　　　　　　　　　　　　59

　　持有至到期投资——利息调整　　　　　　　60

　　　贷：投资收益　　　　　　　　　　　　　　　　119

借：银行存款　　　　　　　　　　　　　　　　59

　　　贷：应收利息　　　　　　　　　　　　　　　　59

借：银行存款　　　　　　　　　　　　　　1 250

　　　贷：持有至到期投资——成本　　　　　　　　1 250

2025 年度企业所得税年度纳税申报表填报实务如表 3 – 171 和表 3 – 172 所示（单位：元）。

表 3-171　　　　　　　投资收益纳税调整明细表（2025 年）　　　　　　　A105030

行次	项目	持有收益			处置收益							纳税调整金额
		账载金额	税收金额	纳税调整金额	会计确认的处置收入	税收计算的处置收入	处置投资的账面价值	处置投资的计税基础	会计确认的处置所得或损失	税收计算的处置所得	纳税调整金额	
		1	2	3 (2-1)	4	5	6	7	8 (4-6)	9 (5-7)	10 (9-8)	11 (3+10)
3	三、持有至到期投资	119	59	-60	1 250	1 250	1 250	1 000	0	250	250	190
10	合计（1+2+3+4+5+6+7+8+9）	119	59	-60	1 250	1 250	1 250	1 000	0	250	250	190

表 3-172　　　　　　　纳税调整项目明细表（2025 年）　　　　　　　A105000

行次	项目	账载金额	税收金额	调增金额	调减金额
		1	2	3	4
1	一、收入类调整项目（2+3+4+5+6+7+8+10+11）	*	*	190	
4	（三）投资收益（填写 A105030）	119	309	190	

如果纳税人执行《企业会计准则第 22 号——金融工具确认和计量》（2017 年修订）及其应用指南（2018 年），会计处理时将上述案例中的"持有至到期投资"科目修改为"债权投资"科目，由于其"投资收益"项目产生的税会差异纳税调整项目类别不为本表第 1 行至第 8 行，则应在表 A105030 第 9 行"九、其他"中填报相关会计处理、税收规定以及纳税调整情况。

【案例 3-73】甲公司于 2024 年 12 月 15 日购入一项公允价值为 1000 万元的债务工具，分类为以公允价值计量且其变动计入其他综合收益的金融资产。该工具合同期限为 10 年，票面年利率为 5%，实际利率也为 5%。初始确认时，甲公司已经确定其不属于购入或源生的已发生信用减值的金融资产。2024 年 12 月 31 日，由于市场利率变动，该债务工具的公允价值跌至 950 万元。甲公司认为，该工具的信用风险自初始确认后并无显著增加，应按 12 个月内预期信用损失计量损失准备，损失准备金额为 30 万元。为简化起见，本例不考虑利息。2025 年 1 月 1 日，甲公司决定以当日的公允价值 950 万元，出售该债务工具。

甲公司相关会计和税务处理如下（单位：万元）。

①购入该工具时：

借：其他债权投资——成本　　　　　　　　　　　　　　　　　1 000

　　贷：银行存款　　　　　　　　　　　　　　　　　　　　　　　1 000

②2024 年 12 月 31 日：

借：信用减值损失   30

  其他综合收益——其他债权投资公允价值变动   50

    贷：其他债权投资——公允价值变动   50

      其他综合收益——信用减值准备   30

税务处理：按照《企业所得税法》第十条第（七）款的规定，未经核定的准备金支出在计算应纳税所得额时不得扣除。本例中，会计核算其他债权投资计提的信用减值损失属于未经核定的准备金，不得税前扣除，税会差异为 30 万元。企业所得税年度纳税申报表填报实务如表 3-173 所示。

表 3-173   **纳税调整项目明细表**   A105000

行次	项目	账载金额	税收金额	调增金额	调减金额
		1	2	3	4
31	三、资产类调整项目（32 + 33 + 34 + 35）	*	*		
33	（二）资产减值准备金	30	*	30	

③2025 年 1 月 1 日：

借：银行存款   950

  投资收益   20

  其他综合收益——信用减值准备   30

  其他债权投资——公允价值变动   50

    贷：其他综合收益——其他债权投资公允价值变动 50

      其他债权投资——成本   1 000

税务处理：其他债权投资转让损失 = 950 - 1000 = -50（万元），会计核算投资收益 20 万元，税会差异为 -30 万元。企业所得税年度纳税申报表填报实务如表 3-174 和表 3-175 所示。

表 3-174   **资产损失税前扣除及纳税调整明细表**   A105090

行次	项目	资产损失直接计入本年损益金额	资产损失准备金核销金额	资产处置收入	赔偿收入	资产计税基础	资产损失的税收金额	纳税调整金额
		1	2	3	4	5	6 (5-3-4)	7
16	八、债权性投资损失（17 + 23）							
23	（二）非金融企业债权性投资损失	20	30	950		1000	50	-30

表 3 - 175　　　　　　　　　纳税调整项目明细表　　　　　　　　　A105000

行次	项目	账载金额	税收金额	调增金额	调减金额
		1	2	3	4
31	三、资产类调整项目（32 + 33 + 34 + 35）	*	*		
34	（三）资产损失（填写 A105090）	*	*		30

【案例 3 - 74】2021 年 1 月 1 日，甲公司支付价款 1 000 万元（含交易费用）从上海证券交易所购入乙公司同日发行的 5 年期公司债券 12 500 份，债券票面价值总额为 1 250 万元，票面年利率为 4.72%，于年末支付本年度债券利息（即每年利息为 59 万元），本金在债券到期时一次性偿还，该债券的实际利率为 10%。合同约定，该债券的发行方在遇到特定情况时可以将债券赎回，且不需要为提前赎回支付额外款项。甲公司在购买该债券时，预计发行方不会提前赎回。甲公司根据其管理该债券的业务模式和该债券的合同现金流量特征，将该债券分类为以公允价值计量且其变动计入其他综合收益的金融资产。其他债权投资摊销如表 3 - 176 所示。假设企业所得税税率为 25%。

表 3 - 176　　　　　　　其他债权投资实际利率法摊销表　　　　　　金额：万元

日期	实际收到利息（现金流入 A）	实际利息收入（B = 起初 D×10%）	已收回的本金（C = A - B）	摊余成本（D = 期初 D - C）	公允价值（E）	公允价值变动额（F = E - D - 期初 G）	公允价值变动累计金额（G = 期初 G + F）
2021 年 1 月 1 日				1 000	1 000	0	0
2021 年 12 月 31 日	59	100	-41	1041	1200	159	159
2022 年 12 月 31 日	59	104	-45	1 086	1 300	55	214
2023 年 12 月 31 日	59	109	-50	1 136	1 250	-100	114
2024 年 12 月 31 日	59	113	-54	1 190	1 200	-104	10

其他资料如下：

①2021 年 12 月 31 日，乙公司债券的公允价值为 1 200 万元（不含利息）。

②2022 年 12 月 31 日，乙公司债券的公允价值为 1 300 万元（不含利息）。

③2023 年 12 月 31 日，乙公司债券的公允价值为 1 250 万元（不含利息）。

④2024 年 12 月 31 日，乙公司债券的公允价值为 1 200 万元（不含利息）。

⑤2025 年 1 月 20 日，通过上海证券交易所出售了乙公司债券 12 500 份，取得价款 1 260 万元。

甲公司的有关会计和税务处理如下（单位：万元）：

①2021 年 1 月 1 日，购入乙公司债券。

借：其他债权投资——成本　　　　　　　　　　　　　　　1 250

　　贷：银行存款　　　　　　　　　　　　　　　　　　　　　1 000

其他债权投资——利息调整   250

税务处理：《企业所得税法实施条例》第七十一条第二款规定，通过支付现金方式取得的投资资产，以购买价款为成本。本例中，其他债权投资的计税基础为历史成本1 000万元与其账面价值1 000万元（1 250 – 250）相同，无税会差异。

②2021年12月31日，确认乙公司债券实际利息收入、公允价值变动，收到债券利息。

借：应收利息   59

 其他债权投资——利息调整   41

  贷：投资收益   100

借：银行存款   59

  贷：应收利息   59

借：其他债权投资——公允价值变动   159

  贷：其他综合收益——其他债权投资公允价值变动   159

税务处理：《企业所得税法实施条例》第十八条规定，利息收入，按照合同约定的债务人应付利息的日期确认收入的实现。《企业所得税法实施条例》第五十六条规定，企业的各项资产，包括固定资产、生物资产、无形资产、长期待摊费用、投资资产、存货等，以历史成本为计税基础。这里所称历史成本，是指企业取得该项资产时实际发生的支出。企业持有各项资产期间资产增值或者减值，除国务院财政、税务主管部门规定可以确认损益外，不得调整该资产的计税基础。本例中，税法确认利息收入是按照债券票面面值和票面利率计算的金额为59万元，会计核算确认投资收益是以摊余成本和实际利率计算的金额为100万元，税会差异为41万元。其他债权投资的计税基础为1 000万元，账面价值为1 200万元，确认应纳税暂时性差异200万元，确认递延所得税负债50万元。

借：其他综合收益   50

  贷：递延所得税负债   50

企业所得税年度纳税申报表填报实务如表3 – 177和表3 – 178所示。

表3 – 177   投资收益纳税调整明细表   A105030

行次	项目	持有收益			处置收益						纳税调整金额
		账载金额	税收金额	纳税调整金额	会计确认的处置收入	税收计算的处置收入	处置投资的账面价值	处置投资的计税基础	会计确认的处置所得或损失	税收计算的处置所得	纳税调整金额	
		1	2	3 (2 – 1)	4	5	6	7	8 (4 – 6)	9 (5 – 7)	10 (9 – 8)	11 (3 + 10)
9	九、其他	100	59	– 41								– 41

表3-178 纳税调整项目明细表 A105000

行次	项目	账载金额	税收金额	调增金额	调减金额
		1	2	3	4
1	一、收入类调整项目（2+3+…8+10+11）	*	*		
4	（三）投资收益（填写A105030）	100	59		41

③2022年12月31日，确认乙公司债券实际利息收入、公允价值变动，收到债券利息。

借：应收利息　　　　　　　　　　　　　　59

　　其他债权投资——利息调整　　　　　　45

　　贷：投资收益　　　　　　　　　　　　　　104

借：银行存款　　　　　　　　　　　　　　59

　　贷：应收利息　　　　　　　　　　　　　　59

借：其他债权投资——公允价值变动　　　　55

　　贷：其他综合收益——其他债权投资公允价值变动　　55

其他债权投资的计税基础为1 000万元，账面价值为1 300万元，确认应纳税暂时性差异300万元，确认递延所得税负债25万元（300×25%-50）。

借：其他综合收益　　　　　　　　　　　　25

　　贷：递延所得税负债　　　　　　　　　　　　25

企业所得税年度纳税申报表填报实务如表3-179和表3-180所示。

表3-179 投资收益纳税调整明细表 A105030

行次	项目	持有收益			处置收益							纳税调整金额
		账载金额	税收金额	纳税调整金额	会计确认的处置收入	税收计算的处置收入	处置投资的账面价值	处置投资的计税基础	会计确认的处置所得或损失	税收计算的处置所得	纳税调整金额	
		1	2	3 (2-1)	4	5	6	7	8 (4-6)	9 (5-7)	10 (9-8)	11 (3+10)
9	九、其他	104	59	-45								-45

表3-180 纳税调整项目明细表 A105000

行次	项目	账载金额	税收金额	调增金额	调减金额
		1	2	3	4
1	一、收入类调整项目（2+3+…8+10+11）	*	*		
4	（三）投资收益（填写A105030）	104	59		45

④2023年12月31日，确认乙公司债券实际利息收入、公允价值变动，收到债券

利息。

借：应收利息　　　　　　　　　　　　　　　　　　　　59

　　其他债权投资——利息调整　　　　　　　　　　　　50

　　贷：投资收益　　　　　　　　　　　　　　　　　　　　　109

借：银行存款　　　　　　　　　　　　　　　　　　　　59

　　贷：应收利息　　　　　　　　　　　　　　　　　　　　　59

借：其他综合收益——其他债权投资公允价值变动　　　　100

　　贷：其他债权投资——公允价值变动　　　　　　　　　　　100

其他债权投资计税基础为 1 000 万元，账面价值为 1 250 万元，确认应纳税暂时性差异 250 万元，转回递延所得税负债 12.5 万元（50×25%）。

借：递延所得税负债　　　　　　　　　　　　　　　　　12.5

　　贷：其他综合收益　　　　　　　　　　　　　　　　　　　12.5

企业所得税年度纳税申报表填报实务如表 3 – 181 和表 3 – 182 所示。

表 3 – 181　　　　　　　　投资收益纳税调整明细表　　　　　　　　A105030

行次	项目	持有收益			处置收益							纳税调整金额
		账载金额	税收金额	纳税调整金额	会计确认的处置收入	税收计算的处置收入	处置投资的账面价值	处置投资的计税基础	会计确认的处置所得或损失	税收计算的处置所得	纳税调整金额	
		1	2	3 (2 – 1)	4	5	6	7	8 (4 – 6)	9 (5 – 7)	10 (9 – 8)	11 (3 + 10)
9	九、其他	109	59	– 50								– 50

表 3 – 182　　　　　　　　纳税调整项目明细表　　　　　　　　A105000

行次	项目	账载金额	税收金额	调增金额	调减金额
		1	2	3	4
1	一、收入类调整项目（2 + 3 + …8 + 10 + 11）	*	*		
4	（三）投资收益（填写 A105030）	109	59		50

⑤2024 年 12 月 31 日，确认乙公司债券实际利息收入、公允价值变动，收到债券利息。

借：应收利息　　　　　　　　　　　　　　　　　　　　59

　　其他债权投资——利息调整　　　　　　　　　　　　54

　　贷：投资收益　　　　　　　　　　　　　　　　　　　　　113

借：银行存款　　　　　　　　　　　　　　　　　　　　59

　　贷：应收利息　　　　　　　　　　　　　　　　　　　　　59

借：其他综合收益——其他债权投资公允价值变动　　　　　　　　104

　　贷：其他债权投资——公允价值变动　　　　　　　　　　　　　104

其他债权投资计税基础为 1 000 万元，账面价值为 1 200 万元，确认应纳税暂时性差异 200 万元，转回递延所得税负债 12.5 万元（50×25%）。

借：递延所得税负债　　　　　　　　　　　　　　　　　　　　12.5

　　贷：其他综合收益　　　　　　　　　　　　　　　　　　　　12.5

企业所得税年度纳税申报表填报实务如表 3 - 183 和表 3 - 184 所示。

表 3 - 183　　　　　　　　　　　　投资收益纳税调整明细表　　　　　　　　　　　A105030

行次	项目	持有收益			处置收益							纳税调整金额
		账载金额	税收金额	纳税调整金额	会计确认的处置收入	税收计算的处置收入	处置投资的账面价值	处置投资的计税基础	会计确认的处置所得或损失	税收计算的处置所得	纳税调整金额	
		1	2	3(2-1)	4	5	6	7	8(4-6)	9(5-7)	10(9-8)	11(3+10)
9	九、其他	113	59	-54								-54

表 3 - 184　　　　　　　　　　　　纳税调整项目明细表　　　　　　　　　　　　A105000

行次	项目	账载金额	税收金额	调增金额	调减金额
		1	2	3	4
1	一、收入类调整项目（2+3+…8+10+11）	*	*		
4	（三）投资收益（填写 A105030）	113	59		54

⑥2025 年 1 月 20 日，确认出售乙公司债券实现的损益，终止确认其他债权投资并转回递延所得税负债。

借：银行存款　　　　　　　　　　　　　　　　　　　　　1 260

　　其他债权投资——利息调整　　　　　　　　　　　　　　　60

　　其他综合收益——其他债权投资公允价值变动　　　　　　　10

　　贷：其他债权投资——成本　　　　　　　　　　　　　　1 250

　　　　投资收益　　　　　　　　　　　　　　　　　　　　　70

　　　　其他债权投资——其他债权投资公允价值变动　　　　　10

借：递延所得税负债　　　　　　　　　　　　　　　　　　　50

　　贷：其他综合收益　　　　　　　　　　　　　　　　　　　50

税务处理：其他债权投资转让所得 = 1 260 - 1 000 = 260（万元），会计核算确认出售其他债权投资的投资收益为 70 万元，税会差异为 190 万元。

企业所得税年度纳税申报表填报实务如表 3 - 185 和表 3 - 186 所示。

表 3 – 185 投资收益纳税调整明细表 A105030

行次	项目	持有收益			处置收益							纳税调整金额
		账载金额	税收金额	纳税调整金额	会计确认的处置收入	税收计算的处置收入	处置投资的账面价值	处置投资的计税基础	会计确认的处置所得或损失	税收计算的处置所得	纳税调整金额	
		1	2	3 (2 – 1)	4	5	6	7	8 (4 – 6)	9 (5 – 7)	10 (9 – 8)	11 (3 + 10)
9	九、其他				1 260	1 260	1 190	1 000	70	260	190	190

表 3 – 186 纳税调整项目明细表 A105000

行次	项目	账载金额	税收金额	调增金额	调减金额
		1	2	3	4
1	一、收入类调整项目（2 + 3 + ···8 + 10 + 11）	*	*		
4	（三）投资收益（填写 A105030）	70	260	190	

结论：2021 ~ 2025 年利息收入纳税调整合计 190 万元与处置其他债权投资纳税调整金额 190 万元相同。

五、长期股权投资项目填报实务与案例解析

长期股权投资采用权益法核算纳税调整填报要点如下。

1. 取得长期股权投资时：

（1）初始投资成本 > 享有被投资单位可辨认净资产公允价值份额。

借：长期股权投资——成本

贷：银行存款等

会计和税务处理无差异，不进行纳税调整。

（2）初始投资成本 < 享有被投资单位可辨认净资产公允价值份额。

借：长期股权投资——成本

贷：营业外收入

会计和税务处理有差异，上述营业外收入在表 A105000 第 5 行纳税调减。

2. 被投资单位净损益发生变化时：

借：长期股权投资——损益调整

贷：投资收益

会计和税务处理有差异，税收尚未确认收入，在表 A105030 中纳税调减。

若亏损，减记长期股权投资账面价值，反向调整。

3. 决定分配时：

借：应收股利

　　贷：长期股权投资——损益调整

会计和税务处理有差异，税收上确认收入，在表A105030中纳税调增。

4. 处置收益（税收确认为损失的，本表不调整）。《企业所得税法实施条例》规定，企业在转让或者处置投资资产时，投资资产的成本，准予扣除。《国家税务总局关于贯彻落实企业所得税法若干税收问题的通知》（国税函〔2010〕79号）规定，企业转让股权收入，应于转让协议生效且完成股权变更手续时，确认收入的实现。转让股权收入扣除为取得该股权所发生的成本后，为股权转让所得。企业在计算股权转让所得时，不得扣除被投资企业未分配利润等股东留存收益中按该项股权所可能分配的金额。《国家税务总局关于企业所得税若干问题的公告》（国家税务总局公告2011年第34号）规定，投资企业从被投资企业撤回或减少投资，其取得的资产中，相当于初始出资的部分，应确认为投资收回；相当于被投资企业累计未分配利润和累计盈余公积按减少实收资本比例计算的部分，应确认为股息所得；其余部分确认为投资资产转让所得。

【案例3－75】A公司持有M公司40%股份，作为长期股权投资并采取权益法进行后续计量，2024年，M公司实现会计利润1 000万元，A公司账务处理如下（单位：万元）：

借：长期股权投资——损益调整　　　　　　　　　　　　　　400

　　贷：投资收益　　　　　　　　　　　　　　　　　　　　　400

2025年，M公司宣告分红800万元，其中A公司按照持股比例分得320万元股息红利，该股息红利符合免税收入条件。A公司做账：

借：应收股利　　　　　　　　　　　　　　　　　　　　　　320

　　贷：长期股权投资——损益调整　　　　　　　　　　　　320

企业所得税年度纳税申报表填报实务如表3－187～表3－189所示（单位：万元）。

表3－187　　　　　　　投资收益纳税调整明细表（2024年）　　　　A105030

行次	项目	持有收益			处置收益							纳税调整金额
		账载金额	税收金额	纳税调整金额	会计确认的处置收入	税收计算的处置收入	处置投资的账面价值	处置投资的计税基础	会计确认的处置所得或损失	税收计算的处置所得	纳税调整金额	
		1	2	3 (2-1)	4	5	6	7	8 (4-6)	9 (5-7)	10 (9-8)	11 (3+10)
6	六、长期股权投资	400	0	-400								-400

续表

行次	项目	持有收益			处置收益							纳税调整金额
		账载金额	税收金额	纳税调整金额	会计确认的处置收入	税收计算的处置收入	处置投资的账面价值	处置投资的计税基础	会计确认的处置所得或损失	税收计算的处置所得	纳税调整金额	纳税调整金额
		1	2	3 (2-1)	4	5	6	7	8 (4-6)	9 (5-7)	10 (9-8)	11 (3+10)
10	合计 (1+2+3+4+5+6+7+8+9)	400	0	-400								-400

表3-188　　　　　　　投资收益纳税调整明细表（2025年）　　　　　　A105030

行次	项目	持有收益			处置收益							纳税调整金额
		账载金额	税收金额	纳税调整金额	会计确认的处置收入	税收计算的处置收入	处置投资的账面价值	处置投资的计税基础	会计确认的处置所得或损失	税收计算的处置所得	纳税调整金额	纳税调整金额
		1	2	3 (2-1)	4	5	6	7	8 (4-6)	9 (5-7)	10 (9-8)	11 (3+10)
6	六、长期股权投资	0	320	320								320
10	合计 (1+2+3+4+5+6+7+8+9)	0	320	320								320

表3-189　　　　　免税、减计收入及加计扣除优惠明细表（2025年）　　　　A107010

行次	项目	金额
1	一、免税收入 (2+3+6+7+…+16)	
2	（一）国债利息收入	
3	（二）符合条件的居民企业之间的股息、红利等权益性投资收益（填写A107011）	320

【案例3-76】A企业以10 000万元取得长期股权投资，持股比例为30%，采用权益法进行会计核算，2024年度被投资单位实现账面净利润1 000万元。2025年6月5日，被投资单位宣告分配现金股利500万元，2025年6月10日，向股东支付上述现金股利。投资企业与被投资单位均以公历年度作为会计年度，两者之间采用的会计政策不存在差别，投资时被投资单位可辨认资产的公允价值与其账面价值相等。

①2025年确认被投资单位2021年度实现净利润1 000万元时：

借：长期股权投资——B公司（损益调整）　　　　　　　　　3 000 000

贷：投资收益		3 000 000

②2025 年 6 月 5 日，被投资单位宣告分配现金股利 500 万元时：

借：应收股利——B 公司		1 500 000
贷：长期股权投资——B 公司（损益调整）		1 500 000

③2025 年 6 月 10 日，被投资单位向股东支付上述现金股利时：

借：银行存款		1 500 000
贷：应收股利——B 公司		1 500 000

税务处理：《国家税务总局关于贯彻落实企业所得税法若干税收问题的通知》（国税函〔2010〕79 号）规定，企业权益性投资取得股息、红利等收入，应以被投资企业股东会或股东大会作出利润分配或转股决定的日期，确定收入的实现。2024 年不确认投资收益，纳税调减 300 万元，2025 年 6 月 5 日，被投资单位宣告分配现金股利 500 万元时，确认投资收益 150 万元。

企业所得税年度纳税申报表填报实务如表 3 - 190 和表 3 - 191 所示（单位：万元）。

表 3 - 190　投资收益纳税调整明细表（2024 年）　A105030

行次	项目	持有收益			处置收益							纳税调整金额
		账载金额	税收金额	纳税调整金额	会计确认的处置收入	税收计算的处置收入	处置投资的账面价值	处置投资的计税基础	会计确认的处置所得或损失	税收计算的处置所得	纳税调整金额	
		1	2	3 (2-1)	4	5	6	7	8 (4-6)	9 (5-7)	10 (9-8)	11 (3+10)
6	六、长期股权投资	300	0	-300								-300
10	合计（1+2+3+4+5+6+7+8+9）	300	0	-300								-300

表 3 - 191　纳税调整项目明细表（2024 年）　A105000

行次	项目	账载金额	税收金额	调增金额	调减金额
		1	2	3	4
1	一、收入类调整项目（2+3+4+5+6+7+8+10+11）	*	*		
4	（三）投资收益（填写 A105030）	300	0		300

【案例 3 - 77】承〖案例 3 - 76〗，2025 年 10 月 10 日，将上述长期股权投资转让，价款 15 000 万元。

借：银行存款		15 000
贷：长期股权投资——B 公司（损益调整）		150

——B 公司（投资成本）　　　　　　　　　　　　10 000

投资收益　　　　　　　　　　　　　　　　　　　　4 850

税务处理：税收计算的处置所得 = 15 000 – 10 000 = 5 000（万元）。

企业所得税年度纳税申报表填报实务如表 3 – 192 和表 3 – 193 所示（单位：万元）。

表 3 – 192　　　　　　　投资收益纳税调整明细表（2025 年）　　　　　　　A105030

行次	项目	持有收益			处置收益							纳税调整金额
		账载金额	税收金额	纳税调整金额	会计确认的处置收入	税收计算的处置收入	处置投资的账面价值	处置投资的计税基础	会计确认的处置所得或损失	税收计算的处置所得	纳税调整金额	
		1	2	3（2 - 1）	4	5	6	7	8（4 - 6）	9（5 - 7）	10（9 - 8）	11（3 + 10）
6	六、长期股权投资	0	150	150	15 000	15 000	10 150	10 000	4 850	5 000	150	300
10	合计（1 + 2 + 3 + 4 + 5 + 6 + 7 + 8 + 9）	0	150	150	15 000	15 000	10 150	10 000	4 850	5 000	150	300

表 3 – 193　　　　　　　纳税调整项目明细表（2025 年）　　　　　　　A105000

行次	项目	账载金额	税收金额	调增金额	调减金额
		1	2	3	4
1	一、收入类调整项目（2 + 3 + 4 + 5 + 6 + 7 + 8 + 10 + 11）	*	*		
4	（三）投资收益（填写 A105030）	4 850	5 150	300	

【案例 3 – 78】2024 年 1 月 15 日，A 公司以银行存款 1 000 万元直接投资 B 公司，占 B 公司 40% 的股权，B 公司再股权投资日可辨认净资产公允价值为 3 000 万元，A 公司投资后能够对 B 公司实施重大影响，采用权益法核算。2024 年 B 公司按照公允价值为基础计算实现净利润 1 000 万元，其他综合收益增加 100 万元；2025 年 5 月 16 日，B 公司股东大会宣告分配现金股利 200 万元，2025 年 5 月 20 日，实际向股东支付股利。会计和税务处理如下（单位：万元）。

①长期股权投资初始入账价值 = 3 000 × 40% = 1 200（万元），长期股权投资的初始投资成本小于投资时应享有被投资单位可辨认净资产公允价值份额的，其差额应当计入当期损益，同时调整长期股权投资的成本。

借：长期股权投资——投资成本（M 公司）　　　　　　　1 000

贷：银行存款　　　　　　　　　　　　　　　　　　　　1 000

借：长期股权投资——投资成本（M 公司）　　　　　　　　　　　　200

　　贷：营业外收入——其他　　　　　　　　　　　　　　　　　　200

企业所得税处理，按照《企业所得税法实施条例》第七十一条第二款的规定，通过支付现金方式取得的投资资产，以购买价款为成本。本例中，长期股权投资的计税基础为 1 000 万元，账面价值为 1 200 万元。企业所得税年度纳税申报表填报实务如表3-194 和表 3-195 所示。

表 3-194　　　　　　　　　　一般企业收入明细表　　　　　　　　　　A101010

行次	项目	金额
16	二、营业外收入（17+18+19+20+21+22+23+24+25+26）	200
26	（十）其他	200

表 3-195　　　　　　　　　　纳税调整项目明细表　　　　　　　　　　A105000

行次	项目	账载金额	税收金额	调增金额	调减金额
		1	2	3	4
1	一、收入类调整项目（2+3+…8+10+11）	*	*		
5	（四）按权益法核算长期股权投资对初始投资成本调整确认收益	*	*	*	200

②2024 年 B 公司实现会计利润 1 000 万元，A 公司按照投资比例分享收益。

借：长期股权投资——损益调整（M 公司）　　　　　　　　　　　400

　　贷：投资收益　　　　　　　　　　　　　　　　　　　　　　400

企业所得税年度纳税申报表填报实务如表 3-196 和表 3-197 所示。

表 3-196　　　　　　　　　　投资收益纳税调整明细表　　　　　　　　　　A105030

行次	项目	持有收益			处置收益							纳税调整金额
		账载金额	税收金额	纳税调整金额	会计确认的处置收入	税收计算的处置收入	处置投资的账面价值	处置投资的计税基础	会计确认的处置所得或损失	税收计算的处置所得	纳税调整金额	
		1	2	3（2-1）	4	5	6	7	8（4-6）	9（5-7）	10（9-8）	11（3+10）
6	六、长期股权投资	400	0	-400								-400

表 3-197　　　　　　　　　　纳税调整项目明细表　　　　　　　　　　A105000

行次	项目	账载金额	税收金额	调增金额	调减金额
		1	2	3	4
1	一、收入类调整项目（2+3+…8+10+11）	*	*		
4	（三）投资收益（填写 A105030）	400			400

③2024 年 B 公司其他综合收益增加 100 万元。

借：长期股权投资——其他综合收益（M 公司）   40

      贷：其他综合收益   40

④2025 年 5 月 16 日，B 公司宣告分配现金股利 200 万元。

借：应收股利   80

      贷：长期股权投资——损益调整（M 公司）   80

⑤2025 年 5 月 20 日，实际收到现金股利 80 万元（200×40%）。

借：银行存款   80

      贷：应收股利   80

企业所得税年度纳税申报表填报实务如表 3 - 198 和表 3 - 199 所示。

表 3 - 198 　　　　　投资收益纳税调整明细表　　　　　A105030

行次	项目	持有收益			处置收益							纳税调整金额
		账载金额	税收金额	纳税调整金额	会计确认的处置收入	税收计算的处置收入	处置投资的账面价值	处置投资的计税基础	会计确认的处置所得或损失	税收计算的处置所得	纳税调整金额	
		1	2	3 (2-1)	4	5	6	7	8 (4-6)	9 (5-7)	10 (9-8)	11 (3+10)
6	六、长期股权投资	0	80	80								80

表 3 - 199 　　　　　纳税调整项目明细表　　　　　A105000

行次	项目	账载金额	税收金额	调增金额	调减金额
		1	2	3	4
1	一、收入类调整项目（2+3+…8+10+11）	*	*		
4	（三）投资收益（填写 A105030）	0	80	80	

【案例 3 - 79】承〖案例 3 - 78〗，2026 年 B 公司发生亏损 400 万元，除了净损益和其他综合收益以外的所有者权益（资本公积）减少 50 万元；2026 年 12 月 A 公司对 B 公司长期股权投资计提资产减值准备 100 万元；2027 年 1 月 18 日，A 公司将该项股权全部转让，取得转让价款 2 000 万元。

①2026 年 B 公司发生亏损 400 万元。

借：投资收益   160

      贷：长期股权投资——损益调整（M 公司）   160

企业所得税年度纳税申报表填报实务如表 3 - 200 和表 3 - 201 所示。

表 3 – 200 　　　　　　　　　　投资收益纳税调整明细表 　　　　　　　　　　A105030

行次	项目	持有收益			处置收益							纳税调整金额
		账载金额	税收金额	纳税调整金额	会计确认的处置收入	税收计算的处置收入	处置投资的账面价值	处置投资的计税基础	会计确认的处置所得或损失	税收计算的处置所得	纳税调整金额	
		1	2	3 (2 – 1)	4	5	6	7	8 (4 – 6)	9 (5 – 7)	10 (9 – 8)	11 (3 + 10)
6	六、长期股权投资	– 160	0	160								160

表 3 – 201 　　　　　　　　　　纳税调整项目明细表 　　　　　　　　　　A105000

行次	项目	账载金额	税收金额	调增金额	调减金额
		1	2	3	4
1	一、收入类调整项目（2 + 3 + …8 + 10 + 11）	*	*		
4	（三）投资收益（填写 A105030）	– 160	0	160	

②2026 年 B 公司除净损益和其他综合收益以外的资本公积减少。

借：资本公积——其他资本公积 　　　　　　　　　　　　　　　　　　20

　　贷：长期股权投资——其他资本公积 　　　　　　　　　　　　　　　　20

③2026 年 12 月对 B 公司长期股权投资计提减值准备 100 万元。

借：资产减值损失 　　　　　　　　　　　　　　　　　　　　　　　　100

　　贷：长期股权投资减值准备 　　　　　　　　　　　　　　　　　　　100

税务处理：《企业所得税法》第十条第七款规定，未经核定的准备金支出不得在税前扣除。企业所得税年度纳税申报表填报实务如表 3 – 202 所示。

表 3 – 202 　　　　　　　　　　纳税调整项目明细表 　　　　　　　　　　A105000

行次	项目	账载金额	税收金额	调增金额	调减金额
		1	2	3	4
31	三、资产类调整项目（32 + 33 + 34 + 35）	*	*		
33	（二）资产减值准备金	100	*	100	

④2027 年 1 月 18 日，A 公司将持有 B 公司的股权全部转让。

借：银行存款 　　　　　　　　　　　　　　　　　　　　　　　　　2 000

　　长期股权投资——其他资本公积变动（M 公司） 　　　　　　　　　20

　　长期股权投资减值准备 　　　　　　　　　　　　　　　　　　　　100

　　贷：长期股权投资——投资成本（M 公司） 　　　　　　　　　　　1 200

　　　　　　　　　　——损益调整（M 公司） 　　　　　　　　　　　160

　　　　　　　　　　——其他综合收益（M 公司） 　　　　　　　　　40

投资收益		720
借：投资收益		20
贷：资本公积——其他资本公积		20
借：其他综合收益		40
贷：投资收益		40

税务处理：长期股权投资转让所得=2 000-1 000=1 000（万元），会计核算的投资收益为740万元，税会差异为260万元。企业所得税年度纳税申报表填报实务如表3-203和表3-204所示。

表3-203 投资收益纳税调整明细表 A105030

行次	项目	持有收益			处置收益							纳税调整金额
		账载金额	税收金额	纳税调整金额	会计确认的处置收入	税收计算的处置收入	处置投资的账面价值	处置投资的计税基础	会计确认的处置所得或损失	税收计算的处置所得	纳税调整金额	
		1	2	3 (2-1)	4	5	6	7	8 (4-6)	9 (5-7)	10 (9-8)	11 (3+10)
6	六、长期股权投资				2 000	2 000	1 260	1 000	740	1000	260	260

表3-204 纳税调整项目明细表 A105000

行次	项目	账载金额	税收金额	调增金额	调减金额
		1	2	3	4
1	一、收入类调整项目（2+3+…8+10+11）	*	*		
4	（三）投资收益（填写A105030）	740	1 000	260	0

结论：从取得长期股权投资直到处置该股权整个期间，纳税调增金额为600万元（80+160+100+260），纳税调减为600万元（200+400），最终税会差异转回。

六、投资业务财税处理及申报表填报案例

（一）投资业务初始计量财税处理及申报表填报案例

1. 以公允价值计量且其变动计入当期损益的金融资产财税处理及申报表填报案例。

企业会计准则规定，取得以公允价值计量且其变动计入当期损益的金融资产，初始投资成本应当按照公允价值计量，相关交易费用应当计入当期损益。交易费用，是指可直接归属于购买、发行或处置金融工具的增量费用。《企业所得税法实施条例》第七十一条规定，投资资产是指企业对外进行权益性投资和债权性投资形成的资产。企

业在转让或者处置投资资产时，投资资产的成本，准予扣除。投资资产按照以下方法确定成本：第一，通过支付现金方式取得的投资资产，以购买价款为成本；第二，通过支付现金以外的方式取得的投资资产，以该资产的公允价值和支付的相关税费为成本。取得以公允价值计量且其变动计入当期损益的金融资产初始计量的企业所得税难点是，确定其计税基础与账面价值之间的差异，计税基础为购买价款包含相关税费，账面价值按照公允价值计量，企业所得税汇算清缴时，应将会计核算交易费用计入"投资收益"科目借方金额进行纳税调增。

【案例 3-80】2024 年 1 月 18 日，A 公司从证券市场买入 B 上市公司股票 100 万股，成交价格为 15.8 元/每股，支付相关交易费用 3.16 万元，上述款项已经通过银行证券专户转账支付，A 公司按照据其管理金融资产的业务模式和金融资产的合同现金流量特征，将该股票分类为以公允价值计量且其变动计入当期损益的金融资产。会计和税务处理如下（单位：万元）：

借：交易性金融资产——成本（B 公司）　　　　　　　　1 580

投资收益——交易费用　　　　　　　　　　　　　　3.16

贷：其他货币资金——存出投资款　　　　　　　　　1 583.16

A 公司取得 B 公司股票投资资产的计税基础为包含交易费用在内的购买价款 1 583.16 万元，企业所得税汇算清缴时，应将会计核算交易费用计入投资收益的 3.16 万元进行纳税调增。企业所得税年度纳税申报表填报实务如表 3-205 所示。

表 3-205　　　　　　　　　　　纳税调整项目明细表　　　　　　　　　　A105000

行次	项目	账载金额	税收金额	调增金额	调减金额
		1	2	3	4
1	一、收入类调整项目（2+3+…8+10+11）	*	*		
6	（五）交易性金融资产初始投资调整	*	*	3.16	*

2. 权益法核算长期股权投资初始计量财税处理及申报表填报案例。

企业会计准则规定，投资企业对合营企业和联营企业投资采用权益法核算，初始投资时，按照初始投资成本增加长期股权投资的账面价值。同时，比较初始投资成本与投资时应享有被投资单位可辨认净资产公允价值的份额，前者大于后者的，不调整长期股权投资的账面价值；前者小于后者的，应当按照二者之间的差额增加长期股权投资的账面价值，同时计入取得投资当期损益（营业外收入）。企业所得税难点是确定长期股权投资的计税基础，即不论初始投资成本与投资时应享有被投资单位可辨认净资产公允价值的份额是否存在差异，计税基础均按照历史成本计量，历史成本，是指企业取得该项投资时实际发生的支出。企业所得税汇算清缴时，需要将会计核算确认的营业外收入进行纳税调减。

【案例 3 – 81】 2024 年 3 月 25 日，A 公司从以银行存款 1 250 万元对 C 公司进行股权投资，投资时 C 公司可辨认净资产公允价值为 3 500 万元，持有其 40% 的股权，能够对其实施重大影响，采用权益法核算。A 公司取得 C 公司股权投资的初始投资成本 1 250 万元小于投资时应享有被投资单位可辨认净资产公允价值的份额 1 400 万元（3 500×40%）的差额 150 万元，会计核算计入当期营业外收入。会计和税务处理如下（单位：万元）：

借：长期股权投资——投资成本（C 公司）　　　　　　　　　　1 400

贷：银行存款　　　　　　　　　　　　　　　　　　　　　　1 250

营业外收入　　　　　　　　　　　　　　　　　　　　　150

A 公司取得 C 公司长期股权投资的计税基础为历史成本 1 250 万元，其账面价值为 1 400 万元，会计核算计入营业外收入的 150 万元，在企业所得税汇算清缴时，应进行纳税调减。企业所得税年度纳税申报表填报实务如表 3 – 206 所示。

表 3 – 206　　　　　　　　　　　纳税调整项目明细表　　　　　　　　　　A105000

行次	项目	账载金额	税收金额	调增金额	调减金额
		1	2	3	4
1	一、收入类调整项目（2+3+…8+10+11）	*	*		
5	（四）按权益法核算长期股权投资对初始投资成本调整确认收益	*	*	*	150

3. 非货币性资产投资或技术入股财税处理及申报表填报案例

企业会计准则规定，投资企业以非货币性资产投资入股按照《企业会计准则第 7 号——非货币性资产交换》相关规定区分公允价值计量模式和账面价值计量模式进行会计处理。按照《财政部、国家税务总局关于非货币性资产投资企业所得税政策问题的通知》（财税〔2014〕116 号）规定，居民企业以非货币性资产对外投资确认的非货币性资产转让所得，可在不超过 5 年期限内，分期均匀计入相应年度的应纳税所得额，按规定计算缴纳企业所得税。企业以非货币性资产对外投资而取得被投资企业的股权，应以非货币性资产的原计税成本为计税基础，加上每年确认的非货币性资产转让所得，逐年进行调整。被投资企业取得非货币性资产的计税基础，应按非货币性资产的公允价值确定。《财政部 国家税务总局关于完善股权激励和技术入股有关所得税政策的通知》（财税〔2016〕101 号）规定，企业以技术成果投资入股到境内居民企业，被投资企业支付的对价全部为股票（权）的，企业可选择继续按现行有关税收政策执行，也可选择适用递延纳税优惠政策。选择技术成果投资入股递延纳税政策的，经向主管税务机关备案，投资入股当期可暂不纳税，允许递延至转让股权时，按股权转让收入减去技术成果原值和合理税费后的差额计算缴纳所得税。企业选择适用上述任一项政策，均允许被投资企业按技术成果投资入股时的评估值入账并在企业所得税前摊销扣除。非货币性资产投资入股和技术入股企业所得税难点是区分一般性税务处理和特殊性税务处理、计算确认股权投资的计税基础和资产转让所得。

【案例3-82】2024年6月10日，A公司以一项专利技术投资入股D公司，取得D公司70%的股权，能够对其实施控制并采用成本法核算，该项专利技术评估后的公允价值为6 000万元，计税基础为2 000万元，账面原值为5 000万元，累计摊销3 000万元，未计提减值准备，该项专利技术投资入股符合增值税免税条件，该交换具有商业实质。A公司取得D公司股权投资时选择递延纳税政策并向主管税务机关备案。会计和税务处理如下（单位：万元）：

借：长期股权投资——投资成本（D公司）	6 000
累计摊销	3 000
贷：无形资产——专利技术	5 000
资产处置损益	4 000

A公司以专利技术投资入股D公司取得长期股权投资的计税基础应按照专利技术原计税基础2 000万元确定，专利技术的公允价值6 000万元扣除其计税基础2 000万元后的余额4 000万元为财产转让所得，选择递延纳税时，在投资入股当期可暂不纳税，允许递延至转让股权时，按股权转让收入减去技术成果原值和合理税费后的差额计算缴纳企业所得税。D公司取得专利技术的计税基础为公允价值6 000万元并在企业所得税前摊销扣除。企业所得税年度纳税申报表填报实务如表3-207所示。

表3-207　　　　　　　　企业重组及递延纳税事项纳税调整明细表　　　　　　　　A105100

行次	项目	一般性税务处理			特殊性税务处理（递延纳税）			纳税调整金额
		账载金额	税收金额	纳税调整金额	账载金额	税收金额	纳税调整金额	
		1	2	3（2-1）	4	5	6（5-4）	7（3+6）
13	七、技术入股				4 000	0	-4 000	-4 000

【案例3-83】2024年8月12日，A公司以一台设备对E公司进行投资，取得其60%的股权，能够对其实施控制并采用成本法核算。该设备投资时评估后公允价值为320万元，该设备2021年购进时原值为360万元，由于其单位价值不超过500万元，A公司选择一次性计入当期成本费用在计算应纳税所得额时扣除，因此投资时其计税基础为0万元，会计累计折旧为99万元，转让设备应纳增值税为39万元。假设A公司取得E公司股权投资后选择特殊性税务处理分5年递延纳税。会计和税务处理如下（单位：万元）：

借：固定资产清理	261
累计折旧	99

```
      贷：固定资产                                                    360
   借：长期股权投资——投资成本（E公司）                              320
      贷：固定资产清理                                               261
         应交税费——应交增值税（销项税额）                            39
         资产处置损益                                                20
```

A 公司以设备对 E 公司进行股权投资选择递延纳税时，应按照设备原计税基础确定取得股权投资的计税基础，设备按评估后的公允价值 320 万元扣除其计税基础 0 元后的余额 320 万元为财产转让所得，在 5 年内分期均匀计入相应年度的应纳税所得额，2024~2028 年每年计入应纳税所得额 64 万元（320/5）。2024 年末长期股权投资——E 公司的计税基础为 64 万元，即设备的原计税成本为计税基础 0，加上第 1 年确认的设备转让所得 64 万元，以后每年逐年进行调整增加股权投资计税基础。企业所得税年度纳税申报表填报实务如表 3-208 所示。

表 3-208　　　　企业重组及递延纳税事项纳税调整明细表　　　A105100

行次	项目	一般性税务处理			特殊性税务处理（递延纳税）			纳税调整金额
		账载金额	税收金额	纳税调整金额	账载金额	税收金额	纳税调整金额	
		1	2	3 (2−1)	4	5	6 (5−4)	7 (3+6)
12	六、非货币性资产对外投资				20	64	44	44

假设 A 公司取得 E 公司股权投资后选择一般性税务处理，长期股权投资的计税基础按设备评估后的公允价值 320 万元确定，设备公允价值 320 万元扣除其计税基础 0 万元后的余额 320 万元作为财产转让所得，应一次性计入 2024 年度的应纳税所得额，按规定计算缴纳企业所得税。需要注意的是，不论投资企业 A 公司选择何种税务处理方式，被投资企业 E 公司取得设备的计税基础应按公允价值 320 万元确定并在企业所得税前折旧扣除。企业所得税年度纳税申报表填报实务如表 3-209 所示。

表 3-209　　　　企业重组及递延纳税事项纳税调整明细表　　　A105100

行次	项目	一般性税务处理			特殊性税务处理（递延纳税）			纳税调整金额
		账载金额	税收金额	纳税调整金额	账载金额	税收金额	纳税调整金额	
		1	2	3 (2−1)	4	5	6 (5−4)	7 (3+6)
12	六、非货币性资产对外投资	20	320	300				

（二）投资业务持有期间投资收益的财税处理及申报表填报案例

1. 长期股权投资持有期间取得权益性投资收益财税处理及申报表填报案例。企业会计准则规定，按照成本法核算的长期股权投资在持有期间取得权益性投资收益应计入当期投资收益。按照权益法核算的长期股权投资，在持有期间被投资企业实现净利润或发生亏损，投资企业应按照持股比例确认投资收益或分担亏损并调整长期股权投资账面价值。投资企业自被投资企业取得的现金股利或利润，应抵减长期股权投资的账面价值。按照企业所得税相关规定，取得股息、红利等权益性投资收益，应以被投资企业股东会或股东大会作出利润分配或转股决定的日期，确定收入的实现。被投资企业发生的亏损不得由投资企业进行弥补。符合条件的居民企业之间的股息、红利等权益性投资收益属于免税收入。

2. 金融资产投资持有期间取得权益性投资收益财税处理及申报表填报案例。企业会计准则规定，权益工具金融资产持有期间取得股息、红利等权益性投资收益计入当期投资收益。债务工具金融资产持有期间取得利息等债权性投资收益，按照权责发生制采用实际利率法计算实际利息收入，计入当期投资收益。以公允价值计量且其变动计入当期损益的金融资产持有期间的公允价值变动，计入当期公允价值变动损益；以公允价值计量且其变动计入其他综合收益的金融资产持有期间的公允价值变动计入其他综合收益，并不影响当期损益。按照企业所得税相关规定，投资资产以历史成本为计税基础，企业持有各项资产期间资产增值或者减值，除国务院财政、税务主管部门规定可以确认损益外，不得调整该资产的计税基础。另外，权益性投资资产持有期间取得符合条件的居民企业之间的股息、红利等权益性投资收益属于免税收入。债权性投资资产取得利息收入应按照票面金额和票面利率计算利息收入，并在合同约定的债务人应付利息的日期确认收入的实现。取得符合条件的国债和地方债券取得利息收入属于免税收入。

【案例3－84】承〖案例3－80〗〖案例3－81〗〖案例3－82〗，2024年12月31日，被投资企业B公司股票公允价值为22.4元/股，2025年5月20日，B公司股东大会宣告分配1.5元/股现金股利，A公司5月22日实际收到现金股利。2024年12月31日，被投资企业C公司当年实现净利润600万元，A公司采用权益法核算的投资收益为240万元，2025年4月15日，C公司股东会宣告分配现金股利200万元，2025年4月20日，2024年因被投资企业D公司发生亏损450万元，股东会决议不分配，A公司2024年末已对该投资计提100万元资产减值准备。2024年会计和税务处理如下（单位：万元）：

借：交易性金融资产——公允价值变动（B公司）　　　　660

　　贷：公允价值变动损益　　　　660

借：长期股权投资——损益调整（C公司）　　　　240

　　贷：投资收益——对联营企业的投资收益　　　　240

借：资产减值损失　　　　100

　　贷：长期股权投资减值准备——D公司　　　　100

A 公司持有 B 公司交易性金融资产的计税基础仍为历史成本 1 583.16 万元，会计核算的公允价值变动收益 660 万元不计入当期应纳税所得额，企业所得税汇算清缴时应进行纳税调减。A 公司持有 C 公司长期股权投资采用权益法核算确认的投资收益 240 万元，不属于企业所得税法规定的股息、红利等权益性投资收益，不计入当期应纳税所得税额，企业所得税汇算清缴时应进行纳税调减。未经核定的资产减值准备金支出 100 万元，不得在税前扣除，企业所得税汇算清缴时应进行纳税调增。2024 年企业所得税年度纳税申报表填报实务如表 3 – 210 和表 3 – 211 所示。

表 3 – 210　　　　　　　　　　　　投资收益纳税调整明细表　　　　　　　　　　　A105030

行次	项目	持有收益			处置收益							纳税调整金额
		账载金额	税收金额	纳税调整金额	会计确认的处置收入	税收计算的处置收入	处置投资的账面价值	处置投资的计税基础	会计确认的处置所得或损失	税收计算的处置所得	纳税调整金额	
		1	2	3 (2 – 1)	4	5	6	7	8 (4 – 6)	9 (5 – 7)	10 (9 – 8)	11 (3 + 10)
6	六、长期股权投资	240	0	– 240								– 240

表 3 – 211　　　　　　　　　　　　纳税调整项目明细表　　　　　　　　　　　　A105000

行次	项目	账载金额	税收金额	调增金额	调减金额
		1	2	3	4
1	一、收入类调整项目（2 + 3 + …8 + 10 + 11）	*	*		
4	（三）投资收益（填写 A105030）	240	0		240
7	（六）公允价值变动净损益	660	*		660
31	三、资产类调整项目（32 + 33 + 34 + 35）	*	*		
33	（二）资产减值准备金	100	*	100	

2025 年会计和税务处理如下（单位：万元）：

借：应收股利　　　　　　　　　　　　　　　　　　　150

　　贷：投资收益　　　　　　　　　　　　　　　　　　150

借：应收股利　　　　　　　　　　　　　　　　　　　80

　　贷：长期股权投资——损益调整（C 公司）　　　　　80

借：银行存款　　　　　　　　　　　　　　　　　　　230

　　贷：应收股利　　　　　　　　　　　　　　　　　　230

A 公司持有 B 公司股票投资取得的现金股利 150 万元和持有 C 公司股权投资取得的现金股利 80 万元属于符合条件的居民企业之间的股息、红利等权益性投资收益免税收入。但是，需要注意的是，符合条件的免税收入不包括连续持有居民企业公开发行并上市流通的股票不足 12 个月取得的投资收益。2025 年企业所得税年度纳税申报表填报实务如表 3 – 212 和表 3 – 213 所示。

表 3-212　　　　　　　　　　　投资收益纳税调整明细表　　　　　　　　　　　　A105030

行次	项目	持有收益			处置收益							纳税调整金额
		账载金额	税收金额	纳税调整金额	会计确认的处置收入	税收计算的处置收入	处置投资的账面价值	处置投资的计税基础	会计确认的处置所得或损失	税收计算的处置所得	纳税调整金额	
		1	2	3 (2-1)	4	5	6	7	8 (4-6)	9 (5-7)	10 (9-8)	11 (3+10)
1	一、交易性金融资产	150	150	0								0
6	六、长期股权投资	0	80	80								80

表 3-213　　符合条件的居民企业之间的股息、红利等权益性投资收益优惠明细　　　A107011

行次	被投资企业	被投资企业统一社会信用代码（纳税人识别号）	投资性质	投资成本	投资比例	被投资企业利润分配确认金额		被投资企业清算确认金额			撤回或减少投资确认金额						合计
						被投资企业做出利润分配或转股决定时间	依决定归属于本公司的股息、红利等权益性投资收益金额	分得的被投资企业清算剩余资产	被清算企业累计未分配利润和累计盈余公积应享有部分	应确认的股息所得	从被投资企业撤回或减少投资取得的资产	减少投资比例	收回初始投资成本	取得资产中超过收回初始投资成本部分	撤回或减少投资应享有被投资企业累计未分配利润和累计盈余公积	应确认的股息所得	
	1	2	3	4	5	6	7	8	9	10 (8与9孰小)	11	12	13 (4×12)	14 (11-13)	15	16 (14与15孰小)	17 (7+10+16)
1	B公司	略	股票投资（不含H股）	1 583.16		2025.5.20	150										150
2	C公司	略	直接投资	1 250	40%	2025.4.15	80										80
9	其中：直接投资或非H股票投资																230

（三）投资业务处置期间财税处理及申报表填报案例

企业会计准则规定，处置长期股权投资和以公允价值计量且其变动计入当期损益的金融资产时，处置收入与其账面价值的差额计入当期投资收益；处置以公允价值计量且其变动计入其他综合收益的权益工具金融资产时，处置收入与其账面价值的差额计入留存收益。企业所得税相关规定，企业在转让或者处置投资资产时，投资资产的成本，准予扣除。投资业务处置期间企业所得税难点是，由于投资资产在初始计量和持有期间的账面价值与计税基础存在差异，处置期间会计核算的处置损益与按照税法规定计算的所得或损失也必然存在差异，需要进行纳税调整。

【案例 3-85】承上述〖案例 3-80〗至〖案例 3-84〗，A 公司因经营战略发生重大转变，2026 年 1 月公司董事会决议将持有 B、C、D 和 E 公司的股票和股权投资全部对外出售，分别取得转让价款 3 200 万元、1 500 万元、4 500 万元、200 万元。2026 年 2 月，将 2022 年取得的公允价值计量且其变动计入其他综合收益的权益工具金融资产对外转让，取得转让价款 1 600 万元，该项权益性投资的计税基础为 1 000 万元，会计核算的"其他权益工具投资"明细科目"成本"借方余额为 1 000 万元，"其他权益工具投资公允价值变动"贷方余额为 200 万元，假设按照净利润的 10% 计提法定盈余公积。2026 年会计和税务处理如下（单位：万元）：

```
借：其他货币资金——存出投资款                    3 200
    贷：交易性金融资产——成本（B公司）              1 580
                    ——公允价值变动                660
        投资收益                                  960
借：银行存款                                    1 500
    投资收益                                      60
    贷：长期股权投资——投资成本（C公司）            1 400
                  ——损益调整（C公司）              160
借：银行存款                                    4 500
    投资收益                                    1 400
    长期股权投资减值准备——D公司                    100
    贷：长期股权投资——投资成本（D公司）            6 000
借：银行存款                                      200
    投资收益                                      120
    贷：长期股权投资——投资成本（E公司）              320
借：盈余公积——法定盈余公积                         20
    利润分配——未分配利润                          180
    贷：其他综合收益——其他权益工具投资公允价值变动      200
借：银行存款                                    1 600
```

其他权益工具投资——公允价值变动   200

    贷：其他权益工具投资——成本   1 000

        盈余公积——法定盈余公积   80

        利润分配——未分配利润   720

    按照企业所得税相关规定，上述处置投资业务企业所得税处理如下：A公司出售B公司股票，计算股票转让所得 = 3 200 - 1 583.16 = 1 616.84（万元）；A公司出售C公司长期股权投资，计算股权转让所得 = 1 500 - 1 250 = 250（万元）；A公司出售D公司长期股权投资，计算股权转让所得 = 4 500 - 2 000 = 2 500（万元），股权的计税基础为原专利技术的计税基础2 000万元；A公司出售E公司长期股权投资，长期股权投资的计税基础一次性调整到位至投资时的公允价值320万元，计算股权转让所得 = 200 - 320 = -120（万元），同时，应停止执行递延纳税政策并就递延期内尚未确认的设备转让所得192万元（64×3），在转让股权当年的企业所得税年度汇算清缴时，一次性计算缴纳企业所得税；A公司出售其他权益工具投资，计算投资转让所得 = 1 600 - 1 000 = 600（万元）。申报表填报时需要注意，处置投资项目符合企业重组且适用特殊性税务处理规定的，A105030表不作调整，在A105100《企业重组及递延纳税事项纳税调整明细表》进行纳税调整。处置投资项目按税收规定确认为损失的，A105030表不作调整，在A105090《资产损失税前扣除及纳税调整明细表》进行纳税调整。2026年企业所得税年度纳税申报表填报实务如表3-214和表3-215所示。

表3-214   投资收益纳税调整明细表   A105030

行次	项目	持有收益			处置收益							纳税调整金额
		账载金额	税收金额	纳税调整金额	会计确认的处置收入	税收计算的处置收入	处置投资的账面价值	处置投资的计税基础	会计确认的处置所得或损失	税收计算的处置所得	纳税调整金额	
		1	2	3 (2-1)	4	5	6	7	8 (4-6)	9 (5-7)	10 (9-8)	11 (3+10)
1	一、交易性金融资产				3 200	3 200	2 240	1 583.16	960	1 616.84	656.84	656.84
6	六、长期股权投资				1 500	1 500	1 560	1 250	-60	250	390	310
9	九、其他				1 600	1 600	1 600	1 000	0	600	600	600
10	合计（1+2+3+4+5+6+7+8+9）				6 300	6 300	5 400	3 833.16	900	2 466.84	1 646.84	1 566.84

表 3－215	企业重组及递延纳税事项纳税调整明细表							A105100
行次	项目	一般性税务处理			特殊性税务处理（递延纳税）			纳税调整金额
		账载金额	税收金额	纳税调整金额	账载金额	税收金额	纳税调整金额	
		1	2	3（2－1）	4	5	6（5－4）	7（3＋6）
12	六、非货币性资产对外投资				－120	72	192	192
13	七、技术入股				－1 400	2 500	3 900	3 900
16	合计（1＋4＋6＋8＋11＋12＋13＋14＋15）				－1 520	2 572	4 092	4 092

第六节　《专项用途财政性资金纳税调整明细表》填报实务与案例解析

一、《专项用途财政性资金纳税调整明细表》格式与填报要点

（一）《专项用途财政性资金纳税调整明细表》格式

具体格式如表 3－216 所示。

表 3－216				专项用途财政性资金纳税调整明细表										A105040
行次	项目	取得年度	财政性资金	其中：符合不征税收入条件的财政性资金		以前年度支出情况					本年支出情况		本年结余情况		应计入本年应税收入金额
				金额	其中：计入本年损益的金额	前五年度	前四年度	前三年度	前二年度	前一年度	支出金额	其中：费用化支出金额	结余金额	其中：上缴财政金额	
		1	2	3	4	5	6	7	8	9	10	11	12	13	14
1	前五年度														
2	前四年度					*									
3	前三年度					*	*								
4	前二年度					*	*	*							
5	前一年度					*	*	*	*						

续表

行次	项目	取得年度	财政性资金	其中：符合不征税收入条件的财政性资金		以前年度支出情况					本年支出情况		本年结余情况		
				金额	其中：计入本年损益的金额	前五年度	前四年度	前三年度	前二年度	前一年度	支出金额	其中：费用化支出金额	结余金额	其中：上缴财政金额	应计入本年应税收入金额
		1	2	3	4	5	6	7	8	9	10	11	12	13	14
6	本年					*	*	*	*	*					
7	合计（1＋2＋3＋4＋5＋6）	*				*	*	*	*	*					

本表适用于发生符合不征税收入条件的专项用途财政性资金纳税调整项目的纳税人填报。纳税人根据税法、《财政部 国家税务总局关于专项用途财政性资金企业所得税处理问题的通知》（财税〔2011〕70号）等相关规定，以及国家统一企业会计制度，填报纳税人专项用途财政性资金会计处理、税法规定，以及纳税调整情况。本表对不征税收入用于支出形成的费用进行调整，资本化支出通过A105080《资产折旧、摊销及纳税调整明细表》进行纳税调整。

（二）《专项用途财政性资金纳税调整明细表》填报要点

不征税收入纳税调整的其中一项，为了反映企业专项用途财政性资金的收、支及结余情况，设计采用台账式申报表。申报表由税务机关后续管理时使用的财政资金台账完善而成，将填列的时间跨度扩大到5个年度，与财税〔2011〕70号文件中的5年相对应，更加全面地反映了企业财政资金的使用情况，便于税务机关的管理，也便利于企业进行申报。在填报时，不分具体项目，按取得不征税收入和发生支出时间分年度进行汇总填报。

财政性资金，是指企业取得的来源于政府及其有关部门的财政补助、补贴、贷款贴息，以及其他各类财政专项资金，包括直接减免的增值税和即征即退、先征后退、先征后返的各种税收，但不包括企业按规定取得的出口退税款。

根据财税〔2008〕151号文件的规定，企业取得的各类财政性资金，除属于国家投资和资金使用后要求归还本金的以外，均应计入企业当年收入总额。但对企业取得的由国务院财政、税务主管部门规定专项用途并经国务院批准的财政性资金，准予作为不征税收入，在计算应纳税所得额时从收入总额中减除。

《财政部 国家税务总局关于专项用途财政性资金企业所得税处理问题的通知》（财税〔2011〕70号）进一步明确规定企业从县级以上各级人民政府财政部门及其他部门

取得的应计入收入总额的财政性资金，凡同时符合以下条件的，可以作为不征税收入，在计算应纳税所得额时从收入总额中减除：

（1）企业从县级以上各级人民政府财政部门及其他部门取得的应计入收入总额的财政性资金，凡同时符合以下条件的，可以作为不征税收入，在计算应纳税所得额时从收入总额中减除：第一，企业能够提供规定资金专项用途的资金拨付文件；第二，财政部门或其他拨付资金的政府部门对该资金有专门的资金管理办法或具体管理要求；第三，企业对该资金以及以该资金发生的支出单独进行核算。

（2）根据实施条例第二十八条的规定，上述不征税收入用于支出所形成的费用，不得在计算应纳税所得额时扣除；用于支出所形成的资产，其计算的折旧、摊销不得在计算应纳税所得额时扣除。

（3）企业将符合该通知第一条规定条件的财政性资金作不征税收入处理后，在5年（60个月）内未发生支出且未缴回财政部门或其他拨付资金的政府部门的部分，应计入取得该资金第6年的应税收入总额；计入应税收入总额的财政性资金发生的支出，允许在计算应纳税所得额时扣除。

具体填报需要进行3个纳税调整列次：第4列"计入本年损益的金额"：填报第3列"其中：符合不征税收入条件的财政性资金"中，会计处理时计入本年（申报年度）损益的金额，进行纳税调减。第11列"费用化支出金额"：填报纳税人历年作为不征税收入处理的符合条件的财政性资金，在本年（申报年度）用于支出计入本年损益的费用金额，进行纳税调增。用支出金额和费用化支出金额两列进行展现，支出金额（含资本化支出）用于计算资金的结余情况，费用化支出金额用于纳税调整。第14列"应计入本年应税收入金额"：填报企业以前年度取得财政性资金且已作为不征税收入处理后，在5年（60个月）内未发生支出且未缴回财政部门或其他拨付资金的政府部门，应计入本年应税收入的金额，进行纳税调增。

具体填报时需要注意：税收政策规定5年（60个月）内未使用也没退回，所以在表格设计时均放开予以填列。但第1行第14列，若结余金额——上缴财政金额应调整处理，例如，申报年度为2020年度，则第1行前五年度（2015年），按最迟取得时间2015年12月31日算，已满5年（60个月）。

二、《专项用途财政性资金纳税调整明细表》具体填报实务与案例解析

【案例3-86】按照国家有关政策，企业购置环保设备可以申请财政补贴。A企业于2022年1月20日，向政府有关部门提交了420万元的政府补助申请，作为对其购置符合条件环保设备的补贴。2022年3月15日，A企业实际收到政府补助420万元。

2022 年 4 月 20 日 A 企业购入一台不需要安装环保设备，取得增值税专用发票注明的价款为 960 万元，增值税进项税额为 124.8 万元，该设备当月投入使用，会计核算采用年限平均法计提折旧，预计使用年限 10 年，预计净残值为零。2030 年 4 月 A 企业将该环保设备对外出售给 B 公司，取得处置不含税价款 240 万元，增值税销项税额 31.2 万元已存入银行，并已经向 B 公司开具了增值税专用发票。

方法一，A 企业采用总额法会计处理如下：

①2022 年 3 月 15 日，实际收到属于与资产相关的政府补助 420 万元，存入专用银行账户并确认递延收益。

借：银行存款　　　　　　　　　　　　　　　　　　　　4 200 000

　　贷：递延收益　　　　　　　　　　　　　　　　　　　　　　4 200 000

②2022 年 4 月 20 日，购入不需要安装的环保设备并取得增值税专用发票且已进行用途确认申报抵扣进项税额。

借：固定资产——环保设备　　　　　　　　　　　　　　9 600 000

　　应交税费——应交增值税（进项税额）　　　　　　　1 248 000

　　贷：银行存款　　　　　　　　　　　　　　　　　　　　10 848 000

③自 2022 年 5 月起，每月末直线法计提折旧，同时摊销递延收益。

a. 假设该环保设备用于生产产品并减少产品污染物排放，其折旧费用记入"制造费用"科目。

借：制造费用　　　　　　　　　　　　　　　　　　　　　80 000

　　贷：累计折旧（9 600 000÷10÷12）　　　　　　　　　　　　80 000

b. 月末在相关资产使用寿命内按照合理、系统的方法分摊递延收益计入损益，由于购置该环保设备取得政府补助属于与企业日常活动有关的政府补助，企业应记入"其他收益"科目。

借：递延收益（4 200 000÷10÷12）　　　　　　　　　　35 000

　　贷：其他收益　　　　　　　　　　　　　　　　　　　　　35 000

④2030 年 4 月出售设备同时将剩余的未摊销的递延收益全部转入当期损益，即一次性转销"递延收益"科目余额 = 420－420÷10×(8＋7×12＋4)÷12 = 84（万元）。

借：递延收益　　　　　　　　　　　　　　　　　　　　840 000

　　贷：其他收益　　　　　　　　　　　　　　　　　　　　　840 000

借：固定资产清理　　　　　　　　　　　　　　　　　　1 920 000

　　累计折旧［(8＋7×12＋4)×9 600 000÷(10×12)］　　7 680 000

　　贷：固定资产——环保设备　　　　　　　　　　　　　　　9 600 000

借：银行存款　　　　　　　　　　　　　　　　　　　　2 712 000

贷：固定资产清理　　　　　　　　　　　2 712 000

借：固定资产清理　　　　　　　　312 000

贷：应交税费——应交增值税（销项税额）　　　312 000

借：固定资产清理　　　　　　　　480 000

贷：资产处置损益——处置非流动资产利得　　　480 000

⑤企业所得税处理作为不征税收入的政府补助相关税务处理。

《财政部 国家税务总局关于专项用途财政性资金企业所得税处理问题的通知》（财税〔2011〕70号）第一条规定，企业从县级以上各级人民政府财政部门及其他部门取得的应计入收入总额的财政性资金，凡同时符合以下条件的可以作为不征税收入，在计算应纳税所得额时从收入总额中减除。第一，企业能够提供规定资金专项用途的资金拨付文件；第二，财政部门或其他拨付资金的政府部门对该资金有专门的资金管理办法或具体管理要求；第三，企业对该资金以及以该资金发生的支出单独进行核算。上述不征税收入用于支出所形成的费用，不得在计算应纳税所得额时扣除；用于支出所形成的资产，其计算的折旧、摊销不得在计算应纳税所得额时扣除。

2022年3月15日，实际收到财政拨款如果符合企业所得税法规定的不征税收入条件，允许从收入总额中扣除，不计入实际取得当年的应纳税所得额，但是，政府补助形成固定资产的计税基础为540万元（960－420），即420万元政府补助形成固定资产原值部分不得计算相应的资产折旧在税前扣除。

2022年，按照会计准则处理政府补助计入其他收益为280 000元（35 000×8），按照税法规定不征税收入计入当年应纳税所得额为0元，税会差异为280 000元，当年企业所得税汇算清缴时应纳税调减280 000元；相应地，不征税收入形成资产折旧280 000元也不得在税前扣除。

企业所得税年度纳税申报表填报实务如表3-217和表3-218所示（单位：万元）。

表3-217　　　　　　　　专项用途财政性资金纳税调整明细表（2022年）　　　　　　A105040

行次	项目	取得年度	财政性资金	其中：符合不征税收入条件的财政性资金		以前年度支出情况					本年支出情况		本年结余情况		
				金额	其中：计入本年损益的金额	前五年度	前四年度	前三年度	前二年度	前一年度	支出金额	其中：费用化支出金额	结余金额	其中：上缴财政金额	应计入本年应税收入金额
		1	2	3	4	5	6	7	8	9	10	11	12	13	14
1	前五年度														
2	前四年度					*									

续表

行次	项目	取得年度	财政性资金	其中：符合不征税收入条件的财政性资金		以前年度支出情况					本年支出情况		本年结余情况		
				金额	其中：计入本年损益的金额	前五年度	前四年度	前三年度	前二年度	前一年度	支出金额	其中：费用化支出金额	结余金额	其中：上缴财政金额	应计入本年应税收入金额
		1	2	3	4	5	6	7	8	9	10	11	12	13	14
3	前三年度					*	*								
4	前二年度					*	*	*							
5	前一年度					*	*	*	*						
6	本年	2022	420	420	28	*	*	*	*	*	420	0	0	0	0
7	合计 (1+2+3+4+5+6)	*	420	420	28	*	*	*	*	*	420	0	0	0	0

表 3 – 218　　　　　　　　　　纳税调整项目明细表（2022 年）　　　　　　A105000

行次	项目	账载金额	税收金额	调增金额	调减金额
		1	2	3	4
1	一、收入类调整项目（2+3+4+5+6+7+8+10+11）	*	*		28
8	（七）不征税收入	*	*		
9	其中：专项用途财政性资金（填写 A105040）	*	*		28
12	二、扣除类调整项目（13+14+15+16+17+18+19+20 +21+22+23+24+26+27+28+29）	*	*		
24	（十二）不征税收入用于支出所形成的费用	*	*		*
25	其中：专项用途财政性资金用于支出所形成的费用（填写 A105040）	*	*		*
30	三、资产类调整项目（31+32+33+34）	*	*		
32	（一）资产折旧、摊销（填写 A105080）	64	36	28	
46	合计（1+12+31+36+44+45）	*	*	28	28

2023～2029 年，按照会计准则处理计入其他收益 420 000 元（35 000×12），按照税法规定不征税收入计入当年应纳税所得额为 0 元，税会差异为 420 000 元，每年企业所得税汇算清缴时应纳税调减 420 000 元；相应地，不征税收入形成资产折旧420 000元也不得在税前扣除，当年企业所得税汇算清缴时应纳税调增 420 000 元。企业所得税

年度纳税申报表填报实务如表3-219和表3-220所示（单位：万元）。

表3-219　　　　　专项用途财政性资金纳税调整明细表（2023年）　　　　A105040

行次	项目	取得年度	财政性资金	其中：符合不征税收入条件的财政性资金		以前年度支出情况					本年支出情况		本年结余情况		
				金额	其中：计入本年损益的金额	前五年度	前四年度	前三年度	前二年度	前一年度	支出金额	其中：费用化支出金额	结余金额	其中：上缴财政金额	应计入本年应税收入金额
		1	2	3	4	5	6	7	8	9	10	11	12	13	14
1	前五年度														
2	前四年度					*									
3	前三年度					*	*								
4	前二年度					*	*	*							
5	前一年度	2022	420	420	42	*	*	*	*	420	0	0	0	0	0
6	本年	2023				*	*	*	*	*					
7	合计（1+2+3+4+5+6）	*	420	420	42	*	*	*	*	*	0	0	0	0	0

表3-220　　　　　　　　　纳税调整项目明细表（2023年）　　　　　　　　A105000

行次	项目	账载金额	税收金额	调增金额	调减金额
		1	2	3	4
1	一、收入类调整项目（2+3+4+5+6+7+8+10+11）	*	*		42
8	（七）不征税收入	*	*		42
9	其中：专项用途财政性资金（填写A105040）	*	*		42
12	二、扣除类调整项目（13+14+15+16+17+18+19+20+21+22+23+24+26+27+28+29）	*	*		
24	（十二）不征税收入用于支出所形成的费用	*	*		*
25	其中：专项用途财政性资金用于支出所形成的费用（填写A105040）	*	*		*
30	三、资产类调整项目（31+32+33+34）	*	*	42	
32	（一）资产折旧、摊销（填写A105080）	96	54	42	
46	合计（1+12+31+36+44+45）	*	*	42	42

2030 年，按照会计准则处理计入其他收益为 980 000 元，按照税法规定不征税收入计入当年应纳税所得额为 0 元，税会差异为 980 000 元，当年企业所得税汇算清缴时应进行纳税调减 980 000 元；相应地，不征税收入形成资产折旧 140 000 元也不得在税前扣除，当年企业所得税汇算清缴时应进行纳税调增 140 000 元。出售固定资产会计核算的"资产处置损益——处置非流动资产利得"480 000 元，税法计算的财产转让所得 = 2 400 000 – 1 080 000 = 1 320 000（元），税会差异为 840 000 元，当年企业所得税汇算清缴时应进行纳税调增 840 000 元。

总算验证：2022 ~ 2030 年纳税调增 = 280 000 + 420 000 × 7 + 140 000 + 840 000 = 4 200 000（元），纳税调减 = 280 000 + 420 000 × 7 + 980 000 = 4 200 000（元），核对相符。

企业所得税年度纳税申报表填报实务如表 3 – 221 所示（单位：万元）。

表 3 – 221　　　　　　　　纳税调整项目明细表（2030 年）　　　　　　　　A105000

行次	项目	账载金额	税收金额	调增金额	调减金额
		1	2	3	4
1	一、收入类调整项目（2＋3＋4＋5＋6＋7＋8＋10＋11）	*	*	84	98
8	（七）不征税收入	98	0		98
11	（九）其他	48	132	84	
31	三、资产类调整项目（32＋33＋34＋35）	*	*	14	
32	（一）资产折旧、摊销（填写 A105080）	14	0	14	
46	合计（1＋12＋31＋36＋44＋45）	*	*	98	98

方法二，A 企业采用净额法会计处理如下。

①2022 年 3 月 15 日，实际收到属于与资产相关的政府补助 420 万元，存入专用银行账户并确认递延收益。

借：银行存款　　　　　　　　　　　　　　　　　　4 200 000

　　贷：递延收益　　　　　　　　　　　　　　　　4 200 000

②2022 年 4 月 20 日，购入不需要安装的环保设备并取得增值税专用发票且已进行用途确认申报抵扣进项税额。同时，应当冲减固定资产的账面价值。

借：固定资产　　　　　　　　　　　　　　　　　　9 600 000

　　应交税费——应交增值税（进项税额）　　　　　1 248 000

　　贷：银行存款　　　　　　　　　　　　　　　　10 848 000

借：递延收益　　　　　　　　　　　　　　　　　　4 200 000

　　贷：固定资产　　　　　　　　　　　　　　　　4 200 000

③自 2022 年 5 月起，每月末按照直线法计提折旧，假设该环保设备用于生产产品

并减少产品污染物排放，其折旧费用记入"制造费用"科目。

借：制造费用   45 000

  贷：累计折旧 $[(9\,600\,000 - 4\,200\,000)\div10\div12]$ 45 000

④2030 年 4 月，出售该环保设备。

借：固定资产清理   1 080 000

  累计折旧 $[(8+7\times12+4)\times5\,400\,000\div10\div12]$ 4 320 000

  贷：固定资产   5 400 000

借：银行存款   2 712 000

  贷：固定资产清理   2 712 000

借：固定资产清理   312 000

  贷：应交税费——应交增值税（销项税额）   312 000

借：固定资产清理   1 320 000

  贷：资产处置损益——处置非流动资产利得   1 320 000

⑤企业所得税作为不征税收入的政府补助相关税务处理。

2022 年 3 月 15 日，企业实际收到财政补助属于企业所得税法规定的收入总额中的其他收入（补贴收入），如果符合企业所得税法规定的不征税收入条件，允许从收入总额中扣除，不计入当年应纳税所得额。

2022 年，政府补助按照会计准则处理冲减固定资产账面价值 4 200 000 元，计入当期损益 0 元，按照税法规定作为不征税收入不计入应纳税所得额，税会无差异。固定资产的账面价值为 5 400 000 元，会计核算折旧为 360 000 元（45 000×8），固定资产的初始计税基础为 5 400 000 元，按照税法计算税前扣除折旧为 360 000 元（45 000×8），税会无差异。

2023～2029 年，会计核算每年折旧为 540 000 元（45 000×12），税法计算每年税前扣除折旧为 540 000 元（45 000×12），税会无差异。

2030 年，会计核算折旧为 180 000 元（45 000×4），税法计算税前扣除折旧为 180 000元（45 000×4），税会无差异。按照会计准则核算出售固定资产计入资产处置损益——非流动资产处置利得为 1 320 000 元，按照税法规定计算的转让固定资产所得 1 320 000 元（2 400 000 - 1 080 000），税会无差异。

总算验证：2022～2030 年，会计和税务处理一致，均无税会差异，不进行纳税调整，但需要填报 A105040《专项用途财政性资金纳税调整明细表》。

企业所得税年度纳税申报表填报实务如表 3 - 222 所示（单位：万元）。

表 3 - 222 　　　　　专项用途财政性资金纳税调整明细表（2022 年）　　　　A105040

行次	项目	取得年度	财政性资金	其中：符合不征税收入条件的财政性资金		以前年度支出情况					本年支出情况		本年结余情况		
				金额	其中：计入本年损益的金额	前五年度	前四年度	前三年度	前二年度	前一年度	支出金额	其中：费用化支出金额	结余金额	其中：上缴财政金额	应计入本年应税收入金额
		1	2	3	4	5	6	7	8	9	10	11	12	13	14
1	前五年度														
2	前四年度					*									
3	前三年度					*	*								
4	前二年度					*	*	*							
5	前一年度					*	*	*	*						
6	本年	2022	420	420	0	*	*	*	*	*	420	0	0		
7	合计（1+2+…+6）	*	420	420	0	*	*	*	*	*	420	0	0		

【案例 3 - 87】 甲公司为一家粮食储备企业，执行《企业会计准则》，2024 年实际粮食储备量 1.5 亿斤，根据国家有关规定，财政部门按照企业当年的实际储备量给予每斤 0.04 元的粮食保管费补贴，款项于次年 2 月支付。2025 年 2 月 10 日，甲公司收到财政拨付的补贴款，甲公司作为不征税收入处理，2025 年实际支出粮食保管费 580万元（单位：万元）。

分析：①2024 年的会计和税务处理。2024 年 12 月 31 日，确认应收的粮食保管费补贴款 = 15 000 × 0.04 = 600（万元）。

借：其他应收款　　　　　　　　　　　　　　　　　　　　600

　　贷：其他收益　　　　　　　　　　　　　　　　　　　　　　600

税务处理：2024 年，对于应收的粮食保管费补贴，由于并未实际收到，不确认为当年的收入，因此，甲公司在 2024 年度企业所得税汇算清缴时，应调减应纳税所得额 600 万元。企业所得税年度纳税申报表填报实务如表 3 - 223 和表 3 - 224所示。

表 3 −223 　　　　　　**纳税调整项目明细表（2024 年）**　　　　　　　A105000

行次	项目	账载金额	税收金额	调增金额	调减金额
		1	2	3	4
1	一、收入类调整项目（2＋3＋4＋5＋6＋7＋8＋10＋11）	*	*		600
11	（九）其他	600	0		600

表 3 −224 　　　　　　**一般企业收入明细表（2024 年）**

行次	项目	金额
16	二、营业外收入（17＋18＋19＋20＋21＋22＋23＋24＋25＋26）	600
20	（四）政府补助利得	600

②2025 年的会计和税务处理如下。

a. 2025 年 2 月 10 日，实际收到粮食保管费补贴款 600 万元。

借：银行存款　　　　　　　　　　　　　　　　　　　　600

　　贷：其他应收款　　　　　　　　　　　　　　　　　　　　600

b. 2025 年，实际支出粮食保管费 580 万元。

借：管理费用　　　　　　　　　　　　　　　　　　　　580

　　贷：银行存款　　　　　　　　　　　　　　　　　　　　580

税务处理：对于实际收到的粮食保管费补贴 600 万元，符合不征税收入条件作为不征税收入处理，但不征税收入用于实际支出粮食保管费 580 万元也不得税前扣除。因此，甲公司 2025 年度企业所得税汇算清缴时，应调增应纳税所得额 580 万元。企业所得税年度纳税申报表填报实务如表 3 −225 和表 3 −226 所示。

表 3 −225 　　　**专项用途财政性资金纳税调整明细表（2025 年）**　　　A105040

行次	项目	取得年度	财政性资金	其中：符合不征税收入条件的财政性资金		以前年度支出情况					本年支出情况		本年结余情况		
				金额	其中：计入本年损益的金额	前五年度	前四年度	前三年度	前二年度	前一年度	支出金额	其中：费用化支出金额	结余金额	其中：上缴财政金额	应计入本年应税收入金额
		1	2	3	4	5	6	7	8	9	10	11	12	13	14
1	前五年度														
2	前四年度					*									
3	前三年度					*	*								
4	前二年度					*	*	*							

续表

行次	项目	取得年度	财政性资金	其中：符合不征税收入条件的财政性资金		以前年度支出情况					本年支出情况		本年结余情况		
				金额	其中：计入本年损益的金额	前五年度	前四年度	前三年度	前二年度	前一年度	支出金额	其中：费用化支出金额	结余金额	其中：上缴财政金额	应计入本年应税收入金额
		1	2	3	4	5	6	7	8	9	10	11	12	13	14
5	前一年度					*	*	*	*						
6	本年	2021年	600	600	0	*	*	*	*	*	580	580	20		
7	合计(1+2+3+4+5+6)	*	600	600	0	*	*	*	*	*	580	580	20		

表3-226　　　　　　纳税调整项目明细表（2025年）　　　　　　　A105000

行次	项目	账载金额	税收金额	调增金额	调减金额
		1	2	3	4
1	一、收入类调整项目（2+3+4+5+6+7+8+10+11）	*	*		
8	（七）不征税收入	*	*		0
9	其中：专项用途财政性资金（填写A105040）	*	*		0
12	二、扣除类调整项目（13+14+15+16+17+18+19+20+21+22+23+24+26+27+28+29）	*	*		
24	（十二）不征税收入用于支出所形成的费用	*	*	580	*
25	其中：专项用途财政性资金用于支出所形成的费用（填写A105040）	*	*	580	*

【案例3-88】某软件公司（一般纳税人）销售其自行开发生产的软件产品，增值税税率为13%。假如该企业当月销售软件系统500万元（含税价），当月可抵扣进项税额20万元。请计算应退税额和进行会计和税务处理。

①增值税处理。按照《财政部、国家税务总局关于软件产品增值税政策的通知》（财税〔2011〕100号）规定，增值税一般纳税人销售其自行开发生产的软件产品，按13%税率征收增值税后，对其增值税实际税负超过3%的部分实行即征即退政策。

软件产品增值税即征即退额的计算：即征即退税额 = 当期软件产品增值税应纳税额 - 当期软件产品销售额×3% = $[500÷(1+13\%)×13\% - 20] - 500÷(1+13\%)×3\% = 24.25$（万元）。

②企业所得税处理。取得的即征即退增值税款24.25万元，因为企业专项用于软件产品研发和扩大再生产并单独进行核算，可以作为不征税收入，在计算应纳税所得额时从收入总额中减除。也可以按照《国家税务总局关于企业所得税应纳税所得额若

干税务处理问题的公告》（国家税务总局公告 2012 年第 15 号）第七条的规定，企业取得的不征税收入，应按照《财政部、国家税务总局关于专项用途财政性资金企业所得税处理问题的通知》（财税〔2011〕70 号）的规定进行处理。凡未按照该《通知》规定进行管理的，应作为企业应税收入计入应纳税所得额，依法缴纳企业所得税。

③会计准则规定，税收返还是政府按照国家有关规定采取先征后返（退）、即征即退等办法向企业返还的税款，属于以税收优惠形式给予的一种政府补助。会计和税务处理如下（单位：万元）：

借：银行存款等 500

　　贷：主营业务收入 442.48

　　　　应交税费——应交增值税（销项税额） 57.52

借：其他应收款——增值税退税 24.25

　　贷：其他收益 24.25

借：银行存款 24.25

　　贷：其他应收款——增值税退税 24.25

第四章
《纳税调整项目明细表》扣除类项目填报实务与案例解析

第一节 《纳税调整项目明细表》扣除类项目格式与案例解析

一、《纳税调整项目明细表》扣除类项目格式

具体格式如表4-1所示。

表4-1　　　　　　　　　　纳税调整项目明细表（扣除类调整项目）　　　　　　　　　A105000

行次	项目	账载金额	税收金额	调增金额	调减金额
		1	2	3	4
12	二、扣除类调整项目（13＋14＋…24＋26＋27＋28＋29＋30）	*	*		
13	（一）视同销售成本（填写A105010）	*		*	
14	（二）职工薪酬（填写A105050）				
15	（三）业务招待费支出				*
16	（四）广告费和业务宣传费支出（填写A105060）	*	*		
17	（五）捐赠支出（填写A105070）				
18	（六）利息支出				
19	（七）罚金、罚款和被没收财物的损失		*		*
20	（八）税收滞纳金、加收利息		*		*
21	（九）赞助支出		*		*
22	（十）与未实现融资收益相关在当期确认的财务费用				
23	（十一）佣金和手续费支出（保险企业填写A105060）				
24	（十二）不征税收入用于支出所形成的费用	*	*		*

续表

行次	项目	账载金额	税收金额	调增金额	调减金额
		1	2	3	4
25	其中：专项用途财政性资金用于支出所形成的费用（填写 A105040）	*	*		*
26	（十三）跨期扣除项目				
27	（十四）与取得收入无关的支出		*		*
28	（十五）境外所得分摊的共同支出	*	*		*
29	（十六）党组织工作经费				
30	（十七）其他				

二、业务招待费支出调整项目填报实务与案例解析

业务招待费，是指企业在经营管理等活动中用于招待应酬而支付的各种费用，主要包括对外公关交往、接待客户、业务洽谈等所发生的费用。在实务中，业务招待费主要包括但不限于：（1）因企业生产经营需要对外宴请用餐和住宿的费用。（2）因企业生产经营需要赠送特产的费用。（3）因企业生产经营需要而发生的旅游景点参观费和交通费及其他费用的开支。（4）因企业生产经营需要而发生的业务关系人员的差旅费开支。A105000《纳税调整项目明细表》第15行"（三）业务招待费支出"：第1列"账载金额"填报纳税人会计核算计入当期损益的业务招待费金额。第2列"税收金额"填报按照税法规定允许税前扣除的业务招待费支出的金额。第3列"调增金额"为第1－第2列金额。本行2017年版与2014年版申报表填报说明相比，删除2014年版中"即：'本行第1列×60%'与当年销售（营业收入）×5‰的执小值"的表述，纳税人需要分析计算填列。具体纳税申报要点如下：

1. 业务招待费支出扣除基数。按照税法规定，企业正常生产经营期间发生的当期业务招待费支出税前扣除基数＝销售（营业）收入＋视同销售（营业）收入＋（房地产开发企业销售未完工产品的收入－销售未完工产品转完工产品确认的销售收入）＋从事股权投资业务的企业（包括集团公司总部、创业投资企业等）从被投资企业所分配的股息、红利以及股权转让收入。

企业在筹建期间发生的当期业务招待费支出，应按照《国家税务总局关于企业所得税应纳税所得额若干税务处理问题的公告》（国家税务总局公告2012年第15号）的规定，企业在筹建期间，发生的与筹办活动有关的业务招待费支出，可按实际发生额的60%计入企业筹办费，并按有关规定在税前扣除；发生的广告费和业务宣传费，可按实际发生额计入企业筹办费，并按有关税法规定在税前扣除，不在此项目进行纳税调整，而在A105080《资产折旧、摊销情况及纳税调整明细表》"开办费"项目进行填报及纳税调整。

2. 纳税人会计核算违反国家统一会计制度将当期业务招待费计入相关资产成本或

其他项目的，首先，要调整纳税人会计核算计入当期损益的业务招待费金额；其次，与税收准予扣除金额比较，进行纳税调整。按照会计准则和税法规定，业务招待费不得计入相关资产成本，通过折旧、摊销或者结转销售成本方式在税前扣除。《国家税务总局关于做好中国石油化工集团公司税收风险管理后续工作的通知》（税总发〔2013〕100号）规定，业务招待费用支出超过税法规定扣除标准，未作纳税调整。例如，部分企业技术开发、消防警卫、外宾接待、在建工程、特批费和奥运会专项经费中发生的业务招待费，未并入业务招待费总额计算纳税调整。

3. 未取得合法、有效凭证的税前扣除问题。由于我国税前扣除普遍实施"以票控税"，合法性一般以合法有效凭证为依据，按照《发票管理办法》及其实施细则、《国家税务总局关于开展打击制售假发票和非法代开发票专项整治行动有关问题的通知》（国税发〔2008〕40号）、《国家税务总局关于加强企业所得税管理的意见》（国税发〔2008〕88号）、《国家税务总局关于进一步加强普通发票管理工作的通知》（国税发〔2008〕80号）、《国家税务总局关于发布〈企业所得税税前扣除凭证管理办法〉的公告》（国家税务总局公告2018年第28号）和《国家税务总局关于认真做好2011年打击发票违法犯罪活动工作的通知》（国税发〔2011〕25号）等文件的规定，未按规定取得的合法有效凭据不得在税前扣除。例如无税务监制章发票、未填写购买方的纳税人识别号或统一社会信用代码、未加盖发票专用章发票、购买方单位名称不符、不是全称或无单位名称发票、以其他单据或白条代替发票等，不得在税前扣除。

【案例4-1】某企业2024年销售收入5亿元，发生的与生产、经营有关的业务招待费支出300万元，则该企业2024年业务招待费扣除限额为250万元（50 000万元×5‰），业务招待费发生额60%的部分是180万元（300×60%），由于250万元>180万元，所以该企业业务招待费应调增应纳税所得额120万元（业务招待费发生额300×40%）。2024年企业所得税年度纳税申报表填报实务如表4-2所示（单位：万元）。

表4-2　　　　　　　　　纳税调整项目明细表（2024年）　　　　　　　　　A105000

行次	项目	账载金额	税收金额	调增金额	调减金额
		1	2	3	4
12	二、扣除类调整项目（13+14+…+30）	*	*	120	0
15	（三）业务招待费支出	300	180	120	*

【案例4-2】某企业2024年销售收入3亿元，发生的与生产经营有关的业务招待费支出300万元，则该企业2024年业务招待费扣除限额150万元（30 000万元×5‰），业务招待费发生额60%的部分是180万元（300×60%），由于150万元<180万元，所以该企业业务招待费应调增应纳税所得额150万元（180-150+300×40%）。2024年企业所得税年度纳税申报表填报实务如表4-3所示。

表 4 – 3　　　　　　　　　　纳税调整项目明细表（2024 年）　　　　　　　　A105000

行次	项目	账载金额	税收金额	调增金额	调减金额
		1	2	3	4
12	二、扣除类调整项目（13 + 14 + ⋯ + 30）	*	*	150	0
15	（三）业务招待费支出	300	150	150	*

【案例 4 – 3】某企业 2024 年发生与生产经营有关的业务招待费 9 万元，会计核算已全部记入"管理费用"科目，其中 2 万元业务招待费未按规定取得税前扣除凭证，假设当年业务招待费支出税前扣除依据的营业收入基数为 5 000 万元。

分析：按照国家税务总局《关于发布〈企业所得税税前扣除凭证管理办法〉的公告》（国家税务总局公告 2018 年第 28 号）相关规定，汇算清缴结束前未按规定取得合法有效税前凭证的，其相应支出不得在发生年度税前扣除。本例中，业务招待费中不符合税法规定的税前扣除凭证入账金额为 2 万元，应纳税调增 2 万元。剩余取得税前扣除凭证的业务招待费 7 万元，按照 25 万元（5 000 × 0.5%）与 4.2 万元（7 × 60%）两者中的孰低者 4.2 万元作为税前扣除限额，业务招待费纳税调增金额 = 7 − 4.2 = 2.8（万元），该业务合计纳税调增 4.8 万元（2.8 + 2）。同时，在表 A104000《期间费用明细表》第 4 行"四、业务招待费"第 3 列"管理费用"项目中填报 7 万元，第 25 行"二十五、其他"第 3 列"管理费用"项目中填报 2 万元。

2024 年企业所得税年度纳税申报表填报实务如表 4 – 4 所示（单位：万元）。

表 4 – 4　　　　　　　　　　纳税调整项目明细表（2024 年）　　　　　　　　A105000

行次	项目	账载金额	税收金额	调增金额	调减金额
		1	2	3	4
12	二、扣除类调整项目（13 + 14 + ⋯ + 30）	*	*	4.8	
15	（三）业务招待费支出	7	4.2	2.8	*
30	（十七）其他	2	0	2	

另一种填报思路是，首先，计算出该笔业务可以税前扣除的业务招待费金额 4.2 万元；其次，在表 A105000 第 15 行"（三）业务招待费"第 1 列"账载金额"填报 9 万元，第 2 列"税收金额"填报 5.4 万元（9 × 60% 与 5 000 × 0.5% 孰小值），第 3 列"调增金额"填报 3.6 万元；最后，在表 A105000 第 30 行"（十七）其他"第 1 列"账载金额"填报 1.2 万元（4.8 − 3.6），第 2 列"税收金额"填报 0，第 3 列"调增金额"填报 1.2 万元。同时，在表 A104000《期间费用明细表》第 4 行"四、业务招待费"第 3 列"管理费用"项目中填报 9 万元。

【案例 4 – 4】某企业 2024 年发生与生产经营有关的业务招待费 10 万元，会计核算已全部记入"管理费用"科目，其中 3 万元业务招待费未按规定取得税前扣除凭证，假设当年业务招待费支出税前扣除依据的营业收入基数为 800 万元。

分析：按照国家税务总局《关于发布〈企业所得税税前扣除凭证管理办法〉的公

告》（国家税务总局公告 2018 年第 28 号）相关规定，汇算清缴结束前未按规定取得合法有效税前凭证的，其相应支出不得在发生年度税前扣除。本例中，业务招待费中不符合税法规定的税前扣除凭证入账金额为 3 万元，应纳税调增 3 万元。剩余取得税前扣除凭证的业务招待费 7 万元，按照 4 万元（800×0.5%）与 4.2 万元（7×60%）两者中的孰低者 4 万元作为税前扣除限额，业务招待费纳税调增金额 = 7 - 4 = 3（万元），该业务合计纳税调增 6 万元（3 + 3）。同时，在表 A104000《期间费用明细表》第 4 行"四、业务招待费"第 3 列"管理费用"项目中填报 7 万元，第 25 行"二十五、其他"第 3 列"管理费用"项目中填报 3 万元。

2024 年企业所得税年度纳税申报表填报实务如表 4 - 5 所示（单位：万元）。

表 4 - 5	纳税调整项目明细表（2024 年）				A105000
行次	项目	账载金额	税收金额	调增金额	调减金额
		1	2	3	4
12	二、扣除类调整项（13 + 14 + … + 30）	*	*	6	
15	（三）业务招待费支出	7	4	3	*
30	（十七）其他	3	0	3	

另一种填报思路是，首先，计算出该笔业务可以税前扣除的业务招待费金额 4 万元，不得税前扣除 6 万元；其次，在表 A105000 第 15 行"（三）业务招待费"第 1 列账载金额填报 10 万元，第 2 列税收金额填报 4 万元（10×60% 与 800×0.5% 孰小值），第 3 列调增金额填报 6 万元，由于调增金额已经调整充分，不需要再通过表 A105000 第 30 行"（十七）其他"中进行纳税调整。同时，在表 A104000《期间费用明细表》第 4 行"四、业务招待费"第 3 列"管理费用"项目中填报 10 万元。

三、利息支出调整项目填报实务与案例解析

A105000《纳税调整项目明细表》第 18 行"（六）利息支出"：第 1 列"账载金额"填报纳税人向非金融企业借款，会计核算计入当期损益的利息支出的金额；第 2 列"税收金额"填报按照税法规定允许税前扣除的利息支出的金额；若第 1 列≥第 2 列，将第 1 列减第 2 列余额填入第 3 列"调增金额"，若第 1 列<第 2 列，将第 1 列减第 2 列余额的绝对值填入第 4 列"调减金额"。具体纳税申报要点如下：

1. 借款利息支出扣除标准。《企业所得税法实施条例》第三十八条规定，企业在生产经营活动中发生的下列利息支出，准予扣除：非金融企业向金融企业借款的利息支出、金融企业的各项存款利息支出和同业拆借利息支出、企业经批准发行债券的利息支出；非金融企业向非金融企业借款的利息支出，不超过按照金融企业同期同类贷款利率计算的数额的部分。问：企业因资金原因计提未实际支付的借款利息，是否可

以税前扣除？2010 年 6 月 21 日，国家税务总局纳税服务司解答：《企业所得税法》及《企业所得税法实施条例》规定发生的借款利息准予扣除，这里的利息支出要求实际发生，也即实际支付。即会计上只计提没有实际支付的利息，应进行纳税调增，实际支付时再进行纳税调减。企业在计算当期可以扣除的借款利息时，对于非金融企业向非金融企业借款的利息支出，必须凭合法有效的税前扣除凭证，按照税法的有关规定和标准在税前扣除。

【案例 4 - 5】2024 年 7 月 1 日，甲公司从乙公司借入一笔短期借款用于补充流动资金不足，借款本金为 120 万元，期限为 1 年，年利率为 6%，合同约定 2025 年 7 月 1 日到期时一次还本付息，假设合同利率与市场利率相等，甲公司会计和税务处理如下（单位：万元）。

①2024 年 7 月 1 日，借入短期借款时：

借：银行存款　　　　　　　　　　　　　　　　　　　　　　　120

　　贷：短期借款——本金　　　　　　　　　　　　　　　　　120

②2024 年 12 月 31 日，计提借款利息：

$120 \times 6/12 \times 6\% = 3.6$（万元）

借：财务费用　　　　　　　　　　　　　　　　　　　　　　　3.6

　　贷：短期借款——利息　　　　　　　　　　　　　　　　　3.6

③税务处理：2024 年企业所得税年度纳税申报表填报实务如表 4 - 6 所示。

表 4 - 6　　　　　　　　　纳税调整项目明细表（2024 年）　　　　　　　A105000

行次	项目	账载金额	税收金额	调增金额	调减金额
		1	2	3	4
12	二、扣除类调整项目（13 + 14 + … + 30）	*	*	3.6	
18	（六）利息支出	3.6	0	3.6	

④2025 年 7 月 1 日，还本付息借款利息：

$120 \times (1 + 6\%) = 127.2$（万元）

借：短期借款——本金　　　　　　　　　　　　　　　　　　　120

　　　　　　　——利息　　　　　　　　　　　　　　　　　　3.6

　　财务费用　　　　　　　　　　　　　　　　　　　　　　　3.6

　　贷：银行存款　　　　　　　　　　　　　　　　　　　　　127.2

⑤税务处理：2025 年企业所得税年度纳税申报表填报实务如表 4 - 7 所示。

表 4 - 7　　　　　　　　　纳税调整项目明细表（2025 年）　　　　　　　A105000

行次	项目	账载金额	税收金额	调增金额	调减金额
		1	2	3	4
12	二、扣除类调整项目（13 + 14 + … + 30）	*	*		3.6
18	（六）利息支出	3.6	7.2		3.6

2. 区分资本性借款利息支出与收益性借款利息支出。根据《企业所得税法实施条例》第三十七条的相关规定，资本性借款利息支出应当分期扣除或者计入有关资产成本按照规定扣除；收益性借款利息支出可在发生当期扣除。《国家税务总局关于企业所得税应纳税所得额若干税务处理问题的公告》（国家税务总局公告 2012 年第 15 号）关于企业融资费用支出税前扣除问题明确规定，企业通过发行债券、取得贷款、吸收保户储金等方式融资而发生的合理的费用支出，符合资本化条件的，应计入相关资产成本；不符合资本化条件的，应作为财务费用（包括手续费及佣金支出），准予在企业所得税前据实扣除。

3. 企业由于投资者投资未到位而发生的利息支出扣除。按照《国家税务总局关于企业投资者投资未到位而发生的利息支出企业所得税前扣除问题的通知》（国税函〔2009〕312 号）的规定进行处理。

4. 企业向自然人借款的利息支出税前扣除。按照《国家税务总局关于企业向自然人借款的利息支出企业所得税税前扣除问题的通知》（国税函〔2009〕777 号）的规定进行处理。

新修订的《中华人民共和国公司法》第四十七条第一款规定，有限责任公司的注册资本为在公司登记机关登记的全体股东认缴的出资额。全体股东认缴的出资额由股东按照公司章程的规定自公司成立之日起 5 年内缴足。第二百六十六条第二款规定，该法施行前已登记设立的公司，出资期限超过该法规定的期限的，除法律、行政法规或者国务院另有规定外，应当逐步调整至该法规定的期限以内；对于出资期限、出资额明显异常的，公司登记机关可以依法要求其及时调整。具体实施办法由国务院规定。因此，根据《中华人民共和国企业所得税法实施条例》第二十七条的规定，凡企业投资者在规定期限内未缴足其应缴资本额的，该企业对外借款所发生的利息，相当于投资者实缴资本额与在规定期限内应缴资本额的差额应计付的利息，其不属于企业合理的支出，应由企业投资者负担，不得在计算企业应纳税所得额时扣除。

具体计算不得扣除的利息，应以企业一个年度内每一账面实收资本与借款余额保持不变的期间作为一个计算期，每一计算期内不得扣除的借款利息按该期间借款利息发生额乘以该期间企业未缴足的注册资本占借款总额的比例计算，计算公式为：

$$\begin{matrix} \text{企业每一计算期不得} \\ \text{扣除的借款利息} \end{matrix} = \begin{matrix} \text{该期间借} \\ \text{款利息额} \end{matrix} \times \begin{matrix} \text{该期间未缴足} \\ \text{注册资本额} \end{matrix} \div \begin{matrix} \text{该期间} \\ \text{借款额} \end{matrix}$$

企业一个年度内不得扣除的借款利息总额为该年度内每一计算期不得扣除的借款利息额之和。

【案例 4-6】A 有限责任公司成立于 2024 年 1 月 1 日，注册资本 150 万元，股东为甲、乙、丙、丁四名自然人。在市场监管部门登记的全体股东认缴的出资额为 150

万元人民币，均为货币资金出资，其中，甲认缴出资20万元，乙认缴出资30万元，丙认缴出资40万元，丁认缴出资60万元。《公司章程》规定股东出资期限及出资额约定为：甲在公司成立时实际出资10万元，其余10万元在2024年12月31日前缴足；乙在公司成立时实际出资10万元，2024年12月31日缴纳10万元，余额10万元在2025年12月31日前缴纳；丙在公司成立时实际出资10万元，2024年12月31日缴纳10万元，余额20万元在2025年12月31日前缴纳；丁在公司成立时出资10万元，2025年12月31日前缴纳40万元。

2024年12月31日，甲、乙、丙均如期缴纳出资，丁违约未能缴纳规定出资10万元。2025年6月30日，丁将认缴的10万元出资额补齐实缴。2025年12月31日，乙如期足额履行实缴出资义务；丙违约只履行10万元认缴出资义务，未履行出资额为10万元；丁违约未实缴出资。2026年6月30日，丙将10万元认缴出资补齐实缴，2026年12月31日，丁将认缴40万元出资补齐实缴，A公司注册资本与实收资本一致。A公司在经营期内因流动资金需要向当地商业银行借款，并将实际支付的利息支出计入财务费用。A公司具体借款情况如表4-8所示。

表4-8   A公司借款情况表   金额单位：万元

借款日期	借款金额	借款利率	借款期限	还款日期	借款余额
2025年1月1日	100	7%	2年	2026年12月31日	100
2025年7月1日	200	6%	1年	2026年6月30日	300
2026年1月1日	100	6%	1年	2026年12月31日	400
2026年7月1日	200	7%	2年	2028年6月30日	400
2027年1月1日	300	5%	3年	2030年12月31日	500

要求：计算A公司各年度利息支出及不得扣除的借款利息。

分析：（1）2025年A公司利息支出情况。

①2025年1月1日至2025年6月30日。在此期间，丁未按照规定实缴出资10万元，故其对应借款利息不得扣除。该期间A公司实收资本70万元和借款余额100万元均未变化，因此，将2025年1月1日至2025年6月30日作为一个计算期。

该期间不得扣除的借款利息=该期间借款利息额3.5万元（100×7%÷2=3.5）×该期间未缴足注册资本额10万元÷该期间借款额100万元=0.35（万元）。

②2025年7月1日至2025年12月31日。该期间丁已将拖欠出资10万元实缴，实收资本变更为80万元。不存在因投资不到位而无法扣除的利息。

③A公司不得税前扣除的利息为0.35万元，可税前扣除的利息=（100×7%×12/12+200×6%×6/12）-0.35=18.65（万元）。企业所得税年度汇算清缴时，利息支出纳税调增0.35万元。

（2）2026 年 A 公司利息支出情况。

①2026 年 1 月 1 日至 2026 年 6 月 30 日。该期间，丙应缴注册资本与实缴注册资本的差额为 10 万元，丁应缴注册资本与实缴注册资本的差额为 40 万元。A 公司实收资本为 100 万元（其中，甲 20 万元，乙 30 万元，丙 30 万元，丁 20 万元），借款余额为 400 万元，均未发生变化，因此，将该期间作为一个计算期。

投资未到位出资 50 万元对应不得扣除的借款利息 = 该期间借款利息额 12.5 万元（100×7%÷2 + 200×6%÷2 + 100×6%÷2）×该期间未缴足注册资本额 50 万元÷该期间借款额 400 万元 = 1.5625（万元）

②2026 年 7 月 1 日至 2026 年 12 月 31 日。该期间，丁应缴注册资本与实缴注册资本的差额为 40 万元，A 公司实收资本为 110 万元，借款余额为 200 万元。

投资未到位出资 40 万元对应不得扣除的借款利息 = 该期间借款利息额 13.5 万元（100×7%÷2 + 100×6%÷2 + 200×7%÷2）×该期间未缴足注册资本额 40 万元÷该期间借款额 400 万元 = 1.35（万元）

③2026 年 A 公司不得税前扣除的利息 = 1.5625 + 1.35 = 2.9125（万元），A 公司可税前扣除的利息 = （100×6% + 200×6%×6/12 + 100×6% + 200×7%×6/12）- 2.9125 = 22.0875（万元）。企业所得税年度汇算清缴时，利息支出纳税调增 2.9125 万元。

（3）2027 年 A 公司利息支出情况。

由于甲、乙、丙、丁已经将全部认缴的出资实缴，故 A 公司 2027 年度不存在因出资不到位而无法扣除的借款利息，实际支付的利息支出 = 200×7% + 300×5% = 29（万元）。企业所得税年度汇算清缴时，利息支出全额税前扣除，不需要纳税调整。

5. 金融企业同期同类贷款利率确定。按照《国家税务总局关于企业所得税若干问题的公告》（国家税务总局公告 2011 年第 34 号）的规定进行处理。

6. 利息支出税前扣除的合法凭证问题。《国家税务总局关于发布〈企业所得税税前扣除凭证管理办法〉的公告》（国家税务总局公告 2018 年第 28 号）第五条规定，企业发生支出，应取得税前扣除凭证，作为计算企业所得税应纳税所得额时扣除相关支出的依据。第十二条规定，企业取得私自印制、伪造、变造、作废、开票方非法取得、虚开、填写不规范等不符合规定的发票，以及取得不符合国家法律、法规等相关规定的其他外部凭证，不得作为税前扣除凭证。企业向自然人借款支出应真实、合法、有效，借出方个人应按规定缴纳相关税费，并开具相应的发票，支出利息方应取得该发票后才可以在税前扣除。

7. 关联方借款税前扣除。按照《企业所得税法》第四十六条、《企业所得税法实施条例》第一百一十九条和《财政部、国家税务总局关于企业关联方利息支出税前扣除标准有关税收政策问题的通知》（财税〔2008〕121号）等的规定进行处理。

【案例4－7】甲企业注册资金1 000万元，其中有关联企业C公司的权益性投资800万元，占80%的股份。2024年期初甲企业所有者权益为：实收资本1 000万元，未分配利润200万元、盈余公积40万元、资本公积10万元，合计1 250万元，甲企业在2024年度向C公司借款（取得债权性投资）3 000万元，按不超过本省金融企业同期同类贷款利率支付利息，且无应资本化的情形。甲企业2024年每月新增未分配利润和月平均权益投资计算结果如表4－9所示。

表4－9 月平均权益性投资计算表 单位：万元

月份	实收资本		资本公积		盈余公积		未分配利润		权益性投资期末金额	月平均权益投资	C公司享有80%份额
	期初	期末	期初	期末	期初	期末	期初	期末			
1	1 000	1 000	10	10	40	40	200	220	1 270	1 260	1 008
2	1 000	1 000	10	10	40	40	220	240	1 290	1 280	1 024
3	1 000	1 000	10	10	40	40	240	260	1 310	1 300	1 040
4	1 000	1 000	10	10	40	40	260	270	1 320	1 315	1 052
5	1 000	1 000	10	10	40	40	270	280	1 330	1 325	1 060
6	1 000	1 000	10	10	40	40	280	290	1 340	1 335	1 068
7	1 000	1 000	10	10	40	40	290	320	1 370	1 355	1 084
8	1 000	1 000	10	10	40	40	320	350	1 400	1 385	1 108
9	1 000	1 000	10	10	40	40	350	380	1 430	1 415	1 132
10	1 000	1 000	10	10	40	40	380	400	1 450	1 440	1 152
11	1 000	1 000	10	10	40	40	400	420	1 470	1 460	1 168
12	1 000	1 000	10	10	40	40	420	440	1 490	1 480	1 184
2024年1～12月接受的权益性投资合计									16 350		13 080

甲企业接受的C公司各月平均权益投资计算过程如下：

1月平均权益投资＝（1 250＋1 270）/2×80%＝1 008（万元）

2月平均权益投资＝（1 270＋1 290）/2×80%＝1 024（万元）

依此类推，甲企业接受的全年各月平均权益投资之和为16 350万元，其中属于C公司的为13 080万元。

假定甲企业借款发生在3月30日，至12月底尚未归还，已支付利息130万元。利息扣除情况计算如下。

①接受C公司平均关联债权投资计算如下：1～2月平均关联债权投资均为0；3月平均关联债权投资＝（0＋3 000）/2＝1 500（万元）；4月平均关联债权投资＝（3 000＋3 000）/2＝3 000（万元）；5～12月每月均如此计算。

②全年各月平均关联债权投资之和＝1 500＋3 000×9＝28 500（万元）。

③关联债资比例＝28 500/13 080＝2.18，比例＞2∶1。

④不得扣除的利息支出＝130×（1－2/2.18）＝10.73（万元）。

⑤税务处理：2024年企业所得税年度纳税申报表填报实务如表4－10所示（单位：

万元）。

表 4－10 　　　　　　　　　　纳税调整项目明细表（2024 年）　　　　　　　　A105000

行次	项目	账载金额	税收金额	调增金额	调减金额
		1	2	3	4
12	二、扣除类调整项目（13＋14＋…＋30）	*	*		
18	（六）利息支出	130	119.27	10.73	

【案例 4－8】承〖案例 4－7〗，假定甲企业借款发生在 4 月 1 日，至 12 月底尚未归还，已支付利息 130 万元。扣除利息情况计算如下。

①接受 C 公司平均关联债权投资计算如下：1~3 月平均关联债权投资均为 0；4 月平均关联债权投资＝（0＋3 000）÷2＝1 500（万元）；5 月平均关联债权投资＝（3 000＋3 000）÷2＝3 000（万元）；6~12 月每月均如此计算。

全年各月平均关联债权投资之和＝1 500＋3 000×8＝25 500（万元）。

②关联债资比例＝25 500÷13 080＝1.95，比例＜2∶1。

③甲企业向 C 公司借款，关联债资比例没有超过规定的标准比例，实际支付给 C 公司的利息支出全部准予扣除。

【案例 4－9】金域医学：未实际支付境外美元借款利息支出被调整纳税并补缴滞纳金。金域医学（603882.SH）于 2017 年 8 月 21 日发布招股意向书及附录，披露了往期未实际支付利息支出被调整纳税并缴纳滞纳金事宜。具体事项为：2014 年 6 月 5 日，广州市国税局北区稽查局因金墢利未在企业所得税纳税申报中作关于未实际支付境外美元借款利息支出的纳税调整而造成少缴纳企业所得税 94 287.75 元对其出具了《税务处理决定书》，责令其补缴企业所得税 94 287.75 元并缴纳滞纳金 33 181.04 元。对于上述事项，公司在收到上述税务处理决定书之后已经及时缴纳罚款或补缴税款。

四、罚金、罚款和被没收财物的损失调整项目填报实务与案例解析

A105000《纳税调整项目明细表》第 19 行"（七）罚金、罚款和被没收财物的损失"：第 1 列"账载金额"填报纳税人会计核算计入当期损益的罚金、罚款和被罚没财物的损失，不包括纳税人按照经济合同规定支付的违约金（包括银行罚息）、罚款和诉讼费；第 3 列"调增金额"等于第 1 列金额。

【案例 4－10】2024 年甲公司因违反环境保护法被环保局处以行政罚款 2 万元，部分库存商品因质量问题被工商部门罚没，实际成本 10 万元，转出增值税进项税额 0.85 万元。甲公司会计和税务处理如下（单位：万元）：

借：营业外支出——罚没支出   12.85

    贷：银行存款   2

      库存商品   10

      应交税费——应交增值税（进项税额转出）   0.85

税务处理：2024 年企业所得税年度纳税申报表填报实务如表 4－11 和表 4－12 所示。

表 4－11   纳税调整项目明细表（2024 年）   A105000

行次	项目	账载金额	税收金额	调增金额	调减金额
		1	2	3	4
12	二、扣除类调整项目（13＋14＋…＋30）	*	*	12.85	
19	（七）罚金、罚款和被没收财物的损失	12.85	*	12.85	*

表 4－12   一般企业成本支出明细表（2024 年）   A102010

行次	项目	金额
16	二、营业外支出（17＋18＋19＋20＋21＋22＋23＋24＋25＋26）	12.85
23	（七）罚没支出	12.85

五、税收滞纳金、加收利息和赞助支出调整项目填报实务与案例解析

A105000《纳税调整项目明细表》第 20 行"（八）税收滞纳金、加收利息"：第 1 列"账载金额"填报纳税人会计核算计入当期损益的税收滞纳金、加收利息。第 3 列"调增金额"等于第 1 列金额。

具体纳税申报要点。《企业所得税法》第十条规定，计算应纳税所得额时，下列支出不得扣除：（1）向投资者支付的股息、红利等权益性投资收益款项；（2）企业所得税税款；（3）税收滞纳金；（4）罚金、罚款和被没收财物的损失；（5）《企业所得税法》第九条规定以外的捐赠支出；（6）赞助支出；（7）未经核定的准备金支出；（8）与取得收入无关的其他支出。《企业所得税法实施条例》第 121 条规定，税务机关根据税收法律、行政法规的规定，对企业作出特别纳税调整的，应当对补征的税款，自税款所属纳税年度的次年 6 月 1 日起至补缴税款之日止的期间，按日加收利息。不得在计算应纳税所得额时扣除。

A105000《纳税调整项目明细表》第 21 行"（九）赞助支出"：第 1 列"账载金额"填报纳税人会计核算计入当期损益的不符合税法规定的公益性捐赠的赞助支出的金额，包括直接向受赠人的捐赠、赞助支出等（不含广告性的赞助支出，广告性的赞助支出在表 A105060 中调整）；第 3 列"调增金额"等于第 1 列金额。

六、与未实现融资收益相关在当期确认的财务费用调整项目填报实务与案例解析

A105000《纳税调整项目明细表》第22行"（十）与未实现融资收益相关在当期确认的财务费用"：第1列"账载金额"填报纳税人会计核算的与未实现融资收益相关并在当期确认的财务费用的金额；第2列"税收金额"填报按照税法规定允许税前扣除的金额；若第1列≥第2列，将第1-2列余额填入第3列，"调增金额"；若第1列＜第2列，将第1-2列余额的绝对值填入第4列"调减金额"。具体纳税申报案例解析见本书A105020《未按权责发生制确认收入纳税调整明细表》。

七、佣金和手续费支出调整项目填报实务与案例解析

A105000《纳税调整项目明细表》第23行"（十一）佣金和手续费支出（保险企业填写A105060）"：除保险企业之外的其他企业直接填报本行，第1列"账载金额"填报纳税人会计核算计入当期损益的佣金和手续费金额，第2列"税收金额"填报按照税收规定允许税前扣除的佣金和手续费支出金额，第3列"调增金额"填报第1-2列金额，第4列"调减金额"不可填报。

需要注意的是，保险企业的佣金和手续费支出按照《财政部 税务总局关于保险企业手续费及佣金支出税前扣除政策的公告》（财政部 税务总局公告2019年第72号）有关规定计算税前扣除限额并根据A105060《广告费和业务宣传费等跨年度纳税调整明细表》填报，第1列"账载金额"填报表A105060第1行第2列。若表A105060第3行第2列≥第6行第2列，第2列"税收金额"填报表A105060第6行第2列的金额；若表A105060第3行第2列＜第6行第2列，第2列"税收金额"填报表A105060第3行第2列+第9行第2列的金额。若表A105060第12行第2列≥0，第3列"调增金额"填报表A105060第12行第2列金额。若表A105060第12行第2列＜0，第4列"调减金额"填报表A105060第12行第2列金额的绝对值。

具体纳税申报填报依据：该项目按照《财政部、国家税务总局关于企业手续费及佣金支出税前扣除政策的通知》（财税〔2009〕29号）和《国家税务总局关于企业所得税应纳税所得额若干税务处理问题的公告》（国家税务总局公告2012年第15号）等文件的规定处理。

具体纳税申报填报要点：

第一，企业必须分清手续费及佣金与销售回扣的界限。佣金是指经营者在市场交易中给予为其提供服务的具有合法经营者资格的中间人的劳务报酬，可以一方支付，

也可以是双方支付，接受佣金的只能是中间人，而不是交易双方，也不是交易双方的代理人、经办人。销售回扣是指企业销售商品或提供劳务时以现金、实物或者其他方式退给对方单位或者个人的一定比例的价款，其属于与经营活动无关的支出，不得在税前扣除，这是佣金和回扣的重要区别。

第二，企业必须分清资本性支出与收益性支出的界限，企业因购置固定资产、无形资产等发生的手续费及佣金支出，不得计入当期损益直接在税前扣除，应该计入固定资产、无形资产计税基础中，按照税法规定分期计算折旧或者摊销。

第三，企业必须如实核算收入与手续费及佣金支出，不得将应该支付的手续费及佣金直接冲减服务协议或合同金额。企业不得将手续费及佣金支出计入回扣、业务提成、返利、进场费等费用。

第四，注意区分不同企业手续费及佣金支出税前扣除标准（计算基数），即保险企业以当年全部保费收入扣除退保金等后余额计算，而除保险企业以外的其他企业，按与具有合法经营资格中介服务机构或个人（不含交易双方及其雇员、代理人和代表人等）所签订服务协议或合同确认的收入金额的5%计算限额。需要注意的是，除税法另有规定外，应该以企业签订的每一份服务协议或者合同金额为基础按照每项协议或者合同金额分别计算，不能以企业当年税法收入总额或会计核算的营业收入为基础计算，每项不超过合同金额的5%以内允许扣除，超过部分不允许税前扣除，进行纳税调增。

第五，除委托个人代理外，企业以现金等非转账方式支付的手续费及佣金不得在税前扣除。企业为发行权益性证券支付给有关证券承销机构的手续费及佣金不得在税前扣除。按照企业会计准则的规定，为发行权益性证券支付给有关证券承销机构等的手续费、佣金等与权益性证券发行直接相关的费用，不构成取得长期股权投资的成本。该部分费用应自权益性证券的溢价发行收入（资本公积——股本溢价）中扣除，权益性证券的溢价收入不足冲减的，应冲减盈余公积和未分配利润。

第六，企业应当如实向当地主管税务机关留存备查当年手续费及佣金计算分配表和其他相关资料，并依法取得合法真实凭证。

【案例4-11】2024年A公司与B营销代理公司签订了《房屋委托代理销售合同》，合同中约定销售总金额为500万元，A公司支付销售佣金30万元（不含税），增值税税率为6%，取得增值税专用发票。A公司会计和税务处理如下（单位：万元）：

借：销售费用——手续费及佣金——B公司　　　　　　　　　　30

　　应交税费——应交增值税（进项税额）　　　　　　　　　1.8

　　贷：银行存款　　　　　　　　　　　　　　　　　　　　31.8

税务处理：税前扣除限额=500×5%=25（万元），实际支付金额为30万元，纳税调增 5 万元。2024 年企业所得税年度纳税申报表填报实务如表 4-13 所示。

表 4-13　　　　　　　　纳税调整项目明细表（2024 年）　　　　　　　　A105000

行次	项目	账载金额	税收金额	调增金额	调减金额
		1	2	3	4
12	二、扣除类调整项目（13＋14＋15＋16＋17＋18＋19＋20＋21＋22＋23＋24＋26＋27＋28＋29）	*	*	5	
23	（十一）佣金和手续费支出（保险企业填写 A105060）	30	25	5	*

【案例 4-12】2024 年 A 公司与 B 营销代理公司签订了《委托代理销售合同》，合同中约定销售总金额为 10 000 万元，A 公司支付其销售佣金 600 万元（不含税），增值税税率为 6%，取得增值税专用发票；A 公司与 C 营销代理公司签订了《委托代理销售合同》，合同中约定销售总金额为 2 000 万元，A 公司支付其销售佣金 80 万元（不含税），增值税税率为 6%，取得增值税专用发票。A 公司会计和税务处理如下（单位：万元）：

借：销售费用——手续费及佣金——B 公司　　　　　　600
　　应交税费——应交增值税（进项税额）　　　　　　36
　　贷：银行存款　　　　　　　　　　　　　　　　　　　636
借：销售费用——手续费及佣金——C 公司　　　　　　80
　　应交税费——应交增值税（进项税额）　　　　　　4.8
　　贷：银行存款　　　　　　　　　　　　　　　　　　　84.8

税务处理：A 公司与 B 营销代理公司合同税前扣除限额＝10 000×5%＝500（万元），A 公司实际支付其销售佣金 600 万元，纳税调增 100 万元。A 公司与 C 营销代理公司合同税前扣除限额＝2 000×5%＝100（万元），A 公司实际支付其销售佣金 80 万元低于税前扣除限额，按照实际支付额扣除，不进行纳税调整。2024 年企业所得税年度纳税申报表填报实务如表 4-14 所示。

表 4-14　　　　　　　　纳税调整项目明细表（2024 年）　　　　　　　　A105000

行次	项目	账载金额	税收金额	调增金额	调减金额
		1	2	3	4
12	二、扣除类调整项目（13＋14＋15＋16＋17＋18＋19＋20＋21＋22＋23＋24＋26＋27＋28＋29）	*	*	100	
23	（十一）佣金和手续费支出（保险企业填写 A105060）	680	580	100	*

【案例 4-13】2024 年 A 房地产开发公司与境外 W 营销代理公司签订了《房屋委托代理销售合同》，合同中约定销售总金额为 80 000 万元，A 公司支付其销售佣金 9 600 万元（不含税），增值税税率为 6%，取得增值税代扣代缴完税凭证及相关资料。假设该企业执行《企业会计制度》。

分析：《国家税务总局关于印发〈房地产开发经营业务企业所得税处理办法〉的通

知》（国税发〔2009〕31 号）第二十条规定，企业委托境外机构销售开发产品的，其支付境外机构的销售费用（含佣金或手续费）不超过委托销售收入 10% 的部分，准予据实扣除。按照现行增值税制度规定，境外单位或个人在境内发生应税行为，在境内未设有经营机构的，以购买方为增值税扣缴义务人。实际缴纳代扣代缴增值税时，按代扣代缴的增值税税额，借记"应交税费——代扣代交增值税"科目，贷记"银行存款"科目。A 公司会计和税务处理如下（单位：万元）：

借：销售费用——手续费及佣金——W 公司   9 600

应交税费——应交增值税（进项税额）   576

贷：银行存款   9 600

应交税费——代扣代缴增值税   576

借：应交税费——代扣代缴增值税   576

贷：银行存款   576

A 公司与 W 营销代理公司合同税前扣除限额 = 80 000 × 10% = 8 000（万元），A 公司实际支付其销售佣金 9 600 万元，纳税调增 1 600 万元。

2024 年企业所得税年度纳税申报表填报实务如表 4 – 15 所示。

表 4 – 15   纳税调整项目明细表（2022 年）   A105000

行次	项目	账载金额	税收金额	调增金额	调减金额
		1	2	3	4
12	二、扣除类调整项目（13 + 14 + 15 + 16 + 17 + 18 + 19 + 20 + 21 + 22 + 23 + 24 + 26 + 27 + 28 + 29）	*	*	1 600	
23	（十一）佣金和手续费支出（保险企业填写 A105060）	9 600	8 000	1 600	*

需要注意的是，按照《企业会计准则第 14 号——收入》（2017 年修订）第二十八条规定，企业为取得合同发生的增量成本预期能够收回的，应当作为合同取得成本确认为一项资产；但是，该资产摊销期限不超过一年的，可以在发生时计入当期损益。增量成本，是指企业不取得合同就不会发生的成本（如销售佣金等）。企业为取得合同发生的、除预期能够收回的增量成本之外的其他支出（如无论是否取得合同均会发生的差旅费等），应当在发生时计入当期损益，但是，明确由客户承担的除外。第二十九条规定，合同取得成本应当采用与该资产相关的商品收入确认相同的基础进行摊销，计入当期损益。因此，如果会计处理将销售佣金计入"合同取得成本"科目，没有计入当期损益，但是，按照企业所得税相关规定是否可以税前扣除，有两种观点：

观点一：考虑到执行新收入准则前，允许企业在实际发生佣金及手续费时，在税法规定的限额内当期据实扣除，不能因为企业会计准则修订相关会计处理方式，改变佣金及手续费税前扣除金额和时间。

观点二：按照《财政部、国家税务总局关于企业手续费及佣金支出税前扣除政策的通知》（财税〔2009〕29号）第四条规定，企业已计入固定资产、无形资产等相关资产的手续费及佣金支出，应当通过折旧、摊销等方式分期扣除，不得在发生当期直接扣除。因此，不允许将计入合同取得成本的佣金及手续费在实际发生当期，在税法规定的限额内当期据实扣除，而是在确认收入并摊销合同取得成本时税前扣除。同时，还需要受到按与具有合法经营资格中介服务机构或个人（不含交易双方及其雇员、代理人和代表人等）所签订服务协议或合同确认的收入金额的5%计算限额等约束，摊销金额超过所签订服务协议或合同确认的收入金额的5%的，应进行相应的纳税调整。

【**案例4-14**】甲企业为房地产开发公司与乙专业销售代理公司代理销售其自行开发的房地产项目，2024年甲企业与乙企业签订合同协议按照实现销售收入10 000万元的10%计算支付佣金1 000万元（不含税价），取得增值税专用发票。2025年5月房地产开发企业在交房时点确认收入10 000万元（不含税价），该企业在2024年已经通过销售未完工开发产品方式收取了全部房屋销售款项和税金。该企业自2024年起执行《企业会计准则第14号——收入》（2017年修订）。

分析：甲房地产开发公司向销售支付的销售佣金为取得合同（发生的增量成本进行会计处理），确认合同取得成本。

①实际支付销售佣金时。

借：合同取得成本——销售佣金　　　　　　　　　　　　　　1 000
　　应交税费——应交增值税（进项税额）　　　　　　　　　　60
　　贷：银行存款　　　　　　　　　　　　　　　　　　　　　　1 060

②2年后交房时确认收入10 000万元并摊销合同取得成本。

借：合同负债　　　　　　　　　　　　　　　　　　　　　10 000
　　应交税费——待转销项税额　　　　　　　　　　　　　　900
　　贷：主营业务收入　　　　　　　　　　　　　　　　　　　10 000
　　　　应交税费——应交增值税（销项税额）　　　　　　　900

借：主营业务成本　　　　　　　　　　　　　　　　　　　1 000
　　贷：合同取得成本——销售佣金　　　　　　　　　　　　1 000

③按照观点一进行税务处理。实际发生的销售佣金1 000万元超过了税前扣除限额500万元（1 000×5%），2024年销售佣金在税前扣除500万元。2025年会计核算摊销计入主营业务成本的销售佣金不得在税前重复扣除。

企业所得税年度纳税申报表填报实务如表4-16和表4-17所示。

表 4－16　　　　　　　　　纳税调整项目明细表（2024 年）　　　　　　A105000

行次	项目	账载金额 1	税收金额 2	调增金额 3	调减金额 4
12	二、扣除类调整项目（13＋14＋…24＋26＋27＋28＋29＋30）	＊	＊		
23	（十一）佣金和手续费支出（保险企业填写 A105060）	0	500		500

表 4－17　　　　　　　　　纳税调整项目明细表（2025 年）　　　　　　A105000

行次	项目	账载金额 1	税收金额 2	调增金额 3	调减金额 4
12	二、扣除类调整项目（13＋14＋…24＋26＋27＋28＋29＋30）	＊	＊		
23	（十一）佣金和手续费支出（保险企业填写 A105060）	1 000	0	1 000	

④按照观点二进行税务处理。实际发生的销售佣金 1 000 万元超过了税前扣除限额 500 万元（1 000×5%），2024 年销售佣金已经资本化计入合同取得成本，不得在当期税前扣除 500 万元。2025 年会计核算摊销计入主营业务成本的销售佣金可以在税前规定的限额内税前扣除。

企业所得税年度纳税申报表填报实务如表 4－18 和表 4－19 所示。

表 4－18　　　　　　　　　纳税调整项目明细表（2024 年）　　　　　　A105000

行次	项目	账载金额 1	税收金额 2	调增金额 3	调减金额 4
12	二、扣除类调整项目（13＋14＋…24＋26＋27＋28＋29＋30）	＊	＊		
23	（十一）佣金和手续费支出（保险企业填写 A105060）	0	0		0

表 4－19　　　　　　　　　纳税调整项目明细表（2025 年）　　　　　　A105000

行次	项目	账载金额 1	税收金额 2	调增金额 3	调减金额 4
12	二、扣除类调整项目（13＋14＋…24＋26＋27＋28＋29＋30）	＊	＊		
23	（十一）佣金和手续费支出（保险企业填写 A105060）	1000	500	500	

八、不征税收入用于支出所形成的费用调整项目填报实务与案例解析

A105000《纳税调整项目明细表》第 24 行"（十二）不征税收入用于支出所形成的费用"：第 3 列"调增金额"填报符合条件的不征税收入用于支出所形成的计入当期损益的费用化支出金额。第 25 行"其中：专项用途财政性资金用于支出所形成

的费用"：根据 A105040《专项用途财政性资金纳税调整明细表》填报。第 3 列 "调增金额" 为 A105040《专项用途财政性资金纳税调整明细表》第 7 行第 11 列 金额。具体纳税申报见本书 A105040《专项用途财政性资金纳税调整明细表》案 例解析。

九、跨期扣除调整项目填报实务与案例解析

A105000《纳税调整项目明细表》第 26 行 "（十三）跨期扣除项目"：填报维简 费、安全生产费用、预提费用、预计负债等跨期扣除项目调整情况。第 1 列 "账载金 额" 填报纳税人会计核算计入当期损益的跨期扣除项目金额；第 2 列 "税收金额" 填 报按照税法规定允许税前扣除的金额；若第 1 列 ≥ 第 2 列，将第 1−2 列余额填入第 3 列 "调增金额"；若第 1 列 < 第 2 列，将第 1−2 列余额的绝对值填入第 4 列 "调减 金额"。

1. 预计负债跨期扣除项目填报操作实务。

【案例 4−15】2024 年 10 月 15 日，甲公司因与乙公司签订了互相担保协议（与取 得收入有关），而成为一起诉讼的第二被告。截至 2024 年 12 月 31 日，诉讼尚未判决。 但是，由于乙公司经营困难，甲公司很可能需要承担还款连带责任。根据公司法律顾 问的职业判断，甲公司很可能需要承担 100 000 元的还款连带责任。2025 年，乙公司 经营情况好转，在年底还清了全部欠款。假定甲公司每年实现的利润均为 1 000 000 元，无其他纳税调整项目，所得税税率为 25%。预计未来有足够的应纳税所得额予以 抵扣相关的可抵扣暂时性差异。根据企业会计准则的规定，2024 年 12 月 31 日，甲公 司应确认一项金额为 100 000 元的预计负债。

借：营业外支出   100 000

    贷：预计负债——未决诉讼   100 000

税法规定与预计负债相关的或有支出不得在税前扣除，因此，甲公司在申报 2024 年所得税时，应调增应纳税所得额 100 000 元。

2024 年 12 月 31 日，预计负债的账面价值为 100 000 元，计税基础为 0，根据《企 业会计准则第 18 号——所得税》的规定，两者之间的差额 100 000 元属于可抵扣暂时 性差异，应当确认递延所得税资产 25 000 元（100 000 × 25%）：

借：所得税费用   250 000

    递延所得税资产   25 000

    贷：应交税费——应交所得税   275 000

企业所得税年度纳税申报表填报实务如表 4−20 所示。

表 4 – 20 　　　　　　　　　　　纳税调整项目明细表（2024 年）　　　　　　　　　　　A105000

行次	项目	账载金额	税收金额	调增金额	调减金额
		1	2	3	4
26	（十三）跨期扣除项目	100 000	0	100 000	

2025 年 12 月 31 日，乙公司还清了欠款，甲公司应将往年确认的预计负债冲回。

借：预计负债——未决诉讼　　　　　　　　　　　　　　　　　100 000

　　贷：营业外支出　　　　　　　　　　　　　　　　　　　　　　　100 000

根据税法规定，企业因计提预计负债而计入损益的损失金额，如果在前期纳税申报时已调增应纳税所得额，在转回原计提的损失时允许企业在转回当期进行纳税调整，即转回原计提的预计负债而增加当期利润总额的金额，不计入转回当期的应纳税所得额。因此，甲公司在申报 2025 年所得税时，应调减应纳税所得额 100 000 元，应缴纳企业所得税 225 000 元 [（1 000 000 – 100 000）×25%]，同时，将递延所得税资产全部转回。

借：所得税费用　　　　　　　　　　　　　　　　　　　　　　250 000

　　贷：应交税费——应交所得税　　　　　　　　　　　　　　　　225 000

　　　　递延所得税资产　　　　　　　　　　　　　　　　　　　　　25 000

企业所得税年度纳税申报表填报实务如表 4 – 21 所示。

表 4 – 21 　　　　　　　　　　　纳税调整项目明细表（2025 年）　　　　　　　　　　　A105000

行次	项目	账载金额	税收金额	调增金额	调减金额
		1	2	3	4
26	（十三）跨期扣除项目	– 100 000	0		100 000

2. 维简费和安全生产费用扣除项目填报操作实务。

《国家税务总局关于煤矿企业维简费和高危行业企业安全生产费用企业所得税税前扣除问题的公告》（国家税务总局公告 2011 年第 26 号）规定，煤矿企业实际发生的维简费支出和高危行业企业实际发生的安全生产费用支出，属于收益性支出的，可直接作为当期费用在税前扣除；属于资本性支出的，应计入有关资产成本，并按企业所得税法的规定计提折旧或摊销费用在税前扣除。企业按照有关规定预提的维简费和安全生产费用，不得在税前扣除。该公告实施前提取尚未使用的维简费和高危行业企业安全生产费用，应用于抵扣本公告实施后的当年度实际发生的维简费和安全生产费用。

《国家税务总局关于企业维简费支出企业所得税税前扣除问题的公告》（国家税务总局公告 2013 年第 67 号）规定，企业实际发生的维简费支出，属于收益性支出的，可作为当期费用税前扣除；属于资本性支出的，应计入有关资产成本，并按《企业所得税法》的规定计提折旧或摊销费用在税前扣除。企业按照有关规定预提的维简费，不得在当期税前扣除。

《企业会计准则解释第 3 号》规定，高危行业企业按照国家规定提取的安全生产费，应当计入相关产品的成本或当期损益，同时记入"4301 专项储备"科目。企业使用提取的安全生产费时，属于费用性支出的，直接冲减专项储备。企业使用提取的安全生产费形成固定资产的，应当通过"在建工程"科目归集所发生的支出，待安全项目完工达到预定可使用状态时确认为固定资产；同时，按照形成固定资产的成本冲减专项储备，并确认相同金额的累计折旧。该固定资产在以后期间不再计提折旧。

【案例 4 - 16】某矿山企业 2024 年开始依据开采的原矿产量计提安全生产费，计提标准为每吨矿石 10 元，该原矿年产销量 100 000 吨。2024 年 6 月 10 日，该企业购入一批需要安装用于完善和改造矿井作业的安全防护设备，价款为 400 000 元，增值税进项税额为 64 000 元，安装过程中支付安装费 50 000 元，6 月 20 日安装完成。该设备采用年限平均法计提折旧，预计使用年限为 10 年，预计净残值率为 5%。2024 年 10 月 10日，该企业实际支付安检费用 20 000 元，安全技能培训及进行应急救援支出 30 000 元。2025 年，发生安检及安全技能培训费用 40 000 元，假设该企业每年利润总额为20 000 000元，制造费用均已结转至销售成本，不考虑其他纳税调整事项。该矿山企业会计和税务处理如下：

①2024 年，企业应提取安全生产费 = 100 000 × 10 = 1 000 000（元）。

借：制造费用   1 000 000

　　贷：专项储备   1 000 000

②2024 年 6 月 10 日，动用专项储备购置安全防护设备等固定资产。

借：在建工程   400 000

　　应交税费——应交增值税（进项税额）   52 000

　　贷：银行存款   452 000

③支付安全防护设备安装费。

借：在建工程   50 000

　　贷：银行存款   50 000

④2024 年 6 月 20 日，达到预定可使用状态。

借：固定资产   450 000

　　贷：在建工程   450 000

⑤2024 年 6 月 20 日，按照固定资产的成本冲减专项储备，并确认相同金额的累计折旧。

借：专项储备   450 000

　　贷：累计折旧   450 000

⑥2024 年支付安检费用、技能培训、应急救援等费用性支出 = 20 000 + 30 000 = 50 000（元）。

借：专项储备   50 000

    贷：银行存款   50 000

⑦2024年12月31日，企业所得税年度纳税申报计算应纳税所得额时，计提但未实际支出的安全生产费 = 1 000 000 - 450 000 - 50 000 = 500 000（元），不能在税前扣除，其中450 000元形成固定资产的支出属于资本化支出，不得在发生当期直接扣除，应当分期扣除。按照税法规定，2024年安全防护设备应计算可以税前扣除的折旧 = [450 000 × (1 - 5%) ÷ 120] × 6 = 21 375（元），准予税前扣除。2024年支付安检费用、技能培训、应急救援等费用性支出 = 20 000 + 30 000 = 50 000（元），准予税前扣除。应纳税调增 = 500 000 + (450 000 - 21 375) = 928 625（元）。因此，2024年应交所得税 = (20 000 000 + 928 625) × 25% = 5 232 156.25（元）。

借：所得税费用——当期所得税费用   5 232 156.25

    贷：应交税费——应交所得税   5 232 156.25

企业所得税年度纳税申报表填报实务如表4-22所示。

表4-22   纳税调整项目明细表（2024年）   A105000

行次	项目	账载金额	税收金额	调增金额	调减金额
		1	2	3	4
26	（十三）跨期扣除项目	1 000 000	71 375	928 625	

⑧2025年发生支付安检及安全技能培训费用时：

借：专项储备   40 000

    贷：银行存款   40 000

⑨2025年按税法规定安全防护设备应计算可以税前扣除的折旧：

[450 000 × (1 - 5%) ÷ 120] × 12 = 42 750（元）

⑩2025年，企业提取安全生产费：

100 000 × 10 = 1 000 000（元）

借：制造费用   1 000 000

    贷：专项储备   1 000 000

由于2025年使用的安全生产费属于2024年度专项储备的余额，故当年计提但未实际发生的安全生产费，不能在税前扣除，在以后实际发生时准予扣除。

⑪2025年12月计算应纳税所得额时，当年计提但未实际支出的安全生产费1 000 000元，不能税前扣除。按税法规定安全防护设备应计算折旧和实际发生安检及安全技能培训费用可以税前扣除：[450 000 × (1 - 5%) ÷ 120] × 12 + 40 000 = 82 750（元），因此，2025年应交所得税 = (20 000 000 + 1 000 000 - 40 000 - 42 750) × 25% = 5 229 312.5（元）。

借：所得税费用——当期所得税费用   5 229 312.5

    贷：应交税费——应交所得税   5 229 312.5

企业所得税年度纳税申报表填报实务如表 4 - 23 所示。

表 4 - 23	纳税调整项目明细表（2025 年）				A105000
行次	项目	账载金额	税收金额	调增金额	调减金额
		1	2	3	4
26	（十三）跨期扣除项目	1 000 000	82 750	917 250	

十、党组织工作经费调整项目填报实务与案例解析

A105000《纳税调整项目明细表》第 29 行"（十六）党组织工作经费"：填报纳税人根据有关文件规定，为创新基层党建工作、建立稳定的经费保障制度发生的党组织工作经费及纳税调整情况。该项纳税调整项目属于 2017 年版申报表新增加的调整项目，具体填报要点如下。

1. 党组织工作经费税前扣除填报依据。

（1）对于建立非公有制企业党组织的企业发生的工作经费，按照《中共中央组织部、财政部、国家税务总局关于非公有制企业党组织工作经费问题的通知》（组通字〔2014〕42 号）的规定，主要通过纳入管理费用、党费拨返、财政支持等渠道予以解决。根据《中华人民共和国公司法》"公司应当为党组织的活动提供必要条件"的规定和中办发〔2012〕11 号文件"建立并落实税前列支制度"等的要求，非公有制企业党组织工作经费纳入企业管理费列支，不超过职工年度工资薪金总额 1% 的部分，可以据实在企业所得税前扣除。

（2）对于建立国有企业党组织的企业发生的工作经费，按照《中共中央组织部、财政部、国务院国资委党委、国家税务总局关于国有企业党组织工作经费问题的通知》（组通字〔2017〕38 号）的规定，国有企业（包括国有独资、全资和国有资本绝对控股、相对控股企业）党组织工作经费主要通过纳入管理费用、党费留存等渠道予以解决。纳入管理费用的部分，一般按照企业上年度职工工资总额 1% 的比例安排，每年年初由企业党组织本着节约的原则编制经费使用计划，由企业纳入年度预算。集体所有制企业参照上述规定执行。纳入管理费用的党组织工作经费，实际支出不超过职工年度工资薪金总额 1% 的部分，可以据实在企业所得税前扣除。年末如有结余，结转下一年度使用。累计结转超过上一年度职工工资总额 2% 的，当年不再从管理费用中安排。

2. 党组织工作经费列支范围。非公有制企业按照组通字〔2014〕42 号文件第五条的规定，党组织工作经费必须用于党的活动，使用范围包括：召开党内会议，开展党

内宣传教育活动和组织活动；组织党员和入党积极分子参加教育培训；表彰先进基层党组织、优秀共产党员和优秀党务工作者；走访、慰问和补助生活困难党员；订阅或购买用于开展党员教育的报刊、资料和设备；维护党组织活动场所及设施等。国有企业党组织按照《中共中央组织部、财政部、国务院国资委党委、国家税务总局关于国有企业党组织工作经费问题的通知》（组通字〔2017〕38 号）的规定，国有企业纳入管理费用的党组织工作经费，实际支出不超过职工年度工作薪金总额1%的部分，可以据实在企业所得税前扣除。年末如有结余，结转下一年度使用。累计结转超过上一年度职工工资总额2%的，当年不再从管理费用中安排。纳入管理费用的党组织工作经费必须用于企业党的建设，使用范围主要包括：（1）开展党内学习教育，召开党内会议，开展"两学一做"学习教育、"三会一课"、主题党日，培训党员、入党积极分子和党务工作者，订阅或购买用于开展党员教育的报刊、资料、音像制品和设备，进行党内宣传，摄制党员电教片；（2）组织开展创先争优和党员先锋岗、党员责任区、党员突击队、党员志愿服务等主题实践活动；（3）表彰奖励先进基层党组织、优秀共产党员和优秀党务工作者；（4）党组织换届、流动党员管理、组织关系接转、党旗党徽配备、党建工作调查研究；（5）走访、慰问、补助生活困难党员和老党员；（6）租赁和修缮、维护党组织活动场所，新建、购买活动设施，研发和维护党建工作信息化平台；（7）其他与党的建设直接相关的工作。凡属党费使用范围的，先从留存党费中开支，不足部分从纳入管理费用列支的党组织工作经费中支出。集体所有制企业参照上述规定执行。

3. 纳税人准予税前扣除的党组织工作经费必须是企业已经实际发生的部分，对于会计账面已经计提但未实际发生的党组织工作经费不得在计提的纳税年度内税前扣除。纳税人使用党组织工作经费支付或承担的进项税额，不属于不得抵扣的范围，可以按增值税税收规定抵扣进项税额。

【案例4－17】甲公司（非公有制企业）2025 年向公司党支部支付党组织工作经费 4 万元，存入党组织专用银行存款基本账户。该企业按照上年度职工工资总额1%计提党组织工作经费 5 万元，取得《党组织工作经费专用收据》，会计和税务处理如下（单位：万元）：

①计提党组织工作经费。

借：管理费用——党组织工作经费　　　　　　　　　　　　　　　　5

　　贷：其他应付款——党组织工作经费　　　　　　　　　　　　　　　　5

②实际支付党组织工作经费。

借：其他应付款——党组织工作经费　　　　　　　　　　　　　　　　4

　　贷：银行存款　　　　　　　　　　　　　　　　　　　　　　　　　　4

企业所得税年度纳税申报表填报实务如表4－24 所示。

表 4 – 24   纳税调整项目明细表   A105000

行次	项目	账载金额	税收金额	调增金额	调减金额
		1	2	3	4
29	（十六）党组织工作经费	5	4	1	

【**案例 4 – 18**】某国有企业 2024～2028 年有关党组织工作经费情况如表 4 – 25 所示。

表 4 – 25   党组织工作经费情况

年度	当年工资总额	上年度结余的党组织工作经费	年度纳入管理费用计划的党组织工作经费	当年实际发生的管理费用中党组织工作经费	当年税前扣除限额	当年汇算清缴纳税调整	当年结余的党组织工作经费
	1	2 = 上年第 5 列	3 = 上年第 1 列 × 1%	4	5 = 本年第 1 列 × 1%	6	7 = 2 + 3 – 4
2023	1 000						
2024	1 200	0	10	5	12	5	5
2025	1 400	5	12	6	14	6	11
2026	900	11	14	3	9	11	22
2027	700	22	0	4	7	– 4	18
2028	800	18	0	10	8	– 8	8

2024～2028 年党组织工作经费年度纳税申报表填报实务如表 4 – 26～表 4 – 30 所示。

①2024 年度：会计核算按照上年度职工工资总额 1% 的比例计入当年管理费用——党组织工作经费 10 万元（1 000 × 1%），当年实际发生的管理费用——党组织工作经费为 5 万元，税前扣除限额为 12 万元（1 200 × 1%），可以税前扣除的金额为 5 万元，当年汇算清缴纳税调整金额为 5 万元（10 – 5），当年党组织工作经费的结余金额为 5 万元（10 – 5）。

表 4 – 26   纳税调整项目明细表（2024 年）   A105000

行次	项目	账载金额	税收金额	调增金额	调减金额
		1	2	3	4
29	（十六）党组织工作经费	10	5	5	

②2025 年度：会计核算按照上年度职工工资总额 1% 的比例计入当年管理费用——党组织工作经费 12 万元（1 200 × 1%），当年实际发生的管理费用——党组织工作经费为 6 万元，税前扣除限额为 14 万元（1 400 × 1%），可以税前扣除的金额为 6 万元，当年汇算清缴纳税调整金额为 6 万元（12 – 6），当年党组织工作经费的结余金额为 11 万元（5 + 12 – 6）。

表 4－27　　　　　　　　　纳税调整项目明细表（2025 年）　　　　　　　　A105000

行次	项目	账载金额	税收金额	调增金额	调减金额
		1	2	3	4
29	（十六）党组织工作经费	12	6	6	

③2026 年度：会计核算按照上年度职工工资总额 1% 的比例计入当年管理费用——党组织工作经费 14 万元（1 400×1%），当年实际发生的管理费用——党组织工作经费为 3 万元，税前扣除限额为 9 万元（900×1%），可以税前扣除的金额为 3 万元，当年汇算清缴纳税调整金额为 11 万元（14－3），当年党组织工作经费的结余金额为 22 万元（11＋14－3）。

表 4－28　　　　　　　　　纳税调整项目明细表（2026 年）　　　　　　　　A105000

行次	项目	账载金额	税收金额	调增金额	调减金额
		1	2	3	4
29	（十六）党组织工作经费	14	3	11	

④2027 年度：由于党组织工作经费累计结转超过上一年度职工工资总额 2% 的，当年不再从管理费用中安排。会计核算当年管理费用 0，当年实际发生的党组织工作经费为 4 万元，税前扣除限额为 7 万元（700×1%），可以税前扣除的金额为 4 万元，当年汇算清缴纳税调整金额为 －4 万元（0－4），当年党组织工作经费的结余金额为 18 万元（22＋0－4）。

表 4－29　　　　　　　　　纳税调整项目明细表（2027 年）　　　　　　　　A105000

行次	项目	账载金额	税收金额	调增金额	调减金额
		1	2	3	4
29	（十六）党组织工作经费	0	4		4

⑤2028 年度：由于党组织工作经费累计结转超过上一年度职工工资总额 2% 的，当年不再从管理费用中安排。会计核算当年管理费用为 0，当年实际发生的党组织工作经费为 10 万元，税前扣除限额为 8 万元（800×1%），可以税前扣除的金额为 8 万元，当年汇算清缴纳税调整金额为 －8 万元（0－8），当年党组织工作经费的结余金额为 8 万元（18＋0－10）。

表 4－30　　　　　　　　　纳税调整项目明细表（2028 年）　　　　　　　　A105000

行次	项目	账载金额	税收金额	调增金额	调减金额
		1	2	3	4
29	（十六）党组织工作经费	0	8		8

十一、与取得收入无关的支出和其他调整项目填报实务与案例解析

A105000《纳税调整项目明细表》第 27 行"（十四）与取得收入无关的支出"：第

1列"账载金额"填报纳税人会计核算计入当期损益的与取得收入无关的支出的金额。第3列"调增金额"等于第1列金额。

具体纳税申报要点：国家税务总局《关于印发〈新企业所得税法精神宣传提纲〉的通知》第十二条规定的税前扣除的相关性和合理性原则，相关性和合理性是企业所得税税前扣除的基本要求和重要条件。《企业所得税法实施条例》规定，支出税前扣除的相关性是指与取得收入直接相关的支出。对相关性的具体判断一般是从支出发生的根源和性质方面进行分析，而不是看费用支出的结果。同时，相关性要求为限制取得的不征税收入所形成的支出不得扣除提供了依据。《企业所得税法实施条例》规定，企业的不征税收入用于支出所形成的费用或财产，不得扣除或计算对应的折旧、摊销扣除。由于不征税收入是企业非营利性活动取得的收入，不属于企业所得税的应税收入，与企业的应税收入没有关联，因此，对取得的不征税收入所形成的支出，不符合相关性原则，不得在税前扣除。

A105000《纳税调整项目明细表》第28行"（十五）境外所得分摊的共同支出"：第3列"调增金额"，为A108010《境外所得纳税调整后所得明细表》第10行第16 + 17列的金额。

A105000《纳税调整项目明细表》第30行"（十七）其他"：填报其他因会计处理与税法规定有差异需纳税调整的扣除类项目金额。若第1列≥第2列，将第1 - 2列余额填入第3列"调增金额"；若第1列＜第2列，将第1 - 2列余额的绝对值填入第4列"调减金额"。

【案例4 - 19】广东安居宝数码科技股份有限公司关于收到广州市国家税务局东区稽查局《税务处理决定书》的公告（证券代码：300155。证券简称：安居宝。公告编号：2014 - 032）称，该公司于2009～2012年在"管理费用——福利费"科目列支员工旅游费用合计845 092.49元，并于当年计算应纳税所得额时扣除，造成少计当年应纳税所得额，应相应调增2009～2012年应纳税所得额合计845 092.49元。公司于2011年在营业外支出科目列支与生产经营活动无关的非广告性质赞助费100 000元，在当年计算应纳税所得额时扣除，造成少计2011年应纳税所得额，应相应调增2011年应纳税所得额100 000元。

【案例4 - 20】广物木材（872488）因税前列支"与取得收入无关支出"及未申报营业外收入等事项被纳税调增、补缴税款及滞纳金。税务部门作出该通知事项的事实和具体原因为：2016年5月6日，税务机关在对广物木材2014年1月1日至2015年12月31日的纳税申报情况进行纳税评估后，发现公司在2014年度未申报营业外收入10 000 000元，税前多列支费用3 238 348.07元以及2015年度税前多列支费用5 218 085.71元。根据《税收征收管理法》《企业所得税法》第六条第九款"企业以货币形式和非货币形式从各种来源取得的收入，为收入总额。包括：（九）其他收入"、第十条第八款"在计算应纳税所得额时，下列支出不得扣除：（八）与取得收入无关的其他支出"之规定，对广物木材作出如下决定：（1）对未按照规定期限缴纳的税款从滞纳之日起，按日加收滞纳税款万分之五的滞纳金；（2）调增营业外收入及剔除税前多列支费用。2016年5月17日，广物木材及时补缴了上述营业外收入税款，并及时缴纳了滞纳金。

【案例4－21】广正股份（871841）于2017年8月31日发布公告称，公司因2014年列支与取得收入无关的支出被稽查补缴企业所得税8.9万元，并按日加收滞纳税款万分之五的滞纳金。2017年8月29日收到天津市和平国家税务局稽查局出具的《税务处理决定书》（津和国税稽处〔2017〕47号），现将有关情况公告如下："一、被处理事项。天津市和平区国家税务局稽查局于2017年6月21日至2017年8月29日对公司2014年1月1日至2016年12月31日情况进行检查，公司2014年存在列支与取得收入无关的支出问题。二、处理决定。依据《中华人民共和国企业所得税法》第十条第（八）项的规定，应调增2014年度应纳税所得额356 349.80元，应补缴企业所得税89 087.45元。"

【案例4－22】冬虫夏草（831898）税前列支藏獒支出纳税调整并加收滞纳金。2017年6月14日玉树藏族自治州三江源冬虫夏草科技股份有限公司董事会（证券代码：831898。证券简称：冬虫夏草）发布《关于子公司青海三江源药业有限公司收到青海省国家税务局稽查局税务处理决定书的公告》（2017－007）：收到不符合不征税收入条件的企业技术创新等资金未计收入，应调增应纳税所得额119 000元，应补缴企业所得税251 000元。列支与生产经营无关支出（企业账务未记载购入藏獒，税前列支藏獒支出），应调增应纳税所得额45 200元，补缴企业所得税7 980元。

第二节 《职工薪酬支出及纳税调整明细表》填报实务与案例解析

一、《职工薪酬支出及纳税调整明细表》格式与填报要点

具体格式如表4－31所示。

表 4–31 　　　　　　　　　职工薪酬支出及纳税调整明细表　　　　　　　　　A105050

行次	项目	账载金额	实际发生额	税收规定扣除率	以前年度累计结转扣除额	税收金额	纳税调整金额 6 (1-5)	累计结转以后年度扣除额 7 (2+4-5)
		1	2	3	4	5		
1	一、工资薪金支出			*	*			*
2	其中：股权激励			*	*			*
3	二、职工福利费支出				*			*
4	三、职工教育经费支出			*				
5	其中：1. 按税收规定比例扣除的职工教育经费							
6	2. 按税收规定全额扣除的职工培训费用				*			*
7	四、工会经费支出				*			*
8	五、各类基本社会保障性缴款			*	*			*
9	六、住房公积金			*	*			*
10	七、补充养老保险				*			*
11	八、补充医疗保险				*			*
12	九、其他			*	*			*
13	合计（1+3+4+7+8+9+10+11+12）			*				

　　纳税人根据税法、《国家税务总局关于企业工资薪金及职工福利费扣除问题的通知》（国税函〔2009〕3号）、《财政部、国家税务总局关于扶持动漫产业发展有关税收政策问题的通知》（财税〔2009〕65号）、《财政部、国家税务总局关于进一步鼓励软件产业和集成电路产业发展企业所得税政策的通知》（财税〔2012〕27号）、《国家税务总局关于我国居民企业实行股权激励计划有关企业所得税处理问题的公告》（国家税务总局公告2012年第18号）、《国家税务总局关于企业工资薪金和职工福利费等支出税前扣除问题的公告》（国家税务总局公告2015年第34号）、《财政部、税务总局关于企业职工教育经费税前扣除政策的通知》（财税〔2018〕51号）等相关规定，以及国家统一企业会计制度，填报纳税人职工薪酬会计处理、税法规定，以及纳税调整情况。只要会计上发生相关支出，不论是否纳税调整，均需填报。

二、工资薪金支出纳税调整项目填报实务与案例解析

　　A105050《职工薪酬支出及纳税调整明细表》第1行"一、工资薪金支出"：填报纳税人本年度支付给在本企业任职或者受雇的员工的所有现金形式或非现金形式的劳动报酬及其会计核算、纳税调整等金额。具体填报要点如下：（1）第1列"账载金额"：填报纳税人会计核算计入成本费用的职工工资、奖金、津贴和补贴金额。（2）第

2列"实际发生额"：分析填报纳税人"应付职工薪酬"会计科目借方发生额（实际发放的工资薪金）。（3）第5列"税收金额"：填报纳税人按照税法规定允许税前扣除的金额，按照第1列和第2列分析填报。（4）第6列"纳税调整金额"：填报第1－5列的余额。

【案例4－23】税务机关在对一家工业企业进行纳税检查时，发现该企业在2024年度终了时将"应付职工薪酬"余额50万元（当年计提550万元，实际发放500万元）结转到"其他应付款"科目，并于2025年1月发放10万元，4月初企业在2024年度企业所得税汇算清缴时未作任何纳税调整。2025年5月发放20万元，6月发放20万元，企业财务人员认为《企业所得税法》规定工资薪金支出可以"据实扣除"，将"应付职工薪酬"科目余额结转到"其他应付款"科目视为实际发放，可以在当年度内全额扣除。会计和税务处理如下（单位：万元）：

①2024年计提应付职工薪酬550万元。

借：管理费用等   550
  贷：应付职工薪酬   550

②2024年发放职工薪酬500万元。

借：应付职工薪酬   550
  贷：银行存款等   500
    其他应付款——职工工资   50

③2025年1月（汇算清缴结束前）发放2024年职工薪酬10万元。

借：其他应付款——职工工资   10
  贷：银行存款等   10

④2025年5月（汇算清缴结束后）发放2024年职工薪酬20万元。

借：其他应付款——职工工资   20
  贷：银行存款等   20

⑤2025年6月（汇算清缴结束后）发放2024年职工薪酬20万元。

借：其他应付款——职工工资   20
  贷：银行存款等   20

2025年4月初企业在2024年度企业所得税汇算清缴时未作任何纳税调整。

税务处理：2025年4月初企业在2024年度企业所得税汇算清缴时，应将尚未实际发放的工资薪金40万元进行纳税调增。2025年5月实际发放20万元，除非在汇算清缴截止前（2025年5月31日前）重新办理更正申报2024年企业所得税年度纳税申报表信息，否则不能作为2024年度的工资薪金支出在税前扣除。2025年6月实际发放20

万元,在 2020 年度汇算清缴截止后(2025 年 5 月 31 日),不能在 2024 年税前扣除,根据国税函〔2009〕3 号文件和国家税务总局公告 2015 年第 34 号的规定,可以在 2025 年度所得税汇算清缴时,税前扣除,并进行纳税调减。

企业所得税年度纳税申报表填报实务如表 4 - 32 和表 4 - 33 所示。

表 4 - 32　　　　　　　　职工薪酬支出及纳税调整明细表(2024 年)　　　　　　　　A105050

行次	项目	账载金额	实际发生额	税收规定扣除率	以前年度累计结转扣除额	税收金额	纳税调整金额	累计结转以后年度扣除额
		1	2	3	4	5	6 (1-5)	7 (2+4-5)
1	一、工资薪金支出	550	510	*	*	510	40	*

表 4 - 33　　　　　　　　职工薪酬支出及纳税调整明细表(2025 年)　　　　　　　　A105050

行次	项目	账载金额	实际发生额	税收规定扣除率	以前年度累计结转扣除额	税收金额	纳税调整金额	累计结转以后年度扣除额
		1	2	3	4	5	6 (1-5)	7 (2+4-5)
1	一、工资薪金支出	0	40	*	*	40	-40	*

【案例 4 - 24】甲公司 2025 年 3 月发放 2024 年度已计提未发放的年终奖及绩效奖 300 万元;2025 年度计提工资 1 100 万元(其中预提年终奖 200 万元),当年实际发放工资 900 万元,2026 年 1 月发放 2025 年预提的年终奖 100 万元。会计和税务处理如下:

①2025 年发放 2024 年已计提未发放的年终奖及绩效奖。

借:应付职工薪酬——短期薪酬(年终奖及绩效奖)　　　　300

贷:银行存款　　　　　　　　　　　　　　　　　　　　　300

②2025 年计提当年工资薪金和年终奖。

借:生产成本/管理费用/销售费用等　　　　　　　　　　1 100

贷:应付职工薪酬——短期薪酬(工资及年终奖)　　　1 100

③2025 年实际发放工资。

借:应付职工薪酬——短期薪酬(工资)　　　　　　　　900

贷:银行存款　　　　　　　　　　　　　　　　　　　　900

④2026 年 1 月发放 2025 年预提的年终奖 100 万元。

借:应付职工薪酬——短期薪酬(年终奖及绩效奖)　　　100

贷:银行存款　　　　　　　　　　　　　　　　　　　　100

⑤2025 年度纳税申报表填报分析过程:账载金额(计入 2025 年度成本费用的工资)=1 100 万元;实际发生额(2025 年"应付职工薪酬——工资及奖金"的借方发生

额）＝300＋900＝1 200（万元）；税收金额（按照税法规定当年允许扣除的金额）＝900＋100＝1 000（万元）。

企业所得税年度纳税申报表填报实务如表4－34所示。

表4－34　　　　　　　　　　职工薪酬支出及纳税调整明细表　　　　　　　　　A105050

行次	项目	账载金额	实际发生额	税收规定扣除率	以前年度累计结转扣除额	税收金额	纳税调整金额	累计结转以后年度扣除额
		1	2	3	4	5	6 (1－5)	7 (2＋4－5)
1	一、工资薪金支出	1 100	1 200	*	*	1 000	100	*

三、股权激励支出纳税调整项目填报实务与案例解析

A105050《职工薪酬支出及纳税调整明细表》第2行"其中：股权激励"：本行由执行《上市公司股权激励管理办法》（中国证券监督管理委员会令第126号）的纳税人填报。具体填报要点如下：（1）第1列"账载金额"：填报纳税人按照国家有关规定建立职工股权激励计划，会计核算计入成本费用的金额。（2）第2列"实际发生额"：填报纳税人根据本年实际行权时股权的公允价格与激励对象实际行权支付价格的差额和数量计算确定的金额。（3）第5列"税收金额"：填报行权时按照税收规定允许税前扣除的金额，按第2列金额填报。（4）第6列"纳税调整金额"：填报第1－5列的余额。

【案例4－25】2024年1月1日，A上市公司向其200名管理人员每人授予100股股票期权，这些职员从2024年1月1日起在该公司连续服务三年，即可以4元每股的价格购买100股A公司股票。公司估计该期权在授予日的公允价格为15元。从授予日起的三年时间内，共有45名职员离开A公司。假设全部155名职员都在2027年12月31日行权，A公司股份面值为1元，行权日的公允价值为10元。按照《企业会计准则第11号——股份支付》的相关规定，会计处理如下：

①A公司在三年间共确认管理费用232 500元（155×15×100），在授予日，不作账务处理。

②在等待期三年内，每年A公司的账务处理如下：

借：管理费用　　　　　　　　　　　　　　　　　　　　　　　　77 500

　　贷：资本公积——其他资本公积　　　　　　　　　　　　　　　　77 500

③2027年职工行权时，A公司的账务处理如下：

借：银行存款　　　　　　　　　　　　　　　　　　　　　　　　62 000

　　　　资本公积——其他资本公积　　　　　　　　　　　　232 500

　　　　贷：股本　　　　　　　　　　　　　　　　　　　　　15 500

　　　　　　资本公积——股本溢价　　　　　　　　　　　　279 000

　　企业所得税处理：A 公司在 2024~2026 年的等待期三年内确认的管理费用232 500 元，税法不允许当期扣除，每年应纳税调增 77 500 元。

　　企业所得税年度纳税申报表填报实务如表 4-35 所示。

表 4-35	职工薪酬支出及纳税调整明细表（2024~2026 年）							A105050
行次	项目	账载金额	实际发生额	税收规定扣除率	以前年度累计结转扣除额	税收金额	纳税调整金额	累计结转以后年度扣除额
		1	2	3	4	5	6 (1-5)	7 (2+4-5)
1	一、工资薪金支出	77 500	0	*	*	0	77 500	*
2	其中：股权激励	77 500	0	*	*	0	77 500	*

　　A 公司在 2027 年职工实际行权时，企业所得税税前扣除金额 =（职工实际行权时该股票的公允价格 - 职工实际支付价格）× 行权数量 =（10-4）×155×100 = 93 000（元），即可以在税前扣除 93 000 元，即当年纳税调减 93 000 元。

　　企业所得税年度纳税申报表填报实务如表 4-36 所示。

表 4-36	职工薪酬支出及纳税调整明细表（2027 年）							A105050
行次	项目	账载金额	实际发生额	税收规定扣除率	以前年度累计结转扣除额	税收金额	纳税调整金额	累计结转以后年度扣除额
		1	2	3	4	5	6 (1-5)	7 (2+4-5)
1	一、工资薪金支出	0	93 000	*	*	93 000	-93 000	*
2	其中：股权激励	0	93 000	*	*	93 000	-93 000	*

四、职工福利费支出纳税调整项目填报实务与案例解析

　　A105050《职工薪酬支出及纳税调整明细表》第 3 行"二、职工福利费支出"：填报纳税人本年度发生的职工福利费及其会计核算、纳税调整等金额。具体填报要点如下：（1）第 1 列"账载金额"：填报纳税人会计核算计入成本费用的职工福利费的金额。（2）第 2 列"实际发生额"：分析填报纳税人"应付职工薪酬"会计科目下的职工福利费用实际发生额。（3）第 3 列"税收规定扣除率"：填报税法规定的扣除比例（14%）。（4）第 5 列"税收金额"：填报按照税法规定允许税前扣除的金额，按第 1 行第 5 列"工资薪金支出/税收金额"×14%、本表第 3 行第 1 列、本表第 3 行第 2 列三者孰小值填报。（5）第 6 列"纳税调整金额"：填报第 1-5 列的余额。纳税人具体

填报时需要注意《企业会计准则第 9 号——职工薪酬》（2014 修订版）与税法及国税函〔2009〕3 号文件中职工福利费支出的财税处理差异。

【案例 4 - 26】甲公司 2024 年会计核算计入成本费用的职工福利费的金额 56 000 元，会计核算"应付职工薪酬"科目中职工福利费用实际发生额 85 000 元，"工资薪金支出"的税收金额为 300 000 元。

分析：按照税法规定允许税前扣除的金额为 42 000 元（300 000 × 14%），实际发生的职工福利费金额 85 000 元，允许税前扣除的职工福利费的金额为 42 000 元，纳税调整金额 = 56 000 - 42 000 = 14 000（元）。

企业所得税年度纳税申报表填报实务如表 4 - 37 所示。

表 4 - 37　　　　　　　　职工薪酬支出及纳税调整明细表（2024 年）　　　　　　　A105050

行次	项目	账载金额	实际发生额	税收规定扣除率	以前年度累计结转扣除额	税收金额	纳税调整金额	累计结转以后年度扣除额
		1	2	3	4	5	6 (1 - 5)	7 (2 + 4 - 5)
1	一、工资薪金支出			*	*	300 000		*
2	其中：股权激励			*	*			*
3	二、职工福利费支出	56 000	85 000	14%	*	42 000	14 000	*

五、职工教育经费支出纳税调整项目填报实务与案例解析

A105050《职工薪酬支出及纳税调整明细表》第 4 行"三、职工教育经费支出"：填报第 5 行或者第 5 + 6 行金额。

申报表填报要点如下：

1. 纳税人应严格在职工教育经费的开支范围内列支。财政部、国家税务总局等部委联合下发的《关于印发〈关于企业职工教育经费提取与使用管理的意见〉的通知》（财建〔2006〕317 号）明确了职工教育经费的范围，包括：（1）上岗和转岗培训；（2）各类岗位适应性培训；（3）岗位培训、职业技术等级培训、高技能人才培训；（4）专业技术人员继续教育；（5）特种作业人员培训；（6）企业组织的职工外送培训的经费支出；（7）职工参加的职业技能鉴定、职业资格认证等经费支出；（8）购置教学设备与设施；（9）职工岗位自学成才奖励费用；（10）职工教育培训管理费用；（11）有关职工教育的其他开支。但是，下列支出不能挤占职工教育培训经费：（1）职工参加社会上的学历教育，以及个人为取得学位而参加的在职教育，所需费用应由个人承担；（2）高层管理人员到境外培训和考察，一次性单项支出较高的，其费用从其

他管理费用中开支。

2. 按照《财政部、税务总局关于企业职工教育经费税前扣除政策的通知》（财税〔2018〕51号）规定，为鼓励企业加大职工教育投入，自2018年1月1日起，企业发生的职工教育经费支出，不超过工资薪金总额8%的部分，准予在计算企业所得税应纳税所得额时扣除；超过部分，准予在以后纳税年度结转扣除。

3. 单独核算并据实扣除。（1）软件和集成电路企业，《财政部、国家税务总局关于进一步鼓励软件产业和集成电路产业发展企业所得税政策的通知》（财税〔2012〕27号）第六条规定："集成电路设计企业和符合条件软件企业的职工培训费用，应单独进行核算并按实际发生额在计算应纳税所得额时扣除。"（2）航空企业，《国家税务总局关于企业所得税若干问题的公告》（国家税务总局公告2011年第34号）第三条规定："航空企业实际发生的飞行员养成费、飞行训练费、乘务训练费、空中保卫员训练费等空勤训练费用，根据《实施条例》第二十七条的规定，可以作为航空企业运输成本在税前扣除。"（3）核电企业，《国家税务总局关于企业所得税应纳税所得额若干问题的公告》（国家税务总局公告2014年第29号）第四条的规定："核力发电企业为培养核电厂操纵员发生的培养费用，可作为企业的发电成本在税前扣除。企业应将核电厂操纵员培养费与员工的职工教育经费严格区分，单独核算，员工实际发生的职工教育经费支出不得计入核电厂操纵员培养费直接扣除。"这里所指的职工培训费用必须单独核算，与职工教育经费严格区分，据实税前扣除。

【案例4-27】甲公司（一般制造业企业）2024年会计核算计入成本费用的职工教育经费金额45.5万元，实际发生的职工教育经费金额32.5万元，其中报销经理攻读MBA学费2.5万元。工资薪金支出的税收金额为400万元。以前年度累计结转扣除职工教育经费金额5万元，税收规定扣除率为8%。

分析：一般企业职工教育经费的税前扣除限额="工资薪金支出——税收金额"×扣除比例=400×8%=32（万元），当年实际发生的符合职工教育经费列支范围的金额=32.5-2.5=30（万元），当年允许扣除的税收金额=30+2=32（万元），即当年实际发生额30万元和以前年度累计结转扣除职工教育经费金额2万元，2021年纳税调整金额=（45.5-2.5）-32=11（万元），累计结转以后年度扣除额=5-2=3（万元），同时，将当年扣除的以前年度累计结转扣除额2万元相应的递延所得税资产转回0.5万元（2×25%）。不符合职工教育经费列支范围的报销经理攻读MBA学费2.5万元，属于与生产经营无关的支出，应全额在A105000中第27行"（十四）与取得收入无关的支出"进行纳税调增，建议年末会计核算时，将其重分类调整记入"营业外支出"科目，方便企业所得税汇算清缴纳税调整。会计和税务处理如下（单位：万元）：

借：管理费用——职工教育经费 45.5
　　贷：应付职工薪酬——短期薪酬（职工教育经费） 45.5
借：应付职工薪酬——短期薪酬（职工教育经费） 32.5
　　贷：银行存款 32.5
借：营业外支出——个人 MBA 学费 2.5
　　贷：管理费用——职工教育经费 2.5
借：所得税费用 0.5
　　贷：递延所得税资产 0.5

企业所得税年度纳税申报表填报实务如表 4 – 38 和表 4 – 39 所示。

表 4 – 38　　　　　　　　　职工薪酬支出及纳税调整明细表（2024 年）　　　　　　　　A105050

行次	项目	账载金额	实际发生额	税收规定扣除率	以前年度累计结转扣除额	税收金额	纳税调整金额	累计结转以后年度扣除额
		1	2	3	4	5	6 (1 – 5)	7 (2 + 4 – 5)
1	一、工资薪金支出			*	*	400		*
4	三、职工教育经费支出			*				
5	其中：1. 按税收规定比例扣除的职工教育经费	43	30	8%	5	32	11	3
6	2. 按税收规定全额扣除的职工培训费用				*			*

表 4 – 39　　　　　　　　　　纳税调整项目明细表（2024 年）　　　　　　　　　　A105000

行次	项目	账载金额	税收金额	调增金额	调减金额
		1	2	3	4
27	（十四）与取得收入无关的支出	2.5	*	2.5	*

【案例 4 – 28】甲公司（软件企业）2024 年会计核算计入成本费用的职工教育经费金额 90 万元，实际发生金额 55 万元，其中，报销经理攻读 MBA 学费 10 万元，符合税法规定单独核算的职工培训费用 12 万元。工资薪金支出的税收金额为 600 万元。以前年度累计结转扣除职工教育经费金额 18 万元。

分析：企业职工教育经费的税收规定扣除率为 8%，职工教育经费的税前扣除限额 = "工资薪金支出——税收金额" × 扣除比例 = 600 × 8% = 48（万元），符合条件的软件企业职工培训费用，应单独进行核算并按实际发生额在计算应纳税所得额时扣除，甲公司单独核算的职工培训费用 12 万元全额在税前扣除，当年允许扣除的职工教育经费税收金额 = 48 + 12 = 60（万元），纳税调整金额 = 80 – 60 = 20（万元），累计结转以后年度扣除额 = 33 + 18 – 48 = 3（万元）。不符合职工教育经费列支范围的报销经理攻读 MBA 学费 10 万元，属于与生产经营无关的支出，应在 A105000 中第 27 行"（十四）与取得收入无关的支出"全额进行纳税调增。企业所得税年度纳税申报表填报实务如

表4-40和表4-41所示。

表 4 - 40　　　　　　　　职工薪酬支出及纳税调整明细表（2024 年）　　　　　　　A105050

行次	项目	账载金额	实际发生额	税收规定扣除率	以前年度累计结转扣除额	税收金额	纳税调整金额	累计结转以后年度扣除额
		1	2	3	4	5	6 (1-5)	7 (2+4-5)
1	一、工资薪金支出			*	*	600		*
2	其中：股权激励			*	*			*
4	三、职工教育经费支出	80	45	*		60	20	3
5	其中：1. 按税收规定比例扣除的职工教育经费	68	33	8%	18	48	20	3
6	2. 按税收规定全额扣除的职工培训费用	12	12	100%	*	12	0	*

表 4 - 41　　　　　　　　　纳税调整项目明细表（2024 年）　　　　　　　　　A105000

行次	项目	账载金额	税收金额	调增金额	调减金额
		1	2	3	4
27	（十四）与取得收入无关的支出	10	*	10	*

还需要特别注意的是，由于一般企业纳税人进行会计核算时，将职工教育经费先按会计核算的工资薪金的一定比例计提计入成本费用，但税法上规定是实际发生的、在税法规定比例内且符合职工教育经费列支范围的支出才允许税前扣除。例如，如果企业会计核算计提了 100 万元职工教育经费，但实际发生了 20 万元，假设计提的 100 万元都在当年度工资薪金扣除额的 8% 以内，但实际上按照税法规定仍需要按照实际支付发生的 20 万元进行税前扣除，没有实际支付发生的 80 万元应作纳税调增，也不应该作为结转以后年度扣除额。

因此，表 A105050《职工薪酬支出及纳税调整明细表》中只要是有会计核算计提的事项，但按税法规定实际发生扣除的，且与工资薪金支出有比例限制的，都必须要关注该问题。职工福利费、工会经费、基本社会保险、补充医疗保险与补充养老保险等也需要进行类似处理。例如，某企业 2024 年度会计核算计提 100 万元职工教育经费，实际发生额 70 万元，当年按照税法规定计算的扣除限额是 60 万元，则当年度纳税调增额 = 100 - 60 = 40（万元），但是允许其中实际发生但未税前扣除的金额 = 70 - 60 = 10（万元），结转到以后年度扣除。假设 2025 年度会计核算未计提职工教育经费，但是实际支出了 15 万元，以前年度未扣除的余额 10 万元，2021 年度扣除限额是 40 万元，当年应纳税调减金额 = 15 + 10 = 25（万元）。

【案例 4 - 29】甲公司 2024 年成立，其 2024 ~ 2026 年各年实际支付的工资薪金支出分别为 1 000 万元、1 200 万元和 1 400 万元。该公司职工教育经费适用按计税工资总额 8% 限额扣除的政策。各年度职工教育经费会计计提、实际发生、税前扣除等情况如表4-42所示（单位：万元）。

表4-42　　　　　　　职工教育经费情况表（2024~2026年）

年度	会计核算计提数	实际发生数	会计核算科目余额	工资薪金支出税收金额	税法规定扣除限额	实际税前扣除额	纳税调整金额	税法规定结转以后年度扣除金额
2024	25	20	5（贷）	1 000	80	20	5	0
2025	80	120	35（借）	1 200	96	96	-16	24（120-96）
2026	100	60	5（贷）	1 400	112	84	16	0

甲公司2024~2026年职工教育经费支出企业所得税年度纳税申报表填报实务如表4-43~表4-45所示。

表4-43　　　　　职工薪酬支出及纳税调整明细表（2024年）　　　　A105050

行次	项目	账载金额	实际发生额	税收规定扣除率	以前年度累计结转扣除额	税收金额	纳税调整金额	累计结转以后年度扣除额
		1	2	3	4	5	6（1-5）	7（2+4-5）
1	一、工资薪金支出	1 000	1 000	*	*	1 000		*
4	三、职工教育经费支出			*	*			*
5	其中：1. 按税收规定比例扣除的职工教育经费	25	20	8%	0	20	5	0

表4-44　　　　　职工薪酬支出及纳税调整明细表（2025年）　　　　A105050

行次	项目	账载金额	实际发生额	税收规定扣除率	以前年度累计结转扣除额	税收金额	纳税调整金额	累计结转以后年度扣除额
		1	2	3	4	5	6（1-5）	7（2+4-5）
1	一、工资薪金支出	1 200	1 200	*	*	1 200		*
4	三、职工教育经费支出			*	*			*
5	其中：1. 按税收规定比例扣除的职工教育经费	80	120	8%	0	96	-16	24

表4-45　　　　　职工薪酬支出及纳税调整明细表（2026年）　　　　A105050

行次	项目	账载金额	实际发生额	税收规定扣除率	以前年度累计结转扣除额	税收金额	纳税调整金额	累计结转以后年度扣除额
		1	2	3	4	5	6（1-5）	7（2+4-5）
1	一、工资薪金支出	1400	1400	*	*	1400		*
4	三、职工教育经费支出			*	*			*
5	其中：1. 按税收规定比例扣除的职工教育经费	100	60	8%	24	84	16	0

【案例4-30】江苏省常州市溧阳地税局稽查局对H股份公司实施税收检查，查实该企业存在违规超额扣除职工教育经费税前列支少缴企业所得税等问题。检查人员进入企业后，依法用软件提取了企业电子账套数据。利用查账软件强大的分析、查询功

能，检查人员进一步确认定了检查年度该企业存在的涉税疑点：2014 年 5 月该企业在"管理费用"科目中列支了山东大学上海某远程教育学院咨询费 130.4 多万元。企业为何与远程教育学院发生大额咨询费，该咨询费是否真实？是否存在变更发票内容的情况？企业财务人员称，H 公司支付给上海某远程教育学院的费用，是企业业务咨询费，有正式发票，可以全额在税前扣除。检查人员要求企业提供合同及咨询内容等资料时，财务人员称因经办该事项的人员离职，已无法提供详细资料。

检查人员决定通过外围调查了解该项业务的具体情况。分别向山东、上海等地税务机关发出协查函，请当地税务人员协查 H 公司该项业务。协查反馈信息显示，H 公司人员所称咨询业务并不属实。该公司为了提高员工技能，与山东某大学上海某远程教育学院签订了员工培训协议，约定由该学院对公司部分员工进行技能培训。协查提供的证据显示，企业支出的 130.4 多万元咨询费实为员工培训费，按规定应在职工教育经费中支出，但由于该企业当年职工教育经费已超出税前扣除限额，因此，企业将培训费以咨询费的名目在税前进行了扣除，并且未进行企业所得税纳税调整。面对检查人员提供的证据，H 公司承认在账目处理上存在问题。常州市溧阳地税局稽查局依法补征了税款，并对企业进行了处罚。该局依法对企业作出补缴税款、加收滞纳金和罚款的处理决定。

六、工会经费支出纳税调整项目填报实务与案例解析

A105050《职工薪酬支出及纳税调整明细表》第 7 行"四、工会经费支出"：填报纳税人本年度拨缴工会经费及其会计核算、纳税调整等金额。具体填报要点如下：（1）第 1 列"账载金额"：填报纳税人会计核算计入成本费用的工会经费支出金额。（2）第 2 列"实际发生额"：分析填报纳税人"应付职工薪酬"会计科目下的工会经费本年实际发生额。（3）第 3 列"税收规定扣除率"：填报税法规定的扣除比例（2%）。（4）第 5 列"税收金额"：填报按照税法规定允许税前扣除的金额，按第 1 行第 5 列"工资薪金支出/税收金额"×2% 与本行第 1 列、本行第 2 列三者的孰小值填报。（5）第 6 列"纳税调整金额"：填报第 1－5 列的余额。

【案例 4－31】甲公司 2024 年会计核算计提工会经费 4 万元，实际向上级工会拨缴工会经费 3 万元，取得《工会经费收入专用收据》，上级工会返还给本企业基层工会 60% 的工会经费，存入工会银行存款基本账户。假设该企业允许税前扣除的工资薪金支出为 100 万元。会计和税务处理如下（单位：万元）。

①计提工会经费。

借：管理费用——工会经费   4

    贷：应付职工薪酬——短期薪酬（工会经费）   4

②实际拨缴工会经费。

借：应付职工薪酬——短期薪酬（工会经费）　　　　　　　　　　　　　3

　　贷：银行存款　　　　　　　　　　　　　　　　　　　　　　　　　　3

③上级工会返还给本企业基层工会60%的工会经费，存入工会银行存款基本账户。不属于企业会计核算范围，由工会进行核算，也不需要缴纳企业所得税。

④税务处理：甲公司2024年企业所得税税前扣除的工会经费限额 = 100 × 2% = 2（万元），实际拨缴工会经费支出 = 3（万元），超支工会经费支出 = 4 – 2 = 2（万元）。2024年企业所得税汇算清缴时，纳税调增2万元，以后年度也不得税前扣除。

企业所得税年度纳税申报表填报实务如表4 – 46所示。

表4 – 46　　　　　　　职工薪酬支出及纳税调整明细表（2024年）　　　　　　A105050

行次	项目	账载金额	实际发生额	税收规定扣除率	以前年度累计结转扣除额	税收金额	纳税调整金额	累计结转以后年度扣除额
		1	2	3	4	5	6 (1 – 5)	7 (2 + 4 – 5)
1	一、工资薪金支出			*	*	100		
2	其中：股权激励			*	*			*
7	四、工会经费支出	4	3	2%	*	2	2	*

七、各类基本社会保障性缴款纳税调整项目填报实务与案例解析

A105050《职工薪酬支出及纳税调整明细表》第8行"五、各类基本社会保障性缴款"：填报纳税人依照国务院有关主管部门或者省级人民政府规定的范围和标准为职工缴纳的基本社会保险费及其会计核算、纳税调整金额。具体填报要点如下：（1）第1列"账载金额"：填报纳税人会计核算的各类基本社会保障性缴款的金额。（2）第2列"实际发生额"：分析填报纳税人"应付职工薪酬"会计科目下的各类基本社会保障性缴款本年实际发生额。（3）第5列"税收金额"：填报按照税法规定允许税前扣除的各类基本社会保障性缴款的金额，按本行第1列、第2列以及税法规定允许税前扣除的各类基本社会保障性缴款的金额孰小值填报。（4）第6列"纳税调整金额"：填报第1～第5列的余额。该项目填报要点是依法实际支付的各类基本社会保障性缴款，取得合法有效凭证的，才能税前扣除。

【案例4 – 32】甲公司2024年会计核算计提基本社会保险费40万元，实际向社保机构缴纳36万元，取得《基本社会保险费专用缴款书》，因特殊原因尚未缴纳部分4万元。会计和税务处理如下（单位：万元）。

①计提基本社会保险费时：

借：管理费用等　　　　　　　　　　　　　　　　　　　　　　　　　　40

　　贷：应付职工薪酬——离职后福利（基本社会保险费）　　　　　　　40

②实际拨缴基本社会保险费时：

借：应付职工薪酬——离职后福利（基本社会保险费）　　　　　36

　　贷：银行存款　　　　　　　　　　　　　　　　　　　　　　　36

③税务处理：《企业所得税法实施条例》第三十五条规定，企业依照国务院有关主管部门或者省级人民政府规定的范围和标准为职工缴纳的基本养老保险费、基本医疗保险费、失业保险费、工伤保险费、生育保险费等基本社会保险费和住房公积金，准予扣除。甲公司 2024 年企业所得税税前扣除的为职工缴纳的基本社会保险费 36 万元，尚未支付的基本社会保险费 4 万元不能在当期税前扣除。

企业所得税年度纳税申报表填报实务如表 4 - 47 所示。

表 4 - 47　　　　　　职工薪酬支出及纳税调整明细表（2024 年）　　　　　A105050

行次	项目	账载金额	实际发生额	税收规定扣除率	以前年度累计结转扣除额	税收金额	纳税调整金额	累计结转以后年度扣除额
		1	2	3	4	5	6 (1-5)	7 (2+4-5)
8	五、各类基本社会保障性缴款	40	36	*	*	36	4	*

八、住房公积金纳税调整项目填报实务与案例解析

A105050《职工薪酬支出及纳税调整明细表》第 9 行"六、住房公积金"：填报纳税人依照国务院有关主管部门或者省级人民政府规定的范围和标准为职工缴纳的住房公积金及其会计核算、纳税调整金额。具体如下：（1）第 1 列"账载金额"：填报纳税人会计核算的住房公积金金额。（2）第 2 列"实际发生额"：分析填报纳税人"应付职工薪酬"会计科目下的住房公积金本年实际发生额。（3）第 5 列"税收金额"：填报按照税法规定允许税前扣除的住房公积金金额，按本行第 1 列、第 2 列以及税法规定允许税前扣除的住房公积金的金额孰小值填报。（4）第 6 列"纳税调整金额"：填报第 1-5 列的余额。

申报表填报要点：（1）住房公积金税前扣除存在双重计算标准。第一重标准：单位和职工缴存比例不应低于 5%，不得高于 12%；企业所得税税前扣除的最高缴存比例可以按省级人民政府规定的范围和标准执行，有可能部分地区规定高于 12% 的比例。第二重标准：缴存住房公积金的月工资基数，原则上不应超过职工工作地所在设区的市级统计部门公布的上一年度职工月平均工资的 2 倍或 3 倍。但是上一年度职工月平均工资是个动态数字，年年都在变，各地住房公积金管理中心每年初都会根据当地统计局公布的本地区上一年度职工月平均工资公布本年缴存住房公积金基数上限，调整全年执行。（2）根据以上中央及地方住房公积金法规规定，纳税人主要存在三种超标情形。缴存比例超标、缴存工资超标或缴存比例和工资均超标。企业为职工个人缴纳的住房公积金超标将不得在税前扣除。如果企业没有按税法规定作纳税调增处理，将存在少缴纳企业所得税的风险。

【案例4-33】东方税语公司2024年工资薪金支出账载金额和税收金额均为87 966 705.11元，无纳税调整事项。职工人数800人，住房公积金计提并实际缴纳10 556 004.61元。该市每月住房公积金最高缴存工资基数为7 900元。按照最高缴存比例单位和职工各不超过12%的规定，假设该年度单位和职工最高月缴存额为1 896元（其中：单位948元，个人948元）。企业所得税税前扣除限额计算（假设按照职工人数总体计算）：87 966 705.11 × 12% = 10 556 004.61（元）；7 900 × 12% × 12 × 800 = 9 100 800（元）；税前扣除限额为9 100 800元，应纳税所得额调增金额 = 10 556 004.61 - 9 100 800 = 1 455 204.61（元）。

企业所得税年度纳税申报表填报实务如表4-48所示。

表4-48	职工薪酬支出及纳税调整明细表（2024年）						A105050	
行次	项目	账载金额	实际发生额	税收规定扣除率	以前年度累计结转扣除额	税收金额	纳税调整金额	累计结转以后年度扣除额
		1	2	3	4	5	6 (1-5)	7 (2+4-5)
9	六、住房公积金	10 556 004.61	10 556 004.61	*	*	9 100 800	1 455 204.61	*

九、补充养老保险、补充医疗保险纳税调整项目填报实务与案例解析

A105050《职工薪酬支出及纳税调整明细表》第10行"七、补充养老保险"：填报纳税人为投资者或者职工支付的补充养老保险费的会计核算、纳税调整金额。具体如下：（1）第1列"账载金额"：填报纳税人会计核算的补充养老保险金额。（2）第2列"实际发生额"：分析填报纳税人"应付职工薪酬"会计科目下的补充养老保险本年实际发生额。（3）第3列"税收规定扣除率"：填报税法规定的扣除比例（5%）。(4) 第5列"税收金额"：填报按照税法规定允许税前扣除的补充养老保险的金额，按第1行第5列"工资薪金支出/税收金额"×5%、本行第1列、本行第2列的孰小值填报。（5）第6列"纳税调整金额"：填报第1-5列的余额。第11行"八、补充医疗保险"：填报纳税人为投资者或者职工支付的补充医疗保险费的会计核算、纳税调整金额，具体填报规定同上。

【案例4-34】甲公司2024年为职工实际支付的工资薪金总额为1 800万元，均系合理的工资薪金。该企业2024年均按工资薪金支出总额的6%为全部职工支付补充养老保险费、补充医疗保险费，即实际支付补充养老保险费108万元，支付补充医疗保险费108万元，并取得合法有效凭证。

分析：《财政部、国家税务总局关于补充养老保险费、补充医疗保险费有关企业所

得税政策问题的通知》（财税〔2009〕27 号）规定，自 2008 年 1 月 1 日起，企业根据国家有关政策规定，为在本企业任职或者受雇的全体员工支付的补充养老保险费、补充医疗保险费，分别在不超过职工工资总额 5% 标准内的部分，在计算应纳税所得额时准予扣除；超过的部分，不予扣除。该公司在计算应纳税所得额时允许税前扣除的补充养老保险费和补充医疗保险费限额 = 1 800 × 5% = 90（万元）。因此，该公司 2021 年应调增应纳税所得额 =（108 − 90）+（108 − 90）= 36（万元）。

上述税会处理差异为，税法要求补充养老保险、补充医疗保险可以在税前扣除的前提是必须已经实际缴纳。需注意，如果只为部分职工支付补充养老保险费、补充医疗保险费则全部不允许税前扣除。而在会计上，根据权责发生制原则，两险应在员工提供服务期间内先予计提（工资总额 4% 以内），同时确认为应付职工薪酬，在实际缴纳时并不确认为成本费用，而是冲减已确认的负债。由于会计与税法在确认成本费用和扣除项目上时间要求不同，因而在企业所得税汇算清缴时应注意作相应的纳税调整，即在提取数、实际缴纳数和允许税前扣除限额之间相比较后，再作纳税调整。

企业所得税年度纳税申报表填报实务如表 4 − 49 所示。

表 4 − 49　　　　　　职工薪酬支出及纳税调整明细表（2024 年）　　　　A105050

行次	项目	账载金额	实际发生额	税收规定扣除率	以前年度累计结转扣除额	税收金额	纳税调整金额	累计结转以后年度扣除额
		1	2	3	4	5	6 (1 − 5)	7 (2 + 4 − 5)
10	七、补充养老保险	108	108	5%	*	90	18	*
11	八、补充医疗保险	108	108	5%	*	90	18	*

十、其他（辞退福利等）纳税调整项目填报实务与案例解析

A105050《职工薪酬支出及纳税调整明细表》第 12 行"九、其他"：填报其他职工薪酬支出会计处理、税法规定情况及纳税调整金额。

1. 辞退福利的会计处理。辞退福利，是指企业在职工劳动合同到期之前解除与职工的劳动关系，或者为鼓励职工自愿接受裁减而给予职工的补偿。企业向职工提供辞退福利的，应当在下列两者孰早日确认辞退福利产生的职工薪酬负债，并计入当期损益：（1）企业不能单方面撤回因解除劳动关系计划或裁减建议所提供的辞退福利时；（2）企业确认与涉及支付辞退福利的重组相关的成本或费用时。企业应当按照辞退计划条款的规定，合理预计并确认辞退福利产生的应付职工薪酬。辞退福利预期在其确认的年度报告期结束后 12 个月内完全支付的，应当适用短期薪酬的相关规定；辞退福利预期在年度报告期结束后 12 个月内不能完全支付的，应当适用职工薪酬准则关于其他长期职工福利的有关规定。

2. 辞退福利的企业所得税处理。对费用的税前扣除，原则上应为据实扣除，因此，对企业确认的预计负债而计入费用的金额不允许税前扣除。职工辞退福利既不属于工资薪金支出也不属于职工福利费，应属于企业在生产经营活动中发生的与生产经营活动有关的、合理的、必要和正常的支出。例如，企业已经制定正式的解除劳动关系计划或提出自愿裁减建议并即将实施，其确认的因解除与职工的劳动关系给予补偿所产生职工薪酬计入管理费用，由于尚未实际支付，当期不允许在税前扣除。等待企业在实际发生时（支付辞退福利时）才允许在税前扣除。若职工有选择继续在职的权利，属于或有事项，通过预计职工薪酬计入管理费用，也不允许在税前扣除。另外，企业解除职工劳动合同时，支付的经济补偿金不属于税收上的工资薪金支出，不得作为计算职工福利费等三项经费税前扣除限额的基数。

《国家税务总局关于华为集团内部人员调动离职补偿税前扣除问题的批复》（税总函〔2015〕299号）规定，根据《企业所得税法》及其实施条例和《国家税务总局关于企业工资薪金及职工福利费扣除问题的通知》（国税函〔2009〕3号）的规定，华为公司对离职补偿事项的税务处理不符合企业所得税据实扣除原则，应该进行纳税调整。企业根据公司财务制度为职工提取离职补偿费，在进行年度企业所得税汇算清缴时，对当年度"预提费用"科目发生额进行纳税调整，待职工从企业离职并实际领取离职补偿费后，企业可按规定进行税前扣除。

3. 税会差异。对于在职职工提供服务的会计期末以后12个月内不能完全支付的辞退福利，会计上规定，企业应当选择恰当的折现率，以折现后的金额计量应计入当期损益；税法上则要求，只有企业实际发生的与取得收入有关的、合理的费用才可以在税前扣除，不考虑折现问题。根据税法据实扣除原则，由企业预计负债而计入费用的金额不允许在税前扣除。

【案例4-35】中联重科2016年年度报告披露支付离职补偿（辞退福利）1.53亿元。《中联重科：2016年年度报告》在"应付职工薪酬"中列示辞退福利信息披露如表4-50所示。

表4-50
单位：元

项目	期初余额	本期增加	本期减少	期末余额
一、短期薪酬	190 011 069.65	2 153 969 197.79	2 108 302 502.36	235 677 765.08
二、离职后福利——设定提存计划	3 065 563.48	161 087 886.79	162 430 728.27	1 722 722.00
三、辞退福利	4 885 523.95	153 780 754.39	153 814 656.65	4 851 621.69
合计	197 962 157.08	2 468 837 838.97	2 424 547 887.28	242 252 108.77

中联重科辞退福利的会计处理方法："本公司在职工劳动合同到期之前解除与职工的劳动关系或者为鼓励职工自愿接受裁减而提出给予补偿，在本公司不能单方面撤回解除劳动关系计划或裁减建议时和确认与涉及支付辞退福利的重组相关的成本费用时

两者孰早日，确认因解除与职工的劳动关系给予补偿而产生的负债，同时计入当期损益。但辞退福利预期在年度报告期结束后 12 个月不能完全支付的，按照其他长期职工薪酬处理。"2016 年度会计和税务处理如下：

借：管理费用——辞退福利　　　　　　　　　　153 780 754.39
　　贷：应付职工薪酬——辞退福利　　　　　　　　153 780 754.39
借：应付职工薪酬——辞退福利　　　　　　　　153 814 656.65
　　贷：银行存款　　　　　　　　　　　　　　　153 814 656.65

企业所得税年度纳税申报表填报实务如表 4 - 51 所示。

表 4 - 51　　　　　　　职工薪酬支出及纳税调整明细表　　　　　　A105050

行次	项目	账载金额	实际发生额	税收规定扣除率	以前年度累计结转扣除额	税收金额	纳税调整金额	累计结转以后年度扣除额
		1	2	3	4	5	6 (1-5)	7 (2+4-5)
12	九、其他	153 780 754.39	153 814 656.65	*	*	153 814 656.65	-33 902.26	*

还需要注意离职补偿金的个人所得税问题。《财政部、国家税务总局关于个人与用人单位解除劳动关系取得的一次性补偿收入征免个人所得税问题的通知》（财税〔2001〕157 号）规定，个人因与用人单位解除劳动关系而取得的一次性补偿收入（包括用人单位发放的经济补偿金、生活补助费和其他补助费用），其收入在当地上年职工平均工资 3 倍数额以内的部分，免征个人所得税。自 2019 年 1 月 1 日起，按照《财政部 税务总局关于个人所得税法修改后有关优惠政策衔接问题的通知》（财税〔2018〕164 号）第五条关于解除劳动关系、提前退休、内部退养的一次性补偿收入的政策规定，个人与用人单位解除劳动关系取得一次性补偿收入（包括用人单位发放的经济补偿金、生活补助费和其他补助费），在当地上年职工平均工资 3 倍数额以内的部分，免征个人所得税；超过 3 倍数额的部分，不并入当年综合所得，单独适用综合所得税率表，计算纳税。

第三节　《广告费和业务宣传费等跨年度纳税调整明细表》填报实务与案例解析

一、《广告费和业务宣传费等跨年度纳税调整明细表》格式

具体格式如表 4 - 52 所示。

表 4－52 　　　　　　广告费和业务宣传费等跨年度纳税调整明细表 　　　　A105060

行次	项目	广告费和业务宣传费	保险企业手续费及佣金支出
		1	2
1	一、本年支出		
2	减：不允许扣除的支出		
3	二、本年符合条件的支出（1－2）		
4	三、本年计算扣除限额的基数		
5	乘：税收规定扣除率		
6	四、本企业计算的扣除限额（4×5）		
7	五、本年结转以后年度扣除额 （3＞6，本行＝3－6；3≤6，本行＝0）		
8	加：以前年度累计结转扣除额		
9	减：本年扣除的以前年度结转额 ［3＞6，本行＝0；3≤6，本行＝8 与（6－3）孰小值］		
10	六、按照分摊协议归集至其他关联方的金额（10≤3 与 6 孰小值）		*
11	按照分摊协议从其他关联方归集至本企业的金额		*
12	七、本年支出纳税调整金额 （3＞6，本行＝2＋3－6＋10－11；3≤6，本行＝2＋10－11－9）		
13	八、累计结转以后年度扣除额（7＋8－9）		

　　本表适用于发生广告费和业务宣传费纳税调整项目的纳税人填报。纳税人根据税法、《财政部 税务总局关于保险企业手续费及佣金支出税前扣除政策的公告》（财政部税务总局公告 2019 年第 72 号），以及《财政部 税务总局关于广告费和业务宣传费支出税前扣除有关事项的公告》（财政部 税务总局公告 2020 年第 43 号）等相关规定，以及国家统一的会计制度，填报广告费和业务宣传费、保险企业手续费及佣金支出以及跨年度纳税调整情况。

　　《财政部、税务总局关于保险企业手续费及佣金支出税前扣除政策的公告》（财政部 税务总局公告 2019 年第 72 号）规定，第一，保险企业发生与其经营活动有关的手续费及佣金支出，不超过当年全部保费收入扣除退保金等后余额的 18%（含本数）的部分，在计算应纳税所得额时准予扣除；超过部分，允许结转以后年度扣除。第二，保险企业发生的手续费及佣金支出税前扣除的其他事项继续按照《财政部、国家税务总局关于企业手续费及佣金支出税前扣除政策的通知》（财税〔2009〕29 号）中第二条至第五条相关规定处理。保险企业应建立健全手续费及佣金的相关管理制度，并加强手续费及佣金结转扣除的台账管理。第三，该公告自 2019 年 1 月 1 日起执行。《财政部、国家税务总局关于企业手续费及佣金支出税前扣除政策的通知》（财税〔2009〕29 号）第一条中关于保险企业手续费及佣金税前扣除的政策和第六条同时废止。保险企业自 2018 年度汇算清缴起按照上述公告规定执行。

二、《广告费和业务宣传费等跨年度纳税调整明细表》具体填报实务与案例解析

【案例4-36】某医药制造集团公司2024年"主营业务收入"科目贷方发生额为2 000万元，其中，销售货物收入1 500万元，提供劳务收入180万元，让渡资产使用权收入120万元，建造合同收入200万元；"其他业务收入"科目贷方发生额为700万元，其中，材料销售收入350万元，代购代销手续费220万元，包装物出租收入130万元；原材料非货币性资产交换视同销售收入为300万元；"营业外收入"中非货币性资产交易收益100万元、债务重组收益50万元。广告及业务宣传费支出940万元，非广告性赞助支出60万元，会计利润总额100万元，企业所得税税率25%（假设无其他纳税调整事项）。

分析：①2024年广告宣传费计算基数。2 000 + 700 + 300 = 3 000（万元）。"营业外收入"中的非货币性资产交易收益100万元和债务重组收益50万元不属于销售（营业）收入额，因此，不计入基数。

②广告宣传费税前允许列支数。根据《财政部 税务总局关于广告费和业务宣传费支出税前扣除有关事项的公告》（财政部 税务总局公告2020年第43号）的规定，医药制造企业广告费扣除为收入的30%，扣除限额 = 3 000 × 30% = 900（万元），实际发生940万元，形成40万元可抵扣暂时性差异，登入备查账簿中；而非广告性赞助支出60万元不得扣除。

③递延所得税资产发生额。该广告宣传费支出因按照会计准则规定在发生时已计入当期损益，不体现为期末资产负债表中的资产即其账面价值为0。因按照税法规定，该类支出税前列支有一定的标准限制，当期可予税前扣除900万元，当期未予税前扣除的40万元可以向以后年度结转，其计税基础为40万元。该项资产的账面价值0与其计税基础40万元之间产生了40万元的可抵扣暂时性差异，符合确认条件时，应确认相关的递延所得税资产 = 40 × 25% = 10（万元）。

④企业所得税计算。非广告性赞助费支出60万元应该调整应纳税所得额，即应纳税所得额 = 100 + 60 + 40 = 200（万元），应纳税额 = 200 × 25% = 50（万元）。企业所得税年度纳税申报表填报实务如表4-53和表4-54所示（单位：万元）。

表4-53　　　　广告费和业务宣传费等跨年度纳税调整明细表（2024年）　　　A105060

行次	项目	广告费和业务宣传费	保险企业手续费及佣金支出
		1	2
1	一、本年支出	940	
2	减：不允许扣除的支出	0	

续表

行次	项目	广告费和业务宣传费	保险企业手续费及佣金支出
		1	2
3	二、本年符合条件的支出（1−2）	940	
4	三、本年计算扣除限额的基数	3 000	
5	乘：税收规定扣除率	30%	
6	四、本企业计算的扣除限额（4×5）	900	
7	五、本年结转以后年度扣除额（3>6，本行=3−6；3≤6，本行=0）	40	
8	加：以前年度累计结转扣除额	0	
9	减：本年扣除的以前年度结转额 [3>6，本行=0；3≤6，本行=8与（6−3）孰小值]	0	
10	六、按照分摊协议归集至其他关联方的金额（10≤3与6孰小值）		*
11	按照分摊协议从其他关联方归集至本企业的金额	0	*
12	七、本年支出纳税调整金额（3>6，本行=2+3−6+10−11；3≤6，本行=2+10−11−9）	40	
13	八、累计结转以后年度扣除额（7+8−9）	40	

表4−54　　　　　　　　　　纳税调整项目明细表（2024年）　　　　　　　　　A105000

行次	项目	账载金额	税收金额	调增金额	调减金额
		1	2	3	4
12	二、扣除类调整项目（13+14+15+16+17+18+19+20+21+22+23+24+26+27+28+29+30）	*	*	100	
16	（四）广告费和业务宣传费支出（填写A105060）	*	*	40	
21	（九）赞助支出	60	*	60	*

【案例4−37】A企业和B企业是关联企业，根据分摊协议，B企业在2024年发生的广告费和业务宣传费的40%，归集至A企业扣除。假设2024年B企业销售收入为3 000万元，当年实际发生广告费和业务宣传费为600万元，其广告费和业务宣传费的扣除比例为销售收入的15%，广告费和业务宣传费的税前扣除限额=3 000×15%=450（万元），则B企业转移到A企业扣除的广告费和业务宣传费=450×40%=180（万元），而非600×40%=240（万元）；在本企业扣除的广告费和业务宣传费=450−180=270（万元），结转以后年度扣除的广告费和业务宣传费=600−450=150（万元），而非600−270=330（万元）。接受归集扣除广告费和业务宣传费的关联企业，其接受扣除的费用不占用本企业的扣除限额，本企业可扣除的广告费和业务宣传费，除按规定比例计算的限额外，还可以将关联企业未扣除而归集来的广告费和业务宣传费在本企业扣除。

企业所得税年度纳税申报表填报实务如表4−55和表4−56所示（单位：万元）。

表 4 - 55　　　　广告费和业务宣传费等跨年度纳税调整明细表（B 企业）　　　　A105060

行次	项目	广告费和业务宣传费	保险企业手续费及佣金支出
		1	2
1	一、本年支出	600	
2	减：不允许扣除的支出	0	
3	二、本年符合条件的支出（1 - 2）	600	
4	三、本年计算扣除限额的基数	3 000	
5	乘：税收规定扣除率	15%	
6	四、本企业计算的扣除限额（4×5）	450	
7	五、本年结转以后年度扣除额（3＞6，本行 = 3 - 6；3≤6，本行 = 0）	150	
8	加：以前年度累计结转扣除额	0	
9	减：本年扣除的以前年度结转额〔3＞6，本行 = 0；3≤6，本行 = 8 与（6 - 3）孰小值〕	0	
10	六、按照分摊协议归集至其他关联方的金额（10≤3 与 6 孰小值）	180	*
11	按照分摊协议从其他关联方归集至本企业的金额	0	*
12	七、本年支出纳税调整金额 （3＞6，本行 = 2 + 3 - 6 + 10 - 11；3≤6，本行 = 2 + 10 - 11 - 9）	330	
13	八、累计结转以后年度扣除额（7 + 8 - 9）	150	

表 4 - 56　　　　　　　　纳税调整项目明细表（B 企业）　　　　　　　　A105000

行次	项目	账载金额	税收金额	调增金额	调减金额
		1	2	3	4
12	二、扣除类调整项目 （13 + 14 + 15 + 16 + 17 + 18 + 19 + 20 + 21 + 22 + 23 + 24 + 26 + 27 + 28 + 29 + 30）	*	*	330	
16	（四）广告费和业务宣传费支出（填写 A105060）	*	*	330	

【案例 4 - 38】承〔案例 4 - 37〕，假设 2024 年 A 企业销售收入为 6 000 万元，当年实际发生广告费和业务宣传费为 1 200 万元，其广告费和业务宣传费的扣除比例为销售收入的 15%，2024 年广告费和业务宣传费的税前扣除限额 = 6 000 × 15% = 900（万元），B 企业当年转移来的广告费和业务宣传费为 180 万元，则 A 企业本年度实际扣除的广告费和业务宣传费 = 900 + 180 = 1 080（万元），结转以后年度扣除的广告费和业务宣传费 = 1 200 - 900 = 300（万元），而非：1 200 - 1 080 = 120（万元）。

企业所得税年度纳税申报表填报实务如表 4 - 57 和表 4 - 58 所示（单位：万元）。

表 4 - 57　　　　广告费和业务宣传费等跨年度纳税调整明细表（A 企业）　　　　A105060

行次	项目	广告费和业务宣传费	保险企业手续费及佣金支出
		1	2
1	一、本年支出	1 200	
2	减：不允许扣除的支出	0	
3	二、本年符合条件的支出（1 - 2）	1 200	
4	三、本年计算扣除限额的基数	6 000	
5	乘：税收规定扣除率	15%	

续表

行次	项目	广告费和业务宣传费 1	保险企业手续费及佣金支出 2
6	四、本企业计算的扣除限额（4×5）	900	
7	五、本年结转以后年度扣除额（3>6，本行=3-6；3≤6，本行=0）	300	
8	加：以前年度累计结转扣除额	0	
9	减：本年扣除的以前年度结转额〔3>6，本行=0；3≤6，本行=8与（6-3）孰小值〕	0	
10	六、按照分摊协议归集至其他关联方的金额（10≤3与6孰小值）	0	*
11	按照分摊协议从其他关联方归集至本企业的金额	180	*
12	七、本年支出纳税调整金额（3>6，本行=2+3-6+10-11；3≤6，本行=2+10-11-9）	120	
13	八、累计结转以后年度扣除额（7+8-9）	300	

表4-58　　　　　　　　　纳税调整项目明细表（A企业）　　　　　　　　　A105000

行次	项目	账载金额 1	税收金额 2	调增金额 3	调减金额 4
12	二、扣除类调整项目（13+14+15+16+17+18+19+20+21+22+23+24+26+27+28+29+30）	*	*	120	
16	（四）广告费和业务宣传费支出（填写A105060）	*	*	120	

【案例4-39】甲机械销售公司成立于2024年初，执行《企业会计准则》。乙公司、丙公司均为其关联方，相互间签订了广告费分摊协议。2024年，甲公司取得营业收入1 000万元，发生广告费200万元，向乙公司分摊广告费100万元；2025年，取得营业收入2 000万元，发生广告费280万元，向乙公司分摊广告费50万元，同时从丙公司分入广告费100万元；2026年，取得营业收入3 000万元，发生广告费300万元，向乙公司分摊广告费100万元，同时从丙公司分入广告费50万元。假设甲公司每年会计利润均为100万元，无其他纳税调整事项（单位：万元）。

①2024年，实际发生广告费用。

借：销售费用——广告费　　　　　　　　　　　　　　　　　　200

　　贷：银行存款　　　　　　　　　　　　　　　　　　　　　　200

广告费扣除限额=1 000×15%=150（万元），实际发生200万元，应调增应纳税所得额=200-150=50（万元）。另外，甲公司向乙公司分出广告费100万元，由于分出的广告费不在本企业扣除，所以应调增100万元。以上累计应调增应纳税所得额=50+100=150（万元），将其分别填入A105060第12行和A105000第16行第3列，应交企业所得税=（100+150）×25%=62.5（万元）。

借：所得税费用——当期所得税费用　　　　　　　　　　　　62.5

　　贷：应交税费——应交所得税　　　　　　　　　　　　　　62.5

2024 年 12 月 31 日，广告费的账面价值为 0，计税基础 = 200 - 150 = 50（万元），两者之间的差额属于可抵扣暂时性差异，应确认递延所得税资产 = 50 × 25% = 12.5（万元）。

借：递延所得税资产　　　　　　　　　　　　　　　　　　　　　12.5

　　贷：所得税费用——递延所得税费用　　　　　　　　　　　　　12.5

②2025 年，实际发生广告费用。

借：销售费用——广告费　　　　　　　　　　　　　　　　　　　280

　　贷：银行存款　　　　　　　　　　　　　　　　　　　　　　　280

广告费扣除限额 = 2 000 × 15% = 300（万元），实际发生 280 万元，由于上年结转 50 万元，应调减应纳税所得额 = 300 - 280 = 20（万元）。另外，甲公司向乙公司分出广告费 50 万元，从丙公司分入 100 万元，由于分出的广告费不在本企业扣除，分入的广告费可以在本企业扣除，所以应调减应纳税所得额 = 100 - 50 = 50（万元）。以上累计应调减应纳税所得额 = 20 + 50 = 70（万元），应交企业所得税 = (100 - 70) × 25% = 7.5（万元）。

借：所得税费用——当期所得税费用　　　　　　　　　　　　　　7.5

　　贷：应交税费——应交所得税　　　　　　　　　　　　　　　　7.5

2025 年 12 月 31 日，广告费的账面价值为 0，计税基础 = 50 - 20 = 30（万元），两者之间的差额属于累计应确认的可抵扣暂时性差异，应保留递延所得税资产 = 30 × 25% = 7.5（万元），"递延所得税资产"科目期初余额为 12.5 万元，应转回递延所得税资产 = 12.5 - 7.5 = 5（万元）。

借：所得税费用——递延所得税费用　　　　　　　　　　　　　　5

　　贷：递延所得税资产　　　　　　　　　　　　　　　　　　　　5

③2026 年，实际发生广告费用。

借：销售费用——广告费　　　　　　　　　　　　　　　　　　　300

　　贷：银行存款　　　　　　　　　　　　　　　　　　　　　　　300

2026 年广告费扣除限额 = 3 000 × 15% = 450（万元），实际发生 300 万元，往年结转的广告费 30 万元可以全部扣除，应调减应纳税所得额 30 万元。另外，甲公司向乙公司分出广告费 100 万元，从丙公司分入 50 万元，应调增应纳税所得额 = 100 - 50 = 50（万元）。以上累计应调增应纳税所得额 = 50 - 30 = 20（万元），应交企业所得税 = (100 + 20) × 25% = 30（万元）。

借：所得税费用——当期所得税费用　　　　　　　　　　　　　　30

　　贷：应交税费——应交所得税　　　　　　　　　　　　　　　　30

2026 年 12 月 31 日，广告费的账面价值与计税基础均为 0，应将"递延所得税资产"科目的余额全部冲回。

借：所得税费用——递延所得税费用　　　　　　　　　　　　　　7.5

贷：递延所得税资产   7.5

④企业所得税年度纳税申报表填报实务如表4－59～表4－62所示。

表4－59   广告费和业务宣传费等跨年度纳税调整明细表（2024～2026年）   A105060

行次	项目	2018年	2019年	2020年
1	一、本年支出	200	280	300
2	减：不允许扣除的支出			
3	二、本年符合条件的支出（1－2）	200	280	300
4	三、本年计算扣除限额的基数	1 000	2 000	3 000
5	乘：税收规定扣除率	15%	15%	15%
6	四、本企业计算的扣除限额（4×5）	150	300	450
7	五、本年结转以后年度扣除额（3＞6，本行＝3－6；3≤6，本行＝0）	50	0	0
8	加：以前年度累计结转扣除额	0	50	30
9	减：本年扣除的以前年度结转额 [3＞6，本行＝0；3≤6，本行＝8与（6－3）孰小值]	0	20	30
10	六、按照分摊协议归集至其他关联方的金额（10≤3与6孰小值）	100	50	100
11	按照分摊协议从其他关联方归集至本企业的金额	0	100	50
12	七、本年支出纳税调整金额（3＞6，本行＝2＋3－6＋10－11；3≤6，本行＝2＋10－11－9）	150	－70	20
13	八、累计结转以后年度扣除额（7＋8－9）	50	30	0

表4－60   纳税调整项目明细表（2024年）   A105000

行次	项目	账载金额	税收金额	调增金额	调减金额
		1	2	3	4
12	二、扣除类调整项目（13＋14＋15＋16＋17＋18＋19＋20＋21＋22＋23＋24＋26＋27＋28＋29＋30）	*	*		
16	（四）广告费和业务宣传费支出（填写A105060）	*	*	150	

表4－61   纳税调整项目明细表（2025年）   A105000

行次	项目	账载金额	税收金额	调增金额	调减金额
		1	2	3	4
12	二、扣除类调整项目（13＋14＋15＋16＋17＋18＋19＋20＋21＋22＋23＋24＋26＋27＋28＋29＋30）	*	*		
16	（四）广告费和业务宣传费支出（填写A105060）	*	*		70

表4－62   纳税调整项目明细表（2026年）   A105000

行次	项目	账载金额	税收金额	调增金额	调减金额
		1	2	3	4
12	二、扣除类调整项目（13＋14＋15＋16＋17＋18＋19＋20＋21＋22＋23＋24＋26＋27＋28＋29＋30）	*	*		
16	（四）广告费和业务宣传费支出（填写A105060）	*	*	20	

【案例4－40】某保险公司2024年全部保费收入为20 000万元，支付退保金2 200

万元，实际发生与其经营活动有关的手续费及佣金支出3 825万元。该公司执行《企业会计准则》，假设无其他纳税调整事项，不考虑其他相关税费（单位：万元）。

分析：保险企业发生与其经营活动有关的手续费及佣金支出，不超过当年全部保费收入扣除退保金等后余额的18%（含本数）的部分，在计算应纳税所得额时准予扣除；超过部分，允许结转以后年度扣除。手续费及佣金支出税前扣除限额=（20 000 - 2 200）×18% =3 204（万元），实际发生额为3 825万元，超支部分为621万元（3 825 - 3 204），允许结转以后年度扣除。

借：销售费用——佣金及手续费　　　　　　　　　　　3 825

　　贷：银行存款　　　　　　　　　　　　　　　　　　3 825

借：递延所得税资产　　　　　　　　　　　　　　　　155.25

　　贷：所得税费用　　　　　　　　　　　　　　　　　155.25

企业所得税年度纳税申报表填报实务如表4 - 63和表4 - 64所示。

表4 - 63　　　　　　广告费和业务宣传费等跨年度纳税调整明细表　　　　　　A105060

行次	项目	广告费和业务宣传费	保险企业手续费及佣金支出
		1	2
1	一、本年支出		3 825
2	减：不允许扣除的支出		0
3	二、本年符合条件的支出（1 - 2）		3 825
4	三、本年计算扣除限额的基数		17 800
5	乘：税收规定扣除率		18%
6	四、本企业计算的扣除限额（4×5）		3 204
7	五、本年结转以后年度扣除额（3>6，本行=3 - 6；3≤6，本行=0）		621
8	加：以前年度累计结转扣除额		
9	减：本年扣除的以前年度结转额［3>6，本行=0；3≤6，本行=8与（6 - 3）孰小值］		
10	六、按照分摊协议归集至其他关联方的金额（10≤3与6孰小值）		*
11	按照分摊协议从其他关联方归集至本企业的金额		*
12	七、本年支出纳税调整金额（3>6，本行=2 + 3 - 6 + 10 - 11；3≤6，本行=2 + 10 - 11 - 9）		621
13	八、累计结转以后年度扣除额（7 + 8 - 9）		621

表4 - 64　　　　　　　　　　　　纳税调整项目明细表　　　　　　　　　　　　A105000

行次	项目	账载金额	税收金额	调增金额	调减金额
		1	2	3	4
12	二、扣除类调整项目（13 + 14 + 15 + 16 + 17 + 18 + 19 + 20 + 21 + 22 + 23 + 24 + 26 + 27 + 28 + 29 + 30）	*	*		
16	（四）广告费和业务宣传费支出（填写A105060）	*	*	621	

【案例4 - 41】承〖案例4 - 40〗，某保险公司2025年全部保费收入为38 650万元，

313

支付退保金 8 470 万元，实际发生与其经营活动有关的手续费及佣金支出 4 925 万元。该公司执行《企业会计准则》，假设无其他纳税调整事项，不考虑其他相关税费（单位：万元）。

分析：保险企业发生与其经营活动有关的手续费及佣金支出，不超过当年全部保费收入扣除退保金等后余额的 18%（含本数）的部分，在计算应纳税所得额时准予扣除；超过部分，允许结转以后年度扣除。手续费及佣金支出税前扣除限额 =（38 650 − 8 470）× 18% = 5 432.4（万元），实际发生额为 4 925 万元，剩余限额部分为 507.4 万元（5 432.4 − 4 925），允许将以前年度结转未扣除的 621 万元中的 507.4 万元在 2020 年扣除，没有扣除部分 113.6 万元（621 − 507.4）继续结转以后年度扣除。

借：销售费用——佣金及手续费　　　　　　　　　　4 925

　　贷：银行存款　　　　　　　　　　　　　　　　　4 925

借：所得税费用　　　　　　　　　　　　　　　　126.85

　　贷：递延所得税资产　　　　　　　　　　　　　　126.85

企业所得税年度纳税申报表填报实务如表 4 − 65 和表 4 − 66 所示。

表 4 − 65　　　　　广告费和业务宣传费等跨年度纳税调整明细表　　　　　A105060

行次	项目	广告费和业务宣传费	保险企业手续费及佣金支出
		1	2
1	一、本年支出		4 925
2	减：不允许扣除的支出		0
3	二、本年符合条件的支出（1 − 2）		4 925
4	三、本年计算扣除限额的基数		30 180
5	乘：税收规定扣除率		18%
6	四、本企业计算的扣除限额（4 × 5）		5 432.4
7	五、本年结转以后年度扣除额（3 > 6，本行 = 3 − 6；3 ≤ 6，本行 = 0）		0
8	加：以前年度累计结转扣除额		621
9	减：本年扣除的以前年度结转额 [3 > 6，本行 = 0；3 ≤ 6，本行 = 8 与（6 − 3）孰小值]		507.4
10	六、按照分摊协议归集至其他关联方的金额（10 ≤ 3 与 6 孰小值）		*
11	按照分摊协议从其他关联方归集至本企业的金额		*
12	七、本年支出纳税调整金额（3 > 6，本行 = 2 + 3 − 6 + 10 − 11；3 ≤ 6，本行 = 2 + 10 − 11 − 9）		− 507.4
13	八、累计结转以后年度扣除额（7 + 8 − 9）		113.6

表 4 − 66　　　　　　　　　　纳税调整项目明细表　　　　　　　　　　A105000

行次	项目	账载金额	税收金额	调增金额	调减金额
		1	2	3	4
12	二、扣除类调整项目（13 + 14 + 15 + 16 + 17 + 18 + 19 + 20 + 21 + 22 + 23 + 24 + 26 + 27 + 28 + 29 + 30）	*	*		
16	（四）广告费和业务宣传费支出（填写 A105060）	*	*		507.4

【案例 4 − 42】承【案例 4 − 41】，某保险公司 2026 年全部保费收入为 43 000 万元，

支付退保金12 000万元，实际发生与其经营活动有关的手续费及佣金支出5 890万元。该公司执行《企业会计准则》，假设无其他纳税调整事项，不考虑其他相关税费（单位：万元）。

分析：保险企业发生与其经营活动有关的手续费及佣金支出，不超过当年全部保费收入扣除退保金等后余额的18%（含本数）的部分，在计算应纳税所得额时准予扣除；超过部分，允许结转以后年度扣除。手续费及佣金支出税前扣除限额＝（43 000－12 000）×18%＝5 580（万元），实际发生额为5 890万元，超过税前扣除限额部分为310万元（5 890－5 580），允许将未扣除的310万元结转以后年度扣除，截至年末尚未扣除部分423.6万元（113.6＋310）继续结转以后年度扣除。

借：销售费用——佣金及手续费 5 890

　　贷：银行存款 5 890

借：递延所得税资产 77.5

　　贷：所得税费用 77.5

企业所得税年度纳税申报表填报实务如表4－67和表4－68所示。

表4－67　　　　　广告费和业务宣传费等跨年度纳税调整明细表　　　　　A105060

行次	项目	广告费和业务宣传费	保险企业手续费及佣金支出
		1	2
1	一、本年支出		5 890
2	减：不允许扣除的支出		0
3	二、本年符合条件的支出（1－2）		5 890
4	三、本年计算扣除限额的基数		31 000
5	乘：税收规定扣除率		18%
6	四、本企业计算的扣除限额（4×5）		5 580
7	五、本年结转以后年度扣除额（3＞6，本行＝3－6；3≤6，本行＝0）		310
8	加：以前年度累计结转扣除额		113.6
9	减：本年扣除的以前年度结转额［3＞6，本行＝0；3≤6，本行＝8与（6－3）孰小值］		0
10	六、按照分摊协议归集至其他关联方的金额（10≤3与6孰小值）		*
11	按照分摊协议从其他关联方归集至本企业的金额		*
12	七、本年支出纳税调整金额（3＞6，本行＝2＋3－6＋10－11；3≤6，本行＝2＋10－11－9）		310
13	八、累计结转以后年度扣除额（7＋8－9）		423.6

表4－68　　　　　　　　　　　　　　纳税调整项目明细表　　　　　　　　　　　　A105000

行次	项目	账载金额	税收金额	调增金额	调减金额
		1	2	3	4
12	二、扣除类调整项目（13＋14＋15＋16＋17＋18＋19＋20＋21＋22＋23＋24＋26＋27＋28＋29＋30）	*	*		
16	（四）广告费和业务宣传费支出（填写A105060）	*	*	310	

第四节 《捐赠支出及纳税调整明细表》填报实务与案例解析

一、《捐赠支出及纳税调整明细表》格式与填报要点

具体格式如表4-69所示。

表4-69　　　　　　　　　捐赠支出及纳税调整明细表　　　　　　　A105070

行次	项目	账载金额	以前年度结转可扣除的捐赠额	按税收规定计算的扣除限额	税收金额	纳税调增金额	纳税调减金额	可结转以后年度扣除的捐赠额
		1	2	3	4	5	6	7
1	一、非公益性捐赠		*	*	*	*		*
2	二、限额扣除的公益性捐赠（3+4+5+6）							
3	前三年度（2017年）	*		*	*	*		*
4	前二年度（2018年）	*		*	*	*		*
5	前一年度（2019年）	*		*	*	*		*
6	本年（2020年）						*	
7	三、全额扣除的公益性捐赠		*	*	*	*	*	*
8	1.		*	*		*	*	*
9	2.		*	*		*	*	*
10	3.		*	*		*	*	*
11	合计（1+2+7）							
附列资料	2015年度至本年发生的公益性扶贫捐赠合计金额		*	*		*	*	*

本表适用于发生捐赠支出（含捐赠支出结转）的纳税人填报。纳税人根据税法、《财政部 税务总局 海关总署关于北京2022年冬奥会和冬残奥会税收政策的通知》（财税〔2017〕60号）、《财政部 税务总局关于公益性捐赠支出企业所得税税前结转扣除有关政策的通知》（财税〔2018〕15号）、《财政部 税务总局 国务院扶贫办关于企业扶贫捐赠所得税税前扣除政策的公告》（2019年第49号）、《财政部 税务总局关于公共租赁住房税收优惠政策的公告》（2019年第61号）、《财政部 税务总局关于支持新型冠状病毒感染的肺炎疫情防控有关捐赠税收政策的公告》（2020年第9号）、《财政

部 税务总局 海关总署关于杭州亚运会和亚残运会税收政策的公告》（2020 年第 18 号）等相关规定，以及国家统一企业会计制度，填报捐赠支出会计处理、税收规定的税前扣除额、捐赠支出结转额以及纳税调整额。纳税人发生相关支出（含捐赠支出结转），无论是否纳税调整，均应填报本表。

二、《捐赠支出及纳税调整明细表》具体填报实务与案例解析

《捐赠支出及纳税调整明细表》（2017 年版）与《捐赠支出纳税调整明细表》（2014 年版）存在重大差异。第一，删除了"受赠单位名称"，减少了纳税人填写时的顾虑，填报"项目"由原来的"受赠单位名称"改为"捐赠类别"，分为"非公益性捐赠、全额扣除的公益性捐赠、限额扣除的公益性捐赠"三大项；明细表既要满足公益性捐赠支出的相关规定，又兼顾原有非公益性及全额扣除的公益性捐赠支出的填报要求。第二，将"公益性捐赠""非公益性捐赠"由 2014 年版的列示转置为新版的行示。第三，增加了"公益性捐赠"分期扣除的相关栏次和列，比如"以前年度结转可扣除的捐赠额""可结转以后年度扣除的捐赠额"等。这是依据 2017 年 2 月新修订的《中华人民共和国企业所得税法》第九条作出的修改，并且和《中华人民共和国慈善法》同步在 2016 年 9 月 1 日生效实施。第四，根据填报说明实际明确了递延三年扣除"限额扣除的公益性捐赠支出"的顺序，先计算本年扣除限额，然后依次扣除前三年度发生的尚未税前扣除的公益性捐赠支出金额、前二年度发生的未税前扣除的公益性捐赠支出、前一年度发生的未税前扣除的公益性捐赠支出和本年度发生的税前扣除捐赠支出，最后计算分析填报各年度未扣除、结转以后年度扣除的公益性捐赠支出，即按照有利于纳税人的原则，以先发生的公益性捐赠支出先扣除进行计算分析填报。

2017 年 2 月 24 日，全国人大常委会办公厅在人民大会堂新闻发布厅召开新闻发布会，财政部税政司副司长张天犁回答记者提问时曾举例说明，假如某企业每年的利润总额是 1 000 万元，这个企业 2016 年发生公益性捐赠 400 万元，也就是在 2016 年可以扣除 120 万元，那么 2017 年还可以扣除 120 万元，2018 年还可以扣除 120 万元，则三年扣除 360 万元，2019 年剩余 40 万元，那么 2019 年也就是说第四年也允许它扣除。即结转扣除之后它的 400 万元全部都可以扣除，允许企业多扣除，也就是企业少缴税。如果按照 400 万元全扣除来计算，那么少缴的税，现在的企业所得税税率是 25%，也就是说，它可以少缴 100 万元，修正之前只允许当年扣除 12%，只能扣除 120 万元，少缴税是 30 万元。两者相比较，我们修订之后企业少缴税增加 70 万元。这个例子就说明，我们此次的修正案对于鼓励大额捐赠、鼓励企业长期持久捐赠还是有鼓励作用的。

从某种角度讲，我们允许结转捐赠之后，应该说将大多数的企业公益性捐赠都可以享受到税前扣除的优惠。

企业的经营利润是有增有减的，所以说第二年如果利润有变化，实际上是按照第二年变化后的实际利润。比如你有 1 000 万元，也可能变成 1 500 万元，也可能变成 600 万元，是按照当年实际利润来计算允许扣除的额度。1 500 万元仍有 12% 是允许扣除的额度，如果是 600 万元，则就是 600 万元乘以 12%，这是允许扣除的额度。再有，刚才说不盈利，比如说是亏损，也就是说，可以允许扣除的利润为零，那么就对不起了，因为据此而计算的允许扣除额也只能为零了。从某种角度讲，应该是极特殊情况，因为任何企业的捐赠都是以它的盈利能力、承担能力为基础的，一般情况下自己有多大的能力决定其捐赠多少。但是您刚才说了一个极端的例子，这种也可能发生，但是我们政策规定以按照利润总额计算允许扣除的额度，如果为零，那对不起，只能是零，只能寄希望于你第三年、第四年再盈利。第三个情况，又有一笔新的捐赠，新的捐赠和旧的捐赠混在一起计算，也就是说，你仍然按照利润总额乘以 12%，这是政策允许你扣除的额度。新和旧的捐赠可以在这个额度之内进行扣除，有了三年结转的规定，2017 年发生结转捐赠，可以允许 2017 年、2018 年、2019 年、2020 年四年结转，可以顺着时间往后推延。也就是说，后面增加的捐赠可以在时间上顺延到纳税人可以享受总共四年的扣除。

《财政部 税务总局关于公益性捐赠支出企业所得税税前结转扣除有关政策的通知》（财税〔2018〕15 号）规定，第一，企业通过公益性社会组织或者县级（含县级）以上人民政府及其组成部门和直属机构，用于慈善活动、公益事业的捐赠支出，在年度利润总额 12% 以内的部分，准予在计算应纳税所得额时扣除；超过年度利润总额 12% 的部分，准予结转以后三年内在计算应纳税所得额时扣除。这里所称公益性社会组织，应当依法取得公益性捐赠税前扣除资格。这里所称年度利润总额，是指企业依照国家统一会计制度的规定计算的大于零的数额。第二，企业当年发生及以前年度结转的公益性捐赠支出，准予在当年税前扣除的部分，不能超过企业当年年度利润总额的 12%。第三，企业发生的公益性捐赠支出未在当年税前扣除的部分，准予向以后年度结转扣除，但结转年限自捐赠发生年度的次年起计算最长不得超过三年。第四，企业在对公益性捐赠支出计算扣除时，应先扣除以前年度结转的捐赠支出，再扣除当年发生的捐赠支出。第五，该通知自 2017 年 1 月 1 日起执行。2016 年 9 月 1 日至 2016 年 12 月 31 日发生的公益性捐赠支出未在 2016 年税前扣除的部分，可按该通知执行。

《财政部、税务总局、国务院扶贫办关于企业扶贫捐赠所得税税前扣除政策的公告》（财政部 税务总局 国务院扶贫办公告 2019 年第 49 号）规定，第一，自 2019 年 1

月1日至2022年12月31日，企业通过公益性社会组织或者县级（含县级）以上人民政府及其组成部门和直属机构，用于目标脱贫地区的扶贫捐赠支出，准予在计算企业所得税应纳税所得额时据实扣除。在政策执行期限内，目标脱贫地区实现脱贫的，可继续适用上述政策。"目标脱贫地区"包括832个国家扶贫开发工作重点县、集中连片特困地区县（新疆阿克苏地区6县1市享受片区政策）和建档立卡贫困村。第二，企业同时发生扶贫捐赠支出和其他公益性捐赠支出，在计算公益性捐赠支出年度扣除限额时，符合上述条件的扶贫捐赠支出不计算在内。第三，企业在2015年1月1日至2018年12月31日期间已发生的符合上述条件的扶贫捐赠支出，尚未在计算企业所得税应纳税所得额时扣除的部分，可执行上述企业所得税政策。《财政部 税务总局 人力资源社会保障部 国家乡村振兴局关于延长部分扶贫税收优惠政策执行期限的公告》（财政部、税务总局、人力资源社会保障部、国家乡村振兴局公告2021年第18号）规定，自2019年1月1日至2025年12月31日，企业通过公益性社会组织或者县级（含县级）以上人民政府及其组成部门和直属机构，用于目标脱贫地区的扶贫捐赠支出，准予在计算企业所得税应纳税所得额时据实扣除。在政策执行期限内，目标脱贫地区实现脱贫的，可继续适用上述政策。

需要注意的是，按照《财政部 税务总局 民政部关于公益性捐赠税前扣除有关事项的公告》（财政部 税务总局 民政部公告2020年第27号）第十三条规定，除另有规定外，公益性社会组织、县级以上人民政府及其部门等国家机关在接受企业或个人捐赠时，按以下原则确认捐赠额：（1）接受的货币性资产捐赠，以实际收到的金额确认捐赠额。（2）接受的非货币性资产捐赠，以其公允价值确认捐赠额。捐赠方在向公益性社会组织、县级以上人民政府及其部门等国家机关捐赠时，应当提供注明捐赠非货币性资产公允价值的证明；不能提供证明的，接受捐赠方不得向其开具捐赠票据。2020年修订版纳税申报表将第1列"账载金额"的填报说明进行了重大修改，相比2018年以前的填表说明，删除"会计核算"四个字。即此处"账载金额"填报的支出金额，不是会计核算计入本年损益的金额（账面历史成本），而是企业所得税申报时，按照税法规定计入本年损益，计算当期应纳税所得额时的金额（公允价值＝账面历史成本＋纳税调整金额）。

【案例4-43】甲公司2017年注册成立后热衷于公益事业，各经营年度通过民政部门公布的公益性社会团体进行捐赠支出情况和各年企业所得税年度纳税申报表填报实务如表4-70～表4-78所示（单位：万元）。本例中捐赠支出均为限额扣除的公益性捐赠。考虑到企业所得税年度纳税申报表在2017年至2020年修订过多次，本例中按照相应年度适用的企业所得税年度纳税申报表格式和相关规则进行填报。

表 4 - 70 　　　　　　　　　　　　　　　**公益性捐赠支出情况**

年份	支出金额	利润总额	按税收规定计算的扣除限额	税收金额	可结转以后年度扣除的捐赠额
2017	30	100	12	12	18
2018	20	200	24	24 (18 + 6)	14 (20 - 6)
2019	5	80	9.6	9.6	9.4 (14 - 9.6 + 5)
2020	25	300	36	34.4 (4.4 + 5 + 25)	0

表 4 - 71 　　　　　　　**捐赠支出及纳税调整明细表（2017 年）** 　　　　　A105070

行次	项目	账载金额	以前年度结转可扣除的捐赠额	按税收规定计算的扣除限额	税收金额	纳税调增金额	纳税调减金额	可结转以后年度扣除的捐赠额
		1	2	3	4	5	6	7
1	一、非公益性捐赠		*	*	*		*	*
2	二、全额扣除的公益性捐赠		*	*		*	*	*
3	三、限额扣除的公益性捐赠 (4 + 5 + 6 + 7)	30		12	12	18		18
4	前三年度（　 年）	*		*	*	*		*
5	前二年度（　 年）	*		*	*	*		
6	前一年度（　 年）	*		*	*	*		
7	本　年（2017 年）	30	*	12	12	18	*	18
8	合计（1 + 2 + 3）	30		12	12	18		18

表 4 - 72 　　　　　　　　**纳税调整项目明细表（2017 年）** 　　　　　A105000

行次	项目	账载金额	税收金额	调增金额	调减金额
		1	2	3	4
12	二、扣除类调整项目（13 + 14 + … + 30）	*	*	18	
17	（五）捐赠支出（填写 A105070）	30	12	18	

表 4 - 73 　　　　　　　**捐赠支出及纳税调整明细表（2018 年）** 　　　　　A105070

行次	项目	账载金额	以前年度结转可扣除的捐赠额	按税收规定计算的扣除限额	税收金额	纳税调增金额	纳税调减金额	可结转以后年度扣除的捐赠额
		1	2	3	4	5	6	7
1	一、非公益性捐赠		*	*	*		*	*
2	二、全额扣除的公益性捐赠		*	*		*	*	*
3	三、限额扣除的公益性捐赠 (4 + 5 + 6 + 7)	20	18	24	24	14	18	14
4	前三年度（　 年）	*		*	*	*		*
5	前二年度（　 年）	*		*	*	*		
6	前一年度（2017 年）	*	18	*	*	*	18	0
7	本　年（2018 年）	20	*	24	24	14		14
8	合计（1 + 2 + 3）	20	18	24	24	14	18	14

表 4 – 74 **纳税调整项目明细表（2018 年）** A105000

行次	项目	账载金额	税收金额	调增金额	调减金额
		1	2	3	4
12	二、扣除类调整项目（13 + 14 + … + 30）	*	*	14	18
17	（五）捐赠支出（填写 A105070）	20	24	14	18

表 4 – 75 **捐赠支出及纳税调整明细表（2019 年）** A105070

行次	项目	账载金额	以前年度结转可扣除的捐赠额	按税收规定计算的扣除限额	税收金额	纳税调增金额	纳税调减金额	可结转以后年度扣除的捐赠额
		1	2	3	4	5	6	7
1	一、非公益性捐赠		*	*	*		*	*
2	二、全额扣除的公益性捐赠		*	*		*	*	*
3	其中：扶贫捐赠		*	*		*	*	*
4	三、限额扣除的公益性捐赠（4 + 5 + 6 + 7）	5	14	9.6	9.6	5	9.6	9.4
5	前三年度（ 年）	*		*	*	*		*
6	前二年度（2017 年）	*	0	*	*	*	0	0
7	前一年度（2018 年）	*	14	*	*	*	9.6	4.4
8	本年（2019 年）	5	*	9.6	9.6	5	*	5
9	合计（1 + 2 + 3）	5	14	9.6	9.6	5	9.6	9.4
附列资料	2015 年度至本年发生的公益性扶贫捐赠合计金额		*	*		*	*	*

表 4 – 76 **纳税调整项目明细表（2019 年）** A105000

行次	项目	账载金额	税收金额	调增金额	调减金额
		1	2	3	4
12	二、扣除类调整项目（13 + 14 + … + 30）	*	*	5	9.6
17	（五）捐赠支出（填写 A105070）	5	9.6	5	9.6

表 4 – 77 **捐赠支出及纳税调整明细表（2020 年）** A105070

行次	项目	账载金额	以前年度结转可扣除的捐赠额	按税收规定计算的扣除限额	税收金额	纳税调增金额	纳税调减金额	可结转以后年度扣除的捐赠额
		1	2	3	4	5	6	7
1	一、非公益性捐赠		*	*	*		*	*
2	二、限额扣除的公益性捐赠（3 + 4 + 5 + 6）	25	9.4	36	34.4	0	9.4	0
3	前三年度（2017 年）	*	0	*	*	*	0	*
4	前二年度（2018 年）	*	4.4	*	*	*	4.4	0
5	前一年度（2019 年）	*	5	*	*	*	5	0
6	本年（2020 年）	25	*	36	34.4	0	*	0
7	三、全额扣除的公益性捐赠		*	*		*	*	*
8	1.		*	*		*	*	*
9	2.		*	*		*	*	*
10	3.		*	*		*	*	*

行次	项目	账载金额	以前年度结转可扣除的捐赠额	按税收规定计算的扣除限额	税收金额	纳税调增金额	纳税调减金额	可结转以后年度扣除的捐赠额
		1	2	3	4	5	6	7
11	合计（1＋2＋7）	25	9.4	36	34.4	0	9.4	0
附列资料	2015年度至本年发生的公益性扶贫捐赠合计金额		*	*		*	*	*

表 4－78　　　　　　　　　纳税调整项目明细表（2020 年）　　　　　　　　　A105000

行次	项目	账载金额	税收金额	调增金额	调减金额
		1	2	3	4
12	二、扣除类调整项目（13＋14＋…＋30）	*	*	0	9.4
17	（五）捐赠支出（填写A105070）	25	34.4	0	9.4

【案例 4－44】A 企业是一家钢化玻璃生产企业（一般纳税人），多年来一直热衷于社会慈善和公益事业，2016 年 5 月，向当地中国青少年发展基金会捐赠 350 万元，2016 年 10 月向当地宝钢教育基金会捐赠 200 万元，上述捐赠支出以银行存款支付，均取得省级财政部门印制并加盖接受捐赠单位印章的公益性捐赠票据。2016 年会计利润总额为 2 500 万元。

假设 A 企业除上述捐赠业务有关纳税调整外，无其他纳税调整事项，也不考虑其他涉税事项，企业所得税税率为 25%，以后期间有足够的应纳税所得额和税收捐赠限额抵扣以前年度可以结转扣除的捐赠额。会计和税务处理如下（单位：万元）。

解析：按照上述捐赠业务发生顺序，A 公司的会计处理和税务处理、年度企业所得税纳税申报表填报，具体分析如下。

①2016 年 5 月，向中国青少年发展基金捐赠 350 万元。

借：营业外支出——限额扣除的公益性捐赠（中国青少年发展基金） 350

　　贷：银行存款　　　　　　　　　　　　　　　　　　　　　　　　350

②2016 年 10 月，向宝钢教育基金会捐赠 200 万元。

借：营业外支出——限额扣除的公益性捐赠（宝钢教育基金会） 200

　　贷：银行存款　　　　　　　　　　　　　　　　　　　　　　　　200

③计算 2016 年度企业所得税税前扣除限额和税收金额。税收政策规定，企业通过公益性社会组织或者县级（含县级）以上人民政府及其组成部门和直属机构，用于慈善活动、公益事业的捐赠支出，在年度利润总额 12% 以内的部分，准予在计算应纳税所得额时扣除；超过年度利润总额 12% 的部分，准予结转以后三年内在计算应纳税所得额时扣除。本例中，A 企业 2016 年度公益性捐赠税前扣除限额 ＝ 2 500 × 12% ＝ 300（万元），中国青少年发展基金和宝钢教育基金会均为符合税收政策规定的公益性社会组织也取得合法有效的公益性捐赠票据，但是 2016 年公益性捐赠支出合计 550 万元已经超过税收限额 300 万元。

按照《财政部、税务总局关于公益性捐赠支出企业所得税税前结转扣除有关政策的通知》（财税〔2018〕15号）第五条的规定，2016年9月1日至2016年12月31日发生的公益性捐赠支出未在2016年税前扣除的部分，可结转次年起三年内扣除。因此，2016年5月，向中国青少年发展基金捐赠支出350万元发生在2016年9月1日之前，其超过税收限额300万元的部分50万元（350－300），不得向以后年度结转扣除。由于2016年10月向宝钢教育基金会捐赠200万元已经没有当年税收限额可以扣除，则该项公益性捐赠支出未在2016年税前扣除的部分200万元，准予向以后年度结转扣除，但结转年限自捐赠发生年度的次年起计算最长不得超过三年，即向2017年度、2018年度和2019年度结转扣除。2016年共纳税调增250万元，应纳税所得额＝2 500＋250＝2 750（万元），应纳税额＝2 750×25%＝687.5（万元）。

借：所得税费用——当期所得税　　　　　　　　　　　　　　　　687.5

　　贷：应交税费——应交所得税　　　　　　　　　　　　　　　　687.5

④2016年度企业所得税纳税申报表（2014年版）填报实务如表4－79所示。

表4－79　　　　　　　　捐赠支出纳税调整明细表（2016年）　　　　　　　　A105070

行次	受赠单位名称	公益性捐赠				非公益性捐赠	纳税调整金额
		账载金额	按税收规定计算的扣除限额	税收金额	纳税调整金额	账载金额	
		1	2	3	4	5（2－4）	6	7（5＋6）
1	中国青少年发展基金	350	*	*	*		*
2	宝钢教育基金会	200	*	*	*		*
3	合　计	550	300	300	250		250

【案例4－45】承〖案例4－44〗，2017年3月，A企业向将一批自产的钢化玻璃通过当地县政府所属的民政局用于相关慈善活动、公益事业捐赠，取得加盖有接受捐赠单位印章的《公益事业捐赠票据》收据联，该批捐赠钢化玻璃的不含税公允价值为100万元，实际生产成本为70万元。2017年6月，为帮助当地乡村希望小学建造教学楼，直接向当地希望小学捐赠外购的建筑材料，取得增值税专用发票，注明的不含税价格200万元，进项税额34万元，已认证申报抵扣。2017年度利润总额为2 000万元。会计和税务处理如下（单位：万元）。

①2017年3月通过当地县民政局捐赠自产的钢化玻璃。

借：营业外支出——限额扣除的公益性捐赠（县民政局）　　　　　87

　　贷：库存商品　　　　　　　　　　　　　　　　　　　　　　　70

　　　　应交税费——应交增值税（销项税额）　　　　　　　　　　17

按照《增值税暂行条例实施细则》第四条和第十六条的规定，本例中捐赠自产货物，应按照公允价值视同销售计算增值税销项税额＝100×17%＝17（万元）；按照《企业所得税法实施条例》第二十五条、《国家税务总局关于企业处置资产所得税处理问题的通知》（国税函〔2008〕828号）和《国家税务总局关于企业所得税有关问题的公告》（国家税务总局公告2016年第80号）的规定，除另有规定外，企业资产捐赠无论是自制还是外购均按被移送资产的公允价值确定视同销售收入。本例中，确认视同销售收入100万元，视同销售成本70万元，计算视同销售所得=100-70=30（万元）。需要注意的是，如果该业务在2019年度按照2019年修订版企业所得税年度纳税申报表填报扣除，在A105000第30行"其他"项目中纳税调减30万元。

②2017年6月，直接向当地希望小学捐赠外购的建筑材料，取得增值税专用发票，注明的不含税价格200万元，进项税额34万元。

借：库存商品　　　　　　　　　　　　　　　　　　　　200
　　应交税费——应交增值税（进项税额）　　　　　　　34
　　贷：银行存款　　　　　　　　　　　　　　　　　　　　234
借：营业外支出——非公益性捐赠（希望小学）　　　　234
　　贷：库存商品　　　　　　　　　　　　　　　　　　　　200
　　　　应交税费——应交增值税（销项税额）　　　　　34

本例中，应按照公允价值视同销售计算增值税销项税额=200×17%=34（万元），进项税额可以抵扣；确认视同销售收入200万元，视同销售成本200万元，企业所得税视同销售所得=200-200=0。

③计算2017年度企业所得税税前扣除限额和税收金额。A企业2017年度公益性捐赠税前扣除限额=2 000×12%=240（万元）；向希望小学直接捐赠支出234万元不得在税前扣除，通过当地县民政局捐赠支出87万元，可以在税收限额内扣除。240万元税前扣除限额内先发生的2016年结转的可扣除的捐赠额200万元先扣除，剩余的40万元税收限额，再扣除当年发生捐赠支出的87万元中的40万元，不足扣除部分47万元不能在发生当年扣除，但准予向以后连续三个年度结转扣除。2017年应纳税所得额=2 000+234+47-200=2 081（万元），应纳税额=2 081×25%=520.25（万元）。

借：所得税费用——当期所得税　　　　　　　　　　　520.25
　　贷：应交税费——应交所得税　　　　　　　　　　　　520.25

按照《企业会计准则第18号——所得税》的规定，准予向以后连续三个年度结转扣除47万元捐赠支出形成可抵扣暂时性差异，假设符合递延所得税资产确认条件，应确认递延所得税资产=47×25%=11.75（万元）。

借：递延所得税资产　　　　　　　　　　　　　　　　11.75
　　贷：所得税费用——递延所得税　　　　　　　　　　　11.75

④2017版年度纳税申报表A105070填报要点：第一，企业在对公益性捐赠支出计算扣除时，应先扣除以前年度结转的捐赠支出，再扣除当年发生的捐赠支出。第二，

公益性捐赠支出超过当年税收限额未扣除的部分，跨年度结转最长时限为三年，第四年不得向后结转扣除，形成永久性差异。第三，公益性捐赠支出纳税调增与纳税调减金额应分析填报，并注意表 A105070 与表 A105000 之间的勾稽关系。第四，企业当年会计利润总额小于 0 时，公益性捐赠的限额扣除为 0，其限额扣除的公益性捐赠发生额不能在当年扣除，但准予向以后连续三个年度结转扣除。2017 年度企业所得税纳税申报表（2017 年版）填报实务如表 4-80~表 4-82 所示。

表 4-80　　　　　　　　捐赠支出及纳税调整明细表（2017 年）　　　　　　　A105070

行次	项目	账载金额	以前年度结转可扣除的捐赠额	按税收规定计算的扣除限额	税收金额	纳税调增金额	纳税调减金额	可结转以后年度扣除的捐赠额
		1	2	3	4	5	6	7
1	一、非公益性捐赠	234	*	*	*	234	*	*
2	二、全额扣除的公益性捐赠		*	*		*	*	*
3	三、限额扣除的公益性捐赠（4+5+6+7）	87	200	240	240	47	200	47
4	前三年度（　　年）	*		*	*	*		*
5	前二年度（　　年）	*		*	*	*		*
6	前一年度（2016 年）	*	200	*	*	*	200	0
7	本　　年（2017 年）	87	*	240	240	47	*	47
8	合计（1+2+3）	321	200	240	240	281	200	47

表 4-81　　视同销售和房地产开发企业特定业务纳税调整明细表（2017 年）　　A105010

行次	项目	税收金额	纳税调整金额
		1	2
1	一、视同销售（营业）收入（2+3+4+5+6+7+8+9+10）	300	300
7	（六）用于对外捐赠视同销售收入	300	300
11	二、视同销售（营业）成本（12+13+14+15+16+17+18+19+20）	270	-270
17	（六）用于对外捐赠视同销售成本	270	-270

表 4-82　　　　　　　　　纳税调整项目明细表（2017 年）　　　　　　　　　A105000

行次	项目	账载金额	税收金额	调增金额	调减金额
		1	2	3	4
1	一、收入类调整项目（2+3+…+8+10+11）	*	*	300	
2	（一）视同销售收入（填写 A105010）	*	300	300	*
12	二、扣除类调整项目（13+14+…+24+26+27+28+29+30）	*	*	281	270
13	（一）视同销售成本（填写 A105010）	*	270	*	270
17	（五）捐赠支出（填写 A105070）	321	240	281	200
45	合计（1+12+31+36+43+44）	*	*	581	470

【案例 4-46】承〖案例 4-44〗，2018 年 3 月，赞助、捐赠北京 2022 年冬奥会、冬残奥会、测试赛的货币资金 180 万元。2018 年 10 月，向境外某高校基金会（未依法取得公益性捐赠税前扣除资格），直接捐赠 20 万元现金。2018 年度利润总额为 2 500 万元。会计和税务处理如下（单位：万元）。

①2018 年 3 月，A 企业捐赠北京 2022 年冬奥会、冬残奥会、测试赛的货币资金

180 万元。2018 年 10 月，向境外某高校基金会捐赠现金 20 万元。

借：营业外支出——全额扣除的公益性捐赠（北京冬奥会）　　　180

　　　　　　　　——非公益性捐赠（境外某高校基金会）　　　　20

　　贷：银行存款等　　　　　　　　　　　　　　　　　　　　　　　　200

《财政部、税务总局、海关总署关于北京 2022 年冬奥会和冬残奥会税收政策的通知》（财税〔2017〕60 号）第三条第一款规定，对企业、社会组织和团体赞助、捐赠北京 2022 年冬奥会、冬残奥会、测试赛的资金、物资、服务支出，在计算企业应纳税所得额时予以全额扣除。本例中，180 万元捐赠支出可以全额扣除，向境外某高校基金会直接捐赠，未依法取得公益性捐赠税前扣除资格，不得税前扣除。

②计算 2018 年度企业所得税税前扣除限额和税收金额。A 企业 2018 年度公益性捐赠税前扣除限额 = 2 500 × 12% = 300（万元）；赞助、捐赠北京 2022 年冬奥会、冬残奥会、测试赛的货币资金 180 万元可以全额扣除且不考虑税收限额。300 万元税收限额内先发生的 2017 年结转的可扣除的捐赠额 47 万元扣除，尚未使用完的税收扣除限额不得结转以后年度使用。2018 年应纳税所得额 = 2 500 + 20 - 47 = 2 473（万元），应纳税额 = 2473 × 25% = 618.25（万元）。

借：所得税费用——当期所得税　　　　　　　　　　　　　　618.25

　　贷：应交税费——应交所得税　　　　　　　　　　　　　　　　618.25

按照《企业会计准则第 18 号——所得税》的规定，准予向以后连续三个年度结转扣除 47 万元捐赠支出形成可抵扣暂时性差异，已经抵减应纳税所得额，应转回已确认递延所得税资产 = 47 × 25% = 11.75（万元）。

借：所得税费用——递延所得税　　　　　　　　　　　　　　11.75

　　贷：递延所得税资产　　　　　　　　　　　　　　　　　　　11.75

③2018 年度企业所得税纳税申报表（2017 年版）填报实务如表 4 - 83 和表 4 - 84 所示。

表 4 - 83　　　　　　捐赠支出及纳税调整明细表（2018 年）　　　　　　A105070

行次	项目	账载金额	以前年度结转可扣除的捐赠额	按税收规定计算的扣除限额	税收金额	纳税调增金额	纳税调减金额	可结转以后年度扣除的捐赠额
		1	2	3	4	5	6	7
1	一、非公益性捐赠	20	*	*	*	20	*	*
2	二、全额扣除的公益性捐赠	180	*	*	180	*	*	*
3	三、限额扣除的公益性捐赠（4+5+6+7）		47	300	47	0	47	0
4	前三年度（　　年）	*	*	*	*	*		*
5	前二年度（2016 年）	*	0	*	*	*	0	0
6	前一年度（2017 年）	*	47	*	*	*	47	0
7	本　　年（2018 年）	0	*	300	47	0	*	0
8	合计（1+2+3）	200	47	300	227	20	47	0

表 4 - 84 　　　　　　　　纳税调整项目明细表（2018 年）　　　　　　　A105000

行次	项目	账载金额	税收金额	调增金额	调减金额
		1	2	3	4
12	二、扣除类调整项目（13 + 14 + … + 24 + 26 + 27 + 28 + 29 + 30）	*	*	20	47
17	（五）捐赠支出（填写 A105070）	200	227	20	47
45	合计（1 + 12 + 31 + 36 + 43 + 44）	*	*	20	47

【案例 4 - 47】承〖案例 4 - 45〗，2019 年 7 月，将持有 10% 的控股子公司 B 公司的长期股权投资捐赠给我国境内符合税收政策规定的公益性社会团体，该股权公允价值为 120 万元，历史成本为 50 万元。2019 年度会计利润总额为 - 1 000 万元。会计和税务处理如下（单位：万元）。

①2019 年 7 月，将持有的控股子公司 B 公司的长期股权投资的 10% 的股权捐赠给我国境内符合税收政策规定的公益性社会团体，该股权公允价值为 120 万元，历史成本为 50 万元。

借：营业外支出——限额扣除的公益性捐赠（股权捐赠）　　　　　　　　50

　　贷：长期股权投资——B 公司　　　　　　　　　　　　　　　　　　　　50

《财政部、国家税务总局关于公益股权捐赠企业所得税政策问题的通知》（财税〔2016〕45 号）规定，企业向公益性社会团体实施的股权捐赠，应按规定视同转让股权，股权转让收入额以企业所捐赠股权取得时的历史成本确定。企业实施股权捐赠后，以其股权历史成本为依据确定捐赠额，并依此按照企业所得税法有关规定在所得税前予以扣除。本例中，以股权历史成本 50 万元为依据确定捐赠额，股权转让收入额以企业所捐赠股权取得时的历史成本 50 万元确定，视同股权转让所得 = 50 - 50 = 0。

②计算 2019 年度企业所得税税前扣除限额和税收金额。A 企业 2019 年度会计利润发生亏损，即 - 1 000 万元，公益性捐赠税前扣除限额为 0；公益性股权捐赠支出 50 万元，不得在当年税前扣除，应进行纳税调增，但可以按照税收政策规定结转以后年度扣除。2019 年应纳税所得额和应纳税额为 0。

按照《企业会计准则第 18 号——所得税》的规定，准予向以后连续三个年度结转扣除 50 万元捐赠支出形成可抵扣暂时性差异，应确认递延所得税资产 = 50 × 25% = 12.5（万元）。

借：递延所得税资产　　　　　　　　　　　　　　　　　　　　　　　12.5

　　贷：所得税费用——递延所得税　　　　　　　　　　　　　　　　　　12.5

2019 年主表 A100000 第 19 行纳税调整后所得 = - 1 000 + 50 = - 950（万元），表 A106000《企业所得税弥补亏损明细表》第 6 行第 2 列可弥补亏损所得为 - 950 万元，可结转以后年度弥补的亏损额为 - 950（万元）。按照《企业会计准则第 18 号——所得税》的规定，可结转以后年度弥补的亏损额，符合递延所得税资产确认条件时，应确

认递延所得税资产 = 950 × 25% = 237.5（万元）。

借：递延所得税资产　　　　　　　　　　　　　　　237.5

　　贷：所得税费用——递延所得税　　　　　　　　　　　237.5

③2019 年度企业所得税纳税申报表（2017 年版）填报实务如表 4 - 85 和表 4 - 86 所示。

表 4 - 85　　　　　　　捐赠支出及纳税调整明细表（2019 年）　　　　　　A105070

行次	项目	账载金额	以前年度结转可扣除的捐赠额	按税收规定计算的扣除限额	税收金额	纳税调增金额	纳税调减金额	可结转以后年度扣除的捐赠额
		1	2	3	4	5	6	7
1	一、非公益性捐赠		*	*	*		*	*
2	二、全额扣除的公益性捐赠		*	*		*	*	*
3	其中：扶贫捐赠		*	*		*	*	*
4	三、限额扣除的公益性捐赠（4 + 5 + 6 + 7）	50	0	0	0	50	0	50
5	前三年度（　　年）	*	0	*	*	*	0	*
6	前二年度（2017 年）	*	0	*	*	*	0	0
7	前一年度（2018 年）	*	0	*	*	*	0	0
8	本年（2019 年）	50	*	0	0	50	*	50
9	合计（1 + 2 + 3）	50	0	0	0	50	0	50
附列资料	2015 年度至本年发生的公益性扶贫捐赠合计金额		*		*	*	*	*

表 4 - 86　　　　　　　　纳税调整项目明细表（2019 年）　　　　　　　A105000

行次	项目	账载金额	税收金额	调增金额	调减金额
		1	2	3	4
12	二、扣除类调整项目（13 + 14 + … + 24 + 26 + 27 + 28 + 29 + 30）	*	*	50	
17	（五）捐赠支出（填写 A105070）	50	0	50	
45	合计（1 + 12 + 31 + 36 + 43 + 44）	*	*	50	

【案例 4 - 48】承〖案例 4 - 46〗，2020 年 1 月，以银行存款向省民政厅进行公益性捐赠 190 万元，并取得《公益事业捐赠票据》。2020 年 4 月，在"世界安全生产与健康日"做公益事业、以当地社会公众为对象提供安全健康咨询服务，以银行支付相关费用 5 万元，咨询服务的公允价值为 8 万元。2020 年度会计利润总额为 1 500 万元。会计和税务处理如下（单位：万元）。

①2020 年 1 月，向省民政厅进行公益性捐赠 190 万元，以银行存款支付，2020 年 4 月，在"世界安全生产与健康日"做公益事业、以当地社会公众为对象提供安全健康咨询服务，以银行支付相关成本费用 5 万元，咨询业务的公允价值为 8 万元。

借：营业外支出——限额扣除的公益性捐赠（省民政厅）　　　　　190

　　　　　　　——非公益性捐赠（咨询服务）　　　　　　　　　　　5

　　　贷：银行存款　　　　　　　　　　　　　　　　　　　　　　195

按照《财政部、国家税务总局关于全面推开营业税改征增值税试点的通知》（财税〔2016〕36号）附件1《营业税改征增值税试点实施办法》第十四条的规定，服务用于公益事业或者以社会公众为对象的增值税不视同销售。

②计算2020年度企业所得税税前扣除限额和税收金额。A企业2020年度会计利润总额为1 500万元，公益性捐赠税前扣除限额＝1 500×12%＝180（万元），先扣除2019年结转的可扣除的捐赠额50万元，当年向省民政厅进行公益性捐赠190万元减去当年剩余税收限额部分130万元的差额60万元，可以按照税收政策规定结转以后年度扣除。直接支付的非公益性捐赠（咨询服务）5万元不得税前扣除。按照《企业所得税法实施条例》第二十五条规定，视同销售劳务所得＝8－5＝3（万元）。

按照2019年修订后企业所得税纳税申报表A105000第30行填报说明，即填报其他因会计处理与税收规定有差异需纳税调整的扣除类项目金额，企业将货物、资产、劳务用于捐赠、广告等用途时，进行视同销售纳税调整后，对应支出的会计处理与税收规定有差异需纳税调整的金额填报在本行。2020年修订版A105070填表说明规定，第1列"账载金额"填报纳税人计入本年损益的公益性捐赠以外的其他捐赠支出金额，包括该支出已通过A105000《纳税调整项目明细表》第30行"（十七）其他"进行纳税调整的金额。本例中，劳务用于捐赠用途时，进行视同销售纳税调整后，对应支出的会计处理与税收规定有差异需纳税调整的金额3万元，进行纳税调减。弥补2019年度亏损额－950万元以后，2020年应纳税所得额＝1 500＋8＋60－50＋3－3－950＝568（万元），应纳税额＝568×25%＝142（万元）。

借：所得税费用——当期所得税　　　　　　　　　　　　　　　142

　　　贷：应交税费——应交所得税　　　　　　　　　　　　　　　142

③按照《企业会计准则第18号——所得税》的规定，准予向以后连续三个年度结转扣除50万元捐赠支出形成可抵扣暂时性差异，已经抵减应纳税所得额，应转回已确认递延所得税资产＝50×25%＝12.5（万元）。准予向以后连续三个年度结转扣除60万元捐赠支出形成可抵扣暂时性差异，应以确认递延所得税资产＝60×25%＝15（万元），递延所得税资产发生额为2.5万元。

借：递延所得税资产　　　　　　　　　　　　　　　　　　　　2.5

　　　贷：所得税费用——递延所得税　　　　　　　　　　　　　　2.5

④按照《企业会计准则第18号——所得税》的规定，准予弥补的以前年度亏损额950万元，已经抵减应纳税所得额，应转回已确认递延所得税资产＝950×25%＝237.5

（万元）。

借：所得税费用——递延所得税   237.5

    贷：递延所得税资产   237.5

⑤2020 年度企业所得税纳税申报表（2017 年版）填报实务如表 4-87~表 4-89 所示。

表 4-87   **捐赠支出及纳税调整明细表（2020 年）**   A105070

行次	项目	账载金额	以前年度结转可扣除的捐赠额	按税收规定计算的扣除限额	税收金额	纳税调增金额	纳税调减金额	可结转以后年度扣除的捐赠额
		1	2	3	4	5	6	7
1	一、非公益性捐赠	8	*	*	*	8	*	*
2	二、限额扣除的公益性捐赠（3+4+5+6）	190	50	180	180	60	50	60
3	前三年度（2017 年）	*	0	*	*	*	0	*
4	前二年度（2018 年）	*	0	*	*	*	0	0
5	前一年度（2019 年）	*	50	*	*	*	50	0
6	本年（2020 年）	190	*	180	180	60	*	60
7	三、全额扣除的公益性捐赠		*	*	*	*	*	*
8	1.		*	*	*	*	*	*
9	2.		*	*	*	*	*	*
10	3.		*	*	*	*	*	*
11	合计（1+2+7）	198	50	180	180	68	50	60
附列资料	2015 年度至本年发生的公益性扶贫捐赠合计金额		*	*	*	*	*	*

表 4-88   **视同销售和房地产开发企业特定业务纳税调整明细表（2020 年）**   A105010

行次	项目	税收金额	纳税调整金额
		1	2
1	一、视同销售（营业）收入（2+3+4+5+6+7+8+9+10）	8	8
9	（八）提供劳务视同销售收入	8	8
11	二、视同销售（营业）成本（12+13+14+15+16+17+18+19+20）	5	-5
19	（八）提供劳务视同销售成本	5	-5

表 4-89   **纳税调整项目明细表（2020 年）**   105000

行次	项目	账载金额	税收金额	调增金额	调减金额
		1	2	3	4
1	一、收入类调整项目（2+3+…+8+10+11）	*	*	8	*
2	（一）视同销售收入（填写 A105010）	*	8	8	*
12	二、扣除类调整项目（13+14+…+24+26+27+28+29+30）	*	*	68	58
13	（一）视同销售成本（填写 A105010）	*	5	*	5
17	（五）捐赠支出（填写 A105070）	198	180	68	50
30	（十七）其他	5	8	0	3
46	合计（1+12+31+36+44+45）	*	*	76	58

总结：企业发生各项捐赠支出时，要区分不同捐赠性质、捐赠方式和捐赠对象，

分别按照现行增值税、企业所得税和企业会计准则的相关规定进行处理，及时将税会差异和纳税调整情况备查登记，并准确地反映在相关年度纳税申报表中。

针对纳税人发生的符合条件的扶贫捐赠支出，按照财政部、税务总局、国务院扶贫办联合发布的《关于企业扶贫捐赠所得税税前扣除政策的公告》（财政部 、税务总局、国务院扶贫办公告 2019 年第 49 号，以下简称《公告》），进行年度纳税申报时，需要注意五个纳税申报要点。

（1）企业在 2019 年度同时发生扶贫捐赠和其他公益性捐赠，如何进行税前扣除处理？分析：《企业所得税法》规定，企业发生的公益性捐赠支出准予按年度利润总额的12% 在税前扣除，超过部分准予结转以后三年内扣除。《公告》明确企业发生的符合条件的扶贫捐赠支出准予据实扣除。企业同时发生扶贫捐赠支出和其他公益性捐赠支出时，符合条件的扶贫捐赠支出不计算在公益性捐赠支出的年度扣除限额内。

【案例 4－49】企业 2019 年度的利润总额为 100 万元，当年度发生符合条件的扶贫方面的公益性捐赠 15 万元，发生符合条件的教育方面的公益性捐赠 12 万元。则 2019年度该企业的公益性捐赠支出税前扣除限额为 12 万元（100×12%），教育捐赠支出 12万元在扣除限额内，可以全额扣除；扶贫捐赠无须考虑税前扣除限额，准予全额税前据实扣除。2019 年度，该企业的公益性捐赠支出共计 27 万元，均可在税前全额扣除。

（2）企业通过哪些途径进行扶贫捐赠可以据实扣除？分析：考虑到扶贫捐赠的公益性捐赠性质，为与企业所得税法有关公益性捐赠税前扣除的规定相衔接，《公告》明确规定，企业通过公益性社会组织或者县级（含县级）以上人民政府及其组成部门和直属机构，用于目标脱贫地区的扶贫捐赠支出，准予据实扣除。

（3）企业在 2019 年以前发生的尚未扣除的扶贫捐赠支出如何享受税前据实扣除政策？分析：虽然《公告》规定企业的扶贫捐赠支出所得税前据实扣除政策自 2019 年施行，但考虑到《公告》出台于 2019 年 4 月 2 日，正处于 2018 年度的汇算清缴期。为让企业尽快享受到政策红利，同时减轻企业申报填写负担，对企业在 2015 年 1 月 1 日至 2018 年 12 月 31 日期间发生的尚未全额扣除的符合条件的扶贫捐赠支出，可在 2018年度汇算清缴时，通过填写年度申报表的 A105000《纳税调整项目明细表》"六、其他"行次第 4 列"调减金额"，实现全额扣除。

（4）2019 年以前，企业发生的包括扶贫捐赠在内的各种公益性捐赠支出，在 2018年度汇算清缴享受扶贫捐赠的税前据实扣除政策时可如何进行实务处理？分析：对企业在 2015 年 1 月 1 日至 2018 年 12 月 31 日期间发生的尚未全额扣除的符合条件的扶贫捐赠支出，以及其他尚在结转扣除期限内公益性捐赠支出，在 2018 年度汇算清缴时，本着有利于纳税人充分享受政策红利的考虑，可以比照如下案例申报扣除。

【案例 4－50】某企业 2017 年共发生公益性捐赠支出 90 万元，其中符合条件的扶贫捐赠 50 万元，其他公益性捐赠 40 万元。当年利润总额 400 万元，则 2017 年度公益性捐赠税前扣除限额 48 万元（400×12%），当年税前扣除 48 万元，其余 42 万元向 2018 年度结转。2018 年度，该企业共发生公益性捐赠支出 120 万元，其中符合条件的扶贫捐赠 50 万元，其他公益性捐赠 70 万元。当年利润总额 500 万元。则 2018 年度公益性捐赠税前扣除限额 60 万元（500×12%）。

《公告》下发后，该企业在 2018 年度汇算清缴申报时，对于 2017 年度结转到 2018 年度扣除的 42 万元公益性捐赠支出，在 2018 年度的公益性捐赠扣除限额 60 万元内，可以扣除，填写在 A105070《捐赠支出及纳税调整明细表》"纳税调减金额"栏次 42 万元；2018 年的公益性捐赠税前扣除限额还有 18 万元，则 2018 年发生公益性捐赠 120 万元中有 102 万元不能税前扣除金额，填写在 A105070《捐赠支出及纳税调整明细表》"纳税调增金额"栏次 102 万元。

按照《公告》的规定，2017 年、2018 年发生的符合条件的扶贫捐赠支出，未在计算企业所得税应纳税所得额时扣除的部分，可在 2018 年度汇算清缴时全额税前扣除。因此，对于 2018 年度的纳税调增金额 102 万元和纳税调减金额 42 万元需综合分析，将其中属于 2017 年和 2018 年发生的符合条件的扶贫捐赠支出而尚未得到全额扣除的部分，应通过填写年度申报表的 A105000《纳税调整项目明细表》"六、其他"行次第 4 列"调减金额"，实现全额扣除。具体分析如下：本着有利于纳税人充分享受政策红利的考虑，对于 2017 年度的其他公益性捐赠 40 万元，由于在当年限额扣除范围内，可在 2017 年度税前全额扣除，限额范围内的 8 万元可作为扶贫捐赠扣除，则 2017 年度尚有 42 万元的扶贫捐赠支出未全额税前扣除需结转到 2018 年。对于 2018 年发生的其他公益性捐赠 70 万元，有 60 万元在扣除限额内，超过扣除限额的 10 万元需结转以后年度扣除，而 2018 年发生的扶贫捐赠 50 万元未得到全额扣除。因此 2017 年度和 2018 年度共有 92 万元的扶贫捐赠支出尚未得到全额扣除，需填写年度申报表的 A105000《纳税调整项目明细表》"六、其他"行次第 4 列"调减金额"栏次 92 万元，实现全额扣除。

【案例 4-51】某企业 2015 年发生扶贫捐赠 100 万元，其他公益性捐赠 50 万元，当年利润总额 1 000 万元。公益性捐赠税前扣除限额 120 万元（1 000×12%），当年税前扣除 120 万元。2016 年度、2017 年度、2018 年度该企业均未发生公益性捐赠支出。由于《财政部 税务总局关于公益性捐赠支出企业所得税税前结转扣除有关政策的通知》（财税〔2018〕15 号）规定，对 2016 年 9 月 1 日以后发生的公益性捐赠支出才准予结转以后三年内扣除，所以 2015 年度发生的公益性捐赠支出超过税前扣除限额的扶贫捐赠支出 30 万元，无法在 2015 年度税前扣除，2016 年度、2017 年度申报时均无法税前扣除。

《公告》下发后，该企业在 2018 年度汇算清缴时，对于 2015 年度的其他公益性捐赠 50 万元，由于在 2015 年度的扣除限额范围内，可在 2015 年度税前全额扣除，扣除限额范围内的其余 70 万元可作为扶贫捐赠扣除，则 2015 年度尚有 30 万元的扶贫捐赠支出未全额税前扣除。此项金额，通过填写 2018 年度申报表的 A105000《纳税调整项目明细表》"其他"行次第 4 列"调减金额"30 万元，实现全额扣除。

（5）企业进行扶贫捐赠后在取得捐赠票据方面应注意什么？根据《公益事业捐赠票据使用管理暂行办法》（财综〔2010〕112 号）规定，各级人民政府及其部门、公益性事业单位、公益性社会团体及其他公益性组织，依法接受并用于公益性事业的捐赠财物时，应当向提供捐赠的法人和其他组织开具凭证。企业发生对"目标脱贫地区"的捐赠支出时，应及时要求开具方在公益事业捐赠票据中注明目标脱贫地区的具体名称，并妥善保管该票据。

【案例 4－52】甲电器生产企业 2024 年发生公益性捐赠支出如下：当地市政府财政局捐赠一批自产电脑产品用于精准扶贫电商项目，该批电脑公允价值 100 万元（不含税），实际成本为 80 万元（不含税），并向市教育局开具增值税普通发票，上述捐赠过程中实际发生运费、保险费、装卸费、人工费等相关费用 2 万元，上述相关费用未取得税前扣除凭证，捐赠后取得市教育局开具的公益性捐赠票据（财政票据）中注明的公允价值确认捐赠额为 115 万元，含实际发生运费、保险费、装卸费、人工费等相关费用 2 万元；另外，当年以银行存款向中国红十字总会进行公益性捐赠 70 万元，2024 年会计利润总额为 1 000 万元。2021～2023 年各年以前年度结转可扣除的捐赠额分别为 20 万元、45 万元、65 万元。

①会计处理如下：

借：营业外支出——限额扣除公益性捐赠　　　　　　　　　　　70
　　　　　　　　——全额扣除公益性捐赠　　　　　　　　　　　95
　　贷：银行存款　　　　　　　　　　　　　　　　　　　　　　72
　　　　库存商品　　　　　　　　　　　　　　　　　　　　　　80
　　　　应交税费——应交增值税（销项税额）　　　　　　　　　13

②增值税处理。《增值税暂行条例实施细则》第四条第（八）项规定，将自产、委托加工或者购进的货物无偿赠送其他单位或者个人视同销售货物。本例中，无偿捐赠电脑应视同销售计算增值税销项税额 ＝ 100 × 13% ＝ 13（万元），生产电脑所用材料成本相应的进项税额可以允许抵扣。

③企业所得税处理。《企业所得税法实施条例》第二十五条规定，企业发生非货币性资产交换，以及将货物、财产、劳务用于捐赠、偿债、赞助、集资、广告、样品、职工福利或者利润分配等用途的，应当视同销售货物、转让财产或者提供劳务，但国

务院财政、税务主管部门另有规定的除外。《国家税务总局关于企业处置资产所得税处理问题的通知》（国税函〔2008〕828 号）规定，企业将资产用于对外捐赠，因资产所有权属已发生改变而不属于内部处置资产，应按规定视同销售确定收入。《国家税务总局关于企业所得税有关问题的公告》（国家税务总局公告 2016 年第 80 号）第二条规定，除另有规定外，应按照被移送资产的公允价值确定销售收入。

企业所得税年度纳税申报表填报实务如表 4 -90 ~ 表 4 -92 所示。

表 4 -90　　　　　捐赠支出及纳税调整明细表（2024 年）　　　　　A105070

行次	项目	账载金额	以前年度结转可扣除的捐赠额	按税收规定计算的扣除限额	税收金额	纳税调增金额	纳税调减金额	可结转以后年度扣除的捐赠额
		1	2	3	4	5	6	7
1	一、非公益性捐赠	.	*	*	*		*	*
2	二、限额扣除的公益性捐赠（3 +4 +5 +6）	70	130	120	120	70	120	70
3	前三年度（2021 年）	*	20	*	*	*	20	*
4	前二年度（2022 年）	*	45	*	*	*	45	0
5	前一年度（2023 年）	*	65	*	*	*	55	10
6	本　　年（2024 年）	70	*	120	120	70	*	70
7	三、全额扣除的公益性捐赠	115	*	*	113	*	*	*
8	1. 扶贫捐赠	115	*	*	113	*	*	*
9	2.		*	*		*	*	*
10	3.		*	*		*	*	*
11	合计（1 +2 +7）	185	130	120	233	70	120	80
附列资料	2015 年度至本年发生的公益性扶贫捐赠合计金额	115	*	*	115	*	*	*

表 4 -91　　　视同销售和房地产开发企业特定业务纳税调整明细表（2024 年）

行次	项目	税收金额	纳税调整金额
		1	2
1	一、视同销售（营业）收入（2 +3 +4 +5 +6 +7 +8 +9 +10）		
7	（二）用于对外捐赠视同销售收入	100	100
11	二、视同销售（营业）成本（12 +13 +14 +15 +16 +17 +18 +19 +20）		
17	（二）用于对外捐赠视同销售成本	80	-80

表 4 -92　　　　　　纳税调整项目明细表（2024 年）　　　　　　A105000

行次	项目	账载金额	税收金额	调增金额	调减金额
		1	2	3	4
1	一、收入类调整项目（2 +3 +4 +5 +6 +7 +8 +10 +11）	*	*	100	

续表

行次	项目	账载金额	税收金额	调增金额	调减金额
		1	2	3	4
2	（一）视同销售收入（填写 A105010）	*	100	100	*
12	二、扣除类调整项目（13＋14＋…24＋26＋27＋28＋29＋30）	*	*		220
13	（一）视同销售成本（填写 A105010）	*	80	*	80
17	（五）捐赠支出（填写 A105070）	183	233	70	120
30	（十七）其他	95	115		20
46	合计	*	*	170	220

第五章

《纳税调整项目明细表》资产类项目填报实务与案例解析

第一节　资产减值准备金调整项目填报实务与案例解析

一、资产减值准备金调整项目填报要点

A105000《纳税调整项目明细表》第33行"（二）资产减值准备金"：填报坏账准备、存货跌价准备、理赔费用准备金等不允许税前扣除的各类资产减值准备金纳税调整情况。第1列"账载金额"填报纳税人会计核算计入当期损益的资产减值准备金金额（因价值恢复等原因转回的资产减值准备金应予以冲回）；第1列，若≥0，填入第3列"调增金额"；若<0，将绝对值填入第4列"调减金额"。

具体填报要点：《企业所得税法实施条例》第五十六条规定，企业的各项资产，包括固定资产、生物资产、无形资产、长期待摊费用、投资资产、存货等，以历史成本为计税基础。前述所称历史成本，是指企业取得该项资产时实际发生的支出。企业持有各项资产期间资产增值或者减值，除国务院财政、税务主管部门规定可以确认损益外，不得调整该资产的计税基础。本表仅调整资产持有期间（提取、价值转回等）的资产减值准备金情况，涉及资产处置的，发生损失填报A105090资产损失税前扣除及纳税调整明细表调整。特殊行业提取的准备金应根据A105120《贷款损失准备金及纳税调整明细表》填报。

二、资产减值准备金调整项目具体填报实务与案例解析

【案例5-1】甲公司执行《企业会计准则》，2024年末应收账款余额为1 000万元，年末根据减值测试计提了坏账准备160万元。会计和税务处理如下（单位：万元）：

借：信用减值损失①   160

贷：坏账准备   160

税务处理：根据《企业所得税法》第十条的规定，未经核定的准备金支出不得税前扣除。因此，该公司当年度汇算清缴时应对计提的160万元坏账准备作纳税调增处理。企业所得税年度纳税申报表填报实务如表5-1所示。

表5-1 　　　　　　　　　纳税调整项目明细表（2024年）　　　　　　　　　A105000

行次	项目	账载金额	税收金额	调增金额	调减金额
		1	2	3	4
31	三、资产类调整项目（31+32+33+34）	*	*	160	
33	（二）资产减值准备金	160	*	160	

【案例5-2】承〖案例5-1〗，2025年5月，甲公司发现确实无法收回120万元的应收账款。年末根据应收账款减值测试结果本年计提坏账准备70万元。会计和税务处理如下（单位：万元）：

借：坏账准备   120

贷：应收账款   120

借：信用减值损失   70

贷：坏账准备   70

税务处理：就该笔应收账款坏账损失，企业应按照国家税务总局公告2011年第25号文件的规定提供证据资料申报所得税税前扣除。企业所得税年度纳税申报表填报实务如表5-2和表5-3所示。

表5-2 　　　　　　　　　纳税调整项目明细表（2025年）　　　　　　　　　A105000

行次	项目	账载金额	税收金额	调增金额	调减金额
		1	2	3	4
31	三、资产类调整项目（31+32+33+34）	*	*	70	120

---

① 如果企业执行《企业会计准则第22号——金融工具确认和计量》（2017年修订版），则使用"信用减值损失"科目，下同。

续表

行次	项目	账载金额	税收金额	调增金额	调减金额
		1	2	3	4
33	（二）资产减值准备金	70	*	70	
34	（三）资产损失（填写 A105090）	*	*		120

表 5 - 3　　　　　　　　资产损失税前扣除及纳税调整明细表（2025 年）　　　　A105090

行次	项目	资产损失直接计入本年损益金额	资产损失准备金核销金额	资产处置收入	赔偿收入	资产计税基础	资产损失的税收金额	纳税调整金额
		1	2	3	4	5	6（5－3－4）	7
2	二、应收及预付款项坏账损失	0	120	0	0	120	120	－120

【案例 5 - 3】承〖案例 5 - 2〗，2026 年 10 月，A 公司发生坏账损失 80 万元，收回 2024 年已确认坏账损失 150 万元，2026 年末冲回计提坏账准备 20 万元。会计和税务处理如下（单位：万元）：

①确定减值损失。

借：坏账准备　　　　　　　　　　　　　　　　　　　　　80

　　贷：应收账款　　　　　　　　　　　　　　　　　　　　　　80

②收回已确认坏账损失时。

借：应收账款　　　　　　　　　　　　　　　　　　　　　150

　　贷：坏账准备　　　　　　　　　　　　　　　　　　　　　　150

借：银行存款　　　　　　　　　　　　　　　　　　　　　150

　　贷：应收账款　　　　　　　　　　　　　　　　　　　　　　150

③冲回计提坏账准备。

借：坏账准备　　　　　　　　　　　　　　　　　　　　　20

　　贷：信用减值损失　　　　　　　　　　　　　　　　　　　　20

企业所得税年度纳税申报表填报实务如表 5 - 4 和表 5 - 5 所示。

表 5 - 4　　　　　　　　　　　纳税调整项目明细表（2026 年）　　　　　　　A105000

行次	项目	账载金额	税收金额	调增金额	调减金额
		1	2	3	4
1	一、收入类调整项目（2＋3＋…＋11）	*	*	150	
11	（九）其他	0	150	150	
31	三、资产类调整项目（31＋32＋33＋34）	*	*		100
33	（二）资产减值准备金	－20	*		20
34	（三）资产损失（填写 A105090）	*	*		80

| 表 5－5 | 资产损失税前扣除及纳税调整明细表（2026 年） | | | | | | A105090 |

行次	项目	资产损失直接计入本年损益金额	资产损失准备金核销金额	资产处置收入	赔偿收入	资产计税基础	资产损失的税收金额	纳税调整金额
		1	2	3	4	5	6（5－3－4）	7
2	二、应收及预付款项坏账损失	0	80	0	0	80	80	－80

第二节　《资产折旧、摊销及纳税调整明细表》填报实务与案例解析

一、《资产折旧、摊销及纳税调整明细表》格式与填报要点

《资产折旧、摊销及纳税调整明细表》具体格式如表 5－6 所示。

| 表 5－6 | 资产折旧、摊销及纳税调整明细表 | | | | | | | | A105080 |

行次	项目	账载金额			税收金额					纳税调整金额
		资产原值	本年折旧、摊销额	累计折旧、摊销额	资产计税基础	税收折旧、摊销额	享受加速折旧政策的资产按税收一般规定计算的折旧、摊销额	加速折旧、摊销统计额	累计折旧、摊销额	
		1	2	3	4	5	6	7（5－6）	8	9（2－5）
1	一、固定资产（2＋3＋4＋5＋6＋7）						＊	＊		
2	（一）房屋、建筑物						＊	＊		
3	所有固定资产 （二）飞机、火车、轮船、机器、机械和其他生产设备						＊	＊		
4	（三）与生产经营活动有关的器具、工具、家具等						＊	＊		
5	（四）飞机、火车、轮船以外的运输工具						＊	＊		
6	（五）电子设备						＊	＊		
7	（六）其他						＊	＊		

续表

行次	项目		账载金额			税收金额					纳税调整金额
			资产原值	本年折旧、摊销额	累计折旧、摊销额	资产计税基础	税收折旧、摊销额	享受加速折旧政策的资产按税收一般规定计算的折旧、摊销额	加速折旧、摊销统计额	累计折旧、摊销额	
			1	2	3	4	5	6	7（5-6）	8	9（2-5）
8	其中：享受固定资产加速折旧及一次性扣除政策的资产加速折旧额大于一般折旧额的部分	（一）重要行业固定资产加速折旧（不含一次性扣除）									*
9		（二）其他行业研发设备加速折旧									*
10		（三）特定地区企业固定资产加速折旧（10.1+10.2）									*
10.1		1.海南自由贸易港企业固定资产加速折旧									*
10.2		2.其他特定地区企业固定资产加速折旧									*
11		（四）500万元以下设备器具一次性扣除									*
12		（五）疫情防控重点保障物资生产企业单价500万元以上设备一次性扣除									*
13		（六）特定地区企业固定资产一次性扣除（13.1+13.2）									*
13.1		1.海南自由贸易港企业固定资产一次性扣除									*
13.2		2.其他特定地区企业固定资产一次性扣除									*

续表

行次	项目	账载金额			税收金额					纳税调整金额
		资产原值	本年折旧、摊销额	累计折旧、摊销额	资产计税基础	税收折旧、摊销额	享受加速折旧政策的资产按税收一般规定计算的折旧、摊销额	加速折旧、摊销统计额	累计折旧、摊销额	纳税调整金额
		1	2	3	4	5	6	7 (5-6)	8	9 (2-5)
14	（七）技术进步、更新换代固定资产加速折旧									*
15	（八）常年强震动、高腐蚀固定资产加速折旧									*
16	（九）外购软件加速折旧									*
17	（十）集成电路企业生产设备加速折旧									*
18	二、生产性生物资产（19+20）						*	*		
19	（一）林木类						*	*		
20	（二）畜类						*	*		
21	三、无形资产（22+23+24+25+26+27+28+29）						*	*		
22	所有无形资产 （一）专利权						*	*		
23	（二）商标权						*	*		
24	（三）著作权						*	*		
25	（四）土地使用权						*	*		
26	（五）非专利技术						*	*		
27	（六）特许权使用费						*	*		
28	（七）软件						*	*		
29	（八）其他						*	*		
30	其中：享受无形资产加速摊销及一 （一）企业外购软件加速摊销									*
31	（二）特定地区企业无形资产加速摊销（31.1+31.2）									*

续表

行次	项目		账载金额			税收金额					纳税调整金额
			资产原值	本年折旧、摊销额	累计折旧、摊销额	资产计税基础	税收折旧、摊销额	享受加速折旧政策的资产按税收一般规定计算的折旧、摊销额	加速折旧、摊销统计额	累计折旧、摊销额	纳税调整金额
			1	2	3	4	5	6	7(5-6)	8	9(2-5)
31.1	次性摊销政策的资产加速摊销额	1. 海南自由贸易港企业无形资产加速摊销									*
31.2		2. 其他特定地区企业无形资产加速摊销									*
32	大于一般摊销额的部分	（三）特定地区企业无形资产一次性摊销（32.1+32.2）									*
32.1		1. 海南自由贸易港企业无形资产一次性摊销									*
32.2		2. 其他特定地区企业无形资产一次性摊销									*
33	四、长期待摊费用（34+35+36+37+38）							*	*		
34	（一）已足额提取折旧的固定资产的改建支出							*	*		
35	（二）租入固定资产的改建支出							*	*		
36	（三）固定资产的大修理支出							*	*		
37	（四）开办费							*	*		
38	（五）其他							*	*		
39	五、油气勘探投资							*	*		
40	六、油气开发投资							*	*		
41	合计（1+18+21+33+39+40）										
附列资料	全民所有制企业公司制改制资产评估增值政策资产							*	*		

二、《资产折旧、摊销及纳税调整明细表》具体填报实务与案例解析

【案例5-4】甲公司为中国境内的居民企业，是增值税一般纳税人，企业所得税征收方式为查账征收，执行《企业会计准则》。2024年11月1日，购入一台不需要安装的设备并投入使用，取得增值税专用发票，金额为360万元，进项税额为57.6万元。企业选择年限平均法计提折旧，确定会计折旧年限为5年，预计净残值为0。2024年12月31日，利润总额为400万元，不考虑加速折旧或减值等影响会计折旧的其他因素，也不考虑其他税会因素。该设备的企业所得税处理选择享受《财政部 税务总局关于设备、器具扣除有关企业所得税政策的公告》（财政部 税务总局公告2023年第37号）规定的"一次性计入当期成本费用在计算应纳税所得额时扣除，不再分年度计算折旧"优惠政策。假设企业所得税税率为25%。会计和税务处理如下。

①2024年11月，设备入账并投入使用。

借：固定资产 3 600 000

应交税费——应交增值税（进项税额） 576 000

贷：银行存款 4 176 000

②2024年12月，会计核算"计提"折旧额＝3 600 000÷5÷12＝60 000（元）

借：管理费用 60 000

贷：累计折旧 60 000

③2024年12月31日，固定资产计税基础＝0，账面价值＝3 540 000（元），应纳税暂时性差异＝3 540 000（元），确认递延所得税负债885 000元。

借：所得税费用 885 000

贷：递延所得税负债 885 000

④2024年12月，"计算"当月应纳企业所得税和税前列支金额。根据《财政部 税务总局关于设备、器具扣除有关企业所得税政策的公告》（财政部 税务总局公告2023年第37号）和《国家税务总局关于设备器具扣除有关企业所得税政策执行问题的公告》（国家税务总局公告2018年第46号）的规定，该设备选择不再分期"计算"折旧，企业选择一次性计入当期成本费用，在当年企业所得税税前扣除。因此，2024年12月所属期，企业所得税税前一次性列支费用3 600 000元。企业所得税年度纳税申报表填报实务如表5-7和表5-8所示。

⑤2025年，会计核算"计提"折旧额＝3 600 000÷5＝720 000（元），由于该企业2024年选择固定资产一次性扣除，按照税法规定"计算"的税前列支金额为0。

⑥2025年12月31日，固定资产计税基础＝0，账面价值＝2 820 000（元），应纳税暂时性差异＝2 820 000（元），应转回递延所得税负债180 000元。

借：递延所得税负债 180 000

贷：所得税费用　　　　　　　　　　　　　　　　　180 000

表5-7　　　　　　　资产折旧、摊销及纳税调整明细表（2024年）　　　A105080

行次	项目		账载金额			税收金额					纳税调整金额
			资产原值	本年折旧、摊销额	累计折旧、摊销额	资产计税基础	税收折旧、摊销额	享受加速折旧政策的资产按税收一般规定计算的折旧、摊销额	加速折旧、摊销统计额	累计折旧、摊销额	
			1	2	3	4	5	6	7 (5-6)	8	9 (2-5)
1	一、固定资产（2+3+4+5+6+7）							*	*		
2		（一）房屋、建筑物						*	*		
3	所有固定资产	（二）飞机、火车、轮船、机器、机械和其他生产设备	3 600 000	60 000	60 000	3 600 000	3 600 000	*	*	3 600 000	-3 540 000
4		（三）与生产经营活动有关的器具、工具、家具等						*	*		
5		（四）飞机、火车、轮船以外的运输工具						*	*		
6		（五）电子设备						*	*		
7		（六）其他						*	*		
8	其中：享受固定资产加速折旧及一次性扣除政策的资产加速折旧额大于一般折旧额的部分	（一）重要行业固定资产加速折旧（不含一次性扣除）									*
9		（二）其他行业研发设备加速折旧									*
10		（三）特定地区企业固定资产加速折旧（10.1+10.2）									*
10.1		1.海南自由贸易港企业固定资产加速折旧									*
10.2		2.其他特定地区企业固定资产加速折旧									*
11		（四）500万元以下设备器具一次性扣除	360 0000	60 000	60 000	3 600 000	3 600 000	30 000	3 570 000	3 600 000	*

表5-8　纳税调整项目明细表（2024年）　A105000

行次	项目	账载金额	税收金额	调增金额	调减金额
		1	2	3	4
31	三、资产类调整项目（32+33+34+35）	*	*		
32	（一）资产折旧、摊销（填写A105080）	60 000	3 600 000		3 540 000

企业所得税年度纳税申报表填报实务如表5-9和表5-10所示。

表5-9　资产折旧、摊销及纳税调整明细表（2025年）　A105080

行次	项目		账载金额			税收金额					纳税调整金额
			资产原值	本年折旧、摊销额	累计折旧、摊销额	资产计税基础	税收折旧、摊销额	享受加速折旧政策的资产按税收一般规定计算的折旧、摊销额	加速折旧、摊销统计额	累计折旧、摊销额	
			1	2	3	4	5	6	7(5-6)	8	9(2-5)
1	一、固定资产（2+3+4+5+6+7）							*	*		
2	所有固定资产	（一）房屋、建筑物						*	*		
3		（二）飞机、火车、轮船、机器、机械和其他生产设备	3 600 000	720 000	780 000	3 600 000	0	*	*	3 600 000	720 000
4		（三）与生产经营活动有关的器具、工具、家具等						*	*		
5		（四）飞机、火车、轮船以外的运输工具						*	*		
6		（五）电子设备						*	*		
7		（六）其他						*	*		
8	其中：享受固定资产加速折旧及一次性扣除政策的资产加速折旧额大于一般折旧额的部分	（一）重要行业固定资产加速折旧（不含一次性扣除）									*
9		（二）其他行业研发设备加速折旧									*
10		（三）特定地区企业固定资产加速折旧（10.1+10.2）									*
10.1		1.海南自由贸易港企业固定资产加速折旧									*
10.2		2.其他特定地区企业固定资产加速折旧									*
11		（四）500万元以下设备器具一次性扣除									*

表 5 – 10 纳税调整项目明细表（2025 年） A105000

行次	项目	账载金额 1	税收金额 2	调增金额 3	调减金额 4
31	三、资产类调整项目（32 + 33 + 34 + 35）	*	*		
32	（一）资产折旧、摊销（填写 A105080）	720 000	0	720 000	

需要注意的是，如果企业今后将该选择一次性扣除的固定资产处置，除上述会计核算折旧和税前扣除折旧存在差异外，按照会计核算的资产处置损益与按照税法规定计算的资产处置所得或损失一定存在相应的税会差异，应当在处置资产当期企业所得税汇算清缴时，进行纳税调整。

【案例 5 – 5】纯垲公司为增值税一般纳税人，执行《企业会计准则》。2024 年 12 月 18 日支付银行存款购买一台不需要安装的机器设备，取得增值税专用发票注明不含税价 360 万元，进项税额 46.8 万元，该设备当月已投入使用，会计核算时预计该设备的使用年限为 10 年，直线法计提折旧，预计净残值为 0。假设企业所得税税率为 25%，不考虑其他纳税调整因素。会计和税务处理如下（单位：元，下同）。

①2024 年 12 月购进设备并投入使用。

借：固定资产　　　　　　　　　　　　　　　　　　　3 600 000

　　应交税费——应交增值税（进项税额）　　　　　　468 000

　　贷：银行存款　　　　　　　　　　　　　　　　　　4 068 000

②会计核算从取得固定资产的次月起开始计提折旧，即2025 年 1 月开始计提折旧，每月计提折旧 3 万元（360/10/12），2022 年共计提折旧 36 万元（360/10）。

借：制造费用　　　　　　　　　　　　　　　　　　　30 000

　　贷：累计折旧　　　　　　　　　　　　　　　　　　30 000

③按照《国家税务总局关于设备 器具扣除有关企业所得税政策执行问题的公告》（国家税务总局公告 2018 年第 46 号）第二条规定，固定资产在投入使用月份的次月所属年度一次性税前扣除。本例中，该设备在 2024 年 12 月投入使用，次月为 2025 年 1 月，所属年度为 2025 年，因此，该企业应选择在 2025 年一次性税前扣除。该设备计税基础 = 0，账面价值 = 360 – 36 = 324（万元），形成应纳税暂时性差异为 324 万元，应确认递延所得税负债81 万元。

借：所得税费用——递延所得税　　　　　　　　　　810 000

　　贷：递延所得税负债　　　　　　　　　　　　　　810 000

④2025 年汇算清缴时，会计核算折旧额为 36 万元，税前扣除折旧额为 360 万元，税会差异为 324 万元，当年进行纳税调减。2025 年企业所得税年度纳税申报表填报实务如表 5 – 11 和表 5 – 12 所示。

表 5－11　　　　　　　　　　　　资产折旧、摊销及纳税调整明细表（2025 年）　　　　　　　　　　A105080

行次		项目	账载金额			税收金额					纳税调整金额
			资产原值	本年折旧、摊销额	累计折旧、摊销额	资产计税基础	税收折旧、摊销额	享受加速折旧政策的资产按税收一般规定计算的折旧、摊销额	加速折旧、摊销统计额	累计折旧、摊销额	纳税调整金额
			1	2	3	4	5	6	7(5－6)	8	9(2－5)
1		一、固定资产（2＋3＋4＋5＋6＋7）						＊	＊		
2	所有固定资产	（一）房屋、建筑物						＊	＊		
3		（二）飞机、火车、轮船、机器、机械和其他生产设备	3 600 000	360 000	360 000	3 600 000	3 600 000	＊	＊	3 600 000	－3 240 000
4		（三）与生产经营活动有关的器具、工具、家具等						＊	＊		
5		（四）飞机、火车、轮船以外的运输工具						＊	＊		
6		（五）电子设备						＊	＊		
7		（六）其他						＊	＊		
8	其中：享受固定资产加速折旧及一次性扣除政策的资产加速折旧额大于一般折旧额的部分	（一）重要行业固定资产加速折旧（不含一次性扣除）									＊
9		（二）其他行业研发设备加速折旧									＊
10		（三）特定地区企业固定资产加速折旧（10.1＋10.2）									＊
10.1		1. 海南自由贸易港企业固定资产加速折旧									＊
10.2		2. 其他特定地区企业固定资产加速折旧									＊
11		（四）500 万元以下设备器具一次性扣除	3 600 000	360 000	360 000	3 600 000	3 600 000	360 000	3 240 000	3 600 000	＊

表 5－12　　　　　　　　　　　　纳税调整项目明细表（2025 年）　　　　　　　　　　A105000

行次	项目	账载金额	税收金额	调增金额	调减金额
		1	2	3	4
31	三、资产类调整项目（32＋33＋34＋35）	＊	＊		3 240 000
32	（一）资产折旧、摊销（填写 A105080）	360 000	3 600 000		3 240 000
33	（二）资产减值准备金		＊		
34	（三）资产损失（填写 A105090）				
35	（四）其他				

⑤2026 年 6 月，甲企业以 280 万元（不含税）价格将该设备转让，增值税税率为 13%，收到银行存款 316.4 万元。当月减少的固定资产当月继续计提折旧，下月起不计提折旧，同时，应转回以前确认的递延所得税负债余额。

借：制造费用	30 000
贷：累计折旧	30 000

借：固定资产清理	3 060 000
累计折旧	540 000
贷：固定资产	3 600 000

借：银行存款	3 164 000
贷：固定资产清理	3 164 000

借：固定资产清理	364 000
贷：应交税费——应交增值税（销项税额）	364 000

借：资产处置损益	260 000
贷：固定资产清理	260 000

借：递延所得税负债	810 000
贷：所得税费用——递延所得税	810 000

⑥2026 年汇算清缴时，会计核算的折旧额 18 万元，不能在税前扣除，应纳税调增；会计核算的资产处置损益为 -26 万元，按照税法计算的资产处置所得为 280 万元，税会差异 = 280 + 26 = 306（万元），应纳税调增。需要注意的是，适用一次性扣除政策的固定资产在以后年度发生处置时，不需要调整之前已经一次性扣除的折旧金额，但计算其转让所得（损失）时，处置时点上该固定资产的计税基础为 0，因此，需要对会计核算账面所得（损失）进行纳税调整。本例中，该设备持有期间折旧费用：会计折旧 54 万元，税收折旧 360 万元，纳税调减 306 万元。该设备转让期间发生（所得）损失：会计损失 26 万元，税收损失 -280 万元，纳税调增 306 万元，最终该设备不同期间纳税调增与纳税调减相同。2026 年企业所得税年度纳税申报表填报实务如表 5 – 13 ~ 表 5 – 15 所示。

表 5 – 13　　　　　　　资产折旧、摊销及纳税调整明细表（2026 年）　　　　　　　A105080

行次	项目	账载金额			税收金额					纳税调整金额
		资产原值	本年折旧、摊销额	累计折旧、摊销额	资产计税基础	税收折旧、摊销额	享受加速折旧政策的资产按税收一般规定计算的折旧、摊销额	加速折旧、摊销统计额	累计折旧、摊销额	纳税调整金额
		1	2	3	4	5	6	7(5-6)	8	9(2-5)
1	一、固定资产(2+3+4+5+6+7)						*	*		

续表

行次	项目		账载金额			税收金额					纳税调整金额
			资产原值	本年折旧、摊销额	累计折旧、摊销额	资产计税基础	税收折旧、摊销额	享受加速折旧政策的资产按税收一般规定计算的折旧、摊销额	加速折旧、摊销统计额	累计折旧、摊销额	纳税调整金额
			1	2	3	4	5	6	7(5-6)	8	9(2-5)
2	所有固定资产	(一)房屋、建筑物						*	*		
3		(二)飞机、火车、轮船、机器、机械和其他生产设备	3 600 000	180 000	540 000	0	0	*	*	3 600 000	180 000
4		(三)与生产经营活动有关的器具、工具、家具等						*	*		
5		(四)飞机、火车、轮船以外的运输工具						*	*		
6		(五)电子设备						*	*		
7		(六)其他						*	*		

表5-14　　　　　　　资产损失税前扣除及纳税调整明细表（2026年）　　　　　　A105090

行次	项目	资产损失直接计入本年损益金额	资产损失准备金核销金额	资产处置收入	赔偿收入	资产计税基础	资产损失的税收金额	纳税调整金额
		1	2	3	4	5	6（5-3-4）	7
7	四、固定资产损失	260 000		2 800 000	0	0	-2 800 000	3 060 000

表5-15　　　　　　　　　纳税调整项目明细表（2026年）　　　　　　　　A105000

行次	项目	账载金额	税收金额	调增金额	调减金额
		1	2	3	4
31	三、资产类调整项目（32+33+34+35）	*	*	3 240 000	
32	（一）资产折旧、摊销（填写A105080）	180 000	0	180 000	
33	（二）资产减值准备金		*		
34	（三）资产损失（填写A105090）	260 000	-2 800 000	3 060 000	
35	（四）其他				

【案例5-6】甲公司为居民企业，属于制造业行业，增值税一般纳税人，企业所得税征收方式为查账征收，执行《企业会计准则》。2024年6月24日，甲公司购入一台不需要安装的设备，当日取得增值税专用发票，金额为600万元，增值税税率为13%，进项税额为78万元。企业会计核算选择年限平均法计提折旧，会计核算确定的预计使用年限为10年，预计净残值为0。截至2024年12月31日，甲公司累计利润总额为100万元。该设备的企业所得税处理选择享受财政部、国家税务总局公告2019年第66号规定的"固定资产加速折旧"优惠政策，即选择缩短年限法计算税前扣除折旧额。会计核算和税务处理如下：

①2024年6月24日，设备入账。

借：固定资产——安全生产设备　　　　　　　　　　　　　　　6 000 000

应交税费——应交增值税（进项税额）   780 000

    贷：银行存款   6 780 000

②2024 年 7~12 月，按月"计提"会计折旧额。6 月共计提会计核算的折旧额 = （6 000 000 ÷ 10 ÷ 12）× 6 = 300 000（元）。计算应纳税所得额时，税前扣除的税收折旧额 = （6 000 000 ÷ 6 ÷ 12）× 6 = 500 000（元）。

    借：制造费用   50 000

      贷：累计折旧   50 000

③固定资产计税基础 = 600 - 50 = 550（万元），固定资产账面价值 = 600 - 30 = 570（万元），暂时性差异 = 570 - 550 = 20（万元）。递延所得税负债 = 20 × 25% = 5（万元）。

    借：所得税费用   50 000

      贷：递延所得税负债   50 000

④2024 年第四季度"计算"当季度应纳税额。"计算"企业所得税税前列支金额 500 000 元，本年累计利润总额 = 1 000 000（元），固定资产加速折旧（扣除）调减额 = 500 000 - 300 000 = 200 000（元），实际利润额 = 本年累计利润总额 - 固定资产加速折旧（扣除），纳税调减额 = 1 000 000 - 200 000 = 800 000（元），本期应补（退）所得税额 = 实际利润额 × 税率 = 800 000 × 25% = 200 000（元）。

⑤企业所得税年度纳税申报表填报实务如表 5 - 16 和表 5 - 17 所示。

表 5 - 16   资产折旧、摊销及纳税调整明细表（2024 年）   A105080

行次	项目		账载金额			税收金额					纳税调整金额
			资产原值	本年折旧、摊销额	累计折旧、摊销额	资产计税基础	税收折旧、摊销额	享受加速折旧政策的资产按税收一般规定计算的折旧、摊销额	加速折旧、摊销统计额	累计折旧、摊销额	
			1	2	3	4	5	6	7(5-6)	8	9(2-5)
1	一、固定资产(2+3+4+5+6+7)							*	*		
2		(一) 房屋、建筑物						*	*		
3	所有固定资产	(二) 飞机、火车、轮船、机器、机械和其他生产设备	6 000 000	300 000	300 000	6 000 000	500 000	*	*	500 000	-200 000
4		(三) 与生产经营活动有关的器具、工具、家具等						*	*		
5		(四) 飞机、火车、轮船以外的运输工具						*	*		
6		(五) 电子设备						*	*		
7		(六) 其他						*	*		

续表

行次	项目		账载金额			税收金额				纳税调整金额
			资产原值	本年折旧、摊销额	累计折旧、摊销额	资产计税基础	税收折旧、摊销额	享受加速折旧政策的资产按税收一般规定计算的折旧、摊销额	加速折旧、摊销统计额	累计折旧、摊销额	
			1	2	3	4	5	6	7(5-6)	8	9(2-5)
8	其中：享受固定资产加速折旧及一次性扣除政策的资产加速折旧额大于一般折旧额的部分	（一）重要行业固定资产加速折旧（不含一次性扣除）	6 000 000	300 000	300 000	6 000 000	500 000	300 000	200 000	500 000	*

表 5 - 17　　　　　　　　纳税调整项目明细表（2024 年）　　　　　　　　A105000

行次	项目	账载金额	税收金额	调增金额	调减金额
		1	2	3	4
31	三、资产类调整项目（32 + 33 + 34 + 35）	*	*		
32	（一）资产折旧、摊销（填写 A105080）	300 000	500 000		200 000
33	（二）资产减值准备金		*		
34	（三）资产损失（填写 A105090）				
35	（四）其他				

【案例 5 - 7】2023 年 1 月 1 日，甲公司与乙公司签订一项购货合同，甲公司从乙公司购入一台不需要安装的大型机器设备。合同约定，甲公司采用分期付款方式支付价款。该设备价款共计 1 000 万元（含税），款项从 2023 ~ 2027 年的 5 年期间平均支付，每年的付款日期为当年 12 月 31 日。该设备如果购买方在销售日支付只需 800 万元（含税）即可（甲公司与乙公司均是增值税一般纳税人，适用税率 13%）。

要求：进行 2023 年度分期付款购入设备的会计和税务处理如下（单位：万元）。

①甲公司在 2023 年 1 月 1 日购入设备时：

a. 今后发生增值税纳税义务需要缴纳增值税进项税额 = 1 000 ÷ 1.13 × 13%

= 115.04（万元）

b. 不含税的应收价款 = 1 000 ÷ 1.13 = 884.96（万元）

c. 不含税的应收价款的现值 = 800 ÷ 1.13 = 707.96（万元）

d. 未实现融资费用的初始入账价值 = 884.96 - 707.96 = 177（万元）

借：固定资产——生产用固定资产　　　　　　　　　　　　707.96

351

未确认融资费用   177

贷：长期应付款   884.96

按实际利率 r 计算：各期付款额的现值＝现购方式下的应支付款项，即 200 ×（P/A，r，5）=800，用插值法得出：r≈7.93%。

企业通过分期付款方式购买符合抵扣条件的机器设备，其分期支付的进项税额可从当期销项税额中抵扣，另外，企业分期付款额中既包含价款，也包含增值税款，因此，企业分期确认的融资费用、应付本金减少额及余额都是含相应的增值税的价税合计款。

②2023 年 12 月 31 日支付第 1 期款项时，会计处理如下。

借：长期应付款——价款   177

应交税费——应交增值税（进项税额）   23

贷：银行存款   200

借：财务费用（707.96 × 7.93%）   56.14

贷：未确认融资费用——价款   56.14

通过上述分析，税法上确认分期付款每期应缴纳的增值税进项税额应该是按照增值税纳税义务发生时间，分期从销售方实际取得并认证申报的增值税。2024～2027 年各年付款、未确认融资费用的摊销以及增值税进项税额的确认与 2023 年处理类似。

③假设会计和税法对设备按照直线法计提折旧，预计使用年限 10 年，净残值为 0。2023 年会计折旧＝707.96÷10＝70.796（万元），税收折旧＝884.96÷10＝88.496（万元），差异＝88.496－70.796＝17.7（万元）。2023 年企业汇算清缴时，在 A105080《资产折旧、摊销及纳税调整明细表》相关项目中纳税调减 17.7 万元；在 A105000《纳税调整项目明细表》"（十）与未实现融资收益相关在当期确认的财务费用"将会计处理计入财务费用的 56.14 万元，进行纳税调增。企业所得税年度纳税申报表填报实务如表 5－18 和表 5－19 所示。

表 5－18   资产折旧、摊销及纳税调整明细表   A105080

行次	项目	账载金额			税收金额					纳税调整额
		资产原值	本年折旧、摊销额	累计折旧、摊销额	资产计税基础	税收折旧额	享受加速折旧政策的资产按税收一般规定计算的折旧、摊销额	加速折旧统计额	累计折旧、摊销额	
		1	2	3	4	5	6	7=5－6	8	9(2－5)
1	一、固定资产（2＋3＋4＋5＋6＋7）						*	*		

续表

行次	项目	账载金额			税收金额					纳税调整额
		资产原值	本年折旧、摊销额	累计折旧、摊销额	资产计税基础	税收折旧额	享受加速折旧政策的资产按税收一般规定计算的折旧、摊销额	加速折旧统计额	累计折旧、摊销额	纳税调整额
		1	2	3	4	5	6	7＝5－6	8	9(2－5)
2	所有固定资产	1. 房屋、建筑物					＊	＊		
3		2. 飞机、火车、轮船、机器、机械和其他生产设备					＊	＊		
4		3. 与生产经营活动有关的器具、工具、家具等	707.96	70.796	70.796	884.96	88.496	＊	＊	88.496	－17.7
5		4. 飞机、火车、轮船以外的运输工具					＊	＊		
6		5. 电子设备					＊	＊		
7		6. 其他					＊	＊		

表5－19　　　　　　　　　　　　　纳税调整项目明细表　　　　　　　　　　　　A105000

行次	项目	账载金额	税收金额	调增金额	调减金额
		1	2	3	4
12	二、扣除类调整项目（13＋14＋…＋24＋26＋27＋28＋29＋30）	＊	＊		
22	（十）与未实现融资收益相关在当期确认的财务费用	56.14	0	56.14	
31	三、资产类调整项目（32＋33＋34＋35）	＊	＊		
32	（一）资产折旧、摊销（填写A105080）	70.796	88.496		17.7
46	合计（1＋12＋31＋36＋44＋45）	＊	＊	56.14	17.7

【案例5－8】某企业发包建造固定资产（厂房），合同预算总造价为200万元（不含税），2024年9月该达到预定使用状态并当月投入使用，但由于工程款项尚未结清未取得全额发票，只取得部分发票合计150万元。企业预计该项固定资产使用年限为5年，净残值为0。

分析：按照《国家税务总局关于贯彻落实企业所得税法若干税收问题的通知》（国税函〔2010〕79号）第五条关于固定资产投入使用后计税基础确定问题的规定，企业固定资产投入使用后，由于工程款项尚未结清未取得全额发票的，可暂按合同规定的金额计入固定资产计税基础计提折旧，待发票取得后进行调整。但该项调整应在固定资产投入使用后12个月内进行。问：国税函〔2010〕79号文件第五条所规定的"调整"，是仅调整计税基础还是连同已提折旧一起调整？2012年5月7日国家税务总局纳税服务司解答：此条所指的调整，包括根据发票调整企业已投入使用的固定资产的计税基础以及折旧额。上述案例中，固定资产由于已投入使用，并且合同预算总造价可以确定，可暂按合同规定的金额 200 万元计入固定资产计税基础计提折旧。第一，2024 年固定资产会计处理按照入账金额为 200 万元，计算税前扣除折旧 10 万元（$200 \div 5 \div 12 \times 3$），但该调整应在固定资产投入使用后 12 个月内进行。第二，如果至 2025 年 9 月的 12 个月内又取得 30 万元发票，未取得剩余 20 万元发票，则计税基础调整为 180 万元，之后按计税基础 180 万元继续计算折旧。第三，如果 2025 年 9 月后仍未取得剩余发票，该项固定资产的计税基础只能确认为取得发票部分 150 万元，则计税基础调整为 150 万元，之后按计税基础 150 万元继续计算折旧。第四，如果至 2025 年 10 月以后无法取得剩余发票，应将以前期间无发票多计提的折旧全部纳税调增。第五，如果自 2025 年 9 月至 2029 年 9 月取得部分剩余发票，该项固定资产的计税基础可以按照国家税务总局公告 2012 年第 15 号，追补确认为取得发票部分的计税基础和计算税前扣除的折旧。第六，如果 2029 年 9 月以后（超过 5 年追补扣除期限），不能取得部分剩余发票，不得追补扣除折旧，计税基础按照实际取得发票金额确认。

【案例 5 - 9】某房屋原值 1 000 万元，已提折旧 600 万元（税法与会计折旧相同），净值为 400 万元。另外，发生推倒重置支出为 2 000 万元。此时，税务处理上，将剩余价值 400 万元计入重置后固定资产的计税成本。会计处理上，一种处理方式是：借记"固定资产清理" 400 万元、"累计折旧" 600 万元，贷记"固定资产" 1 000 万元，然后将"固定资产清理" 400 万元转入"营业外支出——处置固定资产净损失"。推倒重置支出为 2 000 万元，直接计入固定资产原值。另一种处理方式是：借记"在建工程" 400 万元、"累计折旧" 600 万元，贷记"固定资产" 1 000 万元，推倒重置支出为 2 000万元记入"在建工程"，转入固定资产的原值为 2 400 万元。比较发现，第一种处理方式会产生税会处理差异，不仅影响当期计入营业外支出的非流动资产处置损失的税前扣除，而且影响以后固定资产的账面价值和计税基础，该固定资产投入使用后的固定资产会计折旧和税收折旧，不仅需要在推倒重置当期进行纳税调增，而且需要在以后计算折旧时进行纳税调减。第二种处理方式会计和税法处理基本一致。

【案例 5 - 10】甲公司为一般纳税人，2019 年 12 月购进一台生产设备，取得增值税专用发票上注明的不含税价款为 100 万元，增值税进项税额为 13 万元，会计核算时固定资产预计使用年限为 5 年，预计净残值为 5 万元，税法规定的该类固定资产折旧年限为不低于 10 年，会计核算和税务处理都采用年限平均法计提折旧。2021 年末，该公司经过减值测试发现该设备已经发生资产减值，预计可收回金额为 35 万元，预计剩余使用年限为 3 年，预计净残值不变，2023 年 6 月甲公司将该设备出售，取得不含税价款 10 万元，增值税销项税额 1.3 万元。假设增值税税率为 13%，企业所得税税率为

25%，不考虑其他因素，甲公司相关会计和税务处理如下：

①2019 年 12 月购进生产设备。

借：固定资产   1 000 000

应交税费——应交增值税（进项税额）   130 000

贷：银行存款   1 130 000

②2020 年会计核算计提的折旧额 19 万元 $[(100 - 5) \div 5]$。

借：制造费用   190 000

贷：累计折旧   190 000

③2020 年按照企业所得税法计算税前扣除折旧额为 9.5 万元 $[(100 - 5) \div 10]$，与会计核算计提折旧额 19 万元存在差异，应纳税调增 9.5 万元（19 - 9.5）。2020 年 12 月 31 日，该固定资产的账面价值为 81 万元（100 - 19），计税基础为 90.5 万元（100 - 9.5），形成可抵扣暂时性差异 9.5 万元（90.5 - 81），确认递延所得税资产 2.375 万元（9.5 × 25%）。

借：递延所得税资产   23 750

贷：所得税费用   23 750

2020 年企业所得税年度纳税申报表填报实务如表 5-20 和表 5-21 所示。

表 5-20 资产折旧、摊销及纳税调整明细表（2020 年）   A105080

行次	项目		账载金额			税收金额					纳税调整金额
			资产原值	本年折旧、摊销额	累计折旧、摊销额	资产计税基础	税收折旧、摊销额	享受加速折旧政策的资产按税收一般规定计算的折旧、摊销额	加速折旧、摊销额	累计折旧、摊销额	纳税调整金额
			1	2	3	4	5	6	7(5-6)	8	9(2-5)
1	一、固定资产 (2+3+4+5+6+7)							*	*		
2	所有固定资产	（一）房屋、建筑物						*	*		
3		（二）飞机、火车、轮船、机器、机械和其他生产设备	1 000 000	190 000	190 000	1 000 000	95 000	*	*	95 000	95 000

表 5-21 纳税调整项目明细表（2020 年）   A105000

行次	项目	账载金额	税收金额	调增金额	调减金额
		1	2	3	4
31	三、资产类调整项目 (32+33+34+35)	*	*		
32	（一）资产折旧、摊销（填写 A105080）	190 000	95 000	95 000	

④2021 年按照税法计算税前扣除折旧额为 9.5 万元 $[(100 - 5) \div 10]$，与会计核算计提折旧额 19 万元存在差异，应纳税调增 9.5 万元（19 - 9.5）。

2021 年企业所得税年度纳税申报表填报实务如表 5 - 22 和表 5 - 23 所示。

表 5 - 22　　资产折旧、摊销及纳税调整明细表（2021 年）　　A105080

行次	项目		账载金额			税收金额					纳税调整金额
			资产原值	本年折旧、摊销额	累计折旧、摊销额	资产计税基础	税收折旧、摊销额	享受加速折旧政策的资产按税收一般规定计算的折旧、摊销额	加速折旧、摊销统计额	累计折旧、摊销额	纳税调整金额
			1	2	3	4	5	6	7(5-6)	8	9(2-5)
1	一、固定资产（2+3+4+5+6+7）							*	*		
2	所有固定资产	（一）房屋、建筑物						*	*		
3		（二）飞机、火车、轮船、机器、机械和其他生产设备	1 000 000	190 000	380 000	1 000 000	95 000	*	*	190 000	95 000

表 5 - 23　　纳税调整项目明细表（2021 年）　　A105000

行次	项目	账载金额	税收金额	调增金额	调减金额
		1	2	3	4
31	三、资产类调整项目（32+33+34+35）	*	*		
32	（一）资产折旧、摊销（填写 A105080）	190 000	95 000	95 000	

⑤2021 年末，该资产的账面价值为 62 万元，预计可收回金额为 35 万元，发生资产减值应计提减值准备 27 万元（62 - 35）。2021 年 12 月 31 日，该资产的账面价值为 35 万元，计税基础为 81 万元，形成可抵扣暂时性差异 46 万元，应确认递延所得税资产 9.125 万元（46×25% - 2.375）。

借：资产减值损失——固定资产减值损失　　　　　　　　270 000

　　贷：固定资产减值准备　　　　　　　　　　　　　　　　270 000

借：递延所得税资产　　　　　　　　　　　　　　　　　91 250

　　贷：所得税费用　　　　　　　　　　　　　　　　　　　91 250

2021 年企业所得税年度纳税申报表填报实务如表 5 - 24 所示。

表 5 - 24　　纳税调整项目明细表（2021 年）　　A105000

行次	项目	账载金额	税收金额	调增金额	调减金额
		1	2	3	4
31	三、资产类调整项目（32+33+34+35）	*	*		
33	（二）资产减值准备金	270 000	*	270 000	

⑥2022 年会计核算应计提的折旧额 10 万元 ［(35 - 5)÷3］。

借：制造费用　　　　　　　　　　　　　　　　　　　100 000

　　贷：累计折旧　　　　　　　　　　　　　　　　　　　　100 000

⑦2022 年按照税法计算的税前扣除折旧为 9.5 万元 ［(100 - 5)÷10］，与会计核

算计提的折旧额存在差异 0.5 万元（10 - 9.5）。2022 年 12 月 31 日，该资产的账面价值为 25 万元，计税基础为 71.5 万元，形成可抵扣暂时性差异 46.5 万元，确认递延所得税资产 0.125 万元（46.5 × 25% - 2.375 - 9.125）。

借：递延所得税资产 　　　　　　　　　　　　　　　　　　　1 250

贷：所得税费用 　　　　　　　　　　　　　　　　　　　　　　　　1 250

2022 年企业所得税年度纳税申报表填报实务如表 5 - 25 和表 5 - 26 所示。

表 5 - 25　　　　　资产折旧、摊销及纳税调整明细表（2022 年）　　　　　A105080

行次	项目		账载金额			税收金额					纳税调整金额
			资产原值	本年折旧、摊销额	累计折旧、摊销额	资产计税基础	税收折旧、摊销额	享受加速折旧政策的资产按税收一般规定计算的折旧、摊销额	加速折旧、摊销统计额	累计折旧、摊销额	
			1	2	3	4	5	6	7(5-6)	8	9(2-5)
1	一、固定资产 (2+3+4+5+6+7)							*	*		
2	所有固定资产	（一）房屋、建筑物						*	*		
3		（二）飞机、火车、轮船、机器、机械和其他生产设备	1 000 000	100 000	480 000	1 000 000	95 000	*	*	285 000	5 000

表 5 - 26　　　　　　　　纳税调整项目明细表（2022 年）　　　　　　　　A105000

行次	项目	账载金额 1	税收金额 2	调增金额 3	调减金额 4
31	三、资产类调整项目 (32+33+34+35)	*	*		
32	（一）资产折旧、摊销（填写 A105080）	100 000	95 000	5 000	

⑧2023 年 1～6 月会计核算计提的折旧额 5 万元 [（35 - 5）÷ 3 × 6 ÷ 12]。

借：制造费用 　　　　　　　　　　　　　　　　　　　　　　50 000

贷：累计折旧 　　　　　　　　　　　　　　　　　　　　　　　　50 000

⑨出售该固定资产时，应缴纳增值税 = 10 × 13% = 1.3（万元）。

借：固定资产清理 　　　　　　　　　　　　　　　　　　　200 000

累计折旧 　　　　　　　　　　　　　　　　　　　　　530 000

固定资产减值准备 　　　　　　　　　　　　　　　　270 000

贷：固定资产 　　　　　　　　　　　　　　　　　　　　1 000 000

借：银行存款 　　　　　　　　　　　　　　　　　　　　113 000

贷：固定资产清理 　　　　　　　　　　　　　　　　　　100 000

应交税费——应交增值税（销项税额） 　　　　　　　13 000

借：资产处置损益 　　　　　　　　　　　　　　　　　　100 000

　　　　贷：固定资产清理　　　　　　　　　　　　　　　　　　100 000

⑩2023 年 1 ~ 6 月按照税法计算的税前扣除折旧为 4.75 万元 $[(100-5)\div10\times6\div12]$，与会计核算计提的折旧额存在差异 0.25 万元（5 - 4.75）。按照税法计算的固定资产转让损失 = 10 - （71.5 - 4.75） = 56.75（万元），与会计核算的资产处置损失 10 万元，存在税会差异 46.75 万元（56.75 - 10），应纳税调减 46.75 万元。至此，该项固定资产清理处置完毕后，以前年度纳税调增金额 46.75 万元（9.5 + 9.5 + 27 + 0.5 + 0.25）与资产损失纳税调减金额 46.75 万元相同。2023 年 12 月 31 日，将该项固定资产可抵扣暂时性差异 46.5 万元全部转回，转回已确认递延所得税资产 11.625 万元（46.5 × 25%）。

　　借：所得税费用　　　　　　　　　　　　　　　　　　　116 250
　　　　贷：递延所得税资产　　　　　　　　　　　　　　　　116 250

2023 年企业所得税年度纳税申报表填报实务如表 5 - 27 ~ 表 5 - 29 所示。

表 5 - 27　　　　　　资产折旧、摊销及纳税调整明细表（2023 年）　　　　　　A105080

行次	项目		账载金额			税收金额				
			资产原值	本年折旧、摊销额	累计折旧、摊销额	资产计税基础	税收折旧、摊销额	享受加速折旧政策的资产按税收一般规定计算的折旧、摊销额	加速折旧、摊销统计额	累计折旧、摊销额	纳税调整金额
			1	2	3	4	5	6	7(5-6)	8	9(2-5)
1	一、固定资产 (2+3+4+5+6+7)							*		*	
2	所有固定资产	（一）房屋、建筑物						*		*	
3		（二）飞机、火车、轮船、机器、机械和其他生产设备	1 000 000	50 000	530 000	1 000 000	47 500	*		332 500	2 500

表 5 - 28　　　　　　　　纳税调整项目明细表（2023 年）　　　　　　　　A105000

行次	项目	账载金额	税收金额	调增金额	调减金额
		1	2	3	4
31	三、资产类调整项目 (32+33+34+35)	*	*		
32	（一）资产折旧、摊销（填写A105080）	50 000	47 500	2 500	
34	（三）资产损失（填写A105090）	*	*		467 500

表 5 - 29　　　　　资产损失税前扣除及纳税调整明细表（2023 年）　　　　　A105090

行次	项目	资产损失直接计入本年损益金额	资产损失准备金核销金额	资产处置收入	赔偿收入	资产计税基础	资产损失的税收金额	纳税调整金额
		1	2	3	4	5	6 (5-3-4)	7
7	四、固定资产损失	100 000		100 000	0	667 500	567 500	-467 500

【案例 5 - 11】2023 年 12 月，企业购置机器设备 A，会计账面原值为 100 万元与初

始计税基础相同，会计和税法均按照年限平均法折旧，会计处理按5年计提折旧额，税法规定以最低折旧年限10年计算折旧额。

分析：前5年会计比税法多计提的折旧要纳税调增，后5年会计折旧为零，按税法规定仍可计算折旧并在税前扣除，后5年纳税调减，固定资产账面价值与计税基础不相同，产生可抵扣暂时性差异。假设简化处理按照年度折旧，2024年会计处理如下（单位：万元，下同）。

借：制造费用——折旧费   20

  贷：累计折旧   20

2024年12月31日，所得税会计处理：账面价值 = 100 - 20 = 80（万元），计税基础 = 100 - 10 = 90（万元），可抵扣暂时性差异 = 90 - 80 = 10（万元），确认递延所得税资产2.5万元。

借：递延所得税资产   2.5

  贷：所得税费用   2.5

2024年企业所得税年度纳税申报时，纳税调增10万元，填写A105080《资产折旧、摊销及纳税调整明细表》相关项目，调整原因为折旧年限不同。2029年开始会计折旧为零，按税法规定仍可计算折旧在税前扣除，后5年进行纳税调减，并将递延所得税资产转回。

【案例5-12】2023年12月，企业购买账面原值1 000万元的固定资产房屋，税法规定的最低折旧年限为20年，会计按50年折旧，则税法折旧年限也按会计折旧年限50年计算，不存在财税处理差异。每年企业所得税年度纳税申报时不进行调整。假设简化处理按照年度折旧，2024年会计处理如下（单位：万元）。

借：制造费用——折旧费   20

  贷：累计折旧   20

【案例5-13】2024年12月31日，企业发现资产减值迹象并经过资产减值测试，会计对账面原值150万元、累计折旧50万元的机器设备计提了40万元的减值准备（单位：万元）。

分析：2024年12月31日，计提资产减值准备。

借：资产减值损失   40

  贷：固定资产减值准备   40

2024年12月31日，所得税会计处理：账面价值 = 150 - 50 - 40 = 60（万元），假设初始计税基础与账面原值相同，折旧方法和年限也相同，计税基础 = 150 - 50 = 100（万元），产生可抵扣暂时性差异 = 100 - 60 = 40（万元），确认递延所得税资产10万元。

借：递延所得税资产   10

贷：所得税费用   10

2024 年企业所得税年度纳税申报时，纳税调增 40 万元，填写 A105000《纳税调整项目明细表》"（二）资产减值准备金"相关项目。2025 年度假设会计按账面价值 60 万元计提 15 万元折旧，但税法按计税基础 100 万元计算扣除折旧 25 万元，应纳税调减 10 万元，填写 A105080 相关项目。

【案例 5 – 14】 企业将某项固定资产（设备 B），原值 1 000 万元，会计核算按平均年限法折旧，预计使用年限为 10 年，但符合税法加速折旧规定，经过备案后允许采用双倍余额法计算税前扣除折旧 200 万元（单位：万元）。

分析：按税法加速折旧办法计算的折旧额 200 万元折旧可全额在税前扣除，会计折旧小于税法的部分应纳税调减 100 万元，属于应纳税暂时性差异。假设简化处理按照年度折旧，2024 年会计处理如下。

借：制造费用——折旧费   100

贷：累计折旧   100

2024 年 12 月 31 日，所得税会计处理：账面价值 = 1 000 – 100 = 900（万元），计税基础 = 1 000 – 200 = 800（万元），产生应纳税暂时性差异 = 900 – 800 = 100（万元），确认递延所得税负债 25 万元。

借：所得税费用   25

贷：递延所得税负债   25

2024 年企业所得税年度纳税申报时，纳税调减 100 万元，应分别填写年度纳税申报表 A105080 相关项目，调整原因：折旧方法不同。企业所得税年度纳税申报表填报实务如表 5 – 30 和表 5 – 31 所示。

表 5 – 30   **资产折旧、摊销及纳税调整明细表**   A105080

行次	项目		账载金额			税收金额					纳税调整金额
			资产原值	本年折旧、摊销额	累计折旧、摊销额	资产计税基础	税收折旧、摊销额	享受加速折旧政策的资产按税收一般规定计算的折旧、摊销额	加速折旧、摊销统计额	累计折旧、摊销额	
			1	2	3	4	5	6	7(5-6)	8	9 (2-5)
1	一、固定资产 (2+3+4+5+6+7)							*	*		
2	所有固定资产	（一）房屋、建筑物						*	*		
3		（二）飞机、火车、轮船、机器、机械和其他生产设备	1 000	100	100	1 000	200	*	*	200	–100

续表

行次	项目		账载金额			税收金额					纳税调整金额
			资产原值	本年折旧、摊销额	累计折旧、摊销额	资产计税基础	税收折旧、摊销额	享受加速折旧政策的资产按税收一般规定计算的折旧、摊销额	加速折旧、摊销统计额	累计折旧、摊销额	
			1	2	3	4	5	6	7(5-6)	8	9 (2-5)
14	其中：享受固定资产加速折旧及一次性扣除政策的资产加速折旧额大于一般折旧额的部分	（七）技术进步、更新换代固定资产加速折旧	1 000	100	100	1 000	200	100	100	200	*

表 5-31　　　　　　　　　　纳税调整项目明细表　　　　　　　　　　A105000

行次	项目	账载金额	税收金额	调增金额	调减金额
		1	2	3	4
31	三、资产类调整项目（32+33+34+35）	*	*		100
32	（一）资产折旧、摊销（填写A105080）	100	200		100
46	合计（1+12+31+36+44+45）	*	*		100

【案例5-15】2024年12月，某非国有企业进行股份制改造，将账面原值1 000万元，累计折旧400万元，账面价值为600万元的固定资产房屋进行资产评估，评估价值为720万元。假设该房屋预计使用年限为40年，按照年限平均法计提折旧，预计净残值为0，已计提折旧年限为16年，预计尚可使用年限为24年。当时，公司将资产评估价与账面价值之间的差额120万元按《企业财务通则》的规定计入了"资本公积"。以后会计上按照账面价值720万元计提折旧，但税法计税基础仍为600万元，当对资产评估增值部分120万元提取折旧时，会计计入成本费用，而税法不允许税前扣除。2024年企业所得税年度纳税申报填报A105080第1列"资产账载金额"1120万元，第2列"本年折旧、摊销额"30万元，第3列"累计折旧、摊销额"430万元，第4列"资产计税基础"1 000万元，第5列"税收折旧额"25万元，第8列"累计折旧、摊销额"425万元，第9列"纳税调整"金额5万元。

【案例5-16】A公司2024年6月批准筹建，当年发生开办费共计100万元，其中，广告费和业务宣传费20万元，业务招待费10万元，当年亏损100万元，假设筹建

3

当年没有其他调整事项。2025年1~3月发生开办费共计28万元，其中，业务招待费10万元，4月起各项资产投入使用，当年实现营业收入1 000万元，广告费和业务宣传费按照当年销售（营业）收入的15%限额扣除。假设当年无其他调整事项，企业所得税税率为25%。

分析：A公司2024年筹建但没有开始生产经营，根据国税函〔2010〕79号文件的规定，该公司筹建期不得计算当期亏损，也就是2024年发生的开办费不得作为扣除项目，应调增应纳税所得额100万元。按照国家税务总局公告2012年第15号文件规定，该公司筹建当年发生的业务招待费中的4万元为永久性不得税前扣除项目。

根据《企业会计准则第18号——所得税》规定，扣除筹建当年业务招待费中不允许扣除的4万元后，开办费的账面价值为0，计税基础为96万元，可抵扣暂时性差异为96万元，2024年确认筹建当年递延所得税资产及所得税费用，会计处理如下（单位：万元）。

①2024年当年发生开办费时：

借：管理费用——开办费 100

　　贷：银行存款等 100

借：递延所得税资产（96×25%） 24

　　贷：所得税费用 24

2024年企业所得税纳税调整：2024年发生开办费100万元，会计处理上全部计入当期管理费用，企业所得税汇算清缴时，按照国税函〔2010〕79号文件的规定，企业自开始生产经营的年度，为开始计算企业损益的年度。企业从事生产经营之前进行筹办活动期间发生筹办费用支出，不得计算为当期的亏损，应将100万元全部纳税调增。

②2025年1~3月发生开办费28万元时：

借：管理费用——开办费 28

　　贷：银行存款等 28

按照国税函〔2010〕79号文件的规定，该公司2025年4月开始生产经营，可以根据国税函〔2009〕98号文件的规定选择将开办费计入本年度扣除项目，当年一次性扣除，转回递延所得税资产，会计处理如下。

借：所得税费用 24

　　贷：递延所得税资产 24

企业所得税纳税调整：2025年1~3月发生开办费28万元，会计处理计入当期管理费用，税务处理A公司选择一次性扣除开办费120万元〔（100-10）+（28-10）+

（10＋10）×60％］，应纳税调减 92 万元（120－28）。

③若 A 公司选择将开办费作为长期待摊费用进行税务处理。扣除筹建期 2025 年业务招待费中不允许扣除的 4 万元后的开办费 24 万元为暂时性差异，则归集的可以在今后 3 年摊销的长期待摊费用（开办费）＝（100－4）＋（28－4）＝120（万元），2025 年税前扣除的摊销额＝100×9÷36＝25（万元）。

2025 年末长期待摊费用（开办费）账面价值为 0，计税基础为 90 万元（120－30），递延所得税资产余额 22.15 万元（90×25％），2025 年摊销长期待摊费用时转回递延所得税资产及所得税费用 1.5 万元（24－22.5），会计处理如下。

借：所得税费用 1.5
　　贷：递延所得税资产 1.5

企业所得税纳税调整：2025 年 1～3 月发生开办费 28 万元，会计处理计入管理费用，2025 年税务处理时，税前扣除的开办费摊销额为 30 万元，纳税调整 2 万元（30－28）。以后年度同上进行纳税调减并转回递延所得税资产。

2026 年税务处理时，税前扣除的开办费摊销额＝120×12÷36＝40（万元），会计处理上开办费已经在开办期发生时直接计入当期损益，应纳税调减 40 万元。2026 年末，同时转回长期待摊费用（开办费）账面价值为 0，计税基础为 50 万元（90－40），递延所得税资产余额 12.5 万元（50×25％），2026 年摊销长期待摊费用时转回递延所得税资产及所得税费用 10 万元（22.5－12.54），会计处理如下。

借：所得税费用 10
　　贷：递延所得税资产 10

以后年度长期待摊费用（开办费）的税务处理和会计处理同上，不再赘述。

【案例 5－17】某生产企业于 20×9 年 12 月自行建造一项生产用固定资产——A 设备并投入使用，A 设备原值 80 000 元，预计使用年限 5 年，会计按照直线法计提折旧。若 A 设备在 2×12 年底，因技术陈旧等原因，可收回金额为 20 000 元，企业提取固定资产减值准备，假设预计净残值为 0。

①会计处理。固定资产投入使用后每年折旧额＝80 000÷5＝16 000（元），2×12 年底，固定资产的可收回金额为 20 000 元，账面价值＝80 000－16 000×3＝32 000（元），计提减值准备 12 000 元。

借：资产减值损失——固定资产减值准备 12 000
　　贷：固定资产减值准备 12 000

②税务处理及纳税调整。2×12 年底，会计计提减值准备 12 000 元，企业所得税税前扣除时不予确认，应纳税调增 12 000 元，并通过设置纳税调整台账记录。从企业所得税费用会计核算角度分析，企业所得税和会计出现差异，由于差异的原因是固定

资产的计税基础和会计的账面价值不相同，所以差异的性质为暂时性差异。同时应确认为可抵扣暂时性差异，企业当期产生递延所得税资产。具体处理如下：

2×12 年底固定资产的账面价值 $= 80\,000 - (16\,000 \times 3) - 12\,000$（减值准备）

$$= 20\,000 （元）$$

固定资产计税基础 $= 80\,000 - (16\,000 \times 3) = 32\,000 （元）$

递延所得税资产 $= (32\,000 - 20\,000) \times 25\% = 12\,000 \times 25\% = 3\,000 （元）$

企业所得税费用会计核算的账务处理如下。

借：递延所得税资产 3 000

 贷：所得税费用——递延所得税费用 3 000

【案例 5 - 18】承〖案例 5 - 17〗，假设 2×13 年至 2×14 年 12 月企业固定资产继续使用。

①会计处理。2×13 年会计固定资产折旧额 $= 20\,000 \div 2 = 10\,000 （元）$，企业固定资产折旧的会计处理如下。

借：制造费用 10 000

 贷：累计折旧 10 000

2×14 年企业会计固定资产折旧额及账务处理与 2×13 年相同。

②企业所得税处理及纳税调整。2×13 年，企业税前允许扣除的固定资产折旧为 16 000 元，企业会计处理固定资产折旧额为 10 000 元，且计入制造费用，企业所得税和会计的处理出现差异。税收处理和会计处理的差异，通过以前期设置的台账进行记录，在企业所得税纳税申报表填报时需要进行纳税调减 6 000 元的处理。

③所得税费用的会计处理。如果企业当期没有其他需要处理的企业所得税和会计的差异，则对前期确认的递延所得税资产作回转处理。2×13 年固定资产的账面价值 $= 80\,000 - (16\,000 \times 3) - 12\,000$（减值准备）$- 10\,000 = 10\,000 （元）$

固定资产计税基础 $= 80\,000 - (16\,000 \times 4) = 16\,000 （元）$

递延所得税资产 $= (16\,000 - 10\,000) \times 25\% = 1\,500 （元）$

转回的递延所得税资产 $= 3\,000 - 1\,500 = 1\,500 （元）$

所得税费用账务处理如下。

借：所得税费用——递延所得税费用 1 500

 贷：递延所得税资产 1 500

2×14 年企业所得税固定资产提取折旧额及会计和税收处理与 2×13 年相同。

【案例 5 - 19】承〖案例 5 - 17〗，2×14 年 12 月，甲企业对该固定资产进行清理，收入价款 4 000 元已入账，各项清理费用共计 6 000 元。会计和税务处理如下。

2×14 年 12 月出售时，该固定资产累计折旧额 $= 48\,000 + 20\,000 = 68\,000 （元）$。

①会计上确认和计量的固定资产清理损失。

借：累计折旧 68 000

固定资产减值准备 12 000

贷：固定资产 80 000

②取得清理收入。

借：银行存款 4 000

贷：固定资产清理 4 000

③发生清理费用。

借：固定资产清理 6 000

贷：银行存款 6 000

④结转固定资产清理损失。

借：资产处置损益——非流动资产处置损失 2 000

贷：固定资产清理 2 000

⑤企业所得税确认 2 000 元为固定资产清理损失，属于可以自行申报扣除的资产损失，允许在企业所得税纳税申报时税前扣除。会计处理和税法处理一致。纳税调整备查账如表 5 – 32 所示。

表 5 – 32 　　　　　　　　　纳税调整备查账（固定资产折旧——A 设备）

时间	凭证号	摘要	会计减值损失	会计折旧	税法折旧	纳税调增	纳税调减
2×10 年 12 月	略	计提折旧		16 000	16 000		
2×11 年 12 月	略	计提折旧		16 000	16 000		
2×12 年 12 月	略	计提折旧		16 000	16 000		
2×12 年 12 月	略	确认减值	12 000			12 000	
2×13 年 12 月	略	计提折旧		10 000	16 000		6 000
2×14 年 12 月	略	计提折旧		10 000	16 000		6 000

【案例 5 – 20】2018 年 1 月 7 日，保利地产公告称，近日公司实际控制人中国保利集团公司经国务院国有资产监督管理委员会批准，已由全民所有制企业变更为国有独资公司，名称变更为"中国保利集团有限公司"，相关事项已完成工商变更登记。上述变更不涉及公司实际控制人变动，公司与实际控制人之间的控制权结构及比例均未发生变化，对公司经营活动不构成影响。国务院于 2017 年 7 月发布《中央企业公司制改制工作实施方案》，要求所有央企在 2017 年底前完成公司制改制。此前，已有中国移动、中国电信、东方航空、中国国航等相继宣布集团母公司由全民所有制企业改制为国有独资企业，并完成相应更名。

假设某全民所有制企业改制为国有独资企业中，发生资产评估增值 80 000 万元，该资产的计税基础为 20 000 万元，改制中资产评估增值不计入应纳税所得额为 60 000 万元。企业按照国家税务总局公告 2017 年第 34 号文件的规定，执行"改制中资产评估增值不计入应纳税所得额；资产的计税基础按其原有计税基础确定；资产增值部分的折旧或者摊销不得在税前扣除"政策的情况。表 A105080 "附列资料"行不参与计算，仅用于列示享受全民所有制改制资产评估增值政策资产的有关情况，相关资产折旧（摊销）及调整情况在本表第 1 ~ 第 36 行按规定填报。

【案例 5 – 21】 2020 年之前甲公司因会计核算不健全按照核定征收方式缴纳企业所得税，2021 年因会计核算水平提高，由核定征收企业改为查账征收企业。该企业有一栋自建房屋，2011 年自行建造取得，当时取得发票 1 000 万元，因核算不健全没有作为固定资产入账，也一直未计提固定资产折旧。

分析：《国家税务总局关于企业所得税若干政策征管口径问题的公告》（国家税务总局公告 2021 年第 17 号）第四条规定了企业所得税核定征收改为查账征收后有关资产的税务处理问题。①企业能够提供资产购置发票的，以发票载明金额为计税基础；不能提供资产购置发票的，可以凭购置资产的合同（协议）、资金支付证明、会计核算资料等记载金额，作为计税基础。②企业核定征税期间投入使用的资产，改为查账征税后，按照税法规定的折旧、摊销年限，扣除该资产投入使用年限后，就剩余年限继续计提折旧、摊销额并在税前扣除。

本例中，对于甲公司原有固定资产的计税基础，凡能够提供发票等相关购置凭证的，以发票载明金额作为资产的计税基础，该固定资产计税基础为 1 000 万元，并按照税法规定的折旧、摊销年限，扣除该资产使用年限后，就剩余年限继续计提折旧、摊销额并在税前扣除。

会计核算如下：

借：固定资产——房屋　　　　　　　　　　　　　　　1 000
　　贷：累计折旧　　　　　　　　　　　　　　　　　　　　　500
　　　　资本公积——其他　　　　　　　　　　　　　　　　　500
借：制造费用等　　　　　　　　　　　　　　　　　　　50
　　贷：累计折旧　　　　　　　　　　　　　　　　　　　　　50

税务处理：固定资产的计税基础 1 000 万元，税法规定的房屋、建筑物的最低折旧年限为 20 年，扣除该资产使用年限后（10 年），按照剩余年限 10 年（20 – 10）继续计提折旧、摊销额并在税前扣除，2021 年计算在税前扣除的折旧为 1 000/10 = 100（万元）。2021 年企业所得税年度纳税申报表填报实务如表 5 – 33 所示。也有观点认为，房屋、建筑物的计税基础需要考虑扣除核定征收期间对应的部分，按照房屋、建筑物的计税基础 50 万元 [（1 000 – 500）/10] 计算以后年度可以税前扣除的折旧额。

表 5 – 33　　　　　　　　资产折旧、摊销及纳税调整明细表（2021 年）　　　　　　　A105080

行次	项目		账载金额			税收金额					纳税调整金额
			资产原值	本年折旧、摊销额	累计折旧、摊销额	资产计税基础	税收折旧、摊销额	享受加速折旧政策的资产按税收一般规定计算的折旧、摊销额	加速折旧、摊销统计额	累计折旧、摊销额	纳税调整金额
			1	2	3	4	5	6	7(5－6)	8	9(2－5)
1	一、固定资产（2＋3＋4＋5＋6＋7）							*	*		
2	所有固定资产	（一）房屋、建筑物	1 000	50	550	1 000	100	*	*	100	－50

【案例 5 – 22】甲公司购买了一批文物、艺术品用于收藏、展示、保值增值，支付价款 1 130 万元，取得增值税专用发票注明价款 1 000 万元，增值税税额 130 万元。会计核算作为"固定资产——文物和陈列品"处理，按照预计使用年限 10 年，直线法计提折旧。

分析：《国家税务总局关于企业所得税若干政策征管口径问题的公告》（国家税务总局公告 2021 年第 17 号）第五条规定了关于文物、艺术品资产的税务处理问题。企业购买的文物、艺术品用于收藏、展示、保值增值的，作为投资资产进行税务处理。文物、艺术品资产在持有期间，计提的折旧、摊销费用，不得税前扣除。本例中，会计核算每年计入成本费用 100 万元，税务处理作为投资资产，在持有期间，计提的折旧、摊销费用，不得税前扣除。

借：固定资产——文物和陈列品　　　　　　　　　　　　　1 000
　　应交税费——应交增值税（进项税额）　　　　　　　　　130
　　　贷：银行存款　　　　　　　　　　　　　　　　　　　　　1 130
借：管理费用　　　　　　　　　　　　　　　　　　　　　　100
　　贷：累计折旧　　　　　　　　　　　　　　　　　　　　　　100

2021 年企业所得税年度纳税申报表填报实务如表 5 – 34 所示。

表 5 – 34　　　　　　　　资产折旧、摊销及纳税调整明细表（2021 年）　　　　　　　A105080

行次	项目	账载金额			税收金额					纳税调整金额
		资产原值	本年折旧、摊销额	累计折旧、摊销额	资产计税基础	税收折旧、摊销额	享受加速折旧政策的资产按税收一般规定计算的折旧、摊销额	加速折旧、摊销统计额	累计折旧、摊销额	纳税调整金额
		1	2	3	4	5	6	7(5－6)	8	9(2－5)
1	一、固定资产（2＋3＋4＋5＋6＋7）						*	*		

续表

行次	项目		账载金额			税收金额					纳税调整金额
			资产原值	本年折旧、摊销额	累计折旧、摊销额	资产计税基础	税收折旧、摊销额	享受加速折旧政策的资产按税收一般规定计算的折旧、摊销额	加速折旧、摊销统计额	累计折旧、摊销额	
			1	2	3	4	5	6	7(5-6)	8	9(2-5)
7	所有固定资产	(六)其他	1 000	100	100	1 000	0	*	*	0	100

【案例 5-23】2024 年甲公司购买了一批文物、艺术品用于收藏、展示、保值增值，支付价款 1 130 万元，取得增值税专用发票注明价款 1 000 万元，增值税税额 130万元。2028 年初该批文物、艺术品价格上涨到 5 000 万元（不含税），该企业将该批文物、艺术品全部出售，取得价款和税款共 5 650 万元并存入银行账户。出售前会计核算该批文物、艺术品已经累计计提折旧为 400 万元。

分析：《国家税务总局关于企业所得税若干政策征管口径问题的公告》（国家税务总局公告 2021 年第 17 号）第五条规定了关于文物、艺术品资产的税务处理问题。企业购买的文物、艺术品用于收藏、展示、保值增值的，作为投资资产进行税务处理。文物、艺术品资产在持有期间，计提的折旧、摊销费用，不得税前扣除。本例中，会计核算计入资产处置收益金额为 4400 元，文物、艺术品按照投资资产进行税务处理，按照《企业所得税法实施条例》第七十一条的规定，企业在转让或者处置投资资产时，投资资产的成本准予扣除。本例中，税务处理计算的财产转让所得 = 5 000-1 000＝4 000（万元），税会差异为 400 万元，2028 年企业所得税汇算清缴进行纳税调减。

借：固定资产清理　　　　　　　　　　　　　　　　　600
　　累计折旧　　　　　　　　　　　　　　　　　　　400
　　　贷：固定资产　　　　　　　　　　　　　　　　　　　1 000
借：银行存款　　　　　　　　　　　　　　　　　　5 650
　　　贷：固定资产清理　　　　　　　　　　　　　　　　　5 650
借：固定资产清理　　　　　　　　　　　　　　　　650
　　　贷：应交税费——应交增值税（销项税额）　　　　　650
借：固定资产清理　　　　　　　　　　　　　　　　4 400
　　　贷：资产处置损益　　　　　　　　　　　　　　　　　4 400

2028 年企业所得税年度纳税申报表填报实务如表 5-35 所示。

表 5 – 35 纳税调整项目明细表 A105000

行次	项目	账载金额	税收金额	调增金额	调减金额
		1	2	3	4
1	一、收入类调整项目（2＋3＋…8＋10＋11）	＊	＊		
11	（九）其他	4 400	4 000		400

三、使用权资产相关支出会计处理和纳税申报案例分析

与原租赁准则相比，新修订的租赁准则中，承租人不再将租赁区分为经营租赁或融资租赁，而是采用统一的会计处理方法，即对除短期租赁和低价值资产租赁以外的其他所有租赁均确认使用权资产和租赁负债，并分别计提折旧和利息费用。

（一）使用权资产的会计处理

使用权资产应当按照成本进行初始计量。该成本包括：（1）租赁负债的初始计量金额，租赁负债应当按照租赁期开始日尚未支付的租赁付款额的现值进行初始计量；（2）在租赁期开始日或之前支付的租赁付款额，存在租赁激励的，扣除已享受的租赁激励相关金额；（3）承租人发生的初始直接费用；（4）承租人为拆卸及移除租赁资产、复原租赁资产所在场地或将租赁资产恢复至租赁条款约定状态预计将发生的成本。

在租赁期开始日后，承租人应当按照租赁准则的相关规定，采用成本模式对使用权资产进行后续计量。承租人应当参照《企业会计准则第 4 号——固定资产》有关折旧规定，对使用权资产计提折旧。承租人能够合理确定租赁期届满时取得租赁资产所有权的，应当在租赁资产剩余使用寿命内计提折旧。无法合理确定租赁期届满时能够取得租赁资产所有权的，应当在租赁期与租赁资产剩余使用寿命两者孰短的期间内计提折旧。承租人应当按照《企业会计准则第 8 号——资产减值》的规定，确定使用权资产是否发生减值，并对已识别的减值损失进行会计处理。承租人应当按照固定的周期性利率计算租赁负债在租赁期内各期间的利息费用，并计入当期损益。未纳入租赁负债计量的可变租赁付款额应当在实际发生时计入当期损益。

（二）使用权资产租赁费支出的税务处理

《企业所得税法》第十一条规定，在计算应纳税所得额时，企业按照规定计算的固定资产折旧，准予扣除。下列固定资产不得计算折旧扣除：（1）房屋、建筑物以外未投入使用的固定资产；（2）以经营租赁方式租入的固定资产；（3）以融资租赁方式租出的固定资产；（4）已足额提取折旧仍继续使用的固定资产；（5）与经营活动无关的

固定资产；（6）单独估价作为固定资产入账的土地；（7）其他不得计算折旧扣除的固定资产。《企业所得税法实施条例》第四十七条规定，企业根据生产经营活动的需要租入固定资产支付的租赁费，按照以下方法扣除：（1）以经营租赁方式租入固定资产发生的租赁费支出，按照租赁期限均匀扣除；（2）以融资租赁方式租入固定资产发生的租赁费支出，按照规定构成融资租入固定资产价值的部分应当提取折旧费用，分期扣除。

（三）使用权资产支出年度纳税申报表填报案例分析

【案例 5－24】2020 年 12 月 27 日，A 公司与 B 公司签订了一份租赁合同。合同主要条款如下：①租赁标的物：全新程控生产线。②租赁期：从租赁期开始日算起 36 个月（2021 年 1 月 1 日~2023 年 12 月 31 日）。③租赁期开始日：2021 年 1 月 1 日。④租金支付方式：自租赁期开始日起每年年末支付租金 1 000 000 元。⑤该生产线在 2021 年 1 月 1 日 B 公司的公允价值为 2 600 000 元。⑥租赁合同规定的租赁内含利率为 8%（年利率）。⑦生产线为出租人当月购入的全新设备，预计使用年限为 5 年。⑧2022 年和 2023 年两年，A 公司每年按该生产线所生产产品年销售收入的 1% 向 B 公司支付经营分享收入。

A 公司其他相关资料如下：①采用实际利率法确认本期应分摊的未确认融资费用。②采用年限平均法计提使用权资产折旧。③2022 年和 2023 年 A 公司分别实现产品销售收入 10 000 000 元和 15 000 000 元。④2023 年 12 月 31 日，租赁期结束后 A 公司将该生产线退还 B 公司。⑤A 公司在租赁谈判和签订租赁合同过程中发生可归属于租赁项目的佣金手续费 10 600 元（含税）。

分析：（1）使用权资产初始确认。

第一步，在租赁期开始日，承租人应当对租赁确认使用权资产和租赁负债，并确定在租赁期开始日应确认的金额。使用权资产应当按照成本进行初始计量。租赁开始日计算租赁负债的现值，确定使用权资产的入账价值。本例中，选择租赁合同规定的租赁内含利率8%作为租赁付款额的折现率。

计算租赁付款额的现值过程如下：

每期租金 1 000 000 元的年金现值 ＝ 1 000 000 × （P/A，3，8%）

查表得知（P/A，3，8%）＝ 2.5771，则每期租金的现值之和为 2 577 100 元，使用权资产的入账价值应包括租赁负债的现值 2 577 100 元。

第二步，计算未确认融资费用。未确认融资费用 ＝ 租赁负债 － 租赁负债现值 ＝ 3 000 000 － 2 577 100 ＝ 422 900（元）。

第三步，承租人发生的可归属于租赁项目的初始直接费用 10 000 元（不含税）应当计入使用权资产初始成本。

第四步，确认使用权资产初始计量成本 = 2 577 100 + 10 000 = 2 587 100（元），2021 年 1 月 1 日，租入程控生产线会计处理如下。

借：使用权资产　　　　　　　　　　　　　　　　　　　　　2 587 100

　　租赁负债——未确认融资费用　　　　　　　　　　　　　　422 900

　　应交税费——应交增值税（进项税额）　　　　　　　　　　　　600

　　贷：租赁负债——租赁付款额　　　　　　　　　　　　　　3 000 000

　　　　银行存款　　　　　　　　　　　　　　　　　　　　　　10 600

（2）承租人应当按照固定的周期性利率计算租赁负债在租赁期内各期间的利息费用，并计入当期损益或相关成本。

第一步，确定租赁负债在租赁期内的利息费用分摊率即租赁内含利率。由于使用权资产的入账价值为其租赁负债（尚未支付的租赁付款额）的现值，因此，该租赁内含利率就是其融资费用分摊率，即年利率 8%。

第二步，在租赁期内采用实际利率法确认租赁负债在租赁期内的利息费用，具体摊销如表 5 - 36 所示。

表 5 - 36　　　　　　　　　　租赁负债在租赁期内的利息费用分摊表

2021 年 1 月 1 日　　　　　　　　　　　　　　　　　　金额单位：元

日期	租金	确认融资利息费用	应付租赁负债本金减少额	应付本金余额
A	B	C = 期初 E × 8%	D = B - C	期末 E = 期初 E - D
2021 年 1 月 1 日				2 577 100.00
2021 年 12 月 31 日	1 000 000	206 168.00	793 832.00	1 783 268.00
2022 年 12 月 31 日	1 000 000	142 661.44	857 338.56	925 929.44
2023 年 12 月 31 日	1 000 000	74 070.56 *	925 929.44 *	0.00
合　计	3 000 000	422 900.00	2 577 100.00	—

注：* 尾差调整：74 070.56 = 1 000 000 - 925 929.44，925 929.44 = 925 929.44 - 0。

第三步，会计处理如下。

①2021 年 12 月 31 日，支付第一期租金及增值税。

借：租赁负债——租赁付款额　　　　　　　　　　　　　　　1 000 000

　　应交税费——应交增值税（进项税额）　　　　　　　　　　130 000

　　贷：银行存款　　　　　　　　　　　　　　　　　　　　1 130 000

②2021 年 1 ~ 12 月，每月分摊未确认融资费用时，计入当期财务费用：

206 168 ÷ 12 = 17 180.67（元）

借：财务费用　　　　　　　　　　　　　　　　　　　　　　17 180.67

　　贷：租赁负债——未确认融资费用　　　　　　　　　　　　17 180.67

③2022 年 12 月 31 日，支付第二期租金及增值税。

借：租赁负债——租赁付款额   1 000 000

   应交税费——应交增值税（进项税额）   130 000

   贷：银行存款   1 130 000

④2022 年 1～12 月，每月分摊未确认融资费用时，计入当期财务费用：

142 661.44÷12＝11 888.45（元）

借：财务费用   11 888.45

   贷：租赁负债——未确认融资费用   11 888.45

⑤2023 年 12 月 31 日，支付第三期租金及增值税。

借：租赁负债——租赁付款额   1 000 000

   应交税费——应交增值税（进项税额）   130 000

   贷：银行存款   1 130 000

⑥2023 年 1～12 月，每月分摊未确认融资费用时，计入当期财务费用：

74 070.56÷12＝6 172.55（元）

借：财务费用   6 172.55

   贷：租赁负债——未确认融资费用   6 172.55

（3）计提使用权资产折旧的会计处理。

第一步，新修订的《企业会计准则第 2 号——租赁》规定，承租人能够合理确定租赁期届满时取得租赁资产所有权的，应当在租赁资产剩余使用寿命内计提折旧。无法合理确定租赁期届满时能够取得租赁资产所有权的，应当在租赁期与租赁资产剩余使用寿命两者孰短的期间内计提折旧。

本例中，根据租赁合同的规定，由于 A 公司无法合理确定在租赁期届满时能够取得租赁资产的所有权，因此，应当在租赁期与使用权资产尚可使用年限两者中较短的期间内计提折旧。租赁期为 3 年，短于使用权资产尚可使用年限 5 年，因此，使用权资产应按 3 年计提折旧，并按月计提折旧。

第二步，会计处理如下：

①2021 年 1 月，计提本月折旧＝2 587 100÷36＝71 863.89（元）。

借：制造费用——折旧费   71 863.89

   贷：使用权资产累计折旧   71 863.89

②2021 年 2 月～2023 年 12 月的会计分录同上。

（4）或有租金的会计处理。

①2022 年 12 月 31 日，根据合同规定应向 B 公司确认并支付可变租赁付款额经营（分享收入）100 000 元及增值税。

借：销售费用　　　　　　　　　　　　　　　　　　　　100 000

　　　应交税费——应交增值税（进项税额）　　　　　　13 000

　　　　贷：银行存款　　　　　　　　　　　　　　　　113 000

②2023 年 12 月 31 日，根据合同规定应向 B 公司确认并支付可变租赁付款额经营（分享收入）150 000 元及增值税。

借：销售费用　　　　　　　　　　　　　　　　　　　　150 000

　　　应交税费——应交增值税（进项税额）　　　　　　19 500

　　　　贷：银行存款　　　　　　　　　　　　　　　　169 500

（5）租赁期届满时的会计处理。2023 年 12 月 31 日，将该程控生产线退还 B 公司，将"使用权资产"科目余额与"使用权资产累计折旧"科目余额进行对冲：

借：使用权资产累计折旧　　　　　　　　　　　　　　　2 587 100

　　　贷：使用权资产　　　　　　　　　　　　　　　　2 587 100

（6）2021～2023 年度租赁业务税会差异如表 5-37 所示。

表 5-37　　　　　　　　　　　　租赁业务支出税会差异　　　　　　　　　　　单位：元

项目	财务费用	制造费用	销售费用	租金支出及手续费	税会差异
2021 年	206 168.00	862 366.67		1 010 000	58 534.67
2022 年	142 661.44	862 366.67	100 000	1 100 000	5 028.11
2023 年	74 070.56	862 366.66	150 000	1 150 000	-63 562.78
合计	422 900.00	2 587 100.00		3 260 000	0

（7）2021～2023 年度租赁业务企业所得税纳税申报表填报实务如表 5-38～表 5-40 所示。

表 5-38　　　　　　　　　　　　纳税调整项目明细表（2021 年）　　　　　　　　　　　A105000

行次	项目	账载金额	税收金额	调增金额	调减金额
		1	2	3	4
31	三、资产类调整项目（32+33+34+35）	*	*		
35	（四）其他	1 068 534.67	1 010 000	58 534.67	

表 5-39　　　　　　　　　　　　纳税调整项目明细表（2022 年）　　　　　　　　　　　A105000

行次	项目	账载金额	税收金额	调增金额	调减金额
		1	2	3	4
31	三、资产类调整项目（32+33+34+35）	*	*		
35	（四）其他	1 105 028.11	1 100 000	5 028.11	

表 5-40　　　　　　　　　　　　纳税调整项目明细表（2023 年）　　　　　　　　　　　A105000

行次	项目	账载金额	税收金额	调增金额	调减金额
		1	2	3	4
31	三、资产类调整项目（32+33+34+35）	*	*		
35	（四）其他	1 086 437.23	1 150 000		63 562.76

假设该租赁业务在企业所得税处理时判断属于融资租赁，按照《企业所得税法实施条例》第五十八条第（三）项的规定，融资租入的固定资产，以租赁合同约定的付款总额和承租人在签订租赁合同过程中发生的相关费用为计税基础，租赁合同未约定付款总额的，以该资产的公允价值和承租人在签订租赁合同过程中发生的相关费用为计税基础。本例中，租赁合同约定的付款总额为 300 万元（100×3），承租人在签订租赁合同过程中发生的相关费用为 1 万元，该生产线的计税基础为 301 万元，按照《企业所得税法实施条例》第四十七条第（二）项的规定，以融资租赁方式租入固定资产发生的租赁费支出，按照规定构成融资租入固定资产价值的部分应当提取折旧费用，分期扣除。按照年限平均法计算该生产线的计税基础为 301 万元，分 3 年计算折旧费用 100.33 万元（301/3）分期在税前扣除。在这种情况下，会计和税务处理也存在差异，需要每年进行纳税调整。

第三节 《资产损失税前扣除及纳税调整明细表》填报实务与案例解析

一、《资产损失税前扣除及纳税调整明细表》格式与填报要点

具体格式如表 5-41 所示。

表 5-41　　　　　　　　资产损失税前扣除及纳税调整明细表　　　　　　　A105090

行次	项目	资产损失直接计入本年损益金额	资产损失准备金核销金额	资产处置收入	赔偿收入	资产计税基础	资产损失的税收金额	纳税调整金额
		1	2	3	4	5	6（5-3-4）	7
1	一、现金及银行存款损失		*					
2	二、应收及预付款项坏账损失							
3	其中：逾期三年以上的应收款项损失							
4	逾期一年以上的小额应收款项损失							
5	三、存货损失							
6	其中：存货盘亏、报废、损毁、变质或被盗损失							
7	四、固定资产损失							
8	其中：固定资产盘亏、丢失、报废、损毁或被盗损失							
9	五、无形资产损失							
10	其中：无形资产转让损失							

续表

行次	项目	资产损失直接计入本年损益金额	资产损失准备金核销金额	资产处置收入	赔偿收入	资产计税基础	资产损失的税收金额	纳税调整金额
		1	2	3	4	5	6 (5-3-4)	7
11	无形资产被替代或超过法律保护期限形成的损失							
12	六、在建工程损失		*					
13	其中：在建工程停建、报废损失		*					
14	七、生产性生物资产损失							
15	其中：生产性生物资产盘亏、非正常死亡、被盗、丢失等产生的损失							
16	八、债权性投资损失（17+23）							
17	（一）金融企业债权性投资损失（18+22）							
18	1. 贷款损失							
19	其中：符合条件的涉农和中小企业贷款损失							
20	其中：单户贷款余额300万元（含）以下的贷款损失							
21	单户贷款余额300万元至1 000万元（含）的贷款损失							
22	2. 其他债权性投资损失							
23	（二）非金融企业债权性投资损失							
24	九、股权（权益）性投资损失							
25	其中：股权转让损失							
26	十、通过各种交易场所、市场买卖债券、股票、期货、基金以及金融衍生产品等发生的损失							
27	十一、打包出售资产损失							
28	十二、其他资产损失							
29	合计（1+2+5+7+9+12+14+16+24+26+27+28）							
30	其中：分支机构留存备查的资产损失							

本表适用于发生资产损失税前扣除项目及纳税调整项目的纳税人填报。纳税人根据税法、《财政部 国家税务总局关于企业资产损失税前扣除政策的通知》（财税〔2009〕57号）、《国家税务总局关于发布〈企业资产损失所得税税前扣除管理办法〉的公告》（国家税务总局公告2011年第25号、国家税务总局公告2018年第31号修改）、《国家税务总局关于商业零售企业存货损失税前扣除问题的公告》（国家税务总局公告2014年第3号）、《国家税务总局关于企业因国务院决定事项形成的资产损失税前扣除问题的公告》（国家税务总局公告2014年第18号）、《财政部 税务总局关于金

融企业涉农贷款和中小企业贷款损失准备金税前扣除有关政策的公告》（财政部 税务总局公告 2019 年第 85 号）、《财政部 税务总局关于金融企业贷款损失准备金企业所得税税前扣除有关政策的公告》（财政部 税务总局公告 2019 年第 86 号）、《国家税务总局关于金融企业涉农贷款和中小企业贷款损失税前扣除问题的公告》（国家税务总局公告 2015 年第 25 号）、《国家税务总局关于企业所得税资产损失资料留存备查有关事项的公告》（国家税务总局公告 2018 年第 15 号）等相关规定，以及国家统一企业会计制度，填报资产损失的会计处理、税收规定，以及纳税调整情况。

2020 年版表 A105090 为进一步明确数据项填报口径进行了如下修订：一是将第 1 列名称修改为"资产损失直接计入本年损益金额"；二是新增第 2 列"资产损失准备金核销金额"和第 18 行"贷款损失"；三是将第 7 列"纳税调整金额"填报说明修改为政策性银行、商业银行、财务公司、城乡信用社、金融租赁公司以及经省级金融管理部门（金融办、局等）批准成立的小额贷款公司第 1 至 15 行、第 24 至 26 行、第 28 行填报第 1－6 列金额，第 17 至 22 行、第 27 行填报第 1＋2－6 列金额。其他企业填报第 1－6 列金额。修订后 A105090 表能够反映会计核算计入当期损益的资产损失和通过转销以前计提资产减值准备金的损失金额，使填报数据能更加完整、清晰地反映出企业会计核算的各类资产损失构成和结果。

二、《资产损失税前扣除及纳税调整明细表》填报实务

【案例 5－25】正常经营管理活动中，按照公允价格销售、转让、变卖非货币资产的损失。海成通电子商贸公司因一批电子产品质量问题以低于成本价的价格出售一批商品，实际成本为 12 万元，实际销售价格为 10 万元（不含税），增值税税率为 13%，该批商品以前年度计提存货跌价准备为 1 万元。会计和税务处理如下：

借：银行存款		113 000
贷：主营业务收入		100 000
应交税费——应交增值税（销项税额）		13 000
借：主营业务成本		110 000
存货跌价准备		10 000
贷：库存商品		120 000

会计处理确认存货销售损失 = 110 000 - 100 000 = 10 000（元），税务处理确认存货转让损失 = 120 000 - 100 000 = 20 000（元），税会差异为 10 000 元（20 000 - 10 000），年度汇算清缴时应进行纳税调减 10 000 元。企业所得税年度纳税申报表填报实务如表 5－42 和表 5－43 所示。

表 5 – 42   **资产损失税前扣除及纳税调整明细表**   A105090

行次	项目	资产损失直接计入本年损益金额	资产损失准备金核销金额	资产处置收入	赔偿收入	资产计税基础	资产损失的税收金额	纳税调整金额
		1	2	3	4	5	6（5－3－4）	7
5	三、存货损失	10 000	10 000	100 000	0	120 000	20 000	－ 10 000
6	其中：存货盘亏、报废、损毁、变质或被盗损失							

表 5 – 43   **纳税调整项目明细表**   A105000

行次	项目	账载金额	税收金额	调增金额	调减金额
		1	2	3	4
30	三、资产类调整项目（31＋32＋33＋34）	＊	＊		
34	（三）资产损失（填写 A105090）	＊	＊		10 000

【案例 5 – 26】承〖案例 5 – 25〗假设该批库存商品以前年度计提存货跌价准备 3 万元，其他条件不变。会计和税务处理如下：

借：银行存款   113 000

    贷：主营业务收入   100 000

       应交税费——应交增值税（销项税额）   13 000

借：主营业务成本   90 000

    存货跌价准备   30 000

    贷：库存商品   120 000

会计处理确认损失 ＝ 90 000 － 100 000 ＝ － 10 000（元），税务处理确认存货转让损失 ＝ 120 000 － 100 000 ＝ 20 000（元），税会处理差异 － 30 000 元，年度汇算清缴时应进行纳税调减 30 000 元。企业所得税年度纳税申报表填报实务如表 5 – 44 和表 5 – 45 所示。

表 5 – 44   **资产损失税前扣除及纳税调整明细表**   A105090

行次	项目	资产损失直接计入本年损益金额	资产损失准备金核销金额	资产处置收入	赔偿收入	资产计税基础	资产损失的税收金额	纳税调整金额
		1	2	3	4	5	6（5－3－4）	7
5	三、存货损失	－ 10 000	30 000	100 000	0	120 000	20 000	－ 30 000
6	其中：存货盘亏、报废、损毁、变质或被盗损失							

表 5 - 45 　　　　　　　　　　　　**纳税调整项目明细表** 　　　　　　　　A105000

行次	项目	账载金额	税收金额	调增金额	调减金额
		1	2	3	4
30	三、资产类调整项目（31＋32＋33＋34）	*	*		
34	（三）资产损失（填写 A105090）	*	*		30 000

【**案例 5 - 27**】某企业将原值 360 000 元、已提折旧 200 000 元的不动产出售，经商定作价 150 000 元（不含税），增值税征收率为 5%，实际收到价税合计 157 500 元，发生清理费用 1 000 元，有关款项已通过银行收支，转让时该固定资产的计税基础为 180 000 元。会计和税务处理如下。

①固定资产转入清理。

借：固定资产清理　　　　　　　　　　　　　　　160 000

　　累计折旧　　　　　　　　　　　　　　　　　200 000

　　　贷：固定资产　　　　　　　　　　　　　　　　　360 000

②支付清理费用 1 000 元。

借：固定资产清理　　　　　　　　　　　　　　　　1 000

　　　贷：银行存款　　　　　　　　　　　　　　　　　　1 000

③计算应缴纳的增值税。

150 000 × 5% ＝ 7 500（元）

借：固定资产清理　　　　　　　　　　　　　　　　7 500

　　　贷：应交税费——简易计税　　　　　　　　　　　　7 500

④收到出售固定资产的价款。

借：银行存款　　　　　　　　　　　　　　　　　157 500

　　　贷：固定资产清理　　　　　　　　　　　　　　　157 500

⑤结转清理净损失。

借：资产处置损益——处置非流动资产损失　　　　11 000

　　　贷：固定资产清理　　　　　　　　　　　　　　　11 000

税务处理：确认资产损失 ＝ 15.75 - 0.75 - 18 - 0.1 ＝ -3.1（万元），企业所得税年度纳税申报表填报实务如表 5 - 46 和表 5 - 47 所示。

表 5 - 46 　　　　　　　**资产损失税前扣除及纳税调整明细表** 　　　　　　A105090

行次	项目	资产损失直接计入本年损益金额	资产损失准备金核销金额	资产处置收入	赔偿收入	资产计税基础	资产损失的税收金额	纳税调整金额
		1	2	3	4	5	6（5-3-4）	7
7	四、固定资产损失	11 000		149 000	0	180 000	31 000	-20 000
8	其中：固定资产盘亏、丢失、报废、损毁或被盗损失							

表 5 - 47　　　　　　　　　　纳税调整项目明细表　　　　　　　　A105000

行次	项目	账载金额	税收金额	调增金额	调减金额
		1	2	3	4
30	三、资产类调整项目（31 + 32 + 33 + 34）	*	*		
33	（三）资产损失（填写 A105090）	*	*		20 000

【案例 5 - 28】甲公司有一台设备（"营改增"试点之前购入当时并未抵扣其进项税额），因使用期满已丧失使用功能经批准报废。该设备原价为 186 700 元，累计已计提折旧 177 080 元，已计提固定资产减值准备为 2 500 元。在报废清理过程中，以银行存款支付清理费用 5 000 元，收到残料变卖收入为 6 500 元（不含税），符合税收政策规定按照简易计税方式计税，假设该固定资产原值和累计折旧无税会差异。甲公司的会计和税务处理如下。

①固定资产转入清理。

借：固定资产清理　　　　　　　　　　　　　　　　7 120

　　累计折旧　　　　　　　　　　　　　　　　　177 080

　　固定资产减值准备　　　　　　　　　　　　　　2 500

　　　贷：固定资产　　　　　　　　　　　　　　　　　　186 700

②发生清理费用。

借：固定资产清理　　　　　　　　　　　　　　　　5 000

　　　贷：银行存款　　　　　　　　　　　　　　　　　　5 000

③收到固定资产残料变价收入。

借：银行存款　　　　　　　　　　　　　　　　　　6 630

　　　贷：固定资产清理　　　　　　　　　　　　　　　　6 630

④按照《财政部、国家税务总局关于全面推开营业税改征增值税试点的通知》（财税〔2016〕36 号）的规定，一般纳税人销售自己使用过的、纳入"营改增"试点之日前取得的固定资产，按照现行旧货相关增值税政策执行。即按照简易办法依照 3% 征收率，减按 2% 征收增值税。纳税人销售旧货，应开具普通发票，不得自行开具或者由税务机关代开增值税专用发票。

a. 借：固定资产清理（6 500 ×3%）　　　　　　　　195

　　　贷：应交税费——简易计税（计提）　　　　　　　195

b. 按简易办法依照 3% 的征收率，计算减征 1% 的增值税。

借：应交税费——简易计税（扣减）（6 500 ×1%）　65

　　　贷：固定资产清理　　　　　　　　　　　　　　　65

c. 按简易办法依照 3% 的征收率，减按 2% 计算缴纳增值税。

借：应交税费——简易计税（缴纳）（6 500×2%）　　　　　　130

　　贷：银行存款　　　　　　　　　　　　　　　　　　　　　　130

⑤结转固定资产净损益。按照《财政部关于修订印发〈一般企业财务报表格式〉的通知》（财会〔2019〕6 号）及其《解读》的规定，非流动资产毁损报废损失在"营业外支出"行项目反映。这里的"毁损报废损失"通常包括因自然灾害发生毁损、已丧失使用功能等原因而报废清理产生的损失。

借：营业外支出——处置非流动资产损失　　　　　　　　　5 620

　　贷：固定资产清理　　　　　　　　　　　　　　　　　　　5 620

税务处理：固定资产报废损失 = 6 630 - (186 700 - 177 080) - 5 000 - 130 = - 8 120（元）。企业所得税年度纳税申报表填报实务如表 5 - 48 和表 5 - 49 所示（单位：元）。

表 5 - 48　　　　　　　资产损失税前扣除及纳税调整明细表　　　　　　　A105090

行次	项目	资产损失直接计入本年损益金额	资产损失准备金核销金额	资产处置收入	赔偿收入	资产计税基础	资产损失的税收金额	纳税调整金额
		1	2	3	4	5	6 (5 - 3 - 4)	7
7	四、固定资产损失	5 620	2 500	1 500	0	9 620	8 120	- 2 500
8	其中：固定资产盘亏、丢失、报废、损毁或被盗损失	5 620	2 500	1 500	0	9 620	8 120	- 2 500

表 5 - 49　　　　　　　　　　　纳税调整项目明细表　　　　　　　　　　　A105000

行次	项目	账载金额	税收金额	调增金额	调减金额
		1	2	3	4
31	三、资产类调整项目（31 + 32 + 33 + 34）	*	*		
34	（三）资产损失（填写 A105090）	*	*		2 500

【案例 5 - 29】甲公司 2020 年 1 月购进原材料一批，不含税实际成本为 20 万元，增值税税率为 13%，已申报抵扣增值税进项税额 2.6 万元。由于该批原材料管理不善露天堆放导致大部分发生霉烂变质无法使用，经过清理后将剩余原料变价出售，取得残料清理销售收入 5 万元（含税价），增值税税率为 13%。会计和税务处理如下：

①非正常损失原材料的增值税处理。按照《增值税暂行条例》第十条第二款的规定，非正常损失的购进货物以及相关的劳务和交通运输服务的进项税额不得从销项税额中抵扣。需要注意的是，《国家税务总局关于取消增值税扣税凭证认证确认期限等增值税征管问题的公告》（国家税务总局公告 2019 年第 45 号）第一条规定，自 2020 年 3 月 1 日起，增值税一般纳税人取得 2017 年 1 月 1 日及以后开具的增值税专用发票、海关进口增值税专用缴款书、机动车销售统一发票、收费公路通行费增值税电子普通发票，取消认证确认、稽核比对、申报抵扣的期限。纳税人在进行增值税纳税申报时，

应当通过本省（自治区、直辖市和计划单列市）增值税发票综合服务平台对上述扣税凭证信息进行用途确认。

增值税一般纳税人取得 2016 年 12 月 31 日及以前开具的增值税专用发票、海关进口增值税专用缴款书、机动车销售统一发票，超过认证确认、稽核比对、申报抵扣期限，但符合规定条件的，仍可按照《国家税务总局关于逾期增值税扣税凭证抵扣问题的公告》（国家税务总局公告 2011 年第 50 号，国家税务总局公告 2017 年第 36 号、2018 年第 31 号修改）、《国家税务总局关于未按期申报抵扣增值税扣税凭证有关问题的公告》（国家税务总局公告 2011 年第 78 号，国家税务总局公告 2018 年第 31 号修改）的规定，继续抵扣进项税额。

本例中，发生原材料非正常损失时，应将原材料实际损失的部分作进项税额转出处理：实际损失的原材料价值 = 200 000 − 50 000 ÷（1 + 13%）= 155 752.21（元），非正常损失原材料相应的需要进项税额转出额 = 155 752.21 × 13% = 20 247.79（元）。

借：待处理财产损溢　　　　　　　　　　　　　　176 000
　　贷：原材料　　　　　　　　　　　　　　155 752.21
　　　　应交税费——应交增值税（进项税额转出）　　20 247.79

②取得清理部分原材料不含税收入 = 50 000 ÷（1 + 13%）= 44 247.79（元），计算缴纳增值税税额 = 44 247.79 × 13% = 5 752.21（元）。

借：银行存款　　　　　　　　　　　　　　　　50 000
　　贷：其他业务收入　　　　　　　　　　　　44 247.79
　　　　应交税费——应交增值税（销项税额）　　5 752.21

③同时，结转该部分出售材料成本 = 200 000 − 155 752.21 = 44 247.79（元）。

借：其他业务成本　　　　　　　　　　　　　　44 247.79
　　贷：原材料　　　　　　　　　　　　　　44 247.79

④结转发生原材料净损失 176 000 元。

借：管理费用　　　　　　　　　　　　　　　176 000
　　贷：待处理财产损溢　　　　　　　　　　　176 000

⑤企业所得税年度纳税申报表填报实务如表 5 - 50 所示。

表 5 - 50　　　　　　资产损失税前扣除及纳税调整明细表　　　　A105090

行次	项目	资产损失直接计入本年损益金额	资产损失准备金核销金额	资产处置收入	赔偿收入	资产计税基础	资产损失的税收金额	纳税调整金额
		1	2	3	4	5	6 (5−3−4)	7
5	三、存货损失	176 000		44247.79	0	220 247.79	176 000	0
6	其中：存货盘亏、报废、损毁、变质或被盗损失	176 000		44 247.79	0	220 247.79	176 000	0

【案例 5 - 30】文娇工业公司在进行 2024 年企业所得税汇算清缴时，发现 2023 年有一批库存商品因管理不善被盗，该批库存商品的非正常损失实际成本为 40 万元。已知 2023 年总共耗用存货实际成本 500 万元，全年生产成本金额 800 万元。2023 年 12 月 20 日经董事会批准，会计核算上作了实际资产损失处理，但由于工作人员疏忽未向税务机关申报扣除。假设该公司 2023 年和 2024 年会计利润相同，经纳税调整后，2023 年应纳税所得额为 10 万元，2024 年应纳税所得额为 50 万元。假设增值税税率为 13%，企业所得税税率为 25%。该企业执行《企业会计准则》，会计处理和税务处理如下（单位：万元）。

①2023 年进项税额转出会计处理：按照《增值税暂行条例》第十条第二款的规定，非正常损失的购进货物以及相关的劳务和交通运输服务的进项税额不得从销项税额中抵扣。被盗库存商品的进项税转出额 =（库存商品的损失金额 × 全年耗用存货金额 ÷ 全年生产成本金额）× 增值税税率 =（40 × 500 ÷ 800）× 13% = 25 × 13% = 3.25（万元）。

借：待处理财产损溢   43.25

  贷：库存商品   40

    应交税费——应交增值税（进项税额转出） 3.25

②2023 年 12 月 20 日经董事会批准确认资产损失。

借：营业外支出   43.25

  贷：待处理财产损溢   43.25

③税务处理：按照《企业资产损失所得税税前扣除管理办法》（国家税务总局公告 2011 年第 25 号）规定，企业因以前年度实际资产损失未在税前扣除而多缴的企业所得税税款，可在追补确认年度企业所得税应纳税款中予以抵扣，不足抵扣的，向以后年度递延抵扣。企业实际资产损失发生年度扣除追补确认的损失后出现亏损的，应先调整资产损失发生年度的亏损额，再按弥补亏损的原则计算以后年度多缴的企业所得税税款，并按前款办法进行税务处理。

本例中，2023 年实际资产损失 43.25 万元追补确认期限未超过 5 年，应向税务机关进行专项申报，该企业确认的资产损失的计税基础符合税法规定，准予追补至 2023 年度全额扣除，追补后 2023 年按照税法规定计算的亏损额 = 43.25 - 10 = 33.25（万元）。所以导致 2023 年多缴税款 = 10 × 25% = 2.5（万元），2024 年应纳企业所得税 =（50 - 33.25）× 25% = 4.1875（万元）。多缴的税款 2.5 万元可在 2024 年度企业所得税应纳税款中予以抵扣。2024 年实际应纳企业所得税 = 4.1875 - 2.5 = 1.6875（万元）。

【案例 5 - 31】承【案例 5 - 30】，假设上述被盗的库存产品已计提存货跌价准备 5 万元，其余资料同上例。2023 年会计和税务处理如下（单位：万元）：

借：待处理财产损溢	38.25
存货跌价准备	5
贷：库存商品	40
应交税费——应交增值税（进项税额转出）	3.25
借：营业外支出	38.25
贷：待处理财产损溢	38.25

税务处理：2023 年会计上确认的资产损失 38.25 万元追补确认期限未超过 5 年，应向税务机关进行专项申报，经认定，存货跌价准备包含在毁损库存商品的账面价值中，其库存商品损失的计税基础应为 43.25 万元（38.25＋5），准予追补至 2023 年度扣除 43.25 万元资产损失。税务处理同上例。

【案例 5－32】 2024 年 3 月，德新商贸公司实际发生坏账损失 80 万元，8 月收回以前年度已确认坏账损失 150 万元，2024 年末计提坏账准备 20 万元，该公司执行《企业会计准则》。

分析：《企业所得税法实施条例》第二十二条规定，已作坏账损失处理后又收回的应收款项属于收入总额中的其他收入。本例中，收回以前年度已确认坏账损失的应收账款 150 万元，应计入 2024 年度收入总额，但会计核算时冲减坏账准备，在 2024 年度汇算清缴时应进行纳税调增。发生实际的应收账款坏账损失，企业按照《企业资产损失所得税税前扣除管理办法》（国家税务总局公告 2011 年第 25 号）相关规定，留存资产损失的证据资料并进行纳税申报税前扣除。2024 年度计提没有发生的坏账准备 20 万元，属于未经核定的准备金，不得税前扣除。从上述案例可以看出，应收账款的坏账损失，应遵循企业会计准则规定进行会计核算，同时，应严格按照税收文件的相关规定计算税前扣除的资产损失，在企业所得税汇算清缴纳税申报时税前扣除，并留存资产损失相关证据资料，否则容易产生涉税风险问题。会计和税务处理如下（单位：万元）。

①确定实际发生坏账损失时：

借：坏账准备	80
贷：应收账款	80

②收回以前年度已确认坏账损失时：

借：应收账款	150
贷：坏账准备	150
借：银行存款	150
贷：应收账款	150

③年末计提坏账准备时：

借：信用减值损失	20

贷：坏账准备　　　　　　　　　　　　　　　　　　　　　　　　20

④企业所得税年度纳税申报表填报实务如表5－51和表5－52所示。

表5－51　　　　　　资产损失税前扣除及纳税调整明细表（2024年）　　　　　A105090

行次	项目	资产损失直接计入本年损益金额	资产损失准备金核销金额	资产处置收入	赔偿收入	资产计税基础	资产损失的税收金额	纳税调整金额
		1	2	3	4	5	6(5－3－4)	7
2	二、应收及预付款项坏账损失	0	80	0	0	80	80	－80

表5－52　　　　　　　　纳税调整项目明细表（2024年）　　　　　　　　A105000

行次	项目	账载金额	税收金额	调增金额	调减金额
		1	2	3	4
11	（九）其他	0	150	150	0
33	（二）资产减值准备金	20	＊	20	0
34	（三）资产损失（填写A105090）	＊	＊	0	80

【案例5－33】2024年1月初，海湘餐饮有限公司外购大量新鲜食材，准备春节期间给客户提供餐饮服务，假设采购时已取得增值税专用发票，不含税价格500万元，增值税进项税额45万元，已取得农业合作社自产自销农产品销售发票注明买价100万元，计算抵扣进项税额为9万元。但是，2024年1月25日以后，该企业受到自然灾害影响停业停工三个月，导致上述新鲜食材已经超过保质期后无法食用，2024年3月该企业将上述原料发生的资产损失全部清理处置。会计和税务处理如下（单位：万元）。

①2024年1月外购新鲜食材。

借：原材料　　　　　　　　　　　　　　　　　　　　　　　591

　　应交税费——应交增值税（进项税额）　　　　　　　　54

　　贷：银行存款　　　　　　　　　　　　　　　　　　　　645

②2024年3月清理因自然灾害导致的外购食材损失时，由于不属于现行增值税相关规定的非正常损失情形，不需要做进项税额转出。

借：待处理财产损溢　　　　　　　　　　　　　　　　　　591

　　贷：原材料　　　　　　　　　　　　　　　　　　　　591

借：营业外支出——非常损失　　　　　　　　　　　　　　591

　　贷：待处理财产损溢　　　　　　　　　　　　　　　　591

③2024年企业所得税汇算时，因自然灾害导致的外购新鲜食材发生的资产损失申报后全额税前扣除，税会处理虽然无差异，但该企业应填报A105090《填报资产损失税前扣除及纳税调整明细表》履行资产损失申报义务，资产损失相关资料留存备查。企业所得税年度纳税申报表填报实务如表5－53和表5－54所示。

表 5－53　　　　　　　　　纳税调整项目明细表（2024 年）　　　　　　　　A105000

行次	项目	账载金额	税收金额	调增金额	调减金额
		1	2	3	4
31	三、资产类调整项目（32＋33＋34＋35）	＊	＊		
34	（三）资产损失（填写 A105090）	＊	＊		

表 5－54　　　　　　资产损失税前扣除及纳税调整明细表（2024 年）　　　　　　A105090

行次	项目	资产损失直接计入本年损益金额	资产损失准备金核销金额	资产处置收入	赔偿收入	资产计税基础	资产损失的税收金额	纳税调整金额
		1	2	3	4	5	6（5－3－4）	7
5	三、存货损失	591		0	0	591	591	0
6	其中：存货盘亏、报废、损毁、变质或被盗损失	591		0	0	591	591	0

第六章

《纳税调整项目明细表》特殊事项和《企业所得税弥补亏损明细表》填报实务与案例解析

第一节 《企业重组及递延纳税事项纳税调整明细表》填报实务与案例解析

一、《企业重组及递延纳税事项纳税调整明细表》格式与填报要点

具体格式如表 6 – 1 所示。

表 6 – 1 　　　　　　　　企业重组及递延纳税事项纳税调整明细表　　　　　　A105100

行次	项目	一般性税务处理			特殊性税务处理（递延纳税）			纳税调整金额
		账载金额	税收金额	纳税调整金额	账载金额	税收金额	纳税调整金额	
		1	2	3 (2 – 1)	4	5	6 (5 – 4)	7 (3 + 6)
1	一、债务重组							
2	其中：以非货币性资产清偿债务							
3	债转股							
4	二、股权收购							
5	其中：涉及跨境重组的股权收购							
6	三、资产收购							
7	其中：涉及跨境重组的资产收购							
8	四、企业合并（9 + 10）							

续表

行次	项目	一般性税务处理			特殊性税务处理（递延纳税）			纳税调整金额
		账载金额	税收金额	纳税调整金额	账载金额	税收金额	纳税调整金额	
		1	2	3（2-1）	4	5	6（5-4）	7（3+6）
9	（一）同一控制下企业合并							
10	（二）非同一控制下企业合并							
11	五、企业分立							
12	六、非货币性资产对外投资							
13	七、技术入股							
14	八、股权划转、资产划转							
15	九、其他							
16	合计（1+4+6+8+11+12+13+14+15）							

本表适用于发生企业重组、非货币性资产对外投资、技术入股等业务的纳税人填报。纳税人发生企业重组事项的，在企业重组日所属纳税年度分析填报。纳税人根据税法、《财政部、国家税务总局关于企业重组业务企业所得税处理若干问题的通知》（财税〔2009〕59号）、《国家税务总局关于发布〈企业重组业务企业所得税管理办法〉的公告》（国家税务总局公告2010年第4号）、《财政部、国家税务总局关于中国（上海）自由贸易试验区内企业以非货币性资产对外投资等资产重组行为有关企业所得税政策问题的通知》（财税〔2013〕91号）、《财政部、国家税务总局关于非货币性资产投资企业所得税政策问题的通知》（财税〔2014〕116号）、《财政部、国家税务总局关于促进企业重组有关企业所得税处理问题的通知》（财税〔2014〕109号）、《国家税务总局关于非货币性资产投资企业所得税有关征管问题的公告》（国家税务总局公告2015年第33号）、《国家税务总局关于资产（股权）划转企业所得税征管问题的公告》（国家税务总局公告2015年第40号）、《国家税务总局关于企业重组业务企业所得税征收管理若干问题的公告》（国家税务总局公告2015年第48号）、《财政部、国家税务总局关于完善股权激励和技术入股有关所得税政策的通知》（财税〔2016〕101号）、《国家税务总局关于股权激励和技术入股所得税征管问题的公告》（国家税务总局公告2016年第62号）等相关规定，以及国家统一企业会计制度，填报企业重组、非货币资产对外投资、技术入股等业务的会计核算及税法规定，以及纳税调整情况。

对于发生债务重组业务且选择特殊性税务处理（即债务重组所得可以在5个纳税年度均匀计入应纳税所得额）的纳税人，重组日所属纳税年度的以后纳税年度，也在本表进行债务重组的纳税调整。除上述债务重组所得可以分期确认应纳税所得额的企业重组外，其他涉及资产计税基础与会计核算成本差异调整的企业重组，本表不作调整，在A105080《资产折旧、摊销及纳税调整明细表》进行纳税调整。

2017年版与2014年版A105100《企业重组及递延纳税事项纳税调整明细表》相比，增加了"技术入股""股权划转、资产划转"等内容。

二、《企业重组及递延纳税事项纳税调整明细表》具体填报实务与案例解析

【案例6-1】2021年10月，甲公司因赊购乙公司商品欠乙公司货款价税合计300万元，赊购合同约定3个月内偿还，甲公司会计核算将其分类为以摊余成本计量的金融负债，乙公司会计核算将其分类为以摊余成本计量的金融资产，已对该项应收账款计提坏账准备50 000元。2022年10月，由于甲公司资金周转发生困难，经双方协商并签订债务重组协议，甲公司以其持有的控股子公司A公司的部分股权投资偿还债务270万元，其余30万元债务由乙公司豁免不再偿还。该项长期股权投资的账面价值与计税基础均为250万元，公允价值270万元。该债务重组具有合理的商业目的，且不以减少、免除或者推迟缴纳税款为主要目的。甲公司当年实现应纳税所得额50万元，适用企业所得税税率25%。甲公司和乙公司均执行《企业会计准则》。会计和税务处理如下：

①债务人甲公司会计处理。

借：应付账款   3 000 000

    贷：长期股权投资   2 500 000

        其他收益——债务重组收益   500 000

②税务处理。按照《财政部、国家税务总局关于企业重组业务企业所得税处理若干问题的通知》（财税〔2009〕59号）规定，企业债务重组业务同时符合文件第五条规定条件的，可以按以下规定进行特殊性税务处理：企业债务重组确认的应纳税所得额占该企业当年应纳税所得额50%以上，可以在5个纳税年度的期间内，均匀计入各年度的应纳税所得额。甲公司当年应纳税所得额40万元，30÷50×100%=60%>50%，甲公司选择特殊性税务处理，即债务重组所得可以在5个纳税年度均匀计入应纳税所得额。

企业所得税年度纳税申报表填报实务如表6-2~表6-5所示（单位：万元）

表6-2   企业重组及递延纳税事项纳税调整明细表（2022年）   A105100

行次	项目	一般性税务处理			特殊性税务处理（递延纳税）			纳税调整金额
		账载金额	税收金额	纳税调整金额	账载金额	税收金额	纳税调整金额	
		1	2	3(2-1)	4	5	6(5-4)	7(3+6)
1	一、债务重组				500 000	260 000	-240 000	-240 000
2	其中：以非货币性资产清偿债务				500 000	260 000	-240 000	-240 000

表 6-3 纳税调整项目明细表（2022 年） A105000

行次	项目	账载金额	税收金额	调增金额	调减金额
		1	2	3	4
36	四、特殊事项调整项目（37 + 38 + … + 42）	*	*		240 000
37	（一）企业重组及递延纳税事项（填写 A105100）	500 000	260 000		240 000

表 6-4 企业重组及递延纳税事项纳税调整明细表（2023～2026 年） A105100

行次	项目	一般性税务处理			特殊性税务处理（递延纳税）			纳税调整金额
		账载金额	税收金额	纳税调整金额	账载金额	税收金额	纳税调整金额	
		1	2	3（2－1）	4	5	6（5－4）	7（3＋6）
1	一、债务重组				0	60 000	60 000	60 000
2	其中：以非货币性资产清偿债务				0	60 000	60 000	60 000

表 6-5 纳税调整项目明细表（2023～2026 年） A105000

行次	项目	账载金额	税收金额	调增金额	调减金额
		1	2	3	4
36	四、特殊事项调整项目（37 + 38 + … + 42）	*	*	60 000	
37	（一）企业重组及递延纳税事项（填写 A105100）	0	60 000	60 000	

按照《国家税务总局关于企业重组业务企业所得税征收管理若干问题的公告》（国家税务总局公告 2015 年第 48 号）附表《企业重组所得税特殊性税务处理报告表（债务重组）》填报说明规定，只有按照税法规定计算的债务重组所得部分可以适用特殊性税务处理，选择在 5 个纳税年度的期间内，均匀计入各年度的应纳税所得额；非货币资产转让所得应一次性计入当年应纳税所得额，不适用递延纳税政策。本例中，甲公司债务重组所得为 30 万元（300 - 270），适用特殊性税务处理，每年确认所得 6 万元（30/5）；股权投资转让所得为 20 万元（270 - 250），不适用递延纳税政策。

③债权人乙公司已对该项应收账款计提坏账准备 50 000 元。

借：长期股权投资 2 700 000

　　投资收益——以摊余成本计量的金融资产终止确认收益 250 000

　　坏账准备 50 000

　　贷：应收账款 3 000 000

④税务处理。按照资产损失申报后扣除，会计核算的损失 25 万元，税法计算申报扣除的资产损失 30 万元。企业所得税年度纳税申报表填报实务如表 6-6 所示。

表 6 - 6　　　　　资产损失税前扣除及纳税调整明细表（2022 年）　　　　A105090

行次	项目	资产损失直接计入本年损益金额	资产损失准备金核销金额	资产处置收入	赔偿收入	资产计税基础	资产损失的税收金额	纳税调整金额
		1	2	3	4	5	6(5-3-4)	7
2	二、应收及预付款项坏账损失	250 000	50 000	2 700 000		3 000 000	300 000	-50 000

【**案例 6 - 2**】承〖案例 6 - 1〗，假设甲公司给乙公司定向增发 10 万份每股面值 1 元、每股市价 27 元的普通股用于偿债，其他条件相同。

①甲公司会计处理。

借：应付账款　　　　　　　　　　　　　　　　　　　　　　 3 000 000

　　贷：股本　　　　　　　　　　　　　　　　　　　　　　　 100 000

　　　　资本公积（股本溢价）　　　　　　　　　　　　　　 2 600 000

　　　　投资收益——债务重组收益　　　　　　　　　　　　　 300 000

②甲公司税务处理。按照《财政部、国家税务总局关于企业重组业务企业所得税处理若干问题的通知》（财税〔2009〕59 号）规定，企业债务重组业务同时符合文件第五条规定条件的，可以按以下规定进行特殊性税务处理：企业发生债权转股权业务，对债务清偿和股权投资两项业务暂不确认有关债务清偿所得或损失，股权投资的计税基础以原债权的计税基础确定。企业的其他相关所得税事项保持不变。本例中，甲公司以债转股方式偿还债务，选择特殊性税务处理暂不确认有关债务清偿所得，因此，企业所得税汇算清缴时将会计核算计入"投资收益——债务重组收益"30 万元，进行纳税调减。

企业所得税年度纳税申报表填报实务如表 6 - 7 和表 6 - 8 所示。

表 6 - 7　　　　企业重组及递延纳税事项纳税调整明细表（2022 年）　　　A105100

行次	项目	一般性税务处理			特殊性税务处理（递延纳税）			纳税调整金额
		账载金额	税收金额	纳税调整金额	账载金额	税收金额	纳税调整金额	
		1	2	3(2-1)	4	5	6(5-4)	7 (3+6)
1	一、债务重组				300 000	0	-300 000	-300 000
3	债转股				300 000	0	-300 000	-300 000

表 6 - 8　　　　　　　　纳税调整项目明细表（2022 年）　　　　　　　A105000

行次	项目	账载金额	税收金额	调增金额	调减金额
		1	2	3	4
36	四、特殊事项调整项目（37 + 38 + … + 42）	*	*		300 000
37	（一）企业重组及递延纳税事项（填写 A105100）	300 000	0		300 000

③乙公司会计处理。

借：长期股权投资　　　　　　　　　　　　　　　　　　2 700 000

　　投资收益——以摊余成本计量的金融资产终止确认收益　250 000

　　坏账准备　　　　　　　　　　　　　　　　　　　　　50 000

　　贷：应收账款　　　　　　　　　　　　　　　　　　3 000 000

④乙公司税务处理。乙公司暂不确认债权投资损失30万元，同时长期股权投资的计税基础以原债权计税基础300万元确认。因此，企业所得税汇算清缴时将会计核算计入"投资收益——以摊余成本计量的金融资产终止确认收益"25万元，进行纳税调增。

企业所得税年度纳税申报表填报实务如表6-9和表6-10所示。

表6-9　　　　　　　企业重组及递延纳税事项纳税调整明细表（2022年）　　　　A105100

行次	项目	一般性税务处理			特殊性税务处理（递延纳税）			纳税调整金额
		账载金额	税收金额	纳税调整金额	账载金额	税收金额	纳税调整金额	
		1	2	3(2-1)	4	5	6(5-4)	7(3+6)
1	一、债务重组				-250 000	0	250 000	250 000
3	债转股				-250 000	0	250 000	250 000

表6-10　　　　　　　　　　纳税调整项目明细表（2022年）　　　　　　　　A105000

行次	项目	账载金额	税收金额	调增金额	调减金额
		1	2	3	4
36	四、特殊事项调整项目（37+38+…+42）	*	*	250 000	
37	（一）企业重组及递延纳税事项（填写A105100）	-250 000	0	250 000	

【案例6-3】甲公司于2021年1月1日销售给乙公司一批材料，价值452 000元（包括应收取的增值税税额），按购销合同约定，乙公司应于2021年10月31日前支付货款，但至2022年1月31日乙公司尚未支付货款。由于乙公司资金周转发生困难，短期内不能支付货款。2022年2月3日，与甲公司协商，甲公司同意乙公司以一台设备偿还债务。该项设备的账面原值为350 000元，已计提会计折旧50 000元，设备的债务重组日的公允价值为360 000元，初始计税基础350 000元，税收累计折旧30 000元。抵债设备已于2022年3月10日安装到甲公司车间并解除债权债务关系。甲公司2021年末计提坏账准备已经确认信用减值损失50 000元。假设抵债资产需要缴纳增值税46 800元，乙公司会计和税务处理如下。

①将固定资产净值转入固定资产清理。

借：固定资产清理　　　　　　　　　　　　　　　　　　300 000

　　　　累计折旧　　　　　　　　　　　　　　　　　　　　50 000

　　　　贷：固定资产　　　　　　　　　　　　　　　　　350 000

　　②计算缴纳销售固定资产相关增值税。

　　　　借：固定资产清理　　　　　　　　　　　　　　　　46 800

　　　　贷：应交税费——应交增值税（销项税额）　　　　　46 800

　　③确认债务重组利得。

　　　　借：应付账款　　　　　　　　　　　　　　　　　　452 000

　　　　贷：固定资产清理　　　　　　　　　　　　　　　346 800

　　　　　　其他收益——债务重组收益　　　　　　　　　105 200

　　④一般性税务处理。按照税法规定以非货币资产清偿债务，如果采用一般性税务处理，应当分解为转让相关非货币性资产、按非货币性资产公允价值清偿债务两项业务，确认相关资产的所得或损失。转让固定资产所得 = 360 000 - (350 000 - 30 000) = 40 000（元）；非货币性资产公允价值清偿债务所得 = 452 000 - (360 000 + 46 800) = 45 200（元），合计确认所得 = 40 000 + 45 200 = 85 200（元）。债务重组会计核算计入"其他收益——债务重组收益" 105 200 元，税务处理确认所得 85 200 元，税会差异为 20 000 元（105 200 - 85 200），该差异实际为乙公司债务重组前固定资产税前扣除折旧 30 000 元与会计核算折旧 50 000 元的差异，即重组前会计折旧大于税前扣除折旧纳税调增的 20 000 元，债务重组后该差异转回进行纳税调减 20 000 元。

　　企业所得税年度纳税申报表填报实务如表 6 - 11 所示。

表 6 - 11　　　　　　企业重组及递延纳税事项纳税调整明细表（2022 年）　　　　　A105100

行次	项目	一般性税务处理			特殊性税务处理（递延纳税）			纳税调整金额
		账载金额	税收金额	纳税调整金额	账载金额	税收金额	纳税调整金额	
		1	2	3(2 - 1)	4	5	6(5 - 4)	7 (3 + 6)
1	一、债务重组							
2	其中：以非货币性资产清偿债务	105 200	85 200	- 20 000				- 20 000

　　⑤特殊性税务处理。按照税法规定以非货币资产清偿债务，如果符合特殊性税务处理条件，企业债务重组确认的应纳税所得额占该企业当年应纳税所得额 50% 以上，可以在 5 个纳税年度的期间内，均匀计入各年度的应纳税所得额。本例中，假设甲公司 2022 年应纳税所得额为 8 万元，债务重组中转让固定资产所得 = 360 000 - (350 000 - 30 000) = 40 000（元），这部分资产转让所得不适用递延纳税政策，非货币性资产公允价值清偿债务所得 = 452 000 - (360 000 + 46 800) = 45 200（元），债务重组确认的应纳

税所得额 45 200 元占该企业 2021 年应纳税所得额的比例为 56.5%（45 200÷80 000×100%）大于 50%，符合特殊性税务处理条件，如果选择特殊性税务处理递延纳税，2022 年甲企业确认债务重组所得 9 040 元（45 200÷5），债务重组中会计核算计入"其他收益——债务重组收益" 105 200 元，税务处理确认所得为 49 040 元（9 040+40 000），税会差异为 56 160 元（105 200-4 9 040），该差异包括甲公司债务重组前固定资产税前扣除折旧 30 000 元与会计核算折旧 50 000 元的差异 20 000 元和债务重组递延纳税所得 36 160（4×45 200÷5），即重组前会计折旧大于税前扣除折旧纳税调增的 20 000 元在债务重组时转回该差异进行纳税调减 20 000 元和以后四个年度债务重组递延纳税所得纳税调增 36 160 元（4×45 200÷5）。

企业所得税年度纳税申报表填报实务如表 6-12 和表 6-13 所示。

表 6-12　　　　企业重组及递延纳税事项纳税调整明细表（2022 年）　　　　A105100

行次	项目	一般性税务处理			特殊性税务处理（递延纳税）			纳税调整金额
		账载金额	税收金额	纳税调整金额	账载金额	税收金额	纳税调整金额	
		1	2	3（2-1）	4	5	6（5-4）	7（3+6）
1	一、债务重组							
2	其中：以非货币性资产清偿债务				105 200	49 040	-56 160	-56 160

表 6-13　　　　企业重组及递延纳税事项纳税调整明细表（2023~2026 年）　　　　A105100

行次	项目	一般性税务处理			特殊性税务处理（递延纳税）			纳税调整金额
		账载金额	税收金额	纳税调整金额	账载金额	税收金额	纳税调整金额	
		1	2	3（2-1）	4	5	6（5-4）	7（3+6）
1	一、债务重组							
2	其中：以非货币性资产清偿债务			0		9 040	9 040	9 040

甲公司会计和税务处理如下：

①2021 年末计提坏账准备已经确认信用减值损失 50 000 元。

借：信用减值损失　　　　　　　　　　　　　　　　　　　50 000

　　贷：坏账准备　　　　　　　　　　　　　　　　　　　　50 000

企业所得税年度纳税申报表填报实务如表 6-14 所示。

表 6-14　　　　纳税调整项目明细表（2021 年）　　　　A105000

行次	项目	账载金额	税收金额	调增金额	调减金额
		1	2	3	4
31	三、资产类调整项目（32+33+34+35）	*	*		
34	（三）资产损失（填写 A105090）	*	*	50 000	

②2022 年进行债务重组并取得抵债资产。

借：固定资产　　　　　　　　　　　　　　　　　　　　360 000

应交税费——应交增值税（进项税额）		46 800
坏账准备		50 000
贷：应收账款——乙公司		452 000
投资收益——以摊余成本计量的金融资产终止确认收益		4 800

③2022年企业所得税汇算清缴，按照税法计算的应收账款损失 = （360 000 + 46 800） - 452 000 = -45 200（元），会计核算的投资收益为4 800元，税会差异 = -45 200 - 4 800 = -50 000（元）。

需要注意的是，由于该业务既涉及企业重组业务又涉及资产损失税前扣除，企业可以选择填报A105090《资产损失税前扣除及纳税调整明细表》或者A105100《企业重组及递延纳税事项纳税调整明细表》，但是，不能同时填报两张申报表，导致重复纳税调整。为了与A100000《企业所得税年度纳税申报基础信息表》填报的重组事项保持一致，笔者建议企业填报A105100《企业重组及递延纳税事项纳税调整明细表》。当然，也有观点认为企业发生资产损失税前扣除时，应该按照《国家税务总局关于企业所得税资产损失资料留存备查有关事项的公告》（国家税务总局公告2018年第15号）第一条规定，企业向税务机关申报扣除资产损失，仅需填报企业所得税年度纳税申报表《资产损失税前扣除及纳税调整明细表》，不再报送资产损失相关资料。相关资料由企业留存备查。

企业所得税年度纳税申报表填报实务如表6 - 15或表6 - 16所示。

表6 - 15　　　　　企业重组及递延纳税事项纳税调整明细表（2022年）　　　　A105100

行次	项目	一般性税务处理			特殊性税务处理（递延纳税）			纳税调整金额
		账载金额	税收金额	纳税调整金额	账载金额	税收金额	纳税调整金额	
		1	2	3 (2 - 1)	4	5	6 (5 - 4)	7 (3 + 6)
1	一、债务重组							
2	其中：以非货币性资产清偿债务	4 800	-45 200	-50 000				

表6 - 16　　　　　资产损失税前扣除及纳税调整明细表（2022年）　　　　A105090

行次	项目	资产损失直接计入本年损益金额	资产损失准备金核销金额	资产处置收入	赔偿收入	资产计税基础	资产损失的税收金额	纳税调整金额
		1	2	3	4	5	6 (5 - 3 - 4)	7
2	二、应收及预付款项坏账损失	-4 800	50 000	406 800		452 000	45 200	-50 000

【案例6 - 4】2021年1月20日，甲公司股东会作出决定，将本公司的一处经营用房屋投资于乙企业，取得乙公司实收资本1 890万元，占其60%的股份，当月投资协议

生效并办理股权登记手续和房屋过户手续。经评估机构评估，经营用房公允价值 1 800 万元（不含税）。房屋账面原值 1 500 万元，累计折旧 200 万元。甲公司执行《企业会计准则》，该房屋投资采用简易计税方法计税，适用 5% 的征收率，应缴纳增值税 90 万元。

①甲公司按照《企业会计准则第 7 号——非货币性资产交换》（2019 年修订）进行会计处理。

借：固定资产清理		1 300
累计折旧		200
贷：固定资产——房屋		1 500
借：固定资产清理		90
贷：应交税费——简易计税		90
借：长期股权投资——乙公司		1 890
贷：固定资产清理		1 390
资产处置损益——非货币性资产交换利得		500

②税务处理。按照《财政部、国家税务总局关于非货币性资产投资企业所得税政策问题的通知》（财税〔2014〕116 号）规定，居民企业以非货币性资产对外投资确认的非货币性资产转让所得，可在不超过 5 年期限内，分期均匀计入相应年度的应纳税所得额，按规定计算缴纳企业所得税。企业以非货币性资产对外投资，应对非货币性资产进行评估并按评估后的公允价值扣除计税基础后的余额，计算确认非货币性资产转让所得。

本例中，甲公司以非货币性资产对外投资确认的非货币性资产转让所得 500 万元（1 800 – 1 300），可在不超过 5 年期限内，分期均匀计入相应年度的应纳税所得额，按规定计算缴纳企业所得税。假如甲企业选择按 5 年期限分期均匀计入相应年度的应纳税所得额。2021 年度应作调减应纳税所得 400 万元（500 – 500 ÷ 5）处理。2022 ~ 2025 年每年做调增应纳税所得额 100 万元（500 ÷ 5）。这就会产生税法与会计的暂时性差异，如表 6 – 17 所示。

表 6 – 17　　　　　　　　　会计和税法确认损益差异及纳税调整表　　　　　　　金额单位：万元

年度	会计确认损益	税法确认所得	纳税调整
2021	500	100	调减 400
2022	0	100	调增 100
2023	0	100	调增 100
2024	0	100	调增 100
2025	0	100	调增 100
合计	500	500	0

企业所得税年度纳税申报表填报实务如表6－18～表6－21所示。

表6－18　企业重组及递延纳税事项纳税调整明细表（2021年）　　A105100

行次	项目	一般性税务处理			特殊性税务处理（递延纳税）			纳税调整金额
		账载金额	税收金额	纳税调整金额	账载金额	税收金额	纳税调整金额	
		1	2	3（2－1）	4	5	6（5－4）	7（3＋6）
12	六、非货币性资产对外投资				500	100	－400	－400
16	合计（1＋4＋6＋8＋11＋12＋13＋14＋15）				500	100	－400	－400

表6－19　纳税调整项目明细表（2021年）　　A105000

行次	项目	账载金额	税收金额	调增金额	调减金额
		1	2	3	4
36	四、特殊事项调整项目（36＋37＋38＋39＋40）	＊	＊		400
37	（一）企业重组及递延纳税事项（填写A105100）	500	100		400
46	合计（1＋12＋31＋36＋44＋45）	＊	＊		400

表6－20　企业重组及递延纳税事项纳税调整明细表（2022～2025年）　　A105100

行次	项目	一般性税务处理			特殊性税务处理（递延纳税）			纳税调整金额
		账载金额	税收金额	纳税调整金额	账载金额	税收金额	纳税调整金额	
		1	2	3（2－1）	4	5	6（5－4）	7（3＋6）
12	六、非货币性资产对外投资				0	100	100	100
16	合计（1＋4＋6＋8＋11＋12＋13＋14＋15）				0	100	100	100

表6－21　纳税调整项目明细表（2022～2025年）　　A105000

行次	项目	账载金额	税收金额	调增金额	调减金额
		1	2	3	4
36	四、特殊事项调整项目（36＋37＋38＋39＋40）	＊	＊	100	
37	（一）企业重组及递延纳税事项（填写A105100）	0	100	100	
46	合计（1＋12＋31＋36＋44＋45）	＊	＊	100	

【案例6－5】承〖案例6－4〗，甲公司2021年1月以非货币性资产对外投资时，经营用房的计税基础为1 300万元（1 500－200），应确认长期股权投资计税基础1 390万元。按照《财政部、国家税务总局关于非货币性资产投资企业所得税政策问题的通知》（财税〔2014〕116号）第三条规定，企业以非货币性资产对外投资而取得被投资企业的股权，应以非货币性资产的原计税成本为计税基础，加上每年确认的非货币性资产转让所得，逐年进行调整。

本例中，甲公司 2021 年 12 月 31 日，应将当年应确认的非货币性资产转让所得 100 万元，增加长期股权投资的计税基础 100 万元。2022 年 12 月 31 日确认的长期股权投资计税基础为 1 490 万元，以此类推，如表 6 - 22 所示。

表 6 - 22　　　　　　会计和税法确认长期股权投资成本差异及纳税调整表　　　　金额单位：万元

日期	会计确认投资成本	税法确认投资成本计税基础
2021 年 1 月	1 890	1 390
2021 年 12 月 31 日	1 890	1 490
2022 年 12 月 31 日	1 890	1 590
2023 年 12 月 31 日	1 890	1 690
2024 年 12 月 31 日	1 890	1 790
2025 年 12 月 31 日	1 890	1 890

【案例 6 - 6】承〔案例 6 - 4〕乙公司接受非货币性资产投资时，取得增值税专用发票，会计处理如下：

借：固定资产——房屋　　　　　　　　　　　　　　　　　　　　1 800

　　应交税费——应交增值税（进项税额）　　　　　　　　　　　　90

　　贷：股本（或实收资本）　　　　　　　　　　　　　　　　　1 890

税务处理上，按照《财政部 国家税务总局关于非货币性资产投资企业所得税政策问题的通知》（财税〔2014〕116 号）第三条规定，被投资企业取得非货币性资产的计税基础，应按非货币性资产的公允价值确定。本例中，乙公司接受甲公司投资的经营用房的计税基础为公允价值 1 800 万元。

【案例 6 - 7】承〔案例 6 - 4〕，2024 年 1 月 1 日，甲公司以 2 000 万元价格将持有的乙公司 10% 的股份全部转让给 A 公司，会计处理和转让股权的计税基础确认如下（单位：万元）。

借：银行存款　　　　　　　　　　　　　　　　　　　　　　　2 000

　　贷：长期股权投资——乙公司　　　　　　　　　　　　　　　1 890

　　　　投资收益　　　　　　　　　　　　　　　　　　　　　　110

截至 2023 年末甲公司确认"长期股权投资——乙公司"计税基础 1 690 万元，仍有 110 万元（1 890 - 1 600）转让所得未确认；2024 年 1 月 1 日甲公司转让股权时应将"长期股权投资——乙公司"计税基础调整为 1 890 万元，并在 2024 年度企业所得税汇算清缴时，调增应纳税所得 110 万元。具体如表 6 - 23 ~ 表 6 - 26 所示。

表 6 - 23 　　　甲企业"长期股权投资——乙公司"计税基础调整备查表　　金额单位：万元

日期	会计确认投资成本	税法确认投资成本计税基础
2021 年 1 月	1 890	1 390
2021 年 12 月 31 日	1 890	1 490
2022 年 12 月 31 日	1 890	1 590
2023 年 12 月 31 日	1 890	1 690
2024 年 1 月 1 日	1 890	1 890

表 6 - 24 　　　　　　　甲企业纳税调整备查表　　　　　　　金额单位：万元

年度	会计确认损益	税法确认所得	纳税调整
2021	500	100	调减 400
2022	0	100	调增 100
2023	0	100	调增 100
2024	0	200	调增 200
合计	500	500	0

表 6 - 25 　　　企业重组及递延纳税事项纳税调整明细表（2024 年度）　　A105100

行次	项目	一般性税务处理			特殊性税务处理（递延纳税）			纳税调整金额
		账载金额	税收金额	纳税调整金额	账载金额	税收金额	纳税调整金额	
		1	2	3 (2-1)	4	5	6 (5-4)	7 (3+6)
12	六、非货币性资产对外投资				0	200	200	200
16	合计（1+4+6+8+11+12+13+14+15）				0	200	200	200

表 6 - 26 　　　　　　纳税调整项目明细表（2024 年度）　　　　　A105000

行次	项目	账载金额	税收金额	调增金额	调减金额
		1	2	3	4
36	四、特殊事项调整项目（36+37+38+39+40）	*	*		
37	（一）企业重组及递延纳税事项（填写 A105100）	0	200	200	

假设企业在对外投资 5 年内清算注销的，应停止执行递延纳税政策，并就递延期内尚未确认的非货币性资产转让所得，在注销当年的企业所得税年度汇算清缴时，一次性计算缴纳企业所得税。

【案例 6 - 8】2024 年 3 月 12 日，甲公司因赊购一批商品欠乙公司购货款 565 000 元（含税），乙公司作为以摊余成本计量的金融资产核算为应收账款，甲公司作为以摊余成本计量的金融负债核算为应付账款。由于甲公司生产经营发生困难，短期内不能支付已于 2024 年 8 月 25 日到期的应付账款。2025 年 11 月 30 日，经双方协商，乙公司同意甲公司立即以银行存款 450 000 元偿还债务，剩余部分予以免除，次日甲公司实际汇款给乙公司解除债务关系。乙公司 2024 年末以对该项应收账款已经计提了 60 000 元的坏账准备,并确认了相应的信用减值损失。

①2025 年 12 月 1 日,甲公司(债务人)会计处理。

借:应付账款   565 000

 贷:银行存款   450 000

  投资收益——债务重组收益   115 000

②2025 年 12 月 1 日,甲公司(债务人)税务处理。由于会计核算"投资收益——债务重组收益"115 000 元已经通过《利润表》计入营业利润,纳税人已执行财政部《关于修订印发 2019 年度一般企业财务报表格式的通知》(财会〔2019〕6 号),A100000 第 1 至 13 行参照国家统一会计制度规定填写。企业所得税年度纳税申报表填报实务如表 6 - 27 所示。

表 6 - 27   **企业重组及递延纳税事项纳税调整明细表**   A105100

行次	项目	一般性税务处理			特殊性税务处理(递延纳税)			纳税调整金额
		账载金额	税收金额	纳税调整金额	账载金额	税收金额	纳税调整金额	
		1	2	3(2 - 1)	4	5	6(5 - 4)	7(3 + 6)
1	一、债务重组	115 000	115 000	0				
2	其中:以非货币性资产清偿债务							
3	债转股							

③乙公司(债权人)会计处理:

借:银行存款   450 000

 坏账准备   60 000

 投资收益——以摊余成本计量的金融资产终止确认收益 55 000

  贷:应收账款   565 000

④乙公司(债权人)税务处理。作为应收账款实际发生的资产损失申报税前扣除,该笔应收账款计税基础为 565 000 元,实际收回 450 000 元,发生损失 = 565 000 - 450 000 = 115 000(元)。企业所得税年度纳税申报表填报实务如表 6 - 28 和表 6 - 29 所示。

表 6 - 28   **资产损失税前扣除及纳税调整明细表**   A105090

行次	项目	资产损失直接计入本年损益金额	资产损失准备金核销金额	资产处置收入	赔偿收入	资产计税基础	资产损失的税收金额	纳税调整金额
		1	2	3	4	5	6(5 - 3 - 4)	7
1	一、现金及银行存款损失							
2	二、应收及预付款项坏账损失	55 000	60 000	450 000		565 000	115 000	- 60 000

续表

行次	项目	资产损失直接计入本年损益金额	资产损失准备金核销金额	资产处置收入	赔偿收入	资产计税基础	资产损失的税收金额	纳税调整金额
		1	2	3	4	5	6(5−3−4)	7
3	其中：逾期三年以上的应收款项损失							
4	逾期一年以上的小额应收款项损失							

表 6−29 　　　　　　　　　　纳税调整项目明细表 　　　　　　　　　　A105000

行次	项目	账载金额	税收金额	调增金额	调减金额
		1	2	3	4
31	三、资产类调整项目（32＋33＋34＋35）	*	*		
34	（三）资产损失（填写 A105090）	*	*		60 000

【案例 6−9】2025 年 6 月 6 日，甲公司向乙公司销售商品一批，应收乙公司款项的初始入账金额为 100 万元。甲公司将该应收款项分类为以摊余成本计量的金融资产。乙公司将该应付账款分类为以摊余成本计量的金融负债。2025 年 8 月 8 日，双方签订债务重组合同，乙公司以一项作为交易性金融资产核算的股权偿还该欠款。交易性金融资产的账面价值为 90 万元（其中，成本 80 万元，公允价值变动 10 万元），抵债时公允价值为 80 万元，双方办理完成股权转让手续。甲公司支付相关交易费用 4 万元。

当日甲公司应收款项的公允价值为 80 万元，已计提坏账准备 10 万元，乙公司应付款项的账面价值仍为 100 万元。

①甲公司（债权人）的会计处理。投资收益 = 金融资产确认金额 80 万元 − 债权账面价值 90 万元 = 10（万元）。

　　借：交易性金融资产——成本　　　　　　　　　　　　800 000
　　　　坏账准备　　　　　　　　　　　　　　　　　　　100 000
　　　　投资收益——终止确认以摊余成本计量的金融资产收益　100 000
　　　　贷：应收账款　　　　　　　　　　　　　　　　　　　1 000 000
　　借：投资收益——交易费用　　　　　　　　　　　　　40 000
　　　　贷：银行存款　　　　　　　　　　　　　　　　　　　40 000

②甲公司（债权人）的税务处理。按照税法规定计算的应收账款发生的实际资产损失 = 接受抵债金融资产的公允价值 80 万元 − 应收账款计税基础 100 万元 = −20（万元）。债权人取得交易性金融资产按照税法规定计算的计税基础应包含支付的交易费用为 84 万元，会计核算的账面价值为 80 万元，税会差异为 4 万元。企业所得税年度纳税申报表填报实务如表 6−30 和表 6−31 所示。

表 6 – 30 　　　　　　　　　　资产损失税前扣除及纳税调整明细表　　　　　　　　　　A105090

行次	项目	资产损失直接计入本年损益金额	资产损失准备金核销金额	资产处置收入	赔偿收入	资产计税基础	资产损失的税收金额	纳税调整金额
		1	2	3	4	5	6(5 – 3 – 4)	7
2	二、应收及预付款项坏账损失	100 000	100 000	800 000		1 000 000	200 000	– 100 000

表 6 – 31 　　　　　　　　　　　　纳税调整项目明细表　　　　　　　　　　　　A105000

行次	项目	账载金额	税收金额	调增金额	调减金额
		1	2	3	4
1	一、收入类调整项目（2 + 3 + …8 + 10 + 11）	*	*		
6	（五）交易性金融资产初始投资调整	*	*	40 000	*
31	三、资产类调整项目（32 + 33 + 34 + 35）	*	*		
34	（三）资产损失（填写 A105090）	*	*		100 000

③乙公司（债务人）的会计处理。投资收益 = 重组债务的账面价值 100 万元 – 偿债金融资产的账面价值 90 万元 = 10（万元）。

　　借：应付账款　　　　　　　　　　　　　　　　　　　　　1 000 000

　　　　贷：交易性金融资产——成本　　　　　　　　　　　　　　　800 000

　　　　　　　　　　——公允价值变动　　　　　　　　　　　　　100 000

　　　　　　投资收益　　　　　　　　　　　　　　　　　　　　100 000

④乙公司（债务人）的税务处理。一般性税务处理分解为转让资产和偿债两项业务，转让资产所得 = 金融资产的公允价值 80 万元 – 计税基础 80 万元 = 0；债务重组利得 = 应付账款的计税基础 100 万元 – 金融资产的公允价值 80 万元 = 20（万元）。按照《企业会计准则第 12 号——债务重组》及其应用指南核算的投资收益为 10 万元，按照《财政部、国家税务总局关于企业重组业务企业所得税处理若干问题的通知》（财税〔2009〕59 号）的相关规定，一般性税务处理计算的债务重组所得为 20 万元，税会差异为 10 万元。企业所得税年度纳税申报表填报实务如表 6 – 32 和表 6 – 33 所示。

表 6 – 32 　　　　　　　　　企业重组及递延纳税事项纳税调整明细表　　　　　　　　A105100

行次	项目	一般性税务处理			特殊性税务处理（递延纳税）			纳税调整金额
		账载金额	税收金额	纳税调整金额	账载金额	税收金额	纳税调整金额	
		1	2	3(2 – 1)	4	5	6(5 – 4)	7(3 + 6)
1	一、债务重组							
2	其中：以非货币性资产清偿债务	100 000	200 000	100 000				100 000
3	债转股							

表 6－33 　　　　　　　　　　　　纳税调整项目明细表 　　　　　　　　　　　　A105000

行次	项目	账载金额	税收金额	调增金额	调减金额
		1	2	3	4
36	四、特殊事项调整项目（37＋38＋…＋42）	*	*		
37	（一）企业重组及递延纳税事项（填写 A105100）	100 000	200 000	100 000	

【案例 6－10】 2024 年 3 月 18 日，甲公司向乙公司销售商品一批，应收乙公司款项的入账金额为 3 660 万元。甲公司将该应收款项分类为以摊余成本计量的金融资产。乙公司将该应付账款分类为以摊余成本计量的金融负债。2025 年 9 月 16 日，甲公司应收乙公司账款 3 660 万元已逾期 1 年半，经协商决定进行债务重组，合同生效日乙公司抵偿资料如下：乙公司以一项库存商品抵偿上述部分债务，该存货的成本为 2 900 万元，当日公允价值（含税）为 3 390 万元（3 000 × 1.13）。甲公司该项应收账款在 9 月 18 日的公允价值为 3 390 万元。甲公司已对该债权计提坏账准备 20 万元。会计和税务处理如下（单位：万元）：

①乙公司（债务人）会计处理。

借：应付账款　　　　　　　　　　　　　　　　　　　　　　　3 660

　　贷：库存商品　　　　　　　　　　　　　　　　　　　　　2 900

　　　　应交税费——应交增值税（销项税额）　　　　　　　　　390

　　　　其他收益——债务重组收益　　　　　　　　　　　　　　370

②乙公司（债务人）税务处理。按照税法计算的增值税销项税额 = 3 390 ÷ (1 + 13%) × 13% = 390（万元）；按照税法计算的债务重组收益 = 3 660 － 3 390 = 270（万元）；偿债视同销售收入 3 000 万元，视同销售成本 2 900 万元。企业所得税年度纳税申报表填报实务如表 6－34 ~ 表 6－36 所示。

表 6－34 　　　　　　　　　企业重组及递延纳税事项纳税调整明细表 　　　　　　　　　A105100

行次	项目	一般性税务处理			特殊性税务处理（递延纳税）			纳税调整金额
		账载金额	税收金额	纳税调整金额	账载金额	税收金额	纳税调整金额	
		1	2	3(2－1)	4	5	6(5－4)	7(3＋6)
1	一、债务重组							
2	其中：以非货币性资产清偿债务	370	270	－100				－100
3	债转股							

表6-35 视同销售和房地产开发企业特定业务纳税调整明细表 A105010

行次	项目	税收金额	纳税调整金额
		1	2
1	一、视同销售（营业）收入（2+3+4+5+6+7+8+9+10）		
10	（九）其他	3 000	3 000
11	二、视同销售（营业）成本（12+13+14+15+16+17+18+19+20）		
20	（九）其他	-2 900	-2 900

表6-36 纳税调整项目明细表 A105000

行次	项目	账载金额	税收金额	调增金额	调减金额
		1	2	3	4
1	一、收入类调整项目（2+3+…8+10+11）	*	*		
2	（一）视同销售收入（填写A105010）	*	3 000	3 000	*
12	二、扣除类调整项目（13+14+…24+26+27+28+29+30）	*	*		
13	（一）视同销售成本（填写A105010）	*	2 900	*	2 900
36	四、特殊事项调整项目（37+38+…+42）	*	*		
37	（一）企业重组及递延纳税事项（填写A105100）	370	270		100

③甲公司（债权人）会计处理。

借：库存商品　　　　　　　　　　　　　　　　　　　　3 000

　　应交税费——应交增值税（进项税额）　　　　　　　 390

　　坏账准备　　　　　　　　　　　　　　　　　　　　　 20

　　投资收益——以摊余成本计量的金融资产终止确认收益　250

　　贷：应收账款　　　　　　　　　　　　　　　　　　　　　 3 660

④甲公司（债权人）税务处理。按照税法规定计算的应收账款资产损失=3 660-3 390=270（万元）。企业所得税年度纳税申报表填报实务如表6-37和表6-38所示。

表6-37 资产损失税前扣除及纳税调整明细表 A105090

行次	项目	资产损失直接计入本年损益金额	资产损失准备金核销金额	资产处置收入	赔偿收入	资产计税基础	资产损失的税收金额	纳税调整金额
		1	2	3	4	5	6(5-3-4)	7
1	一、现金及银行存款损失							
2	二、应收及预付款项坏账损失	250	20	3 390		3 660	270	-20
3	其中：逾期三年以上的应收款项损失							
4	逾期一年以上的小额应收款项损失							

表6-38 纳税调整项目明细表 A105000

行次	项目	账载金额	税收金额	调增金额	调减金额
		1	2	3	4
31	三、资产类调整项目（32+33+34+35）	*	*		
34	（三）资产损失（填写A105090）	*	*		20

【案例6-11】2025年1月10日，乙公司销售一批材料给甲公司，形成以摊余成本计算的金融资产应收账款226万元，合同约定6个月内结清款项。12月10日，债务逾期，甲公司与乙公司协商进行债务重组。乙公司同意甲公司将该债务中的100万元转为甲公司的股份。乙公司对该项应收账款计提了坏账准备20万元。假定转股后甲公司注册资本为500万元，抵债股权占甲公司注册资本的25%，甲公司净资产的公允价值为760万元。假定相关股权登记手续已办理完毕，乙公司派董事参与甲公司董事会表决，能够对其形成重大影响，作为长期股权投资核算。

分析：债务人将债务转为权益工具，这里的权益工具，是指《企业会计准则第37号——金融工具列报》分类为"权益工具"的金融工具，会计处理上体现为股本（实收资本）、资本公积等科目。将债务转为权益工具方式进行债务重组，导致债权人将债权转为对联营企业或合营企业的权益性投资的，债权人应当按照放弃债权的公允价值计量其初始投资成本。放弃债权的公允价值与账面价值之间的差额，应当计入当期损益（投资收益）。本例中，长期股权投资的初始投资成本按照放弃债权的公允价值计量，即取得甲公司净资产公允价值 = 760 × 25% = 190（万元）。

①乙公司（债权人）的会计处理如下（单位：万元）。

借：长期股权投资   190
　　坏账准备   12
　　投资收益——以摊余成本计量的金融资产终止确认收益   24
　　贷：应收账款   226

②乙公司（债权人）的税务处理。取得应收款项的初始计税基础为226万元，《企业所得税法实施条例》第五十六条规定，企业的各项资产，包括固定资产、生物资产、无形资产、长期待摊费用、投资资产、存货等，以历史成本为计税基础。这里所称历史成本，是指企业取得该项资产时实际发生的支出。企业持有各项资产期间资产增值或者减值，除国务院财政、税务主管部门规定可以确认损益外，不得调整该资产的计税基础。

《企业所得税法实施条例》第七十一条规定，《企业所得税法》第十四条所称投资资产，是指企业对外进行权益性投资和债权性投资形成的资产。投资资产按照以下方法确定成本：第一，通过支付现金方式取得的投资资产，以购买价款为成本；第二，通过支付现金以外的方式取得的投资资产，以该资产的公允价值和支付的相关税费为成本。本例中，取得长期股权投资的计税基础为公允价值190万元。

a. 一般性税务处理。按照《财政部、国家税务总局关于企业重组业务企业所得税处理若干问题的通知》（财税〔2009〕59号）的规定，企业债务重组，相关交易应按以下规定处理：发生债权转股权的，应当分解为债务清偿和股权投资两项业务，确认有关债务清偿所得或损失。

本例中，乙公司按照公允价值 190 万元转让应收款项所得 = 190 - 226 = -36（万元）；同时，按照长期股权投资公允价值确认计税基础 = 190（万元）。会计核算确认投资损益为 -24 万元，税会差异 = -36 -（-24）= -12（万元），2021 年度纳税申报时需要进行纳税调整。企业所得税年度纳税申报表填报实务如表 6-39 和表 6-40 所示。

表 6-39　　　　　　　　　　资产损失税前扣除及纳税调整明细表　　　　　　　　　A105090

行次	项目	资产损失直接计入本年损益金额	资产损失准备金核销金额	资产处置收入	赔偿收入	资产计税基础	资产损失的税收金额	纳税调整金额
		1	2	3	4	5	6(5-3-4)	7
1	一、现金及银行存款损失							
2	二、应收及预付款项坏账损失	24	12	190		226	36	-12
3	其中：逾期三年以上的应收款项损失							
4	逾期一年以上的小额应收款项损失							

表 6-40　　　　　　　　　　　　纳税调整项目明细表　　　　　　　　　　　　A105000

行次	项目	账载金额	税收金额	调增金额	调减金额
		1	2	3	4
31	三、资产类调整项目（32 + 33 + 34 + 35）	*	*		
34	（三）资产损失（填写 A105090）	*	*		12

b. 特殊性税务处理。《财政部、国家税务总局关于企业重组业务企业所得税处理若干问题的通知》（财税〔2009〕59 号）第六条规定，企业重组符合该通知第五条规定条件的，交易各方对其交易中的股权支付部分，可以按以下规定进行特殊性税务处理：企业发生债权转股权业务，对债务清偿和股权投资两项业务暂不确认有关债务清偿所得或损失，股权投资的计税基础以原债权的计税基础确定。企业的其他相关所得税事项保持不变。

本例中，按照税法规定不确认有关债务清偿所得或损失；取得长期股权投资按应收账款原计税基础确认计税基础 226 万元。会计核算的投资收益为 -24 万元，不计入当期应纳税所得额，汇算清缴纳税调增 24 万元。企业所得税年度纳税申报表填报实务如表 6-41 和表 6-42 所示。

表 6-41　　　　　　　　企业重组及递延纳税事项纳税调整明细表　　　　　　　　A105100

行次	项目	一般性税务处理			特殊性税务处理（递延纳税）			纳税调整金额
		账载金额	税收金额	纳税调整金额	账载金额	税收金额	纳税调整金额	
		1	2	3(2-1)	4	5	6(5-4)	7(3+6)
1	一、债务重组							
2	其中：以非货币性资产清偿债务							
3	债转股				-24	0	24	24

表 6－42　　　　　　　　　　　　纳税调整项目明细表　　　　　　　　　　　A105000

行次	项目	账载金额	税收金额	调增金额	调减金额
		1	2	3	4
36	四、特殊事项调整项目（37＋38＋…＋42）	*	*		
37	（一）企业重组及递延纳税事项（填写 A105100）	－24	0	24	

③债务人（甲公司）的会计处理。债务重组采用将债务转为权益工具方式进行的，债务人初始确认权益工具时，应当按照权益工具的公允价值计量，权益工具的公允价值不能可靠计量的，应当按照所清偿债务的公允价值计量。所清偿债务账面价值与权益工具确认金额之间的差额，记入"投资收益"科目。本例中，2021 年 12 月 10 日，初始确认权益工具公允价值时应当按照所清偿债务的公允价值 190 万元计量。甲公司的会计处理如下：

借：应付账款　　　　　　　　　　　　　　　　　　　　　　226

　　贷：实收资本（500×25%）　　　　　　　　　　　　　　125

　　　　资本公积——资本溢价（760×25%－125）　　　　　65

　　　　投资收益（226－125－65）　　　　　　　　　　　36

④债务人（甲公司）的税务处理。

a. 一般性税务处理。《财政部、国家税务总局关于企业重组业务企业所得税处理若干问题的通知》（财税〔2009〕59 号）第四条规定，发生债权转股权的，应当分解为债务清偿和股权投资两项业务，确认有关债务清偿所得或损失。债务人应当按照支付的债务清偿额低于债务计税基础的差额，确认债务重组所得；债权人应当按照收到的债务清偿额低于债权计税基础的差额，确认债务重组损失。甲公司的债务清偿所得 = 226－190 ＝36（万元），与会计核算的投资收益相同。

b. 特殊性税务处理。《财政部、国家税务总局关于企业重组业务企业所得税处理若干问题的通知》（财税〔2009〕59 号）第六条规定，企业债务重组，相关交易应按以下规定处理：企业发生债权转股权业务，对债务清偿和股权投资两项业务暂不确认有关债务清偿所得或损失，股权投资的计税基础以原债权的计税基础确定。企业的其他相关所得税事项保持不变。本例中，甲公司会计核算确认投资收益 36 万元，年度纳税申报时需要进行纳税调整。企业所得税年度纳税申报表填报实务如表 6－43 和表 6－44 所示。

表 6－43　　　　　　　企业重组及递延纳税事项纳税调整明细表　　　　　　A105100

行次	项目	一般性税务处理			特殊性税务处理（递延纳税）			纳税调整金额
		账载金额	税收金额	纳税调整金额	账载金额	税收金额	纳税调整金额	
		1	2	3(2－1)	4	5	6(5－4)	7(3＋6)
1	一、债务重组							
2	其中：以非货币性资产清偿债务							
3	债转股				36	0	－36	－36

表6-44

纳税调整项目明细表

A105000

行次	项目	账载金额	税收金额	调增金额	调减金额
		1	2	3	4
36	四、特殊事项调整项目（37+38+…+42）	*	*		
37	（一）企业重组及递延纳税事项（填写A105100）	36	0	36	

【案例6-12】甲企业合并乙企业（非同一控制下的企业合并），以定向增发自身普通股方式和支付现金形式作为合并对价给乙企业的股东丙企业，普通股面值1元，500万股，公允价值5 500万元，支付银行存款500万元，合并后乙企业成为甲企业的全资控股子公司，乙企业被合并时账面净资产为5 000万元（假设与计税基础相同），评估公允价值为6 000万元，丙企业持有乙企业长期股权投资的账面价值为4 000万元（假设与计税基础相同）。乙企业股东丙企业收到合并后企业股权5 500万元，其他非股权支付500万元，则股权支付额占交易支付总额比例为92%（5 500÷6 000×100%），超过85%，也符合财税〔2009〕59号文件第五条规定的其他条件，双方可以选择特殊性税务处理，即股权支付部分对应的资产增值部分不缴纳企业所得税。会计和税务处理如下（单位：万元）：

①甲企业会计处理。

借：长期股权投资——乙企业　　　　　　　　　　　　　　　6 000

　　贷：股本　　　　　　　　　　　　　　　　　　　　　　　500

　　　　资本公积——股本溢价　　　　　　　　　　　　　　5 000

　　　　银行存款　　　　　　　　　　　　　　　　　　　　　500

②乙企业股东丙企业会计处理。

借：长期股权投资——甲企业　　　　　　　　　　　　　　　5 500

　　银行存款　　　　　　　　　　　　　　　　　　　　　　　500

　　贷：长期股权投资——乙企业　　　　　　　　　　　　　4 000

　　　　投资收益　　　　　　　　　　　　　　　　　　　　2 000

③在特殊性税务处理中，非股权支付额需要纳税。财税〔2009〕59号文件第六条第六项规定，重组交易各方按规定对交易中股权支付暂不确认有关资产的转让所得或损失的，其非股权支付仍应在交易当期确认相应的资产转让所得或损失，并调整相应资产的计税基础。非股权支付对应的资产转让所得或损失=（被转让资产的公允价值-被转让资产的计税基础）×（非股权支付金额÷被转让资产的公允价值）。

丙企业（乙企业股东）取得新合并企业（甲企业）股权5 500万元，取得非股权500万元。假如乙企业股东原投入乙企业的股权投资成本为4 000万元，则增值2 000万元（5 500+500-4 000）。股东取得的非股权收入500万元对应的转让所得为：500÷6 000×2 000=166.7（万元）。股东取得新股的计税成本不是5 500万元，而是3 666.7万元

$(4\,000-500+166.7)$。这就是财税〔2009〕59 号文件第六条第四项规定的"被合并企业股东取得合并企业股权的计税基础，以其原持有的被合并企业股权的计税基础确定"。

④丙企业企业所得税年度纳税申报表填报实务如表 6 – 45 和表 6 – 46 所示。

表 6 – 45　　　　　　　企业重组及递延纳税事项纳税调整明细表　　　　　　　A105100

行次	项目	一般性税务处理			特殊性税务处理（递延纳税）			纳税调整金额
		账载金额	税收金额	纳税调整金额	账载金额	税收金额	纳税调整金额	
		1	2	3(2-1)	4	5	6(5-4)	7(3+6)
8	四、企业合并（9＋10）				2 000	166.7	－1 833.3	－1 833.3
9	（一）同一控制下企业合并							
10	（二）非同一控制下企业合并				2 000	166.7	－1 833.3	－1 833.3
16	合计（1＋4＋6＋8＋11＋12＋13＋14＋15）				2 000	166.7	－1 833.3	－1 833.3

表 6 – 46　　　　　　　　　　纳税调整项目明细表　　　　　　　　　　A105000

行次	项目	账载金额	税收金额	调增金额	调减金额
		1	2	3	4
36	四、特殊事项调整项目（37＋38＋…＋43）	*	*		
37	（一）企业重组及递延纳税事项（填写A105100）	2 000	166.7		1 833.3

【案例 6 – 13】2024 年 10 月，A 公司（居民企业）将自行研发的无形资产（专利技术）评估价为 5 000 万元、原值 4 000 万元、累计摊销 1 000 万元、计税基础 3 000 万元作为对价，技术成果投资入股新设的 B 公司（居民企业），取得其 60% 的股权，公允价值 5 000 万元。假设 2026 年 10 月，A 公司以 6 000 万元将持有上述 B 公司的股权全部转让给其他投资者，假设未来 A 公司有足够的应纳税所得额可以抵扣暂时性差异。

问：A 公司和 B 公司如何进行会计和税务处理（单位：万元）。

分析：按照现行视同销售政策进行一般性税务处理。A 公司按照税法视同销售中有关非货币性资产交换规定进行税务处理，确认转让专利技术视同销售收入 5 000 万元，视同销售成本 3 000 万元，视同销售所得 2 000 万元（5 000 － 3 000），取得该长期股权投资的计税基础为公允价值 5 000 万元。2024 年应缴纳企业所得税 ＝ 2 000 × 25% ＝ 500（万元）。A 公司按照《企业会计准则第 7 号——非货币性资产交换》（2019 年修订）会计处理如下：

借：长期股权投资　　　　　　　　　　　　　　　　　　5 000

　　累计摊销　　　　　　　　　　　　　　　　　　　　1 000

　　贷：无形资产　　　　　　　　　　　　　　　　　　　　4 000

　　　　资产处置损益——非货币性资产交换利得　　　　　　　2 000

A公司确认资产处置损益——非货币性资产交换利得与税务处理确认视同销售所得2 000万元，无税会差异。

2026年10月，A公司以6 000万元将持有上述B公司的股权全部转让给其他投资者，会计处理如下：

借：银行存款　　　　　　　　　　　　　　　　　　　　　　　　6 000

　　贷：长期股权投资　　　　　　　　　　　　　　　　　　　5 000

　　　　投资收益　　　　　　　　　　　　　　　　　　　　　1 000

B公司会计处理如下：B公司按技术成果投资入股时的评估值5 000万元入账，按照直线法摊销，预计使用年限10年，每年计算企业所得税税前扣除摊销额 = 5 000÷10 = 500（万元）。

借：无形资产　　　　　　　　　　　　　　　　　　　　　　　5 000

　　贷：实收资本　　　　　　　　　　　　　　　　　　　　　5 000

借：管理费用　　　　　　　　　　　　　　　　　　　　　　　500

　　贷：累计摊销　　　　　　　　　　　　　　　　　　　　　500

【案例6-14】承〖案例6-13〗，A公司技术入股符合税法规定条件的，可以选择适用企业所得税递延纳税政策。按照《财政部、国家税务总局关于完善股权激励和技术入股有关所得税政策的通知》（财税〔2016〕101号）和《国家税务总局关于股权激励和技术入股所得税征管问题的公告》（国家税务总局公告2016年第62号）规定的递延纳税政策进行特殊性税务处理。

A公司经向主管税务机关备案，技术投资入股当期（2024年）可暂不纳税，允许递延至转让股权时，按股权转让收入减去技术成果原值和合理税费后的差额计算缴纳所得税。2024年企业所得税汇算清缴时，具体填报A105100《企业重组及递延纳税事项纳税调整明细表》第13行"七、技术入股"的"特殊性税务处理"第4列"账载金额"2 000万元，第5列"税收金额"0，第6列"纳税调整金额"-2 000万元。企业所得税年度纳税申报表填报实务如表6-47和表6-48所示（单位：万元）。

表6-47　　　　　　　　　　企业重组及递延纳税事项纳税调整明细表　　　　　　　　A105100

行次	项目	一般性税务处理			特殊性税务处理（递延纳税）			纳税调整金额
		账载金额	税收金额	纳税调整金额	账载金额	税收金额	纳税调整金额	
		1	2	3(2-1)	4	5	6(5-4)	7(3+6)
13	七、技术入股				2 000	0	-2 000	-2 000
16	合计（1+4+6+8+11+12+13+14+15）				2 000	0	-2 000	-2 000

表 6 - 48 　　　　　　　　　　纳税调整项目明细表 　　　　　　　　A105000

行次	项目	账载金额	税收金额	调增金额	调减金额
		1	2	3	4
36	四、特殊事项调整项目（37 + 38 + … + 43）	*	*		
37	（一）企业重组及递延纳税事项（填写 A105100）	2 000	0		2 000

B 公司取得无形资产和摊销时的税务处理同上。同时，按照《企业会计准则第 18 号——所得税》的规定，长期股权投资账面价值为 5 000 万元，计税基础为 0，产生应纳税暂时性差异，应确认递延所得税负债 1 250 万元（5 000 × 25%），无形资产账面价值为 0，计税基础为 3 000 万元，产生可抵扣暂时性差异，应确认递延所得税资产 750 万元（3 000 × 25%）。会计处理如下（单位：万元）：

借：所得税费用　　　　　　　　　　　　　　　　　　　1 250

　　贷：递延所得税负债　　　　　　　　　　　　　　　　1 250

借：递延所得税资产　　　　　　　　　　　　　　　　　750

　　贷：所得税费用　　　　　　　　　　　　　　　　　　750

2026 年 10 月，A 公司转让该股权时，按股权转让收入减去技术成果原值和合理税费后的差额计算缴纳所得税，即转让所得 = 6 000 - 3 000 = 3 000（万元），这个所得实际上包含技术投资转让所得和投资后取得股权转让所得两部分，实际就是把技术投资入股和股权转让两项交易合并在股权转让这个环节计算缴纳企业所得税，2026 年应缴纳企业所得税 = 3 000 × 25% = 750（万元）。同时，转回前期已确认的递延所得税负债 1 250 万元和确认递延所得税资产 750 万元。

借：银行存款　　　　　　　　　　　　　　　　　　　　6 000

　　贷：长期股权投资　　　　　　　　　　　　　　　　5 000

　　　　投资收益　　　　　　　　　　　　　　　　　　1 000

借：递延所得税负债　　　　　　　　　　　　　　　　　1 250

　　贷：所得税费用　　　　　　　　　　　　　　　　　1 250

借：所得税费用　　　　　　　　　　　　　　　　　　　750

　　贷：递延所得税资产　　　　　　　　　　　　　　　750

A 公司会计处理确认转让股权投资收益 1 000 万元和税务处理确认转让所得 3 000 万元，存在税会差异 2 000 万元。2026 年企业所得税汇算清缴时，具体填报 A105100《企业重组及递延纳税事项纳税调整明细表》第 13 行"七、技术入股"项目的"特殊性税务处理"项目第 4 列"账载金额"1 000 万元，第 5 列"税收金额"3 000 万元，第 6 列"纳税调整金额"2 000 万元。A 公司企业所得税年度纳税申报表填报实务如表 6 - 49 和表 6 - 50 所示。

表6-49   企业重组及递延纳税事项纳税调整明细表   A105100

行次	项目	一般性税务处理			特殊性税务处理（递延纳税）			纳税调整金额
		账载金额	税收金额	纳税调整金额	账载金额	税收金额	纳税调整金额	
		1	2	3(2-1)	4	5	6(5-4)	7(3+6)
13	七、技术入股				1 000	3 000	2 000	2 000
16	合计（1+4+6+8+11+12+13+14+15）				1 000	3 000	2 000	2 000

表6-50   纳税调整项目明细表   A105000

行次	项目	账载金额	税收金额	调增金额	调减金额
		1	2	3	4
36	四、特殊事项调整项目（37+38+…+43）	*	*		
37	（一）企业重组及递延纳税事项（填写A105100）	1 000	3 000		2 000

【案例6-15】承〔案例6-13〕，A公司技术入股按照选择财税〔2014〕116号文件的规定进行特殊性税务处理（单位：万元）。

①A公司取得股权时应于2024年10月确认无形资产投资转让所得=5 000-3 000=2 000（万元），按照5年内分期均匀计入相应年度的应纳税所得额，确认2024年度非货币资产投资应纳税所得额=2 000÷5=400（万元）。A公司2024年会计处理确认营业外收入2 000万元和税务处理确认应纳税所得额400万元，存在税会差异，应纳税调减=2 000-400=1 600（万元），长期股权投资计税基础=3 000+400=3 400（万元）。同时，按照《企业会计准则第18号——所得税》的规定，长期股权投资账面价值为5 000万元，产生应纳税暂时性差异1 600万元（5 000-3 400），确认递延所得税负债=1 600×25%=400（万元）。

借：所得税费用   400
   贷：递延所得税负债   400

2024年企业所得税汇算清缴时，具体填报A105100《企业重组及递延纳税事项纳税调整明细表》第12行"六、非货币性资产对外投资"项目"特殊性税务处理"第4列"账载金额"2 000万元，第5列"税收金额"400万元，第6列"纳税调整金额"-1 600万元。企业所得税年度纳税申报表填报实务如表6-51和表6-52所示。

表6-51   企业重组及递延纳税事项纳税调整明细表   A105100

行次	项目	一般性税务处理			特殊性税务处理（递延纳税）			纳税调整金额
		账载金额	税收金额	纳税调整金额	账载金额	税收金额	纳税调整金额	
		1	2	3(2-1)	4	5	6(5-4)	7(3+6)
12	六、非货币性资产对外投资				2 000	400	-1 600	-1 600
16	合计（1+4+6+8+11+12+13+14+15）				2 000	400	-1 600	-1 600

表 6 – 52 　　　　　　　　　　　　纳税调整项目明细表　　　　　　　　　　　　A105000

行次	项目	账载金额	税收金额	调增金额	调减金额
		1	2	3	4
36	四、特殊事项调整项目（37＋38＋…＋43）	*	*		
37	（一）企业重组及递延纳税事项（填写A105100）	2 000	400		1 600

②2025 年末，税务处理确认非货币资产转让所得 400 万元，会计处理不确认损益，存在税会差异，应纳税调增 400 万元，将长期股权投资的计税基础调整为 3 800 万元（3 400 ＋400），长期股权投资账面价值为 5 000 万元，产生应纳税暂时性差异 1 200 万元（5 000 － 3 800），递延所得税负债余额 ＝ 1 200 × 25％ ＝ 300（万元），应转回递延所得税负债 ＝ 400 － 300 ＝ 100（万元）。

借：递延所得税负债　　　　　　　　　　　　　　　　　　　　　　　100

　　贷：所得税费用　　　　　　　　　　　　　　　　　　　　　　　100

2025 年企业所得税汇算清缴时，具体填报 A105100《企业重组及递延纳税事项纳税调整明细表》第 12 行"六、非货币性资产对外投资"项目"特殊性税务处理"第 4 列"账载金额"0，第 5 列"税收金额"400 万元，第 6 列"纳税调整金额"400 万元。企业所得税年度纳税申报表填报实务如表 6 – 53 和表 6 – 54 所示。

表 6 – 53 　　　　　　　企业重组及递延纳税事项纳税调整明细表　　　　　　　A105100

行次	项目	一般性税务处理			特殊性税务处理（递延纳税）			纳税调整金额
		账载金额	税收金额	纳税调整金额	账载金额	税收金额	纳税调整金额	
		1	2	3(2－1)	4	5	6(5－4)	7(3＋6)
12	六、非货币性资产对外投资				0	400	400	400
16	合计（1＋4＋6＋8＋11＋12＋13＋14＋15）				0	400	400	400

表 6 – 54 　　　　　　　　　　　　纳税调整项目明细表　　　　　　　　　　　　A105000

行次	项目	账载金额	税收金额	调增金额	调减金额
		1	2	3	4
36	四、特殊事项调整项目（37＋38＋…＋43）	*	*		
37	（一）企业重组及递延纳税事项（填写A105100）	0	400	400	

③2026 年 10 月，A 公司转让该股权时，一次性确认非货币资产转让所得 ＝ 3 × 400 ＝ 1 200（万元），会计处理不确认损益，存在税会差异，应纳税调增 1 200 万元，将长期股权投资的计税基础调整为 5 000 万元（3 800 ＋1 200），转回全部递延所得税负债余额 300 万元。

借：递延所得税负债　　　　　　　　　　　　　　　　　　　　　　　300

贷：所得税费用　　　　　　　　　　　　　　　　　　　　　　　　　300

2026 年企业所得税汇算清缴时，具体填报 A105100《企业重组及递延纳税事项纳税调整明细表》第 12 行"六、非货币性资产对外投资"项目"特殊性税务处理"第 4 列"账载金额"0，第 5 列"税收金额"1 200 万元，第 6 列"纳税调整金额"1 200 万元。企业所得税年度纳税申报表填报实务如表 6 – 55 和表 6 – 56 所示。

表 6 – 55　　　　　　　　　企业重组及递延纳税事项纳税调整明细表　　　　　　　　A105100

行次	项目	一般性税务处理			特殊性税务处理（递延纳税）			纳税调整金额
		账载金额	税收金额	纳税调整金额	账载金额	税收金额	纳税调整金额	
		1	2	3(2 – 1)	4	5	6(5 – 4)	7(3 + 6)
12	六、非货币性资产对外投资				0	1 200	1 200	1 200
16	合计（1 + 4 + 6 + 8 + 11 + 12 + 13 + 14 + 15）				0	1 200	1 200	1 200

表 6 – 56　　　　　　　　　　　　纳税调整项目明细表　　　　　　　　　　　　A105000

行次	项目	账载金额	税收金额	调增金额	调减金额
		1	2	3	4
36	四、特殊事项调整项目（37 + 38 + … + 43）	*	*		
37	（一）企业重组及递延纳税事项（填写 A105100）	0	1 200	1 200	

④A 公司确认当期股权转让所得 = 6 000 – 5 000 = 1 000（万元），会计处理确认转让股权的投资收益 1 000 万元，不存在税会差异。B 公司取得无形资产和摊销处理时税务处理同〖案例 6 – 13〗。

【案例 6 – 16】甲饲料公司是由乙投资公司出资 7 200 万元设立的有限责任公司，截至 2024 年末，所有者权益账面价值为 8 000 万元（含股本 7 200 万元，法定盈余公积和未分配利润 800 万元）。丙集团看好饲料行业的发展前景，准备收购甲公司的全部股权。经过评估机构评定，甲公司净资产的评估价值为 9 000 万元，丙集团准备支付本公司股票 3 500 万股（面值 1 元，发行价 2 元），并支付公允价值为 2 000 万元的有价证券给乙投资公司，购买甲饲料公司的 100% 股权，请计算分析乙投资公司股权转让的所得税纳税义务（单位：万元）。

分析：①被收购企业股东乙投资公司的会计处理与纳税调整。按照一般性税务处理的规定，计算缴纳企业所得税。股权转让所得 = 9 000 – 7 200 = 1 800（万元），应交企业所得税 = 1 800 × 25% = 450（万元）。

借：长期股权投资——丙公司　　　　　　　　　　　　　　　　　7 000

　　交易性金融资产　　　　　　　　　　　　　　　　　　　　　2 000

　　贷：长期股权投资——甲公司　　　　　　　　　　　　　　　　　　7 200

投资收益   1 800

借：所得税费用   450

    贷：应交税费——应交所得税   450

由于乙投资公司缴纳了所得税，确认了计税基础，所以，乙投资公司取得的丙公司的股票 3 500 万股，可以按照公允价 7 000 万元作为计税基础，取得的有价证券按公允价值 2 000 万元确认为计税基础。

②股权收购方丙集团的税务处理。根据一致税务处理原则，股权收购方丙集团也采用一般性税务处理，其取得股权的计税基础应以公允价值为基础确定。丙集团支付给乙公司股票的公允价值 7 000 万元，有价证券的公允价值 2 000 万元，支付对价总额为 9 000 万元。丙集团取得甲公司 100% 股权，可以按照评估价 9 000 万元作为计税基础，将来股权投资转让时可以全额扣除。

【案例 6 – 17】承〖案例 6 – 16〗，假设丙集团在支付的对价中，定向增发本公司股票给乙投资公司 4 000 万股，面值 1 元，发行价 2 元，市场价值 8 000 万元，另外支付给乙投资公司公允价值为 1 000 万元的有价证券，取得甲公司 100% 的股权（单位：万元）。

判断是否符合特殊性税务处理条件：第一，乙投资公司将对甲公司的股权全部转让给丙集团；第二，股权支付÷交易支付总额 = (2 × 4 000) ÷ 9 000 = 88.89% > 85%。符合特殊性税务处理的条件，可以按照特殊性税务处理进行企业所得税的处理。

①被收购企业股东乙公司的会计核算及税务处理。

对交易中股权支付暂不确认有关资产的转让所得或损失。"股权支付"的公允价值 = 2 × 4 000 = 8 000（万元），"股权支付"对应的股权在乙公司的计税基础 = 8 000 × (7 200 ÷ 9 000) = 6 400（万元），股权转让所得 = 8 000 – 6 400 = 1 600（万元），根据《通知》规定，符合特殊性税务处理的股权收购暂不确认转让所得。1 000 万元有价证券属于"非股权支付"，应在交易当期计算资产转让所得。

非股权支付对应的资产转让所得 = (被转让资产的公允价值 – 被转让资产的计税基础) × (非股权支付金额 ÷ 被转让资产的公允价值) = (9 000 – 7 200) × (1 000 ÷ 9 000) = 200（万元）。

非股权支付对应的股权在乙公司的计税基础 = 1 000 × (7 200 ÷ 9 000) = 800（万元）。

非股权支付应纳企业所得税 = 200 × 25% = 50（万元）。

a. 被收购企业的股东取得收购企业股权的计税基础，以被收购股权的原有计税基础确定。乙投资公司取得丙集团股权的公允价值 = 4 000 × 2 = 8 000（万元），但是，由于乙投资公司没有对股权转让所得 1 600 万元纳税，没有完成"计税基础"，其取得丙集团的股票的计税基础，不能按公允价 8 000 万元确认，而只能以被收购股权的原有计税基础 6 400 万元确定新股权的计税基础。

b. 乙投资公司的会计处理。确认股权转让所得＝（2×4 000＋1 000）－7 200＝1 800（万元），应交企业所得税＝1 800×25%＝450（万元）。

借：长期股权投资——丙公司 8 000
　　交易性金融资产 1 000
　　　贷：长期股权投资——甲公司 7 200
　　　　投资收益 1 800
借：所得税费用 450
　　贷：应交税费——应交所得税 450

乙投资公司的企业所得税年度纳税申报表填报实务如表6－57和表6－58所示。

表6－57　　　　　企业重组及递延纳税事项纳税调整明细表　　　　　　A105100

行次	项目	一般性税务处理			特殊性税务处理（递延纳税）			纳税调整金额
		账载金额	税收金额	纳税调整金额	账载金额	税收金额	纳税调整金额	
		1	2	3(2-1)	4	5	6(5-4)	7(3+6)
4	二、股权收购				1 800	200	－1 600	－1 600
16	合计（1＋4＋6＋8＋11＋12＋13＋14＋15）				1 800	200	－1 600	－1 600

表6－58　　　　　　　纳税调整项目明细表　　　　　　　　A105000

行次	项目	账载金额	税收金额	调增金额	调减金额
		1	2	3	4
36	四、特殊事项调整项目（37＋38＋…＋43）	＊	＊		
37	（一）企业重组及递延纳税事项（填写A105100）	1 800	200		1 600

②收购企业丙集团的会计核算及税务处理如下：

借：长期股权投资——甲公司 9 000
　　贷：长期股权投资等 1 000
　　　股本 4 000
　　　资本公积——股本溢价 4 000

收购企业的股权支付额对应的公允价值增值没有在被收购方所得税中确认所得，收购企业支付的1 000万元有价证券已在被收购方确认相应的所得。《财政部 国家税务总局关于企业重组业务企业所得税处理若干问题的通知》（财税〔2009〕59号）规定：收购企业取得被收购企业股权的计税基础，应以被收购股权的原有计税基础（6 400万元）与非股权支付（1 000万元）之和7 400万元确定，将来股权投资转让可以税前扣除。把差额1 600万元登记在《纳税调整台账》备查。

【案例6－18】A公司为大型影视制作发行公司，为扩展生产经营规模，决定收购另一家影视制作公司B公司。A公司决定仅收购B公司从事影视制作的所有相关资产。

2024年5月1日，双方达成资产收购协议，A公司收购B公司涉及影视业务的相关资产，其中：影视设备的账面价值520万元，公允价值560万元，仿古建筑物的账面价值400万元，公允价值800万元，存货的账面价值350万元，公允价值220万元，应收账款的账面价值200万元，公允价值150万元。

2024年5月1日，B企业所有资产经评估后的资产总额为3 050万元。A公司以B公司经评估后的资产总价值1 730万元为准，向B企业支付了以下两项对价：支付现金130万元；A企业将其持有的其全资子公司20%的股权合计800万股，支付给B公司，该项长期股权投资的公允价值为1 600万元，计税基础和账面价值为800万元。假设该项资产收购是为了扩大生产经营，具有合理的商业目的，且A公司承诺收购B公司影视业务资产后，在连续12个月内仍用该项资产从事影视制作发行。

分析：通过案例提供的信息初步判断，该项资产并购符合财税〔2009〕59号文件和财税〔2014〕109号文件关于特殊性税务处理的五个条件，并计算收购资产比例和股权支付比例这两个指标。一是受让企业A公司收购转让企业B公司的资产总额为1 730万元，B企业全部资产总额经评估为3 050万元，A收购转让企业B的资产占B企业总资产的比例为56.72%（1 730÷3 050），超过了50%的比例。二是受让企业在资产收购中，股权支付金额为1 600万元，非股权支付金额为130万元，股权支付金额占交易总额的92.5%（1 600÷1 730），超过85%的比例。因此，A公司对B公司的这项资产收购交易可以适用特殊性税务处理，各方已经按照税法规定进行特殊性税务处理备案申报。

①转让方B公司的税务处理。转让企业取得受让企业股权的计税基础，以被转让资产的原有计税基础确定。由于转让方B公司转让资产，不仅收到股权，还收到了130万元现金的非股权支付。根据财税〔2009〕59号文件第六条第四款的规定，应确认非股权支付对应的资产转让所得或损失。

计算公式为：非股权支付对应的资产转让所得或损失 =（被转让资产的公允价值 - 被转让资产的计税基础）×（非股权支付金额÷被转让资产的公允价值）。

因此，转让方B公司非股权支付对应的资产转让所得或损失 =（1 730 - 1 470）× 130÷1 730 = 19.54（万元），B公司需要就其非股权支付对应的资产转让所得19.54万元缴纳企业所得税。

B公司取得现金资产的计税基础为130万元。B公司取得A企业给予的其持有的全资子公司800万股股份的计税基础为1 359.54万元（1 470 + 19.54 - 130）。

②转让方B公司会计处理时按照转让资产的公允价值与账面价值的差额确认当期损益 =（560 - 520）+（800 - 400）+（220 - 350）+（150 - 200）= 260（万元）。

③转让方B公司企业所得税年度纳税申报表填报实务如表6 - 59和表6 - 60所示（单位：万元）。

表6-59　　　　　　　　企业重组及递延纳税事项纳税调整明细表　　　　　　　　A105100

行次	项目	一般性税务处理			特殊性税务处理（递延纳税）			纳税调整金额
		账载金额	税收金额	纳税调整金额	账载金额	税收金额	纳税调整金额	
		1	2	3（2-1）	4	5	6（5-4）	7（3+6）
6	三、资产收购				260	19.54	-240.46	-240.46

表6-60　　　　　　　　　　　　纳税调整项目明细表　　　　　　　　　　　　A105000

行次	项目	账载金额	税收金额	调增金额	调减金额
		1	2	3	4
36	四、特殊事项调整项目（37+38+…+43）	*	*		
37	（一）企业重组及递延纳税事项（填写A105100）	260	19.54		240.46

④受让方A公司的税务处理。受让企业取得转让企业资产的计税基础，以被转让资产的原有计税基础确定。受让方被转让资产两项：一项是其持有的子公司C公司的长期股权投资，账面价值为800万元，计税基础为800万元，公允价值为1600万元；另一项是银行存款，计税基础为130万元，两项资产计税基础合计为930万元，应将被转让资产的计税基础930万元在A公司取得的4项收购资产中按各自的公允价值进行分配。假设在换入资产计税基础无法确定时，按照换出资产的计税基础之和确认换入资产的计税基础并按照换入资产的公允价值进行分配。

设备的计税基础=930×560÷1730=301.04（万元）

建筑物的计税基础=930×800÷1730=430.06（万元）

存货的计税基础=930×220÷1730=118.27（万元）

应收账款的计税基础=930-301.04-430.06-118.27=80.63（万元）

⑤受让方A公司的会计处理。处置子公司C公司的长期股权投资换取B公司各项资产，按照非货币性资产交换公允价值计量模式处理，确认当期损益为800万元（1600-800）。

⑥受让方A公司企业所得税年度纳税申报表填报实务如表6-61和表6-62所示（单位：万元）。

表6-61　　　　　　　　企业重组及递延纳税事项纳税调整明细表　　　　　　　　A105100

行次	项目	一般性税务处理			特殊性税务处理（递延纳税）			纳税调整金额
		账载金额	税收金额	纳税调整金额	账载金额	税收金额	纳税调整金额	
		1	2	3（2-1）	4	5	6（5-4）	7（3+6）
6	三、资产收购				800	0	-800	-800

表6-62　　　　　　　　　　　　纳税调整项目明细表　　　　　　　　　　　　A105000

行次	项目	账载金额	税收金额	调增金额	调减金额
		1	2	3	4
36	四、特殊事项调整项目（37+38+…+43）	*	*		
37	（一）企业重组及递延纳税事项（填写A105100）	800	0		800

【**案例 6 – 19**】2024 年 1 月 20 日，甲公司全部净资产评估价 1 000 万元（不含税价）（账面净值和计税基础均为 800 万元），现在拟将其中的一条生产线从公司剥离，投资到全资子公司乙公司，增加乙公司的实收资本，同时取得乙公司 100% 的股权支付。该生产线评估价 600 万元（不含税）（该项固定资产原价 600 万元，累计折旧 100 万元，计税基础和账面价值相同，资产折旧也无税会差异）。那么，该项投资可以适用哪些企业所得税政策，如何进行会计和税务处理，甲公司执行《企业会计准则》？

分析：按照《国家税务总局关于非货币性资产投资企业所得税有关征管问题的公告》（国家税务总局公告 2015 年第 33 号，以下简称 33 号公告）第三条规定，符合《财政部、国家税务总局关于非货币性资产投资企业所得税政策问题的通知》（财税〔2014〕116 号，以下简称 116 号文）规定的企业非货币性资产投资行为，同时又符合《财政部、国家税务总局关于企业重组业务企业所得税处理若干问题的通知》（财税〔2009〕59 号，以下简称 59 号文）、《财政部、国家税务总局关于促进企业重组有关企业所得税处理问题的通知》（财税〔2014〕109 号）等文件规定的特殊性税务处理条件的，可由企业选择其中一项政策执行，且一经选择，不得改变，该项投资可能适用以下四种企业所得税政策。

（1）适用非货币性资产投资递延纳税政策。

①适用政策：116 号文和 33 号公告。②适用条件：查账征收的居民企业（此处隐含的意思就是核定征收的企业不得适用此政策）；非货币性资产投资限于以非货币性资产出资设立新的居民企业，或将非货币性资产注入现存的居民企业（本例适用注入情况）；本例为投资取得被投资企业股权的情况且符合其他税收优惠条件。③会计和税务处理如下（单位：万元，下同）。

a. 投资方甲公司会计处理。

借：固定资产清理   500

  累计折旧   100

   贷：固定资产   600

借：长期股权投资——乙公司   678

   贷：固定资产清理   600

     应交税费——应交增值税（销项税额） 78

借：固定资产清理   100

   贷：资产处置损益   100

b. 投资方甲公司税务处理。假设按照 5 年分期确认所得递延纳税，第 1 年确认所得 =（600 − 500）÷ 5 = 20（万元），进行纳税调减 = 100 − 20 = 80（万元）；第 2 ~ 第 5 年每年纳税调增 20 万元。取得的乙公司长期股权投资的计税基础以生产线原来的计税基础为计税基础，加上每年确认的非货币性资产转让所得，即：第一年计税基础 = $500 + (600 - 500) \div 5 + 78 = 622$（万元），第二年计税基础 = $520 + (600 - 500) \div 5 + 102 = 642$（万元），依次类推每年调整长期股权投资的计税基础。企业所得税年度纳税申报表填报实务如表 6 - 63 和表 6 - 64 所示。

表 6 - 63　　　　　企业重组及递延纳税事项纳税调整明细表（2024 年）　　　　A105100

行次	项目	一般性税务处理			特殊性税务处理（递延纳税）			纳税调整金额
		账载金额	税收金额	纳税调整金额	账载金额	税收金额	纳税调整金额	
		1	2	3 (2 - 1)	4	5	6 (5 - 4)	7 (3 + 6)
12	六、非货币性资产对外投资				100	20	- 80	- 80

表 6 - 64　　　　　　　　纳税调整项目明细表（2024 年）　　　　　　　A105000

行次	项目	账载金额	税收金额	调增金额	调减金额
		1	2	3	4
36	四、特殊事项调整项目（37 + 38 + … + 43）	*	*		
37	（一）企业重组及递延纳税事项（填写 A105100）	100	20		80

c. 被投资方乙公司会计处理。

借：固定资产　　　　　　　　　　　　　　　　　　　　　600

　　应交税费——应交增值税（进项税额）　　　　　　　　78

　　贷：实收资本　　　　　　　　　　　　　　　　　　　　678

d. 被投资方乙公司：按照公允价值 600 万元确认固定资产的计税基础并计算折旧。

（2）适用资产划转递延纳税政策。

①适用政策：《财政部、国家税务总局关于促进企业重组有关企业所得税处理问题的通知》（财税〔2014〕109 号）和《国家税务总局关于资产（股权）划转企业所得税征管问题的公告》（国家税务总局公告 2015 年第 40 号）。②适用条件：第一，100% 直接控制的居民企业之间，以及受同一或相同多家居民企业 100% 直接控制的居民企业之间；第二，账面净值划转；第三，具有合理商业目的，不以减少、免除或者推迟缴纳税款为主要目的；第四，划转后连续 12 个月内不改变被划转股权或资产原来实质性经营活动；第五，划出方企业和划入方企业均未在会计上确认损益。本例适用 2015 年第 40 号公告中的第一种情况且符合其他税收优惠条件。③会计和税务处理如下。

a. 投资方甲公司会计处理。

借：固定资产清理　　　　　　　　　　　　　　　　　　500

　　累计折旧　　　　　　　　　　　　　　　　　　　　100

贷：固定资产　　　　　　　　　　　　　　　　　　　　　　　600

借：长期股权投资——乙公司　　　　　　　　　　　　　　　　578

贷：固定资产清理　　　　　　　　　　　　　　　　　　　　500

应交税费——应交增值税（销项税额）　　　　　　　　　　78

b. 投资方甲公司税务处理：第一，划出方企业和划入方企业均不确认所得。第二，划入方企业取得被划转股权或资产的计税基础，以被划转股权或资产的原账面净值确定（是指划入方企业取得被划转股权或资产的计税基础，以被划转股权或资产的原计税基础确定）。第三，划入方企业取得的被划转资产，应按其原账面净值计算折旧扣除（是指划入方企业取得的被划转资产，应按被划转资产的原计税基础计算折旧扣除或摊销）。第四，交易双方应在协商一致的基础上，采取一致处理原则统一进行特殊性税务处理。投资方甲公司不确认所得，无税会差异。

c. 被投资方乙公司会计处理：

借：固定资产　　　　　　　　　　　　　　　　　　　　　　500

应交税费——应交增值税（进项税额）　　　　　　　　　　78

贷：实收资本　　　　　　　　　　　　　　　　　　　　　578

d. 被投资方乙公司税务处理：固定资产按照500万元作为计税基础并计算折旧，无税会差异。

（3）适用资产收购的特殊性税务处理。①适用政策：《财政部、国家税务总局关于企业重组业务企业所得税处理若干问题的通知》（财税〔2009〕59号）和《财政部、国家税务总局关于促进企业重组有关企业所得税处理问题的通知》（财税〔2014〕109号）。②假设该项交易符合税法规定的其他条件，会计和税务处理如下：

a. 投资方甲公司会计处理按非货币性资产投资递延纳税政策的会计处理。

b. 投资方甲公司税务处理。转让企业取得受让企业股权的计税基础，以被转让资产的原有计税基础确定。甲公司按照500万元确认长期股权投资的计税基础，不确认100万元所得。当年进行纳税调减100万元。企业所得税年度纳税申报表填报实务如表6-65和表6-66所示。

表6-65　　　　　企业重组及递延纳税事项纳税调整明细表（2024年）　　　A105100

行次	项目	一般性税务处理			特殊性税务处理（递延纳税）			纳税调整金额
		账载金额	税收金额	纳税调整金额	账载金额	税收金额	纳税调整金额	
		1	2	3(2-1)	4	5	6(5-4)	7(3+6)
6	三、资产收购				100	0	-100	-100

表 6-66 纳税调整项目明细表（2024 年） A105000

行次	项目	账载金额	税收金额	调增金额	调减金额
		1	2	3	4
36	四、特殊事项调整项目（37+38+…+43）	*	*		
37	（一）企业重组及递延纳税事项（填写A105100）	100	0		100

c. 被投资方乙公司会计处理按接受非货币性资产投资进行会计处理。

d. 被投资方乙公司税务处理。受让企业取得转让企业资产的计税基础，以被转让资产的原有计税基础确定，即按照 500 万元确认固定资产计税基础并计算折旧。乙公司每年需要在 A105080《资产折旧、摊销及纳税调整明细表》进行资产折旧纳税调增，调整金额为资产原值 600 万元与计税基础 500 万元，按照相应的折旧方法和年限计算的折旧的差额。

（4）适用资产划转的一般性税务处理。①适用政策：《企业所得税法实施条例》第二十五条、《国家税务总局关于企业处置资产所得税处理问题的通知》（国税函〔2008〕828 号）和《国家税务总局关于企业所得税有关问题的公告》（国家税务总局公告 2016 年第 80 号）。②会计和税务处理如下：

a. 投资方甲公司会计处理按非货币性资产投资递延纳税政策的会计处理。

b. 投资方甲公司税务处理。甲公司按照公允价值 678 万元确认长期股权投资的计税基础，确认视同销售收入 600 万元和视同销售成本 500 万元，视同销售所得 100 万元，与会计处理确认的资产处置损益 100 万元相一致，无税会差异。企业所得税年度纳税申报表填报实务如表 6-67 和表 6-68 所示。

表 6-67 企业重组及递延纳税事项纳税调整明细表（2024 年） A105100

行次	项目	一般性税务处理			特殊性税务处理（递延纳税）			纳税调整金额
		账载金额	税收金额	纳税调整金额	账载金额	税收金额	纳税调整金额	
		1	2	3(2-1)	4	5	6(5-4)	7(3+6)
14	八、股权划转、资产划转	100	100	0				

表 6-68 纳税调整项目明细表（2024 年） A105000

行次	项目	账载金额	税收金额	调增金额	调减金额
		1	2	3	4
36	四、特殊事项调整项目（37+38+…+43）	*	*		
37	（一）企业重组及递延纳税事项（填写A105100）	100	100		

c. 被投资方乙公司会计处理按接受非货币性资产投资进行会计处理。

d. 被投资方乙公司税务处理。甲公司按照公允价值 600 万元确认固定资产的计税基础并计算折旧。

【案例 6 - 20】甲公司是乙公司股东（无论是否是控股股东），2024 年 2 月为了弥补乙公司临时性经营现金流短缺，甲公司向乙公司提供 1 000 万元无息借款资金，合同约定于 6 个月后收回。借款期满后，尽管乙公司具有充足的现金流和还款能力，但是并未偿还甲公司到期借款，2024 年 10 月，甲公司与乙公司达成债务重组协议，约定甲公司立即免除乙公司部分借款 800 万元还款义务，并收回剩余 200 万元借款本金。会计和税务处理如下（单位：万元）。

分析：会计处理在此项交易时，如果甲公司不以股东身份而是以市场交易者身份参与交易，在乙公司具有足够偿债能力的情况下不会免除其部分本金。因此，甲公司和乙公司应当将该交易作为权益性交易，不确认债务重组相关损益。

①乙公司取得借款会计处理。

借：银行存款　　　　　　　　　　　　　　　　　　　　1 000
　　贷：其他应付款——股东甲公司　　　　　　　　　　　　　1 000

②乙公司归还借款的会计处理。

借：其他应付款——股东甲公司　　　　　　　　　　　　1 000
　　贷：银行存款　　　　　　　　　　　　　　　　　　　　　200
　　　　资本公积——其他资本公积　　　　　　　　　　　　　　800

③乙公司应当按照支付的债务清偿额 200 万元低于债务计税基础 1 000 万元的差额，确认债务重组所得 800 万元。2024 年企业所得税年度纳税申报表填报实务如表 6 - 69 所示。

表 6 - 69　　　　　　　　企业重组及递延纳税事项纳税调整明细表　　　　　　A105100

行次	项目	一般性税务处理			特殊性税务处理（递延纳税）			纳税调整金额
		账载金额	税收金额	纳税调整金额	账载金额	税收金额	纳税调整金额	
		1	2	3(2-1)	4	5	6(5-4)	7(3+6)
1	一、债务重组	0	800	800				800
2	其中：以非货币性资产清偿债务							

也有观点认为，乙公司按照国家税务总局办公厅《关于〈国家税务总局关于企业所得税应纳税所得额若干问题的公告〉的解读》的规定，不征收企业所得税，此时税会无差异。

【案例 6 - 21】《深圳证券交易所会计监管动态第 4 期》以资产抵债的债务重组会计处理。

（1）案例及相关问题。

20×1年Y公司因对Z公司销售商品而确认了应收账款1 000万元。截至20×2年末，Z公司一直未能付款。考虑到并没有证据（可观察信息）表明该应收账款发生了信用减值，Y公司在20×2年底对该笔应收账款以组合方式计提了30%的坏账准备。

20×3年10月，Y公司与Z公司就该应收账款的偿还问题进行沟通，Z公司以其持有的某固定资产抵偿Y公司的应收账款，该固定资产的公允价值为900万元。双方在12月底完成资产交接手续，并完成该应收账款结算手续。考虑到在债务重组完成日Y公司收取的该固定资产的公允价值为900万元，以资抵债的应收账款已计提坏账准备300万元，Y公司先对该信用减值损失、坏账准备进行冲回调整200万元，再确认固定资产900万元，减少应收账款1000万元和坏账准备100万元。

问题：Y公司关于债务重组的会计处理是否正确？

（2）参考意见。

案例中需分别考虑两个计量问题：债权信用减值损失、债务重组损益。

根据金融工具准则的规定，企业应当在资产负债表日对金融资产和信贷承诺等，以预期信用损失为基础确认减值损失，计提减值准备。根据预期信用损失的计量要求，企业应结合合同条款及借款人情况，合理判断预期能收到的现金流量。因此，企业应在资产负债表日考虑债务人的债务偿还安排，包括已经开展的债务重组安排、拟偿还实物的价值等。

债权人和债务人以固定资产抵偿应收账款的方式进行债务重组，对于债权人来说，放弃债权的公允价值与账面价值之间的差额为债务重组损益。Y公司应当按照债务重组准则的要求，合理计量债权的公允价值，并确认债务重组损益。

根据债务重组准则实施问答，如果债权人与债务人之间的债务重组是在公平交易的市场环境中达成的交易，放弃债权的公允价值通常与受让资产的公允价值相等，且通常不高于放弃债权的账面余额。因此，如果Y公司该债务重组交易是在公平交易的市场环境中达成的，Y公司基于已开展的债务重组安排相应调整相关债权的预期信用损失准备，使得该债权账面价值接近于其公允价值（即接近于将取得的受让资产的公允价值），具有一定的合理性。

（3）相关规则。《企业会计准则第22号——金融工具确认和计量》应用指南规定，企业应当在资产负债表日对金融资产和信贷承诺等，以预期信用损失为基础确认减值损失，计提减值准备。企业应当考虑金融资产和信贷承诺等的未来预期信用损失情况，及时、足额地计提减值准备，更加有效反映和防控金融工具的信用风险。《企业会计准则第12号——债务重组》（2019年）第六条规定，以资产清偿债务方式进行债务重组的，债权人初始确认受让的金融资产以外的资产时，应当按照下列原则以成本计量：

固定资产的成本，包括放弃债权的公允价值和使该资产达到预定可使用状态前所发生的可直接归属于该资产的税金、运输费、装卸费、安装费、专业人员服务费等其他成本。放弃债权的公允价值与账面价值之间的差额，应当计入当期损益。

（4）小结：债务重组是一种债务人纾困措施，通常债务人采用以资产偿还债务、将债务转为权益工具、修改债务条件等方式来化解债务危机。无论通过何种方式进行债务重组，都绕不开两个问题：何时确认债务重组损益，以及如何计算债务重组损益。

关于债务重组损益确认时点，根据企业会计准则及相关规定，债务重组中涉及的债权和债务的终止确认，应当遵循准则有关金融资产和金融负债终止确认的规定。债权人在收取债权现金流量的合同权利终止时终止确认债权，债务人在债务的现时义务解除时终止确认债务。对于以资产清偿债务或债转股方式进行的债务重组，债务人通过交付资产或权益工具解除其清偿债务的现时义务时，可以终止确认债务。实务中要严格把握这一要求，在清偿债务的现时义务解除前，债务人不应确认债务重组损益。

关于债务重组损益金额，以资产偿还债务的情形下，对于债务人来说，无论偿债资产是金融资产还是非金融资产，债务重组损益的处理思路相同，都是所清偿债务账面价值与转让资产账面价值的差额。对于债权人来说，则有所不同。

如果收到的是金融资产，则金融资产的入账价值以金融资产的公允价值计量，金融资产确认金额与放弃债权账面价值的差额为债务重组损益；如果收到的是非金融资产，则非金融资产的入账价值以放弃债权的公允价值加上相关税费来计量，放弃债权公允价值与账面价值的差额为债务重组损益。实务中，债权人在进行会计处理时，需要注意这一差别，并采取合理方式计量放弃债权的公允价值。

（5）上述以资产抵债的债务重组会计处理和税务处理如下。

①20×1年Y公司因对Z公司销售商品而确认了应收账款1 000万元。

借：应收账款——乙公司　　　　　　　　　　　　　　　　1 000
　　贷：主营业务收入　　　　　　　　　　　　　　　　　　　　　885
　　　　应交税费——应交增值税（销项税额）　　　　　　　　　　115

②20×2年末，Y公司对该笔应收账款计提了30%的坏账准备。

借：信用减值损失　　　　　　　　　　　　　　　　　　　300
　　贷：坏账准备　　　　　　　　　　　　　　　　　　　　　　300

税务处理：企业所得税汇算清缴时，将会计核算计提的坏账准备300万元纳税调增。

③20×3年10月，债务重组完成日取得抵债固定资产，假设增值税另行支付。

借：坏账准备　　　　　　　　　　　　　　　　　　　　200
　　贷：信用减值损失　　　　　　　　　　　　　　　　　　　　200

借：固定资产		900
应交税费——应交增值税（进项税额）		117
坏账准备		100
贷：应收账款	1 000	
银行存款	117	

税务处理：债务重组损失 = 1 000 - 900 = 100（万元），企业所得税汇算清缴时，将会计核算转回的坏账准备 300 万元纳税调减。将以非货币性资产清偿债务按照一般性税务处理税会差异 100 万元纳税调减。

第二节 《政策性搬迁纳税调整明细表》
填报实务与案例解析

一、《政策性搬迁纳税调整明细表》格式与填报要点

具体格式如表 6 - 70 所示。

表 6 - 70 政策性搬迁纳税调整明细表 A105110

行次	项目	金额
1	一、搬迁收入（2 + 8）	
2	（一）搬迁补偿收入（3 + 4 + 5 + 6 + 7）	
3	1. 对被征用资产价值的补偿	
4	2. 因搬迁、安置而给予的补偿	
5	3. 对停产停业形成的损失而给予的补偿	
6	4. 资产搬迁过程中遭到毁损而取得的保险赔款	
7	5. 其他补偿收入	
8	（二）搬迁资产处置收入	
9	二、搬迁支出（10 + 16）	
10	（一）搬迁费用支出（11 + 12 + 13 + 14 + 15）	
11	1. 安置职工实际发生的费用	
12	2. 停工期间支付给职工的工资及福利费	
13	3. 临时存放搬迁资产而发生的费用	
14	4. 各类资产搬迁安装费用	
15	5. 其他与搬迁相关的费用	
16	（二）搬迁资产处置支出	

续表

行次	项目	金额
17	三、搬迁所得或损失（1－9）	
18	四、应计入本年应纳税所得额的搬迁所得或损失（19＋20＋21）	
19	其中：搬迁所得	
20	搬迁损失一次性扣除	
21	搬迁损失分期扣除	
22	五、计入当期损益的搬迁收益或损失	
23	六、以前年度搬迁损失当期扣除金额	
24	七、纳税调整金额（18－22－23）	

本表适用于发生政策性搬迁纳税调整项目的纳税人在完成搬迁年度及以后进行损失分期扣除的年度填报。纳税人根据税法、《国家税务总局关于发布〈企业政策性搬迁所得税管理办法〉的公告》（国家税务总局公告 2012 年第 40 号）、《国家税务总局关于企业政策性搬迁所得税有关问题的公告》（国家税务总局公告 2013 年第 11 号）等相关规定，以及国家统一企业会计制度，填报企业政策性搬迁项目的相关会计处理、税法规定及纳税调整情况。

二、《政策性搬迁纳税调整明细表》具体填报实务与案例解析

【案例6－22】甲公司 2020 年 11 月因市政规划，实施整体搬迁，搬迁中发生如下业务：①收到财政预算直接拨付补偿款 1 200 万元；②采取置换形式取得一块新土地，被置换土地使用权原价 1 000 万元，累计摊销 300 万元，换入土地使用权发生各项费用 100 万元；③处置固定资产 A，原值 1 000 万元，累计折旧 800 万元，处置价款 100 万元；④搬迁中报废固定资产 B，原值 500 万元，累计折旧 450 万元，收到保险赔款 30 万元；⑤以财政拨付款项重置固定资产 C，1 000 万元；⑥搬迁过程中发生安置职工等费用化支出 50 万元；⑦搬迁过程中销售以前年度存货，不含税价 200 万元，成本 150 万元。2024 年底符合搬迁完成条件。会计和税务处理如下（单位：万元）。

①收到财政预算直接拨付搬迁补偿款。

借：银行存款　　　　　　　　　　　　　　　　　　　1 200

　　贷：专项应付款　　　　　　　　　　　　　　　　　　　1 200

税务处理：该搬迁补偿款可暂不计入 2020 年度应纳税所得额，待到搬迁完成年度汇总清算申报。该搬迁补偿款会计核算也未计入当年利润总额，会计和税务处理无差异，不进行纳税调整。

②置换土地使用权，假设不具有商业实质。

借：无形资产——土地使用权（新）	800
累计摊销	300
贷：无形资产——土地使用权（旧）	1 000
银行存款	100

税务处理：《国家税务总局关于企业政策性搬迁所得税有关问题的公告》（国家税务总局公告 2013 年第 11 号）第二条规定，企业政策性搬迁被征用的资产，采取资产置换的，其换入资产的计税成本按被征用资产的净值，加上换入资产所支付的税费（涉及补价，还应加上补价款）计算确定。"无形资产——土地使用权（新）"的计税基础 = 1 000 − 300 + 100 = 800（万元）。

③处置固定资产 A 和资产 B。

借：固定资产清理	250
累计折旧	1 250
贷：固定资产——A	1 000
——B	500
借：银行存款	130
贷：固定资产清理	130
借：营业外支出	120
贷：固定资产清理	120

处置固定资产 A、B 的损失由财政拨付款项补偿，则：

借：专项应付款	120
贷：递延收益	120

由于损失已经发生，应同时作如下处理：

借：递延收益	120
贷：营业外收入	120

④购置固定资产 C。

借：固定资产	1 000
贷：银行存款等	1 000
借：专项应付款	1 000
贷：递延收益	1 000

投入使用后计提折旧时，应将"递延收益"按折旧进度转入其他收益。以后年度将其他收益的金额进行纳税调减。

⑤搬迁固定资产发生支出。

a. 发生安置职工等费用化支出并由财政拨付款项补偿。

借：管理费用　　　　　　　　　　　　　　　　　　　50
　　贷：银行存款等　　　　　　　　　　　　　　　　　　50

借：专项应付款　　　　　　　　　　　　　　　　　　50
　　贷：递延收益　　　　　　　　　　　　　　　　　　50

b. 由于损失已经发生，应同时作如下处理：

借：递延收益　　　　　　　　　　　　　　　　　　　50
　　贷：其他收益　　　　　　　　　　　　　　　　　　50

⑥搬迁过程中销售以前年度存货。

借：银行存款等　　　　　　　　　　　　　　　　　　234
　　贷：主营业务收入　　　　　　　　　　　　　　　　200
　　　　应交税费——应交增值税（销项税额）　　　　　34

借：主营业务成本　　　　　　　　　　　　　　　　　150
　　贷：库存商品　　　　　　　　　　　　　　　　　　150

⑦将专项应付款余额30万元结转资本公积处理。

借：专项应付款　　　　　　　　　　　　　　　　　　30
　　贷：资本公积——资本溢价　　　　　　　　　　　　30

税务处理：

第一，甲公司应计入政策性搬迁收入2 030万元，包括：从政府取得的搬迁补偿款1 200万元；被征用土地非货币性收入700万元；固定资产A处置收入100万元；固定资产B保险赔款30万元。

第二，甲公司的政策性搬迁支出1 000万元，包括：土地置换中被征用土地处置支出700万元；固定资产A处置支出200万元；固定资产B处置支出50万元；搬迁固定资产费用化支出50万元。

第三，甲公司搬迁中，重置固定资产C计税成本为1 000万元，土地置换中换入土地计税成本800万元，均不得从搬迁支出中扣除，而应在以后投入使用后计算折旧或摊销在税前扣除。

第四，甲公司搬迁中，搬迁固定资产费用化支出50万元作为搬迁支出，资本化支出500万元应计入搬迁资产的计税成本。

第五，2024年甲公司完成搬迁，企业应在该年度应将搬迁收入2 030万元和搬迁支出1 000万元分别填入《企业政策性搬迁清算损益表》中的相关行次，计算出搬迁所得 1 030 万元。

第六，由于企业搬迁所得在完成搬迁的年度汇总清算，因此，在搬迁期间及搬迁后会计上计入损益的与政策性搬迁相关的事项，均应作纳税调整。

但企业由于搬迁处置存货而取得的收入，应按正常经营活动取得的收入进行所得税处理，不作为企业搬迁收入，即存货销售所得 50 万元（200 - 150）计入当年应纳税所得额，计算缴纳企业所得税。企业所得税年度纳税申报表填报实务如表 6 - 71 和表 6 - 72 所示。

表 6 - 71   政策性搬迁纳税调整明细表（2024 年）   A105110

行次	项目	金额
1	一、搬迁收入（2 + 8）	2 030
2	（一）搬迁补偿收入（3 + 4 + 5 + 6 + 7）	1 930
3	1. 对被征用资产价值的补偿	1 200
4	2. 因搬迁、安置而给予的补偿	700
5	3. 对停产停业形成的损失而给予的补偿	
6	4. 资产搬迁过程中遭到毁损而取得的保险赔款	30
7	5. 其他补偿收入	
8	（二）搬迁资产处置收入	100
9	二、搬迁支出（10 + 16）	1 000
10	（一）搬迁费用支出（11 + 12 + 13 + 14 + 15）	50
11	1. 安置职工实际发生的费用	50
12	2. 停工期间支付给职工的工资及福利费	
13	3. 临时存放搬迁资产而发生的费用	
14	4. 各类资产搬迁安装费用	
15	5. 其他与搬迁相关的费用	
16	（二）搬迁资产处置支出	950
17	三、搬迁所得或损失（1 - 9）	1 030
18	四、应计入本年应纳税所得额的搬迁所得或损失（19 + 20 + 21）	1 030
19	其中：搬迁所得	1 030
20	搬迁损失一次性扣除	
21	搬迁损失分期扣除	
22	五、计入当期损益的搬迁收益或损失	
23	六、以前年度搬迁损失当期扣除金额	
24	七、纳税调整金额（18 - 22 - 23）	1 030

表 6 - 72   纳税调整项目明细表   A105000

行次	项目	账载金额	税收金额	调增金额	调减金额
		1	2	3	4
35	四、特殊事项调整项目（36 + 37 + 38 + 39 + 40）	*	*	1 030	
37	（二）政策性搬迁（填写 A105110）	*	*	1 030	

第三节 《贷款损失准备金及纳税调整明细表》填报要点与案例解析

一、《贷款损失准备金及纳税调整明细表》格式与填报要点

具体格式如表6－73所示。

表6－73　　　　　　　　　贷款损失准备金及纳税调整明细表　　　　　　　A105120

行次	项目	账载金额				税收金额						纳税调整金额
		上年末贷款资产余额	本年末贷款资产余额	上年末贷款损失准备金余额	本年末贷款损失准备金余额	上年末准予提取贷款损失准备金的贷款资产余额	本年末准予提取贷款损失准备金的贷款资产余额	计提比例	按本年末准予提取贷款损失准备金的贷款资产余额与计提比例计算的准备金额	截至上年末已在税前扣除的贷款损失准备金的余额	准予当年税前扣除的贷款损失准备金	
		1	2	3	4	5	6	7	8 (6×7)	9	10 (4与8的孰小值－9)	11 (4－3－10)
1	一、金融企业 (2+3)							*				
2	（一）贷款损失准备金			*	*			1%		*	*	*
3	（二）涉农和中小企业贷款损失准备金			*	*			*		*	*	*
4	其中：关注类贷款			*	*			2%		*	*	*
5	次级类贷款			*	*			25%		*	*	*
6	可疑类贷款			*	*			50%		*	*	*
7	损失类贷款			*	*			100%				*
8	二、小额贷款公司							1%				
9	三、其他											
10	合计（1+8+9）							*				

本表适用于发生贷款损失准备金的金融企业、小额贷款公司纳税人填报。纳税人根据税法、《财政部 税务总局关于金融企业贷款损失准备金企业所得税税前扣除有关

政策的公告》（财政部 税务总局公告 2019 年第 86 号）、《财政部 税务总局关于金融企业涉农贷款和中小企业贷款损失准备金税前扣除有关政策的公告》（财政部 税务总局公告 2019 年第 85 号）、《财政部 税务总局关于延续实施普惠金融有关税收优惠政策的公告》（财政部 税务总局公告 2020 年第 22 号）等相关规定，以及国家统一企业会计制度，填报贷款损失准备金会计处理、税收规定及纳税调整情况。只要会计上发生贷款损失准备金，不论是否纳税调整，均需填报。

二、《贷款损失准备金及纳税调整明细表》填报案例解析

【案例 6 - 23】甲商业银行 2020 年成立并开始对外营业，2020 年末的各项贷款余额为 10 亿元（假设均符合税前提取贷款损失准备金的贷款资产范围），2020 年末会计核算按照预期损失法和 1% 的预计损失率计提相应的贷款损失准备。该银行全部贷款执行《财政部 税务总局关于金融企业贷款损失准备金企业所得税税前扣除有关政策的公告》（财政部 税务总局公告 2019 年第 86 号），按照贷款资产余额的 1% 计算贷款损失准备金税前扣除，2020 年末允许在税前扣除的贷款损失准备金为 1 000 万元，期末贷款损失准备金余额为 1 000 万元。假设 2021 年没有实际发生贷款呆坏账损失，也没有收回以前年度已核销呆账。2021 年末各项贷款余额为 8 亿元（均符合税前提取贷款损失准备金的贷款资产范围）。会计和税务处理如下（单位：万元）。

①2020 年末会计计提贷款损失准备 1 000 万元。

借：信用减值损失   1 000

    贷：贷款损失准备   1 000

②2020 年准予当年税前扣除的贷款损失准备金 = 本年末准予提取贷款损失准备金的贷款资产余额 × 1% - 截至上年末已在税前扣除的贷款损失准备金的余额 = 100 000 × 1% - 0 = 1 000（万元）。与会计核算计入当期损益的信用减值损失金额相同，不需要进行纳税调整，但需要填报 A105120《贷款损失准备金及纳税调整明细表》。

③2020 年企业所得税年度纳税申报表填报实务如表 6 - 74 所示。

【案例 6 - 24】承〖案例 6 - 23〗，假设甲商业银行 2021 年无呆坏账核销及收回已核销坏账。2021 年末的贷款损失准备金余额为 800 万元（80 000 × 1%），2021 年初的贷款损失准备金余额为 1 000 万元，应冲减贷款损失准备金 200 万元。会计和税务处理如下（单位：万元）。

①2021 年末转回了贷款损失准备 200 万元。

借：贷款损失准备   200

    贷：信用减值损失   200

表6-74   **贷款损失准备金及纳税调整明细表**   A105120

行次	项目	账载金额				税收金额						纳税调整金额
		上年末贷款资产余额	本年末贷款资产余额	上年末贷款损失准备金余额	本年末贷款损失准备金余额	上年末准予提取贷款损失准备金的贷款资产余额	本年末准予提取贷款损失准备金的贷款资产余额	计提比例	按本年末准予提取贷款损失准备金的贷款资产余额与计提比例计算的准备金额	截至上年末已在税前扣除的贷款损失准备金的余额	准予当年税前扣除的贷款损失准备金	
		1	2	3	4	5	6	7	8 (6×7)	9	10 (4与8的孰小值-9)	11 (4-3-10)
1	一、金融企业(2+3)	0	100 000	0	1 000	0	100 000	*	1 000	0	1 000	0
2	(一)贷款损失准备金	0	100 000	*	*	0	100 000	1%	1 000	*	*	*

②2021年准予当年税前扣除的贷款损失准备金=本年末准予提取贷款损失准备金的贷款资产余额×1%-截至上年末已在税前扣除的贷款损失准备金的余额=80 000×1%-1 000=-200（万元）。金融企业按上述公式计算的数额如为负数，应当相应调增当年应纳税所得额。但是，会计核算转回贷款损失准备时已经冲减了信用减值损失200万元，增加了当期利润总额和应纳税所得额，税会一致，不需要重复调增当年应纳税所得额。

③2021年企业所得税年度纳税申报表填报实务如表6-75所示。

【案例6-25】承〖案例6-23〗，假设甲商业银行2021年核销实际发生坏账800万元，其他资料同〖案例6-23〗。2021年末的贷款准备金余额=80 000×1%=800（万元）。会计和税务处理如下（单位：万元）。

①该银行2021年贷款损失准备金核销实际发生呆坏账损失800万元。

借：贷款损失准备   800

    贷：贷款   800

②2021年末会计核算的"贷款损失准备"科目期末余额为800万元（80 000×1%），2021年初会计核算的"贷款损失准备"科目期末余额为1 000万元，本期核销准备金800万元，需要补提贷款损失准备600万元〔800-（1 000-800）〕。

借：信用减值损失   600

    贷：贷款损失准备   600

表 6 – 75   **贷款损失准备金及纳税调整明细表**   A105120

行次	项目	账载金额				税收金额						纳税调整金额
		上年末贷款资产余额	本年末贷款资产余额	上年末贷款损失准备金余额	本年末贷款损失准备金余额	上年末准予提取贷款损失准备金的贷款资产余额	本年末准予提取贷款损失准备金的贷款资产余额	计提比例	按本年末准予提取贷款损失准备金的贷款资产余额与计提比例计算的准备金额	截至上年末已在税前扣除的贷款损失准备金的余额	准予当年税前扣除的贷款损失准备金	
		1	2	3	4	5	6	7	8 (6×7)	9	10 (4与8的孰小值 –9)	11 (4 – 3 – 10)
1	一、金融企业 (2 + 3)	100 000	80 000	1 000	800	100 000	80 000	*	800	1 000	–200	0
2	(一) 贷款损失准备金	100 000	80 000	*	*	100 000	80 000	1%	800	*	*	*

③2021 年末按照税法规定准予当年税前扣除的贷款损失准备金 = 本年末准予提取贷款准备金余额 800 万元(80 000 × 1%)-(1 000 - 800)= 600(万元)。金融企业发生符合扣除条件的贷款损失 800 万元,应先冲减上年已在税前扣除的贷款损失准备金 1 000 万元。税务处理需要纳税调减 600 万元与会计核算计入当期损益的信用减值损失 600 万元相同,不需要进行纳税调整。

2021 年企业所得税年度纳税申报表填报实务如表 6 – 76 和表 6 – 77 所示。

表 6 – 76   **资产损失税前扣除及纳税调整明细表**   A105090

行次	项目	资产损失直接计入本年损益金额	资产损失准备金核销金额	资产处置收入	赔偿收入	资产计税基础	资产损失的税收金额	纳税调整金额
		1	2	3	4	5	6(5 – 3 – 4)	7
16	八、债权性投资损失 (17 + 23)							
17	(一) 金融企业债权性投资损失 (18 + 22)	0	800	0	0	800	800	0
18	1. 贷款损失	0	800	0	0	800	800	0
19	其中:符合条件的涉农和中小企业贷款损失							

续表

行次	项目	资产损失直接计入本年损益金额	资产损失准备金核销金额	资产处置收入	赔偿收入	资产计税基础	资产损失的税收金额	纳税调整金额
		1	2	3	4	5	6(5-3-4)	7
20	其中：单户贷款余额300万元（含）以下的贷款损失							
21	单户贷款余额300万~1000万（含）的贷款损失							
22	2. 其他债权性投资损失							
23	（二）非金融企业债权性投资损失							

表 6-77　　　　　　　　　　贷款损失准备金及纳税调整明细表　　　　　　A105120

行次	项目	账载金额				税收金额						
		上年末贷款资产余额	本年末贷款资产余额	上年末贷款损失准备金余额	本年末贷款损失准备金余额	上年末准予提取贷款损失准备金的贷款资产余额	本年末准予提取贷款损失准备金的贷款资产余额	计提比例	按本年末准予提取贷款损失准备金的贷款资产余额与计提比例计算的准备金额	截至上年末已在税前扣除的贷款损失准备金的余额	准予当年税前扣除的贷款损失准备金	纳税调整金额
		1	2	3	4	5	6	7	8 (6×7)	9	10 (4与8的孰小值-9)	11 (4-3-10)
1	一、金融企业 (2+3)	100 000	80 000	1 000	800	100 000	80 000	*	800	1 000	-200	0
2	（一）贷款损失准备金	100 000	80 000	*	*	100 000	80 000	1%	800	*	*	*

【案例 6-26】承〖案例 6-23〗，假设 2021 年度甲商业银行核销实际发生的贷款损失金额为 1 200 万元。会计和税务处理如下（单位：万元）。

①该银行 2021 年贷款损失准备金核销呆坏账 1 200 万元。

借：贷款损失准备　　　　　　　　　　　　　　　　　　　　1 000

　　投资收益——以摊余成本计量的金融资产终止确认收益　　200

　　贷：贷款　　　　　　　　　　　　　　　　　　　　　　　　　1 200

②2021年末需要计提贷款损失准备800万元（1 000 – 1 000 + 800）。

借：信用减值损失　　　　　　　　　　　　　　　　　　　　800

　　贷：贷款损失准备　　　　　　　　　　　　　　　　　　　　　800

上述会计核算直接计入当期投资收益的实际资产损失200万元与计入当期信用减值损失的800万元共计1 000万元，减少利润总额1 000万元。

③按照税法规定，实际发生资产损失1 200万元，应先冲减已在税前扣除的贷款损失准备金1 000万元，不足冲减部分200万元可据实在计算当年应纳税所得额时扣除。另外，2021年末按照税法规定准予当年税前扣除的贷款损失准备金 = 本年末准予提取贷款损失准备金的贷款资产余额×1% – 截至上年末已在税前扣除的贷款损失准备金的余额 = 80 000×1% – 1 000 = – 200（万元）。也可以这样理解，按照税法规定允许扣除的贷款损失准备金800万元（80 000×1%）和据实扣除的准备金核销超支部分200万元合计为税前扣除金额为1 000万元，与会计核算计入当期损益的金额1 000万元相同。

④2021年企业所得税年度纳税申报表填报实务如表6 – 78和表6 – 79所示。

表6 – 78　　　　　　　　资产损失税前扣除及纳税调整明细表　　　　　A105090

行次	项目	资产损失直接计入本年损益金额	资产损失准备金核销金额	资产处置收入	赔偿收入	资产计税基础	资产损失的税收金额	纳税调整金额
		1	2	3	4	5	6(5 – 3 – 4)	7
16	八、债权性投资损失（17 + 23）							
17	（一）金融企业债权性投资损失（18 + 22）	200	1 000	0	0	1200	1200	0
18	1. 贷款损失	200	1 000	0	0	1 200	1 200	0
19	其中：符合条件的涉农和中小企业贷款损失							
20	其中：单户贷款余额300万元（含）以下的贷款损失							
21	单户贷款余额300万~1 000万元（含）的贷款损失							
22	2. 其他债权性投资损失							
23	（二）非金融企业债权性投资损失							

表 6 – 79 　　　　　　　　　贷款损失准备金及纳税调整明细表（2021 年）　　　　　　A105120

行次	项目	账载金额				税收金额						纳税调整金额
		上年末贷款资产余额	本年末贷款资产余额	上年末贷款损失准备金余额	本年末贷款损失准备金余额	上年末准予提取贷款损失准备金的贷款资产余额	本年末准予提取贷款损失准备金的贷款资产余额	计提比例	按本年末准予提取贷款损失准备金的贷款资产余额与计提比例计算的准备金额	截至上年末已在税前扣除的贷款损失准备金的余额	准予当年税前扣除的贷款损失准备金	
		1	2	3	4	5	6	7	8 (6×7)	9	10（4 与 8 的孰小值 – 9）	11（4 – 3 – 10）
1	一、金融企业（2 + 3）	100 000	80 000	1 000	800	100 000	80 000	*	800	1 000	– 200	0
2	（一）贷款损失准备金	100 000	80 000	*	*	100 000	80 000	1%	800	*	*	*

【案例 6 – 27】乙商业银行 2020 年成立并从事经营业务，2020 年末的各项贷款余额 10 亿元（均符合税前提取贷款损失准备金的贷款资产范围），会计核算按照各项贷款余额的 2% 预计损失率计提贷款损失准备 2 000 万元。该银行全部贷款执行《财政部税务总局关于金融企业贷款损失准备金企业所得税税前扣除有关政策的公告》（财政部税务总局公告 2019 年第 86 号），按贷款资产余额的 1% 计算贷款损失准备金税前扣除。会计和税务处理如下（单位：万元）。

①2020 年末按照预期损失法计提贷款损失准备 2 000 万元。

借：信用减值损失　　　　　　　　　　　　　　　　　　　　　2 000

　　贷：贷款损失准备　　　　　　　　　　　　　　　　　　　　　2 000

②2020 年准予当年税前扣除的贷款损失准备金 = 本年末准予提取贷款损失准备金的贷款资产余额 ×1% – 截至上年末已在税前扣除的贷款损失准备金的余额 = 10 0000 ×1% – 0 = 1 000（万元）。与会计核算计入当期损益的信用减值损失金额不相同，存在税会差异 1 000 万元，需要进行纳税调增，并填报 A105120《贷款损失准备金及纳税调整明细表》。

③2020 年企业所得税年度纳税申报表填报实务如表 6 – 80 所示。

表6-80　　　　　　　　　　　　贷款损失准备金及纳税调整明细表　　　　　　　　　A105120

行次	项目	账载金额				税收金额						纳税调整金额
		上年末贷款资产余额	本年末贷款资产余额	上年末贷款损失准备金余额	本年末贷款损失准备金余额	上年末准予提取贷款损失准备金的贷款资产余额	本年末准予提取贷款损失准备金的贷款资产余额	计提比例	按本年末准予提取贷款损失准备金的贷款资产余额与计提比例计算的准备金额	截至上年末已在税前扣除的贷款损失准备金的余额	准予当年税前扣除的贷款损失准备金	
		1	2	3	4	5	6	7	8 (6×7)	9	10（4与8的孰小值-9）	11（4-3-10）
1	一、金融企业(2+3)	0	100 000	0	2 000	0	100 000	*	1 000	0	1 000	1 000
2	（一）贷款损失准备金	0	100 000	*	*	0	100 000	1%	1 000	*	*	*

【案例6-28】承〔案例6-27〕，假设乙商业银行2021年没有发生贷款实际资产损失，也没有收回以前年度已核销呆账。2021年末各项贷款余额为8亿元（均符合税前提取贷款损失准备金的贷款资产范围），当年末会计核算的"贷款损失准备"科目余额为1 600万元（80 000×2%）。会计和税务处理如下（单位：万元）。

①2021年因该银行当年没有实际发生贷款资产损失及以前年度已核销坏账，会计核算应转回计提的贷款损失准备金400万元（2 000-80 000×2%）。

借：贷款损失准备　　　　　　　　　　　　　　　　　　　　　　400

　贷：信用减值损失　　　　　　　　　　　　　　　　　　　　　　　400

②2021年按照税法规定准予当年税前扣除的贷款损失准备金=本年末准予提取贷款损失准备金的贷款资产余额×1%-截至上年末已在税前扣除的贷款损失准备金的余额=80 000×1%-100 000×1%=-200（万元），金融企业按上述公式计算的数额如为负数，应当相应调增当年应纳税所得额200万元。但是，会计处理当期冲减信用减值损失400万元，计入利润总额400万元，税会差异为200万元（400-200）。因此，需要通过表A105120纳税调减200万元。

③2021年企业所得税年度纳税申报表填报实务如表6-81所示。

表6-81   贷款损失准备金及纳税调整明细表   A105120

行次	项目	账载金额				税收金额						纳税调整金额
		上年末贷款资产余额	本年末贷款资产余额	上年末贷款损失准备金余额	本年末贷款损失准备金余额	上年末准予提取贷款损失准备金的贷款资产余额	本年末准予提取贷款损失准备金的贷款资产余额	计提比例	按本年末准予提取贷款损失准备金的贷款资产余额与计提比例计算的准备金额	截至上年末已在税前扣除的贷款损失准备金的余额	准予当年税前扣除的贷款损失准备金	
		1	2	3	4	5	6	7	8 (6×7)	9	10 (4与8的孰小值-9)	11 (4-3-10)
1	一、金融企业 (2+3)	100 000	80 000	2 000	1 600	100 000	80 000	*	800	1 000	-200	-200
2	(一) 贷款损失准备金	100 000	80 000	*	*	100 000	80 000	1%	800	*	*	*

【案例6-29】承〖案例6-27〗，假设乙商业银行2021年核销实际发生的坏账800万元（均符合税法规定的资产损失扣除条件），收回以前年度已核销坏账100万元。其他资料同〖案例6-28〗。会计和税务处理如下（单位：万元）。

①核销实际发生的坏账损失800万元。

借：贷款损失准备   800

　　贷：贷款   800

②收回以前年度已核销坏账100万元。

借：贷款   100

　　贷：贷款损失准备   100

借：存放中央银行款项   100

　　贷：贷款   100

③2021年会计期末"贷款损失准备"科目余额为1 600万元（80 000×2%），2021年补提贷款损失准备300万元〔1 600-（2 000-800+100）〕。

借：信用减值损失   300

　　贷：贷款损失准备   300

④2021年按照税法规定准予当年税前扣除的贷款损失准备金=本年末准予提取贷款损失准备金的贷款资产余额×1%-截至上年末已在税前扣除的贷款损失准备金的余额=80 000×1%-1 000=-200（万元）。金融企业发生的符合条件的贷款损失，应先冲减已在税前扣除的贷款损失准备金，不足冲减部分可据实在计算当年应纳税所得额时扣除。

本例中，实际发生的符合条件的贷款损失 800 万元，应先冲减已在税前扣除的贷款损失准备金 1 000 万元中的 800 万元。收回以前年度已核销坏账 100 万元，属于《企业所得税法》第六条规定的收入总额中的"其他收入"中"已作坏账损失处理后又收回的应收款项"，应计入 2021 年应纳税所得额。会计核算计入当期损益金额为 –300 万元，税会差异为 –200 万元（–500 + 300），汇算清缴时纳税调整金额为 –200 万元。

⑤2021 年企业所得税年度纳税申报表填报实务如表 6 – 82 和表 6 – 83 所示。

表 6 – 82   **资产损失税前扣除及纳税调整明细表**   A105090

行次	项目	资产损失直接计入本年损益金额	资产损失准备金核销金额	资产处置收入	赔偿收入	资产计税基础	资产损失的税收金额	纳税调整金额
		1	2	3	4	5	6(5 – 3 – 4)	7
16	八、债权性投资损失（17 + 23）							
17	（一）金融企业债权性投资损失（18 + 22）	0	800	0	0	800	0	0
18	1. 贷款损失	0	800	0	0	800	0	0
19	其中：符合条件的涉农和中小企业贷款损失							
20	其中：单户贷款余额 300 万元（含）以下的贷款损失							
21	单户贷款余额 300 万 ~ 1 000 万元（含）的贷款损失							
22	2. 其他债权性投资损失							
23	（二）非金融企业债权性投资损失							

表 6 – 83   **贷款损失准备金及纳税调整明细表**   A105120

行次	项目	账载金额				税收金额						纳税调整金额
		上年末贷款资产余额	本年末贷款资产余额	上年末贷款损失准备金余额	本年末贷款损失准备金余额	上年末准予提取贷款损失准备金的贷款资产余额	本年末准予提取贷款损失准备金的贷款资产余额	计提比例	按本年末准予提取贷款损失准备金的贷款资产余额与计提比例计算的准备金额	截至上年末已在税前扣除的贷款损失准备金的余额	准予当年税前扣除的贷款损失准备金	
		1	2	3	4	5	6	7	8(6 × 7)	9	10（4 与 8 的孰小值 – 9）	11（4 – 3 – 10）
1	一、金融企业（2 + 3）	100 000	80 000	2 000	1 600	100 000	80 000	*	800	1 000	–200	–200
2	（一）贷款损失准备金	100 000	80 000	*	*	100 000	80 000	1%	800	*	*	*

【案例 6 - 30】丙商业银行 2020 年末的各项贷款余额为 10 亿元（均符合税前提取贷款损失准备金的贷款资产范围），会计核算按照各项贷款余额的 0.5% 预计损失率计提 "贷款损失准备" 贷方余额 500 万元。该银行全部贷款执行《财政部 税务总局关于金融企业贷款损失准备金企业所得税税前扣除有关政策的公告》（财政部 税务总局公告 2019 年第 86 号），按贷款资产余额的 1% 计算贷款损失准备金税前扣除。会计和税务处理如下（单位：万元）。

①2020 年末按照预期损失法计提了贷款损失准备 500 万元。

借：信用减值损失　　　　　　　　　　　　　　　　　　　500

　　贷：贷款损失准备　　　　　　　　　　　　　　　　　　500

②2020 年准予当年税前扣除的贷款损失准备金 ＝ 本年末准予提取贷款损失准备金的贷款资产余额 × 1% － 截至上年末已在税前扣除的贷款损失准备金的余额 ＝ 100 000 × 1% － 0 ＝ 1 000（万元）。与会计核算计入当期损益的信用减值损失金额 500 万元不相同，本应进行纳税调减 500 万元，并填报 A105120《贷款损失准备金及纳税调整明细表》。但是，国家税务总局公告 2020 年第 24 号对第 10 列增加限制条件，即如果会计账载金额计提的贷款准备金小于税收金额，按账载金额计算。

本例中，会计账载的贷款损失准备金计提金额 500 万元与税收金额准予当年税前扣除的贷款损失准备金 1 000 万元的孰小值为 500 万元，实际填报 A105120 第 11 列的纳税调整金额为 0（即 500 － 0 － 500），即无法对会计核算未计提的准备金部分纳税调减。这就意味着，如果会计核算计提的贷款损失准备金小于准予当年税前扣除的贷款损失准备金，会导致增加《利润表》中的营业利润，但是无法进行纳税调减，多缴企业所得税。

2020 年企业所得税年度纳税申报表填报实务如表 6 - 84 所示。

表 6 - 84　　　　　　贷款损失准备金及纳税调整明细表　　　　　　A105120

行次	项目	账载金额				税收金额						
		上年末贷款资产余额	本年末贷款资产余额	上年末贷款损失准备金余额	本年末贷款损失准备金余额	上年末准予提取贷款损失准备金的贷款资产余额	本年末准予提取贷款损失准备金的贷款资产余额	计提比例	按本年末准予提取贷款损失准备金的贷款资产余额与计提比例计算的准备金额	截至上年末已在税前扣除的贷款损失准备金的余额	准予当年税前扣除的贷款损失准备金	纳税调整金额
		1	2	3	4	5	6	7	8 (6×7)	9	10 (4 与 8 的孰小值 -9)	11 (4 - 3 - 10)
1	一、金融企业 (2 + 3)	00	100 000	0	500	0	100 000	*	1 000	0	500	0
2	（一）贷款损失准备金	00	100 000	*	*	0	100 000	1%	1 000	*	*	*

【案例 6-31】承〖案例 6-30〗，假设丙商业银行 2021 年没有发生贷款实际资产损失，也没有收回以前年度已核销呆账。2021 年末各项贷款余额 8 亿元（均符合税前提取贷款损失准备金的贷款资产范围），当年末会计核算的"贷款损失准备"科目余额为 400 万元（80 000×0.5%）。会计和税务处理如下（单位：万元）。

①2021 年因该银行当年未实际发生贷款资产损失及以前年度已核销坏账，2021 年会计核算应转回计提的贷款损失准备金 100 万元（500-80 000×0.5%）。

借：贷款损失准备   100

    贷：信用减值损失   100

②2021 年按照税法规定准予当年税前扣除的贷款损失准备金＝本年末准予提取贷款损失准备金的贷款资产余额×1%-截至上年末已在税前扣除的贷款损失准备金的余额＝80 000×1%-500=300（万元）。但是，会计处理当期转回贷款损失准备并冲减信用减值损失 100 万元，计入利润总额 100 万元。此处税会差异为 -400 万元（-100-300），本应该进行纳税调减，但是按照国家税务总局公告 2020 年第 24 号填报说明"第 10 列准予当年税前扣除的贷款损失准备金"为第 4 列与第 8 列的孰小值 -第 9 列=400-500=-100（万元），第 11 列"纳税调整金额"＝第 4 列-第 3 列-第 10 列=400-500-（-100）=0。这 400 万元差异的原因就是会计核算少计提了贷款损失准备 400 万元，导致无法通过填报申报表进行纳税调减。

2021 年企业所得税年度纳税申报表填报实务如表 6-85 所示。

表 6-85   贷款损失准备金及纳税调整明细表   A105120

行次	项目	账载金额				税收金额						纳税调整金额
		上年末贷款资产余额	本年末贷款资产余额	上年末贷款损失准备金余额	本年末贷款损失准备金余额	上年末准予提取贷款损失准备金的贷款资产余额	本年末准予提取贷款损失准备金的贷款资产余额	计提比例	按本年末准予提取贷款损失准备金的贷款资产余额与计提比例计算的准备金额	截至上年末已在税前扣除的贷款损失准备金的余额	准予当年税前扣除的贷款损失准备金	
		1	2	3	4	5	6	7	8 (6×7)	9	10（4 与 8 的孰小值 -9）	11（4 - 3 - 10）
1	一、金融企业（2+3）	100 000	80 000	500	400	100 000	80 000	*	800	500	-100	0
2	（一）贷款损失准备金	100 000	80 000	*	*	100 000	80 000	1%	800	*	*	*

【案例 6-32】 承〖案例 6-30〗，假设丙商业银行 2021 年核销实际发生的坏账 800 万元（均符合税法规定的资产损失扣除条件），收回以前年度已核销坏账 100 万元。其他情况同〖案例 6-31〗。会计和税务处理如下（单位：万元）。

①核销实际发生的坏账损失 800 万元。

借：贷款损失准备   500

投资收益——以摊余成本计量的金融资产终止确认收益   300

    贷：贷款   800

②收回以前年度已核销坏账 100 万元。

借：贷款   100

    贷：贷款损失准备   100

借：存放中央银行款项   100

    贷：贷款   100

③2021 年会计期末"贷款损失准备"科目余额为 400 万元（80 000×0.5%），2021 年需要补提信用减值损失 300 万元［400-（500-500+100）］。

借：信用减值损失   300

    贷：贷款损失准备   300

④2021 年按照税法规定准予当年税前扣除的贷款损失准备金=本年末准予提取贷款损失准备金的贷款资产余额×1%-截至上年末已在税前扣除的贷款损失准备金的余额=80 000×1%-100 000×1%=-200（万元）。

金融企业发生的符合条件的贷款损失，应先冲减已在税前扣除的贷款损失准备金，不足冲减部分可据实在计算当年应纳税所得额时扣除。本例中，实际发生的符合条件的贷款损失 800 万元，应先冲减上年已在税前扣除的贷款损失准备金 500 万元，不足冲减部分可据实在计算当年应纳税所得额时扣除 300 万元。收回以前年度已核销坏账 100 万元，属于《企业所得税法》第六条规定的收入总额中的"其他收入"中"已作坏账损失处理后又收回的应收款项"，应计入 2021 年应纳税所得额。税法规定可以税前扣除的金额为 600 万元（本年可税前扣除贷款损失准备 700 万元-其他收入 100 万元）。会计核算计入当期损益的金额为 600 万元，无税会差异。按照国家税务总局公告 2020 年第 24 号填报说明"第 10 列准予当年税前扣除的贷款损失准备金"为第 4 列与第 8 列的孰小值-第 9 列=400-500=-100（万元），第 11 列"纳税调整金额"=第 4 列-第 3 列-第 10 列=400-500-（-100）=0。

2021 年企业所得税年度纳税申报表填报实务如表 6-86 和表 6-87 所示。

表 6 - 86   **资产损失税前扣除及纳税调整明细表**   A105090

行次	项目	资产损失直接计入本年损益金额	资产损失准备金核销金额	资产处置收入	赔偿收入	资产计税基础	资产损失的税收金额	纳税调整金额
		1	2	3	4	5	6(5 - 3 - 4)	7
16	八、债权性投资损失（17 + 23）							
17	（一）金融企业债权性投资损失（18 + 22）	300	500	0	0	800	800	0
18	1. 贷款损失	300	500	0	0	800	800	0
19	其中：符合条件的涉农和中小企业贷款损失							
20	其中：单户贷款余额 300 万元（含）以下的贷款损失							
21	单户贷款余额 300 万 ~ 1 000 万元（含）的贷款损失							
22	2. 其他债权性投资损失							
23	（二）非金融企业债权性投资损失							

表 6 - 87   **贷款损失准备金及纳税调整明细表**   A105120

行次	项目	账载金额				税收金额						纳税调整金额
		上年末贷款资产余额	本年末贷款资产余额	上年末贷款损失准备金余额	本年末贷款损失准备金余额	上年末准予提取贷款损失准备金的贷款资产余额	本年末准予提取贷款损失准备金的贷款资产余额	计提比例	按本年末准予提取贷款损失准备金的贷款资产余额与计提比例计算的准备金额	截至上年末已在税前扣除的贷款损失准备金的余额	准予当年税前扣除的贷款损失准备金	
		1	2	3	4	5	6	7	8 (6×7)	9	10（4 与 8 的孰小值 - 9）	11（4 - 3 - 10）
1	一、金融企业（2 + 3）	100 000	80 000	500	400	100 000	80 000	*	800	500	- 100	0
2	（一）贷款损失准备金	100 000	80 000	*	*	100 000	80 000	1%	800	*	*	*

第四节 《企业所得税弥补亏损明细表》
填报实务与案例解析

一、《企业所得税弥补亏损明细表》格式与填报要点

（一）《企业所得税弥补亏损明细表》格式

具体格式如表6-88所示。

表6-88 　　　　　　　　　　　　企业所得税弥补亏损明细表 　　　　　　　　　　A106000

行次	项目	年度	当年境内所得额	分立转出的亏损额	合并、分立转入的亏损额			弥补亏损企业类型	当年亏损额	当年待弥补的亏损额	用本年度所得额弥补的以前年度亏损额		当年可结转以后年度弥补的亏损额
					可弥补年限5年	可弥补年限8年	可弥补年限10年				使用境内所得弥补	使用境外所得弥补	
		1	2	3	4	5	6	7	8	9	10	11	12
1	前十年度												
2	前九年度												
3	前八年度												
4	前七年度												
5	前六年度												
6	前五年度												
7	前四年度												
8	前三年度												
9	前二年度												
10	前一年度												
11	本年度												
12	可结转以后年度弥补的亏损额合计												

本表适用于发生弥补亏损、亏损结转等事项的纳税人填报。纳税人应当根据税法、《财政部 税务总局关于延长高新技术企业和科技型中小企业亏损结转年限的通知》（财税〔2018〕76号）、《国家税务总局关于延长高新技术企业和科技型中小企业亏损结转弥补年限有关企业所得税处理问题的公告》（国家税务总局公告2018年第45号）、《财

政部 国家税务总局关于支持新型冠状病毒感染的肺炎疫情防控有关税收政策的公告》（财政部 税务总局公告 2020 年第 8 号）、《财政部 税务总局关于电影等行业税费支持政策的公告》（财政部 税务总局公告 2020 年第 25 号）、《财政部 税务总局 发展改革委 工业和信息化部关于促进集成电路和软件产业高质量发展企业所得税政策的公告》（财政部 税务总局 发展改革委 工业和信息化部公告 2020 年第 45 号）等相关规定，填报本表。

（二）《企业所得税弥补亏损明细表》填报要点

纳税人弥补以前年度亏损时，应按照"先到期亏损先弥补、同时到期亏损先发生的先弥补"的原则处理。

1. 第 1 列"年度"：填报公历年度。纳税人应先填报第 11 行"本年度"对应的公历年度，再依次从第 10 行往第 1 行倒推填报以前年度。纳税人发生政策性搬迁事项，如停止生产经营活动年度可以从法定亏损结转弥补年限中减除，则按可弥补亏损年度进行填报。本年度是指申报所属期年度，例如，纳税人在 2019 年 5 月 10 日进行 2018 年度企业所得税年度纳税申报时，本年度（申报所属期年度）为 2018 年。

2. 第 2 列"当年境内所得额"：第 11 行填报表 A100000 第 19 - 20 行金额。第 1 行至第 10 行填报以前年度主表第 23 行（2013 年及以前纳税年度）、以前年度表 A106000 第 6 行第 2 列（2014 ~ 2017 纳税年度）、以前年度表 A106000 第 11 行第 2 列的金额（亏损以负数表示）。发生查补以前年度应纳税所得额、追补以前年度未能税前扣除的实际资产损失等情况的，按照相应调整后的金额填报。

3. 第 3 列"分立转出的亏损额"：填报本年度企业分立按照企业重组特殊性税务处理规定转出的符合条件的亏损额。分立转出的亏损额按亏损所属年度填报，转出亏损的亏损额以正数表示。

4. 第 4 列"合并、分立转入的亏损额 - 可弥补年限 5 年"：填报企业符合企业重组特殊性税务处理规定，因合并或分立本年度转入的不超过 5 年亏损弥补年限规定的亏损额。合并、分立转入的亏损额按亏损所属年度填报，转入的亏损额以负数表示。

5. 第 5 列"合并、分立转入的亏损额 - 可弥补年限 8 年"：填报企业符合企业重组特殊性税务处理规定，因合并或分立本年度转入的不超过 8 年亏损弥补年限规定的亏损额。合并、分立转入的亏损额按亏损所属年度填报，转入的亏损额以负数表示。

6. 第 6 列"合并、分立转入的亏损额 - 可弥补年限 10 年"：填报企业符合企业重组特殊性税务处理规定，因合并或分立本年度转入的不超过 10 年亏损弥补年限规定的亏损额。合并、分立转入的亏损额按亏损所属年度填报，转入的亏损额以负数表示。

7. 第 7 列"弥补亏损企业类型"：纳税人根据不同年度情况从《弥补亏损企业类

型代码表》中选择相应的代码填入本项（见表 6-89）。不同类型纳税人的亏损结转年限不同，纳税人选择"一般企业"是指亏损结转年限为 5 年的纳税人；"符合条件的高新技术企业""符合条件的科技型中小企业"是指符合《财政部 税务总局关于延长高新技术企业和科技型中小企业亏损结转年限的通知》（财税〔2018〕76 号）、《国家税务总局关于延长高新技术企业和科技型中小企业亏损结转弥补年限有关企业所得税处理问题的公告》（国家税务总局公告 2018 年第 45 号）等文件规定，亏损结转年限为 10 年的纳税人；"线宽小于 130 纳米（含）的集成电路生产企业"是指符合《财政部 税务总局 发展改革委 工业和信息化部关于促进集成电路和软件产业高质量发展企业所得税政策的公告》（财政部 税务总局 发展改革委 工业和信息化部公告 2020 年第 45 号）等文件规定，亏损结转年限为 10 年的纳税人；"受疫情影响困难行业企业"是指符合《财政部 税务总局关于支持新型冠状病毒感染的肺炎疫情防控有关税收政策的公告》（财政部 税务总局公告 2020 年第 8 号）等文件规定的受疫情影响较大的困难行业企业 2020 年度发生的亏损，最长结转年限由 5 年延长至 8 年的纳税人；"电影行业企业"是指《财政部 税务总局关于电影等行业税费支持政策的公告》（财政部 税务总局公告 2020 年第 25 号）规定的电影行业企业 2020 年度发生的亏损，最长结转年限由 5 年延长至 8 年的纳税人。

表 6-89　　　　　　　　　　　弥补亏损企业类型代码表　　　　　　　　　　A106000

代码	类型
100	一般企业
200	符合条件的高新技术企业
300	符合条件的科技型中小企业
400	线宽小于 130 纳米（含）的集成电路生产企业
500	受疫情影响困难行业企业
600	电影行业企业

8. 第 8 列"当年亏损额"：填报纳税人各年度可弥补亏损额的合计金额。

9. 第 9 列"当年待弥补的亏损额"：填报在用本年度（申报所属期年度）所得额弥补亏损前，当年度尚未被弥补的亏损额。

10. 第 10 列"用本年度所得额弥补的以前年度亏损额-使用境内所得弥补"：第 1 行至第 10 行，当第 11 行第 2 列本年度（申报所属期年度）的"当年境内所得额">0 时，填报各年度被本年度（申报所属期年度）境内所得依次弥补的亏损额，弥补的顺序是按照亏损到期的年限优先弥补到期时间近的亏损额，亏损到期年限相同则先弥补更早发生的亏损额，弥补的亏损额以正数表示。本列第 11 行，填报本列第 1 行至第 10 行的合计金额，表 A100000 第 21 行填报本项金额。

11. 第 11 列"用本年度所得额弥补的以前年度亏损额-使用境外所得弥补"：第 1

行至第 10 行，当纳税人选择用境外所得弥补境内以前年度亏损的，填报各年度（申报所属期年度）境外所得依次弥补的亏损额，弥补的顺序是按照亏损到期的年限优先弥补到期时间近的亏损额，亏损到期年限相同则先弥补更早发生的亏损额，弥补的亏损额以正数表示。本列第 11 行，填报本列第 1 行至第 10 行的合计金额。

12. 第 12 列"当年可结转以后年度弥补的亏损额"：第 1 行至第 11 行，填报各年度尚未弥补完的且准予结转以后年度弥补的亏损额，结转以后年度弥补的亏损额以正数表示。本列第 12 行，填报本列第 1 行至第 11 行的合计金额。

（三）表内和表间关系

表内关系：

1. 当第 2 列 < 0 且第 3 列 > 0 时，第 3 列 < 第 2 列的绝对值；当第 2 列 ≥ 0 时，则第 3 列 = 0。

2. 第 10 列第 11 行 = 第 10 列第 1 + 2 + 3 + 4 + 5 + 6 + 7 + 8 + 9 + 10 行；当第 2 列第 11 行 ≤ 0 时，第 10 列第 1 行至第 11 行 = 0；当第 2 列第 11 行 > 0 时，第 10 列第 11 行 ≤ 第 2 列第 11 行。

3. 第 11 列第 11 行 = 第 11 列第 1 + 2 + 3 + 4 + 5 + 6 + 7 + 8 + 9 + 10 行。

4. 第 12 列第 12 行 = 第 12 列第 1 + 2 + 3 + 4 + 5 + 6 + 7 + 8 + 9 + 10 + 11 行。

5. 第 1 行第 12 列 = 0；第 2 至 10 行第 12 列 = 第 9 列的绝对值 − 第 10 列 − 第 11 列；第 11 行第 12 列 = 第 9 列的绝对值。

表间关系：

1. 第 11 行第 2 列 = 表 A100000 第 19 − 20 行。

2. 第 11 行第 10 列 = 表 A100000 第 21 行。

3. 第 11 行第 11 列 = 表 A108000 第 10 行第 6 列 − 表 A100000 第 18 行。

二、《企业所得税弥补亏损明细表》填报实务与案例解析

纳税人应先按照主表 A100000 中第 19 行和第 20 行的计算结果再计算分析确定表 A106000 的第 10 列第 11 行本年度"用本年度所得额弥补的以前年度亏损额"项目金额。

步骤一，A100000 主表第 19 行 = 表 A100000 第 13 − 14 + 15 − 16 − 17 + 18 行。

步骤二，按照主表 A100000 的表间关系填报说明计算出第 20 行"所得减免"的金额。这里主表 A100000 第 20 行需要区分两种情况计算分析填报。

1. 当第 19 行 ≤ 0 时，本行填报 0。

2. 当第 19 行 > 0 时，仍需区分两种情况计算分析填报。

（1）A107020 表合计行第 11 列≤表 A100000 第 19 行，本行 = 表 A107020 合计行第 11 列；

（2）A107020 表合计行第 11 列 > 表 A100000 第 19 行，本行 = 表 A100000 第 19 行。

A107020 表合计行第 11 列 = 第 9 列 + 第 10 列 × 50%；当（第 9 列 + 第 10 列 × 50%）< 0 时，第 11 列 = 0。

即当第 19 行 > 0 时，填报 A107020 表合计行第 11 列与表 A100000 第 19 行的孰小值，当（第 9 列 + 第 10 列 × 50%）< 0 时，第 11 列 = 0。

步骤三，表 A106000 的第 10 列第 11 行本年度"用本年度所得额弥补的以前年度亏损额"项目 = A100000 主表第 19 行"纳税调整后所得" - 第 20 行"所得减免"。由于主表 A100000 第 19 行和第 20 行存在不同情况，"可弥补亏损所得"项目金额也区分不同情况计算分析填报。

1. 当主表 A100000 第 19 行≤0 时，主表 A100000 第 20 行填报 0，表 A106000 的第 9 列第 11 行本年度"用本年度所得额弥补的以前年度亏损额"项目 = 主表 A100000 第 19 行 - 0 = 主表 A100000 第 19 行"纳税调整后所得"且为负值。

2. 当主表 A100000 第 19 行 > 0 时，A107020 表合计行第 11 列≤表 A100000 第 19 行，主表 A100000 第 20 行填报 A107020 表合计行第 11 列，表 A106000 的第 9 列第 11 行本年度"用本年度所得额弥补的以前年度亏损额"项目 = 主表 A100000 第 19 行"纳税调整后所得" - A107020 表合计行第 11 列。

3. 当主表 A100000 第 19 行 > 0 时，A107020 表合计行第 11 列 > 表 A100000 第 19 行，主表 A100000 第 20 行填报 A100000 表第 19 行，表 A106000 的第 9 列第 11 行本年度"用本年度所得额弥补的以前年度亏损额"项目 = 主表 A100000 第 19 行"纳税调整后所得" - 表 A100000 第 19 行"纳税调整后所得" = 0。

假设纳税人主表 A100000 第 22 行"抵扣应纳税所得额"为 0，应税项目所得和减免税项目所得分别为 100、40 中的一个，如果不同纳税人应税项目盈亏和减免税项目盈亏有 8 种不同情形的组合，则依据主表和表 A106000 填报说明，主表"纳税调整后所得"、表 A106000 计算第 10 列第 11 行本年度"用本年度所得额弥补的以前年度亏损额"项目的"所得减免"和本年"可弥补亏损所得"填报区分八种情形下的分析计算。

第 1、第 2 种情形，当年纳税调整后所得大于零、减免税项目所得也大于零，应税项目和减免税项目均为盈利。表 A106000 计算的第 10 列第 11 行本年度"用本年度所得额弥补的以前年度亏损额"项目的"所得减免"就是减免税项目所得。这种情况下，用来弥补以前年度亏损的所得额，即表 A106000 的第 10 列第 11 行本年度"用本年度所得额弥补的以前年度亏损额"项目仅是当年应税项目的所得，因为减免税项目所得 40 万元已经在当年享受税收优惠，不能再用来弥补以前年度亏损的所得额。

【案例6-33】甲公司2020年注册成立，从事蔬菜、谷物、薯类、油料、豆类、棉花、麻类、糖料、水果、坚果的种植，可以享受所得减免税收优惠并已经向主管税务机关备案。2021年度会计利润总额为100万元，其中：应税项目所得60万元，减免税项目所得40万元，假设无其他纳税调整和税收优惠事项，2020年度有尚未弥补的亏损为80万元。2021年度相关纳税申报表填报实务如下（单位：万元）。

A100000主表第19行"纳税调整后所得"填写"100万元"。主表第20行"所得减免（填写A107020）"填写：40万元。即按照第20行填报说明：当第19行≤0时，本行填报0。当第19行>0时，A107020表合计行第11列≤表A100000第19行，本行=表A107020合计行第11列；A107020表合计行第11列>表A100000第19行，本行=表A100000第19行。本例中，第19行（100万元）>0，A107020表合计行第11列（40万元）≤表A100000第19行（100万元），本行=表A107020合计行第11列=40（万元）。

A100000主表第21行"减：弥补以前年度亏损（填写A106000）"填写：60万元，第23行"五、应纳税所得额（19-20-21-22）"填写：0（万元），即第19-20-21-22行=100-40-60-0=0。

企业所得税年度纳税申报表填报实务如表6-90和表6-91所示。

表6-90　　　　中华人民共和国企业所得税年度纳税申报表（A类，2021年）　　　　A100000

行次	类别	项目	金额
13	利润总额计算	三、利润总额（10+11-12）	100
19	应纳税所得额计算	四、纳税调整后所得（13-14+15-16-17+18）	100
20		减：所得减免（填写A107020）	40
21		减：弥补以前年度亏损（填写A106000）	60
22		减：抵扣应纳税所得额（填写A107030）	0
23		五、应纳税所得额（19-20-21-22）	0
24	应纳税额计算	税率（25%）	25%
25		六、应纳所得额（23×24）	0
26		减：减免所得税额（填写A107040）	0
27		减：抵免所得税额（填写A107050）	0
28		七、应纳税额（25-26-27）	0

表6-91　　　　　　　　　企业所得税弥补亏损明细表（2021年）　　　　　　　　　A106000

行次	项目	年度	当年境内所得额	分立转出的亏损额	合并、分立转入的亏损额			弥补亏损企业类型	当年亏损额	当年待弥补的亏损额	用本年度所得额弥补的以前年度亏损额		当年可结转以后年度弥补的亏损额
					可弥补年限5年	可弥补年限8年	可弥补年限10年				使用境内所得弥补	使用境外所得弥补	
			1	2	3	4	5	6	7	8	9	10	11	12
10	前一年度	2020	-80					100	-80	-80	60		20
11	本年度	2021	60					100	0	0	60		0
12	可结转以后年度弥补的亏损额合计												20

【案例 6 - 34】甲公司基本资料同〖案例 6 - 33〗。假设 2021 年度会计利润总额为 100 万元，其中：应税项目所得 60 万元，减免税项目所得 40 万元，假设无其他纳税调整和税收优惠事项，2020 年度有尚未弥补的亏损为 30 万元。2021 年度相关纳税申报表填报实务如下（单位：万元）。

A100000 主表第 19 行"纳税调整后所得"填写"100 万元"。主表第 20 行"所得减免（填写 A107020）"填写"40 万元"。即按照第 20 行填报说明：当第 19 行≤ 0 时，本行填报 0。当第 19 行 >0 时，A107020 表合计行第 11 列≤表 A100000 第 19 行，本行 = 表 A107020 合计行第 11 列；A107020 表合计行第 11 列 > 表 A100000 第 19 行，本行 = 表 A100000 第 19 行。本例中，第 19 行（100 万元）>0，A107020 表合计行第 11 列（40 万元）≤表 A100000 第 19 行（100 万元），本行 = 表 A107020 合计行第 11 列 =40（万元）。

主表第 21 行"减：弥补以前年度亏损（填写 A106000）"填写"30 万元"，第 23 行"五、应纳税所得额（19 -20 -21 -22）"填写"30 万元"，即第 19 -20 -21 -22 行 =100 -40 -30 -0 =30（万元）。第 24 行税率（25%），第 25 行"六、应纳所得税额"填写 30×25% =7.5（万元）。第 28 行"七、应纳税额（25 -26 -27）"填写 7.5 万元。企业所得税年度纳税申报表填报实务如表 6 -92 和表 6 -93 所示。

表 6 -92　　　　　中华人民共和国企业所得税年度纳税申报表（A 类，2021 年）　　　　A100000

行次	类别	项目	金额
13	利润总额计算	三、利润总额（10 +11 -12）	100
19	应纳税所得额计算	四、纳税调整后所得（13 -14 +15 -16 -17 +18）	100
20		减：所得减免（填写 A107020）	40
21		减：弥补以前年度亏损（填写 A106000）	30
22		减：抵扣应纳税所得额（填写 A107030）	0
23		五、应纳税所得额（19 -20 -21 -22）	30
24	应纳税额计算	税率（25%）	25%
25		六、应纳所得税额（23 ×24）	7.5
26		减：减免所得税额（填写 A107040）	0
27		减：抵免所得税额（填写 A107050）	0
28		七、应纳税额（25 -26 -27）	7.5

表 6 – 93 企业所得税弥补亏损明细表（2021 年） A106000

行次	项目	年度	当年境内所得额	分立转出的亏损额	合并、分立转入的亏损额			弥补亏损企业类型	当年亏损额	当年待弥补的亏损额	用本年度所得额弥补的以前年度亏损额		当年可结转以后年度弥补的亏损额
					可弥补年限5年	可弥补年限8年	可弥补年限10年				使用境内所得弥补	使用境外所得弥补	
			1	2	3	4	5	6	7	8	9	10	11	12
10	前一年度	2020	– 30					100	– 30	– 30	30		0
11	本年度	2021	60					100	0	0	30		0
12	可结转以后年度弥补的亏损额合计												0

第 3 种情形，当年纳税调整后所得大于零、减免税项目所得也大于零，应税项目亏损、减免税项目盈利。这种情况下，用来弥补以前年度亏损的所得额为 0，以前年度可弥补亏损继续结转以后年度弥补。

【案例 6 – 35】甲公司基本资料同〖案例 6 – 33〗。假设 2021 年度会计利润总额为 100 万元，其中，应税项目所得 – 60 万元，减免税项目所得 160 万元，假设无其他纳税调整和税收优惠事项，2020 年有尚未弥补的亏损为 30 万元。2021 年度相关纳税申报表填报实务如下（单位：万元）。

A100000 主表第 19 行"纳税调整后所得"填写"100 万元"。主表第 20 行"所得减免（填写 A107020）"填写"100 万元"。即按照第 20 行填报说明：当第 19 行 > 0 时，A107020 表合计行第 11 列 ≤ 表 A100000 第 19 行，本行 = 表 A107020 合计行第 11 列；A107020 表合计行第 11 列 > 表 A100000 第 19 行，本行 = 表 A100000 第 19 行。本例中，A107020 表合计行第 11 列（160 万元）> 表 A100000 第 19 行时（100 万元），本行 = 表 A100000 第 19 行 = 100 万元。

A100000 主表第 21 行"减：弥补以前年度亏损（填写 A106000）"填写"30 万元"，第 23 行"五、应纳税所得额（19 – 20 – 21 – 22）"填写"0"，即第 19 – 20 – 21 – 22 行 = 100 – 100 – 0 – 0 = 0，即按照填报说明规定，第 23 行"应纳税所得额"：金额等于本表第 19 – 20 – 21 – 22 行计算结果。本行不得为负数。本表第 19 行或者按照上述行次顺序计算结果本行为负数，本行金额填 0。

企业所得税年度纳税申报表填报实务如表 6 – 94 和表 6 – 95 所示。

表 6 – 94 中华人民共和国企业所得税年度纳税申报表（A 类，2020 年） A100000

行次	类别	项目	金额
13	利润总额计算	三、利润总额（10 + 11 – 12）	100

续表

行次	类别	项目	金额
19	应纳税所得额计算	四、纳税调整后所得（13 – 14 + 15 – 16 – 17 + 18）	100
20		减：所得减免（填写 A107020）	100
21		减：弥补以前年度亏损（填写 A106000）	0
22		减：抵扣应纳税所得额（填写 A107030）	0
23		五、应纳税所得额（19 – 20 – 21 – 22）	0
24	应纳税额计算	税率（25%）	
25		六、应纳所得税额（23 × 24）	0
26		减：减免所得税额（填写 A107040）	
27		减：抵免所得税额（填写 A107050）	
28		七、应纳税额（25 – 26 – 27）	0

表 6 – 95　　　　　　　　企业所得税弥补亏损明细表（2021 年）　　　　　　A106000

行次	项目	年度	当年境内所得额	分立转出的亏损额	合并、分立转入的亏损额			弥补亏损企业类型	当年亏损额	当年待弥补的亏损额	用本年度所得额弥补的以前年度亏损额		当年可结转以后年度弥补的亏损额
					可弥补年限5年	可弥补年限8年	可弥补年限10年				使用境内所得弥补	使用境外所得弥补	
			1	2	3	4	5	6	7	8	9	10	11	12
10	前一年度	2020	– 30					100	– 30	– 30	0		30
11	本年度	2021	0					100	0	0	0		0
12	可结转以后年度弥补的亏损额合计												30

第 4 种情形，当年纳税调整后所得大于零、减免税项目所得小于零，应税项目所得盈利、减免税项目所得亏损。这种情况下，用来弥补以前年度亏损的所得额为应税项目所得抵减减免税项目亏损后的余额。

【案例 6 – 36】甲公司基本资料同〖案例 6 – 33〗。假设 2021 年度会计利润总额为 100 万元，其中：应税项目所得 160 万元，减免税项目所得 – 60 万元，假设无其他纳税调整和税收优惠事项，2020 年度有尚未弥补的亏损为 30 万元。2021 年度相关纳税申报表填报实务如下（单位：万元）。

A100000 主表第 19 行"纳税调整后所得"填写"100 万元"。主表第 20 行"所得减免（填写 A107020）"填写"0"，即按照第 20 行填报说明：当第 19 行 > 0 时，A107020 表合计行第 11 列 ≤ 表 A100000 第 19 行，本行 = 表 A107020 合计行第 11 列；A107020 表合计行第 11 列 > 表 A100000 第 19 行，本行 = 表 A100000 第 19 行。本例中，A107020 表合计行第 11 列（0）≤ 表 A100000 第 19 行时（100 万元），本行 = 表 A107020 合计行第 11 列 = 0；A107020 表第 11 列 = 第 9 列 + 第 10 列 × 50%；当（第 9 列 + 第 10 列 × 50%）< 0 时，第 11 列 = 0。

A100000 主表第 21 行"减：弥补以前年度亏损（填写 A106000）"填写"30 万

元"，第 23 行"五、应纳税所得额（19 - 20 - 21 - 22）"填写"70 万元"，即第 19 -
20 - 21 - 22 行 = 100 - 30 - 0 = 70（万元）。第 24 行税率（25%），第 25 行"六、应纳
所得税额" = 70 × 25% = 17.5（万元）。第 28 行"七、应纳税额（25 - 26 - 27）" =
17.5（万元）。企业所得税年度纳税申报表填报实务如表 6 - 96 和表 6 - 97 所示。

表 6 - 96　　　　中华人民共和国企业所得税年度纳税申报表（A 类，2021 年）　　　　A100000

行次	类别	项目	金额
13	利润总额计算	三、利润总额（10 + 11 - 12）	100
19	应纳税所得额计算	四、纳税调整后所得（13 - 14 + 15 - 16 - 17 + 18）	100
20		减：所得减免（填写 A107020）	0
21		减：弥补以前年度亏损（填写 A106000）	30
22		减：抵扣应纳税所得额（填写 A107030）	0
23		五、应纳税所得额（19 - 20 - 21 - 22）	70
24	应纳税额计算	税率（25%）	25%
25		六、应纳所得税额（23 × 24）	17.5
26		减：减免所得税额（填写 A107040）	
27		减：抵免所得税额（填写 A107050）	
28		七、应纳税额（25 - 26 - 27）	17.5

表 6 - 97　　　　　　　　　企业所得税弥补亏损明细表（2021 年）　　　　　　　　A106000

行次	项目	年度	当年境内所得额	分立转出的亏损额	合并、分立转入的亏损额			弥补亏损企业类型	当年亏损额	当年待弥补的亏损额	用本年度所得额弥补的以前年度亏损额		当年可结转以后年度弥补的亏损额
					可弥补年限 5 年	可弥补年限 8 年	可弥补年限 10 年				使用境内所得弥补	使用境外所得弥补	
			1	2	3	4	5	6	7	8	9	10	11	12
10	前一年度	2020	- 30						100	- 30	- 30	30		0
11	本年度	2021	100						100	0	0	30		0
12	可结转以后年度弥补的亏损额合计													0

　　第 5、第 6 种情形，当年纳税调整后所得小于零、减免税项目所得也小于零，应税
项目和减免税项目均为亏损。这种情况下，结转以后年度的亏损额是应税项目亏损与
免税项目亏损的合计数。

　　【案例 6 - 37】甲公司基本资料同〖案例 6 - 33〗。假设 2021 年度会计利润总额
为 - 40 万元，其中：应税项目所得 - 10 万元，减免税项目所得 - 30 万元，假设无其他
纳税调整和税收优惠事项，2020 年度有尚未弥补的亏损为 30 万元。2021 年度相关纳税
申报表填报实务如下（单位：万元）。

A100000 主表第 19 行"纳税调整后所得"填写"-40 万元"。

主表第 20 行"所得减免（填写 A107020）"填写"0"，即按照第 20 行填报说明：当第 19 行≤0 时，本行填报 0。

A100000 主表第 21 行"减：弥补以前年度亏损（填写 A106000）"填写"0"，第 23 行"五、应纳税所得额（19 - 20 - 21 - 22）"填写"0"，即第 19 - 20 - 21 - 22 行金额 = -40 - 0 - 0 = -40（万元），但按照填报说明规定，第 23 行"应纳税所得额"金额等于本表第 19 - 20 - 21 - 22 行计算结果。本行不得为负数。本表第 19 行或者按照上述行次顺序计算结果本行为负数，本行金额填 0。

企业所得税年度纳税申报表填报实务如表 6 - 98 和表 6 - 99 所示。

表 6 - 98　　　　中华人民共和国企业所得税年度纳税申报表（A 类，2021 年）　　　　A100000

行次	类别	项目	金额
13	利润总额计算	三、利润总额（10 + 11 - 12）	-40
19	应纳税所得额计算	四、纳税调整后所得（13 - 14 + 15 - 16 - 17 + 18）	-40
20		减：所得减免（填写 A107020）	0
21		减：弥补以前年度亏损（填写 A106000）	0
22	应纳税所得额计算	减：抵扣应纳税所得额（填写 A107030）	
23		五、应纳税所得额（19 - 20 - 21 - 22）	0

表 6 - 99　　　　　　　　企业所得税弥补亏损明细表（2021 年）　　　　　　　　A106000

行次	项目	年度	当年境内所得额	分立转出的亏损额	合并、分立转入的亏损额			弥补亏损企业类型	当年亏损额	当年待弥补的亏损额	用本年度所得额弥补的以前年度亏损额		当年可结转以后年度弥补的亏损额
					可弥补年限 5 年	可弥补年限 8 年	可弥补年限 10 年				使用境内所得弥补	使用境外所得弥补	
			1	2	3	4	5	6	7	8	9	10	11	12
10	前一年度	2020	-30					100	-30	-30	0		30
11	本年度	2021	-40					100	-40	-40	0		40
12	可结转以后年度弥补的亏损额合计												70

【案例 6 - 38】甲公司基本资料同〖案例 6 - 33〗。假设 2021 年度会计利润总额为 -40 万元，其中：应税项目所得 -30 万元，减免税项目所得 -10 万元，假设无其他纳税调整和税收优惠事项，2020 年度有尚未弥补的亏损为 30 万元。2021 年度相关纳税申报表填报实务如下（单位：万元）。

A100000 主表第 19 行"纳税调整后所得"填写"-40 万元"。

主表第 20 行"所得减免（填写 A107020）"填写"0"，即按照第 20 行填报说明：当第 19 行≤0 时，本行填报 0。

A100000 主表第 21 行"减：弥补以前年度亏损（填写 A106000）"填写"0"，第 23 行"五、应纳税所得额（19 − 20 − 21 − 22）"填写"0"，即第 19 − 20 − 21 − 22 行金额 = − 40 − 0 − 0 − 0 = − 40（万元），但按照填报说明规定，第 23 行"应纳税所得额"金额等于本表第 19 − 20 − 21 − 22 行计算结果。本行不得为负数。本表第 19 行或者按照上述行次顺序计算结果本行为负数，本行金额填 0。

企业所得税年度纳税申报表填报实务如表 6 − 100 和表 6 − 101 所示。

表 6 − 100　　　　中华人民共和国企业所得税年度纳税申报表（A 类，2021 年）　　　　A100000

行次	类别	项目	金额
13	利润总额计算	三、利润总额（10 + 11 − 12）	− 40
19		四、纳税调整后所得（13 − 14 + 15 − 16 − 17 + 18）	− 40
20		减：所得减免（填写 A107020）	0
21	应纳税所得额计算	减：弥补以前年度亏损（填写 A106000）	0
22		减：抵扣应纳税所得额（填写 A107030）	
23		五、应纳税所得额（19 − 20 − 21 − 22）	0

表 6 − 101　　　　　　　　企业所得税弥补亏损明细表（2021 年）　　　　　　　　A106000

行次	项目	年度	当年境内所得额	分立转出的亏损额	合并、分立转入的亏损额			弥补亏损企业类型	当年亏损额	当年待弥补的亏损额	用本年度所得额弥补的以前年度亏损额		当年可结转以后年度弥补的亏损额
					可弥补年限 5 年	可弥补年限 8 年	可弥补年限 10 年				使用境内所得弥补	使用境外所得弥补	
			1	2	3	4	5	6	7	8	9	10	11	12
10	前一年度	2020	− 30						100	− 30	− 30	0		30
11	本年度	2021	− 40						100	− 40	− 40	0		40
12	可结转以后年度弥补的亏损额合计													70

第 7 种情形，当年纳税调整后所得小于零、减免税项目所得也小于零，应税项目所得盈利、减免税项目所得亏损。这种情况下，结转以后年度的亏损额是当年应税项目所得抵减减免税项目亏损后的余额。

【案例 6 − 39】甲公司基本资料同〖案例 6 − 33〗。假设 2021 年度会计利润总额为 − 40 万元，其中：应税项目所得 10 万元，减免税项目所得 − 50 万元，假设无其他纳税调整和税收优惠事项，2020 年度有尚未弥补的亏损为 30 万元。2021 年度相关纳税申报表填报实务如下（单位：万元）。

A100000 主表第 19 行"纳税调整后所得"填写"− 40 万元"。第 20 行"所得减免（填写 A107020）"填写"0"，即按照第 20 行填报说明：当第 19 行 ≤ 0 时，本行填报 0。A100000 主表第 21 行"减：弥补以前年度亏损（填写

A106000)"填写"0",第 23 行"五、应纳税所得额（19 - 20 - 21 - 22）"填写"0"，即第 19 - 20 - 21 - 22 行 = - 40 - 0 - 0 = - 40（万元），但按照填报说明规定，第 23 行"应纳税所得额"：金额等于本表第 19 - 20 - 21 - 22 行计算结果。本行不得为负数。本表第 19 行或者按照上述行次顺序计算结果本行为负数，本行金额填 0。

企业所得税年度纳税申报表填报实务如表 6 - 102 和表 6 - 103 所示。

表 6 - 102　　　　中华人民共和国企业所得税年度纳税申报表（A 类，2021 年）　　　　A100000

行次	类别	项目	金额
13	利润总额计算	三、利润总额（10 + 11 + 12）	- 40
19	应纳税所得额计算	四、纳税调整后所得（13 - 14 + 15 - 16 - 17 + 18）	- 40
20		减：所得减免（填写 A107020）	0
21		减：弥补以前年度亏损（填写 A106000）	0
22		减：抵扣应纳税所得额（填写 A107030）	0
23		五、应纳税所得额（19 - 20 - 21 - 22）	0

表 6 - 103　　　　　　　企业所得税弥补亏损明细表（2021 年）　　　　　　　A106000

行次	项目	年度	当年境内所得额	分立转出的亏损额	合并、分立转入的亏损额			弥补亏损企业类型	当年亏损额	当年待弥补的亏损额	用本年度所得额弥补的以前年度亏损额		当年可结转以后年度弥补的亏损额
					可弥补年限 5 年	可弥补年限 8 年	可弥补年限 10 年				使用境内所得弥补	使用境外所得弥补	
			1	2	3	4	5	6	7	8	9	10	11	12
10	前一年度	2020	- 30					100	- 30	- 30	0		30
11	本年度	2021	- 40					100	- 40	- 40	0		40
12	可结转以后年度弥补的亏损额合计												70

第 8 种情形，当年纳税调整后所得小于零、减免税项目所得大于零，应税项目所得亏损、减免税项目所得盈利。这种情况下，结转以后年度的亏损额是当年减免税项目所得抵减应税项目亏损后的余额。

【案例 6 - 40】甲公司基本资料同〖案例 6 - 33〗。假设 2021 年度会计利润总额为 - 40 万元，其中：应税项目所得 - 50 万元，减免税项目所得 10 万元，假设无其他纳税调整和税收优惠事项，2020 年度尚未弥补的亏损为 30 万元。2021 年度相关纳税申报表填报实务如下（单位：万元）。

A100000 主表第 19 行"纳税调整后所得"填写"- 40 万元"。主表第 20 行"所得减免（填写 A107020）"填写"0"，即按照第 20 行填报说明：当第 19 行 ≤

0 时，本行填报 0。A106000 主表第 21 行"减：弥补以前年度亏损（填写 A106000）"填写"0"，第 23 行"五、应纳税所得额（19 − 20 − 21 − 22）"填写"0"，即第 19 − 20 − 21 − 22 行金额 = − 40 − 0 − 0 = − 40（万元），但按照填报说明规定，第 23 行"应纳税所得额"金额等于本表第 19 − 20 − 21 − 22 行计算结果。本行不得为负数。本表第 19 行或者按照上述行次顺序计算结果本行为负数，本行金额填 0。

企业所得税年度纳税申报表填报实务如表 6 − 104 和表 6 − 105 所示。

表 6 − 104　　　　　中华人民共和国企业所得税年度纳税申报表（A 类，2021 年）　　　　A100000

行次	类别	项目	金额
13	利润总额计算	三、利润总额（10 + 11 − 12）	− 40
19	应纳税所得额计算	四、纳税调整后所得（13 − 14 + 15 − 16 − 17 + 18）	− 40
20		减：所得减免（填写 A107020）	0
21		减：弥补以前年度亏损（填写 A106000）	0
22		减：抵扣应纳税所得额（填写 A107030）	0
23		五、应纳税所得额（19 − 20 − 21 − 22）	0

表 6 − 105　　　　　　　　　企业所得税弥补亏损明细表（2021 年）　　　　　　　　A106000

行次	项目	年度	当年境内所得额	分立转出的亏损额	合并、分立转入的亏损额			弥补亏损企业类型	当年亏损额	当年待弥补的亏损额	用本年度所得额弥补的以前年度亏损额		当年可结转以后年度弥补的亏损额
					可弥补年限 5 年	可弥补年限 8 年	可弥补年限 10 年				使用境内所得弥补	使用境外所得弥补	
			1	2	3	4	5	6	7	8	9	10	11	12
10	前一年度	2020	− 30						100	− 30	− 30	0		30
11	本年度	2021	− 40						100	− 40	− 40	0		40
12	可结转以后年度弥补的亏损额合计													70

【案例 6 − 41】A 企业于 2016 年成立并开始生产经营。2016 ~ 2021 年度经营情况如下：2016 年度亏损 500 万元，2017 年度亏损 100 万元，2018 年度盈利 200 万元，2019 年度亏损 100 万元，2020 年度盈利 100 万元，2021 年度盈利 400 万元。其中，2017 年度被税务机关查补调增应纳税所得额 50 万元，2019 年度从被合并企业转入亏损 80 万元（已经税务机关确认，剩余弥补期 3 年）。假设该企业（一般企业）没有减免税项目所得和抵扣应纳税所得额，不具备高新技术企业或科技型中小企业资格，上述盈利或亏损均按照税法口径已经调整为纳税调整后所得或亏损。2021 年度企业所得税年度纳税申报表填报实务如表 6 − 106 所示。

表 6 – 106 　　　　　　　　　　企业所得税弥补亏损明细表 　　　　　　　　　A106000

行次	项目	年度	当年境内所得额	分立转出的亏损额	合并、分立转入的亏损额			弥补亏损企业类型	当年亏损额	当年待弥补的亏损额	用本年度所得额弥补的以前年度亏损		当年可结转以后年度弥补的亏损额
					可弥补年限5年	可弥补年限8年	可弥补年限10年				使用境内所得弥补	使用境外所得弥补	
		1	2	3	4	5	6	7	8	9	10	11	12
1	前十年度												
2	前九年度												
3	前八年度												
4	前七年度												
5	前六年度												
6	前五年度	2016	– 500					100	– 500	– 200	200		0
7	前四年度	2017	– 50					100	– 50	– 50	50		0
8	前三年度	2018	200					100	0	0	0		0
9	前二年度	2019	– 100		– 80			100	– 180	– 180	150		30
10	前一年度	2020	100					100	0	0	0		0
11	本年度	2021	400					100	0	0	400		0
12	可结转以后年度弥补的亏损额合计												30

【案例 6 – 42】A 高新技术企业成立于 2012 年 1 月 18 日，2012～2028 年度按照税法规定计算的盈利或亏损情况如表 6 – 107 所示，假设 A 企业 2015 年 3 月 10 日取得高新技术企业证书，该证书上注明的资格有效期时间是 2015 年 3 月 10 日～2018 年 3 月 10 日。

表 6 – 107 　　　　　　　　　　　　盈亏情况 　　　　　　　　　　　　　单位：万元

年度	2012	2013	2014	2015	2016	2017	2018	2019	2020	2021	2022	2023	2024	2025	2026	2027	2028
当年盈利或亏损额	100	– 500	100	– 700	180	– 200	50	– 600	30	100	– 800	1500	200	– 30	80	200	100

解析：按照《财政部　税务总局关于延长高新技术企业和科技型中小企业亏损结转年限的通知》（财税〔2018〕76 号）和《国家税务总局关于延长高新技术企业和科技型中小企业亏损结转弥补年限有关企业所得税处理问题的公告》（国家税务总局公告 2018 年第 45 号）文件相关规定，自 2018 年 1 月 1 日起，当年具备高新技术企业或科技型中小企业资格（以下统称资格）的企业，其具备资格年度之前 5 个年度发生的尚未弥补完的亏损，准予结转以后年度弥补，最长结转年限由 5 年延长至 10 年。其具备资格年度之前 5 个年度发生的尚未弥补完的亏损，是

指当年具备资格的企业，其前 5 个年度无论是否具备资格，所发生的尚未弥补完的亏损。2018 年具备资格的企业，无论 2013～2017 年是否具备资格，其 2013～2017 年发生的尚未弥补完的亏损，均准予结转以后年度弥补，最长结转年限为 10 年。2018 年以后年度具备资格的企业，以此类推，进行亏损结转弥补税务处理。高新技术企业按照其取得的高新技术企业证书注明的有效期所属年度，确定其具备资格的年度。

本例中，A 企业 2015 年 3 月 10 日取得高新技术企业证书，2018 年属于证书注明的有效期所属年度，2018 年之前的 5 个年度（2013～2017 年）无论是否具备资格，所发生的尚未弥补完的亏损均可按照 10 年计算弥补亏损年限。

2018 年度企业所得税年度纳税申报表填报实务如表 6-108 所示（单位：万元）。

表 6-108　　　　　　　　　企业所得税弥补亏损明细表（2018 年度）　　　　　　A106000

行次	项目	年度	当年境内所得额	分立转出的亏损额	合并、分立转入的亏损额		弥补亏损企业类型	当年亏损额	当年待弥补的亏损额	用本年度所得额弥补的以前年度亏损额		当年可结转以后年度弥补的亏损额
					可弥补年限5年	可弥补年限10年				使用境内所得弥补	使用境外所得弥补	
		1	2	3	4	5	6	7	8	9	10	11
1	前十年度	2008										
2	前九年度	2009										
3	前八年度	2010										
4	前七年度	2011										
5	前六年度	2012	100				100	0	0	0		0
6	前五年度	2013	-500				100	-500	-220	50		170
7	前四年度	2014	100				100					0
8	前三年度	2015	-700				200	-700	-700	0		700
9	前二年度	2016	180				200					0
10	前一年度	2017	-200				200	-200	-200	0		200
11	本年度	2018	50				200	0	0	50		0
12	可结转以后年度弥补的亏损额合计											1 070

【案例 6-43】承〖案例 6-42〗，至 2018 年 12 月 31 日该企业因各种原因未能继续取得高新技术企业资格，其他相关资料同上。但 A 企业 2013～2017 年亏损的结转年限不受 2018 年未取得高新资格证书影响，最长仍可以结转到 2023 年。2019 年度亏损 600 万元只能结转以后 5 年弥补，2019 年度企业所得税年度纳税申报表填报实务如表 6-109 所示（单位：万元）。

表 6－109　　　　　企业所得税弥补亏损明细表（2019 年度）　　　　　A106000

行次	项目	年度	当年境内所得额	分立转出的亏损额	合并、分立转入的亏损额		弥补亏损企业类型	当年亏损额	当年待弥补的亏损额	用本年度所得额弥补的以前年度亏损额		当年可结转以后年度弥补的亏损额
					可弥补年限5年	可弥补年限10年				使用境内所得弥补	使用境外所得弥补	
		1	2	3	4	5	6	7	8	9	10	11
1	前十年度	2009					100					
2	前九年度	2010					100					
3	前八年度	2011					100					
4	前七年度	2012	100				100	0	0	0		0
5	前六年度	2013	－500				100	－500	－170	0		170
6	前五年度	2014	100				100	0	0	0		0
7	前四年度	2015	－700				200	－700	－700	0		700
8	前三年度	2016	180				200	0	0	0		0
9	前二年度	2017	－200				200	－200	－200	0		200
10	前一年度	2018	50				200	0	0	0		0
11	本年度	2019	－600				100	－600	－600	0		600
12	可结转以后年度弥补的亏损额合计											1 670

2020 年度企业所得税年度纳税申报表填报实务如表 6－110 所示。

表 6－110　　　　　企业所得税弥补亏损明细表（2020 年）　　　　　A106000

行次	项目	年度	当年境内所得额	分立转出的亏损额	合并、分立转入的亏损额			弥补亏损企业类型	当年亏损额	当年待弥补的亏损额	用本年度所得额弥补的以前年度亏损额		当年可结转以后年度弥补的亏损额
					可弥补年限5年	可弥补年限8年	可弥补年限10年				使用境内所得弥补	使用境外所得弥补	
		1	2	3	4	5	6	7	8	9	10	11	12
1	前十年度	2010						100					
2	前九年度	2011						100					
3	前八年度	2012	100					100	0	0	0		0
4	前七年度	2013	－500					100	－500	－170	30		140
5	前六年度	2014	100					100	0	0	0		0
6	前五年度	2015	－700					200	－700	－700	0		700
7	前四年度	2016	180					200	0	0	0		0
8	前三年度	2017	－200					200	－200	－200	0		200
9	前二年度	2018	50					200	0	0	0		0
10	前一年度	2019	－600					100	－600	－600	0		600
11	本年度	2020	30					100	0	0	30		0
12	可结转以后年度弥补的亏损额合计												1 640

2021 年度企业所得税年度纳税申报表填报实务如表 6－111 所示。

表 6 - 111   企业所得税弥补亏损明细表（2021 年）   A106000

行次	项目	年度	当年境内所得额	分立转出的亏损额	合并、分立转入的亏损额			弥补亏损企业类型	当年亏损额	当年待弥补的亏损额	用本年度所得额弥补的以前年度亏损额		当年可结转以后年度弥补的亏损额
					可弥补年限5年	可弥补年限8年	可弥补年限10年				使用境内所得弥补	使用境外所得弥补	
			1	2	3	4	5	6	7	8	9	10	11	12
1	前十年度	2011											
2	前九年度	2012	100					100	0	0	0		0
3	前八年度	2013	− 500					100	− 500	− 140	100		40
4	前七年度	2014	100					100	0	0	0		0
5	前六年度	2015	− 700					200	− 700	− 700	0		700
6	前五年度	2016	180					200	0	0	0		0
7	前四年度	2017	− 200					200	− 200	− 200	0		200
8	前三年度	2018	50					200	0	0	0		0
9	前二年度	2019	− 600					100	− 600	− 600	0		600
10	前一年度	2020	30					100	0	0	0		0
11	本年度	2021	100					100	0	0	100		0
12	可结转以后年度弥补的亏损额合计												1 540

【案例 6 - 44】承〖案例 6 - 43〗，2022 年 A 企业经过努力符合资格条件，于 2022 年 8 月 10 日又重新取得高新技术企业资格，其他相关资料同上，这时取得资格前五年（2017 ~ 2021 年）的亏损弥补期限由 5 年可以延长至 10 年，即 2017 年亏损可以最迟于 2027 年弥补，2019 年亏损可以最迟于 2029 年弥补。2022 年度企业所得税年度纳税申报表填报实务如表 6 - 112 所示（单位：万元）。

表 6 - 112   企业所得税弥补亏损明细表（2022 年）   A106000

行次	项目	年度	当年境内所得额	分立转出的亏损额	合并、分立转入的亏损额			弥补亏损企业类型	当年亏损额	当年待弥补的亏损额	用本年度所得额弥补的以前年度亏损额		当年可结转以后年度弥补的亏损额
					可弥补年限5年	可弥补年限8年	可弥补年限10年				使用境内所得弥补	使用境外所得弥补	
			1	2	3	4	5	6	7	8	9	10	11	12
1	前十年度	2012	100					100	0	0	0		0
2	前九年度	2013	− 500					100	− 500	− 40	0		40
3	前八年度	2014	100					100	0	0	0		0
4	前七年度	2015	− 700					100	− 700	− 700	0		700

续表

行次	项目	年度	当年境内所得额	分立转出的亏损额	合并、分立转入的亏损额			弥补亏损企业类型	当年亏损额	当年待弥补的亏损额	用本年度所得额弥补的以前年度亏损额		当年可结转以后年度弥补的亏损额
					可弥补年限5年	可弥补年限8年	可弥补年限10年				使用境内所得弥补	使用境外所得弥补	
			1	2	3	4	5	6	7	8	9	10	11	12
5	前六年度	2016	180					200	0	0	0		0
6	前五年度	2017	−200					200	−200	−200	0		200
7	前四年度	2018	50					200	0	0	0		0
8	前三年度	2019	−600					200	−600	−600	0		600
9	前二年度	2020	30					100	0	0	0		0
10	前一年度	2021	100					100	0	0	0		0
11	本年度	2022	−800					200	−800	−800	0		800
12	可结转以后年度弥补的亏损额合计												2 340

【案例 6 – 45】 承【案例 6 – 44】，2022 年 A 企业经过努力符合资格条件，于 2022 年 8 月 10 日又重新取得高新技术企业资格，其他相关资料同上。2023 年度企业所得税年度纳税申报表填报实务如表 6 – 113 所示（单位：万元）。

表 6 – 113　　　　　　　　　企业所得税弥补亏损明细表（2023 年）　　　　　　　　A106000

行次	项目	年度	当年境内所得额	分立转出的亏损额	合并、分立转入的亏损额			弥补亏损企业类型	当年亏损额	当年待弥补的亏损额	用本年度所得额弥补的以前年度亏损额		当年可结转以后年度弥补的亏损额
					可弥补年限5年	可弥补年限8年	可弥补年限10年				使用境内所得弥补	使用境外所得弥补	
			1	2	3	4	5	6	7	8	9	10	11	12
1	前十年度	2013	−500					100	−500	−40	40		0
2	前九年度	2014	100					100	0	0	0		0
3	前八年度	2015	−700					100	−700	−700	700		0
4	前七年度	2016	180					200	0	0	0		0
5	前六年度	2017	−200					200	−200	−200	200		0
6	前五年度	2018	50					200	0	0	0		0
7	前四年度	2019	−600					200	−600	−600	560		40
8	前三年度	2020	30					100	0	0	0		0
9	前二年度	2021	100					100	0	0	0		0
10	前一年度	2 022	−800					200	−800	−800	0		800
11	本年度	2 023	1 500					200	0	0	1 500		0
12	可结转以后年度弥补的亏损额合计												840

【案例 6 – 46】承〖案例 6 – 45〗，2022 年 A 企业经过努力符合资格条件，于 2022 年 8 月 10 日又重新取得高新技术企业资格，其他相关资料同上。2024 年度企业所得税年度纳税申报表填报实务如表 6 – 114 所示（单位：万元）。

表 6 – 114　　　　　企业所得税弥补亏损明细表（2024 年）　　　　A106000

行次	项目	年度	当年境内所得额	分立转出的亏损额	合并、分立转入的亏损额			弥补亏损企业类型	当年亏损额	当年待弥补的亏损额	用本年度所得额弥补的以前年度亏损额		当年可结转以后年度弥补的亏损额
					可弥补年限5年	可弥补年限8年	可弥补年限10年				使用境内所得弥补	使用境外所得弥补	
			1	2	3	4	5	6	7	8	9	10	11	12
1	前十年度	2014	100						100	0	0	0		0
2	前九年度	2015	– 700						100	– 700	0	0		0
3	前八年度	2016	180						200	0	0	0		0
4	前七年度	2017	– 200						200	– 200	0	0		0
5	前六年度	2018	50						200	0	0	0		0
6	前五年度	2019	– 600						200	– 600	– 40	40		0
7	前四年度	2020	30						100	0	0	0		0
8	前三年度	2021	100						100	0	0	0		0
9	前二年度	2022	– 800						200	– 800	– 800	160		640
10	前一年度	2023	1500						200	0	0	0		0
11	本年度	2024	200						200	0	0	200		0
12	可结转以后年度弥补的亏损额合计													640

【案例 6 – 47】承〖案例 6 – 46〗，2022 年 A 企业经过努力符合资格条件，于 2022 年 8 月 10 日又重新取得高新技术企业资格，之后一直能够持续取得资格，其他相关资料同上。2025 ~ 2028 年度企业所得税年度纳税申报表填报实务如表 6 – 115 ~ 表 6 – 118 所示（单位：万元）。

表 6 – 115　　　　　企业所得税弥补亏损明细表（2025 年）　　　　A106000

行次	项目	年度	当年境内所得额	分立转出的亏损额	合并、分立转入的亏损额			弥补亏损企业类型	当年亏损额	当年待弥补的亏损额	用本年度所得额弥补的以前年度亏损额		当年可结转以后年度弥补的亏损额
					可弥补年限5年	可弥补年限8年	可弥补年限10年				使用境内所得弥补	使用境外所得弥补	
			1	2	3	4	5	6	7	8	9	10	11	12
1	前十年度	2015	– 700						100	– 700	0	0		0
2	前九年度	2016	180						200	0	0	0		0

续表

行次	项目	年度	当年境内所得额	分立转出的亏损额	合并、分立转入的亏损额			弥补亏损企业类型	当年亏损额	当年待弥补的亏损额	用本年度所得额弥补的以前年度亏损额		当年可结转以后年度弥补的亏损额
					可弥补年限5年	可弥补年限8年	可弥补年限10年				使用境内所得弥补	使用境外所得弥补	
		1	2	3	4	5	6	7	8	9	10	11	12
3	前八年度	2017	-200					200	-200	0	0		0
4	前七年度	2018	50					200	0	0	0		0
5	前六年度	2019	-600					200	-600	0	0		0
6	前五年度	2020	30					100	0	0	0		0
7	前四年度	2021	100					100	0	0	0		0
8	前三年度	2022	-800					200	-800	-640	0		640
9	前二年度	2023	1500					200	0	0	0		0
10	前一年度	2024	200					200	0	0	0		0
11	本年度	2025	-30					200	-30	-30	0		30
12	可结转以后年度弥补的亏损额合计												670

表 6-116　　　　　企业所得税弥补亏损明细表（2026 年）　　　　　A106000

行次	项目	年度	当年境内所得额	分立转出的亏损额	合并、分立转入的亏损额			弥补亏损企业类型	当年亏损额	当年待弥补的亏损额	用本年度所得额弥补的以前年度亏损额		当年可结转以后年度弥补的亏损额
					可弥补年限5年	可弥补年限8年	可弥补年限10年				使用境内所得弥补	使用境外所得弥补	
		1	2	3	4	5	6	7	8	9	10	11	12
1	前十年度	2016	180					200	0	0	0		0
2	前九年度	2017	-200					200	-200	0	0		0
3	前八年度	2018	50					200	0	0	0		0
4	前七年度	2019	-600					200	-600	0	0		0
5	前六年度	2020	30					100	0	0	0		0
6	前五年度	2021	100					100	0	0	0		0
7	前四年度	2022	-800					200	-800	-640	80		560
8	前三年度	2023	1500					200	0	0	0		0
9	前二年度	2024	200					200	0	0	0		0
10	前一年度	2025	-30					200	-30	-30	0		30
11	本年度	2026	80					200	0	0	80		0
12	可结转以后年度弥补的亏损额合计												590

表 6-117 **企业所得税弥补亏损明细表（2027 年）** A106000

行次	项目	年度	当年境内所得额	分立转出的亏损额	合并、分立转入的亏损额 可弥补年限5年	可弥补年限8年	可弥补年限10年	弥补亏损企业类型	当年亏损额	当年待弥补的亏损额	用本年度所得额弥补的以前年度亏损额 使用境内所得弥补	使用境外所得弥补	当年可结转以后年度弥补的亏损额
		1	2	3	4	5	6	7	8	9	10	11	12
1	前十年度	2017	-200					200	-200	0	0		0
2	前九年度	2018	50					200	0	0	0		0
3	前八年度	2019	-600					200	-600	0	0		0
4	前七年度	2020	30					100	0	0	0		0
5	前六年度	2021	100					100	0	0	0		0
6	前五年度	2022	-800					200	-800	-560	200		360
7	前四年度	2023	1500					200	0	0	0		0
8	前三年度	2024	200					200	0	0	0		0
9	前二年度	2025	-30					200	-30	-30	0		30
10	前一年度	2026	80					200	0	0	0		0
11	本年度	2027	200					200	0	0	200		0
12	可结转以后年度弥补的亏损额合计												390

表 6-118 **企业所得税弥补亏损明细表（2028 年）** A106000

行次	项目	年度	当年境内所得额	分立转出的亏损额	合并、分立转入的亏损额 可弥补年限5年	可弥补年限8年	可弥补年限10年	弥补亏损企业类型	当年亏损额	当年待弥补的亏损额	用本年度所得额弥补的以前年度亏损额 使用境内所得弥补	使用境外所得弥补	当年可结转以后年度弥补的亏损额
		1	2	3	4	5	6	7	8	9	10	11	12
1	前十年度	2018	50					200	0	0	0		0
2	前九年度	2019	-600					200	-600	0	0		0
3	前八年度	2020	30					100	0	0	0		0
4	前七年度	2021	100					100	0	0	0		0
5	前六年度	2022	-800					200	-800	-360	100		260
6	前五年度	2023	1500					200	0	0	0		0
7	前四年度	2024	200					200	0	0	0		0
8	前三年度	2025	-30					200	-30	-30	0		30
9	前二年度	2026	80					200	0	0	0		0
10	前一年度	2027	200					200	0	0	0		0
11	本年度	2028	100					200	0	0	100		0
12	可结转以后年度弥补的亏损额合计												290

【案例6-48】甲公司具备高新技术企业资格，但是2019年度属高新技术资格有效期最后一年，假设以后年度一直再没有通过高新技术资格认定。按照国家税务总局公告2018年第45号的规定，2019年度具备高新技术资格前五年即2014～2018年的亏损，最长可用以后10个年度所得税前弥补，2019年及以后年度的亏损只能用以后5个年度所得弥补。即：2014年的亏损最迟可结转到2024年，2015年的亏损最迟可结转到2025年，2018年的亏损最迟可结转到2028年。2019年最迟可结转到2024年。

假设该企业2014～2023年连续亏损，其中，2014年亏损100万元，2015年亏损35万元，2016年亏损20万元，2017年亏损10万元，2018年亏损20万元，2019年亏损70万元，2020年亏损40万元，2021年亏损50万元，2022年亏损60万元，2023年亏损15万元，2024年盈利200万元，2024年进行企业所得税年度申报时，如果按照先发生的亏损先弥补的一般规则，按时间顺序依次弥补2014年、2015年、2016年、2017年、2018年、2019年，这种规则使得2019年的亏损已经到期却很有可能永远得不到弥补。

按照"先到期亏损先弥补、同时到期亏损先发生的先弥补"的新规则来处理，首先，先弥补到期的亏损，即2014年和2019年的亏损同时到期先弥补，对于2015年的亏损先等待。其次，2014年和2019年的亏损同时到期，先弥补谁？这时按照先发生亏损先弥补，因此，先弥补先发生的2014年。因此，2024年的所得200万元，先弥补2014年的亏损100万元，再弥补2019年的亏损70万元，还有结余30万元再弥补2015年的亏损30万元，对于2015年的剩余亏损5万元，等到下一年待弥补。

为进一步做好新型冠状病毒感染的肺炎疫情防控工作，支持相关企业发展，《财政部、税务总局关于支持新型冠状病毒感染的肺炎疫情防控有关税收政策的公告》（财政部 税务总局公告2020年第8号）第四条规定，受疫情影响较大的困难行业企业2020年度发生的亏损，最长结转年限由5年延长至8年。困难行业企业包括交通运输、餐饮、住宿、旅游（指旅行社及相关服务、游览景区管理两类）四大类，具体判断标准按照现行《国民经济行业分类》执行。困难行业企业2020年度主营业务收入须占收入总额（剔除不征税收入和投资收益）的50%以上。

【案例6-49】2020年金桥旅行社由于受到新型冠状病毒感染的肺炎疫情严重影响，收入大幅下滑，全年共取得主营业务收入150万元，按照税法口径计算的收入总额为220万元，其中包括：不征税收入10万元，免税收入2万元，投资收益12万元。2020年按照企业所得税法口径计算的亏损额为135万元。

分析：金桥旅行社2020年度主营业务收入占收入总额的比例 = 150 ÷（220 - 10 -

12）×100% =75.76%，大于50%，属于财政部、税务总局公告2020年第8号规定的困难行业企业，该企业2020年度发生的亏损额为135万元，最长结转年限由5年延长至8年，即2020年度发生的亏损135万元结转期限为2021~2028年。

【案例6-50】C公司为2019年成立的交通运输企业，2020年因受到新型冠状病毒感染的肺炎疫情影响，依据国家统一的会计制度核算的会计利润总额为-165万元，按照税法规定经过纳税调整后计算的亏损额为-180万元，符合延长弥补亏损税收政策相关条件，假设企业所得税税率为25%，2019~2028年各年度亏损弥补结转如表6-119和表6-120所示（单位：万元）。

表6-119　　　　　　2019~2028年各年度亏损弥补结转表（旧政策）

项目	2019年	2020年	2021年	2022年	2023年	2024年	2025年	2026年	2027年	2028年
弥补亏损前应纳税所得额	-40	-180	30	40	-30	10	50	20	60	40
已弥补亏损额	0	0	30（2019年30）	40（2019年10，2020年30）	0	10（2020年10）	50（2020年50）	20（2023年20）	10（2023年10）	40
弥补亏损后应纳税所得额	0	0	0	0	0	0	0	0	50	40
应纳税额	0	0	0	0	0	0	0	0	12.5	10

表6-120　　　　　　2019~2028年各年度亏损弥补结转表（新政策）

项目	2019年	2020年	2021年	2022年	2023年	2024年	2025年	2026年	2027年	2028年
弥补亏损前应纳税所得额	-40	-180	30	40	-30	10	50	20	60	40
已弥补亏损额	0	0	30（2019年30）	40（2019年10，2020年30）	0	10（2020年10）	50（2020年50）	20（2020年20）	60（2020年60）	40（2020年10，2023年30）
弥补亏损后应纳税所得额	0	0	0	0	0	0	0	0	0	0
应纳税额	0	0	0	0	0	0	0	0	0	0

通过新旧政策比较发现，C公司按照延长弥补亏损新政策和"先到期亏损先弥补、同时到期亏损先发生的先弥补"的原则处理2020年尚未弥补的亏损额，可以最长结转

到 2028 年税前弥补，使得 2020 年亏损可在税前多弥补 90 万元，减少缴纳企业所得税 22.5 万元。2020 年和 2028 年企业所得税汇算清缴时，填报 A106000《企业所得税弥补亏损明细表》如表 6-121 和表 6-122 所示。

表 6-121　　　　　　　企业所得税弥补亏损明细表（2020 年）　　　　　　　A106000

行次	项目	年度	当年境内所得额	分立转出的亏损额	合并、分立转入的亏损额			弥补亏损企业类型	当年亏损额	当年待弥补的亏损额	用本年度所得额弥补的以前年度亏损额		当年可结转以后年度弥补的亏损额
					可弥补年限5年	可弥补年限8年	可弥补年限10年				使用境内所得弥补	使用境外所得弥补	
		1	2	3	4	5	6	7	8	9	10	11	12
1	前十年度												
2	前九年度												
3	前八年度												
4	前七年度												
5	前六年度												
6	前五年度												
7	前四年度												
8	前三年度												
9	前二年度												
10	前一年度	2019	-40					100	-40	-40			40
11	本年度	2020	-180					500	-180	-180			180
12	可结转以后年度弥补的亏损额合计												200

表 6-122　　　　　　　企业所得税弥补亏损明细表（2028 年）　　　　　　　A106000

行次	项目	年度	当年境内所得额	分立转出的亏损额	合并、分立转入的亏损额			弥补亏损企业类型	当年亏损额	当年待弥补的亏损额	用本年度所得额弥补的以前年度亏损额		当年可结转以后年度弥补的亏损额
					可弥补年限5年	可弥补年限8年	可弥补年限10年				使用境内所得弥补	使用境外所得弥补	
		1	2	3	4	5	6	7	8	9	10	11	12
1	前十年度												
2	前九年度	2019	-40					100	-40	0	0		0
3	前八年度	2020	-180					500	-180	-10	10		0
4	前七年度	2021	30					100	0	0	0		0
5	前六年度	2022	40					100	0	0	0		0

续表

行次	项目	年度	当年境内所得额	分立转出的亏损额	合并、分立转入的亏损额			弥补亏损企业类型	当年亏损额	当年待弥补的亏损额	用本年度所得额弥补的以前年度亏损额		当年可结转以后年度弥补的亏损额
					可弥补年限5年	可弥补年限8年	可弥补年限10年				使用境内所得弥补	使用境外所得弥补	
		1	2	3	4	5	6	7	8	9	10	11	12
6	前五年度	2023	−30					100	−30	−30	30		0
7	前四年度	2024	10					100	0	0	0		0
8	前三年度	2025	50					100	0	0	0		0
9	前二年度	2026	20					100	0	0	0		0
10	前一年度	2027	60					100	0	0	0		0
11	本年度	2028	40					100	0	0	40		0
12	可结转以后年度弥补的亏损额合计												0

第五节　合伙企业法人合伙人应分得的应纳税所得额和特别纳税调整应税所得填报实务与案例解析

一、合伙企业法人合伙人应分得的应纳税所得额填报实务与案例解析

1. 填报指南。A105000《纳税调整项目明细表》第41行"合伙企业法人合伙人分得的应纳税所得额"项目是2017年版新增加的纳税调整项目。该项目第1列"账载金额"填报合伙企业法人合伙人本年会计核算上确认的对合伙企业的投资所得；第2列"税收金额"填报纳税人按照"先分后税"原则和《财政部 国家税务总局关于合伙企业合伙人所得税问题的通知》（财税〔2008〕159号）文件第四条规定计算的从合伙企业分得的法人合伙人应纳税所得额；若第1列≤第2列，将第2−1列余额填入第3列"调增金额"，若第1列＞第2列，将第2−1列余额的绝对值填入第4列"调减金额"。

2. 填报要点。合伙企业缴纳所得税与法人有限公司最大的不同是，合伙企业是"先分后税"，而法人有限公司是"先税后分"。法规所讲的"先分后税"原则的"先分"并非指分配利润，而是指对于合伙企业，应先按合伙人各自分配比例分别确定应纳税所得额后再按各自适用税率计算缴纳所得税。因此，合伙企业的利润无论是否实际分配，均需在年末按各自分配比例分别确定各合伙人的应纳税所得额，再按各自适

用税率计算缴纳所得税。在现实中，合伙企业合伙人有个人、法人企业、合伙企业等，下面用案例来说明，合伙企业是如何缴纳所得税的。

【案例 6－51】ABC 有限合伙企业（注册地甘肃兰州）是由普通合伙个人 A、合伙企业 B（合伙人：普通合伙 B1 投资比例 40%，法人企业有限公司 B2 投资比例 60%）、法人企业 C 有限公司共同投资设立的。投资比例分别为：个人 A 投资 20%，合伙企业 B 投资 30%，法人企业 C 有限公司投资 50%，合伙协议约定为投资比例分配利润。2021 年度，按照相关法规汇算清缴时，ABC 合伙企业应纳税所得额为 200 万元，对外投资股息红利所得为 40 万元。2021 年所得税纳税情况如下。

分析：（1）政策依据。《财政部 国家税务总局关于合伙企业合伙人所得税问题的通知》（财税〔2008〕159 号）第三条规定，合伙企业生产经营所得和其他所得采取"先分后税"的原则。具体应纳税所得额的计算按照《财政部 国家税务总局关于个人独资企业和合伙企业投资者征收个人所得税的规定》（财税〔2000〕91 号）的有关规定执行。财税〔2008〕159 号第四条规定："合伙企业的合伙人按照下列原则确定应纳税所得额：（一）合伙企业的合伙人以合伙企业的生产经营所得和其他所得，按照合伙协议约定的分配比例确定应纳税所得额。（二）合伙协议未约定或者约定不明确的，以全部生产经营所得和其他所得，按照合伙人协商决定的分配比例确定应纳税所得额。（三）协商不成的，以全部生产经营所得和其他所得，按照合伙人实缴出资比例确定应纳税所得额。（四）无法确定出资比例的，以全部生产经营所得和其他所得，按照合伙人数量平均计算每个合伙人的应纳税所得额。合伙协议不得约定将全部利润分配给部分合伙人。"

2021 年生产经营所得和其他所得纳税情况。

①普通合伙个人 A：应分得利润 = 200 × 0.2 = 40（万元）；个人独资企业、合伙企业需按照个人所得税法的个体工商户的生产、经营所得缴纳个人所得税，应缴纳个人所得税 = （400 000 － 60 000）× 0.3 － 40 500 = 615 000（元），上述公式中的 60 000 元是投资人工资扣除额。

②合伙企业 B（合伙人：B1 投资比例 40%、B2 投资比例 60%）：B1 个人应分得利润 = 200 × 0.3 × 0.4 = 24（万元），应缴纳个人所得税 = （240 000 － 60 000）× 0.2 － 10 500 = 25 500（元）。B2 有限公司分得利润 = 200 × 0.3 × 0.6 = 36（万元），应纳入 2021 年度 B2 公司的应纳税所得额，按企业所得税法缴纳企业所得税。但是，该企业由于没有实际收到分配利润，所以会计核算时没有确认投资收益。

③法人企业 C 有限公司应分得利润 = 200 × 0.5 = 100（万元），应并入 C 有限公司 2021 年应纳税所得额缴纳企业所得税。但是，该企业由于没有实际收到分配利润，所

以，会计核算时没有确认投资收益。

（2）对 2021 年 ABC 合伙企业对外投资股息红利所得 40 万元纳税情况。

①个人 A：分得利润 = $40 \times 0.2 = 8$（万元），应缴纳个人所得税 = $8 \times 0.2 = 1.6$（万元）。

②合伙企业 B（合伙人：B1 投资比例 40%、B2 投资比例 60%）：B1 应分得股息红利 = $40 \times 0.3 \times 0.4 = 4.8$（万元），个人所得税 = $4.8 \times 0.2 = 0.96$（万元）。B2 应分得利润 = $40 \times 0.3 \times 0.6 = 7.2$（万元），企业所得税 = $7.2 \times 0.25 = 1.8$（万元）。

③《国家税务总局关于〈关于个人独资企业和合伙企业投资者征收个人所得税的规定〉执行口径的通知》（国税函〔2001〕84 号）文件规定："合伙企业对外投资分回的利息或者股息、红利，不并入企业的收入，而应单独作为投资者个人取得的利息、股息、红利所得，按'利息、股息、红利所得'应税项目计算缴纳个人所得税。"根据《企业所得税法》第二十六条及其《实施条例》第十七条、第八十三条的规定，居民企业直接投资于其他居民企业取得的投资收益，除连续持有居民企业公开发行并上市流通的股票不足 12 个月取得的投资收益外，免征企业所得税优惠。由于投资人通过有限合伙企业间接投资于其他公司，不属于税法规定的直接投资，故不能享受免税优惠政策。因此，当合伙人为法人的，其股息红利所得，应并入法人当年应纳税所得额，征收企业所得税。因此，法人企业 C 应分得利润 = $40 \times 0.5 = 20$（万元），企业所得税 = $20 \times 0.25 = 5$（万元），然后法人企业 C 有限公司在 2021 年所得税清算时，应纳税所得额需加上 20 万元，同时在已缴税款加上 5 万元。

（3）B2 公司和 C 公司 2021 年度企业所得税年度纳税申报表填报实务如表 6 - 123 和表 6 - 124 所示（单位：万元）。

表 6 - 123　　　　　　　　　纳税调整项目明细表（B2 公司）　　　　　　　　　A105000

行次	项目	账载金额	税收金额	调增金额	调减金额
		1	2	3	4
36	四、特殊事项调整项目（37 + 38 + … + 42）	*	*		
41	（五）合伙企业法人合伙人应分得的应纳税所得额		43.2	43.2	

表 6 - 124　　　　　　　　　纳税调整项目明细表（C 公司）　　　　　　　　　A105000

行次	项目	账载金额	税收金额	调增金额	调减金额
		1	2	3	4
36	四、特殊事项调整项目（37 + 38 + … + 42）	*	*		
41	（五）合伙企业法人合伙人应分得的应纳税所得额		120	120	

二、特别纳税调整应税所得填报实务与案例解析

A105000《纳税调整项目明细表》第43行"五、特别纳税调整应税所得"项目第3列"调增金额"填报纳税人按特别纳税调整规定自行调增的当年应税所得。第4列"调减金额"填报纳税人依据双边预约定价安排或者转让定价相应调整磋商结果的通知，需要调减的当年应税所得。

【案例6-52】山推股份：参股公司被主管税务机关特别纳税调整、补缴企业所得税1.15亿元并加收利息。山推股份（000680.SZ）曾于2016年10月29日发布公告，《山推股份：关于参股公司小松山推相关事项的公告》详细披露如下：山推工程机械股份有限公司（以下简称公司）于2016年9月19日收到了持股30%的参股公司小松山推工程机械有限公司（以下简称小松山推）转发的由济宁高新技术产业开发区国家税务局下发的《济宁高新技术产业开发区国家税务局特别纳税调查调整通知书》（济高国税调〔2016〕1号），主要内容如下：小松山推2009～2012年纳税年度违反《中华人民共和国企业所得税法》及其实施条例和《中华人民共和国税收征收管理法》及其实施细则关于特别纳税调整的有关规定，决定调增小松山推应纳税所得额460 821 031.40元，应补企业所得税115 205 257.85元，并按有关规定加收利息。加收利息也不得在税前扣除，填入A105000《纳税调整项目明细表》第20行"（八）税收滞纳金、加收利息"第3列。上述特别纳税调整将影响小松山推当期损益，从而减少公司来自小松山推的投资收益。企业所得税年度纳税申报表填报实务如表6-125所示（单位：元）。

表6-125　　　　　纳税调整项目明细表（小松山推公司）　　　　　A105000

行次	项目	账载金额	税收金额	调增金额	调减金额
		1	2	3	4
44	五、特别纳税调整应税所得	*	*	460 821 031.4	

第六节　发行永续债利息支出填报实务与案例解析

永续债是指经国家发展改革委员会、中国人民银行、中国银行保险监督管理委员会、中国证券监督管理委员会核准，或经中国银行间市场交易商协会注册、中国证券

监督管理委员会授权的证券自律组织备案，依照法定程序发行、附赎回（续期）选择权或无明确到期日的债券，包括可续期企业债、可续期公司债、永续债务融资工具（含永续票据）、无固定期限资本债券等。

一、永续债企业所得税处理

《财政部、税务总局关于永续债企业所得税政策问题的公告》（财政部 税务总局公告 2019 年第 64 号）规定：

1. 企业发行的永续债，可以适用股息、红利企业所得税政策，即：投资方取得的永续债利息收入属于股息、红利性质，按照现行企业所得税政策相关规定进行处理，其中，发行方和投资方均为居民企业的，永续债利息收入可以适用企业所得税法规定的居民企业之间的股息、红利等权益性投资收益免征企业所得税规定；同时发行方支付的永续债利息支出不得在企业所得税税前扣除。

2. 企业发行符合规定条件的永续债，也可以按照债券利息适用企业所得税政策，即：发行方支付的永续债利息支出准予在其企业所得税税前扣除；投资方取得的永续债利息收入应当依法纳税。

3. 需要符合相关规定条件的永续债，其中符合规定是指符合下列条件中 5 条（含）以上的永续债：（1）被投资企业对该项投资具有还本义务；（2）有明确约定的利率和付息频率；（3）有一定的投资期限；（4）投资方对被投资企业净资产不拥有所有权；（5）投资方不参与被投资企业日常生产经营活动；（6）被投资企业可以赎回，或满足特定条件后可以赎回；（7）被投资企业将该项投资计入负债；（8）该项投资不承担被投资企业股东同等的经营风险；（9）该项投资的清偿顺序位于被投资企业股东持有的股份之前。即只要符合上述 9 条规定中任意 5 条（含）以上，就可以在两种方案中选择任何一种方式进行企业所得税处理：

第一，企业发行的永续债，可以适用股息、红利企业所得税政策，即：投资方取得的永续债利息收入属于股息、红利性质，按照现行企业所得税政策相关规定进行处理，其中，发行方和投资方均为居民企业的，永续债利息收入可以适用企业所得税法规定的居民企业之间的股息、红利等权益性投资收益免征企业所得税规定；同时发行方支付的永续债利息支出不得在企业所得税税前扣除。

第二，按照债券利息适用企业所得税政策，即：发行方支付的永续债利息支出准予在其企业所得税税前扣除；投资方取得的永续债利息收入应当依法纳税。

企业发行永续债，应当将其适用的税收处理方法在证券交易所、银行间债券市场等发行市场的发行文件中向投资方予以披露。发行永续债的企业对每一永续债产品的税收处理方法一经确定，不得变更。企业对永续债采取的税收处理办法与会计核算方式不一致的，发行方、投资方在进行税收处理时须作出相应纳税调整。

二、永续债利息支出税会差异及填报实务与案例解析

发行方与投资方对永续债按照《财政部关于印发〈永续债相关会计处理的规定〉的通知》（财会〔2019〕2号）的规定进行会计处理，但并不必然决定其对永续债的企业所得税处理。其中，发行方将永续债计入负债的会计处理，并不直接导致永续债利息按债券利息处理，而只是其可以选择将永续债利息作为利息处理或需满足的一项条件。这意味着会计处理和企业所得税处理可能出现税会差异：例如，发行方可能在财务会计上将永续债确认为权益工具，相应的利息则不确认为利润表中的利息支出，而作为利润分配处理；但在企业所得税上仍选择将该利息作为债券利息在税前扣除。因此，永续债的发行方和投资方企业应关注并了解财务会计和企业所得税对永续债处理的规则及其两者的差异，以便在计算应纳税所得时，能够准确辨析税会差异，完成纳税调整，并据此进行所得税处理。

按照《国家税务总局关于修订企业所得税年度纳税申报表的公告》（国家税务总局公告2020年第24号）相关填报说明规定，第42行"（六）发行永续债利息支出"：本行填报企业发行永续债采取的税收处理办法与会计核算方式不一致时的纳税调整情况。当永续债发行方会计上按照债务核算，税收上适用股息、红利企业所得税政策时，第1列"账载金额"填报支付的永续债利息支出计入当期损益的金额；第2列"税收金额"填报0。永续债发行方会计上按照权益核算，税收上按照债券利息适用企业所得税政策时，第1列"账载金额"填报0；第2列"税收金额"填报永续债发行方支付的永续债利息支出准予在企业所得税税前扣除的金额。若第2列≤第1列，第3列"调增金额"填报第1－2列金额。若第2列＞第1列，第4列"调减金额"填报第1－2列金额的绝对值。

【案例6－53】某上市公司经国家发展改革委员会、中国人民银行、中国银行保险监督管理委员会、中国证券监督管理委员会核准发行可续期公司债，相关资料如下：发行本金为10亿元，发行方对该项投资具有还本义务；有明确约定的利率和付息频率，年利率为3.25%，每年付息一次；投资期限15年；投资方对被投资企业净资产不拥有所有权；投资方不参与被投资企业日常生产经营活动；被投资企业可以赎回，或满足特定条件后可以赎回；该项投资不承担被投资企业股东同等的经营风险；该项投资的清偿顺序位于被投资企业股东持有的股份之前。2019年实际支付永续债利息支出3 250万元。

分析：该公司按照《财政部关于印发〈永续债相关会计处理的规定〉的通知》（财会〔2019〕2号）的规定进行会计处理，计入金融负债"应付债券"核算，利息支出计入当期损益（财务费用）。但是，按照《财政部、税务总局关于永续债企业所得税政策问题的公告》（财政部 税务总局公告2019年第64号）的规定，该公司发行的永续债，可以适用股息、红利企业所得税政策，发行方支付的永续债利息支出不得在企业所得税税前扣除。企业所得税年度纳税申报表填报实务如表6-126所示（单位：万元）。

表6-126　　　　　　　　　　　　纳税调整项目明细表　　　　　　　　　　　　A105000

行次	项目	账载金额	税收金额	调增金额	调减金额
		1	2	3	4
42	（六）发行永续债利息支出	3250	0	3250	

【案例6-54】承〖案例6-53〗，该公司按照《财政部关于印发〈永续债相关会计处理的规定〉的通知》（财会〔2019〕2号）的规定进行会计处理，计入权益工具核算，利息支出作为税后利润分配。按照《财政部、税务总局关于永续债企业所得税政策问题的公告》（财政部 税务总局公告2019年第64号）的规定，该公司发行的永续债按照债券利息适用企业所得税政策，即：发行方支付的永续债利息支出准予在其企业所得税税前扣除；投资方取得的永续债利息收入应当依法纳税。企业所得税年度纳税申报表填报实务如表6-127所示（单位：万元）。

表6-127　　　　　　　　　　　　纳税调整项目明细表　　　　　　　　　　　　A105000

行次	项目	账载金额	税收金额	调增金额	调减金额
		1	2	3	4
42	（六）发行永续债利息支出	0	3 250		3 250

【案例6-55】境外A公司1 000万元投资于境内B公司，投资协议约定：①被投资企业接受投资后，需要按投资合同或协议约定的利率定期支付利息，投资期限五年，年利息180万元，于每年年底支付。②投资期限五年，投资期满后，被投资企业以1 200万元赎回投资；③投资企业对被投资企业净资产不拥有所有权；④投资企业不具有选举权和被选举权；⑤投资企业不参与被投资企业日常生产经营活动。假设本省金融企业同类同期贷款利率为8%。

分析：按照《国家税务总局关于企业所得税若干政策征管口径问题的公告》（国家税务总局公告2021年第17号）第三条规定，关于跨境混合性投资业务企业所得税的处理问题。境外投资者在境内从事混合性投资业务，满足《国家税务总局关于企业混合性投资业务企业所得税处理问题的公告》（国家税务总局2013年第41号）第一条规定的条件的，可以按照该公告第二条第一款的规定进行企业所得税处理，但同时符合以下两种情形的除外：①该境外投资者与境内被投资企业构成关联关系；②境外投资者所在国家（地区）将该项投资收益认定为权益性投资收益，且不征收企业所得税。同时符合上述两种情形的，境内被投资企业向境外投资者支付的利息应视为股息，不得进行税前扣除。

本例中，所述投资业务完全符合国家税务总局公告 2013 年 41 号规定的投资业务，该投资业务在法律形式上是真股权投资业务，在经济实质上是真债权投资业务。

①投资方 A 公司税务处理如下。

a. 第一至五年每年收到的利息收入 180 万元，计入应纳税所得额。

b. 投资期限届满时，200 万元（1 200 − 1 000）计入债务重组所得，计入当期应纳税所得额。

②被投资企业 B 公司税务处理如下。

a. 第一至五年每年支付的利息支出 180 万元，不超过同类同期贷款利率部分 80 万元（1 000×8%），可以进行税前扣除，超过部分 100 万元不得在税前扣除，应进行纳税调增。

b. 投资期限届满时，赎回投资支付的 1 200 万元中，1 000 万元属于偿还借款本金，200 万元属于债务重组损失。

假设本例中同时符合国家税务总局公告 2021 年第 17 号规定情形的，境内被投资企业向境外投资者支付的利息 180 万元应视为股息，不得进行税前扣除。

第七章

《税收优惠相关项目明细表》和《汇总纳税企业年度分摊表》填报实务与案例解析

第一节 《免税、减计收入及加计扣除优惠明细表》格式及填报实务与案例解析

一、《免税、减计收入及加计扣除优惠明细表》格式

具体格式如表 7-1 所示。

表 7-1　　　　　　　　　　免税、减计收入及加计扣除优惠明细表　　　　　　　A107010

行次	项目	金额
1	一、免税收入（2+3+9+…+16）	
2	（一）国债利息收入免征企业所得税	
3	（二）符合条件的居民企业之间的股息、红利等权益性投资收益免征企业所得税（4+5+6+7+8）	
4	1. 一般股息红利等权益性投资收益免征企业所得税（填写 A107011）	
5	2. 内地居民企业通过沪港通投资且连续持有 H 股满 12 个月取得的股息红利所得免征企业所得税（填写 A107011）	
6	3. 内地居民企业通过深港通投资且连续持有 H 股满 12 个月取得的股息红利所得免征企业所得税（填写 A107011）	
7	4. 居民企业持有创新企业 CDR 取得的股息红利所得免征企业所得税（填写 A107011）	
8	5. 符合条件的永续债利息收入免征企业所得税（填写 A107011）	

行次	项目	金额
9	（三）符合条件的非营利组织的收入免征企业所得税	
10	（四）中国清洁发展机制基金取得的收入免征企业所得税	
11	（五）投资者从证券投资基金分配中取得的收入免征企业所得税	
12	（六）取得的地方政府债券利息收入免征企业所得税	
13	（七）中国保险保障基金有限责任公司取得的保险保障基金等收入免征企业所得税	
14	（八）中国奥委会取得北京冬奥组委支付的收入免征企业所得税	
15	（九）中国残奥委会取得北京冬奥组委分期支付的收入免征企业所得税	
16	（十）其他	
17	二、减计收入（18＋19＋23＋24）	
18	（一）综合利用资源生产产品取得的收入在计算应纳税所得额时减计收入	
19	（二）金融、保险等机构取得的涉农利息、保费减计收入（20＋21＋22）	
20	1. 金融机构取得的涉农贷款利息收入在计算应纳税所得额时减计收入	
21	2. 保险机构取得的涉农保费收入在计算应纳税所得额时减计收入	
22	3. 小额贷款公司取得的农户小额贷款利息收入在计算应纳税所得额时减计收入	
23	（三）取得铁路债券利息收入减半征收企业所得税	
24	（四）其他（24.1＋24.2）	
24.1	1. 取得的社区家庭服务收入在计算应纳税所得额时减计收入	
24.2	2. 其他	
25	三、加计扣除（26＋27＋28＋29＋30）	
26	（一）开发新技术、新产品、新工艺发生的研究开发费用加计扣除（填写 A107012）	
27	（二）科技型中小企业开发新技术、新产品、新工艺发生的研究开发费用加计扣除（填写 A107012）	
28	（三）企业为获得创新性、创意性、突破性的产品进行创意设计活动而发生的相关费用加计扣除（加计扣除比例＿＿％）	
29	（四）安置残疾人员所支付的工资加计扣除	
30	（五）其他	
31	合计（1＋17＋25）	

本表适用于享受免税收入、减计收入和加计扣除优惠的纳税人填报。纳税人根据税法及相关税收政策规定，填报本年发生的免税收入、减计收入和加计扣除优惠情况。

二、《免税、减计收入及加计扣除优惠明细表》填报实务与案例解析

【案例 7－1】2024 年 2 月 5 日，A 企业以 100 万元的面值从发行者手中购入 2 年期

国债，票面利率为 4.2%，一次还本付息。2026 年 2 月 8 日收到到期兑付的国债本金 100 万元，利息 8.4 万元。会计和税务处理如下（单位：万元）。

①购入国债时：

借：持有至到期投资——成本[①]　　　　　　　　　　　　　　100

　　贷：银行存款　　　　　　　　　　　　　　　　　　　　　　　　100

②2024 年 12 月 31 日，会计核算计提利息 $= 100 \times 4.2\% \times 11 \div 12 = 3.85$（万元）。

借：持有至到期投资——应计利息　　　　　　　　　　　　　3.85

　　贷：投资收益　　　　　　　　　　　　　　　　　　　　　　　3.85

税务处理：利息收入，按照合同约定的债务人应付利息的日期确认收入的实现。与会计核算确认的投资收益存在差异，属于未按权责发生制确认收入的纳税调整项目，3.85 万元应填列 A105020 相关项目。

③2025 年 12 月 31 日，会计核算计提利息 $= 100 \times 4.2\% \times 12 \div 12 = 4.2$（万元）。

借：持有至到期投资——应计利息　　　　　　　　　　　　　4.2

　　贷：投资收益　　　　　　　　　　　　　　　　　　　　　　　4.2

税务处理：利息收入，按照合同约定的债务人应付利息的日期确认收入的实现。与会计核算确认的投资收益存在差异，属于未按权责发生制确认收入的纳税调整项目，4.2 万元应填列 A105020 相关项目。

④2026 年 2 月 8 日，收到国债本金 100 万元和利息 8.4 万元。

借：银行存款　　　　　　　　　　　　　　　　　　　　　108.4

　　贷：持有至到期投资——成本　　　　　　　　　　　　　　　100

　　　　　　　　　　　　——应计利息　　　　　　　　　　　　8.05

　　投资收益　　　　　　　　　　　　　　　　　　　　　　　0.35

⑤2024 年度企业所得税年度纳税申报表填报实务如表 7 - 2 和表 7 - 3 所示。

表 7 - 2　　　　　　**未按权责发生制确认收入纳税调整明细表（2024 年）**　　　A105020

行次	项目	合同金额（交易金额）	账载金额		税收金额		纳税调整金额
			本年	累计	本年	累计	
		1	2	3	4	5	6（4-2）
1	一、跨期收取的租金、利息、特许权使用费收入（2+3+4）	8.4	3.85	3.85	0	0	-3.85
3	（二）利息	8.4	3.85	3.85	0	0	-3.85

[①]　若企业执行《企业会计准则第 22 号——金融工具确认和计量》（2017 年修订），则使用"债权投资"科目。

表 7-3　　　　　　　　　纳税调整项目明细表（2024 年）　　　　　　　　　A105000

行次	项目	账载金额	税收金额	调增金额	调减金额
		1	2	3	4
1	一、收入类调整项目（2+3+4+5+6+7+8+10+11）	*	*		3.85
3	（二）未按权责发生制原则确认的收入（填写 A105020）	3.85	0		3.85

⑥2025 年度企业所得税年度纳税申报表填报实务如表 7-4 和表 7-5 所示。

表 7-4　　　　　　　未按权责发生制确认收入纳税调整明细表（2025 年）　　　　　　A105020

行次	项目	合同金额（交易金额）	账载金额		税收金额		纳税调整金额
			本年	累计	本年	累计	
		1	2	3	4	5	6（4-2）
1	一、跨期收取的租金、利息、特许权使用费收入（2+3+4）	8.4	4.2	8.05	0	0	-4.2
3	（二）利息	8.4	4.2	8.05	0	0	-4.2

表 7-5　　　　　　　　　纳税调整项目明细表（2025 年）　　　　　　　　　A105000

行次	项目	账载金额	税收金额	调增金额	调减金额
		1	2	3	4
1	一、收入类调整项目（2+3+4+5+6+7+8+10+11）	*	*		4.2
3	（二）未按权责发生制原则确认的收入（填写 A105020）	4.2	0		4.2

⑦2026 年度企业所得税年度纳税申报表填报实务如表 7-6～表 7-8 所示。

表 7-6　　　　　　　未按权责发生制确认收入纳税调整明细表（2026 年）　　　　　　A105020

行次	项目	合同金额（交易金额）	账载金额		税收金额		纳税调整金额
			本年	累计	本年	累计	
		1	2	3	4	5	6（4-2）
1	一、跨期收取的租金、利息、特许权使用费收入（2+3+4）	8.4	0.35	8.4	8.4	8.4	8.05
3	（二）利息	8.4	0.35	8.4	8.4	8.4	8.05

表 7-7　　　　　　　　　纳税调整项目明细表（2026 年）　　　　　　　　　A105000

行次	项目	账载金额	税收金额	调增金额	调减金额
		1	2	3	4
1	一、收入类调整项目（2+3+4+5+6+7+8+10+11）	*	*	8.05	
2	（一）视同销售收入（填写 A105010）	*			*
3	（二）未按权责发生制原则确认的收入（填写 A105020）	0.35	8.4	8.05	

表 7-8　　　　　　免税、减计收入及加计扣除优惠明细表（2026 年）　　　　　A107010

行次	项目	金额
1	一、免税收入（2+3+6+7+…+16）	8.4
2	（一）国债利息收入免征企业所得税	8.4

【案例7-2】2024年2月5日，A企业以100万元的面值从发行者手中购入2年期国债，票面利率为4.2%，一次还本付息。2025年2月5日出售国债，收到价款105万元。会计和税务处理如下（单位：万元）。

①购入国债时：

借：持有至到期投资——成本   100

    贷：银行存款   100

②2024年12月31日，会计核算计提利息 = $100 \times 4.2\% \times 11 \div 12 = 3.85$（万元）。

借：持有至到期投资——应计利息   3.85

    贷：投资收益   3.85

③2025年2月5日出售国债，收到价款105万元。

借：银行存款   105

    贷：持有至到期投资——成本   100

              ——应计利息   3.85

        投资收益   1.15

税务处理：按照国家税务总局公告2011年第36号规定，在兑付期前转让国债的，企业应在国债转让收入确认时确认利息收入的实现。因此，A公司应在国债转让时确认利息收入的实现。国债利息收入 = $100 \times 4.2\% = 4.2$（万元），该项利息收入免税。

A公司国债转让所得的确定：国债投资转让所得 = $105 - 4.2 - 100 = 0.8$（万元）。

④2024年度企业所得税年度纳税申报表填报实务同〖案例7-1〗。

⑤2025年度企业所得税年度纳税申报表填报实务如表7-9~表7-11所示。

表7-9　　　　　　　　　投资收益纳税调整明细表（2025年）　　　　　　　　A105030

行次	项目	持有收益			处置收益							纳税调整金额
		账载金额	税收金额	纳税调整金额	会计确认的处置收入	税收计算的处置收入	处置投资的账面价值	处置投资的计税基础	会计确认的处置所得或损失	税收计算的处置所得	纳税调整金额	
		1	2	3 (2-1)	4	5	6	7	8 (4-6)	9 (5-7)	10 (9-8)	11 (3+10)
3	三、持有至到期投资				105	105	103.85	100	1.15	5	3.85	3.85
10	合计（1+2+3+4+5+6+7+8+9）				105	105	103.85	100	1.15	5	3.85	3.85

表7-10　　　　　　　免税、减计收入及加计扣除优惠明细表（2025年）　　　　　A107010

行次	项目	金额
1	一、免税收入（2+3+6+7+…+16）	4.2
2	（一）国债利息收入免征企业所得税	4.2

表 7 – 11　　　　　　　　　　纳税调整项目明细表（2025 年）　　　　　　　　　A105000

行次	项目	账载金额	税收金额	调增金额	调减金额
		1	2	3	4
1	一、收入类调整项目（2＋3＋4＋5＋6＋7＋8＋10＋11）	*	*	3.85	
3	（二）未按权责发生制原则确认的收入（填写 A105020）				
4	（三）投资收益（填写 A105030）	1.15	5	3.85	

【案例 7 – 3】某建筑材料生产企业 2025 年以《资源综合利用企业所得税优惠目录》规定的资源为主要原材料，生产该《目录》内符合国家或行业相关标准的 A 产品取得的收入 1 000 万元，企业同时从事其他项目而取得的非资源综合利用收入 500 万元，该企业资源综合利用收入可以分开核算，在计算应纳税所得额时，减按 90% 计入当年收入总额。企业在汇算清缴期内申报了减免税并留存备查了以下相关资料：有部门出具的资源综合利用企业（项目、产品）认定证书；有部门出具的检测报告（包括利用资源的名称、数量、占比）；各项产品销售收入核算明细表；《税收优惠事项备案报告表》；税务机关要求提供的其他材料。

分析：2025 年度计算的综合利用资源生产产品 A 取得的收入为 1 000 万元，综合利用资源生产产品取得的收入在计算应纳税所得额时减计收入 ＝ 1 000 × 10% ＝ 100（万元）。企业所得税年度纳税申报表填报实务如表 7 – 12 所示（单位：万元）。

表 7 – 12　　　　　　　免税、减计收入及加计扣除优惠明细表　　　　　　　A107010

行次	项目	金额
17	二、减计收入（18＋19＋23＋24）	
18	（一）综合利用资源生产产品取得的收入在计算应纳税所得额时减计收入	100

【案例 7 – 4】某小额贷款公司 2022 年取得各类贷款利息收入 500 万元，其中取得的农户小额贷款利息收入为 20 万元，各类贷款利息收入可以分开核算，根据《财政部、国家税务总局关于小额贷款公司有关税收政策的通知》（财税〔2017〕48 号）第二条的规定，自 2017 年 1 月 1 日至 2023 年 12 月 31 日，对经省级金融管理部门（金融办、局等）批准成立的小额贷款公司取得的农户小额贷款利息收入，在计算应纳税所得额时，按 90% 计入收入总额，该公司已经向税务机关履行减免税申报手续。因此，小额贷款公司取得的农户小额贷款利息收入在计算应纳税所得额时减计收入 ＝ 20 × 10% ＝ 2（万元）。企业所得税年度纳税申报表填报实务如表 7 – 13 所示（单位：万元）。

表 7 - 13　　　　　　　　免税、减计收入及加计扣除优惠明细表　　　　　　A107010

行次	项目	金额
17	二、减计收入（18 + 19 + 23 + 24）	
22	3. 小额贷款公司取得的农户小额贷款利息收入在计算应纳税所得额时减计收入	2

【案例 7 - 5】甲制药公司 2025 年实际支付全体职工工资薪金支出 2 000 万元，其中给符合安置条件的残疾人员发放工资薪金支出 100 万元，上述工资薪金支出符合税法规定的税前扣除条件。按照《企业所得税法》第三十条第二款的规定，企业安置残疾人员及国家鼓励安置的其他就业人员所支付的工资可以在计算应纳税所得额时加计扣除。《企业所得税实施条例》第九十六条规定，企业安置残疾人员所支付的工资的加计扣除，是指企业安置残疾人员的，在按照支付给残疾职工工资据实扣除的基础上，按照支付给残疾职工工资的 100% 加计扣除。甲制药公司已经按照《财政部、国家税务总局关于安置残疾人员就业有关企业所得税优惠政策问题的通知》（财税〔2009〕70 号）相关规定，向税务机关履行减免税申报手续。

分析：2025 年度给符合安置条件的残疾人员发放工资薪金支出 100 万元，安置残疾人员所支付的工资加计扣除 = 100 × 100% = 100（万元）。企业所得税年度纳税申报表填报实务如表 7 - 14 所示（单位：万元）。

表 7 - 14　　　　　　　　免税、减计收入及加计扣除优惠明细表

行次	项目	金额
25	三、加计扣除（26 + 27 + 28 + 29 + 30）	
29	（四）安置残疾人员所支付的工资加计扣除	100

【案例 7 - 6】A 家政服务公司是为社区提供家政服务的机构，主要以家庭为服务对象，为社区居民提供家政服务的企业、事业单位和社会组织。社区家政服务是指进入家庭成员住所或医疗机构为孕产妇、婴幼儿、老人、病人、残疾人提供的照护服务，以及进入家庭成员住所提供的保洁、烹饪等服务。2025 年取得社区家庭服务收入 100 万元。

分析：按照《财政部、税务总局、发展改革委、民政部、商务部、卫生健康委关于养老、托育、家政等社区家庭服务业税费优惠政策的公告》（财政部、税务总局、发展改革委、民政部、商务部、卫生健康委公告 2019 年第 76 号）的规定，提供社区养老、托育、家政服务取得的收入，在计算应纳税所得额时，减按 90% 计入收入总额。本例中，在计算应纳税所得额时减计收入为 10 万元。企业所得税年度纳税申报表填报实务如表 7 - 15 所示（单位：万元）。

表 7 - 15　　　　　　　免税、减计收入及加计扣除优惠明细表　　　　　　A107010

行次	项目	金额
17	二、减计收入（18 + 19 + 23 + 24）	
24	（四）其他（24.1 + 24.2）	
24.1	1. 取得的社区家庭服务收入在计算应纳税所得额时减计收入	10
24.2	2. 其他	

第二节　《符合条件的居民企业之间的股息、红利等权益性投资收益优惠明细表》填报实务与案例解析

一、《符合条件的居民企业之间的股息、红利等权益性投资收益优惠明细表》格式与填报要点

具体格式如表 7 - 16 所示。

表 7 - 16　　符合条件的居民企业之间的股息、红利等权益性投资收益优惠明细表　　A107011

行次	被投资企业	被投资企业统一社会信用代码（纳税人识别号）	投资性质	投资成本	投资比例	被投资企业利润分配确认金额		被投资企业清算确认金额		撤回或减少投资确认金额						合计
						被投资企业做出利润分配或转股决定时间	依决定归属于本公司的股息、红利等权益性投资收益金额	分得的被投资企业清算剩余资产	被清算企业累计未分配利润和累计盈余公积应享有部分	应确认的股息所得	从被投资企业撤回或减少投资取得的资产	减少投资比例	收回初始投资成本	取得资产中超过收回初始投资成本部分	撤回或减少投资应享有被投资企业累计未分配利润和累计盈余公积	应确认的股息所得	
	1	2	3	4	5	6	7	8	9	10（8 与 9 孰小）	11	12	13（4 × 12）	14（11 - 13）	15	16（14 与 15 孰小）	17（7 + 10 + 16）
1																	
2																	
3																	
4																	
5																	
6																	
7																	
8	合计																
9	其中：直接投资或非 H 股票投资																
10	股票投资——沪港通 H 股																
11	股票投资——深港通 H 股																
12	创新企业 CDR																
13	永续债																

本表适用于享受符合条件的居民企业之间的股息、红利等权益性投资收益优惠的纳税人填报。纳税人根据税法、《财政部 国家税务总局关于企业清算业务企业所得税处理若干问题的通知》（财税〔2009〕60 号）、《财政部 国家税务总局关于执行企业所得税优惠政策若干问题的通知》（财税〔2009〕69 号）、《国家税务总局关于贯彻落实企业所得税法若干税收问题的通知》（国税函〔2010〕79 号）、《国家税务总局关于企业所得税若干问题的公告》（国家税务总局公告 2011 年第 34 号）、《财政部 国家税务总局 证监会关于沪港股票市场交易互联互通机制试点有关税收政策的通知》（财税〔2014〕81 号）、《财政部 国家税务总局 证监会关于深港股票市场交易互联互通机制试点有关税收政策的通知》（财税〔2016〕127 号）、《财政部 税务总局 证监会关于创新企业境内发行存托凭证试点阶段有关税收政策的公告》（财政部 税务总局 证监会公告 2019 年第 52 号）、《财政部 税务总局关于永续债企业所得税政策问题的公告》（财政部 税务总局公告 2019 年第 64 号）等相关税收政策规定，填报本年发生的符合条件的居民企业之间的股息、红利（包括 H 股）等权益性投资收益优惠情况，不包括连续持有居民企业公开发行并上市流通的股票不足 12 个月取得的投资收益。

二、《符合条件的居民企业之间的股息、红利等权益性投资收益优惠明细表》具体填报实务与案例解析

【案例 7-7】A 公司 2014 年以 1 000 万元投资 B 公司，占 B 公司 30% 股权，截至 2017 年底，B 公司累计未分配利润和盈余公积 3 000 万元。2024 年 1 月经股东会决议，同意 A 公司全部撤回其投资，A 公司分得现金 2 500 万元，其中：相当于初始出资的部分 1 000 万元，应确认为投资收回；按照 A 公司减少注册资本比例计算的部分 900 万元，应确认为股息所得，此项股息所得为免税收入；其余部分确认为投资资产转让所得 = 2 500 - 1 000 - 900 = 600（万元），应计入当年应纳税所得额征税。纳税人按照填报说明，具体填报过程如下。

第 1 行第 1 列被投资企业填写 B 公司；第 2 列填写被投资企业 B 公司统一社会信用代码（纳税人识别号）；第 3 列投资性质填写直接投资；第 4 列投资成本 = 1 000（万元）；第 5 列投资比例 = 30%；第 11 列减资撤资分回的资产 = 2 500（万元）；第 12 列减少投资比例即 100%；第 13 列"收回的投资成本（4×12）" = 1 000×100% = 1 000（万元）。第 14 列"取得资产中超过收回初始投资成本部分 15（11-13）" = 2 500 - 1 000 = 1 500（万元）；第 15 列"撤回或减少投资应享有被投资企业累计未分配利润和累计盈余公积" = 3 000×30% = 900（万元）；第 16 列"应确认的股息所得 15（14 与 15 孰小）" = 900（万元）。

【案例7-8】2021年A公司直接投资1 000万元给M公司，占M公司40%股份，其中，400万元作为注册资本，600万元作为资本公积——资本溢价。2024年，A公司减资其实际投资额的50%即500万元（1 000×50%），占M公司20%的股份，实际从M公司分回资产900万元，减资时M公司累计未分配利润和累计盈余公积为1 000万元。

分析：按照《国家税务总局关于企业所得税若干问题的公告》（国家税务总局公告2011年第34号）第五条投资企业撤回或减少投资的税务处理规定，投资企业从被投资企业撤回或减少投资，其取得的资产中，相当于初始出资的部分，应确认为投资收回；相当于被投资企业累计未分配利润和累计盈余公积按减少实收资本比例计算的部分，应确认为股息所得；其余部分确认为投资资产转让所得。本例中，投资企业从被投资企业撤回或减少投资，其取得的900万元资产中，相当于初始出资的部分500万元（1 000×50%）确认为投资收回；相当于被投资企业累计未分配利润和累计盈余公积按减少实收资本比例计算的部分200万元，应确认为股息所得；其余部分200万元（900－500－200）确认为投资资产转让所得。

纳税人按照企业所得税年度纳税申报表填报说明，具体填报过程如下。

第1行第1列被投资企业：M公司；第2列填写被投资企业M公司统一社会信用代码（纳税人识别号）；第3列投资性质：直接投资；第4列投资成本：1 000万元；第5列投资比例：40%；第11列减资撤资分回的资产：900万元；第12列减少投资比例（填表说明：填报纳税人撤回或减少的投资额占投资方在被投资企业持有总投资比例）即500÷1 000＝50%。第13列收回初始投资成本（4×12）：1 000×50%＝500（万元）。第14列取得资产中超过收回初始投资成本部分14（11－13）：900－500＝400（万元）；第15列撤回或减少投资应享有被投资企业累计未分配利润和累计盈余公积：1 000×40%×50%＝200（万元）；第16列应确认的股息所得（14与15孰小）：200万元。

【案例7-9】甲企业投资购买了乙公司可续期公司债，2024年实际收到利息收入120万元。可续期公司债相关资料如下：乙上市公司经国家发展改革委员会、中国人民银行、中国银行保险监督管理委员会、中国证券监督管理委员会核准发行可续期公司债，发行本金为10亿元，发行方对该项投资具有还本义务；有明确约定的利率和付息频率，年利率为3.25%，每年付息一次；投资期限15年；投资方对被投资企业净资产不拥有所有权；投资方不参与被投资企业日常生产经营活动；被投资企业可以赎回，或满足特定条件后可以赎回；该项投资不承担被投资企业股东同等的经营风险；该项投资的清偿顺序位于被投资企业股东持有的股份之前。

分析：甲公司按照《财政部关于印发〈永续债相关会计处理的规定〉的通知》（财

会〔2019〕2号）的规定进行会计处理，计入金融资产"其他债券投资"核算，利息收入计入当期损益（投资收益）。按照《财政部 税务总局关于永续债企业所得税政策问题的公告》（财政部 税务总局公告2019年第64号）的规定，乙公司发行的永续债，选择投资方适用股息、红利企业所得税政策，发行方支付的永续债利息支出不得在企业所得税税前扣除。企业所得税年度纳税申报表填报时，将120万元利息收入填入第13行"永续债"。

第三节 《研发费用加计扣除优惠明细表》填报实务与案例解析

一、《研发费用加计扣除优惠明细表》格式与填报要点

具体格式如表7–17所示。

表7–17 研发费用加计扣除优惠明细表 A107012

行次	项目	金额（数量）
1	本年可享受研发费用加计扣除项目数量	
2	一、自主研发、合作研发、集中研发（3＋7＋16＋19＋23＋34）	
3	（一）人员人工费用（4＋5＋6）	
4	1. 直接从事研发活动人员工资薪金	
5	2. 直接从事研发活动人员五险一金	
6	3. 外聘研发人员的劳务费用	
7	（二）直接投入费用（8＋9＋10＋11＋12＋13＋14＋15）	
8	1. 研发活动直接消耗材料费用	
9	2. 研发活动直接消耗燃料费用	
10	3. 研发活动直接消耗动力费用	
11	4. 用于中间试验和产品试制的模具、工艺装备开发及制造费	
12	5. 用于不构成固定资产的样品、样机及一般测试手段购置费	
13	6. 用于试制产品的检验费	
14	7. 用于研发活动的仪器、设备的运行维护、调整、检验、维修等费用	
15	8. 通过经营租赁方式租入的用于研发活动的仪器、设备租赁费	
16	（三）折旧费用（17＋18）	
17	1. 用于研发活动的仪器的折旧费	
18	2. 用于研发活动的设备的折旧费	
19	（四）无形资产摊销（20＋21＋22）	
20	1. 用于研发活动的软件的摊销费用	
21	2. 用于研发活动的专利权的摊销费用	
22	3. 用于研发活动的非专利技术（包括许可证、专有技术、设计和计算方法等）的摊销费用	

行次	项目	金额（数量）
23	（五）新产品设计费等（24＋25＋26＋27）	
24	1. 新产品设计费	
25	2. 新工艺规程制定费	
26	3. 新药研制的临床试验费	
27	4. 勘探开发技术的现场试验费	
28	（六）其他相关费用（29＋30＋31＋32＋33）	
29	1. 技术图书资料费、资料翻译费、专家咨询费、高新科技研发保险费	
30	2. 研发成果的检索、分析、评议、论证、鉴定、评审、评估、验收费用	
31	3. 知识产权的申请费、注册费、代理费	
32	4. 职工福利费、补充养老保险费、补充医疗保险费	
33	5. 差旅费、会议费	
34	（七）经限额调整后的其他相关费用	
35	二、委托研发（36＋37＋39）	
36	（一）委托境内机构或个人进行研发活动所发生的费用	
37	（二）委托境外机构进行研发活动发生的费用	
38	其中：允许加计扣除的委托境外机构进行研发活动发生的费用	
39	（三）委托境外个人进行研发活动发生的费用	
40	三、年度研发费用小计（2＋36×80%＋38）	
41	（一）本年费用化金额	
42	（二）本年资本化金额	
43	四、本年形成无形资产摊销额	
44	五、以前年度形成无形资产本年摊销额	
45	六、允许扣除的研发费用合计（41＋43＋44）	
46	减：特殊收入部分	
47	七、允许扣除的研发费用抵减特殊收入后的金额（45－46）	
48	减：当年销售研发活动直接形成产品（包括组成部分）对应的材料部分	
49	减：以前年度销售研发活动直接形成产品（包括组成部分）对应材料部分结转金额	
50	八、加计扣除比例（%）	
51	九、本年研发费用加计扣除总额（47－48－49）×50	
52	十、销售研发活动直接形成产品（包括组成部分）对应材料部分结转以后年度扣减金额（当47－48－49≥0，本行＝0；当47－48－49＜0，本行＝47－48－49的绝对值）	

二、《研发费用加计扣除优惠明细表》会计与税法处理差异比较

　　企业实际发生的研发费用应按照《财政部关于企业加强研发费用财务管理的若干意见》（财企〔2007〕194号）和《企业会计准则第6号——无形资产》及其应用指南进行相应的会计核算。研发费用企业所得税税前扣除，按照《财政部 国家税务总局 科学技术部关于完善研究开发费用税前加计扣除政策的通知》（财税〔2015〕119号）、《财政部 税务总局 科技部关于提高研究开发费用税前加计扣除比例的通知》（财税〔2018〕99号）、《国家税务总局关于企业研究开发费用税前加计扣除政策有关问题的

公告》（国家税务总局公告 2015 年第 97 号）和《国家税务总局关于研发费用税前加计扣除归集范围有关问题的公告》（国家税务总局公告 2017 年第 40 号）进行税务处理，上述研发费用的归集范围存在税会差异，如表 7 – 18 所示。

表 7 – 18　　　　　　　　　　　研发费用的归集范围税会差异

会计范围	税法范围	差异
企业在职研发人员的工资、奖金、津贴、补贴、社会保险费、住房公积金等人工费用以及外聘研发人员的劳务费用	直接从事研发活动人员的工资薪金、基本养老保险费、基本医疗保险费、失业保险费、工伤保险费、生育保险费和住房公积金，以及外聘研发人员的劳务费用	会计上强调"在职"人员，税法上强调"直接"人员
用于研发活动的仪器、设备、房屋等固定资产的折旧费或租赁费以及相关固定资产的运行维护、维修等费用	用于研发活动的仪器、设备的折旧费	税法上不包含房屋的折旧或租赁费用
用于研发活动的软件、专利权、非专利技术等无形资产的摊销费用	用于研发活动的软件、专利权、非专利技术（包括许可证、专有技术、设计和计算方法等）	税法将用于研发活动的土地使用权等其他无形资产的摊销费用排除在外
通过外包、合作研发等方式，委托其他单位、个人或者与之合作进行研发而支付的费用	委托研发支出仅可按实际发生额的 80% 作为加计扣除基数计入委托方	会计上委托研发支出全部入研发费用，而税法上加计扣除基数是委托方实际发生额的 80%
与研发活动直接相关的其他费用，包括技术图书资料费、资料翻译费、会议费、差旅费、办公费、外事费、研发人员培训费、培养费、专家咨询费、高新科技研发保险费用等	与研发活动直接相关的其他费用，如技术图书资料费、资料翻译费、专家咨询费、高新科技研发保险费，研发成果的检索、分析、评议、论证、鉴定、评审、评估、验收费用，知识产权的申请费、注册费、代理费，差旅费、会议费，职工福利费、补充养老保险费、补充医疗保险费 此类费用总额不得超过可加计扣除研发费用总额的 10%	其他费用的列举范围不完全一致；税法上规定了"其他费用"的归集限额
	新产品设计费、新工艺规程制定费、新药研制的临床试验费、勘探开发技术的现场试验费	会计上没有列举这些费用项目

填报要点如下：

允许加计扣除的研发费用包括"人员人工费用""直接投入费用""折旧费""无形资产摊销""新产品设计费、新工艺规程制定费、新药研制的临床试验费、勘探开发技术的现场试验费""其他相关费用"等六大项，研发活动分为自主研发、合作研发、集中研发，以及委托研发四大类，自主研发、合作研发、集中研发这三类研发活动发生的研发费用可以按照发生额的 100% 归集，分别在《研发费用加计扣除优惠明细表》（以下简称《明细表》）第 2 ～ 第 34 行反映。而委托研发则按照研发活动发生费用的 80% 作为加计扣除基数，在《明细表》第 35 ～ 第 39 行反映。

纳税人根据研发支出辅助账样式选择填报不同行次，当纳税人使用《2021 版研发支出辅助账样式》或者使用自行设计研发支出辅助账样式时，第 3 行"（一）人员人工费用"、第 7 行"（二）直接投入费用"、第 16 行"（三）折旧费用"、第 19 行"（四）无形资产摊销"、第 23 行"（五）新产品设计费等"、第 28 行"（六）其他相关费用"等行次下的明细行次无须填报，上述行次不执行规定的表内计算关系。

1. 国家税务总局公告 2017 年第 40 号规定，用于研发活动的仪器、设备，同时用于非研发活动的，企业应对其仪器设备使用情况做必要的记录，并将其实际发生的折旧费按实际工时占比等合理方法在研发费用和生产经营费用间分配，未分配的不得加计扣除。因此，《明细表》第 17 行和第 18 行"用于研发活动的仪器、设备的折旧费"，纳税人用于研发活动的仪器、设备，同时用于非研发活动的，填报按实际工时占比等合理方法分配的用于研发活动的相关费用。

2. 国家税务总局公告 2017 年第 40 号规定，企业用于研发活动的仪器、设备，符合税法规定且选择加速折旧优惠政策的，在享受研发费用税前加计扣除政策时，就税前扣除的折旧部分计算加计扣除。因此，《明细表》第 17 行和第 18 行"用于研发活动的仪器、设备的折旧费"，纳税人用于研发活动的仪器、设备，符合税收规定且选择加速折旧优惠政策的，在享受研发费用税前加计扣除政策时，就税前扣除的折旧部分填报。

【案例 7-10】甲企业 2024 年 11 月购入并投入使用一台专门用于研发活动的设备，单位价值 1 200 万元，会计处理按照直线法，预计使用年限 8 年核算折旧，税法上规定的最低折旧年限为 10 年，直线法计算折旧，不考虑残值。甲企业对该项设备选择缩短折旧年限的加速折旧方式，折旧年限缩短为 6 年（10×60%）。则第 18 行"2. 用于研发活动的设备的折旧费"应填报 200 万元（1 200÷6）。

3. 按照《国家税务总局关于进一步落实研发费用加计扣除政策有关问题的公告》（国家税务总局公告 2021 年第 28 号）第三条关于其他相关费用限额计算问题的规定，第一，企业在一个纳税年度内同时开展多项研发活动的，由原来按照每一研发项目分别计算"其他相关费用"限额，改为统一计算全部研发项目"其他相关费用"限额。

企业按照以下公式计算《财政部 国家税务总局 科技部关于完善研究开发费用税前加计扣除政策的通知》（财税〔2015〕119 号）第一条第（一）项"允许加计扣除的研发费用"第 6 目规定的"其他相关费用"的限额，其中资本化项目发生的费用在形成无形资产的年度统一纳入计算：

全部研发项目的其他相关费用限额＝全部研发项目的人员人工等五项费用之和×

10%÷（1－10%）

"人员人工等五项费用"是指财税〔2015〕119号文件第一条第（一）项"允许加计扣除的研发费用"第1目至第5目费用，包括"人员人工费用""直接投入费用""折旧费用""无形资产摊销""新产品设计费、新工艺规程制定费、新药研制的临床试验费、勘探开发技术的现场试验费"。

第二，当"其他相关费用"实际发生数小于限额时，按实际发生数计算税前加计扣除额；当"其他相关费用"实际发生数大于限额时，按限额计算税前加计扣除额。

第三，第34行"（七）经限额调整后的其他相关费用"：填报第28行与其他相关费用限额的孰小值。其他相关费用限额按以下公式计算：

$$其他相关费用限额 = （第3 + 7 + 16 + 19 + 23行）\times 10\% \div （1 - 10\%）$$

【案例7－11】假设某公司2024年度有A和B两个费用化研发项目。项目A人员人工等五项费用之和为90万元，其他相关费用为12万元；项目B人员人工等五项费用之和为100万元，其他相关费用为8万元。

分析：如果按照国家税务总局公告2015年第97号规定的计算方法。项目A的其他相关费用限额为10万元［$90 \times 10\% \div （1 - 10\%）$］，按照孰小原则，可加计扣除的其他相关费用为10万元；项目B的其他相关费用限额为11.11万元［$100 \times 10\% \div （1 - 10\%）$］，按照孰小原则，可加计扣除的其他相关费用为8万元。两个项目可加计扣除的其他相关费用合计为18万元。但是，按照国家税务总局公告2021年第28号修改后的计算方法。两个项目的其他相关费用限额为21.11万元［$（90 + 100）\times 10\% \div （1 - 10\%）$］，可加计扣除的其他相关费用为20万元（12 + 8），大于18万元，且仅需计算一次，减轻了工作量。

根据国家税务总局公告2021年第28号的规定，其他相关费用限额按全部项目统一计算，那对于资本化项目应该如何处理？按照现行政策规定，对于资本化项目"其他相关费用"的处理分以下几步：

第一步，按当年全部费用化项目和当年已结束的资本化项目统一计算出当年全部项目"其他相关费用"限额；

第二步，比较"其他相关费用"限额及其实际发生数的大小，确定可加计扣除的"其他相关费用"金额；

第三步，用可加计扣除的"其他相关费用"金额除以全部项目实际发生的"其他相关费用"，得出可加计扣除比例；

第四步，用可加计扣除比例乘以每个资本化项目实际发生的"其他相关费用"，得出单个资本化项目可加计扣除的"其他相关费用"，与该项目其他可加计扣除的研发费用一并在以后年度摊销。

【案例7－12】甲公司2024年研发A项目和B项目两个项目。A项目尚处于研发阶段，当年实际发生会计核算的"研发支出——费用化支出"100万元，其中：符合加计扣除政策规定的人员人工等五项费用之和为80万元，归集的"其他相关费用"12万元；B项目研发阶段已结束取得专利权证书，实际发生会计核算的符合资本化条件的研发支出"研发支出——资本化支出"200万元，其中：符合加计扣除政策规定的人员人工等五项费用之和为170万元，归集的"其他相关费用"22万元。B项目于2024年10月已通过验收并结转形成无形资产。要求：计算2024年B项目符合研发费用加计扣除税收政策中"其他相关费用"项目的金额。

分析：第一步，按当年全部费用化项目和当年已结束的资本化项目统一计算出当年全部项目"其他相关费用"限额。即，全部研发项目的其他相关费用限额＝全部研发项目的人员人工等五项费用之和×10%÷（1－10%）＝（A费用化项目符合加计扣除政策规定的人员人工等五项费用80万元＋B资本化项目符合加计扣除政策规定的人员人工等五项费用170万元）＝250×10%÷（1－10%）＝27.78（万元）。

第二步，比较"其他相关费用"限额及其实际发生数的大小，确定可加计扣除的"其他相关费用"金额。即，按照税法计算"其他相关费用"限额27.78万元小于实际发生的"其他相关费用"＝12＋22＝34（万元），按照孰小原则确定可加计扣除的"其他相关费用"金额为27.78万元。

第三步，用可加计扣除的"其他相关费用"金额除以全部项目实际发生的"其他相关费用"，得出可加计扣除比例。即，可加计扣除比例＝可加计扣除的"其他相关费用"金额/全部项目实际发生的"其他相关费用"＝27.78÷（12＋22）＝81.68%。

第四步，用可加计扣除比例乘以每个资本化项目实际发生的"其他相关费用"，得出单个资本化项目可加计扣除的"其他相关费用"，与该项目其他可加计扣除的研发费用一并在以后年度摊销。即，B项目（资本化项目）可加计扣除的"其他相关费用"＝22×81.68%＝17.97（万元），与该项目其他可加计扣除的研发费用一并在以后年度摊销。

4. 国家税务总局公告2015年第97号规定，企业委托外部机构或个人开展研发活动发生的费用，可按规定税前扣除；加计扣除时按照研发活动发生费用的80%作为加计扣除基数。企业委托境外研发所发生的费用2017年12月31日之前是不允许计算研发费用加计扣除金额的，但是，自2018年1月1日起，按照《财政部、税务总局、科技部关于企业委托境外研究开发费用税前加计扣除有关政策问题的通知》（财税〔2018〕64号）的相关规定执行。委托境外进行研发活动所发生的费用，按照费用实际发生额的80%计入委托方的委托境外研发费用。委托境外研发费用不超过境内符合条件的研发费用2/3的部分，可以按规定在企业所得税前加计扣除。需要注意的是，委托境外进行研发活动不包括委托境外个人进行的研发活动，即委托境外个人进行研发活动发生的研发活动仍然不允许计算研发费用加计扣除金额。

因此，《明细表》第36行"（一）委托境内机构或个人进行研发活动所发生的费用"：填报纳税人研发项目委托境内机构或个人进行研发活动所发生的费用。第37行"（二）委托境外机构进行研发活动发生的费用"：填报纳税人研发项目委托境外机构进行研发活动所发生的费用。第38行"允许加计扣除的委托境外机构进行研发活动发生的费用"：填报纳税人按照税收规定允许加计扣除的委托境外机构进行研发活动发生的研发费用。第39行"（三）委托境外个人进行研发活动发生的费用"：填报纳税人委托境外个人进行研发活动发生的费用。本行不参与加计扣除优惠金额的计算。

【案例7-13】A企业2024年委托境外B企业研发，假设该研发符合研发费用加计扣除的相关条件，且符合独立交易原则。A企业支付给B企业100万元，B企业实际发生费用95万元（其中：按照税法规定可加计扣除口径归集的研发费用为90万元），《明细表》第37行应填报100万元。A企业境内符合条件的研发费用：99万元。A企业实际发生费用的80%：$100 \times 80\% = 80$（万元）；A企业境内符合条件的研发费用2/3部分：$99 \times 2 \div 3 = 66$（万元），其小于80万元；2021年A企业计入委托境外研发费用为66万元，《明细表》第38行应填报66万元；2021年A企业加计扣除的研发费用金额 $= (99 + 66) \times 75\% = 123.5$（万元）。

【案例7-14】A企业2024年委托境外B企业研发，假设该研发符合研发费用加计扣除的相关条件，且符合独立交易原则。A企业支付给B企业200万元，B企业实际发生费用160万元（其中，按照税法规定可加计扣除口径归集的研发费用为150万元），《明细表》第37行应填报200万元。A企业境内符合条件的研发费用：399万元。A企业实际发生费用的80%：$200 \times 80\% = 160$（万元）；A企业境内符合条件的研发费用2/3部分：$399 \times 2 \div 3 = 266$（万元），其大于160万元；2024年A企业计入委托境外研发费用为160万元，《明细表》第38行应填报160万元；2024年A企业加计扣除的研发费用金额 $= (399 + 160) \times 100\% = 559$（万元）。

5. 由于研究开发费用中费用化的部分可在当期扣除，而资本化的部分应按规定分期摊销，因此《明细表》第45行"允许扣除的研发费用合计"应填报金额 = 本年费用化金额 + 本年形成无形资产摊销额 + 以前年度形成无形资产本年摊销额。

6. 国家税务总局公告2015年第97号规定，企业在计算加计扣除的研发费用时，应扣减归集计入研发费用，但在当期取得的研发过程中形成的下脚料、残次品、中间试制品等特殊收入；不足扣减的，允许加计扣除的研发费用按零计算。因此《明细表》第47行"七、允许扣除的研发费用抵减特殊收入后的金额"：填报第45-46行金额。第48行"当年销售研发活动直接形成产品（包括组成部分）对应的材料部分"：填报纳税人当年销售研发活动直接形成产品（包括组成部分）对应的材料部分金额。第49

行"以前年度销售研发活动直接形成产品（包括组成部分）对应材料部分结转金额"：填报纳税人以前年度销售研发活动直接形成产品（包括组成部分）对应材料部分结转金额。

7. 国家税务总局公告2015年第97号规定，企业研发活动直接形成产品或作为组成部分形成的产品对外销售的，研发费用中对应的材料费用不得加计扣除。因此，《明细表》第51行"本年研发费用加计扣除总额"应填报金额 =（允许扣除的研发费用抵减特殊收入后的金额－当年及以往年度销售研发活动直接形成产品（包括组成部分）对应材料部分结转金额）×加计扣除比例。

【案例7-15】甲公司是生产销售样品单机的企业，假设会计账面核算和按照税法归集的可加计的研发费用金额都是1 000万元，在研发中形成了部分可以直接销售的产品，实际成本100万元（其中，原材料80万元，直接人工和制造费用20万元），企业对外销售取得销售收入120万元。假设该销售单机业务属于企业日常活动。会计核算如下（单位：万元）：

借：库存商品——研发单机、单品   100
 贷：研发支出   100
借：银行存款   135.6
 贷：主营业务收入   120
  应交税费——应交增值税（销项税额）   15.6
借：主营业务成本   100
 贷：库存商品——研发单机、单品   100

甲公司在计算企业所得税研发费用加计扣除金额时，不能直接按照会计核算的1 000万元冲减后的900万元账面研发支出作为加计扣除的基数，应按照材料成本80万元冲减研发支出1 000万元后，计算可加计扣除的基数为920万元。销售样品单机的收入计入应纳税所得额，销售成本据实税前扣除。

【案例7-16】乙企业在开展研发活动过程中形成了部分下脚料、残次品、中间试制品，这部分下脚料的实际成本100万元，对外销售收入120万元。假设会计账面核算和按照税法归集的可加计的研发费用金额都是1 000万元。会计核算如下（单位：万元）：

借：原材料   100
 贷：研发支出   100
借：其他业务成本   100
 贷：库存商品   100

借：银行存款　　　　　　　　　　　　　　　　　　　　135.6

　　贷：其他业务收入　　　　　　　　　　　　　　　　　120

　　　　应交税费——应交增值税（销项税额）　　　　　15.6

本例中，当期取得的研发过程中形成的下脚料、残次品、中间试制品等特殊收入120万元，应冲减对应的可加计扣除的研发费用基数，而不是按照材料成本80万元冲减的研发费加计扣除的基数，按照税法规定冲减后的加计扣除基数 = 1 000 - 120 = 880（万元）。销售下脚料、残次品、中间试制品等特殊收入计入应纳税所得额，销售成本据实税前扣除。

三、《研发费用加计扣除优惠明细表》填报实务

【案例7-17】A企业2024年进行甲研发项目的研发工作，企业共投入符合税法加计扣除政策规定的研发支出100万元，其中，直接消耗的材料费用25万元，直接从事研发活动的本企业在职人员费用30万元，专门用于研发活动的有关折旧费15万元，专门用于研发活动的无形资产摊销费10万元，中间试验费20万元。最终符合资本化条件的研发支出60万元，其余40万元费用化处理。100万元总研发投入中30万元资金来源于财政拨款（符合不征税收入条件并已作不征税收入处理），30万元中有10万元符合资本化条件，20万元进行了费用化处理。以往年度研发形成无形资产100万元，当年加计摊销额为10万元。研发形成的无形资产均按直线法10年摊销。

纳税人具体填报过程如下：

（1）年度研发费用 = 100（万元）；

（2）可加计扣除的研发费用 = 年度研发费用合计数 - 作为不征税收入处理的财政性资金用于研发的部分 = 100 - 30 = 70（万元）；

（3）计入本年研发费用加计扣除额 = 计入本年损益的金额 × 100% = (40 - 20) × 100% = 20（万元）；

（4）无形资产本年加计摊销额 = 本年形成无形资产加计摊销额 + 以前年度形成无形资产本年加计摊销额 = (60 - 10) × 100% ÷ 10 + 10 = 15（万元）；

（5）本年研发费用加计扣除额 = 计入本年研发费用加计扣除额 + 无形资产本年加计摊销额 = 20 + 15 = 35（万元）。

需要注意的是，由于不征税收入对应的支出或形成无形资产的摊销额不能在税前扣除，所以上述不征税收入形成的费用化研发支出20万元不能税前扣除，也不得享受研发费用加计扣除，形成资本化的研发支出10万元不得摊销税前扣除，也不得享受研发费用加计扣除。因此，建议纳税人将取得的财政性资金30万元，作为征税收入计入

当期应纳税所得额，这样对应的研发费用可以据实税前扣除，也可以享受加计扣除政策。

【案例 7-18】M 公司收到政府补助 1 000 万元，专项用于无形资产研究开发项目，众所周知，不征税收入只是暂时性差异，企业是否可以放弃不征税收入待遇，从而享受加计扣除的税收待遇呢？

分析：按照《国家税务总局关于企业所得税应纳税所得额若干税务处理问题的公告》（国家税务总局公告 2012 年第 15 号）第七条关于企业不征税收入管理问题的规定，企业取得的不征税收入，应按照《财政部、国家税务总局关于专项用途财政性资金企业所得税处理问题的通知》（财税〔2011〕70 号，以下简称《通知》）的规定进行处理。凡未按照《通知》规定进行管理的，应作为企业应税收入计入应纳税所得额，依法缴纳企业所得税。本次申报表修订，国家税务总局经过反复讨论，出于鼓励研发投入的目的，决定企业可以放弃不征税收入待遇，从而享受加计扣除的税收待遇。所以，如果企业放弃将收到政府补助 1 000 万元作为不征税收入处理，计入企业当期应税收入，计入应纳税所得额，依法缴纳企业所得税，则可以将符合规定的研发费用在据实扣除的基础上进行加计扣除。

【案例 7-19】A 企业（集成电路企业）2024 年委托其 B 关联企业研发，假设该研发符合研发费用加计扣除的相关条件。A 企业支付给 B 企业 100 万元。B 企业实际发生费用 90 万元，利润 10 万元。2024 年，A 企业可加计扣除的金额 = 100 × 80% × 120% = 96（万元），B 企业应向 A 企业提供实际发生费用 90 万元的明细情况。

【案例 7-20】甲公司（制造业企业）2024 年自行立项（项目编号 2024 - A）开展研发一项新专利技术，该项目研发活动是公司为获得科学与技术新知识，创造性运用科学技术新知识，或实质性改进技术、产品、工艺而持续进行的具有明确目标的系统性活动，符合研发费用加计扣除税收政策条件。2024 年 1~3 月为新技术的研究阶段，2024 年 4~11 月为新技术的开发阶段，2024 年 11 月末该专利技术达到预定可使用状态，经依法申请取得专利权证书并交付相关部门使用，假设开发阶段支出均满足资本化条件。甲公司会计核算健全，是实行查账征收并能够准确归集研发费用的居民企业，适用《企业会计准则》，自主选择使用 2021 版《研发支出辅助账》和 2021 版《研发支出辅助账汇总表》样式。

甲公司 2024 年 1~3 月研究阶段发生业务如下。

①实际发生直接从事专利技术研发的人员的工资薪金 20 万元、五险一金 4 万元和外聘研发人员的劳务费用 6 万元，人员人工费用合计 30 万元。

②采购原材料 50 万元，当期研发活动领用并直接消耗材料费用 30 万元，研发活动直接消耗燃料费用 5 万元、研发活动直接消耗动力（电力）费用 1 万元，用于研发活

动的仪器、设备的运行维护、调整、检验、维修等费用3万元；发生通过租赁方式租入专门用于研发活动的仪器、设备租赁费2万元，研发活动直接投入费用合计40万元。

③购买专门用于研发的A设备，不含税金额120万元，取得增值税专用发票，注明进项税额15.6万元，会计核算采取直线法计提折旧，预计使用年限为10年，预计净残值0，研究阶段共计提折旧额为2万元，企业所得税税前扣除选择一次性计入成本费用，不再分年度计算折旧。

④甲公司将自有办公楼中部分房屋专门作为研发中心用于开展项目研发，1~3月研发中心房屋共计提折旧额22万元。

⑤实际发生技术图书资料费、资料翻译费、专家咨询费3万元，职工福利费、补充养老保险费、补充医疗保险费5万元，差旅费、会议费2万元，其他相关费用合计10万元。

甲公司2024年4~11月开发阶段发生业务如下。

①实际发生直接从事专利技术研发的人员工资薪金50万元、五险一金10万元和外聘研发人员的劳务费用10万元，人员人工费用合计70万元。

②采购原材料150万元，其中研发活动领用并直接消耗材料费用100万元，研发活动直接消耗燃料费用10万元，研发活动直接消耗动力费用3万元，用于研发活动的仪器、设备的运行维护、调整、检验、维修等费用3万元，通过租赁方式租入的用于研发活动的仪器、设备发生租赁费6万元，研发活动直接投入费用合计120万元。

③研究阶段所购买专门用于研发的A设备，会计核算在开发阶段用于研发活动计提折旧8万元。

④甲公司将自有办公楼中部分房屋专门作为研发中心用于开展项目研发，4~11月会计核算计提折旧额65万元。

⑤实际发生技术图书资料费、资料翻译费、专家咨询费5万元，职工福利费、补充养老保险费、补充医疗保险费15万元，研发成果的检索、分析、评议、论证、鉴定、评审、评估、验收费用3万元，知识产权的申请费、注册费、代理费3万元，差旅费、会议费4万元，其他相关费用合计30万元。

⑥当年研发项目在资本化阶段研发过程中销售形成下脚料一批，取得研发过程中形成的下脚料等特殊收入1万元。企业研发活动直接形成产品或作为组成部分形成的产品对外销售，取得产品销售收入10万元，产品销售成本为5万元，其对应的材料费用部分的金额为3万元。（假设以上业务的价款均不含增值税，单位：万元）

（1）甲公司2024年1~3月研究阶段发生业务会计处理如下。

①支付直接从事研发人员的人工费用30万元。

借：研发支出——费用化支出（人员人工费用）　　　　　　　　30

| | 贷：应付职工薪酬 | 30 |

借：应付职工薪酬　30
　　贷：银行存款　30

②采购原材料 50 万元，其中研发活动领用并直接消耗材料费用 30 万元。

借：原材料　50
　　应交税费——应交增值税（进项税额）　6.5
　　贷：银行存款　56.5
借：研发支出——费用化支出（直接消耗材料费用）　30
　　贷：原材料　30

③研发活动直接消耗燃料费用 5 万元和直接消耗动力费用 1 万元。

借：研发支出——费用化支出（直接消耗燃料费用）　5
　　贷：原材料——辅助材料（燃料）　5
借：研发支出——费用化支出（直接消耗动力费用）　1
　　贷：制造费用——辅助动力　1

④用于研发活动的仪器、设备的运行维护、调整、检验、维修等费用 3 万元。

借：研发支出——费用化支出（设备维护检验费）　3
　　贷：银行存款　3

⑤发生通过租赁方式租入的用于研发活动的仪器、设备租赁费 2 万元。

借：研发支出——费用化支出（仪器、设备租赁费用）　2
　　贷：使用权资产累计折旧　2

⑥购买专门用于研发的 A 设备，价款 120 万元，会计核算采取直线法计提折旧，预计使用年限为 10 年，预计净残值 0，共计提折旧额为 2 万元。

借：固定资产——A 设备　120
　　应交税费——应交增值税（进项税额）　15.6
　　贷：银行存款　135.6
借：研发支出——费用化支出（研发设备折旧费）　2
　　贷：累计折旧　2

⑦自有办公楼部分房屋专门用于研发中心开展项目研发，会计核算共计提折旧额 22 万元。

借：研发支出——费用化支出（房屋折旧费）　22
　　贷：累计折旧　22

⑧实际发生技术图书资料费、资料翻译费、专家咨询费 3 万元，差旅费、会议费 2 万元，职工福利费、补充养老保险费、补充医疗保险费 5 万元。

借：研发支出——费用化支出（其他相关费用）　5

```
        贷：银行存款                                                    5
    借：研发支出——费用化支出（其他相关费用）        5
        贷：应付职工薪酬                                              5
    借：应付职工薪酬                                                5
        贷：银行存款                                                    5
```

⑨期末将研究阶段发生的研发支出费用化结转至管理费用。

```
    借：管理费用——研发费用                                      105
        贷：研发支出——费用化支出                             105
```

（2）甲公司2024年1～3月研究阶段发生业务税务处理如下。

按照《国家税务总局关于进一步落实研发费用加计扣除政策有关问题的公告》（国家税务总局公告2021年第28号）相关规定，归集研究阶段符合税法加计扣除条件的费用化支出金额。费用化支出明细（税法规定）项目具体包括：人员人工费用30万元，直接投入费用40万元，折旧费用120万元（企业用于研发活动的仪器、设备，符合税法规定且选择加速折旧优惠政策的，在享受研发费用税前加计扣除政策时，就税前扣除的折旧部分计算加计扣除，房屋建筑物折旧不得加计扣除），合计190万元。费用化的其他相关费用10万元。按照现行税收政策规定，对于资本化项目"其他相关费用"的处理分以下几步：

①按当年全部费用化项目和当年已结束的资本化项目统一计算出当年全部项目"其他相关费用"限额。本例中，A项目当年全部费用化项目和当年已结束的资本化项目统一计算"其他相关费用"限额＝A项目的其他相关费用限额＝全部研发项目的人员人工等五项费用之和×10%÷（1－10%）＝（190＋190）×10%÷（1－10%）＝42.22（万元）。

②比较"其他相关费用"限额及其实际发生数的大小，确定可加计扣除的"其他相关费用"金额。本例中，"其他相关费用"限额42.22万元与实际发生数40万元（10＋30）孰小值为40万元，即确定可加计扣除的"其他相关费用"金额40万元与实际发生金额一致。

③用可加计扣除的"其他相关费用"金额除以全部项目实际发生的"其他相关费用"，得出可加计扣除比例。本例中，加计扣除比例＝40÷40＝1。

④用可加计扣除比例乘以每个资本化项目实际发生的"其他相关费用"，得出单个资本化项目可加计扣除的"其他相关费用"，与该项目其他可加计扣除的研发费用一并在以后年度摊销。本例中，资本化项目可加计扣除的"其他相关费用"＝30×1＝30（万元），与该项目其他可加计扣除的研发费用一并在以后年度摊销时加计扣除。费用化的其他相关费用10万元，全部在当年加计扣除。具体需要填报2021版《研发支出辅助账》，如表7-19所示。

表 7-19　　　　　　　　　　　　2021 版研发支出辅助账

项目编号：2024-A　　　项目名称：A 项目　　　完成情况：已结束　　　支出类型：费用化　　　金额单位：万元

凭证信息				会计凭证记载金额	税法规定的归集金额	费用明细（税法规定）						委托研发费用	
日期	种类	号数	摘要			人员人工费用	直接投入费用	折旧费用	无形资产摊销	新产品设计费等	其他相关费用	委托境内机构或个人进行研发活动所发生的费用	委托境外机构进行研发活动所发生的费用
略	略	略	略	105	200	30	40	120	0		10		
合计金额				105	200	30	40	120	0	0	10		

会计主管：张三　　　　　　　　　　　　　　　　　　　　　录入人：李四

（3）甲公司 2024 年 4~11 月开发阶段发生业务会计处理如下。

①实际发生直接从事专利技术研发的人员人工工资薪金 50 万元、五险一金 10 万元和外聘研发人员的劳务费用 10 万元。

借：研发支出——资本化支出（人员人工费用）　　　　　　　　70

　　贷：应付职工薪酬　　　　　　　　　　　　　　　　　　　　　　　70

借：应付职工薪酬　　　　　　　　　　　　　　　　　　　　　　70

　　贷：银行存款　　　　　　　　　　　　　　　　　　　　　　　　　70

②采购原材料 150 万元其中研发活动直接消耗材料费用 100 万元。

借：原材料　　　　　　　　　　　　　　　　　　　　　　　　　150

　　应交税费——应交增值税（进项税额）　　　　　　　　　　19.5

　　贷：银行存款　　　　　　　　　　　　　　　　　　　　　　　169.5

借：研发支出——资本化支出（直接消耗材料费用）　　　　　100

　　贷：原材料　　　　　　　　　　　　　　　　　　　　　　　　　100

③研发活动直接消耗燃料费用 10 万元和直接消耗动力费用 3 万元。

借：研发支出——资本化支出（直接消耗燃料费用）　　　　　10

　　贷：原材料——辅助材料（燃料）　　　　　　　　　　　　　　10

借：研发支出——资本化支出（直接消耗动力费用）　　　　　3

　　贷：制造费用——辅助动力　　　　　　　　　　　　　　　　　　3

④用于研发活动的仪器、设备的运行维护、调整、检验、维修等费用 3 万元。

借：研发支出——资本化支出（设备维护检验费用）　　　　　3

　　贷：银行存款　　　　　　　　　　　　　　　　　　　　　　　　3

⑤发生通过租赁方式租入的用于研发活动的仪器、设备租赁费6万元。

借：研发支出——资本化支出（仪器、设备租赁费用）　　　　6

　　贷：使用权资产累计折旧　　　　　　　　　　　　　　　　　6

⑥专门用于研发项目的A设备在开发阶段会计核算计提折旧8万元。

借：研发支出——资本化支出（研发设备折旧费）　　　　　　8

　　贷：累计折旧　　　　　　　　　　　　　　　　　　　　　　8

⑦公司自有办公楼部分房屋专门用于研发中心开展项目研发活动，会计核算共计提折旧额65万元。

借：研发支出——资本化支出（房屋折旧费）　　　　　　　65

　　贷：累计折旧　　　　　　　　　　　　　　　　　　　　　　65

⑧实际发生技术图书资料费、资料翻译费、专家咨询费5万元，差旅费、会议费4万元，研发成果的检索、分析、评议、论证、鉴定、评审、评估、验收费用3万元，知识产权的申请费、注册费、代理费3万元，职工福利费、补充养老保险费、补充医疗保险费15万元。

借：研发支出——资本化支出（其他相关费用）　　　　　　15

　　贷：银行存款　　　　　　　　　　　　　　　　　　　　　　15

借：研发支出——资本化支出（其他相关费用）　　　　　　15

　　贷：应付职工薪酬　　　　　　　　　　　　　　　　　　　15

借：应付职工薪酬　　　　　　　　　　　　　　　　　　　　15

　　贷：银行存款　　　　　　　　　　　　　　　　　　　　　　15

⑨企业当年研发活动直接形成产品或作为组成部分形成的产品对外销售，取得该批产品销售收入10万元，结转销售成本5万元。《企业会计准则解释第15号》规定，企业将固定资产达到预定可使用状态前或者研发过程中产出的产品或副产品对外销售的，应当按照《企业会计准则第14号——收入》（2017年修订）和《企业会计准则第1号——存货》等规定，对试运行销售相关的收入和成本分别进行会计处理，计入当期损益，不应将试运行销售相关收入抵销相关成本后的净额冲减固定资产成本或者研发支出。试运行产出的有关产品或副产品在对外销售前，符合《企业会计准则第1号——存货》规定的应当确认为存货，符合其他相关企业会计准则中有关资产确认条件的应当确认为相关资产。销售研发过程中形成下脚料一批，取得研发过程中形成的下脚料等特殊收入1万元。

借：库存商品　　　　　　　　　　　　　　　　　　　　　　5

　　贷：研发支出——资本化支出　　　　　　　　　　　　　　5

借：银行存款　　　　　　　　　　　　　　　　　　　　　11.3

　　贷：其他业务收入　　　　　　　　　　　　　　　　　　　10

　　　　应交税费——应交增值税（销项税额）　　　　　　　1.3

借：其他业务成本　　　　　　　　　　　　　　　　　　　　5

　　贷：库存商品　　　　　　　　　　　　　　　　　　　　5

借：银行存款　　　　　　　　　　　　　　　　　　　　　1.13

　　贷：其他业务收入　　　　　　　　　　　　　　　　　　1

　　　　应交税费——应交增值税（销项税额）　　　　　　　0.13

⑩11 月末取得专利权证书结转开发阶段发生的资本化研发支出。

借：无形资产——专利权　　　　　　　　　　　　　　　　290

　　贷：研发支出——费用化支出　　　　　　　　　　　　290

⑪11 月无形资产——专利权按照直线法，预计使用 10 年计提摊销额。

借：管理费用——研发费用　　　　　　　　　　　　　　　2.42

　　贷：累计摊销　　　　　　　　　　　　　　　　　　　2.42

12 月无形资产——专利权按照直线法，预计使用 10 年计提摊销额。

借：管理费用——研发费用　　　　　　　　　　　　　　　2.42

　　贷：累计摊销　　　　　　　　　　　　　　　　　　　2.42

（4）研发支出财务报表列报。甲公司 2024 年度发生研发费用合计 395 万元，其中：费用化支出 105 万元，资本化支出 290 万元。资本化支出于 11 月形成无形资产 290 万元，11~12 月共摊销 4.84 万元，该无形资产 2024 年 12 月 31 日账面价值为 285.16 万元（290 - 2.42 × 2）。甲公司财务报表列报具体项目为：《资产负债表》"无形资产"项目反映 285.16 万元，《利润表》"研发费用"项目反映 109.84 万元（105 + 2.42 × 2）。

（5）甲公司 2024 年 4~11 月开发阶段发生业务税务处理如下。

按照《国家税务总局关于进一步落实研发费用加计扣除政策有关问题的公告》（国家税务总局公告 2021 年第 28 号）规定，归集开发阶段符合税法加计扣除条件的资本化支出金额。费用明细（税法规定）具体包括：人员人工费用 70 万元，直接投入费用 120 万元，折旧费用 0（房屋建筑物折旧 65 万元不得加计扣除，A 设备会计核算计提折旧额 10 万元不得重复在税前扣除和计算加计扣除），资本化其他相关费用 30 万元，合计金额为 220 万元。日常发生研发支出时需要具体填报 2021 版《研发支出辅助账》和《研发支出辅助账汇总表》，如表 7-20 和表 7-21 所示。

表 7 – 20　　　　　　　　　　　　　　　**2021 版研发支出辅助账**

项目编号：2024 - A　　项目名称：A　　完成情况：已结束　　支出类型：资本化　　金额单位：万元

凭证信息				会计凭证记载金额	税法规定的归集金额	费用明细（税法规定）						委托研发费用	
日期	种类	号数	摘要			人员人工费用	直接投入费用	折旧费用	无形资产摊销	新产品设计费等	其他相关费用	委托境内机构或个人进行研发活动所发生的费用	委托境外机构进行研发活动所发生的费用
略	略	略	略	290	220	70	120	0	0	0	30		
合计金额				290	220	70	120	0	0	0	30		

会计主管：张三　　　　　　　　　　　　　　　　　　　　录入人：李四

表 7 – 21　　　　　　　　　　　　　　　**2021 版研发支出辅助账汇总表**

纳税人识别号（统一社会信用代码）：略　　纳税人名称：甲公司　　属期：2024 年　　金额单位：万元

项目编号	项目名称	完成情况	支出类型	允许加计扣除金额合计	人员人工费用	直接投入费用	折旧费用	无形资产摊销	新产品设计费等	前五项小计	其他相关费用及限额		委托研发费用及限额			
											其他相关费用合计	经限额调整后的其他相关费用	委托境内机构或个人进行研发活动所发生的费用	允许加计扣除的委托境内机构或个人进行研发活动所发生的费用	委托境外机构进行研发活动所发生的费用	经限额调整后的委托境外机构进行研发活动所发生的费用
					1	2	3	4	5	6	7.1	7.2	8.1	8.2	8.3	8.4
2024 - A	A项目	已结束	费用化	200	30	40	120	0	0	190	10	10				
2024 - A	A项目	已结束	资本化	220	70	120	0	0	0	190	30	30				
资本化金额小计				220	70	120	0	0	0	190	30	30				
费用化金额小计				200	30	40	120	0	0	190	10	10				
其中：其他事项																
金额合计				420	100	160	120	0	0	380	40	40				

法定代表人（签章）：王五

（6）按照税法可加计扣除的研究开发费用与会计核算研发费用比较。

①费用化研发支出。2024 年会计核算的"研发支出——费用化支出"105 万元中，

会计计提的办公楼折旧费 22 万元不适用加计扣除，但是可以据实扣除；购置研发专用设备会计核算折旧 3 万元，按照税法规定可以一次性税前扣除 120 万元，税前一次性扣除的加速折旧金额 120 万元可以适用加计扣除；其他相关费用支出 10 万元未超过限额，可全额计算加计扣除金额。税法规定的费用化支出中可加计扣除的研发费用合计 200 万元。

②资本化研发支出。2024 年会计核算的"研发支出——资本化"290 万元中，会计核算计提的办公楼折旧费 65 万元不适用加计扣除，但是可以据实扣除；购置研发专用设备会计核算计提的折旧费 10 万元不能重复计算税前扣除金额，也不能重复计算加计扣除金额；其他相关费用支出 30 万元未超过限额，在以后期间无形资产摊销时计算加计扣除金额。税法规定的资本化支出中可加计扣除的研发费用合计 220 万元。

（7）甲公司享受研发费用加计扣除政策的特殊项目调整。企业取得研发过程中形成的下脚料、残次品、中间试制品等少量特殊收入 1 万元，在计算确认收入当年的加计扣除研发费用时，应从已归集研发费用中扣减该特殊收入，不足扣减的，加计扣除研发费用按零计算。企业研发活动直接形成产品或作为组成部分形成的产品对外销售的，研发费用中对应的材料费用 3 万元不得加计扣除。

（8）企业所得税年度纳税申报。按照《国家税务总局关于企业所得税年度汇算清缴有关事项的公告》（国家税务总局公告 2021 年第 34 号）附件《中华人民共和国企业所得税年度纳税申报表（A 类，2017 年版）》部分表单及填报说明（2021 年修订）填报说明规定，纳税人根据研发支出辅助账样式选择填报不同行次，当纳税人使用 2021 版《研发支出辅助账样式》或者使用自行设计研发支出辅助账样式时，第 3 行"（一）人员人工费用"、第 7 行"（二）直接投入费用"、第 16 行"（三）折旧费用"、第 19 行"（四）无形资产摊销"、第 23 行"（五）新产品设计费等"、第 28 行"（六）其他相关费用"等行次下的明细行次无须填报，上述行次不执行规定的 A107012 表内计算关系。

《财政部、税务总局关于进一步完善研发费用税前加计扣除政策的公告》（财政部税务总局公告 2021 年第 13 号）第一条规定，制造业企业开展研发活动中实际发生的研发费用，未形成无形资产计入当期损益的，在按规定据实扣除的基础上，自 2021 年 1 月 1 日起，再按照实际发生额的 100% 在税前加计扣除；形成无形资产的，自 2021 年 1 月 1 日起，按照无形资产成本的 200% 在税前摊销。因此，甲公司适用 100% 加计扣除比例。享受研发费用加计扣除税收优惠政策需要企业享受研发费用加计扣除政策采取"真实发生、自行判别、申报享受、相关资料留存备查"的办理方式，由企业依据实际发生的研发费用支出，自行计算加计扣除金额，填报 2021 版《研发支出辅助账》和《研发支出辅助账汇总表》以及 A000000《企业所得税年度纳税申报基础信息表》、A107012《研发费用加计扣除优惠明细表》、A107010《免税、减计收入及加计扣除优惠明细表》，企业所得税年度纳税申报表填报实务如表 7 - 22 ～表 7 - 24 所示（单位：万元）。

表 7 - 22　企业所得税年度纳税申报基础信息表　A000000

有关涉税事项情况（存在或者发生下列事项时必填）	
224 研发支出辅助账样式	□2015 版　√2021 版　□自行设计

表 7 - 23　研发费用加计扣除优惠明细表　A107012

行次	项目	金额（数量）
1	本年可享受研发费用加计扣除项目数量	1
2	一、自主研发、合作研发、集中研发（3 + 7 + 16 + 19 + 23 + 34）	420
3	（一）人员人工费用（4 + 5 + 6）	100
4	1. 直接从事研发活动人员工资薪金	
5	2. 直接从事研发活动人员五险一金	
6	3. 外聘研发人员的劳务费用	
7	（二）直接投入费用（8 + 9 + 10 + 11 + 12 + 13 + 14 + 15）	160
8	1. 研发活动直接消耗材料费用	
9	2. 研发活动直接消耗燃料费用	
10	3. 研发活动直接消耗动力费用	
11	4. 用于中间试验和产品试制的模具、工艺装备开发及制造费	
12	5. 用于不构成固定资产的样品、样机及一般测试手段购置费	
13	6. 用于试制产品的检验费	
14	7. 用于研发活动的仪器、设备的运行维护、调整、检验、维修等费用	
15	8. 通过经营租赁方式租入的用于研发活动的仪器、设备租赁费	
16	（三）折旧费用（17 + 18）	120
17	1. 用于研发活动的仪器的折旧费	
18	2. 用于研发活动的设备的折旧费	
19	（四）无形资产摊销（20 + 21 + 22）	
20	1. 用于研发活动的软件的摊销费用	
21	2. 用于研发活动的专利权的摊销费用	
22	3. 用于研发活动的非专利技术（包括许可证、专有技术、设计和计算方法等）的摊销费用	
23	（五）新产品设计费等（24 + 25 + 26 + 27）	
24	1. 新产品设计费	
25	2. 新工艺规程制定费	
26	3. 新药研制的临床试验费	
27	4. 勘探开发技术的现场试验费	

续表

行次	项目	金额（数量）
28	（六）其他相关费用（29+30+31+32+33）	40
29	1. 技术图书资料费、资料翻译费、专家咨询费、高新科技研发保险费	
30	2. 研发成果的检索、分析、评议、论证、鉴定、评审、评估、验收费用	
31	3. 知识产权的申请费、注册费、代理费	
32	4. 职工福利费、补充养老保险费、补充医疗保险费	
33	5. 差旅费、会议费	
34	（七）经限额调整后的其他相关费用	40
35	二、委托研发（36+37+39）	
36	（一）委托境内机构或个人进行研发活动所发生的费用	
37	（二）委托境外机构进行研发活动发生的费用	
38	其中:允许加计扣除的委托境外机构进行研发活动发生的费用	
39	（三）委托境外个人进行研发活动发生的费用	
40	三、年度研发费用小计（2+36×80%+38）	420
41	（一）本年费用化金额	200
42	（二）本年资本化金额	220
43	四、本年形成无形资产摊销额	3.67
44	五、以前年度形成无形资产本年摊销额	
45	六、允许扣除的研发费用合计（41+43+44）	203.67
46	减:特殊收入部分	1
47	七、允许扣除的研发费用抵减特殊收入后的金额（45−46）	202.67
48	减:当年销售研发活动直接形成产品（包括组成部分）对应的材料部分	3
49	减:以前年度销售研发活动直接形成产品（包括组成部分）对应材料部分结转金额	
50	八、加计扣除比例（%）	100%
51	九、本年研发费用加计扣除总额（47−48−49）×50	199.67
52	十、销售研发活动直接形成产品（包括组成部分）对应材料部分结转以后年度扣减金额（当47−48−49≥0，本行=0；当47−48−49<0，本行=47−48−49的绝对值）	

表 7−24　　　　　　　免税、减计收入及加计扣除优惠明细表　　　　　　A107010

行次	项目	金额
25	三、加计扣除（26+27+28+29+30）	
26	（一）开发新技术、新产品、新工艺发生的研究开发费用加计扣除（填写A107012）	199.67

【案例 7−21】甲公司为一家财务健全的企业，2024 年度进行了三项研发活动，项目名称分别为 A、B、C。其中 A、B 项目为自主研发、C 项目为委托研发。

　　A 项目共发生研发费用 200 万元，全部费用化处理。其中：直接从事研发活动的人员工资 80 万元，"五险一金" 20 万元，直接消耗材料费用 30 万元、燃料 10 万元、动力费用 10 万元，用于研发活动的设备折旧费 10 万元，用于研发活动的专利权摊销费用 5 万元，新产品设计费 5 万元，其他相关费用 30 万元。

　　B 项目共发生研发费用 100 万元，2024 年 1 月起开始资本化，至 2024 年 7 月 10 日结束资本化并结转形成无形资产，会计按直线法计算摊销费用，分 10 年摊销。费用明细：直接从事研发活动的人员工资 60 万元，"五险一金" 10 万元，直接消耗材料费用 5 万元、燃料 3 万元、动力费用 2 万元，用于研发活动的设备折旧费 5 万元，用于研发活动的软件摊销费用 5 万元，新工艺设计费 5 万元，其他相关费用 5 万元。

　　C 项目委托研发费用总额 100 万元，其中 30 万元由境外机构完成。采用 2021 版研发费用辅助账。

　　分析：A 项目除其他相关费用之外的研发费用合计 170 万元，B 项目除其他相关费用之外的研发费用合计 95 万元，其他相关费用扣除限额 = （170 + 95）× 10% ÷ （1 − 10%）= 29.44（万元），小于 A 项目和 B 项目合计实际发生额 35 万元，研发费用应按照孰小值 29.44 万元确定计算加计扣除金额。其中，资本化项目 B 可加计扣除的其他相关费用为 4.2 万元（5 × 29.44/35）。

　　B 项目资本化的研发费用为 100 万元，本年形成无形资产摊销额 = 100 ÷ 10 × （6 ÷ 12）= 5（万元）。

　　C 项目可加计扣除的研发费用合计 80 万元，其中委托境内研发费用 = 70 × 80% = 56（万元），委托境外研发费用 = 30 × 80% = 24（万元），不超过境内符合条件的研发费用 2/3，即不超过（170 + 95 + 29.44）× 2 ÷ 3 = 196.29（万元）。

　　2024 年度研发费用 = 170 + 95 + 29.44 + 80 = 374.44（万元），其中，本年费用化金额为 275.24 万元（170 + 35 × 29.44/35 + 80），资本化金额为 99.2 万元（95 + 4.2）。允许加计扣除的研发费用 = 275.24 + 4.96 = 280.2（万元），本年研发费用加计扣除总额 = 280.2 × 100% = 280.2（万元）。A107012《研发费用加计扣除优惠明细表》和 A107010《免税、减计收入及扣除优惠明细表》填报实务如表 7 − 25 和表 7 − 26 所示。

表 7 − 25　　　　　　　　　研发费用加计扣除优惠明细表　　　　　　　　　A107012

行次	项目	金额
1	本年可享受研发费用加计扣除项目数量	3
2	一、自主研发、合作研发、集中研发（3 + 7 + 16 + 19 + 23 + 34）	2 944 444.44
3	（一）人员人工费用（4 + 5 + 6）	1 700 000
4	1. 直接从事研发活动人员工资薪金	1 400 000
5	2. 直接从事研发活动人员五险一金	300 000

行次	项目	金额（数量）
6	3. 外聘研发人员的劳务费用	0
7	（二）直接投入费用（8＋9＋10＋11＋12＋13＋14＋15）	600 000
8	1. 研发活动直接消耗材料费用	350 000
9	2. 研发活动直接消耗燃料费用	130 000
10	3. 研发活动直接消耗动力费用	120 000
11	4. 用于中间试验和产品试制的模具、工艺装备开发及制造费	0
12	5. 用于不构成固定资产的样品、样机及一般测试手段购置费	0
13	6. 用于试制产品的检验费	0
14	7. 用于研发活动的仪器、设备的运行维护、调整、检验、维修等费用	0
15	8. 通过经营租赁方式租入的用于研发活动的仪器、设备租赁费	0
16	（三）折旧费用（17＋18）	150 000
17	1. 用于研发活动的仪器的折旧费	0
18	2. 用于研发活动的设备的折旧费	150 000
19	（四）无形资产摊销（20＋21＋22）	100 000
20	1. 用于研发活动的软件的摊销费用	50 000
21	2. 用于研发活动的专利权的摊销费用	50 000
22	3. 用于研发活动的非专利技术（包括许可证、专有技术、设计和计算方法等）的摊销费用	0
23	（五）新产品设计费等（24＋25＋26＋27）	100 000
24	1. 新产品设计费	50 000
25	2. 新工艺规程制定费	50 000
26	3. 新药研制的临床试验费	0
27	4. 勘探开发技术的现场试验费	0
28	（六）其他相关费用（29＋30＋31＋32＋33）	350 000
29	1. 技术图书资料费、资料翻译费、专家咨询费、高新科技研发保险费	50 000
30	2. 研发成果的检索、分析、评议、论证、鉴定、评审、评估、验收费用	0
31	3. 知识产权的申请费、注册费、代理费	0
32	4. 职工福利费、补充养老保险费、补充医疗保险费	0
33	5. 差旅费、会议费	300 000
34	（七）经限额调整后的其他相关费用	294 444.44
35	二、委托研发（36＋37＋39）	1 000 000
36	（一）委托境内机构或个人进行研发活动所发生的费用	700 000
37	（二）委托境外机构进行研发活动发生的费用	300 000
38	其中：允许加计扣除的委托境外机构进行研发活动发生的费用	240 000
39	（三）委托境外个人进行研发活动发生的费用	0

续表

行次	项目	金额（数量）
40	三、年度研发费用小计（2 + 36 × 80% + 38）	3 744 444.44
41	（一）本年费用化金额	2 752 380.95
42	（二）本年资本化金额	992 063.49
43	四、本年形成无形资产摊销额	50 000
44	五、以前年度形成无形资产本年摊销额	0
45	六、允许扣除的研发费用合计（41 + 43 + 44）	2 801 984.12
46	减：特殊收入部分	0
47	七、允许扣除的研发费用抵减特殊收入后的金额（45 - 46）	2 801 984.12
48	减：当年销售研发活动直接形成产品（包括组成部分）对应的材料部分	0
49	减：以前年度销售研发活动直接形成产品（包括组成部分）对应材料部分结转金额	0
50	八、加计扣除比例（%）	100%
51	九、本年研发费用加计扣除总额（47 - 48 - 49）× 50	2 801 984.12
52	十、销售研发活动直接形成产品（包括组成部分）对应材料部分结转以后年度扣减金额（当47 - 48 - 49≥0，本行 = 0；当47 - 48 - 49 < 0，本行 = 47 - 48 - 49 的绝对值）	0

表 7 - 26 　　　　　　　　　　免税、减计收入及加计扣除优惠明细表　　　　　　　　A107010

行次	项目	金额
…	……	……
25	三、加计扣除（26 + 27 + 28 + 29 + 30）	2 801 984.12
26	（一）开发新技术、新产品、新工艺发生的研究开发费用加计扣除（填写 A107012）	2 801 984.12
27	（二）科技型中小企业开发新技术、新产品、新工艺发生的研究开发费用加计扣除（填写 A107012）	0
28	（三）企业为获得创新性、创意性、突破性的产品进行创意设计活动而发生的相关费用加计扣除（加计扣除比例＿%）	0
…	……	……
31	合计（1 + 17 + 25）	

第四节　《所得减免优惠明细表》
填报实务与案例解析

一、《所得减免优惠明细表》格式与填报要点

具体格式如表 7 - 27 所示。

表 7-27　　　　　　　　　　所得减免优惠明细表　　　　　　　　　　A107020

行次	减免项目	项目名称	优惠事项名称	优惠方式	项目收入	项目成本	相关税费	应分摊期间费用	纳税调整额	项目所得额		减免所得额
										免税项目	减半项目	
		1	2	3	4	5	6	7	8	9	10	11(9+10×50%)
1	一、农、林、牧、渔业项目											
2												
3		小计	*	*								
4	二、国家重点扶持的公共基础设施项目											
5												
6		小计	*	*								
7	三、符合条件的环境保护、节能节水项目											
8												
9		小计	*	*								
10	四、符合条件的技术转让项目		*	*						*	*	*
11			*	*						*	*	*
12		小计		*								
13	五、清洁发展机制项目		*									
14			*									
15		小计	*	*								
16	六、符合条件的节能服务公司实施的合同能源管理项目		*									
17			*									
18		小计	*	*								
19	七、线宽小于130纳米(含)的集成电路生产项目		*									
20			*									
21		小计	*	*								
22	八、线宽小于65纳米(含)或投资额超过150亿元的集成电路生产项目											
23												
24		小计	*	*								
25	九、线宽小于28纳米(含)的集成电路生产项目		*									
26			*									
27		小计	*	*								
28	十、其他											
29												
30		小计	*	*								
31	合计	*	*	*								

本表适用于享受所得减免优惠政策的纳税人填报。纳税人根据税法及相关税收政策规定，填报本年发生的所得减免优惠情况，A100000《中华人民共和国企业所得税年度纳税申报表（A 类）》第 19 行"纳税调整后所得"为负数的，无须填报本表。本表第 9 列"项目所得额＼免税项目"填报享受所得减免企业所得税优惠的纳税人计算确认的本期免税项目所得额。本列根据第 3 列分析填报，第 3 列填报"免税"的，填报第 4 - 5 - 6 - 7 + 8 列金额，当第 4 - 5 - 6 - 7 + 8 列 ＜0 时，填报 0。

二、《所得减免优惠明细表》具体填报要点与案例解析

按照《财政部、国家税务总局关于执行企业所得税优惠政策若干问题的通知》（财税〔2009〕69 号）规定，执行《国务院关于实施企业所得税过渡优惠政策的通知》（国发〔2007〕39 号）规定的过渡优惠政策及西部大开发优惠政策的企业，在定期减免税的减半期内，可以按照企业适用税率计算的应纳税额减半征税。其他各类情形的定期减免税，均应按照企业所得税 25% 的法定税率计算的应纳税额减半征税。《国务院关于实施企业所得税过渡优惠政策的通知》（国发〔2007〕39 号）第三条所称不得叠加享受，且一经选择，不得改变的税收优惠情形，限于企业所得税过渡优惠政策与企业所得税法及其实施条例中规定的定期减免税和减低税率类的税收优惠。企业所得税法及其实施条例中规定的各项税收优惠，凡企业符合规定条件的，可以同时享受。

按照《国家税务总局关于企业所得税年度汇算清缴有关事项的公告》（国家税务总局公告 2021 年第 34 号）附件《中华人民共和国企业所得税年度纳税申报表（A 类，2017 年版）》部分表单及填报说明（2021 年修订）规定，A107040《减免所得税优惠明细表》第 29 行"二十九、项目所得额按法定税率减半征收企业所得税叠加享受减免税优惠"：纳税人同时享受优惠税率和所得项目减半情形下，在填报本表低税率优惠时，在本行填报所得项目按照优惠税率减半计算多享受优惠的部分。

企业从事农林牧渔业项目、国家重点扶持的公共基础设施项目、符合条件的环境保护、节能节水项目、符合条件的技术转让、集成电路生产项目、其他专项优惠等所得额应按法定税率 25% 减半征收，同时享受小型微利企业、高新技术企业、技术先进型服务企业、集成电路生产企业、重点软件企业和重点集成电路设计企业等优惠税率政策，对于按优惠税率减半叠加享受减免税优惠部分，进行纳税调整。

叠加享受减免税优惠金额的计算公式如下：

$$A = 需要进行叠加调整的减免所得税优惠金额$$

$$B = A \times [（减半项目所得 \times 50\%） \div （纳税调整后所得 - 所得减免）]$$

叠加享受减免税优惠金额 = A 和 B 的孰小值。

其中，需要进行叠加调整的减免所得税优惠金额为 A107040《减免所得税优惠明细表》中第 1 至第 28 行的优惠金额，不包括免税行次和第 21 行。

需要注意的是，《中华人民共和国企业所得税年度纳税申报表（A 类，2017 年版）》（2021 年修订）的 A107040 第 29 行填报口径计算公式：A × [（减半项目所得 × 50%）÷（纳税调整后所得 – 所得减免）] 与《中华人民共和国企业所得税年度纳税申报表（A 类，2017 年版）》（2020 年修订）填报口径计算公式：本行 = 减半项目所得额 × 50% × (25% – 优惠税率)，两者存在差异。

翟纯垲老师认为，2021 年新计算口径下的公式含义是，低税率产生的减免税额中，减半项目所得占比部分，不能重复享受低税率优惠，应作为叠加享受减免税优惠进行调整。特别是在减半项目所得大于等于最终的应纳税所得额时，2020 年计算口径下，企业很可能无法享受低税率的优惠，但实际上，其中应该有一部分可以享受低税率优惠。2021 年新计算口径对于"叠加享受减免税优惠"计算相比较 2020 年计算口径更加合理准确、更加有利于纳税人。

【案例 7 – 22】甲公司从事非国家限制或禁止行业，2024 年度的资产总额、从业人数符合小型微利企业条件，《中华人民共和国企业所得税年度纳税申报表》主表第 19 行纳税调整后所得 400 万元，其中 300 万元是符合所得减半征收条件的花卉种植项目所得，该项目收入 1 000 万元，成本 600 万元，相关税费 10 万元，应分摊的期间费用 90 万元。甲公司以前年度结转待弥补亏损为 0，不享受其他减免所得税额的优惠政策。此时，甲公司应先选择享受项目所得减半优惠政策，再享受小型微利企业所得税优惠政策，并对叠加享受减免税优惠部分进行调整，计算结果过程如下：

第一步，项目所得减免 = 300 × 50% = 150（万元）。企业所得税年度纳税申报表填报实务如表 7 – 28 所示（单位：万元）。

表 7 – 28　　　　　　　　　　　　所得减免优惠明细表　　　　　　　　　　A107020

行次	减免项目	项目名称	优惠事项名称	优惠方式	项目收入	项目成本	相关税费	应分摊期间费用	纳税调整额	项目所得额		减免所得额
										免税项目	减半项目	
		1	2	3	4	5	6	7	8	9	10	11 (9 + 10 × 50%)
1	一、农、林、牧、渔业项目	花卉种植	10. 花卉、茶以及其他饮料作物和香料作物的种植	减半征收	1 000	600	10	90	0		300	150
3		小计	*	*	1 000	600	10	90	0		300	150

第二步，应纳税所得额 $= 400 - 150 = 250$（万元），应纳所得税额 $= 250 \times 25\% = 62.5$（万元）。

第三步，享受小型微利企业所得税优惠政策的减免税额 $= 100 \times (25\% - 25\% \times 20\%) + (250 - 100) \times (25\% - 25\% \times 20\%) = 50$（万元）。

第四步，计算叠加享受减免优惠金额。需要进行叠加调整的减免所得税优惠金额 $A = 50$（万元）；$B = A \times [$（减半项目所得 $\times 50\%$）$\div$（纳税调整后所得 $-$ 所得减免）$] = 50 \times [(300 \times 50\%) \div (400 - 150)] = 30$（万元）；叠加享受减免优惠金额是 A 和 B 的孰小值为 27 万元。企业所得税年度纳税申报表填报实务如表 7－29 所示（单位：万元）。

表 7－29　　　　　　　　　　减免所得税优惠明细表　　　　　　　　　　A107040

行次	项目	金额
1	一、符合条件的小型微利企业减免企业所得税	50
29	二十九、减：项目所得额按法定税率减半征收企业所得税叠加享受减免税优惠	30
33	合计（1＋2＋…＋28－29＋30＋31＋32）	20

第五步，应纳税额 $= 62.5 - (50 - 30) = 42.5$（万元）。企业所得税年度纳税申报表填报实务如表 7－30 所示（单位：万元）。

表 7－30　　　　　　中华人民共和国企业所得税年度纳税申报表（A 类）　　　　　　A100000

行次	类别	项目	金额
1	利润总额计算	一、营业收入（填写 A101010\101020\103000）	
2		减:营业成本（填写 A102010\102020\103000）	
3		减:税金及附加	
4		减:销售费用（填写 A104000）	
5		减:管理费用（填写 A104000）	
6		减:财务费用（填写 A104000）	
7		减:资产减值损失	
8		加:公允价值变动收益	
9		加:投资收益	
10		二、营业利润（1－2－3－4－5－6－7＋8＋9）	
11		加:营业外收入（填写 A101010\101020\103000）	
12		减:营业外支出（填写 A102010\102020\103000）	
13		三、利润总额（10＋11－12）	

行次	类别	项目	金额
14	应纳税所得额计算	减:境外所得（填写 A108010）	
15		加:纳税调整增加额（填写 A105000）	
16		减:纳税调整减少额（填写 A105000）	
17		减:免税、减计收入及加计扣除（填写 A107010）	
18		加:境外应税所得抵减境内亏损（填写 A108000）	
19		四、纳税调整后所得（13 - 14 + 15 - 16 - 17 + 18）	400
20		减:所得减免（填写 A107020）	150
21		减:弥补以前年度亏损（填写 A106000）	
22		减:抵扣应纳税所得额（填写 A107030）	
23		五、应纳税所得额（19 - 20 - 21 - 22）	250
24	应纳税额计算	税率（25%）	25%
25		六、应纳所得税额（23 × 24）	62.5
26		减:减免所得税额（填写 A107040）	20
27		减:抵免所得税额（填写 A107050）	
28		七、应纳税额（25 - 26 - 27）	42.5
29		加:境外所得应纳所得税额（填写 A108000）	
30		减:境外所得抵免所得税额（填写 A108000）	
31		八、实际应纳所得税额（28 + 29 - 30）	42.5
32		减:本年累计实际已缴纳的所得税额	
33		九、本年应补（退）所得税额（31 - 32）	42.5
34		其中:总机构分摊本年应补（退）所得税额（填写 A109000）	
35		财政集中分配本年应补（退）所得税额（填写 A109000）	
36		总机构主体生产经营部门分摊本年应补（退）所得税额（填写 A109000）	
37	实际应纳税额计算	减:民族自治地区企业所得税地方分享部分:（□ 免征 □ 减征:减征幅度_____%）	
38		十、本年实际应补（退）所得税额（33 - 37）	42.5

【**案例 7 - 23**】乙公司从事非国家限制或禁止行业，2024 年度的资产总额、从业人数符合小型微利企业条件，纳税调整后所得 1 000 万元，其中符合所得减半征收条件的海水养殖项目所得 1 200 万元，该项目收入 2 000 万元，成本 600 万元，相关税费 50 万元，应分摊的期间费用 150 万元，符合所得免税条件的林木种植项目所得 100 万元，其中:该项目收入 500 万元，成本 350 万元，相关税费 20 万元，应分摊的期间费用 30 万

元。乙公司以前年度结转待弥补亏损200万元，不享受其他减免所得税额的优惠政策。此时，乙公司应先选择享受项目所得减半优惠政策，再享受小型微利企业所得税优惠政策，并对叠加享受减免税优惠进行调整，计算过程如下：

第一步，项目所得减免额 = 100 + 1 200 × 50% = 700（万元）。企业所得税年度纳税申报表填报实务如表7 - 31所示（单位：万元）。

表7 - 31 　　　　　　　　　　　　所得减免优惠明细表 　　　　　　　　　　　　A107020

行次	减免项目	项目名称	优惠事项名称	优惠方式	项目收入	项目成本	相关税费	应分摊期间费用	纳税调整额	项目所得额 免税项目	项目所得额 减半项目	减免所得额
		1	2	3	4	5	6	7	8	9	10	11 (9 + 10 × 50%)
1	一、农、林、牧、渔业项目	海水养殖	海水养殖	减半征收	2 000	600	50	150	0		1 200	600
2		林木种植	林木的培育和种植	免税	500	350	20	30	0	100		100
3		小计	*	*	2 500	950	70	180	0	100	1 200	700

第二步，应纳税所得额 = 1 000 - 700 - 200 = 100（万元），应纳所得税额 = 100 × 25% = 25（万元）。

第三步，享受小型微利企业所得税优惠政策的减免税额 = 100 × (25% - 25% × 20%) = 20（万元）。

第四步，计算叠加享受减免优惠金额。需要进行叠加调整的减免所得税优惠金额 A = 20（万元）；B = A × [（减半项目所得 × 50%）÷（纳税调整后所得 - 所得减免）] = 20 × [（1 200 × 50%）÷（1 000 - 700）] = 40（万元）；叠加享受减免优惠金额是 A 和 B 的孰小值20万元。企业所得税年度纳税申报表填报实务如表7 - 32所示（单位：万元）。

表7 - 32 　　　　　　　　　　　　减免所得税优惠明细表 　　　　　　　　　　　　A107040

行次	项目	金额
1	一、符合条件的小型微利企业减免企业所得税	20
29	二十九、减：项目所得额按法定税率减半征收企业所得税叠加享受减免税优惠	20
33	合计（1 + 2 + … + 28 - 29 + 30 + 31 + 32）	0

第五步，应纳税额 = 25 - (20 - 20) = 25（万元）。

企业所得税年度纳税申报表填报实务如表7 - 33所示（单位：万元）。

表 7 – 33   **中华人民共和国企业所得税年度纳税申报表（A类）**   A100000

行次	类别	项目	金额
1	利润总额计算	一、营业收入（填写 A101010＼101020＼103000）	
2		减:营业成本（填写 A102010＼102020＼103000）	
3		减:税金及附加	
4		减:销售费用（填写 A104000）	
5		减:管理费用（填写 A104000）	
6		减:财务费用（填写 A104000）	
7		减:资产减值损失	
8		加:公允价值变动收益	
9		加:投资收益	
10		二、营业利润（1－2－3－4－5－6－7＋8＋9）	
11		加:营业外收入（填写 A101010＼101020＼103000）	
12		减:营业外支出（填写 A102010＼102020＼103000）	
13		三、利润总额（10＋11－12）	
14	应纳税所得额计算	减:境外所得（填写 A108010）	
15		加:纳税调整增加额（填写 A105000）	
16		减:纳税调整减少额（填写 A105000）	
17		减:免税、减计收入及加计扣除（填写 A107010）	
18		加:境外应税所得抵减境内亏损（填写 A108000）	
19		四、纳税调整后所得（13－14＋15－16－17＋18）	1 000
20		减:所得减免（填写 A107020）	700
21		减:弥补以前年度亏损（填写 A106000）	200
22		减:抵扣应纳税所得额（填写 A107030）	
23		五、应纳税所得额（19－20－21－22）	100
24	应纳税额计算	税率（25%）	25%
25		六、应纳所得税额（23×24）	25
26		减:减免所得税额（填写 A107040）	0
27		减:抵免所得税额（填写 A107050）	
28		七、应纳税额（25－26－27）	25
29		加:境外所得应纳所得税额（填写 A108000）	
30		减:境外所得抵免所得税额（填写 A108000）	
31		八、实际应纳所得税额（28＋29－30）	25
32		减:本年累计实际已缴纳的所得税额	
33		九、本年应补（退）所得税额（31－32）	25
34		其中:总机构分摊本年应补（退）所得税额（填写 A109000）	
35		财政集中分配本年应补（退）所得税额（填写 A109000）	
36		总机构主体生产经营部门分摊本年应补（退）所得税额（填写 A109000）	
37	实际应纳税额计算	减:民族自治地区企业所得税地方分享部分:（□ 免征 □ 减征:减征幅度_____%）	
38		十、本年实际应补（退）所得税额（33－37）	25

【**案例 7 – 24**】丙公司从事非国家限制或禁止行业，2024 年度的资产总额、从业人数符合小型微利企业条件，纳税调整后所得 500 万元，其中符合所得减半征收条件的内陆养殖项目所得 150 万元，该项目收入 800 万元，成本 600 万元，相关税费 10 万元，应分摊的期间费用 40 万元，符合所得免税条件的林木种植项目所得 300 万元，其中：该项目收入 1 600 万元，成本 1 000 万元，相关税费 100 万元，应分摊的期间费用 200 万元。丙公司以前年度结转待弥补亏损 20 万元，不享受其他减免所得税额的优惠政策。此时，丙公司享受项目所得减半优惠政策和小型微利企业所得税优惠政策叠加，并对叠加部分进行调整。计算结果如下：

第一步，项目所得减免额 = 300 + 150 × 50% = 375（万元）。企业所得税年度纳税申报表填报实务如表 7 – 34 所示（单位：万元）。

表 7 – 34　　　　　　　　　　　　**所得减免优惠明细表**　　　　　　　　　　　A107020

行次	减免项目	项目名称	优惠事项名称	优惠方式	项目收入	项目成本	相关税费	应分摊期间费用	纳税调整额	项目所得额		减免所得额
										免税项目	减半项目	
		1	2	3	4	5	6	7	8	9	10	11（9 + 10 × 50%）
1	一、农、林、牧、渔业项目	内陆养殖	内陆养殖	减半征收	800	600	10	40	0		150	75
2		林木种植	林木的培育和种植	免税	1 600	1 000	100	200	0	300		300

第二步，应纳税所得额 = 500 – 375 – 20 = 105（万元），应纳所得税额 = 105 × 25% = 26.25（万元）。

第三步，享受小型微利企业所得税优惠政策的减免税额 = 100 × (25% – 25% × 20%) + (105 – 100) × (25% – 25% × 20%) = 21（万元）。

第四步，计算叠加享受减免优惠金额。需要进行叠加调整的减免所得税优惠金额 A = 21（万元）；B = A × [（减半项目所得 × 50%）÷（纳税调整后所得 – 所得减免）] = 21 × [(150 × 50%) ÷ (500 – 375)] = 12.6（万元）；叠加享受减免优惠金额是 A 和 B 的孰小值 12.6 万元。企业所得税年度纳税申报表填报实务如表 7 – 35 所示（单位：万元）。

表 7 – 35　　　　　　　　　　　　**减免所得税优惠明细表**　　　　　　　　　　A107040

行次	项目	金额
1	一、符合条件的小型微利企业减免企业所得税	21
29	二十九、减：项目所得额按法定税率减半征收企业所得税叠加享受减免税优惠	12.6
33	合计（1 + 2 + … + 28 – 29 + 30 + 31 + 32）	8.4

第五步，应纳税额 = 26.25 - (21 - 12.6) = 17.85（万元）。

企业所得税年度纳税申报表填报实务如表 7 - 36 所示（单位：万元）。

表 7 - 36　　　　　中华人民共和国企业所得税年度纳税申报表（A 类）　　　　A100000

行次	类别	项目	金额
1	利润总额计算	一、营业收入（填写 A101010\101020\103000）	
2		减:营业成本（填写 A102010\102020\103000）	
3		减:税金及附加	
4		减:销售费用（填写 A104000）	
5		减:管理费用（填写 A104000）	
6		减:财务费用（填写 A104000）	
7		减:资产减值损失	
8		加:公允价值变动收益	
9		加:投资收益	
10		二、营业利润（1 - 2 - 3 - 4 - 5 - 6 - 7 + 8 + 9）	
11		加:营业外收入（填写 A101010\101020\103000）	
12		减:营业外支出（填写 A102010\102020\103000）	
13		三、利润总额（10 + 11 - 12）	
14	应纳税所得额计算	减:境外所得（填写 A108010）	
15		加:纳税调整增加额（填写 A105000）	
16		减:纳税调整减少额（填写 A105000）	
17		减:免税、减计收入及加计扣除（填写 A107010）	
18		加:境外应税所得抵减境内亏损（填写 A108000）	
19		四、纳税调整后所得（13 - 14 + 15 - 16 - 17 + 18）	500
20		减:所得减免（填写 A107020）	375
21		减:弥补以前年度亏损（填写 A106000）	20
22		减:抵扣应纳税所得额（填写 A107030）	
23		五、应纳税所得额（19 - 20 - 21 - 22）	105
24	应纳税额计算	税率（25%）	25%
25		六、应纳所得税额（23 × 24）	26.25
26		减:减免所得税额（填写 A107040）	8.4
27		减:抵免所得税额（填写 A107050）	
28		七、应纳税额（25 - 26 - 27）	17.85
29		加:境外所得应纳所得税额（填写 A108000）	
30		减:境外所得抵免所得税额（填写 A108000）	
31		八、实际应纳所得税额（28 + 29 - 30）	17.85
32		减:本年累计实际已缴纳的所得税额	
33		九、本年应补（退）所得税额（31 - 32）	17.85
34		其中:总机构分摊本年应补（退）所得税额（填写 A109000）	
35		财政集中分配本年应补（退）所得税额（填写 A109000）	
36		总机构主体生产经营部门分摊本年应补（退）所得税额（填写 A109000）	
37	实际应纳税额计算	减:民族自治地区企业所得税地方分享部分:（□免征 □减征:减征幅度_____%）	
38		十、本年实际应补（退）所得税额（33 - 37）	17.85

【案例 7 - 25】丙公司从事非国家限制或禁止行业，2024 年度的资产总额、从业人数

符合小型微利企业条件，纳税调整后所得 500 万元，其中符合所得减半征收条件的花卉养殖项目所得 150 万元，符合所得免税条件的林木种植项目所得 300 万元。丙公司以前年度结转待弥补亏损 20 万元，不享受其他减免所得税额的优惠政策。此时，丙公司选择小型微利企业所得税优惠政策，但不享受项目所得减半优惠政策，计算结果如下：

第一步，应纳税所得额 = 500 − 300 − 20 = 180（万元），应纳所得税额 = 180 × 25% = 45（万元）。

第二步，享受小型微利企业所得税优惠政策的减免税额 = 100 × (25% − 25% × 20%) + (180 − 100) × (25% − 25% × 20%) = 36（万元）。企业所得税年度纳税申报表填报实务如表 7-37 所示（单位：万元）。

表 7-37　　　　　　　　　减免所得税优惠明细表　　　　　　　　　A107040

行次	项目	金额
1	一、符合条件的小型微利企业减免企业所得税	36
29	二十九、减：项目所得额按法定税率减半征收企业所得税叠加享受减免税优惠	0
33	合计（1+2+…+28−29+30+31+32）	36

第三步，应纳税额 = 45 − 36 = 9（万元）。

企业所得税年度纳税申报表填报实务如表 7-38 所示（单位：万元）。

表 7-38　　　　　　中华人民共和国企业所得税年度纳税申报表（A 类）　　　　　　A100000

行次	类别	项目	金额
1	利润总额计算	一、营业收入（填写 A101010\101020\103000）	
2		减：营业成本（填写 A102010\102020\103000）	
3		减：税金及附加	
4		减：销售费用（填写 A104000）	
5		减：管理费用（填写 A104000）	
6		减：财务费用（填写 A104000）	
7		减：资产减值损失	
8		加：公允价值变动收益	
9		加：投资收益	
10		二、营业利润（1−2−3−4−5−6−7+8+9）	
11		加：营业外收入（填写 A101010\101020\103000）	
12		减：营业外支出（填写 A102010\102020\103000）	
13		三、利润总额（10+11−12）	
14	应纳税所得额计算	减：境外所得（填写 A108010）	
15		加：纳税调整增加额（填写 A105000）	
16		减：纳税调整减少额（填写 A105000）	
17		减：免税、减计收入及加计扣除（填写 A107010）	
18		加：境外应税所得抵减境内亏损（填写 A108000）	
19		四、纳税调整后所得（13−14+15−16−17+18）	500
20		减：所得减免（填写 A107020）	300
21		减：弥补以前年度亏损（填写 A106000）	20
22		减：抵扣应纳税所得额（填写 A107030）	
23		五、应纳税所得额（19−20−21−22）	180

续表

行次	类别	项目	金额
24		税率（25%）	25%
25		六、应纳所得税额（23×24）	45
26		减：减免所得税额（填写A107040）	36
27		减：抵免所得税额（填写A107050）	
28		七、应纳税额（25－26－27）	9
29	应纳税额计算	加：境外所得应纳所得税额（填写A108000）	
30		减：境外所得抵免所得税额（填写A108000）	
31		八、实际应纳所得税额（28＋29－30）	9
32		减：本年累计实际已缴纳的所得税额	
33		九、本年应补（退）所得税额（31－32）	9
34		其中：总机构分摊本年应补（退）所得税额（填写A109000）	
35		财政集中分配本年应补（退）所得税额（填写A109000）	
36		总机构主体生产经营部门分摊本年应补（退）所得税额（填写A109000）	
37	实际应纳税额计算	减：民族自治地区企业所得税地方分享部分：（□免征 □减征：减征幅度_____％）	
38		十、本年实际应补（退）所得税额（33－37）	9

需要注意的是，在〖案例7－21〗和〖案例7－22〗情形下，企业应选择同时享受项目所得减半和小型微利企业优惠政策。在〖案例7－23〗和〖案例7－24〗情形下，企业不选择享受项目所得减半优惠政策，只选择享受项目所得免税和小型微利企业优惠政策的，可以享受最大优惠力度。综上所述，建议纳税人在申报时关注以下两方面：一是可以同时享受两类优惠政策时，建议纳税人根据自身实际情况综合分析，选择优惠力度最大的处理方式。二是纳税人通过电子税务局申报，申报系统将帮助纳税人自动计算叠加享受减免税优惠，无须纳税人再手动计算。

【案例7－26】某高新技术企业2024年营业收入100 000万元，营业成本50 000万元，利润总额40 000万元，纳税调整后所得50 000万元，其中：从事《公共基础设施项目企业所得税优惠目录》属于国家重点扶持的公共基础设施项目规定的电力项目（风电项目）的投资经营的减免所得额。没有以前年度结转的可弥补亏损额。风电项目分别核算的减半征收的项目收入为8 000万元，项目成本3 000万元，应分摊期间费用20万元，选择叠加享受项目减半征收税收优惠和高新技术企业税率优惠。

计算分析结果如下。

第一步，电力项目所得减免额＝（8 000－3 000－20）×50%＝2 490（万元）。企业所得税年度纳税申报表填报实务如表7－39所示（单位：万元）。

表 7 - 39   **所得减免优惠明细表**   A107020

行次	减免项目	项目名称	优惠事项名称	优惠方式	项目收入	项目成本	相关税费	应分摊期间费用	纳税调整额	项目所得额 免税项目	项目所得额 减半项目	减免所得额
		1	2	3	4	5	6	7	8	9	10	11（9 + 10×50%）
4	二、国家重点扶持的公共基础设施项目	风力发电	风力发电	减半征收	8 000	3 000		20			4 980	2 490
5												
6		小计	*	*	8 000	3 000		20			4 980	2 490

第二步，高新技术企业应纳税所得额 = 50 000 - 2 490 = 47 510（万元），应纳所得税额 = 47 510 × 25% = 11 877.5（万元）。

第三步，高新技术企业享受高新技术企业所得税优惠政策的减免税额 = 47 510 × (25% - 15%) = 4 751（万元）。

第四步，计算叠加享受减免优惠金额。需要进行叠加调整的减免所得税优惠金额 A = 4 751（万元）；B = A × [（减半项目所得 × 50%）÷（纳税调整后所得 - 所得减免）] = 4 751 × [（4 980 × 50%）÷（50 000 - 2 490）] = 249（万元）；叠加享受减免优惠金额是 A 和 B 的孰小值 249 万元。企业所得税年度纳税申报表填报实务如表 7 - 40 和表 7 - 41 所示（单位：万元）。

表 7 - 40   **减免所得税优惠明细表**   A107040

行次	项目	金额
2	二、国家需要重点扶持的高新技术企业减按 15% 的税率征收企业所得税（填写 A107041）	4 751
29	二十九、减：项目所得额按法定税率减半征收企业所得税叠加享受减免税优惠	249
33	合计（1 + 2 + … + 28 - 29 + 30 + 31 + 32）	4 502

表 7 - 41   **高新技术企业优惠情况及明细表**   A107041

	税收优惠基本信息			
1	企业主要产品（服务）发挥核心支持作用的技术所属范围	国家重点支持的高新技术领域	一级领域	
2			二级领域	
3			三级领域	
	税收优惠有关情况			
30		九、三年研发费用占销售（营业）收入的比例（15 行 4 列÷29 行 4 列）		
31	减免税额	十、国家需要重点扶持的高新技术企业减征企业所得税		4751
32		十一、经济特区和上海浦东新区新设立的高新技术企业定期减免税额		

第五步，应纳税额 = 11 877.5 - (4 751 - 249) = 7 375.5（万元）。

企业所得税年度纳税申报表填报实务如表 7 - 42 所示（单位：万元）。

表 7-42 　　　　　　中华人民共和国企业所得税年度纳税申报表（A 类）　　　A100000

行次	类别	项目	金额
1	利润总额计算	一、营业收入（填写 A101010\101020\103000）	100 000
2		减：营业成本（填写 A102010\102020\103000）	50 000
3		减：税金及附加	
4		减：销售费用（填写 A104000）	
5		减：管理费用（填写 A104000）	
6		减：财务费用（填写 A104000）	
7		减：资产减值损失	
8		加：公允价值变动收益	
9		加：投资收益	
10		二、营业利润（1-2-3-4-5-6-7+8+9）	
11		加：营业外收入（填写 A101010\101020\103000）	
12		减：营业外支出（填写 A102010\102020\103000）	
13		三、利润总额（10+11-12）	40 000
14	应纳税所得额计算	减：境外所得（填写 A108010）	
15		加：纳税调整增加额（填写 A105000）	
16		减：纳税调整减少额（填写 A105000）	
17		减：免税、减计收入及加计扣除（填写 A107010）	
18		加：境外应税所得抵减境内亏损（填写 A108000）	
19		四、纳税调整后所得（13-14+15-16-17+18）	50 000
20		减：所得减免（填写 A107020）	2 490
21		减：弥补以前年度亏损（填写 A106000）	
22		减：抵扣应纳税所得额（填写 A107030）	
23		五、应纳税所得额（19-20-21-22）	47 510
24	应纳税额计算	税率（25%）	25%
25		六、应纳所得税额（23×24）	11 877.5
26		减：减免所得税额（填写 A107040）	4 502
27		减：抵免所得税额（填写 A107050）	
28		七、应纳税额（25-26-27）	7 375.5
29		加：境外所得应纳所得税额（填写 A108000）	
30		减：境外所得抵免所得税额（填写 A108000）	
31		八、实际应纳所得税额（28+29-30）	7 375.5
32		减：本年累计实际已缴纳的所得税额	
33		九、本年应补（退）所得税额（31-32）	7 375.5
34		其中：总机构分摊本年应补（退）所得税额（填写 A109000）	
35		财政集中分配本年应补（退）所得税额（填写 A109000）	
36		总机构主体生产经营部门分摊本年应补（退）所得税额（填写 A109000）	
37	实际应纳税额计算	减：民族自治地区企业所得税地方分享部分：（□免征 □减征：减征幅度_____%）	
38		十、本年实际应补（退）所得税额（33-37）	7 375.5

【案例 7 - 27】甲公司是高新技术企业，企业所得税适用优惠税率 15%。2024 年度纳税调整后所得 1 000 万元。本年转让技术收入为 800 万元，成本为 80 万元，分摊期间费用为 20 万元，转让技术所得 700 万元，其中 500 万元适用企业所得税免税政策，超过 500 万元的部分适用减半政策。以前年度结转待弥补亏损为 200 万元。

分析：第一步，计算技术转让项目减免所得额 = 500 + (800 - 80 - 20 - 500) × 50% = 600（万元）。企业所得税年度纳税申报表填报实务如表 7 - 43 所示（单位：万元）。

表 7 - 43　　　　　　　　　　　　　所得减免优惠明细表　　　　　　　　　　　　　　　A107020

行次	减免项目	项目名称	优惠事项名称	优惠方式	项目收入	项目成本	相关税费	应分摊期间费用	纳税调整额	项目所得额 免税项目	项目所得额 减半项目	减免所得额
		1	2	3	4	5	6	7	8	9	10	11 (9 + 10×50%)
4	四、符合条件的技术转让项目	技术转让项目	一般技术转让项目	减半征收	800	80		20		500	200	600
5												
6		小计	*	*	800	80		20		500	200	600

第二步，计算高新技术企业应纳税所得额 = 1 000 - 600 - 200 = 200（万元），应纳所得税额 = 200 × 25% = 50（万元）。

第三步，计算高新技术企业享受高新技术企业所得税优惠政策的减免税额 = 200 × (25% - 15%) = 20（万元）。

第四步，计算叠加享受减免优惠金额。需要进行叠加调整的减免所得税优惠金额 A = 20（万元）；B = A × [(减半项目所得 × 50%) ÷ (纳税调整后所得 - 所得减免)] = 20 × [(200 × 50%) ÷ (1 000 - 600)] = 5（万元）；叠加享受减免优惠金额是 A 和 B 的孰小值 5 万元。企业所得税年度纳税申报表填报实务如表 7 - 44 和表 7 - 45 所示（单位：万元）。

表 7 - 44　　　　　　　　　　　　　减免所得税优惠明细表　　　　　　　　　　　　　　A107040

行次	项目	金额
2	二、国家需要重点扶持的高新技术企业减按 15% 的税率征收企业所得税（填写 A107041）	20
29	二十九、减：项目所得额按法定税率减半征收企业所得税叠加享受减免税优惠	5
33	合计（1 + 2 + … + 28 - 29 + 30 + 31 + 32）	15

表 7 - 45　　　　　　　　　　　　　高新技术企业优惠情况及明细表　　　　　　　　　　A107041

	税收优惠基本信息			
1	企业主要产品（服务）发挥核心支持作用的技术所属范围	国家重点支持的高新技术领域	一级领域	
2			二级领域	
3			三级领域	

		税收优惠有关情况	
30		九、三年研发费用占销售（营业）收入的比例（15行4列÷29行4列）	
31	减免税额	十、国家需要重点扶持的高新技术企业减征企业所得税	20
32		十一、经济特区和上海浦东新区新设立的高新技术企业定期减免税额	

第五步，计算应纳税额＝50－（20－5）＝35（万元）。

企业所得税年度纳税申报表填报实务如表7－46所示（单位：万元）。

表7－46　　　　中华人民共和国企业所得税年度纳税申报表（A类）　　　A100000

行次	类别	项目	金额
1		一、营业收入（填写A101010\101020\103000）	
2		减：营业成本（填写A102010\102020\103000）	
3		减：税金及附加	
4		减：销售费用（填写A104000）	
5		减：管理费用（填写A104000）	
6	利润	减：财务费用（填写A104000）	
7	总额	减：资产减值损失	
8	计算	加：公允价值变动收益	
9		加：投资收益	
10		二、营业利润（1－2－3－4－5－6－7＋8＋9）	
11		加：营业外收入（填写A101010\101020\103000）	
12		减：营业外支出（填写A102010\102020\103000）	
13		三、利润总额（10＋11－12）	
14		减：境外所得（填写A108010）	
15		加：纳税调整增加额（填写A105000）	
16		减：纳税调整减少额（填写A105000）	
17	应纳	减：免税、减计收入及加计扣除（填写A107010）	
18	税所	加：境外应税所得抵减境内亏损（填写A108000）	
19	得额	四、纳税调整后所得（13－14＋15－16－17＋18）	1 000
20	计算	减：所得减免（填写A107020）	600
21		减：弥补以前年度亏损（填写A106000）	200
22		减：抵扣应纳税所得额（填写A107030）	
23		五、应纳税所得额（19－20－21－22）	200
24		税率（25%）	25%
25		六、应纳所得税额（23×24）	50
26		减：减免所得税额（填写A107040）	15
27		减：抵免所得税额（填写A107050）	
28		七、应纳税额（25－26－27）	35
29	应纳	加：境外所得应纳所得税额（填写A108000）	
30	税额	减：境外所得抵免所得税额（填写A108000）	
31	计算	八、实际应纳所得税额（28＋29－30）	35
32		减：本年累计实际已缴纳的所得税额	
33		九、本年应补（退）所得税额（31－32）	35
34		其中：总机构分摊本年应补（退）所得税额（填写A109000）	
35		财政集中分配本年应补（退）所得税额（填写A109000）	
36		总机构主体生产经营部门分摊本年应补（退）所得税额（填写A109000）	

行次	类别	项目	金额
37	实际应纳税额计算	减:民族自治地区企业所得税地方分享部分:(□免征 □减征:减征幅度_____%)	
38		十、本年实际应补(退)所得税额(33-37)	35

【案例7-28】甲公司是高新技术企业,企业所得税适用优惠税率15%。2024年度纳税调整后所得1 000万元。本年转让技术收入为800万元,成本为80万元,分摊期间费用为20万元,转让技术所得700万元,其中500万元适用企业所得税免税政策,超过500万元的部分适用减半政策。以前年度结转待弥补亏损为350万元。

分析:第一步,计算技术转让项目减免所得额=500+(800-80-20-500)×50%=600(万元)。

企业所得税年度纳税申报表填报实务如表7-47所示(单位:万元)。

表7-47　　　　　　　　　　所得减免优惠明细表　　　　　　　　　　A107020

行次	减免项目	项目名称	优惠事项名称	优惠方式	项目收入	项目成本	相关税费	应分摊期间费用	纳税调整额	项目所得额 免税项目	项目所得额 减半项目	减免所得额
		1	2	3	4	5	6	7	8	9	10	11(9+10×50%)
10	四、符合条件的技术转让项目	技术转让项目	一般技术转让项目	减半征收	800	80		20		500	200	600
11												
12		小计	*	*	800	80		20		500	200	600

第二步,计算高新技术企业应纳税所得额=1 000-600-350=50(万元),应纳所得税额=50×25%=12.5(万元)。

第三步,计算高新技术企业享受高新技术企业所得税优惠政策的减免税额=50×(25%-15%)=5(万元)。

第四步,计算叠加享受减免优惠金额。需要进行叠加调整的减免所得税优惠金额A=5(万元);B=A×[(减半项目所得×50%)÷(纳税调整后所得-所得减免)]=5×[(200×50%)÷(1 000-600)]=1.25(万元);叠加享受减免优惠金额是A和B的孰小值1.25万元。

企业所得税年度纳税申报表填报实务如表7-48和表7-49所示(单位:万元)。

表7-48　　　　　　　　　　减免所得税优惠明细表　　　　　　　　　　A107040

行次	项目	金额
2	二、国家需要重点扶持的高新技术企业减按15%的税率征收企业所得税(填写A107041)	5

续表

行次	项目	金额
29	二十九、减：项目所得额按法定税率减半征收企业所得税叠加享受减免税优惠	1.25
33	合计（1+2+…+28−29+30+31+32）	3.75

表 7-49　　　　　　**高新技术企业优惠情况及明细表**　　　　A107041

税收优惠基本信息				
1	企业主要产品（服务）发挥核心支持作用的技术所属范围	国家重点支持的高新技术领域	一级领域	
2			二级领域	
3			三级领域	
税收优惠有关情况				
30		九、三年研发费用占销售（营业）收入的比例（15行4列÷29行4列）		
31	减免税额	十、国家需要重点扶持的高新技术企业减征企业所得税		5
32		十一、经济特区和上海浦东新区新设立的高新技术企业定期减免税额		

第五步，计算应纳税额 = 12.5 − （5 − 3.75）= 8.75（万元）。

企业所得税年度纳税申报表填报实务如表 7-50 所示（单位：万元）。

表 7-50　　　　**中华人民共和国企业所得税年度纳税申报表（A类）**　　　A100000

行次	类别	项目	金额
1	利润总额计算	一、营业收入（填写A101010\101020\103000）	
2		减：营业成本（填写A102010\102020\103000）	
3		减：税金及附加	
4		减：销售费用（填写A104000）	
5		减：管理费用（填写A104000）	
6		减：财务费用（填写A104000）	
7		减：资产减值损失	
8		加：公允价值变动收益	
9		加：投资收益	
10		二、营业利润（1−2−3−4−5−6−7+8+9）	
11		加：营业外收入（填写A101010\101020\103000）	
12		减：营业外支出（填写A102010\102020\103000）	
13		三、利润总额（10+11−12）	
14	应纳税所得额计算	减：境外所得（填写A108010）	
15		加：纳税调整增加额（填写A105000）	
16		减：纳税调整减少额（填写A105000）	
17		减：免税、减计收入及加计扣除（填写A107010）	
18		加：境外应税所得抵减境内亏损（填写A108000）	
19		四、纳税调整后所得（13−14+15−16−17+18）	1 000
20		减：所得减免（填写A107020）	600
21		减：弥补以前年度亏损（填写A106000）	350
22		减：抵扣应纳税所得额（填写A107030）	
23		五、应纳税所得额（19−20−21−22）	50

续表

行次	类别	项目	金额
24	应纳税额计算	税率（25%）	25%
25		六、应纳所得税额（23×24）	12.5
26		减：减免所得税额（填写A107040）	3.75
27		减：抵免所得税额（填写A107050）	
28		七、应纳税额（25－26－27）	8.75
29		加：境外所得应纳所得税额（填写A108000）	
30		减：境外所得抵免所得税额（填写A108000）	
31		八、实际应纳所得税额（28＋29－30）	8.75
32		减：本年累计实际已缴纳的所得税额	
33		九、本年应补（退）所得税额（31－32）	8.75
34		其中：总机构分摊本年应补（退）所得税额（填写A109000）	
35		财政集中分配本年应补（退）所得税额（填写A109000）	
36		总机构主体生产经营部门分摊本年应补（退）所得税额（填写A109000）	
37	实际应纳税额计算	减：民族自治地区企业所得税地方分享部分：（□免征 □减征：减征幅度_____%）	
38		十、本年实际应补（退）所得税额（33－37）	8.75

第五节 《抵扣应纳税所得额明细表》填报实务与案例解析

一、《抵扣应纳税所得额明细表》格式与填报要点

具体格式如表7－51所示。

表7－51 抵扣应纳税所得额明细表 A107030

行次	项目	合计金额 1＝2＋3	投资于未上市中小高新技术企业 2	投资于种子期、初创期科技型企业 3
	一、创业投资企业直接投资按投资额一定比例抵扣应纳税所得额			
1	本年新增的符合条件的股权投资额			
2	税收规定的抵扣率	70%	70%	70%
3	本年新增的可抵扣的股权投资额（1×2）			
4	以前年度结转的尚未抵扣的股权投资余额		*	*

续表

行次	项目	合计金额 1＝2＋3	投资于未上市中小高新技术企业 2	投资于种子期、初创期科技型企业 3
5	本年可抵扣的股权投资额（3＋4）		＊	＊
6	本年可用于抵扣的应纳税所得额		＊	＊
7	本年实际抵扣应纳税所得额		＊	＊
8	结转以后年度抵扣的股权投资余额		＊	＊
二、通过有限合伙制创业投资企业投资按一定比例抵扣分得的应纳税所得额				
9	本年从有限合伙创投企业应分得的应纳税所得额			
10	本年新增的可抵扣投资额			
11	以前年度结转的可抵扣投资额余额		＊	＊
12	本年可抵扣投资额（10＋11）		＊	＊
13	本年实际抵扣应分得的应纳税所得额			
14	结转以后年度抵扣的投资额余额		＊	＊
三、抵扣应纳税所得额合计				
15	合计（7＋13）			

本表适用于享受创业投资企业抵扣应纳税所得额优惠（含结转）的纳税人填报。纳税人根据税法、《国家税务总局关于实施创业投资企业所得税优惠问题的通知》（国税发〔2009〕87号）、《财政部、国家税务总局关于执行企业所得税优惠政策若干问题的通知》（财税〔2009〕69号）、《财政部、国家税务总局关于将国家自主创新示范区有关税收试点政策推广到全国范围实施的通知》（财税〔2015〕116号）、《国家税务总局关于有限合伙制创业投资企业法人合伙人企业所得税有关问题的公告》（国家税务总局公告2015年第81号）、《财政部、税务总局关于创业投资企业和天使投资个人有关税收试点政策的通知》（财税〔2018〕55号）、《国家税务总局关于创业投资企业和天使投资个人税收试点政策有关问题的公告》（国家税务总局公告2018年第43号）等规定，填报本年度发生的创业投资企业抵扣应纳税所得额优惠情况。企业只要本年有新增符合条件的投资额、从有限合伙制创业投资企业分得的应纳税所得额或以前年度结转的尚未抵扣的股权投资余额，无论本年是否抵扣应纳税所得额，均需填报本表。

二、《抵扣应纳税所得额明细表》填报实务

（一）股权投资如何享受税收优惠

只有对非上市中小高新技术企业以及投资于种子期、初创期科技型企业的股权投资才能享受按照投资额的70%抵扣应纳税所得额的税收优惠。因此，企业应在"长期股权投资""可供出售金融资产"等相关会计科目明细账中严格区分享受税收优惠的股权投资额与不享受税收优惠的股权投资额。需要注意的是，投资时被投资企业属于非

上市中小高新技术企业，之后企业规模超过中小企业标准，但仍符合高新技术企业标准的，不影响创业投资企业享受有关税收优惠。

（二）投资期限满 2 年方能享受税收优惠

1. 被投资企业经认定符合高新技术企业标准的，应自其被认定为高新技术企业的年度起，计算创业投资企业的投资期限。

2. 非上市中小高新技术企业接受投资后在 2 年内如果因为不符合高新技术企业标准而被取消认定，则该项股权投资不能享受税收优惠。

【案例 7－29】 甲创业投资企业于 2020 年 1 月以股权投资方式投资 A 企业，但 A 企业至 2023 年 1 月才被认定为高新技术企业，则甲企业只能从 2023 年 1 月起满 24 个月的当年，即 2025 年方能享受此项税收优惠。如果甲企业在 A 企业被认定为高新技术企业后 24 个月内处置了此项股权，虽然甲企业实际持有 A 企业股权超过了 24 个月，也不能享受此项税收优惠。

本例中，如果 A 企业 2025 年 1 月前被取消高新技术资格认定，则甲企业不能享受此项税收优惠，必须等待 A 企业重新达到高新技术标准后，才能再重新计算 24 个月的最短股权持有期。

如果创业投资企业分多次向非上市中小高新技术企业进行股权投资，则每次投资要分别计算 24 个月的投资期限。例如，甲创业投资企业分别于 2021 年 1 月、2022 年 10 月和 2024 年 3 月以股权投资方式投资 B 企业，B 企业至 2023 年 1 月才被认定为高新技术企业，如果 B 企业始终符合高新技术企业认定条件，则甲企业的前 2 笔投资从 B 企业被认定为高新技术企业时起满 24 个月的当年，即 2025 年享受此项税收优惠；而第 3 笔投资从投资起满 24 个月的当年，即 2026 年享受优惠。

（三）应注意本年新增符合条件的股权投资额的计算

"抵扣应纳税所得额明细表"第 1 行"本年新增的符合条件的股权投资额"应填写本年新增符合条件的股权投资额。本年处置过股权投资的企业需注意，不能直接用本年末符合条件的股权投资额减去上年末符合条件的股权投资额作为新增符合条件的股权投资额，还需要核实被处置的股权投资是否符合税收优惠条件。本年新增的符合条件的股权投资额＝本年末符合条件的股权投资额－（上年末符合条件的股权投资额－本年处置的符合条件股权投资额），以上所称股权投资额均指创业投资企业股权投资的原始成本，不包含日后被投资企业增加的所有者权益中归属于投资企业的份额。

【案例 7－30】 甲企业 2023 年末有符合条件的股权投资额 1 000 万元，2024 年末变更为 1 200 万元，2024 年全年处置了符合条件的股权投资额 200 万元，则新增的符合条

件的股权投资额 = 1 200 - (1 000 - 200) = 400 (万元)。该金额的 70% 即 280 万元 (400 × 70%), 为本年新增可抵扣的股权投资额。

本例中, 如果甲企业的股权投资以可供出售金融资产或长期股权投资的权益法核算, 计算本年末符合条件的股权投资额、上年末符合条件的股权投资额和本年处置的符合条件的股权投资额时, 要剔除由于被投资企业所有者权益变动对股权投资科目的影响。例如, 甲企业的某项股权投资初始成本为 500 万元, 并以长期股权投资的权益法核算, 由于被投资企业所有者权益变动导致年末长期股权投资账户余额增加到 600 万元, 增加的 100 万元不能作为计算可抵扣股权投资额的基数。

(四) 应注意抵扣应纳税所得额的顺序

计算应纳税所得额时, 应纳税所得额和弥补以前年度亏损的抵扣顺序发生重大改变。2014 年版企业所得税年度纳税申报表的主表第 21 行是 "抵扣应纳税所得额" 项目, 第 22 行是 "弥补以前年度亏损" 项目。2017 年版企业所得税年度纳税申报表的主表第 21 行是 "弥补以前年度亏损" 项目, 第 22 行是 "抵扣应纳税所得额" 项目, 即将第 21 行和第 22 行计算顺序进行对调。这说明创业投资企业抵扣应纳税所得额的税收优惠政策中, 所指的应纳税所得额是指先减去所得减免和弥补以前年度亏损后的所得额, 由于弥补亏损要受 5 年期限的限制, 而创业投资企业如果当期应纳税所得额不足抵扣的, 可以无限期结转以后纳税期间继续抵扣, 这对于相关创业投资企业更加有利。

【案例 7 - 31】甲企业 2024 年纳税调整后所得为 400 万元, 弥补以前年度亏损为 100 万元, 则弥补亏损后金额 = 400 - 100 = 300 (万元), 应先填写《企业所得税弥补亏损明细表》。本年新增的符合条件的股权投资额 400 万元, 以前年度结转的尚未抵扣的股权投资余额 100 万元, 本年可抵扣的股权投资额 = 400 × 70% + 100 = 380 (万元), 由于弥补亏损后应纳税所得额小于可抵扣股权投资额, 实际抵扣的应纳税所得额 = 弥补亏损后可用于抵扣的应纳税所得额 = 300 (万元), 可抵扣股权投资额大于弥补亏损后应纳税所得额的余额 = 380 - 300 = 80 (万元), 可结转以后纳税年度抵扣。应填报《抵扣应纳税所得额明细表》, 如表 7 - 52 所示 (单位: 万元)。

表 7 - 52   抵扣应纳税所得额明细表   A107030

行次	项目	投资于未上市中小高新技术企业
		2
一、创业投资企业直接投资按投资额一定比例抵扣应纳税所得额		
1	本年新增的符合条件的股权投资额	400
2	税收规定的抵扣率	70%
3	本年新增的可抵扣的股权投资额 (1 × 2)	280

续表

行次	项目	投资于未上市中小高新技术企业
		2
4	以前年度结转的尚未抵扣的股权投资余额	100
5	本年可抵扣的股权投资额（3＋4）	380
6	本年可用于抵扣的应纳税所得额	300
7	本年实际抵扣应纳税所得额	300
8	结转以后年度抵扣的股权投资余额	80

同时，《抵扣应纳税所得额明细表》第7行"本年实际抵扣应纳税所得额"的数据会代入主表第22行，主表计算应纳税所得额。具体如表7-53所示（单位：万元）。

表7-53　　　　　中华人民共和国企业所得税年度纳税申报表（A类）　　　A100000

行次	类别	项目	金额
19	应纳税所得额计算	四、纳税调整后所得（13－14＋15－16－17＋18）	400
20		减：所得减免（填写A107020）	0
21		减：弥补以前年度亏损（填写A106000）	100
22		减：抵扣应纳税所得额（填写A107030）	300
23		五、应纳税所得额（19－20－21－22）	0

【案例7-32】承【案例7-31】，如果其他条件不变，纳税调整后所得为500万元，弥补以前年度亏损为100万元，弥补亏损后金额为400万元，由于弥补亏损后应纳税所得额大于可抵扣股权投资额，实际抵扣应纳税所得额＝可用于抵扣的股权投资额＝380（万元），应纳税所得额＝400－380＝20（万元），结转以后年度抵扣的股权投资无余额。具体纳税申报表填报实务如表7-54和表7-55所示（单位：万元）。

表7-54　　　　　　　　　抵扣应纳税所得额明细表　　　　　　　　　A107030

行次	项目	投资于未上市中小高新技术企业
		2
一、创业投资企业直接投资按投资额一定比例抵扣应纳税所得额		
1	本年新增的符合条件的股权投资额	400
2	税收规定的抵扣率	70%
3	本年新增的可抵扣的股权投资额（1×2）	280
4	以前年度结转的尚未抵扣的股权投资余额	100
5	本年可抵扣的股权投资额（3＋4）	380
6	本年可用于抵扣的应纳税所得额	380
7	本年实际抵扣应纳税所得额	380
8	结转以后年度抵扣的股权投资余额	0

表 7 – 55　　　　　　　中华人民共和国企业所得税年度纳税申报表（A 类）　　　　　　A100000

行次	类别	项目	金额
19	应纳税所得额计算	四、纳税调整后所得（13 – 14 + 15 – 16 – 17 + 18）	500
20		减：所得减免（填写 A107020）	0
21		减：弥补以前年度亏损（填写 A106000）	100
22		减：抵扣应纳税所得额（填写 A107030）	380
23		五、应纳税所得额（19 – 20 – 21 – 22）	20

【案例 7 – 33】甲企业对未上市中小高新技术企业满 2 年的直接股权投资额为 400 万元，则可以抵扣应纳税所得额相当于投资额的 70% 即 280 万元，如果甲企业当年的应纳税所得额为 300 万元，则抵扣后应纳税所得额为 20 万元。如果甲企业是通过有限合伙间接投资于未上市中小高新技术企业，且归属于甲的投资额仍为 400 万元，可以抵扣应纳税所得额仍为 280 万元。如果甲企业当年的应纳税所得额为 300 万元，但是从有限合伙分得的应纳税所得额为 180 万元，则甲只能抵扣从有限合伙分得的部分。抵扣后甲的应纳税所得额 = 300 – 180 = 120（万元）。当年抵扣后仍有 100 万元余额，需留待以后年度从来自该有限合伙的应纳税所得额中抵扣。

【案例 7 – 34】2022 年 11 月 1 日，张先生和甲公司（查账征收，所得税税率25%）合伙成立有限合伙制创业投资企业 A、B、C，其中，张某为普通合伙人（general partner，GP），甲公司为有限合伙人（limited partner，LP），合伙比例均为 2∶8，张先生对合伙企业 A、B、C 实缴出资均为 200 万元，甲公司对合伙企业 A、B、C 实缴出资均为 800 万元。

2023 年 11 月 1 日，创投 A 投资于未上市中小高新技术企业 a1 与非中小高新技术企业 a2，实缴投资均为 200 万元；创投 B 投资于未上市中小高新技术企业 b1 与非中小高新技术企业 b2，实缴投资均为 200 万元；创投 C 投资于未上市中小高新技术企业 c，实缴投资 100 万元。

2025 年 12 月 1 日，创投 B 将其对 b2 的股权以 600 万元的价格转让给非关联方 D 公司。

创投 A 2025 年度应纳税所得额 200 万元（其中含 a2 分配的股息红利所得 20 万元），A 合伙协议约定合伙比例为 5∶5。创投 B 2025 年度应纳税所得额 300 万元（不含对 b2 的股权转让所得），甲公司与张某《合伙协议》未约定分配比例，双方协商也未达成一致意见。创投 C 2025 年度税收亏损额为 300 万元。甲公司 2025 年度不考虑创投 A、B、C 应纳税所得额的情况下，纳税调整后所得为 500 万元。

假设甲公司历年无可弥补亏损，不考虑其他纳税调整因素，甲公司 2025 年度应纳税所得额计算过程如下：

甲公司间接投资 a2 取得的股息红利，不得享受居民企业间股息红利免税的所得税优惠，因此，甲公司自创投 A 应分得的应纳税所得额 = 200×50% = 100（万元）；2025 年 10 月，甲公司通过创投 A 间接投资未上市中小高新技术企业 a1 满 2 年，2025 年符合投资抵免条件；a2 为非中小高新技术企业，投资额不得享受抵免。因此，对于 a1，当年可抵扣的投资额 = 200 × (800 ÷ 1 000) × 70% = 112（万元）。

股权转让所得需并入创投 B 的应纳税所得额。另外，对于创投 B，甲公司与张某《合伙协议》未约定分配比例且未协商一致，因此，双方应按实缴出资比例进行分配，甲公司自创投 B 应分得的应纳税所得额 = [300 + (600 - 200)] × (800 ÷ 1 000) = 560（万元）；2025 年 10 月甲公司通过创投 B 间接投资未上市中小高新技术企业 b1 满 2 年，符合投资抵免条件，对于 b1，当年可抵扣的投资额 = 200 × (800 ÷ 1 000) × 70% = 112（万元）。

《财政部、国家税务总局关于合伙企业合伙人所得税问题的通知》（财税〔2008〕159 号）规定，合伙企业的合伙人是法人和其他组织的，合伙人在计算其缴纳企业所得税时，不得用合伙企业的亏损抵减其盈利。因此，对于 C，2025 年度税收亏损额 300万元不并入甲公司当年应纳税所得额。甲公司通过创投 C 间接投资未上市中小高新技术企业 c 满 2 年，符合投资抵免条件。对于 c，当年可抵扣的投资额 = 100 × (800 ÷ 1 000) × 70% = 56（万元）。

合并计算后，甲公司可抵扣的投资额 = 112 + 112 + 56 = 280（万元），从创投 A 和 B分得应纳税所得额 = 100 + 560 = 660（万元），280 万元 < 660 万元，因此，其可抵扣的投资额 280 万元在 2025 年度可全额抵扣；甲公司 2025 年度应纳税所得额 = 500 + 100 + 560 -280 = 880（万元）；甲公司 2025 年度应纳所得税额 = 880 × 25% = 220（万元）。

第六节 《减免所得税优惠明细表》填报实务与案例解析

一、《减免所得税优惠明细表》格式与填报要点

具体格式如表 7 - 56 所示。

表 7 - 56 　　　　　　　　　　减免所得税优惠明细表 　　　　　　　　　　A107040

行次	项目	金额
1	一、符合条件的小型微利企业减免企业所得税	
2	二、国家需要重点扶持的高新技术企业减按 15% 的税率征收企业所得税（填写 A107041）	
3	三、经济特区和上海浦东新区新设立的高新技术企业在区内取得的所得定期减免企业所得税（填写 A107041）	
4	四、受灾地区农村信用社免征企业所得税	*
5	五、动漫企业自主开发、生产动漫产品定期减免企业所得税	
6	六、线宽小于 0.8 微米（含）的集成电路生产企业减免企业所得税（填写 A107042）	

行次	项目	金额
7	七、线宽小于 0.25 微米的集成电路生产企业减按 15% 税率征收企业所得税（填写 A107042）	*
8	八、投资额超过 80 亿元的集成电路生产企业减按 15% 税率征收企业所得税（填写 A107042）	*
9	九、线宽小于 0.25 微米的集成电路生产企业减免企业所得税（填写 A107042）	
10	十、投资额超过 80 亿元的集成电路生产企业减免企业所得税（填写 A107042）	
11	十一、新办集成电路设计企业减免企业所得税（填写 A107042）	
12	十二、国家规划布局内集成电路设计企业可减按 10% 的税率征收企业所得税（填写 A107042）	*
13	十三、符合条件的软件企业减免企业所得税（填写 A107042）	
14	十四、国家规划布局内重点软件企业可减按 10% 的税率征收企业所得税（填写 A107042）	*
15	十五、符合条件的集成电路封装测试企业定期减免企业所得税（填写 A107042）	
16	十六、符合条件的集成电路关键专用材料生产企业、集成电路专用设备生产企业定期减免企业所得税（填写 A107042）	
17	十七、经营性文化事业单位转制为企业的免征企业所得税	
18	十八、符合条件的生产和装配伤残人员专门用品企业免征企业所得税	
19	十九、技术先进型服务企业（服务外包类）减按 15% 的税率征收企业所得税	
20	二十、技术先进型服务企业（服务贸易类）减按 15% 的税率征收企业所得税	
21	二十一、设在西部地区的鼓励类产业企业减按 15% 的税率征收企业所得税（主营业务收入占比_____%）	
22	二十二、新疆困难地区新办企业定期减免企业所得税	
23	二十三、新疆喀什、霍尔果斯特殊经济开发区新办企业定期免征企业所得税	
24	二十四、广东横琴、福建平潭、深圳前海等地区的鼓励类产业企业减按 15% 税率征收企业所得税	
25	二十五、北京冬奥组委、北京冬奥会测试赛事组委会免征企业所得税	
26	二十六、线宽小于 130 纳米（含）的集成电路生产企业减免企业所得税（原政策，填写 A107042）	
27	二十七、线宽小于 65 纳米（含）或投资额超过 150 亿元的集成电路生产企业减免企业所得税（原政策，填写 A107042）	
28	二十八、其他（28.1＋28.2＋28.3＋28.4＋28.5＋28.6）	
28.1	（一）从事污染防治的第三方企业减按 15% 的税率征收企业所得税	
28.2	（二）上海自贸试验区临港新片区的重点产业企业减按 15% 的税率征收企业所得税	
28.3	（三）海南自由贸易港鼓励类企业减按 15% 的税率征收企业所得税	
28.4	（四）国家鼓励的集成电路和软件企业减免企业所得税政策（28.4.1＋…＋28.4.10）	
28.4.1	1. 线宽小于 28 纳米（含）集成电路生产企业减免企业所得税（填写 A107042）	
28.4.2	2. 线宽小于 65 纳米（含）集成电路生产企业减免企业所得税（填写 A107042）	
28.4.3	3. 线宽小于 130 纳米（含）集成电路生产企业减免企业所得税（填写 A107042）	

行次	项目	金额
28.4.4	4. 集成电路设计企业减免企业所得税（填写A107042）	
28.4.5	5. 重点集成电路设计企业减免企业所得税（填写A107042）	
28.4.6	6. 集成电路装备企业减免企业所得税（填写A107042）	
28.4.7	7. 集成电路材料企业减免企业所得税（填写A107042）	
28.4.8	8. 集成电路封装、测试企业减免企业所得税（填写A107042）	
28.4.9	9. 软件企业减免企业所得税（填写A107042）	
28.4.10	10. 重点软件企业减免企业所得税（填写A107042）	
28.5	（五）其他1	
28.6	（六）其他2	
29	二十九、减：项目所得额按法定税率减半征收企业所得税叠加享受减免税优惠	
30	三十、支持和促进重点群体创业就业企业限额减征企业所得税（30.1＋30.2）	
30.1	（一）企业招用建档立卡贫困人口就业扣减企业所得税	
30.2	（二）企业招用登记失业半年以上人员就业扣减企业所得税	
31	三十一、扶持自主就业退役士兵创业就业企业限额减征企业所得税	
32	三十二、符合条件的公司型创投企业按照企业年末个人股东持股比例减免企业所得税（个人股东持股比例_____%）	
33	合计（1＋2＋…＋28－29＋30＋31＋32）	

本表适用于享受减免所得税优惠政策的纳税人填报。纳税人根据税法及相关税收政策规定，填报本年发生的所得减免优惠情况，A100000《中华人民共和国企业所得税年度纳税申报表（A类）》第19行"纳税调整后所得"为负数的，无须填报本表。

二、《减免所得税优惠明细表》填报实务

按照《财政部、税务总局关于实施小微企业普惠性税收减免政策的通知》（财税〔2019〕13号）和《国家税务总局关于实施小型微利企业普惠性所得税减免政策有关问题的公告》（国家税务总局公告2019年第2号）的相关规定，小型微利企业是指从事国家非限制和禁止行业，且同时符合年度应纳税所得额不超过300万元、从业人数不超过300人、资产总额不超过5 000万元三个条件的企业。自2023年1月1日至2027年12月31日，对小型微利企业年应纳税所得额不超过300万元的部分，减按25%计入应纳税所得额，按20%的税率缴纳企业所得税。小型微利企业的实际税负率为5%。从业人数，包括与企业建立劳动关系的职工人数和企业接受的劳务派遣用工人数。小型微利企业在预缴和汇算清缴企业所得税时，通过填写纳税申报表相关内容，即可享受小型微利企业所得税减免政策。

【**案例 7 – 35**】C 公司从事非限制和禁止行业，企业所得税征收方式为查账征收，2024 年会计利润总额为 315 万元，应纳税所得额为 280 万元，全年平均人数为 218 人，资产总额为 4 320 万元。

分析：按照《财政部 税务总局关于进一步支持小微企业和个体工商户发展有关税费政策的公告》（财政部 税务总局公告 2023 年第 12 号）的规定，对小型微利企业减按 25% 计算应纳税所得额、按 20% 的税率缴纳企业所得税政策，延续执行至 2027 年 12 月 31 日。

小型微利企业，是指从事国家非限制和禁止行业，且同时符合年度应纳税所得额不超过 300 万元、从业人数不超过 300 人、资产总额不超过 5 000 万元等三个条件的企业。

从业人数，包括与企业建立劳动关系的职工人数和企业接受的劳务派遣用工人数。所称从业人数和资产总额指标，应按企业全年的季度平均值确定。具体计算公式如下：

$$季度平均值 = （季初值 + 季末值）÷ 2$$
$$全年季度平均值 = 全年各季度平均值之和 ÷ 4$$

年度中间开业或者终止经营活动的，以其实际经营期作为一个纳税年度确定上述相关指标。

小型微利企业的判定以企业所得税年度汇算清缴结果为准。登记为增值税一般纳税人的新设立的企业，从事国家非限制和禁止行业，且同时符合申报期上月末从业人数不超过 300 人、资产总额不超过 5 000 万元两个条件的，可在首次办理汇算清缴前按照小型微利企业申报享受第二条规定的优惠政策。

本例中，C 公司符合小型微利企业税收优惠条件，实际缴纳企业所得税 = 280 × 25% × 20% = 14（万元），减免企业所得税 = 280 × 25% – 14 = 14（万元）。企业所得税年度纳税申报表填报实务如表 7 – 57 所示（单位：万元）

表 7 – 57　　　　　　　　　　　减免所得税优惠明细表　　　　　　　　　　A107040

行次	项目	金额
1	一、符合条件的小型微利企业减免企业所得税	14

【**案例 7 – 36**】D 企业经过判断符合小型微利企业条件。计算 2024 年企业所得税时，相应的应纳税所得额为 50 万元，那么 A 企业实际应纳所得税额 = 50 × 25% × 20% = 2.5（万元）。减免税额 = 50 × 25% – 2.5 = 10（万元）。企业所得税年度纳税申报表填报实务如表 7 – 58 所示（单位：万元）。

表 7 - 58　　　　　　　　　　　**减免所得税优惠明细表**　　　　　　　　　　A107040

行次	项目	金额
1	一、符合条件的小型微利企业减免企业所得税	10

【**案例 7 - 37**】甲企业设在西部地区的鼓励类产业企业，企业所得税征收方式为查账征收，2024 年利润总额为 100 万元，2024 年度企业所得税汇算清缴纳税调整后应纳税所得额为 120 万元。该企业享受设在西部地区的鼓励类产业企业减按 15% 的税率征收企业所得税，减免所得税金额 = 120 × (25% - 15%) = 12 (万元)。具体填报实务如表 7 - 59 所示 (单位：万元)。

表 7 - 59　　　　　　　　　　　**减免所得税优惠明细表**　　　　　　　　　　A107040

行次	项目	金额
21	二十一、设在西部地区的鼓励类产业企业减按 15% 的税率征收企业所得税 (主营业务收入占比 65%)	12

【**案例 7 - 38**】广西桂东电力股份公司《关于公司 2014 年度财务报告会计差错更正的公告》和大信会计师事务所《关于广西桂东电力股份有限公司 2014 年度财务报告会计差错更正情况专项说明》中披露了重大会计差错更正的原因和内容如下：

按照《国家税务总局关于深入实施西部大开发战略有关企业所得税问题的公告》(国家税务总局公告 2012 年第 12 号) 的规定，自 2011 年 1 月 1 日至 2020 年 12 月 31 日，对设在西部地区以《西部地区鼓励类产业目录》中规定的产业项目为主营业务，且其当年度主营业务收入占企业收入总额 70% 以上的企业，经企业申请，主管税务机关审核确认后，可减按 15% 税率缴纳企业所得税。

企业主营业务属于《西部地区鼓励类产业目录》范围的，经主管税务机关确认，可按照 15% 的税率预缴企业所得税。年度汇算清缴时，其当年度主营业务收入占企业收入总额的比例达不到规定标准的，应按税法规定的税率计算申报并进行汇算清缴。根据上述规定，西部企业要享受低税率优惠，按 15% 的税率缴纳企业所得税，必须具备的前提条件是鼓励类产业企业，是指以《目录》中规定的产业项目为主营业务且其主营业务收入占企业收入总额 70% 以上的企业。

2012 年 1 月 10 日，经广西壮族自治区工业和信息化委员会审核出具了桂工信政法确认函〔2012〕1 号，确认桂东电力"水力发电"和"电网改造与建设"符合国家鼓励类产业产品技术项目目录。

2011 ~ 2013 年，桂东电力经主管税务机关审核均符合相关规定，享受西部大开发鼓励类产业所得税优惠政策，按照 15% 的优惠税率缴纳企业所得税。

因此，桂东电力在 2014 年度财务决算中，企业所得税按照 15% 的优惠税率预提预缴，并以此为基础编制了 2014 年年度报告，于 2015 年 3 月 28 日对外公告。

2015 年 5 月 27 日，贺州市地税局下发了《不予享受税收优惠决定书》，认为桂东电力 2014 年主营业务收入占公司收入总额的比例未达 70%，不符合享受西部大开发企业所得税税收优惠的条件，应按 25% 的税率缴纳企业所得税。

根据上述情况，由于对税法相关文件的理解和当地主管税务机关存在不一致，公司上述比例计算错误（公司按照会计收入口径计算为 70.18%，主管税务机关按照税法口径计算为 66.57%），致使公司需对 2014 年度所得税税率由 15% 调整为 25% 重新计算，而造成补交 2014 年度企业所得税 46 432 038.62 元，并根据相关会计准则追溯调整 2014 年度相关财务报表数据。

《财政部 税务总局 国家发展改革委关于延续西部大开发企业所得税政策的公告》（财政部公告 2020 年第 23 号）第一条规定，自 2021 年 1 月 1 日至 2030 年 12 月 31 日，对设在西部地区的鼓励类产业企业减按 15% 的税率征收企业所得税。该条所称鼓励类产业企业是指以《西部地区鼓励类产业目录》中规定的产业项目为主营业务且其主营业务收入占企业收入总额 60% 以上的企业。

需要注意的是，企业所得税界定的收入总额是《企业所得税法》第六条规定的九项收入，即：（1）销售货物收入；（2）提供劳务收入；（3）转让财产收入；（4）股息、红利等权益性投资收益；（5）利息收入；（6）租金收入；（7）特许权使用费收入；（8）接受捐赠收入；（9）其他收入。收入总额不扣除取得收入过程中的成本费用和资产的计税基础。

【案例 7-39】武汉三特索道集团股份有限公司关于子公司贵州三特梵净山旅业发展有限公司 2022 年度补缴税款。公司子公司贵州三特梵净山旅业发展有限公司（以下简称梵净山旅业公司）于 2009 年开业，经贵州省经信委批复为"国家鼓励类产业企业"。2009~2010 年经税务机关审批享受西部地区鼓励类产业企业所得税优惠政策；2011~2016 年度，报经税务机关审核备案后享受西部地区鼓励类产业企业所得税优惠政策；自 2017 年起，梵净山旅业公司按规定享受西部地区鼓励类产业企业所得税优惠。

2020 年，梵净山旅业公司实现总收入 21 902.35 万元（其中，索道收入 14 378.12 万元，景区开发项目投资收益 6 948.10 万元，其他及营业外收入 576.13 万元），利润总额为 14 930.22 万元。梵净山旅业公司按照优惠 15% 所得税税率按期缴纳应缴企业所得税共计 2 239.53 万元，并于 2021 年 5 月 31 日前完成了 2020 年度企业所得汇算清缴，汇算清缴完成后未出现风险提示，纳税正常。

2022 年 6 月，贵州省税务系统启动大数据风险分析，梵净山旅业公司 2020 年度企业所得税申报被纳入"享受西部大开发不符合主营业务收入占比风险指标"（税务系统计算梵净山旅业公司 2020 年度主营业务收入占比为 65.65%，未达到 70%）。此风险提示由铜仁市税务局反馈到江口县税务局，江口县税务局于2022年7月26日告知梵净山旅业公司。

2022年12月23日，税务机关向梵净山旅业公司下达《税务事项通知书》，通知梵净山旅业公司补缴2020年企业所得税1 493万元并承担相应滞纳金。截至目前，梵净山旅业公司已完成补缴税款1 493万元及滞纳金433.27万元，主管税务部门未对该事项给予处罚。

武汉三特索道集团股份有限公司（以下简称公司）控股子公司贵州三特梵净山旅业发展有限公司（以下简称梵净山旅业公司）于2022年12月23日收到国家税务总局江口县税务局第二税务分局下发的《税务事项通知书》（江税二分通〔2022〕120号，以下简称通知书）。

（1）通知书主要内容如下。事由：更正2020年错误享受西部大开发企业所得税优惠事项。依据：《财政部 海关总署 国家税务总局关于深入实施西部大开发战略有关税收政策问题的通知》（财税〔2011〕58号）第二条规定："自2011年1月1日至2020年12月31日，对设在西部地区的鼓励类产业企业减按15%的税率征收企业所得税。上述鼓励类产业企业是指以《西部地区鼓励类产业目录》中规定的产业项目为主营业务，且其主营业务收入占企业收入总额70%以上的企业"。通知内容：根据财税〔2011〕58号文第二条规定，你公司2020年度主营业务收入占收入总额比例不足70%，不符合设在西部地区鼓励类产业企业减按15%的税率征收企业所得税优惠政策，你公司2020年度已申报享受企业所得税该项优惠14 930 220.62元，请自本通知下发之日起30日内更正，并承担由此产生的滞纳金。

（2）公司说明及对公司的影响。

①公司接受江口县税务局第二税务分局的税务处理决定，不申请行政复议和提起行政诉讼。

②江口县税务局第二税务分局认为，梵净山旅业公司2020年度主营业务收入占收入总额比例不足70%，不符合设在西部地区鼓励类产业企业减按15%的税率征收企业所得税优惠政策，要求公司补缴已享受的税收优惠14 930 220.62元，并缴纳滞纳金。2020年梵净山旅业公司主营业务收入未达到收入总额比例的70%，主要系当年有较大额度的权益性投资收益，但公司认为权益性投资收益也是公司的景区开发项目收益，其收益应计入主营业务收入占比，符合西部大开发税收优惠政策，但税务部门认为投资收益不能计入主营业务收入，因此，公司不应享受减按15%的税率征收企业所得税优惠政策。出现本次的补税事项，是双方对政策理解的差异导致，公司不存在主观偷漏税的情况。

③根据《企业会计准则第28号——会计政策、会计估计变更和差错更正》《公开

发行证券的公司信息披露编报规则第 19 号——财务信息的更正及相关披露》的相关规定，公司将于近期召开董事会，对上述重要前期差错更正事项进行追溯调整。

④上述涉及补缴企业所得税约 1 493.02 万元将作为重大会计差错更正，须调整以前年度损益；欠缴滞纳金金额尚需与相关部门沟通后最终确定，暂时无法确定对公司 2022 年度净利润的影响，具体以会计师事务所出具的专项报告为准。

（3）收入占比不达标涉税风险分析。

①该公司对西部大开发税收优惠政策理解上存在严重误区，导致 2020 年度自行判断享受的西部地区鼓励类产业企业减按 15% 的税率征收企业所得税优惠政策不符合税收政策规定。

②通过税务机关下发的《税务事项通知书》，企业也已经意识到了自己确实存在不符合政策的问题，企业在公告中明确表明补缴税款、滞纳金，不申请行政复议和提起行政诉讼了。

③该公司 2020 年股权投资转让收入 11 404.95 万元（9 532.54 万元和 1 872.41 万元），并形成转让投资收益 6 277.01 万元，但公司自己认为转让权益性投资收益也是公司的景区开发项目收益，其投资收益应计入主营业务收入，计算当年度主营业务收入占企业收入总额，符合西部大开发税收优惠政策。

然而，正确的税务处理方式是：企业申报享受西部大开发税收优惠政策在计算其收入总额时，转让对外投资取得的财产转让收入 11 404.95 万元（9 532.54 万元和 1 872.41万元）应全额计入分母收入总额，股权投资转让生产的投资收益 6 277.01 万元也不能计入主营业务收入，即不能计入分子中。由于梵净山旅业公司自身计算主营业务收入占比错误，最终导致补缴企业所得税约 1 493.02 万元，并缴纳滞纳金。

【案例 7-40】甲公司主营从事符合西部大开发企业所得税优惠政策中《西部地区鼓励类产业目录》项目生产和销售，2024 年 A100000 表第 19 行纳税调整后所得为 8 000万元，以前年度尚未弥补的亏损为 3 000 万元，当年取得一项专利技术转让所得，其中，项目收入 2 000 万元，项目成本 1 200 万元，相关税费 50 万元，应分摊期间费用 150 万元。该企业以《西部地区鼓励类产业目录》中规定的产业项目为主营业务，且其主营业务收入占企业收入总额的 85%。甲公司既享受西部大开发企业所得税优惠政策又享受符合条件的技术转让项目。

分析：按照《财政部 税务总局 国家发展改革委关于延续西部大开发企业所得税政策的公告》（财政部公告 2020 年第 23 号）第一条规定，自 2021 年 1 月 1 日至 2030 年 12 月 31 日，对设在西部地区的鼓励类产业企业减按 15% 的税率征收企业所得税。本条所称鼓励类产业企业是指以《西部地区鼓励类产业目录》中规定的产业项目为主营业务，且其主营业务收入占企业收入总额 60% 以上的企业。《财政部、国家税务总局关于执行企业所得税优惠政策若干问题的通知》（财税〔2009〕69 号）第一条规定，执行《国务院关于实施企业所得税过渡优惠政策的通知》（国发〔2007〕39 号）规定的过渡优惠政策及西部大开发优惠政策的企业，在定期减免税的减半期内，可以按照企业适用税率计算的应纳税额减半征税。其他各类情形的定期减免税，均应按照企业所得税 25% 的法定税率计算的应纳税额减半征税。

本例中，甲公司既享受西部大开发企业所得税优惠政策又享受符合条件的技术转让项目优惠政策。符合条件的技术转让项目所得可以按照企业适用税率 15% 计算的应纳税额减半征税，不需要计算项目所得额按法定税率减半征收企业所得税叠加享受减免税优惠金额。企业所得税应纳税额计算过程如下：

第一步，计算享受符合条件的技术转让项目减免所得额 $=500+[(2\,000-1\,200-50-150)-500]\times50\%=600$（万元）。企业所得税年度纳税申报表填报实务如表 7-60 所示（单位：万元）。

表 7-60 所得减免优惠明细表 A107020

行次	减免项目	项目名称	优惠事项名称	优惠方式	项目收入	项目成本	相关税费	应分摊期间费用	纳税调整额	项目所得额		减免所得额
										免税项目	减半项目	
		1	2	3	4	5	6	7	8	9	10	11（9+10×50%）
10	四、符合条件的技术转让项目	专利转让	专利转让	减半征收	2 000	1 200	50	150	0	500	200	600
11												
12		小计	*	*	2 000	1 200	50	150	0	500	200	600

第二步，计算应纳税所得额 $=8\,000-600-3\,000=4\,400$（万元），应纳所得税额 $=4\,400\times25\%=1\,100$（万元）。

第三步，计算享受西部大开发优惠政策的减免税额 $=4\,400\times(25\%-15\%)=440$（万元）。

第四步，计算应纳税额 $=1\,100-440=660$（万元）。企业所得税年度纳税申报表填报实务如表 7-61 和表 7-62 所示（单位：万元）。

表 7-61 减免所得税优惠明细表 A107040

行次	项目	金额
21	二十一、设在西部地区的鼓励类产业企业减按 15% 的税率征收企业所得税（主营业务收入占比 85%）	440
29	二十九、减：项目所得额按法定税率减半征收企业所得税叠加享受减免税优惠	0
33	合计（1+2+…+28-29+30+31+32）	440

表7-62　　　　　　中华人民共和国企业所得税年度纳税申报表（A类）　　　　　A100000

行次	类别	项目	金额
1	利润总额计算	一、营业收入（填写A101010\101020\103000）	
2		减:营业成本（填写A102010\102020\103000）	
3		减:税金及附加	
4		减:销售费用（填写A104000）	
5		减:管理费用（填写A104000）	
6		减:财务费用（填写A104000）	
7		减:资产减值损失	
8		加:公允价值变动收益	
9		加:投资收益	
10		二、营业利润（1-2-3-4-5-6-7+8+9）	
11		加:营业外收入（填写A101010\101020\103000）	
12		减:营业外支出（填写A102010\102020\103000）	
13		三、利润总额（10+11-12）	
14	应纳税所得额计算	减:境外所得（填写A108010）	
15		加:纳税调整增加额（填写A105000）	
16		减:纳税调整减少额（填写A105000）	
17		减:免税、减计收入及加计扣除（填写A107010）	
18		加:境外应税所得抵减境内亏损（填写A108000）	
19		四、纳税调整后所得（13-14+15-16-17+18）	8 000
20		减:所得减免（填写A107020）	600
21		减:弥补以前年度亏损（填写A106000）	3 000
22		减:抵扣应纳税所得额（填写A107030）	
23		五、应纳税所得额（19-20-21-22）	4 400
24	应纳税额计算	税率（25%）	25%
25		六、应纳所得税额（23×24）	1 100
26		减:减免所得税额（填写A107040）	440
27		减:抵免所得税额（填写A107050）	
28		七、应纳税额（25-26-27）	660
29		加:境外所得应纳所得税额（填写A108000）	
30		减:境外所得抵免所得税额（填写A108000）	
31		八、实际应纳所得税额（28+29-30）	660
32		减:本年累计实际已缴纳的所得税额	
33		九、本年应补（退）所得税额（31-32）	660
34		其中:总机构分摊本年应补（退）所得税额（填写A109000）	
35		财政集中分配本年应补（退）所得税额（填写A109000）	
36		总机构主体生产经营部门分摊本年应补（退）所得税额（填写A109000）	
37	实际应纳税额计算	减:民族自治地区企业所得税地方分享部分:（□免征 □减征:减征幅度_____%）	
38		十、本年实际应补（退）所得税额（33-37）	660

542

【案例 7 - 41】青岛瑞丰管理咨询有限公司因业务需要分别于 2024 年 3 月、5 月各招录了 1 名自主就业退役士兵，10 月又招录了 2 名自主就业退役士兵，后续未招录。若 4 位退役士兵以前年度未享受退役士兵创业就业税收优惠，当月签订劳动合同并缴纳社会保险，针对该项税收优惠，该企业属于小微企业当年实际缴纳增值税、城市维护建设税、教育费附加和地方教育附加合计为 0。青岛市定额标准为每人每年 9 000 元。

分析：《财政部 税务总局 退役军人事务部关于进一步扶持自主就业退役士兵创业就业有关税收政策的公告》（财政部 税务总局 退役军人事务部公告 2023 年第 14 号）规定，自 2023 年 1 月 1 日至 2027 年 12 月 31 日，企业招用自主就业退役士兵，与其签订 1 年以上期限劳动合同并依法缴纳社会保险费的，自签订劳动合同并缴纳社会保险当月起，在 3 年内按实际招用人数予以定额依次扣减增值税、城市维护建设税、教育费附加、地方教育附加和企业所得税优惠。定额标准为每人每年 6 000 元，最高可上浮 50%，各省、自治区、直辖市人民政府可根据本地区实际情况在此幅度内确定具体定额标准。企业按招用人数和签订的劳动合同时间核算企业减免税总额，在核算减免税总额内每月依次扣减增值税、城市维护建设税、教育费附加和地方教育附加。

企业实际应缴纳的增值税、城市维护建设税、教育费附加和地方教育附加小于核算减免税总额的，以实际应缴纳的增值税、城市维护建设税、教育费附加和地方教育附加为限；实际应缴纳的增值税、城市维护建设税、教育费附加和地方教育附加大于核算减免税总额的，以核算减免税总额为限。纳税年度终了，如果企业实际减免的增值税、城市维护建设税、教育费附加和地方教育附加小于核算减免税总额，企业在企业所得税汇算清缴时以差额部分扣减企业所得税。当年扣减不完的，不再结转以后年度扣减。自主就业退役士兵在企业工作不满 1 年的，应当按月换算减免税限额。

计算公式为：

$$企业核算减免税总额 = \sum 每名自主就业退役士兵本年度在本单位工作月份 \div 12 \times 具体定额标准$$

城市维护建设税、教育费附加、地方教育附加的计税依据是享受本项税收优惠政策前的增值税应纳税额。

本例中，该企业 2024 年该项税收优惠政策可以减免税总额 = 9 000 × 10 ÷ 12 + 9 000 × 8 ÷ 12 + 2 × (9 000 × 3 ÷ 12) = 18 000（元）。假设当年应纳企业所得税为12 000 元，本年只能抵减 12 000 元，当年扣减不完的 6 000 元，不再结转以后年度扣减。企业所得税年度纳税申报表填报实务如表 7 - 63 所示（单位：元）。

表 7 - 63 　　　　　　　　　　　减免所得税优惠明细表　　　　　　　　　　　A107040

行次	项目	金额
31	三十一、扶持自主就业退役士兵创业就业企业限额减征企业所得税	12 000

【案例 7 - 42】上海何博咨询公司 2024 年度招用了 4 名重点群体人员（其中，脱贫人口 3 名和登记失业半年以上人员 1 名），经当地人力资源社会保障部门核实后，在招用人员的《就业创业证》上注明"企业吸纳税收政策"并核发了《企业吸纳重点群体就业认定证明》。上海市定额标准为每人每年 7 800 元。假设 2024 年企业所得税应纳税额为 48 500 元。4 名人员 2024 年度《实际工作时间表》如表 7 - 64 所示。

表 7 - 64 　　　　　　　　　　重点群体人员本年度实际工作时间表

序号	招用人员姓名	身份证号码	《就业创业证》编号	类型	在本企业工作时间（月）
1	张××	略	略	（1）	6
2	李××	略	略	（1）	7
3	王××	略	略	（1）	9
4	苏××	略	略	（2）	10

注：类型包括：（1）纳入全国扶贫开发信息系统的农村建档立卡脱贫人口；（2）在人力资源社会保障部门公共就业服务机构登记失业半年以上人员；（3）零就业家庭、享受城市居民最低生活保障家庭劳动年龄内的登记失业人员；（4）毕业年度内高校毕业生。上述（1）类人员不需填写证件编号，其他类型人员填写《就业创业证》编号。

分析：《财政部 税务总局 人力资源社会保障部 农业农村部关于进一步支持重点群体创业就业有关税收政策的公告》（财政部 税务总局 人力资源社会保障部 农业农村部公告 2023 年第 15 号）规定，自 2023 年 1 月 1 日至 2027 年 12 月 31 日，企业招用脱贫人口，以及在人力资源社会保障部门公共就业服务机构登记失业半年以上且持《就业创业证》或《就业失业登记证》（注明"企业吸纳税收政策"）的人员，与其签订 1 年以上期限劳动合同并依法缴纳社会保险费的，自签订劳动合同并缴纳社会保险当月起，在 3 年内按实际招用人数予以定额依次扣减增值税、城市维护建设税、教育费附加、地方教育附加和企业所得税优惠。定额标准为每人每年 6 000 元，最高可上浮 30%，各省、自治区、直辖市人民政府可根据本地区实际情况在此幅度内确定具体定额标准。城市维护建设税、教育费附加、地方教育附加的计税依据是享受本项税收优惠政策前的增值税应纳税额。

按上述标准计算的税收扣减额应在企业当年实际应缴纳的增值税、城市维护建设税、教育费附加、地方教育附加和企业所得税税额中扣减，当年扣减不完的，不得结转下年使用。享受优惠政策当年，重点群体人员工作不满 1 年的，应当以实际月数换算其减免税总额。第 2 年及以后年度当年新招用人员、原招用人员及其工作时间按上述程序和办法执行。计算每名重点群体人员享受税收优惠政策的期限最长不超过 36 个月。计算公式为：

减免税总额 = $\sum$ 每名重点群体人员本年度在本企业工作月数 ÷ 12 × 具体定额标准

本例中，上海何博咨询公司可减免税额限额，按该企业招用重点群体的人数及每个人实际工作月数计算。该企业 2024 年度可抵减税额总额为：减免税总额 = $\sum$ 每名重点就业人员本年度在本企业工作月份 ÷ 12 × 具体定额标准 = （6 + 7 + 9 + 10）÷ 12 × 7 800 = 20 800（元）。企业所得税年度纳税申报表填报实务如表 7 - 65 所示（单位：元）。

表 7 - 65　　　　　　　　　　减免所得税优惠明细表　　　　　　　　　A107040

行次	项目	金额
30	三十、支持和促进重点群体创业就业企业限额减征企业所得税（30.1 + 30.2）	20 800

【案例 7 - 43】小颖环保有限公司是在中国境内（不包括港、澳、台地区）依法注册的居民企业，是主要从事污染防治的第三方企业；具有 1 年以上连续从事环境污染治理设施运营实践，且能够保证设施正常运行；具有至少 5 名从事本领域工作且具有环保相关专业中级及以上技术职称的技术人员，或者至少 2 名从事本领域工作且具有环保相关专业高级及以上技术职称的技术人员；从事环境保护设施运营服务的年度营业收入为 720 万元，占总收入 1 000 万元的比例为 72%（符合不低于 60% 的条件）；具备检验能力，拥有自有实验室，仪器配置可满足运行服务范围内常规污染物指标的检测需求；保证其运营的环境保护设施正常运行，使污染物排放指标能够连续稳定达到国家或者地方规定的排放标准要求；具有良好的纳税信用，近 3 年内纳税信用等级未被评定为 C 级或 D 级。2024 年全年应纳税所得额为 160 万元。请计算其 2024 年应纳税额并填报相关企业所得税年度纳税申报表。

分析：《财政部、税务总局、国家发展改革委、生态环境部关于从事污染防治的第三方企业所得税政策问题的公告》（财政部公告 2019 年第 60 号）规定，对符合条件的从事污染防治的第三方企业（以下称第三方防治企业）减按 15% 的税率征收企业所得税。第三方防治企业是指受排污企业或政府委托，负责环境污染治理设施（包括自动连续监测设施，下同）运营维护的企业。本例中，小颖环保有限公司属于符合条件的从事污染防治的第三方企业，2024 年减免所得税额 = 160 × （25% - 15%）= 16（万元）。企业所得税年度纳税申报表填报实务如表 7 - 66 所示（单位：元）。

表 7 - 66　　　　　　　　　　减免所得税优惠明细表　　　　　　　　　A107040

行次	项目	金额
28	二十八、其他（28.1 + 28.2 + 28.3 + 28.4 + 28.5 + 28.6）	
28.1	（一）从事污染防治的第三方企业减按 15% 的税率征收企业所得税	160 000

【案例 7 - 44】H 公司是 2024 年 6 月 15 日在海南自由贸易港注册并实质性运营的

鼓励类产业企业，2024 年取得符合鼓励类产业目录项目主营业务收入 1 800 万元，按照《企业所得税法》第六条计算的收入总额为 2 650 万元。2024 年 7 月 15 日，支付银行存款 636 万元外购一项专利技术，取得增值税专用发票注明的价款为 600 万元，增值税税额 36 万元。该无形资产当月投入使用，会计核算按照直线法摊销，预计使用年限 10 年，预计净残值 0。2024 年 9 月 25 日，自建生产设备竣工结算前发生支出 330 万元，验收合格后当月投入使用。该固定资产会计处理按照直线法核算折旧，预计使用年限 10 年，预计净残值 0。假设该公司 2024 年按照国家统一的会计制度核算的利润总额为 1 500 万元，公司选择享受固定资产和无形资产加速折旧（一次性扣除）政策，除上述交易事项外不考虑其他纳税调整事项。

分析：H 公司 2024 年以海南自由贸易港鼓励类产业目录中规定的产业项目取得主营业务收入 ÷ 企业收入总额 = 1 800 ÷ 2 650 × 100% = 67.92%，大于 60% 并实质性运营，符合享受 15% 优惠税率的条件。2023 年会计核算的无形资产摊销额 = [600 ÷ (10 × 12) × 6] = 30（万元），税务处理按照缩短年限计算税前扣除无形资产摊销额 = [600 ÷ (10 × 60% × 12) × 6] = 50（万元），税会差异为 20 万元；2024 年会计核算的固定资产折旧额 = [330 ÷ (10 × 12)] × 3 = 8.25（万元），税务处理按照一次性扣除计算税前扣除额 330 万元，税会差异为 321.75 万元。年末资产负债表日，固定资产和无形资产的账面价值大于计税基础，应确认递延所得税负债 = (321.75 + 20) × 15% = 51.2625（万元）。需要注意的是，固定资产一次性扣除的时点规定与国家税务总局公告 2018 年第 46 号的规定一致，即固定资产在投入使用月份的次月所属年度一次性税前扣除。《企业会计准则第 6 号——无形资产》第十七条规定，企业摊销无形资产，应当自无形资产可供使用时起，至不再作为无形资产确认时止。税务处理上，无形资产一次性扣除或加速摊销，实质上还是在计算税前扣除的摊销费用，因此，无形资产按照缩短摊销年限或采取加速摊销方法或一次性扣除都应在无形资产投入使用月份计算税前扣除金额。

2024 年企业所得税季度预缴纳税申报时，应填报 A201020《资产加速折旧、摊销（扣除）优惠明细表》第 5 行"海南自由贸易港企业无形资产加速摊销"和第 9 行"海南自由贸易港企业固定资产一次性扣除"相关行（列）次，进行纳税调减。2024 年度企业所得税汇算清缴时，按照国家税务总局公告 2021 年第 34 号的相关规定，企业应填报 A105080《资产折旧、摊销及纳税调整明细表》相应行次，进行纳税调减共计 341.75 万元。同时，享受 15% 优惠税率应填写 A107040《减免所得税优惠明细》第 28.3 行"（三）海南自由贸易港鼓励类企业减按 15% 税率征收企业所得税"减免所得税金额 115.825 万元。2024 年应纳税所得额 = 利润总额 ± 纳税调整额 = 1 500 − 341.75 = 1 158.25（万元），享受 15% 优惠税率减免税额 = 1 158.25 × (25% − 15%) = 115.825（万元），应纳税额 = 1 158.25 × 15% = 173.7375（万元）。

第七节 《高新技术企业优惠情况及明细表》和《软件、集成电路企业优惠情况及明细表》填报实务与案例解析

一、《高新技术企业优惠情况及明细表》格式与填报要点

具体格式如表 7-67 所示。

表 7-67 高新技术企业优惠情况及明细表 A107041

			税收优惠基本信息			
1	企业主要产品（服务）发挥核心支持作用的技术所属范围			国家重点支持的高新技术领域	一级领域	
2					二级领域	
3					三级领域	
			税收优惠有关情况			
4	收入指标	一、本年高新技术产品（服务）收入（5+6）				
5		其中：产品（服务）收入				
6		技术性收入				
7		二、本年企业总收入（8-9）				
8		其中：收入总额				
9		不征税收入				
10		三、本年高新技术产品（服务）收入占企业总收入的比例（4÷7）				
11	人员指标	四、本年科技人员数				
12		五、本年职工总数				
13		六、本年科技人员占企业当年职工总数的比例（11÷12）				

14	研发费用指标	高新研发费用归集年度	本年度	前一年度	前二年度	合计
			1	2	3	4
15		七、归集的高新研发费用金额（16+25）				
16		（一）内部研究开发投入（17+…+22+24）				
17		1. 人员人工费用				
18		2. 直接投入费用				
19		3. 折旧费用与长期待摊费用				
20		4. 无形资产摊销费用				
21		5. 设计费用				
22		6. 装备调试费与实验费用				
23		7. 其他费用				
24		其中：可计入研发费用的其他费用				
25		（二）委托外部研发费用 [（26+28）×80%]				
26		1. 境内的外部研发费				
27		2. 境外的外部研发费				

续表

		税收优惠基本信息				
28	研发费用指标	其中：可计入研发费用的境外的外部研发费				
29		八、销售（营业）收入				
30		九、三年研发费用占销售（营业）收入的比例（15行4列÷29行4列）				
31	减免税额	十、国家需要重点扶持的高新技术企业减征企业所得税				
32		十一、经济特区和上海浦东新区新设立的高新技术企业定期减免税额				

高新技术企业资格的纳税人均需填报本表。纳税人根据税法、《科技部、财政部、国家税务总局关于修订印发〈高新技术企业认定管理办法〉的通知》（国科发火〔2016〕32号）、《科学技术部、财政部、国家税务总局关于修订印发〈高新技术企业认定管理工作指引〉的通知》（国科发火〔2016〕195号）、《国家税务总局关于实施高新技术企业所得税优惠政策有关问题的公告》（国家税务总局公告2017年第24号）等相关税收政策规定，填报本年发生的高新技术企业优惠情况。

二、《软件、集成电路企业优惠情况及明细表》格式与填报依据

具体格式如表7-68所示。

表7-68　　　　软件、集成电路企业优惠情况及明细表　　　　A107042

	税收优惠基本信息		
选择适用优惠政策	□延续适用原有优惠政策　　□适用新出台优惠政策		
减免方式1		获利年度\开始计算优惠期年度1	
减免方式2		获利年度\开始计算优惠期年度2	

行次		项目	数量\金额
1	人员指标	一、企业本年月平均职工总人数	
2		其中：签订劳动合同关系且具有大学专科以上学历的职工人数	
3		研究开发人员人数	
4	研发费用指标	二、研发费用总额	
5		其中：企业在中国境内发生的研发费用金额	
6	收入指标	三、企业收入总额	
7		四、符合条件的销售（营业）收入	
8		其中：自主设计、自主开发销售及服务收入	
9	知识产权指标	五、拥有核心关键技术和属于本企业的知识产权总数	
10		其中：发明专利	
11		集成电路布图设计登记	
12		计算机软件著作权	
13	知识产权指标	是否从事8英寸及以下集成电路生产	□是　　□否
14		是否按照开发、销售嵌入式软件企业条件享受政策	□是　　□否
15		重点集成电路设计领域和重点软件领域	请选择所属领域
16	减免税额		

三、《高新技术企业优惠情况及明细表》填报实务与案例解析

【案例 7 - 45】某高新技术企业 2024 年按照 A100000《中华人民共和国企业所得税年度纳税申报表（A 类）》主表计算的第 19 行"纳税调整后所得"为 2 000 万元，其中 700 万元为当年专利技术转让所得（假设该项目收入为 1 000 万元，项目成本 270 万元，应分摊期间费用 30 万元），符合税收优惠条件并已经向主管税务机关备案，适用企业所得税税率 15%，假设无其他纳税调整事项。

分析：《企业所得税法实施条例》第九十条规定，《企业所得税法》第二十七条第（四）项所称符合条件的技术转让所得免征、减征企业所得税，是指一个纳税年度内，居民企业技术转让所得不超过 500 万元的部分，免征企业所得税；超过 500 万元的部分，减半征收企业所得税。《国家税务总局关于进一步明确企业所得税过渡期优惠政策执行口径问题的通知》（国税函〔2010〕157 号）第一条第三款规定，居民企业取得《中华人民共和国企业所得税法实施条例》第八十六条、第八十七条、第八十八条和第九十条规定可减半征收企业所得税的所得，是指居民企业应就该部分所得单独核算并依照 25% 的法定税率减半缴纳企业所得税。因此，技术转让所得超过 500 万元的部分，应按照 25% 的法定税率减半征收，而不是按照高新技术企业 15% 税率减半征收。该企业应纳所得税额 =（2 000 - 700）× 15% +（700 - 500）× 50% × 25% = 220（万元）。

2024 年度企业所得税纳税申报表填报实务如下（单位：万元）。

第一步，技术转让所得填入 A107020《所得减免优惠明细表》第 10 行第 11 列 600 万元（500 + 200 × 50%），具体如表 7 - 69 所示。

表 7 - 69　　　　　　　　　　　　　　所得减免优惠明细表　　　　　　　　　　　　　　A107020

行次	减免项目	项目名称	优惠事项名称	优惠方式	项目收入	项目成本	相关税费	应分摊期间费用	纳税调整额	项目所得额 免税项目	项目所得额 减半项目	减免所得额
		1	2	3	4	5	6	7	8	9	10	11（9 + 10 × 50%）
10	四、符合条件的技术转让项目	技术转让项目	一般技术转让项目	减半征收	1 000	270		30		500	200	600
11												
12		小计	*	*	1 000	270		30		500	200	600

第二步，（1 300 + 200 × 50%）× 10% = 140（万元），填入第 2 行"国家需要重点扶持的高新技术企业"，（700 - 500）× 25% × 50% -（700 - 500）× 15% × 50% = 10（万元），填入第 28 行"项目所得额按法定税率减半征收企业所得税叠加享受减免税优

惠"。具体如表 7 - 70 所示。

表 7 - 70　　　　　　　　　减免所得税优惠明细表　　　　　　　　　A107040

行次	项目	金额
2	二、国家需要重点扶持的高新技术企业减按 15% 的税率征收企业所得税（填写 A107041）	140
29	二十九、减：项目所得额按法定税率减半征收企业所得税叠加享受减免税优惠	10
33	合计（1 + 2 + … + 28 - 29 + 30 + 31 + 32）	130

第三步，将相关数据按照勾稽关系过入主表，具体如表 7 - 71 所示。

表 7 - 71　　　　　　中华人民共和国企业所得税年度纳税申报表（A 类）　　　　　　A100000

行次	类别	项目	金额
19	应纳税所得额计算	四、纳税调整后所得（13 - 14 + 15 - 16 - 17 + 18）	2 000
20		减：所得减免（填写 A107020）	600
21		减：弥补以前年度亏损（填写 A106000）	
22		减：抵扣应纳税所得额（填写 A107030）	
23		五、应纳税所得额（19 - 20 - 21 - 22）	1400
24	应纳税额计算	税率（25%）	
25		六、应纳所得税额（23 × 24）	350
26		减：减免所得税额（填写 A107040）	130
27		减：抵免所得税额（填写 A107050）	
28		七、应纳税额（25 - 26 - 27）	220

【案例 7 - 46】峰盛科技（837162. OC）于 2016 年 11 月 10 日发布公告，2015 年作为弥补完以前年度亏损后的盈利第一年（首次获利年度），获准软件企业"两免三减半"优惠，2016 年自查中，因 2015 年度的软件收入占总收入的比例为 43.40%，低于企业所得税"两免三减半"优惠政策的享受标准 50%，于 2016 年 11 月 1 日向主管税务部门补缴了 2015 年度企业所得税 1 165 186.63 元、滞纳金 89 136.78 元，未予处罚，并追溯调整 2015 年度相关报表项目。《峰盛科技：关于自查补缴税款的公告》（2016 年 11 月 10 日）披露如下：

公司 2010 年被认定为软件企业，2013 年通过复审再次被认定为软件企业，享受企业所得税"两免三减半"的优惠政策。公司在向全国中小企业股份转让系统报送挂牌资料时，已取得主管税务部门关于合法合规纳税的证明。

2015 年是公司弥补完以前年度亏损后的盈利第一年，公司按照相关规定，于 2015 年 5 月向主管税务部门递交了企业所得税"两免三减半"的申请，并获得了减免 2015 年度企业所得税的批准。2016 年 9 月公司收到软件企业资质管理部门的通知，由于软件收入占总收入的比例未达到 50%，不能享受企业所得税"两免三减半"的优惠政策。

经过公司自查，2015 年度的软件收入占总收入的比例为 43.40%，低于企业所得税"两免三减半"优惠政策的享受标准 50%，并于 2016 年 11 月 1 日向主管税务部门补缴了 2015 年度企业所得税 1 165 186.63 元、滞纳金 89 136.78 元，主管税务部门未对该事项给予处罚。

本事项为前期会计差错，公司拟采用追溯重述法调整更正相应年度财务报表，具体需经审计机构审核确定，见公司后续披露的 2016 年年度报告。

【案例 7 - 47】甲企业是集成电路封装测试企业。2024 年企业当年月平均职工总人数为 1 000 人，其中，签订劳动合同关系且具有大学专科以上学历的职工人数 800 人，从事研发和相关技术创新活动的科技人员共 280 人，占比为 28%。按照相关税法规定归集的研发费用共计 800 万元，其中，中国境内发生的研究开发费用金额 750 万元，产品销售收入 12 000 万元，当年度研究开发费用总额占企业销售（营业）收入总额的比例为 6.67%，税法口径的收入总额为 18 500 万元。该企业自 2023 年开始获利，当年应纳税所得额为 1 500 万元，减免税额为 1 500×25% =315（万元）。假设没有其他纳税调整事项。相关企业所得税年度纳税申报表填报实务如表 7 - 72 ~ 表 7 - 74 所示。

表 7 - 72　　　　　　　　**企业所得税年度纳税申报基础信息表**　　　　　　　A000000

基本经营情况（必填项目）			
101 纳税申报企业类型（填写代码）		102 分支机构就地纳税比例（%）	
103 资产总额（填写平均值，单位：万元）		104 从业人数（填写平均值，单位：人）	
105 所属国民经济行业（填写代码）		106 从事国家限制或禁止行业	□是□否
107 适用会计准则或会计制度（填写代码）		108 采用一般企业财务报表格式（2019 年版）	□是□否
109 小型微利企业	□是□否	110 上市公司 　是（□境内□境外）□否	
有关涉税事项情况（存在或者发生下列事项时必填）			
201 从事股权投资业务	□是	202 存在境外关联交易	□是
203 境外所得信息	203 - 1 选择采用的境外所得抵免方式	□分国（地区）不分项　□不分国（地区）不分项	
	203 - 2 海南自由贸易港新增境外直接投资信息	□是（产业别：□旅游业□现代服务业□高新技术产业）	
204 有限合伙制创业投资企业的法人合伙人	□是	205 创业投资企业	□是
206 技术先进型服务企业类型（填写代码）		207 非营利组织	□是
208 软件、集成电路企业类型（填写代码）	400	209 集成电路生产项目类型	□130 纳米 □65 纳米 □28 纳米

表 7 - 73　　　　　　　　**软件、集成电路企业优惠情况及明细表**　　　　　　　A107042

税收优惠基本信息			
选择适用优惠政策		□延续适用原有优惠政策　　√适用新出台优惠政策	
减免方式 1	110	获利年度 \ 开始计算优惠期年度 1	2023/2024
减免方式 2		获利年度 \ 开始计算优惠期年度 2	
税收优惠有关情况			
行次	项目		金额
1	人员指标	一、企业本年月平均职工总人数	1 000
2		其中：签订劳动合同关系且具有大学专科以上学历的职工人数	800
3		研究开发人员人数	280

续表

行次		项目	金额
4	研发费用指标	二、研发费用总额	800
5		其中：企业在中国境内发生的研发费用金额	750
6	收入指标	三、企业收入总额	185 000
7		四、符合条件的销售（营业）收入	125 000
8		其中：自主设计、自主开发销售及服务收入	
9	知识产权指标	五、拥有核心关键技术和属于本企业的知识产权总数	
10		其中：发明专利	
11		集成电路布图设计登记	
12		计算机 软件著作权	
13	业务类型及领域	是否从事8英寸及以下集成电路生产	□是 □否
14		是否按照开发、销售嵌入式软件企业条件享受政策	□是 □否
15		重点集成电路设计领域和重点软件领域	请选择所属领域
16	减免税额		315

表7-74　　　　　　　　　　减免所得税优惠明细表　　　　　　　　　A107040

28.4	（四）国家鼓励的集成电路和软件企业减免企业所得税政策（28.4.1+…+28.4.10）	
28.4.8	8. 集成电路封装、测试企业减免企业所得税（填写A107042）	315

【案例7-48】乙公司是高新技术企业，2024年度进行了三项研发活动，项目名称分别为A、B、C。其中，A、B项目为自主研发，C项目为委托研发。其他资料承〖案例7-21〗。

企业优惠情况及明细表如表7-75所示。

表7-75　　　　　　　　　高新技术企业优惠情况及明细表　　　　　　　A107041

行次		税收优惠基本信息				
11	人员指标	四、本年科技人员数	205			
12		五、本年职工总数	1 000			
13		六、本年科技人员占企业当年职工总数的比例（11÷12）	20.5%			
14	研究开发费用指标	高新研发费用归集年度	本年度	前一年度	前二年度	合计
			1	2	3	4
15		七、归集的高新研发费用金额（16+25）	3 800 000			3 800 000
16		（一）内部研究开发投入（17+18+19+20+21+22+24）	3 000 000			3 000 000
17		1. 人员人工费用	1 700 000			1 700 000
18		2. 直接投入费用	600 000			600 000
19		3. 折旧费用与长期待摊费用	150 000			150 000
20		4. 无形资产摊销费用	100 000			100 000
21		5. 设计费用	100 000			100 000
22		6. 装备调试费与实验费用	0			0
23		7. 其他费用	350 000			350 000
24		其中：可计入研发费用的其他费用	350 000			350 000
25		（二）委托外部研究开发费用〔（26+28）×80%〕	800 000			800 000
26		1. 境内的外部研发费	700 000			700 000

续表

行次	税收优惠基本信息				
27	2. 境外的外部研发费	300 000			300 000
28	其中：可计入研发费用的境外的外部研发费	300 000			300 000
29	八、销售（营业）收入	60 000 000			60 000 000
30	九、三年研发费用占销售（营业）收入比例 （15行4列÷29行4列）	6.33%			

【案例7–49】广州高澜节能技术股份有限公司关于因税收优惠政策不被税务部门认可致公司2022年度企业所得税税率调整。

（1）基本情况。广州高澜节能技术股份有限公司（以下简称"公司"）于2020年12月9日获得经广东省科学技术厅、广东省财政厅、国家税务总局广东省税务局联合颁发的《高新技术企业证书》，证书编号为GR202044009163，有效期为三年。根据国家有关规定，公司自该次通过高新技术企业重新认定起连续三年内（2020～2022年）可继续享受国家关于高新技术企业的相关优惠政策，即按15%的税率缴纳企业所得税。公司2020年度及2021年度均按15%的税率缴纳企业所得税，公司2022年度已按适用税收优惠政策的企业所得税税率进行预缴，并在《2022年年度报告》中披露了2022年度适用的企业所得税税率、所得税费用以及应缴所得税税额。

近日公司在税务系统进行2022年度企业所得税汇算清缴申报时，因税务部门认定的2022年度公司高新技术产品收入占同期总收入的比例未达60%，国家税务总局广州市黄埔区税务局调整公司2022年企业所得税适用税率为25%，由此计算的2022年应缴企业所得税金额为43 243 587.57元，较公司《2022年年度报告》中应缴企业所得税金额增加15 218 214.65元。截至目前，公司已完成2022年度所得税汇算清缴，全额缴纳企业所得税43 243 587.57元。

（2）公司说明及对公司的影响。

①公司根据已取得且在有效期内的《高新技术企业证书》，按适用的所得税优惠税率15%对2022年度企业所得税进行申报和预缴。截至目前，公司未收到任何高新技术企业认定部门取消公司高新技术企业资格的通知或文件。

②2022年公司将持有的原控股子公司东莞市硅翔绝缘材料有限公司31%的股权进行转让导致公司产生投资收益30 221.73万元，据此，税务部门在2022年度汇算清缴过程中认定公司高新技术产品收入占同期总收入的比例未达60%，调整公司企业所得税适用税率为25%，并重新计算公司2022年度应缴企业所得税税额，与《2022年年度报告》已披露相关内容形成差异。公司对此事项尚存在异议，目前仍在就该事项与主管税务部门进行沟通、协商。

③本次因适用税收优惠政策不被税务部门认可导致2022年度适用的企业所得税税

率调整，增加支付的 2022 年度企业所得税不属于公司主观造成的少缴企业所得税情形。经与年审会计师初步沟通确认，根据《企业会计准则第 28 号——会计政策、会计估计变更和差错更正》的规定，上述事项不属于前期会计差错，不涉及对 2022 年度财务数据的追溯调整，增加支付的所得税税款计入当期损益。上述事项的会计处理及对公司损益的最终影响以年度审计机构出具的专项意见为准。

（3）上述案例涉税风险分析。

①该公司对西部大开发税收优惠政策理解上存在严重误区，导致 2020 年度自行判断享受的西部地区鼓励类产业企业减按 15% 的税率征收企业所得税优惠政策不符合税收政策规定。

②通过税务机关下发的《税务事项通知书》，企业也已经意识到了自己确实存在不符合政策的问题，企业在公告中明确表明补缴税款、滞纳金，并不申请行政复议和提起行政诉讼。

③该公司 2020 年股权投资转让收入 11 404.95 万元（9 532.54 万元和 1 872.41 万元），并形成转让投资收益 6 277.01 万元，但公司自己认为转让权益性投资收益也是公司的景区开发项目收益，将其投资收益应计入主营业务收入，计算当年度主营业务收入占企业收入总额，符合西部大开发税收优惠政策。企业申请享受西部大开发税收优惠政策在计算其收入总额时，转让对外投资取得的财产转让收入应计入分母收入总额，股权投资转让生产的投资收益也不能计入主营业务收入，即不能计入分子项目中。

第八节　《税额抵免优惠明细表》填报实务与案例解析

一、《税额抵免优惠明细表》格式与填报要点

具体格式如表 7 – 76 所示。

表 7 – 76　　　　　　　　　　　税额抵免优惠明细表　　　　　　　　　　　A107050

行次	项目	年度	本年抵免前应纳税额	本年允许抵免的专用设备投资额	本年可抵免税额	以前年度已抵免额						本年实际抵免的各年度税额	可结转以后年度抵免的税额
						前五年度	前四年度	前三年度	前二年度	前一年度	小计		
		1	2	3	4（3 × 10%）	5	6	7	8	9	10（5+6+ 7+8+9）	11	12（4 – 10 – 11）
1	前五年度												*
2	前四年度					*							
3	前三年度					*	*						

续表

行次	项目	年度	本年抵免前应纳税额	本年允许抵免的专用设备投资额	本年可抵免税额	以前年度已抵免额						本年实际抵免的各年度税额	可结转以后年度抵免的税额
						前五年度	前四年度	前三年度	前二年度	前一年度	小计		
		1	2	3	4（3×10%）	5	6	7	8	9	10（5+6+7+8+9）	11	12（4-10-11）
4	前二年度					*	*	*					
5	前一年度					*	*	*	*				
6	本年度					*	*	*	*	*	*		
7	本年实际抵免税额合计												*
8	可结转以后年度抵免的税额合计												
9	专用设备投资情况	本年允许抵免的环境保护专用设备投资额											
10		本年允许抵免节能节水的专用设备投资额											
11		本年允许抵免的安全生产专用设备投资额											

二、《税额抵免优惠明细表》具体填报实务与案例解析

【案例 7-50】某地 A 公司执行新企业会计准则，2024 年度财务会计报告及相关账簿、凭证，资料如下：①2024 年度会计利润总额 1 000 万元，2024 年已预缴所得税 180 万元。②公司于 2024 年 10 月自筹资金投资兴建环保项目，购置了用于环境保护专用设备，该项目已经税务机关审批确认符合投资抵免所得税优惠条件，环保设备 600 万元，增值税 102 万元，取得设备发票，当月认证已抵扣，运费及安装费 55 万元。③公司执行《中华人民共和国企业所得税法》，企业所得税适用税率 25%，假设无纳税调整项目。

要求：根据上述资料，计算 A 公司 2024 年度设备抵免额及应纳所得税额。

分析：①应纳所得税额 = 1 000 × 25% = 250（万元）。②专用设备投资额 = 600（万元），投资为自筹资金符合抵免条件，但投资额不包括抵扣的进项税、运费及安装费。③专用设备投资额抵免限额 = 600 × 10% = 60（万元）。④准予抵免的投资额 = 60（万元），应纳所得税额 250 万元大于 60 万元，可予抵免 60 万元。⑤2024 年实际应纳所得税额 = 250 - 60 = 190（万元）。需要注意的是，如果该公司购买的专用设备取得的为普通发票，按照国税函〔2010〕256 号文件的规定，企业购买专用设备取得普通发票的，其专用设备投资额为普通发票上注明的金额，即抵扣额 = 702 × 10% = 70.2（万元）。

【案例 7-51】甲公司 2024 年为加强环境保护，购进并实际使用了一套环境保护专用设备，该设备属于《节能节水和环境保护专用设备企业所得税优惠目录（2017 年版）》列示的范围，并取得增值税专用发票，注明购进金额 807 692.3 元，税额 137 307.7 元，价税合计 945 000 元，运费及保险费 5 000 元，该公司已申报并抵扣进项

税额 137 307.7 元。2024 年度企业所得税汇算清缴时，该公司将设备价税合计金额 945 000元确认为专用设备投资额，并申报抵免企业所得税 95 000 元。但是，最近税务稽查部门在对该公司进行纳税检查时，提出该公司的企业所得税抵免投资额应按购进设备金额 807 692.3 元来确认，并作出追缴多抵免企业所得税额的处理决定。

分析：根据国税函〔2010〕256 号文件和财税〔2008〕48 号文件第二条的规定，进行税额抵免时，如果增值税进项税额允许抵扣，则其专用设备投资额不再包括增值税进项税额。如果增值税进项税额不允许抵扣，则其专用设备投资额应为增值税专用发票上注明的价税合计金额。企业购买专用设备取得普通发票的，其专用设备投资额为普通发票上注明的金额。故税务稽查部门对其公司作出追缴多抵免企业所得税的处理是正确的。

【案例 7-52】山东文娇节能环保股份公司 2024～2029 年各年度抵免专用设备投资额之前的应纳税额分别为 500 万元、600 万元、200 万元、100 万元、0 和 850 万元，各年度购置符合税法相关规定允许抵免的环境保护专用设备投资额（均不包括允许抵扣的增值税进项税额、按有关规定退还的增值税税款以及设备运输、安装和调试等费用）分别为 15 000 万元、3 000 万元、2 000 万元、4 000 万元、1 000 万元和 2 000 万元。2029 年企业所得税汇算清缴时，该公司 A107050《税额抵免优惠明细表》填报实务如表 7-77 所示（单位：万元）。

表 7-77　　　　　　　　　　税额抵免优惠明细表　　　　　　　　　A107050

行次	项目		年度	本年抵免前应纳税额	本年允许抵免的专用设备投资额	本年可抵免税额	以前年度已抵免额						本年实际抵免的各年度税额	可结转以后年度抵免的税额
							前五年度	前四年度	前三年度	前二年度	前一年度	小计		
				1	2	3	4(3×10%)	5	6	7	8	9	10(5+…+9)	11	12(4-10-11)
1	前五年度		2024	500	15 000	1 500	500	600	200	100	0	1 400	100	*
2	前四年度		2025	600	3 000	300	*	0	0	0	0	0	300	0
3	前三年度		2026	200	2 000	200	*	*	0	0	0	0	200	0
4	前二年度		2027	100	4 000	400	*	*	*	0	0	0	250	150
5	前一年度		2028	0	1 000	100	*	*	*	*	0	0	0	100
6	本年度		2029	850	2 000	200	*	*	*	*	*	*	0	200
7	本年实际抵免税额合计												850	*
8	可结转以后年度抵免的税额合计												450	
9	专用设备投资情况	本年允许抵免的环境保护专用设备投资额											2 000	
10		本年允许抵免的节能节水专用设备投资额												
11		本年允许抵免的安全生产专用设备投资额												

第九节 《跨地区经营汇总纳税企业年度分摊企业所得税明细表》填报实务与案例解析

一、《跨地区经营汇总纳税企业年度分摊企业所得税明细表》格式与填报要点

具体格式如表 7 - 78 所示。

表 7 - 78 　　　　跨地区经营汇总纳税企业年度分摊企业所得税明细表　　　　A109000

行次	项目	金额
1	一、实际应纳所得税额	
2	减：境外所得应纳所得税额	
3	加：境外所得抵免所得税额	
4	二、用于分摊的本年实际应纳所得税额（1 - 2 + 3）	
5	三、本年累计已预分、已分摊所得税额（6 + 7 + 8 + 9）	
6	（一）总机构直接管理建筑项目部已预分所得税额	
7	（二）总机构已分摊所得税额	
8	（三）财政集中已分配所得税额	
9	（四）分支机构已分摊所得税额	
10	其中：总机构主体生产经营部门已分摊所得税额	
11	四、本年度应分摊的应补（退）的所得税额（4 - 5）	
12	（一）总机构分摊本年应补（退）的所得税额（11 × 总机构分摊比例）	
13	（二）财政集中分配本年应补（退）的所得税额（11 × 财政集中分配比例）	
14	（三）分支机构分摊本年应补（退）的所得税额（11 × 分支机构分摊比例）	
15	其中：总机构主体生产经营部门分摊本年应补（退）的所得税额（11 × 总机构主体生产经营部门分摊比例）	
16	五、境外所得抵免后的应纳所得税额（2 - 3）	
17	六、总机构本年应补（退）所得税额（12 + 13 + 15 + 16）	
18	七、总机构应享受民族地方优惠金额［（7 + 10 + 12 + 15 + 16）×40% × 减征幅度］	
19	总机构全年累计已享受民族地方优惠金额	
20	总机构因民族地方优惠调整分配金额（18 - 19）	
21	八、总机构本年实际应补（退）所得税额（17 - 20）	

本表适用于跨地区经营汇总纳税的纳税人填报。纳税人应根据税法、《财政部 国家税务总局 中国人民银行关于印发〈跨省市总分机构企业所得税分配及预算管理办法〉的通知》（财预〔2012〕40 号）、《国家税务总局关于印发〈跨地区经营汇总纳税

企业所得税征收管理办法〉的公告》（2012 年第 57 号发布，国家税务总局 2018 年第 31 号修改）规定计算企业每一纳税年度应缴的企业所得税、总机构和分支机构应分摊的企业所得税。仅在同一省（自治区、直辖市和计划单列市）内设立不具有法人资格分支机构的汇总纳税企业，省（自治区、直辖市和计划单列市）参照上述文件规定制定企业所得税分配管理办法的，按照其规定填报本表。

为便于跨地区经营汇总纳税企业更精准享受民族自治地区企业所得税地方分享部分减免优惠政策，2021 年修订版企业所得税年度纳税申报表增加第 18 行"总机构应享受民族地方优惠金额"、第 19 行"总机构全年累计已享受民族地方优惠金额"、第 20 行"总机构因民族地方优惠调整分配金额"、第 21 行"八、总机构本年实际应补（退）所得税额"，纳税人可根据实际情况，填写相关行次。

二、《企业所得税汇总纳税分支机构所得税分配表》格式与填报要点

（一）《企业所得税汇总纳税分支机构所得税分配表》格式

具体格式如表 7-79 所示。

表 7-79　　　　　　　企业所得税汇总纳税分支机构所得税分配表　　　　A109010

税款所属期间：　年　月　日至　年　月　日

总机构名称（盖章）：

总机构统一社会信用代码（纳税人识别号）：　　　　　　　金额单位：元（列至角分）

应纳所得税额		总机构分摊所得税额	总机构财政集中分配所得税额			分支机构分摊所得税额	
分支机构情况	分支机构统一社会信用代码（纳税人识别号）	分支机构名称	三项因素			分配比例	分配所得税额
			营业收入	职工薪酬	资产总额		
	合计	—					

本表适用于跨地区经营汇总纳税的总机构填报。纳税人应根据税法、《财政部、国

家税务总局、中国人民银行关于印发〈跨省市总分机构企业所得税分配及预算管理办法〉的通知》（财预〔2012〕40号）、《国家税务总局关于印发〈跨地区经营汇总纳税企业所得税征收管理办法〉的公告》（国家税务总局公告2012年第57号）的规定计算总分机构每一纳税年度应缴的企业所得税额、总机构和分支机构应分摊的企业所得税额。对于仅在同一省（自治区、直辖市和计划单列市）内设立不具有法人资格分支机构的企业，根据本省（自治区、直辖市和计划单列市）汇总纳税分配办法在总机构和各分支机构分配企业所得税额的，填报本表。

（二）总分机构分摊税款的填报要点

1. 相同税率地区。第一，计算全部应纳所得税额；第二，计算总机构分摊税款；第三，总机构分摊税款＝汇总纳税企业当期应纳所得税额×50%；第四，计算分支机构分摊税款。所有分支机构分摊税款总额＝汇总纳税企业当期应纳所得税额×50%；某分支机构分摊税款＝所有分支机构分摊税款总额×该分支机构分摊比例。

2. 不同税率地区。第一，计算全部应纳税所得额；第二，划分不同税率地区应纳税所得额；第三，计算各自应纳税额；第四，计算全部应纳所得税额（从这一步开始与相同税率地区计算相同）；第五，分摊就地缴纳的企业所得税款。计算总机构分摊税款＝应纳所得税总额×50%；所有分支机构分摊税款总额＝应纳所得税总额×50%；某分支机构分摊税款＝所有分支机构分摊税款总额×该分支机构分摊比例。

三、《企业所得税汇总纳税分支机构所得税分配表》填报实务

【案例7-53】某公司创建于2010年，总部位于北京朝阳区，在天津、兰州设有分公司，其企业所得税由地税部门负责征管。总机构2019年在重庆增设分公司（简称重庆分公司），其具体业务流程如下：

首先，总机构需到其主管税务机关办理税务登记变更手续，增加其分支机构信息，并报送《跨地区经营汇总纳税总分机构备案表（总机构）》，完成备案手续。

其次，重庆分公司需到其主管税务机关办理注册税务登记手续，并报送《跨地区经营汇总纳税总分机构备案表（分支机构）》，完成备案手续。

同时，天津、兰州分公司需向其主管税务机关报送《跨地区经营汇总纳税总分机构备案表（分支机构）》完成备案手续。

2024年第一季度总机构应纳税所得额为800万元，应纳税额为200万元；分公司三项权重如表7-80所示。

表7-80   单位：万元

公司名称	营业收入	职工薪酬	资产总额
天津分公司	400	80	1 000
兰州分公司	500	80	1 500
重庆分公司	100	40	500
合计	1 000	200	3 000

总机构预缴时：

步骤一，根据分支机构三因素权重计算税款分配比例。

天津分公司分配比例 = （400÷1 000×0.35）+（80÷200×0.35）+（1 000÷3 000×0.3）= 0.14 + 0.14 + 0.1 = 0.38

兰州分公司分配比例 = （500÷1 000×0.35）+（80÷200×0.35）+（1 500÷3 000×0.3）= 0.175 + 0.14 + 0.15 = 0.465

重庆分公司分配比例 = （100÷1 000×0.35）+（40÷200×0.35）+（500÷3 000×0.3）= 0.035 + 0.07 + 0.05 = 0.155

步骤二，总机构应缴纳的税款 = 200×50% = 100（万元），其中的50万元为财政集中分配所得税，另50万元为总机构应分摊所得税。分支机构应缴纳的税款 = 200×50% = 100（万元）。

步骤三，根据分配比例计算分配税款额。

天津分公司 = 100×0.38 = 38（万元）

兰州分公司 = 100×0.465 = 46.5（万元）

重庆分公司 = 100×0.155 = 15.5（万元）

上述实例是建立在总机构与各分支机构适用税率均为25%的前提基础上，年度纳税申报表填报实务如表7-81和表7-82所示。

表7-81　　　　　企业所得税汇总纳税分支机构所得税分配表　　　　　A109010
税款所属期间：2024年1月1日至2024年12月31日

总机构名称（盖章）：　　　　　　　　　　　　　　金额单位：万元（列至角分）

总机构纳税人识别号		应纳所得税额	总机构分摊所得税额		总机构财政集中分配所得税额		分支机构分摊所得税额
……		200	50		50		100
分支机构情况	分支机构纳税人识别号	分支机构名称	三项因素			分配比例	分配所得税额
			营业收入	职工薪酬	资产总额		
	……	天津分公司	400	80	1 000	38%	38
	……	兰州分公司	500	80	1 500	46.5%	46.5
	……	重庆分公司	100	40	500	15.5%	15.5
	合计	—	1 000	200	3 000	100%	100

表 7-82   跨地区经营汇总纳税企业年度分摊企业所得税明细表   A109000

行次	项目	金额
1	一、实际应纳所得税额	200
2	减：境外所得应纳所得税额	
3	加：境外所得抵免所得税额	
4	二、用于分摊的本年实际应纳所得税额（1-2+3）	200
5	三、本年累计已预分、已分摊所得税额（6+7+8+9）	200
6	（一）总机构直接管理建筑项目部已预分所得税额	
7	（二）总机构已分摊所得税额	50
8	（三）财政集中已分配所得税额	50
9	（四）分支机构已分摊所得税额	100
10	其中：总机构主体生产经营部门已分摊所得税额	
11	四、本年度应分摊的应补（退）的所得税额（4-5）	
12	（一）总机构分摊本年应补（退）的所得税额（11×总机构分摊比例）	
13	（二）财政集中分配本年应补（退）的所得税额（11×财政集中分配比例）	
14	（三）分支机构分摊本年应补（退）的所得税额（11×分支机构分摊比例）	
15	其中：总机构主体生产经营部门分摊本年应补（退）的所得税额（11×总机构主体生产经营部门分摊比例）	
16	五、境外所得抵免后的应纳所得税额（2-3）	
17	六、总机构本年应补（退）所得税额（12+13+15+16）	
18	七、总机构应享受民族地方优惠金额［（7+10+12+15+16）×40%×减征幅度］	
19	总机构全年累计已享受民族地方优惠金额	
20	总机构因民族地方优惠调整分配金额（18-19）	
21	八、总机构本年实际应补（退）所得税额（17-20）	

【案例 7-54】 承〖案例 7-53〗，假设重庆分公司符合财政部、国家税务总局、国家发展改革委公告 2020 年第 23 号的要求，适用 15% 的税率，则应先计算分配应纳税所得额，再乘以各自适用税率计算应纳所得税额，加总后计算分配所得税额，具体计算方法如下。

不同税率地区间的计算过程如下：

步骤一，根据分支机构三因素权重计算税款分配比例。

天津分公司分配比例 =（400÷1 000×0.35）+（80÷200×0.35）+（1 000÷3 000×0.3）=0.14+0.14+0.1=0.38

兰州分公司分配比例 =（500÷1 000×0.35）+（80÷200×0.35）+（1 500÷3 000×0.3）=0.175+0.14+0.15=0.465

重庆分公司分配比例 =（100÷1 000×0.35）+（40÷200×0.35）+（500÷3 000×0.3）=0.035+0.07+0.05=0.155

步骤二，计算总机构应分摊的所得额 =800×50%=400（万元）。

步骤三，计算分支机构应分摊的所得额：

天津分公司应分摊的所得额 =800×50%×0.38=152（万元）

兰州分公司应分摊的所得额 = 800 × 50% × 0.465 = 186（万元）

重庆分公司应分摊的所得额 = 800 × 50% × 0.155 = 62（万元）

步骤四，计算总机构应纳所得税额 = 400 × 25% = 100（万元）。

步骤五，计算分支机构应纳所得税额：

天津分公司应纳所得税额 = 152 × 25% = 38（万元）

兰州分公司应纳所得税额 = 186 × 25% = 46.5（万元）

重庆分公司应纳所得税额 = 62 × 15% = 9.3（万元）

此时重庆分公司的 10% 税率差为 6.2 万元。

步骤六，将总机构和分支机构分别计算的应纳所得税额汇总。即 100 + 38 + 46.5 + 9.3 = 193.8（万元）。

步骤七，将汇总后的应纳所得税额按照分配比例分摊。

总机构应分摊税款 = 193.8 × 50% = 96.9（万元），其中的 48.45 万元为财政集中分配所得税，另外的 48.45 万元为总机构应分摊所得税。各分支机构应分摊税款 = 193.8 × 50% = 96.9（万元）。

天津分公司应分摊税款 = 96.9 × 0.38 = 36.82（万元）

兰州分公司应分摊税款 = 96.9 × 0.465 = 45.06（万元）

重庆分公司应分摊税款 = 96.9 × 0.155 = 15.02（万元）

填报实务如表 7 - 83 和表 7 - 84 所示（单位：万元）。

表 7 - 83　　中华人民共和国企业所得税月（季）度预缴纳税申报表（A 类）　　A200000

税款所属期间：2024 年 1 月 1 日至 2024 年 3 月 31 日

纳税人识别号（统一社会信用代码）：□□□□□□□□□□□□□□□□□□□□

纳税人名称：　　　　　　　　　　　　　　　　　　　　金额单位：万元

优 惠 及 附 报 事 项 有 关 信 息									
项目	一季度		二季度		三季度		四季度		季度平均值
	季初	季末	季初	季末	季初	季末	季初	季末	
从业人数									
资产总额（万元）									
国家限制或禁止行业	□是□否				小型微利企业				□是□否
附报事项名称									金额或选项
事项 1	（填写特定事项名称）								
事项 2	（填写特定事项名称）								
预缴税款计算									本年累计
1	营业收入								2 000
2	营业成本								1 200
3	利润总额								700
4	加：特定业务计算的应纳税所得额								100

续表

	预缴税款计算	本年累计
5	减：不征税收入	
6	减：资产加速折旧、摊销（扣除）调减额（填写 A201020）	
7	减：免税收入、减计收入、加计扣除（7.1 + 7.2 + …）	
7.1	（填写优惠事项名称）	
7.2	（填写优惠事项名称）	
8	减：所得减免（8.1 + 8.2 + …）	
8.1	（填写优惠事项名称）	
8.2	（填写优惠事项名称）	
9	减：弥补以前年度亏损	
10	实际利润额（3 + 4 − 5 − 6 − 7 − 8 − 9）\ 按照上一纳税年度应纳税所得额平均额确定的应纳税所得额	800
11	税率（25%）	25%
12	应纳所得税额（10 × 11）	200
13	减：减免所得税额（13.1 + 13.2 + …）	6.2
13.1	西部大开发税收优惠	6.2
13.2	（填写优惠事项名称）	
14	减：本年实际已缴纳所得税额	0
15	减：特定业务预缴（征）所得税额	0
16	本期应补（退）所得税额（12 − 13 − 14 − 15）\ 税务机关确定的本期应纳所得税额	193.8
汇总纳税企业总分机构税款计算		
17	总机构	总机构本期分摊应补（退）所得税额（18 + 19 + 20）	96.9
18		其中：总机构分摊应补（退）所得税额（16 × 总机构分摊比例25%）	48.45
19		财政集中分配应补（退）所得税额（16 × 财政集中分配比例25%）	48.45
20		总机构具有主体生产经营职能的部门分摊所得税额（16 × 全部分支机构分摊比例＿＿＿% × 总机构具有主体生产经营职能部门分摊比例＿＿＿%）	
21	分支机构	分支机构本期分摊比例	50%
22		分支机构本期分摊应补（退）所得税额	96.9

表 7 − 84   **《企业所得税预缴申报表——分配表》填报实务**

应纳所得税额		总机构分摊所得税额		总机构财政集中分配所得税额			分支机构分摊所得税额	
193.8		48.45		48.45			96.9	
分支机构情况	分支机构统一社会信用代码（纳税人识别号）	分支机构名称	三项因素			分配比例	分配税额
			收入额	工资额	资产额		
		天津分公司	400	80	1 000	38%	36.82
		兰州分公司	500	80	1 500	46.5%	45.06
		重庆分公司	100	40	500	15.5%	15.02
	合计		1 000	200	3 000	100%	96.9

分支机构预缴：分支机构在每月或季度终了后 15 日内取得总机构申报后加盖有主管税务机关受理专用章的《中华人民共和国汇总纳税分支机构企业所得税分配表》（复印件），并随同《中华人民共和国企业所得税月（季）度纳税申报表（A 类）》报送。

总机构汇算清缴：年度汇算清缴时总、分机构的计算、分配方法与预缴相同。需要注意的是，总机构年度汇算清缴如果发生退税行为，其申请退税金额应同样按照上述方法计算分配，由总机构及各参与分配的分支机构共同办理退税。

具体如表 7-85 所示。

表 7-85　　　　　　　　企业所得税汇总纳税分支机构所得税分配表　　　　　　A109010

税款所属期间：2024 年 1 月 1 日至 2024 年 12 月 31 日

总机构名称（盖章）：　　　　　　　　　　　　　　　　　　　　　金额单位：万元

总机构纳税人识别号		应纳所得税额	总机构分摊所得税额	总机构财政集中分配所得税额		分支机构分摊所得税额
……		193.8	48.45	48.45		96.9
分支机构情况	分支机构纳税人识别号	分支机构名称	三项因素			分配比例	分配所得税额
			营业收入	职工薪酬	资产总额		
	……	天津分公司	400	80	1 000	38%	36.82
	……	兰州分公司	500	80	1 500	46.5%	45.06
	……	重庆分公司	100	40	500	15.5%	15.02
	合计	—	1 000	200	3 000	100%	96.9

【案例 7-55】假设总机构 2024 年度汇算清缴时发生退税 200 万元，沿用〖例 7-54〗中的基本要素数据，其分配计算方法如下：

步骤一，根据分支机构三因素权重计算税款分配比例。

天津分公司分配比例 = （400 ÷ 1 000 × 0.35）+ （80 ÷ 200 × 0.35）+ （1 000 ÷ 3 000 × 0.3）= 0.14 + 0.14 + 0.1 = 0.38

兰州分公司分配比例 = （500 ÷ 1 000 × 0.35）+ （80 ÷ 200 × 0.35）+ （1 500 ÷ 3 000 × 0.3）= 0.175 + 0.14 + 0.15 = 0.465

重庆分公司分配比例 = （100 ÷ 1 000 × 0.35）+ （40 ÷ 200 × 0.35）+ （500 ÷ 3 000 × 0.3）= 0.035 + 0.07 + 0.05 = 0.155

步骤二，总机构申请退税金额 = −200 × 50% = −100（万元），各参与分配的分支机构申请退税金额 = −200 × 50% = −100（万元）。

步骤三，根据分配比例计算分配税款额。

天津分公司退税金额 = −100 × 0.38 = −38（万元）

兰州分公司退税金额 = −100 × 0.465 = −46.5（万元）

重庆分公司退税金额 = −100 ×0.155 = −15.5（万元）

【案例 7 –56】小颖连锁公司总部位于上海市，分别在南京、成都、杭州有三个分公司，A 公司适用总分公司汇总纳税政策。2024 年度财务报告中，成都分公司占三个分公司资产总额、营业收入、职工薪酬的比例分别为 50% 、20% 、40% 。成都分公司适用西部大开发 15% 税率优惠政策，总机构和其他分支机构税率均为 25% 。假设 2025 年 A 公司应纳税所得额为 2 亿元，成都分公司应分摊的企业所得税款是多少？

分析：第一步，A 公司统一计算全部应纳税所得额，即 20 000 万元。

第二步，划分应纳税所得额。

①各分公司分摊 50% 应纳税所得额 = 20 000 ×50% = 10 000（万元）。

②计算成都分公司分摊比例 =（该分支机构营业收入/各分支机构营业收入之和）×0.35 +（该分支机构职工薪酬/各分支机构职工薪酬之和）×0.35 +（该分支机构资产总额/各分支机构资产总额之和）×0.30 = 50% ×0.30 +20% ×0.35 +40% ×0.35 = 0.36。

③计算成都分公司应纳税所得额 = 10 000 ×0.36 = 3 600（万元）。

第三步，计算不同税率地区的应纳所得税总额。

①成都分公司应纳所得税额 = 3 600 ×15% = 540（万元）；

②其他公司应纳所得税额 =（20 000 – 3 600）×25% = 4 100（万元）；

③应纳所得税总额 = 4 640（万元）。

第四步，分摊应纳企业所得税。

①各分公司分摊 50% 的应纳企业所得税 = 4 640 ×50% = 2 320（万元）；

②成都分公司分摊应纳企业所得税 = 2 320 ×0.36 = 835.2（万元）。

【案例 7 –57】2022 年 A 公司总部注册于广州市，主要从事电子产品的生产和销售，其设立了具有主体生产经营职能的二级分支机构 B。2023 年 A 公司在兰州依法设立并领取非法人营业执照的 C 分公司，2024 年 A 公司在福州依法设立并领取非法人营业执照的 D 分公司，总分支机构均适用 25% 的企业所得税税率。A 公司总机构及其设立的具有主体生产经营职能的部门的分支机构的营业收入、职工薪酬和资产总额与管理职能部门均分开核算。

假设 2024 年度，A 公司每个季度汇总计算的实际利润额均为 500 万元，2024 年度企业所得税汇算清缴时，A 公司汇总计算的应纳税所得额为 2 400 万元。2023 年度，各营业机构的营业收入、职工薪酬、资产总额分别为：A 公司具有主体生产经营职能的部门 B 机构 2 500 万元、400 万元、1 500 万元；C 分公司 1 000 万元、300 万元、500 万元，合计为 3 500 万元、700 万元、2 000 万元。

分析：第一，根据《国家税务总局关于印发〈跨地区经营汇总纳税企业所得税征收管理办法〉的公告》（国家税务总局公告 2012 年第 57 号，以下简称"57 号公告"）

第四条规定，总机构和具有主体生产经营职能的二级分支机构，就地分摊缴纳企业所得税。其中，二级分支机构，是指汇总纳税企业依法设立并领取非法人营业执照，且总机构对其财务、业务、人员等直接进行统一核算和管理的分支机构。但是，当年新设立的二级分支机构不参与就地分摊缴纳企业所得税。本例中，A 公司具有主体生产经营职能的二级分支机构 B 和 C、D 两个分公司，但是由于 D 分公司为 2024 年当年新设立分支机构，所以，2024 年只有 A 公司具有主体生产经营职能的二级分支机构 B 和 C 分公司需要就地分摊缴纳企业所得税。

第二，计算各分支机构需分摊的比例。2024 年度 A 公司具有主体生产经营职能的二级分支机构 B 的分摊比例 =（该分支机构营业收入÷各分支机构营业收入之和）× 0.35 +（该分支机构职工薪酬÷各分支机构职工薪酬之和）×0.35 +（该分支机构资产总额÷各分支机构资产总额之和）× 0.30 = 2 500 ÷ 3 500 × 0.35 + 400 ÷ 700 × 0.35 + 1 500 ÷ 2 000 × 0.30 = 0.675；2024 年度 C 分公司的分摊比例 = 1 − 0.675 = 0.325。

第三，计算各分支机构按季度预缴纳税。57 号公告第六条规定，汇总纳税企业按照《企业所得税法》规定汇总计算的企业所得税，包括预缴税款和汇算清缴应缴应退税款，50% 在各分支机构间分摊，各分支机构根据分摊税款就地办理缴库或退库；50% 由总机构分摊缴纳。本例中，A 公司总机构 2024 年各季度汇总计算的应纳所得税额 = 500 × 25% = 125（万元），各季度应分摊的所得税额 = 125 × 50% = 62.5（万元）。A 公司的各分支机构各季度需分摊的所得税额 = 125 × 50% = 62.5（万元），按照各分支机构应分摊比例，A 公司具有主体生产经营职能的二级分支机构 B 各季度分摊的所得税额 = 62.5 × 67.5% = 42.187 5（万元），C 分公司各季度需分摊的所得税额 = 62.5 × 32.5% = 20.312 5（万元）。A 公司总、分机构 2024 年累计预缴的应纳所得税额 = 125 × 4 = 500（万元）。

第四，分支机构根据总机构年度汇算清缴情况，分摊应缴或应退税额。57 号公告第十条规定，汇总纳税企业应当自年度终了之日起五个月内，由总机构汇总计算企业年度应纳所得税额，扣除总机构和各分支机构已预缴的税款，计算出应缴应退税款，按照本办法规定的税款分摊方法计算总机构和分支机构的企业所得税应缴应退税款，分别由总机构和分支机构就地办理税款缴库或退库。2024 年度，A 公司应纳所得税额 = 2 400 × 25% = 600（万元），大于 A 公司总分机构本年累计预缴的 500 万元。那么，A 公司总机构本年应补的所得税额 = 600 − 500 = 100（万元）。A 公司所属分支机构分摊本年应补的总所得税额 = 100 × 50% = 50（万元），其中，A 公司主体生产经营部门应补的所得税额 = 50 × 67.5% = 33.75（万元），B 分公司应补的所得税额 = 50 × 32.5% = 16.25（万元）。

企业所得税年度纳税申报表填报实务如表 7 − 86 和表 7 − 87 所示。

表 7 - 86 　　　　　企业所得税汇总纳税分支机构所得税分配表　　　　　A109010

税款所属期间：2024 年 1 月 1 日至 2024 年 12 月 31 日

总机构名称（盖章）：

总机构统一社会信用代码（纳税人识别号）：　　　　　　　　　金额单位：万元

应纳所得税额		总机构分摊所得税额	总机构财政集中分配所得税额			分支机构分摊所得税额	
100		25	25			50	
分支机构情况	分支机构统一社会信用代码（纳税人识别号）	分支机构名称	三项因素			分配比例	分配税额
			营业收入	职工薪酬	资产总额		
		B 机构	2 500	400	1 500	67.5%	33.75
		C 机构	1 000	300	500	32.5%	16.25
	合计		3 500	700	2 000	100%	50

表 7 - 87 　　　　跨地区经营汇总纳税企业年度分摊企业所得税明细表　　　　A109000

行次	项目	金额
1	一、实际应纳所得税额	600
2	减：境外所得应纳所得税额	
3	加：境外所得抵免所得税额	
4	二、用于分摊的本年实际应纳所得税额（1 - 2 + 3）	600
5	三、本年累计已预分、已分摊所得税额（6 + 7 + 8 + 9）	500
6	（一）总机构直接管理建筑项目部已预分所得税额	
7	（二）总机构已分摊所得税额	125
8	（三）财政集中已分配所得税额	125
9	（四）分支机构已分摊所得税额	250
10	其中：总机构主体生产经营部门已分摊所得税额	168.75
11	四、本年度应分摊的应补（退）的所得税额（4 - 5）	100
12	（一）总机构分摊本年应补（退）的所得税额（11 × 总机构分摊比例）	25
13	（二）财政集中分配本年应补（退）的所得税额（11 × 财政集中分配比例）	25
14	（三）分支机构分摊本年应补（退）的所得税额（11 × 分支机构分摊比例）	50
15	其中：总机构主体生产经营部门分摊本年应补（退）的所得税额（11 × 总机构主体生产经营部门分摊比例）	33.75
16	五、境外所得抵免后的应纳所得税额（2 - 3）	
17	六、总机构本年应补（退）所得税额（12 + 13 + 15 + 16）	83.75
18	七、总机构应享受民族地方优惠金额〔（7 + 10 + 12 + 15 + 16）× 40% × 减征幅度〕	
19	总机构全年累计已享受民族地方优惠金额	
20	总机构因民族地方优惠调整分配金额（18 - 19）	
21	八、总机构本年实际应补（退）所得税额（17 - 20）	83.75

主要参考文献

［1］财政部会计司：《〈企业会计准则第 2 号——长期股权投资〉应用指南》，经济科学出版社 2014 年版。

［2］财政部会计司：《〈企业会计准则第 9 号——职工薪酬〉应用指南》，中国财政经济出版社 2014 年版。

［3］财政部会计司：《〈企业会计准则第 22 号——金融工具确认和计量〉应用指南》，中国财政经济出版社 2018 年版。

［4］财政部会计司：《〈企业会计准则第 14 号——收入〉应用指南》，中国财政经济出版社 2018 年版。

［5］财政部会计司：《〈企业会计准则第 16 号——政府补助〉应用指南》，中国财政经济出版社 2018 年版。

［6］财政部会计司：《〈企业会计准则第 21 号——租赁〉应用指南》，中国财政经济出版社 2019 年版。

［7］财政部会计司：《〈企业会计准则第 12 号——债务重组〉应用指南》，中国财政经济出版社 2019 年版。

［8］财政部会计司：《〈企业会计准则第 7 号——非货币性资产交换〉应用指南》，中国财政经济出版社 2019 年版。

［9］全国税务师职业资格考试教材编写组：《2023 年全国税务师职业资格考试教材：涉税服务实务》，中国税务出版社 2023 年版。

［10］全国税务师职业资格考试教材编写组：《2023 年全国税务师职业资格考试教材：税法Ⅰ》，中国税务出版社 2023 年版。

［11］全国注册税务师职业资格考试教材编写组：《2023 年全国税务师职业资格考试教材：税法Ⅱ》，中国税务出版社 2023 年版。

［12］中国注册会计师协会：《会计》，中国财政经济出版社 2023 年版。

［13］中国注册会计师协会：《税法》，中国财政经济出版社 2023 年版。

［14］翟纯垲：《新收入准则税会差异实务与案例精解》，中国市场出版社 2021 年版。

［15］何广涛：《建筑业增值税管理与会计实务》（第 2 版），中国财政经济出版社 2020 年版。

［16］吴健、姜新录、朱昌山、聂磊、高行锋：《企业重组财税处理实务与案例》，中国财政经济出版社 2020 年版。

［17］杨淑莲、陈华、赵建勋：《会计准则与企业所得税税法差异分析及纳税调整》，中国财政经济出版社 2021 年版。

［18］梁文涛、彭新媛：《税务会计实务》（第四版），东北财经大学出版社有限责任公司 2021 年版。

［19］严颖：《小颖言税：全税种思维导图》，中国财政经济出版社 2021 年版。

［20］梁晶晶：《税务稽查实务轻松入门》，中国财政经济出版社 2022 年版。

［21］刘海湘：《企业税务风险识别、分析与评价操作实务》（第 2 版），中国财政经济出版社 2023 年版。

［22］彭怀文：《企业所得税实务与税务风险管理》，中国铁道出版社 2020 年版。

［23］于芳芳：《企业所得税法与会计准则差异分析理论与实务》，立信会计出版社 2022 年版。

［24］蔺龙文：《合并财务报表落地实操》，机械工业出版社 2022 年版。

［25］饶明亮、王维顺、宋雪：《财产行为税一本通》（第三版），中国税务出版社 2023 年版。

［26］杨春根：《企业并购重组税务处理规则解析与实务应用》，中国财政经济出版社 2023 年版。

［27］刘剑：《文娱领域税收合规与风险防范》，立信会计出版社 2023 年版。

［28］林久时：《建筑施工企业全生命周期财税处理与风险防范（案例版）》，中国铁道出版社 2022 年版。

［29］高金平：《企业所得税法与企业会计准则差异分析》（修订版），中国财政经济出版社 2019 年版。

［30］徐峥：《手把手教你编制高质量现金流量表：从入门到精通》（第 2 版），机械工业出版社 2022 年版。

［31］徐峥、查燕云、赵团结：《企业并购税收重点难点及案例分析》，立信会计出版社 2020 年版。

［32］吴天如、陈晓黎：《税务稽查疑难 180 问》，中国经济出版社 2022 年版。

［33］何成实、王惠丽、闫晟、罗秋生：《增值税一本通》（第 3 版），中国税务出版社 2021 年版。

［34］陈玉琢：《企业所得税政策与申报实务深度解析》，中国经济出版社 2021 年版。

［35］苏强：《企业所得税汇算清缴财税处理实务与申报表填报案例解析》，经济科学出版社 2022 年版。

［36］苏强：《〈企业所得税年度纳税申报表（A 类，2014 年版）〉填报指南和审核操作实务》，经济科学出版社 2015 年版。

［37］苏强：《营改增后增值税会计处理和税会差异调整操作实务》，经济科学出版社 2017 年版。

［38］苏强：《企业所得税年度汇算清缴纳税申报操作实务——填报要点和案例分析》，经济科学出版社 2019 年版。

［39］苏强：《企业所得税汇算清缴纳税申报表填报实务与案例解析》，经济科学出版社 2020 年版。

［40］苏强：《高级财务会计》，经济科学出版社 2021 年版。

［41］苏强：《新准则下企业所得税年度纳税申报表填报案例解析》，经济科学出版社 2021 年版。